한국고대사 자료집

고조선·부여 편 Ⅱ - 18세기 사료

동북아역사재단
NORTHEAST ASIAN HISTORY FOUNDATION

책머리에

이 책은 『한국고대사 자료집: 고조선 · 부여 편 I-17세기 이전 사료』에 이은 두 번째 자료집이다. 사료 원문을 집성한 『고조선 · 단군 · 부여 자료집』(고구려연구재단, 2005년)을 바탕으로 18세기에 저술되거나 편찬된 것을 수집하고 정리하여 번역했다. 일반인의 이해를 돕기 위해 문헌의 해제를 번역문 앞에 실었고 사료의 원문 일부를 부록으로 편집해 넣었다.

수록된 사료는 25책이다. 『동국역대총목』 · 『동사회강』 · 『동사강목』 등과 같은 사서류, 『조야집요』와 같은 야사류, 『연행일기』와 같은 연행록류, 『해유록』 · 『봉사일본시문견록』 · 『해사일기』와 같이 일본에 통신사로 다녀온 후 기록한 사행일록류, 『성호사설』 · 『고사신서』 등과 같은 논고류, 『기년아람』과 같은 아동 교육용 교재류, 『해동악부』와 같이 시 형태로 저술된 영사악부류 등이다. 이 자료들은 고조선과 부여사 연구에 활용할 수 있으며 고조선과 부여에 관한 18세기 당대의 인식을 살펴보는 데도 유용하다. 고려와 조선 초 및 조선 전기의 기록과 비교해보는 것도 조선의 정치 · 사회적 환경과 관련해 흥미로운 주제가 될 것이다.

18세기는 조선에서 하나의 국가가 이전 국가에 이어 단일한 혈연적 · 역사적인 계승관계가 있다고 보는 통사체계적인 역사 인식이 일반화된 시기다. 중국 송대에 개발된 정통론에 영향을 받은 것인데, 호란을 겪은 조선의 이러한 역사 인식은 조선 지식인들의 소중화주의와 연관해 이해할 수 있다. 이때 저술된 사료가 기자를 중시하는 정통론에 입각한 역사 서술 체계를 보여주는 것도 같은 맥락이다.

고대사와 관련해서는 기자를 중시하는 마한정통론(혹은 삼한정통론)을 강화하고 단군조선에 대해 재평가했다는 점이 특징이다. 마한(삼한)정통론이란 준왕이 위만에게 패한 뒤에 옮겨간 지역을 마한으로 보아 마한을 정통으로 삼고 이 계통이 기자-마한(삼한)-통일신라로 이어졌다는 역사 인식을 말한다. 여기에는 준왕이 기자의 후예라는 인식이 전재돼 있다. 이러한 인식은 1672년 홍여하의 『동국통감제강』(『한국고대사 자료집: 고조선·부여 편 Ⅰ-17세기 이전 사료』에 수록)에서 맨 처음 등장한다. 홍여하는 기자를 절의(節義)·왕도(王道)·풍교(風敎)의 종주로 보았고 단군의 문화 유풍을 전설적인 부분으로 간주했다. 단군조선을 '국절무사(國絕無嗣)'라 하고 기자조선 – 마한 – 통일신라로 이어지는 마한정통론을 제시했다.

이와 같은 마한(삼한)정통론에 기초한 고조선사 인식은 18세기에 저술된 문헌에서 가장 많이 발견된다. 대표적으로 홍만종의 『동국역대총목』은 기자 다음에 마한을 세운 준왕으로 정통이 이어졌다고 보았고 위만조선은 왕위를 찬탈한 찬국(簒國)으로 폄했다.

이익의 『성호사설』도 기자를 중시하여 준왕이 세운 마한으로 정통이 이어졌다고 보았다. 이러한 견해는 「천지문」·「인사문(人事門)」·「경사문(經史門)」 등 여러 곳에서 발견된다. 특히 이익 사망 후인 1774년 조카 이병휴(李秉休) 등이 필사본으로 편집한 『성호선생문집』과 이를 보완한 『성호전집』에는 「삼한정통론」이라는 글이 실려 있다. 위만은 왕위를 찬탈했기 때문에 기자조선의 정통을 이었다고 보기 어렵고 기준(箕準)이 남쪽으로 옮겨가 세운 마한을 정통으로 보아야 한다는 것이다. 서명응의 『고사신서』도 단군조선과 기자조선 다음에 삼한을 먼저 다루고 위만조선을 나중에 서술하고 있다.

안정복의 『동사강목』은 마한(삼한)정통론이 가장 뚜렷하게 드러나는 사료 가운데 하나다. 『동사강목』의 범례는 '단군과 기자를 똑같이 외기(外紀)로 삼은 『동국통감』은 옳지 못하며 기자로부터 정통을 시작해야 한다'고 기술하고 있다. 위만에 대해서는 찬적(簒賊)이라고 하여 단군조선과 기자조선에 위만조선을 나란히 하여 삼조선으로 지칭한 것을 잘못이라고 했으며 삼국을 무통(無統, 정통이 아닌 것)으로 보고 있다. 고조선에 관한 여러 기록도 고증했는데 단군신화를 허황된 내용이 많다고 비판했으며 환인과 환웅에 지내는 제사를 없애야 한다고 했다. 부루가 북부여의 왕이 되었다는 내용도 믿을 수 없다고 기록하고 있다.

이렇게 기자를 중시하는 마한(삼한)정통론에 입각해 있으면서도 한편으로는 단군을 재평가했다. 『성호사설』의 경우 단군과 기자를 단기(檀箕)라고 병칭해 두 존재를 일체화하거나 기자와 단군을 모두 유교적 교화를 상징하는 인물로 동질화하고 있다. 특히 중화족과 이적(夷狄)이 동방의 이상적 고대문화를 발전시켜 공유했다고 하여 화이(華夷)의 차별을 부정하고 있다. 이 때문에 학계는 이익이 중화 중심의 세계관을 탈피했다고 평가하기도 한다. 『동사강목』은 문화의 시작을 절의(節義)로 대표되는 동이문화로 파악하고 동이문화적 개성을 지닌 소중화의식을 강조해 동이문화–단군문화–기자문화로의 계기적 진전을 이룬 것으로 기술하고 있다.

단군을 중시해 기자를 정통으로 보지 않은 저술도 있다. 임상덕의 『동사회강』은 주 무왕이 기자를 조선에 봉했다는 『사기』 송미자세가(宋微子世家)의 기록을 부정한다. 또한 기자가 동방 만세(萬世)의 종주(宗主)라는 점을 인정하면서도 정통으로서의 위상은 부여하지 않고 있다. 단군조선을 초조선, 기자조선을 후조선으로 표현한 점도 독특하다. 『동사회강』은 신화적인 내용을 가급적 배제하는 역사 서술을 견지하고 있기 때문에 단군신화와 유화설화 등은 누락돼 있다. 대신 단군과 금와 이야기에 나오는 태백산의 위치 문제 등을 다루면서 당대의 역사지리를 고증하고 있다. 이에 따라 단군의 태백산을 묘향산으로, 금와의 태백산을 백두산으로 고증했다. 이러한 서술이나 고증 방식 때문에 『동사회강』이 성리학적 관점에서 비롯된 관념적인 기자조선 인식에서 벗어나 있다고 보기도 한다.

이돈중의 『동문광고』도 마한(삼한)정통론의 입장은 보이지 않는다. 『동문광고』는 조선과 청 및 일본 주변의 여러 지방을 돌아다니며 그 연혁과 고사를 모아서 엮은 책이다. 고조선 관련 내용이 주로 나오는 「동이고(東夷考)」에는 단군조선, 기자조선, 위만조선이 순서대로 기록되어 있으며 기자를 중시하거나 위만조선을 폄하지 않고 있다. 특이점은 단군신화의 내용을 기존 전승과 약간 달리 기록했다는 점이다. 즉 '환웅이 곰에서 변한 여자와 관계하여 단군을 낳다'고 전하는 것이 기존 전승인데 『동문광고』는 환웅이 곧바로 암컷 곰과 관계하여 단군을 낳았다고 했다. 그런데 『세종실록』 지리지에는 단웅천왕(檀雄天王)이 손녀로 하여금 약을 마시고 인신(人身)이 되게 하여 단수(檀樹)의 신(神)과 혼인해 낳은 아들로 나온다. 이렇게 단군신화의 내용에 다소 차이가 나는 바, 조선시대에도 단군신화의 여러 전형(傳形)이 있었음을 알 수 있다. 또한 해부루를 단군의 아들로 보고 있는 점도 특징적이다. 『세종실록』 지리지에도 같은 내용이 나온다. 『삼국유사』에는 해부루가 북부여의 시조로 나오는 해모수의 아들로 기록되어 있다.

이만운이 아동 교육용으로 제작한 『기년아람』은 『행주기씨족보』를 활용해 기자 이후 준왕에 이르기까지 왕의 이름을 서술하고 있다. 단군조선, 기자조선, 위만조선, 4군·2부 다음에 삼한을 다루고 있어 마한(삼한)정통론적 관점과는 다른 견지에 있다. 환인을 단군의 조부로, 부여의 왕 금와를 주몽의 아버지로 표현하고 있다.

『열하일기』와 『기자외기』도 눈여겨볼 만하다. 『열하일기』는 박지원이 1780년에 수행한 연행길에서 작성한 글이다. 내용이 많지는 않으나 기자의 봉지(封地)를 요하 일대로 보는 관점, 주민의 이주에 따라 지명도 변화하고 이동했다는 견해, 한의 4군이 요동과 여진 지역에 위치했다고 본 것은 고조선사 연구에서 중요한 의미를 갖는다. 지명 이동설은 17세기 홍여하로부터 영향을 받은 것인데 『열하일기』는 기자 봉지를 영평과 광녕 사이로 추정하고 이곳이 여러 평양 중 한 곳이었다가 이후 연나라 진개에게 쫓기어 땅 2천 리를 잃고 동쪽으로 이동하면서 평양과 패수의 지명도 같이 이동했다고 보았다. 또한 『한서』 지리지에 현도나 낙랑은 있으나 진번과 임둔은 보이지 않는 점을 근거로 한 4군의 위치를 한반도 밖에서 구하고 있다. 이러한 인식은 19세기 고대사 인식이 요동지역으로 확장하는 데 영향을 주었다. 현대의 고조선사 연구자들도 이로부터 영감을 받은 바 컸다.

서명응의 『기자외기』는 국내외에 존재했던 기자 관련 기록과 논설 및 시문 등을 종합해 기록한 다음 자신의 생각을 덧붙여 놓은 책이다. 서문을 보면 당시에 윤두수의 『기자지』나 이이의 『기자실기』가 유포되어 있었다고 보인다. 그럼에도 자신이 기자의 기록을 집성한 것은 기존의 기록에 기자의 도와 법이 빠져 있기 때문이라고 밝히고 있다. 『기자지』는 현전하지 않고 『기자실기』가 이이의 문집에 수록되어 있을 뿐이다. 『기자외기』에서 주목되는 점은 '서여라는 사람이 기(箕) 지역에 분봉(分封)됐고, 이 때문에 기자로 불렸으며, 봉지는 중국 하남의 서화현에 위치했다'고 한 내용이다. 이것은 평양을 방문한 하남 서화 출신의 명나라 사신 왕경민(王敬民)의 글을 수용한 것으로, 저자인 서명응이 기자에 대한 새로운 해석을 제시함으로써 조선 문화의 우수성을 강조하고자 한 것으로 해석되고 있다.

이외 유희양의 『춘관통고』는 단군과 동명왕의 사당인 숭령전(崇靈殿), 기자의 사당인 숭인전(崇仁殿), 단군·기자의 무덤에서 이루어졌던 의례 관련 내용을 전해주고 있다. 이긍익의 『연려실기술』은 당대에 전해진 단군·기자·위만 관련 기록을 모아놓은 일종의 자료집이라 할 수 있다. 인용한 기록만 400여 종에 달한다. 여기에 자신의 견해를 추가한 부분도 있어서 고조선사 연구뿐만 아니라 18세기 고조선에 대한 인식을 알아보는 데도 좋은 자료다.

부여에 관한 내용은 고구려 등에 대한 서술에서 산발적으로 등장한다. 예를 들면 『동국역대총목』 고구려 유리왕조에 부여국이 침공한 사실을 적기한다거나 『찬수동국사』 삼국기에 신라와 고구려 기사를 서술하면서 부여왕에 관한 내용을 부기해 놓는 형식이다. 부여를 단독으로 구성해 설명한 예에서도 내용이 자세하지는 않다. 『성호사설』 권1 천지문의 졸본부여조와 『해동악부』의 북부여조가 단독으로 구성된 사례이다. 그러나 내용은 많지 않고 그마저 주몽과 연관된 내용이 주이다.

특이점은 『연려실기술』의 경우 단군조선조에 『삼한고기』(현존하지 않음)를 인용하여 동부여의 왕이 된 부루를 단군의 아들로 묘사하고 있다는 점이다. 단군과 부루를 부자관계로 보는 사례는 『기년아람』에서도 나온다. 즉 단군의 아들 해부루가 기자를 피하여 부여에 나라를 세우고 북부여라 하였다가 후에 가섭원으로 옮겨 동부여라고 불렀다는 내용이다.

이상과 같은 문헌은 이전 시기와는 다른 고조선 및 부여에 관한 인식을 보여주고 있다. 고려시대의 『삼국유사』는 기자조선을 따로 편성하지 않고 단군이 도읍을 옮겨간 이유로 기자를 언급하였을 뿐이다. 『제왕운기』의 경우는 단군을 전조선, 기자를 후조선으로 하여 위만조선과 더불어 이른바 '삼조선'으로 기술하고 있다. 이러한 경향은 고려 말에 성리학이 수용된 이후에도 한동안 유지됐다. 조선 초 새 왕조의 국호가 '조선'으로 결정되면서 단군과 기자가 함께 강조됐고 이들에 대한 제사도 국가 차원에서 규범이 마련돼 치러졌다. 『한국고대사 자료집: 고조선·부여 편 Ⅰ권 – 17세기 이전 사료』에 실린 『동국세년가』·『응제시주』·『동국사략』·『삼국사절요』·『동국통감』 등이 이에 해당된다.

그러나 17세기부터 정통론에 기초한 역사 인식 체계가 나타나고, 18세기가 되면 기자를 중시하는 마한(삼한)정통론에 입각한 고조선 인식 체계가 강화된다. 애매했던 부여의 시조에 관한 내용도 성리학적 윤리 체계에 호응하듯 부자 관계 등으로 서술한 사례가 등장한다. 또한 조선 후기에는 기자를 존숭하고 후손을 우대하는 분위기 속에서 기자 족보가 만들어지고, 역으로 족보의 내용이 일부 역사서에 더해지면서 기자의 후손이나 기자조선의 왕세계에 대한 내용이 보강되기 시작한다. 앞에서 살펴본 『기년아람』이 대표적이다.

이상과 같이 이 책에 수록된 자료는 18세기 당대의 고조선과 부여에 관한 사료나 인식에 대해 저자가 자신의 견해를 덧붙이거나 고증한 것이다. 오늘 우리가 이 자료들을 참고로 한국고대사를 연구할 때는 이를 고려할 필요가 있다.

동북아역사재단은 고조선과 부여에 관한 자료의 부족을 해소하고 연구자와 일반인들이 보다 쉽게 활용할 수 있도록 여기저기 흩어져 있는 방대한 자료를 모으고 번역했다. 이 자료집이 고조선과 부여에 관한 전통시대의 인식을 이해하는 데 도움이 되기를 기대한다.

사료 번역에 참여한 연구자들, 번역되어 있는 자료를 활용할 수 있도록 기꺼이 허락해준 관련 기관과 출판사 및 개인 번역자들께 감사의 마음을 전한다.

2020년 7월

편찬책임자 박 선 미 연구위원

일러두기

1. 이 책은 2005년 펴낸 『고조선·단군·부여 자료집(상·중·하)』에 수록된 사료를 번역하여 저술 및 편찬 순으로 나누어 편집한 것이다. 단군 등이 단순히 언급된 부분은 번역에서 제외하였다.
2. 저술 및 편찬 연대가 불명확한 경우는 사료의 내용이나 저자의 생몰 연대를 고려하여 추정해 편집하였다.
3. 중국 사료는 선진문헌, 이십오사 및 기타로 나누어 저술 및 편찬 연대로 정리하되 이십오사의 경우는 왕조순으로 배열하였다.
4. 부여와 관련된 사료는 주몽이 부여를 탈출하여 고구려를 건국하는 부분까지 선별하여 편집하였다.
5. 중국 측 사료 가운데 기자 관련 사료는 고조선과 관련되는 내용만을 선별하여 번역, 편집하였다.
6. 서지 해제 및 번역의 연도는 서기년을 기준으로 작성하고 필요한 경우 괄호 안에 왕과 재위년을 기재하였으며 문헌에 '을미년' 등과 같은 표현이 나올 경우 '을미년(고종 32, 1895년)'으로 기재하였다.
7. 인명, 서명 등 고유명사는 처음 나올 때 한자를 병기하였으며 지명의 경우는 현대에 널리 알려진 경우를 제외한 경우에만 한자를 병기하였다.
8. 보충역 및 간주는 부연할 내용이 적을 경우에는 -○○○○○○-의 형태로 표기하고 설명할 내용이 많을 경우에는 각주를 사용하였다.
9. 사료 원문의 고유명사는 파악이 가능한 경우에는 모두 완칭(完稱)으로 표기하였다.
10. 사료 원문의 일부를 번역하지 않고 중략할 경우는 …로 표기하였다.
11. 원문의 세주 부분은 글씨를 작게 하여 [ ]안에 넣어 표기하였다.
12. 기존에 번역된 자료는 관련 기관의 협조를 받아 맨 뒤에 출처를 달아놓았다. 출처가 명시되어 있지 않은 경우는 재단에서 새로 번역한 것이다.
13. 부록에 사료 원문 일부를 선별하여 제시하였다. 원문이 있는 경우에는 본문의 번역문이 끝나는 부분에 부록의 원문 번호를 ( )안에 명기하여 찾아보기 쉽도록 하였다.
14. 맞춤법은 국립국어원의 표준국어대사전을 기준으로 작성하였다. 띄어쓰기, 두음법칙, 문장부호(중간점 등)는 모두 표준국어대사전을 기준으로 삼았다.

차 례

책머리에 ··· 3

일러두기 ··· 9

동국역대총목(홍만종) : 1705년 ··· 12
찬수동국사(이홍기) : 1708년 간행 ··· 20
연행일기(김창업) : 1712~1713년 ··· 26
동사회강(임상덕) : 1711~1719년 ··· 28
해유록(신유한) : 1719~1720년 ··· 41
봉사일본시문견록(조명채) : 1748년 ··· 43
성호사설(이익) : 1760년 ··· 44
해사일기(조엄) : 1763~1764년 ··· 67
고사신서(서명응) : 1771년 ··· 68
연려실기술(이긍익) : 1776년 이전 ··· 71
동사촬요(저자 미상) : 1776년 이전 ··· 98
기자외기(서명응) : 1776년 ··· 102
기년아람(이만운) : 1778년 ··· 215
동사강목(안정복) : 1778년 ··· 222
연행기사(이갑) : 1778년 ··· 302
열하일기(박지원) : 1783년경 ··· 303
조야집요(저자 미상) : 1784년경 ··· 311
문원보불(존현각 편) : 1787년 ··· 315

해동악부(이복휴) : 1787년경 …… 323
춘관통고(유의양) : 1788년경 …… 336
연행기(서호수) : 1790년 …… 350
연행록(김정중) : 1792년 …… 353
동문광고(이돈중) : 1754년 이후 저술 추정 …… 356
오계일지집(이의백) : 18세기 편찬 추정 …… 365
풍암집화(유광익) : 간행 연도 불명 …… 371

• **부록: 사료 원문** …… 385

• **찾아보기** …… 481

『東國歷代總目』(1705년)

洪萬宗(1643~1725)

『동국역대총목』은 홍만종이 단군조선에서 조선 후기까지의 역사를 강목 형식으로 서술한 사서다. 소론계 영의정 신완(申琓)의 부탁으로 1705년(숙종 31) 저술하였다.

홍만종은 소론에 가까운 인물로 1675년(숙종 1) 진사시에 합격하여 부사정·참봉 등을 지냈다. 1680년 허견(許堅) 사건에 연루되어 유배당하였다가 풀려난 이후 관직에 뜻을 두지 않고 저술 활동에 몰두하였다. 『해동이적(海東異蹟)』, 『소화시평(小華詩評)』, 『순오지(旬五志)』, 『동국악보(東國樂譜)』, 『동국지지략(東國地志略)』 등 여러 책을 저술하였는데, 도가적인 면모도 보였다.

『동국역대총목』은 현종실록자로 간행한 금속활자본과 몇 종의 필사본이 남아 있는데, 『홍만종전집(洪萬宗全集)』에 포함된 필사본이 가장 널리 알려져 있다. 본서의 번역문은 국립중앙도서관본을 중심으로 하였다.

책의 구성을 보면 책머리에 자서가 있고, 이어서 동국역대전통도(東國歷代傳統圖), 역대건도지도(歷代建都之圖), 범례가 있다. 책 말미에는 지지(地誌)가 있다. 단군, 기자, 마한, 삼국, 통일신라를 정통으로 보았으며, 삼국은 무통으로 처리하고 신라, 고구려, 백제 순서대로 서술하였다. 단군과 기자를 우리나라 계통의 시작으로 기록하였으며, 준왕은 위만에게 나라를 빼앗겼지만 기자의 제사를 계승하였다는 점에서 정통성을 부여하였다. 기자조선을 멸한 위만조선은 한 글자 낮추어서 서술하였다. 홍여하의 마한정통론을 계승하고 있음을 알 수 있다. 신라 고유 왕호를 모두 왕으로 바꾸어 표기하였으며, 신라 여왕들은 작은 글자로 주(主)로 표기하는 등 『주자강목』의 영향이 많이 확인된다. 우리나라 통사를 다룬 다른 책과는 달리 현종 때까지의 조선 왕조의 역사를 다룬 것이 특징인데, 이러한 새로운 시도로 숙종 33년(1707)에 배포를 중단하라는 정치적 공세에 시달리기도 하였다.

고조선은 단군조선, 기자조선, 위만조선으로 구분하여 서술하였으며, 부여는 고구려 역사와 관련하여 다루었다. 단군을 다양한 문화 제도를 만든 것으로 서술하였으며, 팽오를 단군의 신화로 다루었다. 단군 이전에는 군장이 없고 구이(九夷)가 있었던 것으로 표현하였다. 기자에 의해 중국의 풍속이 이루어졌고, 기자의 교화로 우리나라가 오랑캐에 빠지지 않게 되었다고 평가하였다. 한씨, 기씨, 선우씨가 기자의 후손임도 다루었다. 부여와 관련해서는 주몽 설화를 다루며 금와와 유화 이야기를 서술하였으며, 고구려와의 항쟁과 멸망에 관한 내용을 주로 다루었다.

『동국역대총목』 범례

하나. 단군과 기자는 『동국통감』에서는 외기에 수록하였다. 대개 세대와 사적을 자세히 알 수가 없었기 때문이다. 그러나 단군은 처음 등장한 신령스런 임금이고 기자는 가르침을 세운 성스러운 임금이므로 역년의 처음과 끝을 오히려 고찰해서 신뢰할 수 있다. 그러므로 높여서 우리나라 계통의 처음에 기록한다.

하나. 기준(箕準)은 비록 위만에게 축출되어 나라를 잃고 도읍을 옮겼지만 오히려 기자의 제사를 계승하였으니, 한 소열제가 촉에 나라를 세워 정통을 잃지 않는 것과 같다. 지금 또한 『주자강목』의 범례에 의거하여 정통으로 기록한다.

하나. 위만은 비록 조선의 옛 땅에 웅거하였으나 정통이 기준에게 돌아갔으므로 기준과 더불어서 나란히 견줄 수 없다. 그러므로 한 글자를 낮추어서 쓴다. (387쪽 2)

『동국역대총목』 단군조선

단군조선, 평양에 도읍하였다가 후에 백악에 도읍하였다. [백악은 지금 문화현 구월산이다.]

[『사기평림』 주석에 인용된 『사기색은』에서 말하기를 "조(朝)의 음은 조(潮)이고 선(鮮)의 음은 선(仙)이다. 산수(汕水)가 있기 때문에 이름 지어졌다"라고 하였다. 또한 『동사보감』에서 말하기

를 "조선의 음은 조선(潮仙)인데 물로 인해서 이름 지어졌다"라고 하였다. 또한 말하기를 "선(鮮)은 밝다는 뜻이다. 땅이 동쪽에 있어서 해가 먼저 밝아오기 때문에 조선이라고 이름하였다"라고 하였다.]

단군 [이름은 왕검이다. 『사기평림』 주석에서는 왕험이라고 하였다. ○동방에는 처음에 군장이 없었고 아홉 종의 오랑캐가 있었다. 풀로 옷을 만들었고 나무 열매를 먹었다. 여름에는 소굴에서 지냈으며 겨울에는 동굴에서 살았다. 신인(神人)이 있어 태백산 박달나무 아래에 내려오니 나라 사람들이 세워 임금으로 삼았다. 국호를 조선이라고 하였다. 『삼국유사』를 살펴보니, "옛날에 천신이 있었는데 태백산 정상 신단수 아래로 내려왔다. 그때 한 마리 곰이 있어서 천신에게 기도하면서 사람이 되길 빌었다. 마침내 여자의 몸을 얻자 이에 아이 갖기를 원하였고, 천신은 이에 관계를 맺어 아들을 낳았다. 이름하여 단군이라 하였으니 대개 그 잉태하여 태어난 곳이 신단 아래였기 때문이다"라고 하였다. 내 생각에 『삼국유사』는 우리나라 시작의 역사를 담고 있는데 단군의 단(檀) 글자는 토(土) 부수로 하는 것이 마땅한 듯하다. 다른 서적들이 모두 따르므로 목(木) 부수 역시 감히 임의로 고치지 않았다. 지금 짐짓 두 가지를 모두 남겨둔다. ○태백산은 영변 묘향산이다.] ○【무진년】 원년 [도당씨 요 임금 25년] 백성들에게 머리카락을 땋고 머리를 덮는 것을 가르쳤다. [군신, 남녀, 음식, 거처의 제도 또한 이때부터 시작되었다고 한다.] ○팽오에게 명하여 군내의 산천을 다스려 백성들의 거처를 정하였다. [『본기통람』에 이르기를 우수주에는 팽오의 비가 있다고 한다. 김시습의 시에서 이르기를 "수춘은 맥국이니, 길 개통은 팽오에서 시작되었네"라고 하였다. 우수는 지금의 춘천이며 수춘은 춘천의 다른 이름이다.] ○【갑술년】 [하나라 우 임금 18년] 아들 부루를 보내어 하나라에 조회하였다. [이때 우가 제후들을 도산에 모이게 하니 단군이 부루를 보내어 조회하였다.] ○【갑자】 [상나라 무정 8년] 아사달산 [지금의 구월산이다]에 들어가서 신이 되었다. 사당은 평양에 있다. [구월산에는 또한 삼성사가 있는데 단군은 그중 한 자리를 차지하고 있다. ○『동국통감』을 살펴보니, 상나라 무정 8년 을미년에 단군은 아사달산에 들어가서 변화하여 신이 되었다. 또 『동국여지승람』을 살펴보니 주 무왕이 기자를 조선에 봉하자 단군은 이에 당장경으로 옮겼다가 후에 아사달산에 숨어서 변화하여 신이 되었다고 한다. 두 가지 설이 같지 않은데 지금 『동국통감』을 따르면 상나라 무정 8년이 옳다. 『황극경세』의 글을 가지고 미루어 보니, 상나라 무정 8년은 갑자년이지 을미년이 아니다. 따라서 갑자년이 옳다. 원년 무진년부터 갑자년까지 계산해보니 재위는 1,070년이다. 상세의 신성한 사람들의 수명은 후세와 같지 않다. 광성자의 수명은 1,200세였고, 팽조는 8백 세였으니, 단군이 누린 수명이 천여 세인 것 또한 심하게 괴이할 것은 없다. 권근은 단군을 읊어서 말하기를 "세대를 전한 것이 얼마인지 모르나 역년은 천 년을 넘었네"라고 하였는데, 권근의 시는 1,017년에 돌아간 것을 뜻한다. 전한 역년의 수는 자못 권근이 합리적이다. 그러므로 우리나라 역사서에서는 권근의 말을 옳다고 단언한다. 그러면서도 여러 역사서에서는 모두들 상나라 무정 8년을 단군이 변화하여 신이 된 해로 여긴다. 후대인의 억견으로, 반드시 그렇지 않다고 판단하기가 어려우므로 지금은 옛 역사서를 좇아서 쓴다. 만약 상나라 무정 갑자년을 단군의 말년으로 여긴다면, 갑자년부터 주나라 무왕 기묘년까지는 이에 단군의 후손에게 돌아가게 된다. ○당장경은 문화현의 동쪽에 있다. 단군 원년 무진년에 일어나서 기자가 수봉된 기묘년에 그쳤다.] 모두 1,212년이다. [『위서』를 살펴보면, "2천 년 전에 단군왕검이 있었는데 아사달에 도읍하고 나라를 열어서 조선이라고 하였다. 도당씨 요 임금과 같은 시기였다"라고 하였다. 중국 사서에 기록된 내용은 우리나라 사서의 내용과 대략 동일하다. 다만 우리나라 글에서는 박달나무 아래로 내려왔다가 끝내는 변화하여 신이 되었다고 하였으니 또한 이야기가 허망한 듯하다. 그러나 단군이 처음으로 나와서 세상을 다스리고 동방의 왕이 된 때는 아득히 먼 시절이었다. 아득히 오래된 일들에는 진실로 신이한 행적이 많다. 그러므로 지금 감히 망령되이 논하지 않고 하나같이 역사서에 따른다.] (387쪽 3·4)

『동국역대총목』 기자조선

기자조선, 평양에 도읍하였다.

[『사기평림』의 미자세가 주석에서는 "기(箕)는 국명이며 자(子)는 작위명이다"라고 하였다. 『대명일통지』에서는 "서화는 옛날 기 땅이다. 처음에 성사(聖師)께서 기 땅을 식읍으로 받았으므로 기자라고 칭하였다. 지금 읍 가운데에는 기자대가 있다. 서화는 개봉부 서쪽으로 90리쯤 되는 지역에 있다"라고 하였다.]

기자 [성이 자씨이고 이름은 서여다. 은나라의 태사이니, 곧 주의 제부(諸父)이다. 주나라 무왕이 상나라를 멸망시키니 기자는 동쪽으로 조선으로 갔다. 무왕이 이로 인하여 봉하였으나 신하가 되지 않았다. 처음 기자가 동쪽으로 왔을 때 중국인 중에서 따라온 자가 5천 명이었는데, 시·서, 예·악, 의·무, 음양·복서의 무리와 백공의 기예가 모두 따라왔다. 도착하였는데 말이 통하지 않아 통역해서 알게 하였다. ○살펴보면, 『유주집』에 수록된 기자비의 주석에 이르기를 "기자의 이름은 수유이다"라고 하였다. 『사기평림』 주석에서 복건이 말하기를 "기자는 주의 서형이다"라고 하였다. 지금 모두 실어두어서 참고하게 한다.] ○【기묘년】 원년 [주 무왕 원년 ○신익성이 지은 『경세보편』에서는 무자년에 기자가 중국인을 이끌고서 조선에 왔다고 하였다. 무자년은 곧 주나라 성왕 3년이다. 기자가 피하여서 조선에 온 것은 무왕이 상나라를 멸망시킨 초창기에 있던 일인데 어찌해서 은나라가 멸망한 후로 10년이나 기다렸겠는가? 또 홍문관의 『강감』에서는 기자가 임오년 여름에 주나라에 조회하였다고 하였다. 임오년은 무자년 이전인데 무자년에 조선으로 갔다는 설과는 큰 차이가 난다. 『경세보편』의 기록이 의심스럽다.] 백성들에게 예악을 가르치고 여덟 조목의 규약을 베풀었다. [신의를 숭상하고 유학에 독실하였더니 몇 년 지나자 백성들이 스스로 교화되어 중국의 풍속을 이루어냈다. ○『한서』를 살펴보니, 살인자는 죽음으로 갚게 하고, 남을 상하게 한 자는 곡식으로 배상하게 하며, 도적질한 자는 그 집의 노비로 삼는다고 하였는데, 나머지는 고증할 수 없다. 이수광이 지은 『지봉유설』에서는 혹 오륜을 합하여 여덟 조목이 되는 것이 아닐까 하였다.] 정전을 구획하였다. [덕정을 닦고 농상을 권하니 시절이 화합하고 풍년이 들었다. 조정과 백성이 기뻐하면서 대동강을 황하에, 영명령을 숭산에 비유하였고 노래를 지어 그 덕을 송축하였다. ○정전은 평양부 남쪽 외성 안에 있는데, 그 남은 자취가 지금까지 완연하다.] ○【임오년】 주나라에 조회하였다. [흰 수레와 백마를 타고서 주나라에 조회하였다. 옛 은나라의 터를 지나면서 감회에 젖어서는 맥수가를 지었다 ○『상서대전』에서는 주나라에 조회하면서 노래를 지은 것이 미자의 일이라고 하였다. 또 기자는 "상나라가 멸망하더라도 나는 남의 신하가 되지 않겠다"라고 한 말이 있으니, 만약에 주나라에 조회하였다고 한다면 이는 신하의 직책을 수행한 것이다. 일이 저촉되어 가히 의심스럽다.] ○【무오년】 기자가 세상을 떠났다. [『진단통기』를 살펴보니, 이르기를 "기자는 병술년에 태어나서 무오년에 죽었다. 주나라 무왕과 같은 시기를 함께하였으니 수명 또한 같고 다름이 있구나"라고 하였다.] ○무덤은 평양부 북쪽 토산에 있다. [『사기평림』 미자세가 주석의 『사기색은』에서 이르기를 "두예(223~284)가 이르기를 양국 몽현에 기자총이 있다"라고 하였다. 또 『대명일통지』를 살펴보니 "몽현에는 기자묘가 없고, 산동 포정 요동사 고적 조에서 평양성 밖에 기자묘가 있다고 하였다"라고 하였다. 두예의 설은 무엇에 근거하였는지 모르겠다. 어찌 전하는 중에 잘못되었겠는가.]

[『후한서』를 살펴보니, 이르기를 "기자는 조선 땅으로 피신해서는 여덟 조목의 규약을 베풀어 완악한

풍속을 바꾸었다. 그러므로 그 나라는 유순하고 삼가는 것이 풍속이 되었다. 서·남·북 세 방향의 오랑캐와는 다르다"라고 하였다. 유종원(773~819)의 기자비에서 이른바 "미루어서 풍속을 가르쳐 오랑캐를 중화를 만들었다"라고 한 것은, 진실로 사실을 기록한 것이다. 기자께서는 우리나라에 있어서 진실로 생성하고 빚어주신 큰 은혜가 있다. 기자 인현의 가르침이 아니었다면 우리나라는 (오랑캐들처럼) 머리를 풀어헤치고 좌임하였을 것이다. 공자께서 구이(九夷)에 거하고 싶다고 하였으니, 어찌 동방에 기자의 남은 교화가 있기 때문이 아니었겠느냐?]

[우리나라 사서의 여러 책에서 기부(箕否)를 기자의 41대손으로 여겼는데, 기자에서 기부 사이의 계승한 40대의 임금들은 기록에 드러나 있지 않으니 애석하구나. 우리나라 문헌의 증거 없음이여! 또 여러 사서에서는 이르기를 "기자의 후손인 조선후가 주나라가 쇠함을 보고는 군사를 일으켜 연나라를 정벌하고 주 왕실을 높이려고 하였으나 대부 예가 간하여 중지하였다"라고 하였다. 이 일은 분명 전국시대의 일일 텐데 또한 그 세계와 이름을 알지 못한다. 그러므로 드러내어 쓰지 못하니 개탄스럽다.]

기부(箕否) [기자의 41대손이다.] ○【정해년(기원전 214)】[진 시황제 33년] 에 진나라에 복속하였다. [진나라가 장성을 쌓아서 요동에 이르렀는데 기부가 두려워하여 복속하였다.]

기준(箕準) [기부의 아들이다. ○『위략』에서는 "조선의 기준이 비로소 왕을 칭하였다"라고 하였다. 『동국여지승람』에서 말한 '조선 무강왕'이 바로 기준이다.] ○【정미년(기원전 194)】[한나라 혜제 원년] 연나라 사람 위만이 습격해서 준을 정벌하니, 준이 나라를 잃고서 남쪽으로 옮겨갔다. [처음에 연왕 노관이 반란을 일으켜 흉노로 들어가자 위만도 망명하여 무리를 모아서는 오랑캐 옷을 입고서 동쪽으로 패수를 건넜다. 서쪽 경계에 살기를 구하면서 울타리가 되기를 원하였다. 준이 믿고서는 백 리의 땅에 봉하고는 곧 서쪽 변방을 지키게 하였다. 이때에 이르러 위만이 거짓으로 한나라 병사가 크게 몰려온다고 하고는 들어가서 숙위하기를 청하였다. 이어 준을 습격하였다. 준이 싸웠으나 적수가 안 되었다. 달아나 남쪽으로 옮겼다.] ○[기자 기묘년부터 기준 정미년까지] 모두 929년이다. [살펴보니, 기부와 기준은 세계와 명호가 명확하게 존재하므로 이를 이용해서 특별히 기록하였지만 그 재위 연수는 역시 고찰할 수 없다.] (387쪽 4, 388쪽 5·6)

『동국역대총목』 삼한

삼한 [곧 마한, 진한, 변한이다.]

마한 [한나라 혜제 정미년(기원전 194)에 기준이 위만에게 쫓겨 그 좌우의 궁인을 거느리고 바다로 하여 남쪽으로 금마군에 이르렀다. 나라를 세우고 한왕을 칭하였다. …] … ○[정미년(기원전 194)에 일어나서 기사년(9)에서 그쳤다.] 모두 203년이다. 기자가 전한 제위는 앞뒤로 합하여 1,131년이다. [살펴보면, 기준이 위만에게 땅을 빌려주어 그 나라를 잃었는데, 그 후손이 또 온조에게 빌려주어 마침내 멸망하는 지경에 이르렀다. 호랑이를 키워 후환을 남겼는데, 뒤에 앞 시기를 경계로 삼지 않아 드디어 인현의 제사가 급작스럽게 소홀하게 되었으니 애석하도다. 또 이정구의 기자 숭인전비를 간략하게 고찰하여 살펴보면, "마한의 말엽에 나약한 자손 세 사람이 있었으니, 친이라고 하는 자는 그 후에 한씨가 되었고, 평이라고 하는 자는 기씨가 되었으며, 양이라고 하는 자는 용강 오석산에 들어갔다가 그 후에 선우씨가 되었다"라고 하였다. 『운서』에 이르기를, "선우는 자씨 성이다. 주나라가 기자를 조선에 봉하고 장자가 아닌 아들인 중이 우를 식읍으로 삼으면서 선우를 성씨로 하였다"라고 하였다. 『강목』에서 기자가 "조선에 봉해지고 그 아들이 우를 식읍으로 삼으면서 선우를 성씨로 하였다"라고 칭하였다. 조맹부(1254~1322)가 선우추(1246~1302)에게 준 시에서 이르기를, "기자의 후손에는 터럭 많은 늙은이가 많네"라고 하였으니, 선우씨가 기자의 후손이라는 것은 이미 분명하지 않는가. 홍무(1368~1398) 연간에 선우경이라는 자가 있어 중령별장이 되었다. 그 7대손 식이 태천에서 전각 곁으로 왔다. 드디어 식이 기자의 후손이라고 하여 전각의 이름을 숭인으로 올리고 식을 전감에 제수하였다. 자손으로 대대로 이어받도록 하였다고 한다. 이것이 기자의 후손과 관련된 일이다. 또 우리 조정에서 높이어 받드는 뜻과 관련된다. 그러므로 아울러 기록한다.] (388쪽 6·7)

『동국역대총목』 위만조선

위만조선은 왕검성 [지금의 평양이다] 에 도읍하였다.

위만 [한나라 혜제 원년 정미년(기원전 194)에 위만이 기준을 축출하고 왕검성에 웅거하였다. 나라 이름은 그대로 조선이라고 칭하였다. 이웃 읍락을 침범하여 항복을 받으니 강역이 수천 리에 이르렀다. 한나라 무제 때에 위만의 손자인 우거가 한나라 망명인들을 꾀어 들이는 것이 더욱 많아졌다. 또한 일찍이 황제에게 조회하지도 않았으며, 진국이 한나라에 조회하고자 하여도 우거가 막고서는 통하지 못하게 하였다. 황제가 책망하며 타일렀으나 우거는 끝내 조서를 받들기를 기꺼워하지 않았으며 한나라의 사신을 죽였다. 원봉 3년 계유년(기원전 108)에 황제가 제남태수 공손수를 보내어 정벌하게 하였다.

나라 사람들이 우거를 죽이고서는 항복하였다. 그 땅을 나누어 4군으로 삼았다. ○ 정미년부터 계유년까지 모두 87년이다.] (388쪽 8)

『동국역대총목』 고구려 동명왕

동명왕 [이름은 주몽이며 본래 성은 해씨이다. 스스로 고신씨의 후예라고 칭하며 고를 성씨로 삼았다. 또 다른 설에는 주몽이 스스로 천제의 아들로 햇빛을 타고 태어났다고 하며 성씨를 고로 바꾸었다고 한다. 두 설이 같지 않아 잠시 둘을 모두 실어놓는다. ○ 처음에 부여 왕 해부루가 늙도록 아들이 없었다. 곤연에서 작은 아이를 얻었는데 금색 빛에 개구리 모습을 하였다. 기뻐하여 길렀는데 이름이 금와이다. 금와가 하백의 딸 유화를 우발수에서 얻어 방 가운데 유폐하였다. 햇빛의 쬐임을 입어 임신하였는데 큰 알 하나를 낳았다. 남자아이가 껍질을 깨고 나왔는데 기골이 장대하고 영특하고 호걸다웠다. 나이가 일곱 살이 되자 스스로 활과 화살을 만들었는데 쏘는 대로 맞추지 못함이 없었다. 부여의 속어에 활을 잘 쏘는 것을 주몽이라고 하였으므로 이름을 주몽이라 하였다. 금와의 일곱 아들이 그 재능을 시기하여 죽이고자 하였다. 주몽이 도망하여 졸본부여로 갔다. 그 임금이 딸을 아내로 주었다. 그 왕이 죽음에 이르러 아들이 없자 주몽이 계승하였다. 비류수 위에 도읍을 세우고 나라 이름을 고구려라 하였다. ○ 동부여는 압록강변에 있으며, 우발수는 영변부에 있고, 비류수는 성천부에 있다.] (389쪽 9)

『동국역대총목』 고구려 유리왕

【계유년(13)】 부여국이 침공해 오자 왕이 아들 무휼을 시켜 쳐서 깨뜨리게 하였다. (389쪽 10)

『동국역대총목』 고구려 대무신왕

【임오년(22)】 왕이 부여를 쳤다. 왕이 그 왕 대소를 죽였다. [대소는 금와의 아들이다. 금와가 죽자 계승하여 왕이 되었다. 이때 이르러 왕이 공격하여 죽였다. 대소의 아우가 갈사수변으로 도망해서는 즉위하여 왕이 되었다. 갈사수는 압록강 북쪽으로 의심된다.] (389쪽 10)

『纂修東國史』(1708년 간행)

李弘基(?~?)

『찬수동국사』는 조선 후기에 이홍기가 쓴 역사서다. 단군조선에서 고려까지의 역사를 다루었으며, 필사본으로 전한다.

이홍기는 호가 안릉(安陵)이라는 것 이외에 특별히 알려진 것이 없다. 1708년 가을 7월 7일에 『찬수동국사』의 서문을 작성하였다고만 되어 있다.

현재 전하는 것은 1책 1권으로 구성되어 있으나 조선 시대 부분을 별도의 책으로 구성했을 가능성도 언급되고 있다. 책 앞부분에 중국역대기(中國歷代記)와 동방역대차서(東方歷代次序)가 있다. 동방역대차서에는 단군조선에서 고려까지 우리나라 역대 왕조와 왕을 나열하였다. 왕은 삼국 이후의 왕들을 나열하였는데, 삼국은 신라, 고구려, 백제순으로 언급하였다. 중국역대기에는 당요(唐堯)에서 명나라까지 중국 각 왕조의 흥망 시기를 간략히 다루었는데, 고조선 시기의 주요 사건, 삼국의 흥망 시기 등 우리 역대 왕조와 비교하여 서술하였다.

본문은 17세기 초 오운이 저술한 『동사찬요(東史纂要)』 가운데 본기의 내용을 거의 그대로 옮겨놓았다. 일부 축약한 부분도 있다. 삼한과 삼국 사이에는 동국역대전통지도(東國歷代傳統之圖), 역대건도지도(歷代建都之圖)가 있는데, 이것은 1705년 홍만종이 편찬한 『동국역대총목(東國歷代總目)』에 실려 있는 것과 사실상 동일하다. 즉, 『찬수동국사』는 여러 책에 있는 내용을 초록하여 편집한 것임을 알 수 있다. 본문은 단군조선, 기자조선, 위만조선, 4군(四郡), 2부(二府), 삼한(마한, 진한, 변한), 삼국(신라, 고구려, 백제), 고려순으로 구성되어 있다. 삼국 이후부터는 기(紀)를 붙여서 삼국기, 고려기라고 하였다. 이러한 체제는 『동사찬요』의 체제를 그대로 따른 것이다.

『찬수동국사』에는 고조선, 부여 관련 내용이 나온다. 고조선은 단군조선, 기자조선, 위만조선 등 삼조선의 역사를 간략히 다루었으며, 위만조선 이후의 4군과 2부, 준왕이 세운 마한 등도 다루었다. 부여는 고구려 동명왕의 사적을 전하면서 다루고 있는데, 동명왕 주몽의 탄생과 관련하여 동부여 왕 금와에 대한 내용이 있다. 주몽의 어머니 유화가 죽자 금와왕이 신묘(神廟)를 세워준 것도 다루었다. 단군의 향년으로 언급된 1,048년은 나이가 아닌 단군이 전한 세대의 햇수로 이해하였다. 패수(浿水)에 대한 논의와 한사군의 위치도 다루었는데, 패수는 조선 왕 준과 연왕(燕王) 노관의 약속으로 경계가 된 것으로 서술하였다.

『찬수동국사』 단군조선

동방에는 아홉 종류의 오랑캐가 있었으며, 처음에는 군장이 없었다. 신인(神人)이 있어 태백산 박달나무 아래에 내려왔다. 나라 사람이 세워 임금으로 삼았다. 나라 이름을 조선이라 하였다. 때는 도당씨 요 임금 25년 무진년이다. 처음에 평양에 도읍을 하였다가 후에 백악으로 옮겼다. 이가 단군이다. 상나라 무정(武丁) 28년 을미년에 이르러 아달산에 들어가 신이 되었다. [고기(古紀)에 단군의 향년은 1,048년이라고 하였는데 이 설은 가히 의심스럽다. 혹은 1,048년은 단군이 전한 세대와 지내온 햇수이며 단군의 나이가 아니라고 한다. 이 설은 이치에 맞다. 태백산은 곧 묘향산이며, 아사달산은 곧 문화현 구월산이다. 백악은 곧 이 산이다.] (390쪽 2)

『찬수동국사』 기자조선

주나라 무왕이 (은나라 왕) 주를 치고 기자를 조선에 봉하자 평양에 도읍하였다. 예의와 농사와 양잠과 베 짜기를 가르치고 범금 팔조를 베풀었다. 살인자를 다스려 당시 죽임으로 배상하게 하고, 다치게 한 자를 다스려 곡식으로 배상하게 하고, 도둑질한 자를 다스려 남자는 몰입하여 그 집의 종으로 삼고 여자는 여종으로 삼았다. 스스로 대속하고자 하는 사람은 50만을 내게 하였는데 비록 면하여 백성이 되어도 풍속에 부끄러워하여 결혼하고자 하여도 짝을 구할 수 없었다. 이에 백성들이 마침내 도적질하지 않아 문을 닫지 않았고 부인은 정숙하고 신뢰할 만하여 음란하지 않았다.

변두(籩豆)로 음식을 먹었고 인현의 교화가 있었다. 그 후손 조선후가 주나라의 쇠함과 연나라가 참람하게 왕을 칭한 것을 보고는 군사를 일으켜 연을 치고 주를 받들고자 하였다. 대부 예가 간하여 멈추었다. 진나라가 천하를 병합함에 이르러 40대손 부가 진나라를 두려워하여 복속하였다. 그 아들 준이 즉위한 지 20여 년에 노관이 연왕이 되었다. 준과 연왕이 약속하여 패수를 경계로 삼았다. 연 지역 사람 위만이 망명하여 무리를 모아 패수를 건너 서쪽 지역에 거할 수 있기를 구하였다. 준이 홀을 내리고 백 리의 땅을 봉하였다. 위만이 망명한 무리를 꾀어 점차 성대해졌다. 드디어 준왕을 습격하였다. 준이 바다로 하여 남쪽으로 달아났다. [사마천의 『사기』를 살펴보면 이르기를 "한나라가 다시 요동의 옛 요새를 수리하고 패수에 이르러 경계로 삼았다. 위만이 망명하여 패수를 건넜다"라고 하였는데, 압록강을 패수로 삼았다. 또 『당서』에 이르기를 "평양성 남쪽 물가를 패수라고 한다"라고 하였다. 이런즉 패수는 지금의 대동강이다. 또 고려의 사서에 평산 땅의 저탄강을 패강이라 하였다. 즉, 국내에는 세 개의 패수가 있었는데, 고금을 통해 알 수 있는 것은 오직 대동강뿐이다. 범엽(398~445)이 이르기를 "기자가 쇠퇴해가는 은나라의 운명을 피하여 조선으로 달아났다. 팔조의 규약을 베풀고 사람들로 하여금 범금을 알게 하자 고을에 음란함과 도적질이 없게 되어 문을 밤에도 걸어 잠그지 않았다. 유순하고 삼가는 것이 풍습이 되었으며, 법도와 의가 있게 되었다. 가르치는 조문을 줄이고 간략하게 하고 신의를 사용하여 성현이 법을 만드는 원리를 얻었다"라고 하였다. ○『주사』에 이르기를 "옛날 기자가 중국 사람 5천 명을 이끌고 조선으로 들어갔다. 그 시·서, 예·악, 의·무(醫巫), 음양, 복서의 무리와 백공의 기예가 모두 따라갔다. 그러므로 '반만 명의 은나라 사람이 요수를 건넜다는 것이 이것이다'라는 말이 있다. 조선에 이르렀으나 말이 통하지 않자 통역을 통하여 알게 하였다. 시·서로 가르쳐 중국 예악의 제도를 알게 하였다. 아버지와 아들, 임금과 어버이의 도리가 비로소 행해지고, 오상(五常)의 예의가 비로소 갖추어졌다. 백공의 기예, 의·무, 음양, 복서의 기술을 가르쳐 비로소 있게 하였다. 농사와 양잠, 팔조의 가르침을 만드니 해가 갈수록 백성들이 스스로 변화하여 신의를 숭상하고 유술(儒術)에 돈독하여 중국의 풍속을 끌어 일으켰다. 군사를 일으켜 싸우는 것을 숭상하지 않게 가르쳤다. 하루의 난리에도 10년이 안정되기 어려워 백성이 곤궁에 처하고 그 생업을 안정시킬 수 없다고 하였다. 덕으로써 강폭한 것을 굴복시켰으므로 이웃 나라들이 모두 그 의를 사모하여 서로 친하게 지낼 것을 맹세하였다. 중국의 울타리가 되었으며, 의관과 제도가 모두 중국 각 시대의 제도와 같았다. 그러므로 '시·서, 예악의 나라이다'라고 일컬었는데, 기자에서 시작되었다"라고 하였다.] (390쪽 2·3)

『찬수동국사』 위만조선

위만이 이미 기준을 쫓아내고 왕검성에 거하였다. 한나라 효혜제·고후 시기에 천하가 처음 안정되자 위만이 병기와 재물을 얻어 주변 고을들을 침범하여 항복을 받아냈다. 진번, 임둔이 모두 와서 복속하여 사방 수천 리가 되었다. 손자 우거에 이르러서 한나라의 망명객들을 꾀어냄이 매우 많았다. (한) 무제가 사신을 보내어 우거를 설득하였으나 끝내 조서를 받들지 않고 한나라의 사신을 죽였다. 원봉 3년(기원전 108)에 황제가 누강장군[1] 양복을 보내 발해로 가게 하고 좌장군 순체로 하여금 요동을 나가 토벌하게 하였다. 우거가 저항하자 전쟁이 오래도록 해결되지 않았다. 황제가 제남태수 공손수를 보내 정벌하게 하였는데, 임의로 일을 처리하게 하였다. 조선의 상 노인 등이 모의하여 우거를 죽이고 한나라에 항복하였다. 드디어 조선을 평정하고 4군으로 삼았다. [왕검성은 지금의 평양이다. 검(儉)은 험(險)으로도 쓴다. 옛 선인(仙人) 왕검이 살던 곳이다.] (390쪽 3)

『찬수동국사』 4군

한나라 무제가 우거를 봉하였다가 드디어 조선 땅을 평정하고 낙랑, 임둔, 현도, 진번 4군을 두었다. 낙랑군의 치소는 조선현이며, 임둔군의 치소는 동이현이며, 현도군의 치소는 옥저성이며, 진번군의 치소는 삽현군이다. [낙랑은 지금의 평양이며, 현도는 고조선 땅으로 유주에서 동북쪽 3천 리에 있다. 한나라 명제가 현도성을 쌓았다. 지금 심양의 치소 동북쪽 80리에 귀덕주가 있는데 이것을 일컫는다. 지금의 무순 천호소다. 여기서 동남쪽으로 압록강에 이르는데 7백 리 길이다. 동이는 지금의 강릉이며, 동옥저는 지금의 함경도 땅이다.] (390쪽 3·4)

---

1) 『사기(史記)』 조선열전(朝鮮列傳)에는 '누선장군(樓船將軍)'으로 되어 있다.

『찬수동국사』 2부

한나라 소제 시원 5년(기원전 82)에 조선의 옛 땅 평나와 현도 등의 군을 평주도독부로 만들고, 임둔, 낙랑 등의 군을 동부도독부로 만들었다. (390쪽 4)

『찬수동국사』 삼한 마한 · 진한 · 변한

기준이 이미 위만에게 공격을 받아 빼앗겼다. 그 좌우에 있는 궁인을 거느리고 바다로 들어가 한(韓)의 땅 금마군에 살면서 스스로 한왕이라 불렀다. … [주나라 무왕 기묘년에 기자를 조선에 봉하자 평양에 도읍하고 9백 여 년을 이어왔다. 40대손 부에 이르렀는데, 당시 진 시황제 26년 경진년(기원전 221)에 진나라를 두려워하여 복속하였다. 부가 죽자 아들 준이 즉위하였다. 29년 한나라 혜제 무신년(기원전 193)에 위만이 무리를 모아 공격하였다. 준이 바다로 하여 남쪽으로 도망하여 금마군에 이르러 도읍하고 마한이라 불렀다. 50여 나라를 거느렸다. 4군과 2부의 때를 거쳐 전한 세대가 역시 2백 년에 이르렀다. 백제 시조 27년 기사년(9년)에 백제에 멸망당하였다. 기씨(箕氏)가 서로 전한 것이 앞뒤로 천여 년이었다. 그 전한 세대가 오래되었는데 어찌 유래한 곳이 없었겠는가.] … 모두 4만 호이다. [… ○마한은 백제 온조왕 때에 이르러 비로소 멸망하였다. 지금의 익주에 옛 성이 있다. 지금까지도 기준성이라고 일컫는다. 곧 마한으로 백제의 땅이 된 것이 이것이다.] (390쪽 4)

『찬수동국사』 삼국기 신라 · 고구려 · 백제

신라 시조 원년[한나라 선제 오봉 원년 갑자년(기원전 57)] 여름 4월 병진일에 시조 박혁거세[왕의 칭호에 대한 방언]가 즉위하였다. 이에 앞서 조선의 유민이 동해 해변과 산과 골짜기 사이에 나뉘어 거하며 6촌을 이루고 있었다. … 고구려 시조 고주몽이 즉위하였다. [한나라 원제 건소 2년 갑신년(기원전 37)] 이에 앞서 부여 왕 금와[부여 왕 해부루가 늙어 아들이 없자 산천에 제사를 드리며 후사를 구하였다. 부리는 말이 곤연에 이르러 큰 돌을 보더니 마주보고 눈물을 흘렸다. 돌을 굴리니 작은 아이가 있었는데 금색에 개구리 모습을 하였다. 왕이 기뻐하여 길렀다. 이름을 와라 하였다. 자라자 세워 태자로 삼았다. 후에 그 재상 아란불이 이르기를 "꿈에 천제가 나에게 이르기를 '장차 내 자손으로 하여금 여기에 나라를 세울 것이다. 너는 그것을 피하여라. 동해 해변에 가섭원이 있는데 오곡에 알맞아 도읍하기에 알맞다'라고 하였습니다" 하고 왕에게 권하여 도읍을 옮기게 하고 나라 이름을 동부여라 하였다. 그 옛 도읍에는 어떤 사람이 스스로 천제의 아들 해모수라 칭하고 와서 도읍으로 삼았다. 해부루가 죽자 금와가 계승하였다] 가 여인을 태백산 우발수 [백(白)은 백(伯)이라고도 한다. 우발수는 지금의 영변부에 있다] 에서 얻었다. 물으니 대답하기를 "나는 하백의 딸 유화입니다. 여러 동생과 함께 나와 놀고 있는데 해모수가 유인하여 웅심산 아래 압록의 방 가운데에서 사통하였습니다. 곧 떠나더니 돌아오지 않았습니다. 부모님께서 내가 중매도 없이 남을 따랐다고 꾸짖고는 드디어 이곳으로 유배를 보냈습니다"라고 하였다. 금와가 이상하게 여기고 방 가운데 유폐하였다. 해 그림자가 비쳐 임신을 하여 하나의 알을 낳았다. 금와가 버렸는데 개와 돼지가 먹지 않았고 소와 말이 피하였으며 새가 날개로 덮어주었다. 베어버리려 하였으나 깨뜨릴 수 없었다. 이에 그 어머니에게 돌려주자 보자기에 싸서 따뜻한 곳에 두었다. 어떤 남자아이가 껍질을 깨고 나왔다. 골격이 두드러지고 영특하고 호걸다웠다. 일곱 살이 되어 스스로 활과 화살을 만들어 쏘았는데 맞추지 못함이 없었다. 부여 풍속에 활을 잘 쏘는 것을 주몽이라고 하였으므로 그것으로 이름을 하였다. [그 어머니는 유화로, 후에 부여에서 죽었다. 금와가 예의를 갖춰 장사지내고 신묘(神廟)를 세웠다.] 금와에게는 일곱 아들이 있었는데 그 기능과 재능이 주몽에게 미치지 못하여 모두 시기하여 죽이고자 하였다. 주몽이 이에 오이, 마리, 협보 등 3인과 함께 엄표수에 이르러 건너고자 하였으나 다리가 없었다. 기원하기를 "나는 천제의 아들이요 하백의 외손자이다. 오늘 도망하는 어려움에 처했는데, 추격하는 자가 곧 이를 것이니 어찌하리오"라고 하였다. 이에 물고기와 자라가 다리를 만들어주어 건널 수 있었다. 건넌 후에 다리를 풀어 추격하는 기병이 미치지 못하였다. 모둔곡에 이르러 삼베 옷, 장삼 옷, 물풀 옷을 입은 세 사람을 만나 함께 졸본 [성천] 의 부여에 이르렀다. 비류수 위에 도읍하였다. 나라 이름을 고구려라 하고 이로 인하여 성을 고라 하였다. (391쪽 6·7)

『燕行日記』(1712~1713년)

金昌業(1658~1721)

『연행일기』는 조선 후기의 문신이자 화가인 김창업(金昌業)이 1712년(숙종 38) 11월 3일부터 이듬해인 1713년 3월 30일까지 약 5개월간 수행한 연행록이다. 김창업의 호를 따서 『노가재연행록(老稼齋燕行錄)』으로도 부른다.

김창업의 자는 대유(大有), 호는 가재(稼齋) 또는 노가재(老稼齋)이고, 본관은 안동이다. 어려서부터 문사(文辭)에 능하였고, 특히 시를 잘 지었다고 한다. 24세 때인 숙종 7년에 진사가 되었다. 그러나 벼슬은 하지 않고 동교(東郊)인 송계(松溪)로 가서 전장(田莊)을 다스렸다. 55세 되던 해인 1712년(숙종 38) 청에 연행사로 다녀왔다. 당시 김창업의 임무는 형인 김창집을 보조하는 임무였는데 공식 사절 요원에는 들어가지 않는 직이었다. 따라서 비교적 자유로운 신분으로 많은 지역을 여행했다. 이 덕분에 『연행일기』에는 그가 여행하면서 보고 느낀 것이 적혀 있으며 기존의 연행록을 인용한 부분도 있다. 그러면서도, 기존의 연행록의 내용과 다른 부분에 대한 구체적인 기록이 있어 사료적 가치가 높다.

『연행일기』의 체제는 단순한 일기체에서 벗어나 내용을 기준으로 분류, 서술하고 있다. 책의 구성은 크게 둘로 나뉘는데 권두의 별록(別錄)과 일기가 그것이다. 별록은 일행의 인마(人馬) 수, 방물(方物)·세폐(歲幣) 목록, 예단(禮單, 세폐 품목 명세)과 인정(人情), 입경(入京)해 하정(下程)하는 예식, 표문(表文)·자문(咨文)을 바치는 예식, 중국 조회에 참여하는 예식, 가지고 오는 물목(物目), 상마연(上馬宴), 산천·풍속, 오갈 때 경치의 총록 등에 관한 기록이다. 특히 산천과 풍속에 관한 내용의 비중이 크다. 청의 진기한 풍속이나 한인(漢人)과 청인(清人)의 차이, 청의 지배하에서 변화한 한인의 제도와 청인의 변모 등이 실려 있다.

일기는 5권으로 이루어져 있다. 권1은 영원위(寧遠衛)에서 북경에 도착하기까지, 권2는 신년 조하로부터 북경 유람까지, 권3은 사행을 마치고 북경을 떠나기까지, 권4는 북경을 떠나 돌아오는 길에 따로 의무려산 유람길에 오르기까지, 권5는 의무려산과 천산(千山)을 유람하고 다시 일행과 합류해 의주를 거쳐 서울(한양)로 돌아오기까지의 내용이다.

『연행일기』의 필사본이 서울대학교 규장각에 소장되어 있다. 표지 서명은 『가재연행록(稼齋燕行錄)』이라고 되어 있는데 매 책 권두의 서명은 노가재연행일기(老稼齋燕行日記)라고 쓰여 있다. 분권의 표시는 명확하지 않으나, 9권 6책에 총 754면이다. 한국고전번역원에서 국역하였는데 이때 책명을 『연행일기』라고 하였다.

고조선과 관련해서는 주로 기자를 언급하고 있다. 노비 제도, 기자정, 기자묘에 대한 내용이 등장한다.

『연행일기』 권4[계사(癸巳)] 정월 25일 계묘(癸卯)

홍이가가, "이곳은 음식의 감고(甘苦)와 의복의 미악(美惡)에 노예와 주인의 구분이 없으며, 심지어는 그 주인이 말을 타면 종도 역시 말을 타는데, 조선에서는 이런 적이 있습니까?" 하기에, 내가 답하기를, "조선의 종은 이곳과는 다른 점이 있소. 대개 기자께서 법령을 만드실 때에 남의 재산을 도적질한 자는 대대로 그 집의 종이 되게 하였는데, 지금의 종들은 선조들이 일찍이 남의 재산을 도적질하던 자들이니, 어찌 그 주인과 같을 수 있겠소?" 하니, 홍이가도 자못 그렇게 여겼다. (392쪽 1)

『연행일기』 권9[계사(癸巳)] 3월 초2일 기묘(己卯)

일찍이 우사 상국(雩沙 相國, 이세백(李世白))의 일기를 보니, 광녕성 북쪽에 기자정, 기자묘가 있다는 말이 있었다. 아마도 이 말이 지금 들은 바와 똑같은 어원[苗脉]인 듯하다. 그렇다 해도 기자의 유적이 또 어찌하여 이곳에 있단 말인가. 끝내 알 수 없는 일이다. 우선 기록하여 아는 사람을 기다릴 수밖에 없는 일이었다. (392쪽 2)

『연행일기』 권9[계사(癸巳)] 3월 23일

평양에 이르러 기자묘에 들러 배알하였다. 옛 비석은 임진년 병화(兵火)에 부서지고 반쪽만 남아 있어 새 비석의 뒤에다 붙여 쇠못으로 박아놓았다. (393쪽 3)

(출처: 한국고전번역원)

『東史會綱』(1711~1719년)

林象德(1683~1719)

『동사회강』은 임상덕이 지은 역사서로 단군조선부터 고려 공민왕 23년까지의 역사를 다루고 있다. 저술 연대는 명확하지 않지만 학계는 1711년(숙종 37)부터 저술하기 시작하여 1719년에 완성한 것으로 보고 있다.

임상덕은 소론계 인물로 자는 윤보(潤甫)·이호(彝好), 호는 노촌(老村)이다. 1705년(숙종 31) 과거에 합격한 뒤 진산군수, 능주목사, 대사간 등을 역임하였으며, 『노촌집(老村集)』을 편찬하였다.

『동사회강』은 27권 10책으로 구성되어 있다. 첫머리에 서례(序例), 범례를 싣고 그 뒤에는 7조목의 논변(論辨)과 연표를 덧붙였다. 연표에서는 중국 왕력(王曆)과 대비하여 삼국, 신라, 고려의 순으로 왕력을 작성하였다. 유계(兪棨)의 『여사제강(麗史提綱)』을 높이 평가하면서도 완전한 강목법 역사서를 만들겠다는 의도에서 100여 조의 범례를 실었다. 본문은 삼국기(三國紀), 신라기(新羅紀), 고려기(高麗紀)로 구성되어 있다. 임상덕은 우리나라의 정통을 통일신라와 고려에만 주었고, 삼국은 무통으로 처리하였다. 삼국 이전은 따로 다루지 않고 신라 건국 기사와 백제의 마한 복속 기사에 고조선 이야기를 덧붙여 서술하였다.

고조선과 부여는 논변과 삼국기에서 다루었다. 논변에서는 무왕이 기자를 조선에 봉했는가 하는 문제, 고조선의 단군과 부여의 금와 이야기에 나오는 태백산의 위치 문제 등을 다루었다. 고조선의 역사는 신라 건국 기사에 덧붙였고, 단군조선은 초조선(初朝鮮), 기자조선은 후조선으로 표현하였다.

백제의 마한 멸망 기사 항목에서는 기자의 교화와 준왕의 남천에 대한 내용을 실었다. 단군의 수명이 1,048세라는 것은 믿을 수 없다고 주장하며, 이를 단군 후손이 전한 역년으로 파악하였고, 기자를 동방의 종주로 보았다. 신화적인 내용은 가급적 배제하였기 때문에 단군, 유화 설화 등은 빠져 있다. 고구려 건국 기사에는 부여 금와 이야기가 실려 있다. 대체로 부여는 『삼국사기』 고구려본기에 나오는 고구려-부여 관계 기사를 담았으며, 고구려 문자왕 때 부여가 멸망한 기사까지 다루었다.

『동사회강』 서례

동방이 서책에 실린 것은 기자에서 비롯되었으나 성인의 일은 멀고 글은 잃어버려 세상에 전해진 것은 대개 적막하다. 삼국 이후는 신라, 고려를 거쳐 통합되면서 대대로 제작되어 점차 갖추어졌다. 후세에 서술된 바의 본 역사를 얻어 볼 수 있었으니, 그런즉 고려의 김부식이 『삼국사기』를 편찬하였다. … 문득 신라에서 끊어 편집하였으니, 단군·기자 두 시대는 상세한 내용이 빠져 있다. 고려는 신라보다 간략하니 이것도 마땅히 유감이 없을 수 없다. (394쪽 2·3)

『동사회강』 범례 상

하나. 우리나라에서 단군이 가장 먼저 나와서 나라를 여셨고, 기자께서 처음으로 문물을 일으키셨으나 기록들이 모두 없어지고 빠져서 기사를 편년할 수가 없다. 그런 이유로 『동국통감』에서도 삼조선, 4군, 2부, 삼한을 별도로 외기로 삼았던 것이다. 지금 이 책은 『동국통감』으로 말미암아 신라 시조 원년에서 시작을 의탁하였다. …

하나. 기자는 동방 만세의 종주이시다. 그 자손에 이르러서 나라를 잃고 옮겼는데 비록 옛적과 같이 종주로서 대우하지는 못하더라도 그 분주로나마 기년을 삼국의 위에 놓는 것이 마땅하다. 다만 쇠미하여 나라를 이루지 못하였고 후세에 징험할 수 있는 문적도 없기 때문에 부득이 『강목』의 분주에 의거하여 노·위나라의 예처럼 기록하지 않고 그 멸망한 때에 갖추어 기록해서 뜻을 전한다.

하나. 옛 역사책에서는 단군의 수명을 1,048세라고 하였는데 이후의 유학자가 이것은 단군의 후손들이 세대를 전한 역년을 의미한다고 하였다. 이 설은 논리를 얻었으므로 이 책에서 단군의 일을 서술할 때 이것에 의거해서 정정하였다.

하나. 『사기』 미자세가에서는 무왕이 기자를 조선에 봉하였다고 하였으나 『한서』 지리지에서는 은나라의 도가 쇠하자 기자가 조선으로 갔다고 하였다. 범엽(398~445)은 기자가 은나라의 운수가 쇠퇴하자 조선 땅으로 피했다고 하였다. 함허자는 『주사』를 이용하여 말하기를 "옛날에 기자가 중국에서 5천 명을 데리고 조선에 들어왔는데, 그 시·서, 예·악, 의·무, 음양·복서의 무리와 백공의 기예가 모두 따라갔다. 그러므로 '반만 명의 은나라 사람이 요수를 건넜다'라고 말한 것은 바로 이것이다"라고 하였다. 여기에서도 또한 봉하였는다는 말은 일찍이 없었다. 살펴보면, 은나라의 세 어진 이는 각기 스스로 떳떳함으로 선왕에게 헌신하였다. 비간은 죽었고, 미자는 제기를 끌어안고 떠났다가 마침내 주나라의 봉함을 받고는 은나라의 제사를 이었다. 기자는 그 말에 "상나라가 몰락하여도 나는 남의 신하가 되지 않겠다"라고 하였으니, 그 의로움에 처한 은미한 뜻을 볼 수 있다. 또한 『한서』에 기재된 바가 상세하고도 징험이 있으니 이 책에서는 기자의 일을 기록함에 『한서』를 올바른 것으로 여기겠다. [그 글은 함허자의 설을 참고하였다.] (394쪽 4, 395쪽 5)

『동사회강』 범례 하

여러 조목에 대한 논변을 덧붙임, 기자가 조선에 봉해졌다는 논변

묻노라. "기자의 일에 대해서 『사기』에서는 '무왕이 조선에 봉하였다'고 말하였고, 홍범 채전에서도 또한 그 내용을 인용하였는데 지금 어찌해서 『한서』가 옳다고 판단하는가?"

답하노라. "기자의 일은 모두 고증하기가 어렵다. 『사기』 미자세가에서는 '무왕이 기자를 조선에 봉하였다'고 하였고, 반고가 지은 『한서』 지리지에서는 조선을 서술하면서 도리어 『사기』의 이야기를 사용하지 않고 '기자가 조선으로 갔다'고만 하였다. 가만히 살펴보니, 반고의 『한서』는 대저 사마천의 『사기』를 본받아 서술하면서도 군데군데 사마천의 설을 사용하지 않은 곳이 있는데, 반드시 그럴 만한 이유가 있는 것이다. 그 후에 범엽 역시 『한서』를 따라 일부러 '조선으로 피하였다'는 것으로 글을 만들었다. 선유들이 기자를 논할 때에는 단지 홍범을 진술하였다는 한 가지 일만을 취하여, 단지 그 도를 전한 것과 주나라에 신하 되지 않은 대의만을 밝혔을 뿐이고, 조선에 봉한 일에 대해서는 일찍이 깊이 논의하지 못하였다. 또한 일찍이 『사기』, 『한서』, 『후한서』의 설을 서로 참작하여 그 같고 다름, 옳고 그름을 분별하지도 못하였다. 지금 우리나라 역사를 수찬하는데 장차 사실을 기록할 때, 홍범의 주석에 대한 전체적인 논의의 의리는 크게 이르렀으나 『사기』, 『한서』 등 여러 설에서 차이가 있는 것에는 따르거나 따르지 않는 바가 있지 않을 수 없다. 큰 성인께서 의리에 처신하심은 비록 가볍게 의론할 수 없지만 대략적인 것은 『서경』 미자 편에 보인다. 비간은 한마디 말도 없으니, 대개 몸의 안위를 잊고서 간쟁하는 것을 의로 여긴 것이다. 기자는 나라와 더불어 존망을 같이하며 남의 신하가 되지 않는 것을 의로 삼았다. 미자에게는 떠나는 것이 도리라고 고하였으니, 그 은미한 뜻을 비슷하게 볼 수 있다. 그 후에 비간은 간하다가 죽었고, 미자는 떠났으며, 기자는 감옥에 갇혀서 미친 척하였다. 무왕이 상나라를 멸망시킬 때 기자는 감옥에 있었는데, 무왕이 석방하고는 바야흐로 기자에게 도를 묻기 위해 방문한 날에도 역시 기자라 칭하며 옛날 은나라의 봉호를 고치지 않았다. 미자는 은왕의 원자로서 주나라의 손님이 되었는데도 (『서경』의) '미자의 명'에서는 오히려 미자라고 칭하였으니, 역시 옛 은나라의 봉호를 고치지 않은 것이다. 무경의 반란으로 은나라의 제사가 끊어지자 미자가 비로소 송나라에 봉함을 받았으니 그 의에 처한 바가 대략 강론한 바와 같다. 주자는 '세 인자가 행한 것은 같지 않으나 각각 그 마음의 평안한 바를 구한 것이다'라고 하였다. 미자는 주나라의 봉함을 받아 은나라의 제사를 이었으나, 기자의 경우는 이렇지 않았다. 역시 또한 주나라의 봉함을 받는 것은 아마도 그 마음의 편안한 바가 아닌 듯하다. 사마천 『사기』의 기록은 진실로 어긋나고 뒤섞인 것이 많아서 굳게 신뢰하기 어려워, 반고는 이미 그 설을 따르지 않았다. 또한 반고가 논하여 서술한 조선인의 성품과 풍속은 인현이 가르친 조목들임이 모두 분명하다. 분명하여 믿을 수 있으니 생각건대 별도로 고증하고 근거한 바가 있는 것이다. 『사기』의 여러 구절이 겨우 미자세가 중에서만 보여서 상세히 알기 어려운 것과는 같지 않다. 또한 3대 이전에는 중국의 제도와 문화가 미치는 곳이 넓지 않아서 장강과 회수 사이의 지역까지도 또한 오랑캐의 땅이었다. 하물며 조선은 풍(주나라 수도인 풍호)과 박(상나라의 수도인 박읍)에서의 거리가 만 리나 되니, 이 시기는 오히려 멀고도 황량한 지역에 있었다. 『주례』의 직방에도 기록되어 있지 않았으니 중국과 통하였을 리가 없을 듯하다. 구이(九夷) 8만(八蠻)과 길이 통하는 날이 되어서야 조선도 역시 통하였을 것이다. 무왕이 기자를 스승으로 높여서 봉토를 줄 때 아마도 또한 먼 오랑캐의 지역으로 물리쳐버렸을 리는 없을 것이다. 이것으로 추리하건대, 조선 땅으로 피하였다는 이야기가 이치에 가까운 듯하다. 세대가 멀고 문헌의 증명이 없으니 지금은 비록 감히 확신하여 말하지는 못하지만 역시 반고가 상세히 기록한 이 일의 기록을 감히 버릴 수 없다. 『사기』의 다른 세가 중에 나오는 몇 마디를 취하여서 말한 것은 어떠할지 알 수 없다. [우리나라 선배 유학자들의 의론 중에서 이 일과 관계되는 것들을 아울러 모아 기씨의 망한 기사 아래에 실었으니, 참고할 수 있을 것이다.]" (395쪽 6~8)

『동사회강』 범례 하, 여러 조목에 대한 논변을 덧붙임
우리나라 지명에 대한 논변

… 단군의 태백산은 지금의 영변 묘향산이 옳다. 금와가 노닐던 태백산이 위치한 곳은 자세히 알지 못하는데, 지리를 추론하면 마땅히 지금의 건주위 지역이다. 혹은 지금의 저 경계에 백두산이 없는데, 옳은가. 동명왕은 부여에서 도망하여 남쪽으로 졸본에 와서 나라를 열었다. 졸본은 비록 자세한 지역은 알지 못하나 『한서』에 실려 있는 고구려현은 건주위 땅을 거느렸다. 즉, 부여의 땅은 마땅히 그 동쪽이 올바르니, 백두산이 있는 지역이다. (396쪽 9·10)

『동사회강』 범례 하, 여러 조목에 대한 논변을 덧붙임
단군 이후 여러 나라의 시조가 비롯된 곳에 대한 논변

단군이 내려온 곳은 지금 가히 고찰할 수 없다. 그러나 그 내려온 것은 도당씨 요 임금 때로 이 시기는 중국의 황무한 때로부터 멀지 않다. 동방에서는 혹 인물이 기화(氣化)하는 이치가 있지 않았을까 생각하는데, 아마도 신라 시조 이하와 같은 것이 있었을 것이다. 이는 서한 시기로, 동방에 사람들이 있은 지 역시 이미 천여 년이 된 때이다. (396쪽 11)

『동사회강』 권1

【갑자년(기원전 57)】 [신라 시조 박혁거세 원년] 여름 4월에 신라 시조 박혁거세가 진한에서 즉위하여 거서간이라고 불렀다. 나라 이름은 서라벌이라고 불렀다. [본기에서 이르기를, "나라 이름은 서야벌이다. 혹은 사라라고 하고 혹은 사로라고 하고 혹은 신라라고 하였다"라고 하였다. 대개 마땅히 처음에는 본래 이렇게 여러 이름으로 불렀다. 혹은 뒤에 여러 차례 이와 같이 이름이 바뀌었던 것인가. 지금 자세히 알지 못한다.]

처음에 조선의 유민들이 동해 해변과 산골짜기 사이에 분산되어 살았다. … 삼가 살펴보니 우리나라의 시작은 조선으로부터 일어났다. 도당씨 요 임금 무진년에 신인(神人)이 태백산 [지금 평안도 향산이다] 박달나무 아래로 내려오니 임금으로 삼았다. 단군이라 불렀으며 나라 이름을 조선이라고 하였다. 처음 평양에 도읍하였다가 후에 백악으로 옮겼다. 이것이 초조선(初朝鮮)인데 그 세대를 전한 역년은 모두 고증할 수가 없다. 혹자는 1,048년 만에 끝났다고 하였다. 주나라 무왕 때에 기자가 조선으로 피해 평양에 거하니 이것이 후조선(後朝鮮)이다. 한나라 초에 옛 연 지역 사람 위만이 기씨를 한 땅으로 내쫓고는 [기씨의 시작과 끝은 아래의 백제가 기씨를 멸한 조목에서 상세히 보인다] 마침내 왕검성에 웅거하여 조선의 땅을 모두 차지하였다. 진번과 임둔이 모두 와서 복속하였다. (강역이) 사방 수천 리가 되었으니 이것이 위만조선이다. 한나라 무제 원봉 2년(기원전 109)에 위만의 손자인 우거가 한나라에 멸망당하였다. 그 땅을 나누어서 낙랑 [지금 평안도의 치소인 평양이다], 진번 [지금], 임둔 [지금의 강릉부다], 현도

[지금]를 두었으니 이것이 4군이다. 한나라 소제 시원 5년(기원전 82) 평나[어느 곳에 있는지 자세히 알지 못한다]와 현도를 평주부로 만들고, 낙랑과 임둔을 동부로 만들었는데, 이것이 2부이다. (396쪽 12, 397쪽 13·14)

【갑신년(기원전 37)】[신라 시조 21년 ○고구려 시조 고주몽 원년] … 동부여 왕의 아들 주몽이 졸본부여에서 즉위하였다. 나라 이름을 고구려라 하고 스스로 성씨를 고라 하였다.

처음 동부여 왕 금와[동부여의 본래 이름은 북부여다. 고구려본기에 이르기를, "부여 왕 해부루는 늙어 아이가 없어 산과 내에 후사를 구하는 제사를 드렸다. 곤연에 이르렀을 때 작은 아이가 있었는데, 금색 빛깔에 개구리 모습을 하고 있었다. 길러 양자로 삼았으니, 이름이 금와이다. 후에 가섭원으로 도읍을 옮기고 나라 이름을 동부여로 고쳤다. 부루가 죽고 금와가 왕위를 계승하였다"라고 하였다]가 태백산 우발수[우발수는 지리지에서 땅의 위치를 자세히 모른다고 하였다. 즉, 태백산 역시 자세히 모른다. 혹은 지금의 백두산으로 의심된다. 『동국여지승람』에서는 영변의 고적 조에 단군과 금와의 일이 나란히 기록되어 있다. 우발수 역시 여기에 기록되어 있는데, 모두 우리나라의 민간에 떠도는 말을 계승한 것으로 잘못된 것이다]에서 여자를 얻었다. 스스로 칭하기를 하백의 딸 유화라고 하였다. 함께 돌아와서 주몽을 낳았다. 나이 일곱 살 때 스스로 활과 화살을 만들었는데, 활 쏘는 기예가 절묘하였다. 부여 사람들은 활을 잘 쏘는 것을 주몽이라고 하였으므로 그것으로 이름하였다. 금와에게 일곱 아들이 있었는데, 기예가 모두 주몽에 미치지 못하였다. 장자 대소가 시기하여 금와에게 참소하였다. 그 어머니가 (주몽에게) 말하여 이르기를, "나라 사람들이 장차 너를 해치려 한다. 너의 재주라면 어디를 간들 불가하겠는가"라고 하였다. 주몽이 이에 그 평소에 믿을 수 있는 자 오이·마리·협보 등과 함께 도망하였다. 모둔곡에 이르러 길에서 세 사람을 만났는데 옷이 괴이하였다. 그 이름을 물으니 재사, 무골, 묵거라 하였다. 주몽이 더불어 말하며 크게 기뻐하며 세 현인이라고 칭하였다. 재사에게 극씨를, 무골에게 중실씨를, 묵거에게 소실씨의 성씨를 내렸다. 함께 졸본부여의 비류수 위에 이르러 그 토양이 기름지고 좋으며 산천은 험한 것을 보고는 드디어 움막을 만들어 거하였다. 나라 이름을 고구려라 하고

이로 인하여 고를 성씨로 하였다. (397쪽 15·16)

【계사년(기원전 28)】 [신라 시조 30년 ○고구려 시조 10년] … 겨울 11월에 고구려가 북옥저[다른 이름으로 치구루라고 한다]를 멸망시켰다.

옥저는 옛 숙신씨의 나라이다. … 한나라 이후로 부여에 신속되어 있다가 이때 이르러 고구려 장수 부위염에게 멸망당하였다. (398쪽 17·18)

【정유년(기원전 24)】 [신라 시조 34년 ○고구려 시조 14년] 가을 8월에 고구려 왕의 어머니 유화가 동부여에서 죽었다.

고구려 왕이 이미 나라를 세웠으나 유화는 여전히 동부여에 있었다. 이에 이르러 죽자 금와가 태후의 예로 장사지내고 신묘를 세웠다. 고구려 왕이 사신을 보내 사례하였다. (398쪽 18)

【임인년(기원전 19)】 [신라 시조 39년 ○고구려 시조 19년, 유리왕 유리 원년] … 여름 4월에 고구려에서 태자 유리[유리(類利)는 유리(儒离)라고도 한다]가 즉위하였다.

처음 고구려 왕이 부여에 있을 때 예씨 여인을 취하였는데 임신하였다. 왕이 어려움을 피해 도망하였을 때에 예씨가 부여에서 아들을 낳아 유리라고 이름하였다. (398쪽 19·20)

【계묘년(기원전 18)】 [신라 시조 40년 ○고구려 유리왕 2년 ○백제 시조 부여온조 원년 ○이것이 삼국이 되었다.] 봄에 고구려 왕의 아들 온조가 하남 위례성에서 즉위하였다. 나라 이름을 백제라 하고 스스로 성씨를 부여라 하였다. [위례는 지금의 직산이라고 한다. ○김부식은 자세히 알지 못한다고 하였다.] (399쪽 21)

【을묘년(기원전 6)】 [신라 시조 52년 ○고구려 유리왕 14년 ○백제 시조 13년] 봄 정월에 동부여가 고구려를 빙문하였다.

부여 왕 대소가 사신을 보내 고구려를 빙문하고는 인질을 교환하자고 청하였다. 고구려 왕은 그 강대함을 꺼려 태자 도절을 인질로 보내고자 하였다. 도절이 두려워서 가지 않았다. 이로 인하여 두 나라가 불화하게 되어 싸우기에 이르렀다. (399쪽 22)

【기사년(9)】 [신라 남해왕 6년 ○고구려 유리왕 28년 ○백제 시조 27년] … 여름 4월에 원산과 금현이 백제에 항복하였다. 기씨가 망하였다.

마한이 이미 대파되었으며 오직 두 성이 굳게 지키매 백제가 공격하였다. 이에 이르러 항복하니 백제가 그 백성을 한산의 북쪽으로 옮겼다. 기씨의 제사가 드디어 끊겼다. ○삼가 살펴보니, 기자는 (은나라) 주의 제부(諸父)이다. 주가 무도하자 비간은 간쟁하다가 죽었으며, 미자는 떠나버렸고, 기자는 머리를 풀어헤치고 미친 척하면서 노비가 되었다. 일찍이 말하기를 "상나라가 멸망해도 나는 남의 신하가 되지 않겠다"라고 하였다. 은나라가 망하자 기자가 중국인 5천을 데리고 요수를 건너서 동쪽 조선으로 들어왔는데 시·서, 예·악, 의·무(醫巫), 음양·복서의 무리와 백공의 기예가 모두 따라갔다. 처음 도착하였을 때는 언어가 통하지 않아서 통역해서 알게 하였다. 그 백성들에게 시·서를 가르쳤다. 이에 중국 예악의 제도와 부자·군신의 도리와 오상의 예를 알게 하였다. 여덟 조목을 범금으로 하였는데, 남을 죽인 자는 즉시 죽음으로써 보상하고, 상하게 한 자는 곡식으로 배상하게 하고, 도적질한 자는 남자의 경우는 종으로, 여자는 여종으로 삼았다. 스스로 면제받으려면 돈 5만 전을 내야 했다. 비록 면해서 평민이 되어도 풍속이 오히려 부끄럽게 여겼기 때문에 장가들고 시집가려고 해도 짝이 없었다. 이런 이유로 그 백성들은 도적질하지 않았으며 문을 닫는 일도 없었다. 부인들은 정숙하여서 음란하지 않았다. 시골과 도읍에서는 변두(籩豆)를 이용해서 먹고 마셨다. 인현의 교화가 있어 전쟁을 숭상하지 않았으며 덕으로써 강포한 이웃 나라들을 복종시키니 모두들 그 의로움을 사모하면서 친하게 되었다. 의관 제도는 모두 중국과 같아졌다. 이때부터 기씨가 대대로 우리나라의 임금이 되었다. 주나라가 쇠함에 이르자 연나라가 왕을 칭하고는 장차 동쪽의 땅을 복속하여 조선에 이르렀다. 조선후 또한 스스로 왕을 칭하고는 군사를 일으켜 연나라를 정벌함으로써 주나라 왕실을 높이고자 하였으나, 대부 예가 간하여 중지하였다. 예로 하여금 서쪽으로 가서 연나라 왕을 설득하게 하니 연나라 또한 그치고 공격하지 않았다. 후에 자손들이 점점 교만해지니 연나라가 이에 장군을 보내 조선의 서쪽을 공격해서 2천여 리의 땅을 취하고는 만번한에 이르러 경계로 삼으니 조선이 마침내 약해졌다. 진나라가 천하를 병합함에 이르러서 장성을 쌓았는데 요동까지 이르렀다. 40대손 부(否)가 즉위하였는데 진나라를 두려워하여 마침내 진나라에 복속하였다. 부가 죽자 아들 준이 즉위하였다. 20여 년이 지나서 진승과 항우가 봉기하니 천하가 어지러워졌다. 연・제・조 지역 백성들이 고통에 신음하면서 점점 망명해 귀부하였다. 노관이 연나라 왕이 되자 준은 연과 더불어서 패수를 경계로 삼았다. 노관이 배반하고 흉노로 들어가자 연 지역 사람 위만이 망명하였는데 무리 천여 명을 취해서 상투를 틀고 오랑캐 복장으로 동쪽으로 패수를 건너왔다. 서쪽 경계에 살면서 울타리가 되겠다고 구하였다. 준은 그를 믿고서 박사에 제수하고 홀을 주면서 백 리의 땅에 봉하였다. 위만이 망명한 무리들을 유인하니 점점 많아졌다. 이에 사람을 보내서는 준에게 고하기를 "한나라 군대가 열 길로 오고 있으니 들어가서 숙위하기를 원합니다"라고 하였다. 마침내 준을 습격하니 준이 전투에서 대적이 되지 않았고, 배를 타고 남쪽으로 달아났다. 조선의 땅이 마침내 모두 위만의 소유가 되어버렸다. 기자로부터 여기까지 무릇 900여 년인데 준이 이미 나라를 잃고 남쪽으로 한 땅 금마군에 이르러 거하였다. 스스로 한왕이라고 칭하였다. 그곳의 백성들은 땅에 붙어 살면서 농사지었는데 누에치기를 알았으며 면포를 만들었다. 집은 풀로 지붕을 만들고 흙으로 쌓았는데 문은 위로 나 있었다. 풍속에 기강이 적었으며 용감하고 사나워 시끄럽게 소리를 지르며 일을 하였다. 칼・방패・창・큰 방패를 잘 사용하였다. 산과 바다 사이에 흩어져서 살았으며 성곽은 없었다. 각각 장수가 있었는데 큰 자의 경우는 신지라고 이름하였으며 그다음은 읍차라고 하였다. 무릇 50여 국이었는데 큰 나라는 만여 가였으며, 작은 나라는 수천 가였는데 모두 10만여 호였다. 준 이후로 4군, 2부의 시절을 지나서 세대를 전한 것이 또한 200여 년이었는데 이때에 이르러 백제에게 멸망당한 것이다. 기씨가 나라를 소유한 것이 앞뒤를 통틀어 보면 대개 천여 년이 된다. 처음에 기씨는 패수 인근의 서쪽 변방을 위만에 빌려주었다가 조선을 잃었더니, 후에 또 한 땅의 동북쪽을 백제에 빌려주었다가 마침내 멸망하였으니, 후대 사람들은 땅을 빌려주는 탄식이 천고의 한이 되었다고 하였다. 사씨가 말하노니, "기씨가 세대를 전한 것이 오래되어서 여기까지 이르게 된 것이 무릇 어찌 연유가 없이 그렇게 된 것이겠는가? 대개 우리 기자께서는 홍범구주의 밝은 학문과 신하가 되지 않겠다는 높은 지조를 가지고 동쪽으로 와서 여덟 조목의 가르침을 베풀었으며 정전의 제도를 행하였으니, 그 깊은 인애와 후한 덕택으로 진실로 민심을 모은 것이 있었으므로 국맥의 이어짐이 멀리까지 이어졌던 것이다. 우리나라 예속의 아름다움이 천하에 알려지자, 공자께서도 거할 뜻이 있었으며, 『한서』에서는 인현의 교화라고 칭하였고, 『당서』에서는 '군자의 나라'로 찬미하였으며, 송나라에서는 '예악 문물의 나라'라고 하였다. 함허자는 역시 '시 · 서, 인의의 나라'라고 말하였다. 그런즉 기자의 교화를 거친 곳에 신령과 같은 신묘함이 있었으니, 우리나라에 베푼 은혜가 천만 년을 지내온 것이 하루와 같다. 지금 마한이 멸망하였는데 김부식과 권근 모두 기씨 임금의 처음과 끝이 어떠하였는지 말하지 않았다. 기자의 성스러운 덕으로도 자손이 미약하여 파천하더니 하루아침에 제사가 끊어지고 사라졌으니, 또한 슬프지 않는가"라고 하였다. (399쪽 23·24, 400쪽 25~27)

【기사년(9)】 가을 8월, 동부여 왕이 고구려 왕에게 사자를 보냈다. 부여 왕 대소가 고구려 왕을 꾸짖어 이르기를, "우리 선조와 그대 선조 임금 동명왕은 서로 좋아하였는데, 우리 신하를 꾀어 남쪽으로 도망하여 나라를 세웠다. 무릇 나라는 크고 작음이 있고 사람은 어른과 아이가 있어, 작은 자가 큰 자를 섬기는 것이 예이고 어린 자가 어른을 섬기는 것이 순리이다. 왕이 능히 예로 순순히 나를 섬긴다면 하늘이 반드시 도울 것이나 그렇지 않으면 사직을 보존하고자 해도 어려울 것이다"라고 하였다. 고구려 왕은 나라를 세운 날이 얼마 안 되고 백성은 나약하고 군사가 약하여 겸손한 말로 굴복함을 보이고자 하였다. 때에 왕자 무휼은 나이가 여전히 어렸으나 왕이 부여에 대답하고자 하는 말을 듣고는 이내 스스로 그 사신을 보고 말하기를, "내 선조는 신령의 손자로 어질고 재주가 많았는데, 대왕이 부왕에게 참소하여 편안하지 못하여

(부여에서) 나왔다. 지금 예전의 허물을 생각하지 않고 그 강함을 믿고 우리나라를 모욕하였다. 사신에게 청하니 돌아가 대왕에게 '지금 이처럼 알이 쌓여 있으니 만약 대왕께서 이 알을 허물지 않으면 신이 장차 섬길 것이나 그렇지 않으면 섬기지 않을 것입니다'라고 보고하라"라고 하였다. 대소가 듣고는 여러 신하에게 두루 물었는데, 한 노파가 있어 대답하기를, "알이 쌓여 있는 것은 위태로운 것이며, 그 알을 허물지 않는 것은 편안한 것입니다. 그 뜻은 '왕이 자기의 위태로움을 모르고 남으로 하여금 오게 하려 하니, 위험한 것을 바꾸어 편안케 함으로 스스로를 다스리는 것만 못 하다'라는 것입니다"라고 하였다. (400쪽 27·28)

【계유년(13)】 [신라 남해왕 10년 ○고구려 유리왕 32년 ○백제 시조 31년] … ○ 겨울 11월에 고구려 왕의 아들 무휼이 동부여의 군사를 학반령 [학반령은 지리지에서 어디에 있는지 상세히 알지 못한다고 하였다] 에서 패배시켰다.

부여 사람이 고구려를 침공하자 왕자 무휼이 방어하였다. 군사가 적어 능히 대적할 수 없을까 두려워 이내 기이한 꾀를 내어 대파하였는데, 부여의 군사가 학반령 아래에서 거의 죽었다. 부여는 이로 인하여 고구려에게 곤욕을 당하다가 드디어 멸망하기에 이르렀다. (401쪽 29)

【임오년(22)】 [신라 남해왕 19년 ○고구려 대무신왕 5년 ○백제 시조 40년] 봄 2월에 고구려 왕이 동부여를 공격하여 그 왕 대소를 죽였다.

이에 앞서 부여 왕 대소가 붉은 까마귀를 얻었는데 머리 하나에 몸이 둘이었다. 혹자가 말하여 이르기를, "이는 두 나라를 병합할 상서로움입니다. 왕이 드디어 고구려를 겸병할 것입니다"라고 하였다. 대소가 기뻐하며 드디어 고구려 왕에게 보냈다. 고구려 왕이 답하여 이르기를, "붉은 까마귀는 상서로운 물건이다. 왕이 얻었으나 갖고 있지 않고 과인에게 되돌렸으니, 감히 절하지 않고 하사한 것을 받았다. 또 검은 것은 북방의 색인데 지금 변하여 남방의 색이 되었다. 양국의 존망을 가히 알 수 없도다"라고 하였다. 이에 이르러 고구려 왕이 부여군을 공격하였다. 그 나라 남쪽의 땅은 진흙이 많았다. 부여 왕이 고구려 진영을 바라보니 안장을 풀고 군사들이 쉬고 있었다. 대비하지 않고 있을 때 엄습하고자 나라의 무리를 다 이끌고 말을 출격하였는데, 진창에 빠져 오도 가도 못 하였다. 고구려 왕이 용맹한 장수 괴유로 하여금 바로 나아가 부여 왕의 머리를 베게 하였다. 부여 사람들이 이미 왕을 잃었으나 오히려 힘써 싸우며 굴복하지 않고 고구려 왕을 여러 겹으로 에워쌌다. 고구려 왕이 거의 탈출하기 어려워 군사 중에 죽고 다친 자가 매우 많았다. 이에 허수아비를 만들어 가짜 군사로 삼고 지름길을 이용하여 몰래 도망하였다. 처음에 대소가 해를 입었을 때 그 아우는 장차 나라가 망할 것을 알고 따르는 자 백여 명을 거느리고 압록곡으로 도망하여 자립하여 왕이 되었다. 갈사수변에 도읍하였으니 이가 갈사왕이 되었다. 대소의 사촌동생이 나라 사람들에게 일러 말하기를, "우리 선왕은 죽고 나라는 파괴되어 백성들이 의지할 곳이 없다. 왕의 아우는 도망하였고 나 또한 어리석어 다시 일으킬 수 없다. 차라리 항복하여 살기를 도모하리라"라고 하였다. 이내 만여 명과 함께 와서 투항하였다. 고구려 왕이 연나부에 안치하였다. 그 등에 그물 무늬가 있다고 하여 낙씨 성을 내렸다. 고구려 왕이 나라에 이르러 여러 신하에게 일러 말하기를, "내가 힘을 헤아리지 않고 가볍게 부여를 쳤다. 비록 그 왕은 죽였으나 그 나라를 멸하지는 못하였으며, 내 군사를 많이 잃었으니 짐의 잘못이다"라고 하였다. 이에 친히 죽은 자를 조문하고 병든 자를 문안하였으며 백성들을 위로하였다. 이에 나라 사람들이 왕의 덕의에 감동하여 모두 죽기로 나라를 섬길 것을 허락하였다. (401쪽 30~32)

【무오년(118)】 [신라 지마왕 7년 ㅇ고구려 태조왕 66년 ㅇ백제 기루왕 42년] … 여름 6월에 고구려와 예맥이 한나라의 현도를 습격하였다. [예맥은 지금의 강원도다.]

예맥은 본래 조선의 땅이다. 남쪽은 진한, 북쪽은 고구려·옥저와 접하고 동쪽은 큰 바다에 미치며 서쪽은 낙랑에 이른다. 그 언어와 법속은 대체로 고구려와 같다. 군역과 세금은 중국과 같다. 한나라 원삭(기원전 128~기원전 123) 중에 예군 남려가 조선에 반기를 들고 한나라에 항복하였다. 그 땅을 창해군으로 만들었다가 수년 만에 파하였다. (402쪽 33)

【신유년(121)】 [신라 지마왕 10년 ○고구려 태조왕 69년 ○백제 기루왕 45년] … 겨울 10월에 고구려 왕이 부여에 이르러 태후묘[유화의 사당이다]에 제사하였다. (402쪽 34)

【임술년(122)】 [신라 지마왕 11년 ○고구려 태조왕 70년 ○백제 기루왕 46년] 고구려와 마한, 예맥이 한나라 요동을 침범하자 부여가 군사를 보내 한나라를 도왔다.

이때에 예맥과 고구려가 합하였고 부여는 한나라에 붙어 있었다. 고구려 군사가 한의 변경을 침범하자 부여가 문득 군사를 보내 구원하였다. (402쪽 35)

【갑술년(494)】 [신라 소지왕 16년 ○고구려 문자왕 3년 ○백제 동성왕 16년] 봄 2월에 부여가 나라를 들어 고구려에 항복하였다. (402쪽 36)

『海遊錄』(1719~1720년)

申維翰(1681~1752)

『해유록』은 조선 후기 문신인 신유한(申維翰)이 통신사의 제술관(製述官)으로 1719년 일본에 다녀온 후에 작성한 사행일록(使行日錄)이다. 원제목은 『해사동유록(海槎東遊錄)』이다.

신유한이 포함된 통신사 일행은 일본 막부 제8대 장군이 된 관백(關白)의 습직(襲職)을 축하하기 위한 사절단이었다. 신유한은 1719년(숙종 45) 4월부터 이듬해 1월까지 약 10개월, 261일간의 일정으로 일본에 다녀왔으며, 이때 보고 들은 것을 일기형식으로 작성했다.

신유한의 본관은 영해(寧海), 자는 주백(周伯), 호는 청천(靑泉)이다. 경상도 밀양에서 태어났다. 1705년(숙종 31) 진사시에 합격하고 1713년(숙종 39) 증광문과에 병과로 급제하였다. 문장과 시에 능하였다.

『해유록』은 모두 상권, 중권, 하권의 3권으로 되어 있다. 상권은 서울에서 출발한 4월 11일부터 일본 오사카에 도착한 9월 9일까지의 6개월간의 여정을 기록한 것이다. 주요 내용은 의식적 행사와 영물(詠物)에 관한 시문이다. 중권은 9월 10일부터 일본에 체류하는 동안 승려들과 필담으로 나눈 대화와 문집에 서문을 써준 내용을 기록한 것이다. 하권은 11월 15일에 일본에서 출발해 1월 24일 귀국하여 복명하기까지의 기록이다. 책의 마지막 부분에 수록된 「문견잡록(聞見雜錄)」은 일본에서 듣고 본 것을 기록한 것이다. 풍속에 관한 것이 많고 몇 사람에 대한 인물평과 일본의 주자학(朱子學)에 대한 서술이 있다.

고조선과 관련해서는 신유한이 옛 오사카 세쓰주(攝津州)의 문인 소메이(滄溟, 미야케 쓰구아키(三宅緝明)의 호)에게 써준 구절에 기자에 대한 언급이 등장한다.

『해유록(하)』 부문견잡록(附聞見雜錄)

세키효(石屛, 소메이의 동생인 미야케 시게타다(三宅茂忠)의 호)의 편지는 글이 많아서 다 기록하지 못하나 참으로 이른바, 형 되기 어렵고 아우 되기 어렵다 할 수 있다. 소메이(滄溟, 옛 오사카 세쓰주의 문인 미야케 쓰구아키의 호)가 시를 짓는 것은 문(文)보다는 못한 듯하나 간간이 운치가 있었다. 내가 처음 오사카에 도착했을 때 그가 곧 와서 서로 종일토록 필담을 하였다. 내가 한 절구를 써서 주기를,

이역(異域)에서 같은 선성(先聖, 공자)의 문하에 노니
유가(儒家)의 한 물줄기가 흘러 쉼이 없구나.
후생이 비로소 은(殷)나라 예(禮)를 말할 만하니
다행히 기자의 나라에 문헌이 있었네.

(출처: 한국고전번역원)

『奉使日本時聞見錄』(1748년)

曹命采(1700~1764)

『봉사일본시문견록』은 종사관 조명채가 통신사 자격으로 1748년(영조 24) 2월부터 윤7월까지 약 7개월간 일본에 다녀온 것을 기록한 견문록이다.

조명채는 본관이 창녕(昌寧)이며, 자는 주경(疇卿), 호는 난재(蘭齋)이다. 1736년(영조 12) 정시(庭試)에 병과로 급제하였으며, 사간원 정언·사헌부 지평·홍문관 수찬·세자시강원 문학 등을 지내고, 1747년(영조 23) 홍문관 교리가 되었다. 이해 11월 사명을 받고 이듬해에 일본을 다녀와 저술하였다.

『봉사일본시문견록』은 건(乾)과 곤(坤) 두 권으로 구성되어 있다. 건은 2월부터 5월까지의 일기이며, 곤은 나머지 윤7월까지의 일기이다. 「문견총록(聞見總錄)」이라는 작은 제목 아래에 왜경(倭京)·강호(江戶)·대마도(對馬島)·총론(總論)이 실려 있다. 총론에는 일본의 폭원(幅員), 분주(分州), 속읍, 병제(兵制), 선제(船制), 관복(官服), 형벌, 가옥, 음식, 물산, 화훼, 조세, 백성의 종류, 의술, 질병, 인품, 종교, 인물, 향년(享年), 지세, 기강, 관직 등 25항목에 대한 내용을 비교적 자세히 기록했다.

고조선과 관련된 내용은 건권에 기자를 언급한 정도이다. 성인인 기자 덕에 퇴계와 율곡 같은 학자가 배출되었다는 일본인의 말을 기록한 것이다.

『봉사일본시문견록(건)』 4월 18일 신미

듣건대, 귀국에서는 예전에 경학(經學)이 성행하여 도 있는 선비가 이따금 나서, 퇴계·율곡 같은 여러 선생은 우리나라 학자가 누구나 다 우러러 사모하니, 지금 일을 가지고 예전을 생각해보면, 어찌 기자 성인(箕聖)께서 끼친 공덕이 그렇게 되게 한 것이 아니겠습니까? (403쪽 1)

(출처: 한국고전번역원)

『星湖僿說』(1760년경)

李瀷(1681~1763)

『성호사설』은 조선 후기 실학자 이익이 40세 전후부터 읽은 책들에 대한 소감이나 흥미 있는 것, 제자들의 질문에 답변한 내용들을 그때그때 기록해둔 것이다. 편찬 연대는 명확하지 않으나 이익이 80세 되던 해에 조카들이 정리해 엮었다고 한 것으로 보아 1760년경으로 추정된다.

이익의 본관은 여주(驪州)이고 자는 자신(子新)이다. 10살이 되어서도 글을 배울 수 없을 만큼 병약해서 둘째 형 이잠(李潛)에게 글을 배웠다. 1706년 9월 이잠이 장희빈을 두둔하는 소를 올렸다는 이유로 역적으로 몰려 처형되자 과거에 응시할 뜻을 버리고 평생을 첨성리에 칩거하였다. 이때 아버지 이하진이 진위겸진향사(陳慰兼進香使)로 연경(燕京)에 갔다가 귀국하며 사 가지고 온 수천 권의 서적을 읽은 것으로 보인다.

『성호사설』은 여러 필사본이 존재했으나 조선시대에 인쇄되지 못하였다. 1915년 조선고서간행회에서 안정복이 제자들의 질문과 이에 대한 답변을 정리하여 『성호사설유선(星湖僿說類選)』이라는 제목으로 간행하였다. 이후 1929년 정인보가 교열하고 저자의 자서와 자신의 서문 및 변영만(卞榮晩)의 서문을 덧붙여 문광서림(文光書林)에서 선장본(5책)과 양장본(상 · 하 2책)으로 동시에 출판하였다. 여기에 부록으로 『곽우록(藿憂錄)』이 추가되었다.

『성호사설』이라는 이름으로 책이 나온 것은 1967년이다. 이익의 조카 이병휴(李秉休)의 후손인 이돈형(李暾衡)이 소장한 30책 원본의 『성호사설』을 경희출판사(慶熙出版社)에서 상 · 하 2책으로 영인, 출판했다. 이때부터 학계에 널리 보급되어 이익과 그 저서가 연구되었다.

조선시대의 필사본은 국립중앙도서관본 · 재산루(在山樓)소장본 · 규장각본, 일본의 도요문고본 · 와세다대학소장본 등이 있다. 이 중 국립중앙도서관본은 내용의 일부가 다른 판본과 약간 다르고 일부가 유실된 영인본이다. 국립중앙도서관 측은 국립중앙도서관본을 이익의 자필 원고로 추정하고 있다.

번역본도 다수 출판되었다. 이익성(李翼成)이 부분적으로 번역한 『성호사설』(한국사상대전집 제24권, 동화출판공사, 1977)이 있고, 1981년에 이를 삼성출판사가 다시 출간하였다. 전문을 번역한 예는 민족문화추진위원회의 『국역 성호사설』(11권, 1977~1979)이 있다.

『성호사설』 규장각본은 30권 30책으로 이루어졌다. 주제에 따라 천지문(天地門)·만물문(萬物門)·인사문(人事門)·경사문(經史門)·시문문(詩文門)의 5가지 문(門)으로 나뉜다.

천지문은 천문과 지리에 관한 서술로서 해와 달, 별들, 바람과 비, 이슬과 서리, 조수, 역법과 산 및 옛 국가의 강역에 관한 내용을 다루고 있다. 여기에 단군과 기자조선에 관한 부분이 나온다. 그는 단군조선과 기자조선의 강역이 요심(遼瀋) 지방에 있었다고 추정하고 기자의 동래설(東來說)을 주장했다. 단군과 기자의 강역에 대해서는 알지 못한다고 하면서도 평양을 중심으로 하여 연나라와 상쟁했다고 보았다. 연나라와의 경계로 나오는 만번한의 위치는 산해관과의 거리를 참작해 압록강 일대로 비정하였다. 또한 단군을 역사시대로 내세웠으며 백두산을 동방산맥의 조(祖)로 여기고 백두-태백(太白)-두류(頭流)로 이어지는 한국의 지맥(地脈), 수세(水勢)와 이에 따른 인문(人文)을 논급하였다. 지리 고증에도 깊은 관심을 보여 삼한(三韓)·한사군(漢四郡)·예맥(濊貊)·옥저(沃沮)·읍루(邑婁)·패수(浿水)·살수(薩水)·비류수(沸流水)·울릉도(鬱陵島)·안시성(安市城)·발해 황룡부(渤海黃龍府)·철령위(鐵嶺衞)·윤관비(尹瓘碑)·가도(椵島)·동삼성(東三城)·폐사군(廢四郡)·여진(女眞)·대마도정벌(對馬島征伐) 등의 소재와 문제점 등을 거론하였다.

만물문은 복식·음식·농상·가축·화초·화폐·도량형·병기·서양 기기 등에 관한 내용이 실려 있다. 여기에도 기자와 단군에 관한 내용이 소략하게 언급되어 있다.

인사문은 정치와 제도, 사회와 경제, 학문과 사상, 인물과 사건 등에 관한 것이다. 서얼 차별 제도의 폐지, 과거제도의 문제점과 개선안, 지방 통치 제도의 개혁안, 토지 소유의 제한, 화폐제도의 폐지, 환곡제도의 폐지와 노비 제도의 개혁안, 불교·도교·귀신 사상에 대한 견해, 혼인·상제 습속에 대한 비판 등이 실려 있다. 고조선과 관련해서는 단군과 기자의 예에 관한 내용이 나온다. 특히 기자의 예법을 중시하는 경향이 보인다.

경사문은 육경사서(六經四書)와 역사서 등의 내용과 이에 대한 자신의 견해를 실은 논설, 역사적 사건에 대한 해석을 붙인 글들이 실려 있다. 고조선과 관련해서는 단군·기자의 강역이나 예법, 기자의 후손 등 여러 사안을 고증했다. 여기에서 이익은 단군이 도읍한 아사달을 구월산으로 비정하였다.

시문문은 중국과 우리나라의 문인이 남긴 시문(詩文)을 비평한 내용이다.

『성호사설』은 고조선 연구에서 반드시 참고해야 할 문헌이다. 당시 존재했던 여러 문헌을 참고하고 비판하면서 단군과 기자에 대하여 논하였을 뿐만 아니라 조선 사회에 회자되던 고조선에 대한 내용도 다루고 있기 때문이다. 고조선 자체에 대한 연구와 조선시대 지식인들의 한국고대사에 대한 인식을 살펴보는 데도 중요한 사료다.

『성호사설』 권1 천지문 기지아동(箕指我東)

맹자가 "기자(箕子)·교격(膠鬲)·미자(微子)·미중(微仲)·왕자비간(王子比干)이다"라고 했는데 분명히 기(箕)·미(微)·왕(王)은 땅 이름이고, 자(子)는 작(爵)의 칭호요, 교격·미중·비간은 이름이다.

맹자는 또 "교격은 고기 잡고 소금 굽는 사람들 틈에서 등용되었다" 했는데 고기잡이와 소금 굽는 것을 함께 지적한 것을 보면 이는 해변을 가리킨 것이니, 그가 과거에 서민이었던 까닭인가 보다.

은(殷)의 제도는 왕의 아들일지라도 먼 곳으로 내보내어 민간의 고통을 체험하게 한 일이 있으니, 무정(武丁)의 사적에서도 볼 수 있다. 그렇다면 기자도 고기 잡고 소금 굽는 곳에서 등용되었을 줄 어찌 알 수 있으랴?

기(箕)라는 나라는 곧 우리나라를 가리킨 것이다. 분야(分野)로 따진다면 우리나라가 기(箕)와 미(尾)의 지점에 해당되고 서쪽 지역이 기의 위치가 된다. 그러므로 내 생각에는 단군 왕조 말기에 기자가 이 기성(箕星)의 지점을 돌아다니다가 마침내 이 땅에서 봉작을 받은 것일 듯하다. 그렇지 않다면, "고기 잡고 소금 굽는 바다"라는 것이 무엇을 지적하여 말했단 말인가? 또 기가 다른 지방이라면 어째서 자기가 봉작을 받은 곳을 버리고 그 칭호를 썼겠는가? 은(殷)의 역사에서 쓴 칭호는 봉작을 받은 것을 가지고 말하는 것이지, 봉작을 받기도 전에 이 칭호를 쓴 것이 아니다. 그렇다면 우리나라는 주(紂)가 멸망하기 이전에 벌써 기자의 교화 은택을 받았던 것이다. (401쪽 1)

『성호사설』 권1 천지문 병영(并營)

기자가 조선에 봉함을 받았다 했는데, 이때 조선의 지역은 압록강 안팎을 점유하였고 요하 지역도 기자의 영토 안에 들어 있었으니, 이것이 곧 순(舜) 시대의 병주와 영주가 아니겠는가? 그런즉 우리나라의 문화는 기자 이전에 벌써 이를 개척한 인물이 있었던 것이다.

그러나 백이는 이 땅을 봉해서 받은 것이 아니요, 단군의 왕조 시대에 한동안 와서 기류한 데 불과하였다. 아마 처음에 단군이 해변에서 나라를 건설한 이래 그 인후하고 착한 기풍이 역대로 변하지 않고 전승되었다는 소문을 듣고 이곳에 몸을 의지했다가 문왕(文王)이 늙은이를 잘 대우한다는 말을 듣고 다시 서쪽으로 걸어서 주(周)에 돌아간 것일 듯하다.

이것은 모두 역사의 기록에서 빠뜨린 것이므로 기록해둔다. (404쪽 2)

『성호사설』 권1 천지문 단기강역(檀箕疆域)

순(舜)이 처음으로 12개의 주(州)를 설치하고 12개의 산을 봉하였으며, 또 12개의 목(牧)을 임명할 때에 유주(幽州)도 그중의 하나였다. 『한서』 지리지에 보면 "유주에는 그 산이 의무려이며 그곳에서 해산물과 소금이 많이 생산된다" 하였으니, 이곳이 지금의 요양과 심양이 아니고 어디이겠는가? 단군은 요(堯)와 같은 시기에 나라를 세웠으니 12개의 주를 설치할 때는 벌써 건국한 지가 백 년이 넘었다. 그 영토의 경계를 정확히 알 수는 없으나 기자가 계속하여 나라를 세웠고 그의 후손인 조선후(侯)의 시대에 와서 연(燕)과 힘을 겨루었는데, 연이 그 서쪽 지역을 공략하여 2천여 리의 땅을 빼앗아 만반한까지를 경계로 정함으로 인하여 조선이 비로소 약해졌으니, 연에서 동쪽으로는 본래 땅이 얼마 없었은즉 만반한은 바로 지금의 압록강이다. 만(滿)은 만주(滿州)요, 반(潘)은 심(瀋)이 잘못된 것이다. 압록강 밖에서 산해관까지의 거리가 천여 리에 불과하고 보면 연에게 빼앗긴 지역은 요양과 심양이 아니고는 다시 그에 해당한 지역이 없다. 그렇다면 단군 시대에 벌써 순의 통치권 내에 들어간 것이니, 우리나라가 미개 사회에서 중국의 문화를 받아들인 지가 벌써 오래되었다. 순도 본시는 동방 민족이었으니, 저풍(諸馮)과 부하(負夏)는 모두 동방 9개 종족 중에 들어 있었을 것이다. 기자의 수도가 평양이었으나 연과 국경이 연접되었고, 고죽(孤竹)이란 나라의 유허도 그 가운데에 있었을 것이다. 요순시대부터 중국 내지와 같이 다루어 왔고 단군·기자, 백이·숙제의 교화가 이루어졌으니 문명의 영향을 받은 것이 여기만 한 곳이 없었다.

지금 압록강 이외의 지역은 지리적인 조건이나 인간 관계로 보아 다시 합할 수 없게 되어서 마침내 압록강을 국경선으로 만들게 되어 영토의 일부가 완전히 없어지고, 일부 지역만을 보존하고 있으면서도 오히려 문명의 전통인 옛 문화를 잃지 않고 있으니, 그런대로 천지간에 한 즐거움이라 할 것이다. (405쪽 3)

『성호사설』 권1 천지문 풍기유전(風氣流傳)

개성(開城)의 삿갓[篛笠]과 타래머리[鬉髮]는 은(殷)나라 백성이 낙양(洛陽)에 주거할 때의 풍속인데 기자를 따라서 우리나라에 들어온 듯하다. (405쪽 4)

『성호사설』 권2 천지문 조선지방(朝鮮地方)

기자가 동쪽으로 나올 때에 홍범의 원리를 가르쳐 윤리를 바로잡아놓았으니, 그 공적이 매우 컸다. 그러므로 자작(子爵)에 봉해졌다. 그의 후손인 조선후는 주나라가 쇠하고 연(燕)이 왕이라는 칭호를 쓰고 동쪽으로 토지를 경략하려는 것을 보고, 자기도 왕이라 자칭하고 군대를 일으켜 연을 토벌하고 주나라를 높이려 했는데, 대부인 예(禮)가 말려서 그만두었다는 말이 있으니, 벌써 이보다 앞서 후국(侯國)이 되었고, 조선이 왕이라 칭한 것은 이때부터 시작되었다. 그러다가 후손이 교만하고 포악해지자 연에서 장군 진개를 보내어 그 서쪽을 공격하여 2천여 리의 땅을 빼앗고 만반한까지를 경계로 삼으니 조선은 마침내 쇠약해졌다.

그런즉 당초에 봉한 지역은 사실상 연나라와 접근해 있었으니, 지금 만리장성 밖으로 요하(遼河)와 심(瀋)의 지역이 모두 영토 안에 들었던 것이다. 만반한은 어디를 가리키는지 알 수 없으나 연나라의 동쪽에는 이렇게 큰 땅이 없다. 지금 의주에서 산해관까지가 1천4백 리에 불과하니, 생각건대 만(滿)은 지금의 만주(滿州)로 청(淸)의 왕업이 시작된 곳이요, 반(潘)은 심(瀋)의 잘못인 듯하다. 곧 우리나라의 강계(江界) 이북과 백두산 큰 줄기의 서쪽이 모두 연(燕)의 통치하에 들어간 것이다. 그런데도 오히려 연과 패수(浿水)를 국경으로 삼았다 했으니, 여기서 패(浿)는 취(溴)의 잘못으로 곧 압록강인 듯하다.

위만(衛滿)이 취수(溴水)를 건너와 위와 아래의 방어선을 모두 소유하였으니 이곳은 곧 단군과 기자의 옛 영토이며 남으로는 삼한과 국경이 되었다. 이것은 조선 지방의 연혁이다. 뒤에 고구려가 또 요하[遼]와 심수[瀋]의 지역을 모두 차지하였으니 그것은 옛 터전을 수복한 것이었는데 그 말기에 와서 발해가 이곳을 점령하였다가 그대로 요(遼)에 편입되었고 왕 태조는 뜻은 있었으나 이루지 못하였다. (406쪽 5·6)

『성호사설』 권2 천지문 졸본부여(卒本扶餘)

"동부여가 도읍을 동쪽 바닷가로 옮겼다" 했으니, 동쪽 바닷가는 다 옥저의 땅으로, 그 사이에는 발붙일 곳도 없으니, 생각건대 그 동쪽으로 가까운 곳은 옥저와 통하므로 그렇게 말한 것이요, 꼭 옥저의 경계까지 이르러 간 것은 아니다. "고주몽이 화를 피하여 서쪽 졸본으로 들어갔다" 했으니, 주몽은 해모수의 아들로, 그 아비가 이미 부여의 옛 땅에 도읍하고 있었으니 그렇다면 어찌하여 아비의 나라를 넘어서 다른 곳으로 달아났겠는가? 더욱이 주몽은 달아나면서 빌기를 "나는 천제의 아들인…" 했으니, 천제의 아들이라는 것은 그의 아비를 이르는 것이며, 기필코 그의 아비를 찾아가는 길이었을 것이다.

백제기에 "주몽은 화를 피하여 졸본부여에 이르렀는데, 그 왕은 아들이 없고 딸만 셋이었으므로 둘째 딸을 주몽의 처로 주었으며, 왕이 죽자 주몽이 계승했다" 하였으니, 백제의 온조 역시 주몽의 아들인데, 그 설화가 또 어찌 주몽이 나라를 세운 사실과 틀리는가?

어떤 이는 "주몽이 나라를 세운 뒤에 부여왕의 딸을 맞아 아내를 삼았고, 그 뒤에 그 땅을 병합하여 그곳의 왕이 되기까지 하였는데 온조는 바로 그 나라의 외손이므로 그의 유래를 별도로 기록하였다" 하였으니 고구려기에서 빠진 것도 이치로 보아 그럴 듯하다.

"주몽이 처음 졸본에 도읍한 것은, 교(郊, 제사) 지낼 돼지를 잃어버림으로써 국내성을 얻었기 때문이다" 했으니 돼지를 놓친 지역이 어찌 극히 먼 지경이었겠는가?

당나라 총장(總章) 2년에 "압록강 북쪽의 항복한 성이 이미 11개였다"고 했는데 국내주(國內州)가 그 속에 끼었으니, 그렇다면 졸본은 역시 압록강의 북쪽에 있었음을 알 수 있으며, 『통고』에 "마자수의 한 이름은 압록강인데 근원이 말갈 백두산에서 나와 국내성의 남쪽을 지난다" 했으니 압록강에서 멀고 떨어지지 않았음을 알 수 있고, 『성경지』에 "옛날 부여국이라는 것은 현도의 북쪽 천 리에 있었으며, 남쪽으로는 고구려와 접해 있었다" 하고, "동명의 무덤은 개평현(蓋平縣) 동병산(東屛山)에 있다" 했으니, 또한 증명할 수 있다 하겠다.

대개 해부루가 처음 졸본으로부터 성천(成川)으로 옮겨갔으므로 해모수는 실상 졸본의 옛 땅에 웅거했었으며, 주몽이 또한 성천에서 화를 피하여 졸본으로 들어와서 아비를 계승하여 임금이 되었던 것인데, 똑같이 부여라는 국호를 썼기 때문에 후세 사람들이 잘못 이해하고 성천을 졸본이라고 한 것이다.

『성호사설』 권3 천지문 삼한(三韓)

기준(箕準)이 마한 땅을 빼앗아 임금이 되었으니, 기씨 전부터 한(韓)나라가 있었던 것이다. 진(辰)은 진(秦)과 음이 같은데, 『춘추전』의 진영(辰嬴)이 이 증거이니, 진한(辰韓)은 진(秦)나라 사람들이 와서 창립한 것이 분명하다.

다만 한(韓)이란 이름은 어디서 유래했는지 모르겠다. 장량이 진시황을 저격하려 할 때 동쪽으로 와서 창해군(滄海君)을 만나보았는데, 해설자의 말에 "창해는 곧 예맥(濊貊)이다" 했으니, 지금 강릉에 해당한다.

그러나 한무제 때에 예군(濊君) 남려(南閭)가 요동에 예속되어 그 땅으로써 창해군을 삼았는데, 응당 작은 고을 하나로 군을 삼지는 않았을 것인즉 그 땅이 반드시 남쪽으로 멀리 미쳤을 것이다. …

창해가 어느 지방임을 막론하고 요는 중국에서 멀리 떨어진 곳이며, 장량이 왕래함에 있어 바닷길을 이용하여 반드시 우리나라 서해의 해변에 정박했을 것이니, 창해는 곧 그 지방일 것이다.

생각건대 당시에 우리나라가 남북으로 나뉘어 대수(帶水)로써 경계를 삼았을 것이니, 대수는 오늘의 한강이다. 오늘날의 황해·평안 양도는 당시에 삼조선의 땅이 되었고 한수(漢水) 이남은 통솔하는 자가 없어 중국에서 다만 창해라고 명칭했으며, 한(韓)나라 사람들이 진(秦)나라의 난리를 피하여 동으로 와서 웅거했으므로 국토를 한(韓)이라고 했으니 이는 장량이 그들과 함께 진나라의 원수를 갚으려 했던 이유이다. …

마한이 기준에게 쫓겨난 후 마한과 진한 두 나라 사이에 별도로 변한(弁韓)이 있었으니, 또한 변진(弁辰)이라고도 하는데, 마(馬)는 금마(金馬, 지금도 금마면(金馬面)이 있음)로써 이름을 얻은 것이다. (407쪽 7·8)

『성호사설』 권6 만물문(萬物門) 발개(髮髻)

『동사』에 "단군은 백성을 가르칠 때 머리를 땋게 하고 개수(蓋首)를 만들어 쓰도록 하였다”고 했는데, 이 개수는 머리에 씌우는 갓이다.

단군은 요(堯)와 같은 시대의 임금이었다. 순(舜)을 거쳐 우(禹)에 이르자 순이 다스리던 12주(州)를 더 넓히게 되었다. 유주(幽州) 부근에 있는 조선 지대를 병합하여 요동 전체를 차지하였다. 국경이 서로 가깝게 되자 왕화(王化)가 동쪽으로 퍼져서 중국의 내복(內服)과 똑같아졌다. 이러므로 우가 도산(塗山)에서 제후를 회합시킬 때 단군이 태자 부루를 보내 조회하도록 하였다. 이로 본다면 모든 제도가 같았다는 것을 알 수 있는데 단군이 가르친 부수(覆首)라는 제도도 중국 것과 서로 부합되었으니, 그때는 하나라 예를 쓴 것이 분명하다.

그리고 신라 · 백제 · 고구려 시대에는 가발을 만들어서 머리에다 두르게 되었으니, 이는 은나라 제도가 틀림없다. 비록 기자가 가르쳤던 법이라고 할지라도 증거가 없는 말이라고는 하지 못할 것이다.

『성호사설』 권8 인사문(人事門) 생재(生財)

우리나라는 서쪽으로 요동과 인접하고, 북쪽에는 말갈이 있으며, 남쪽으로는 왜와 통한다. 삼면의 바다 가운데 강토가 2천 리인데, 한강 서쪽은 삼조선의 옛터이다. 기준(箕準)이 뱃길로 남쪽으로 가서 마한의 왕을 내쫓고 스스로 왕이 됨으로부터 삼한의 호칭이 있게 되어 남과 북이 서로 교통하지 않았고, 삼국이 정립하여서는 전쟁이 그칠 날이 없어 백성이 편히 산 날이 없었으며, 왕씨(王氏, 고려)가 일어나서 삼국을 통일하고, 한강 하류 비옥한 곳에 서울을 정하였으나, 물자가 원(元)나라로 들어가고 전쟁의 경보(警報)가 잦아 미처 번성할 겨를이 없었다. (408쪽 9)

『성호사설』 권8 인사문 상벌(尙閥)

이 밖에 서북도 또한 단군, 기자의 옛터인데, 그곳 사람들 보기를 말갈 사람들과 같이 보는 것은 또 어째서인가? 이것이 모두 벌열을 숭상한 잘못이다. 벌열을 숭상하면 다만 재능과 덕행 있는 사람이 폐굴(廢詘, 쫓겨나는 것)될 뿐만 아니라, 지위에 있는 자가 교만·사치·방탕·안일하지 않음이 없어서 한갓 좋은 음식과 아름다운 의복만을 일삼아 백성이 폐해를 받게 될 것이니, 『시경』 대동(大東) 장에 "슬프다 우리 수고로운 사람"이라 한 것이 바로 이를 두고 한 말이다. …

국가가 서북의 민심을 잃은 지가 오래이니, 오늘의 계획으로는 그 고장을 벼슬의 고장으로 변화시키는 것만 한 것이 없다. 북도(北道)의 4릉(陵)·준전(濬殿)과 기자묘·단군사 등에 그 고장 사람을 가리어 참봉(參奉)을 시키고 질(秩)이 차면 승진시켜 경관(京官)을 삼기를 한결같이 상례(常例)로 삼아 차츰 사대부의 풍속을 이루게 한다면 어찌 도움이 적겠는가?

『성호사설』 권9 인사문 노비환천(奴婢還賤)

우리나라 노비법은 기자의 "남의 재물을 도둑질한 자는 적몰하여 그 집 노비로 만든다"라는 조문으로부터 시작된 것이다. 기자는 성인이라 먼 장래를 생각함이 지극하였을 것인즉, 반드시 대대로 물려주기를 지금의 법과 같이 하지 않고 그 자신으로 하여금 노역을 하게 하여 그에게 부끄러움을 주자는 데 지나지 않았을 것이다. 뒤에 왕건 태조 때에, 종군한 자가 잡아 온 포로에 대하여는 잡아 온 자에게 넘겨주도록 하고 따라서 대대로 물려받는 규정을 만들었으니, 한번 천한 종이 되면 천만 년이 가도 면하지 못하게 되었다. 이러한 학대와 고통은 천하 고금을 통하여 있지 않았던 일이다.

대개 노(奴)란 명칭이 전기(傳記)에 나타나는 것은 은나라로부터 시작되는데, 기자 역시 일찍이 거짓 미친 체하여 노가 되었던 것이다. 팔조의 교에 가고(可考)할 것은 3가지뿐이니, 곧 한고조의 삼장의 법(三章之法)이다. 한나라는 단지 "죄를 준다" 일렀을 뿐인데, 그 "적몰하여 노를 만든다"는 것은 대개 기자가 은나라 제도를 사용한 것이다. 은나라 제도 또한 반드시 대대로 물려받게 한 것은 아니었는데, 이 법이 한번 제정되자 갈수록 와전됨이 깊어가서 잔학하여 참지 못할 경우에까지 이르렀으니, 법을 만듦에 있어서는 근신하지 않을 수 없는 것이 이와 같다.

『성호사설』 권9 인사문 선우협(鮮于浹)

선우협(鮮于浹) 선생은 기자의 후손으로 숭인전감(崇仁殿監) 식(寔)의 아들이었다. 처음에 태천에서 살다가 뒤에 평양으로 이사하였다. 12살 때에 기자전(殿) 재실(齋室)에서 글을 읽는데, 꿈에 기자가 시를 주며 "도백(道伯)에게 보내주어라"라고 했다. 그 시는,

한 자 무덤 성 밖에 남아 있는데
외로운 사당 쓸쓸한 창을 대했네

라는 글귀가 있었다. 이월사(李月沙)는 이 시를 보고서 놀라 감탄하며 신어(神語)로 여겼다.

『성호사설』 권10 인사문 중표혼(中表婚)

우리나라는 이성(異姓) 친척 사이에 4대를 지나기 전에는 서로 혼인하기를 부끄럽게 여기니, 이는 아름다운 풍속이다. 우리나라가 기자가 끼친 교화를 숭상하고 따른 것을 여러 가지로 증거할 수 있으니, 이는 역시 은나라 제도가 전해와서 지금까지 없어지지 않은 것인 듯하다. 중간에 와서 왕씨(王氏)가 난잡하게 한 짓은 신라 박·석·김 시대의 풍속을 인습한 데에 불과했고, 그때 항간에서 다 같이 행하던 풍습을 죄다 그렇게 바꾸지 못한 것은 백성들이 기자의 유풍을 지킨 바가 있었기 때문이다. 고려가 망하고 법은 바뀌었으나 오직 외성(外姓) 사이에 혼인하는 것만은 아직까지 한결같으니, 이는 기자가 끼친 교화라고 해도 지나친 말이 아닐 것이다.

『성호사설』 권11 인사문 살인법(殺人法)

사람의 욕망은 삶에 대한 욕망보다 더 심한 것이 없고, 싫어하는 것은 죽음보다 더 심함이 없으므로 그 원통한 것도 피살되는 것보다 더 심함이 없으니, 살인한 자를

죽이는 것은 법의 가장 급선무인 것이다. 그러므로 한 고조의 약법 삼장과 기자의 팔조목에도 반드시 (살인한 자를 죽이는 조문을) 첫째로 삼았다.

『성호사설』 권12 인사문 기자전(箕子田)

기자의 정전은 사실 정전이 아니다. 한 경(頃, 백 이랑)을 사방 70보(步)로 하고 네 경을 한 구(區)로 만들되 마치 전(田) 자처럼 반듯하여 어긋나지 않게 했으니, 한구암의 문집에 상고하면 알 수 있다. 나는 생각하건대, 하후(夏后)의 정전은 구가 아홉이고 구마다 네 농가가 있으니 도합 서른여섯 농가인데, 한 구가 네 농가의 밭으로 된 것이 마치 전 자 모양과 같고, 은나라는 여기에 70을 증가하여 두 농가를 한 농가로 합침으로써 한 정(井)이 바로 열여덟 농가가 되며, 주나라는 또 백 묘(畝)를 증가하여 은나라의 두 농가를 한 농가로 합침으로써 한 정이 비로소 아홉 농가가 된다.

그런데 기자는 하후의 제도를 따르지 않고 별도로 밭고랑을 정리하기 때문에 한 경의 70보 제도를 만든 것이다. 이 정전에 대한 말은 이미 『맹자질서(孟子疾書)』에 자세히 말하였다. 일찍 옥동(玉洞) 선생에게 질문했더니, "옛 제도가 혹시 그 어떤 것인지는 알 수 없지만, 그렇게 행하는 것이 편리하지 않겠느냐?"라고 하였으며, 봇도랑과 밭 경계를 매양 개혁할 수 없는 것은 주자가 이미 말한 것이다.

그런데 근자에 전해 듣건대, 감사가 그 주나라 제도와 맞지 않는 것을 혐의롭게 여겨 크게 민력을 발동하여 한 정(井)에 아홉 농가와 한 경(頃)에 백 묘의 제도로 변경했다 하니, 과연 그런 것일까? 삼대(三代)가 서로 이어받거나 개혁한 것은 실상 이것이 증거가 되는데, 이제 하루아침의 망령된 생각으로 기자의 남긴 자취를 드디어 사라지게 하니, 후세에 어디를 따라 그 전칙(典則)을 찾겠는가? 개탄할 만한 일이라 하겠다.

『성호사설』 권15 인사문 화령(和寧)

두 글자로써 국호를 삼는 것은 오랑캐의 풍속이니, 우리나라의 예의와 문물은 중화와 비슷한데 홀로 이것을 고치지 못하는 것은 무슨 까닭인가?

기자가 동녘으로 옴에 미쳐 단군의 후손이 당장경으로 도읍을 옮겼는데, 당장은 문화현에 있으며 여기서도 오히려 단군이라 칭호했으니, 단(檀)은 국호인 것이다. 『문헌통고』를 상고하건대 "단궁(檀弓)은 낙랑에서 생산된다"라고 했는데, 단(檀)은 활을 만드는 나무가 아니요, 국호를 붙여 활의 이름을 지은 것이다.

기자가 봉작을 받아 자작이 되었는데 기(箕)도 국호니, 생각건대 성토(星土)의 분야에 기성(箕星)이 그곳에 해당하므로 국호를 기(箕)라 이른 것이리라.

조선이란 한사군의 통칭으로서 중국을 제주(齊州)라고 이르는 것과 같으니, 아마도 역대의 국호는 아닌 듯하다.

『성호사설』 권17 인사문 규염객(虯髥客)

동사를 상고하건대, 걸걸중상이란 자는 발해 대씨의 조상인데 그 일이 이와 서로 유사하다. 대씨는 요(遼)의 전부를 통합하여 그 땅이 동쪽으로 바다에 닿았는데, 뒤에 글안(契丹)에게 멸망되었다. 그 처음에는 부여의 옛 땅으로 서경을 만들어 글안을 방비하였으니, 부여란 요해(遼海)에 가까운 나라여서 해구(海寇)가 들어와 웅거할 수 있기 때문이었다. 규염이 중상이란 것은 의심이 없다. 그 전에 "서쪽으로 향하여 뇌주(酹酒)하였다" 한 것은 분명히 동향의 잘못이다. 중토(中土)의 서쪽에 어찌 일찍이 바다에 가까운 부여국이 있었던가? 별도로 자세한 저작이 있으므로 군말하지 않는다.

『성호사설』 권19 경사문(經史門) 삼한시종(三韓始終)

삼한 중에는 오직 진한 풍속만이 가취(嫁娶)를 꼭 예로써 하고 남녀의 구별이 있어서 길에서 서로 만나면 모두 멈추고 서서 길을 양보하였다. 지금 영남이 우리나라 유현(儒賢)의 부고(府庫)가 된 이유는 이런 유래가 있었기 때문이다. 추측건대 기자의 봉강(封疆)이 된 후로 경계가 호맥(胡貊)이 닿게 되었고, 위만이 또 퇴계(椎髻)로 와서 점거하자 옛날 풍속이 다 변경되었기 때문인 듯하다.

그리고 천하가 이미 진(秦)나라에 병합되자 중국 백성들이 부역을 피해 삼한으로 투입하여 동남쪽에서 나라를 세웠다. 중국 풍속을 오히려 제대로 지키고 오랑캐에게 변을 당하지 않은 것은 오직 영남 지대였던 까닭에 그렇게 되었다. 어찌 아름답지 않은가!

『성호사설』 권19 경사문 우거(右渠)

『동국통감』에 실려 있는 위만조선 사실은 소략한 데가 많다. 『한서』를 상고하니 "만(滿)은 패수를 건너 옛날 진(秦)나라 공지 상하장에 와서 살았다" 하였고 그 주(注)에는 "낙랑에 운장(雲鄣)이 있고 패수는 요동 변방에서 시작해서 서남으로 낙랑에 이르러 서쪽으로 바다에 들어간다" 하였으니 이는 압록강을 가리킨 것이다.

또 『삼국지』에 "만(滿)이 격수(溴水)를 건너왔다"라고 분명히 말하였으나 이는 글자가 잘못 쓰인 것이다. 소위 상하장이란 지금의 평안도 경내이고 또 옛날 진나라 공지라 한 것은 필시 그 위령(威令)이 미쳤던 곳인 듯하다. 그러나 기준(箕準)은 만에게 쫓겨서 바다로 들어왔다면 공지가 아니었을 것인데 이렇게 적은 이유는 사마천과 반고가 자세히 살피지 않았기 때문이다.

또 "조선상 노인·상 한음과 이계상 삼·장군 왕겹이 서로 우거를 죽이려 모의하여 한에 항복하러 가다가 노인은 길에서 죽었다. 이계상 삼은 사람을 시켜 조선 왕 우거를 죽이고 와서 항복했다. 우거의 대신 성기(成已)가 또 반란을 일으키자 좌장군은 우거의 아들 장(長)과 노인의 아들 최(最)를 시켜 그 백성에게 고유하여 성기를 죽이게 하였다" 하였으니 장은 비왕(裨王)이다. 비왕이란 태자의 칭호인 듯하고 장이란 것도 봉후에 가까운 벼슬인 듯하다. 대저 삼이란 자에게 반드시 이계상이라 칭하여 이계와 조선을 똑같이 일컬었으니 이 이계란 그 당시에 어떤 나라 이름인 듯하나 우리나라에 어찌 일찍이 이런 나라가 있었던가? 이는 반드시 예(濊)의 음이 잘못되어 이계라고 한 듯하고 삼도 신하가 아니었던 까닭에 시(弑)라 하지 않고 살(殺)이라 한 듯하다. 사실을 기록한 역사는 자세히 살피지 않아서는 안 된다.

『성호사설』 권20 경사문 호강왕(虎康王)

우리나라 옛 시대 임금은 단군과 기자로부터 삼국을 거쳐 고려에 이르기까지 각각 그 군림한 지대에 시조의 사당을 세웠는데, 삼한의 진한과 변한은 그 시조의 이름을 몰라서 따라 추향(追享)하지 못했다. 오직 마한의 시조만은 바로 태사(太師)의 41대 손으로서 익산에서 개국하여 명호와 도읍이 지금까지 없어지지 않았는데 사전(祀典)이 아직 없었으니 성세(聖世)의 결점이라 할 수 있다.

여사(麗史)에 상고해보니, 충숙왕 16년은 "도둑이 금마군 마한의 시조 호강왕의 무덤을 발굴하였다"라고 했으니, 이는 다만 그 이름뿐만이 아니라 시호까지 있는 것이다. 그리고 『여지승람』에도 "세상에서 전하기를 '무강왕은 이미 인심을 얻어 마한에 나라를 세우고 선화부인과 함께 사자사(獅子寺)에 거둥하였다'라고 한다" 하였고, 또 "두 능이 오금사봉(五金寺峯) 서쪽 수백 보 거리에 있는데 후조선 무강왕과 왕비의 능이다"라고 하였다.

『성호사설』 권21 경사문 사한(思漢)

은나라 말기에 기자가 동쪽으로 나와 팔조로 다스렸으나 현재까지 전해오는 법은 3가지이다. "사람을 죽인 자는 자기의 목숨을 바치고, 사람을 상하게 한 자는 곡식으로 갚고, 도둑질한 자는 그 집 종노릇을 한다" 하였으니 한나라 때의 삼장과 흡사하다. 그중에 전하지 않는 것도 반드시 오륜에서 벗어나지 않은 8가지로 되었을 것이다. 지역의 거리와 세대의 차이가 이같이 동떨어지게 서로 먼데도 그 만들어진 법이 어찌 그렇게 똑같았을까?

『성호사설』 권22 경사문 기자조주(箕子朝周)

기자는 무왕에게 원수가 아니었다면 신하 노릇을 했을 것이다. 이륜(彝倫)의 질서를 기자는 전하고 무왕은 받았으니, 원수가 아니고 스승이었다. 그렇다면 무왕에게 있어서는 높이는 것이 의리가 되었고, 기자에게 있어서는 신하 노릇 하는 것이 예가 되었을 것이다. 미자(微子)도 삼각(三恪)에 하나가 되었기 때문에 흰 말을 타고 와서 조회하였다.

이로 본다면 기자가 "흰 말을 타고 주나라에 조회했다"라는 말을 다시 의심할 것이 있겠는가? 조선이 비록 절역이라 할지라도 융적과는 같지 않았기 때문에 기자가 무왕에게 봉함을 받았던 것이다. 조선 제봉(提封)을 상고해보니 요동을 포함해서 서쪽으로 연나라와 접경이 되었다.

요병(遼兵)이 와서 우리 국경을 침략할 때 서희가 "귀국 상경(上京)도 본래 우리 땅이었다"라고 한 데 대해서 소손녕도 능히 변명하지 못하였다. 당나라가 동정(東征)할 때도 안시(安市)까지 나오고 말았으니 지금 봉황성이 바로 그곳인데, 우리나라 사람이 이 봉황성을 안시도(安市島)라고 하기 때문이다.

그런즉 기자의 봉강과는 중원에 가는 거리가 대개 멀지 않았다. 『좌전』 소공(昭公) 9년에 주왕(周王)이 첨환백(詹桓伯)으로 하여금 진후(晉侯)를 꾸짖기를 "무왕이 상나라를 이긴 후로 포고(蒲姑)와 상엄(商奄)은 우리 동쪽 땅이고, 파복(巴濮)과 초(楚)와 등(鄧)은 우리 남쪽 땅이며, 숙신과 연과 박(亳)은 우리 북쪽 땅이다"라고 하였다.

이 숙신이란 나라는 또 요의 동쪽에 있었으니 조선도 그 번병 안에 포함되었음을 알 수 있다. 또 희공(僖公) 15년에 진 목공(秦穆公)이 말하기를 "내 듣건대 당숙(唐叔)을 진(晉)나라에 봉해줄 때 기자가 말하기를 '그의 자손은 반드시 크게 될 것이다' 하였다" 하였으니, 그 당시 기자가 동쪽으로 올 때에 당숙은 아직 나지도 않았던 것이다.

기자가 만약 주나라에 조회하지 않았다면 어찌 조정 정사에 참여할 수 있으며, 또 외번(外藩)에 있어서도 아무리 중국 사실을 이야기한 자가 많았다 할지라도 그런 조정의 비밀을 어떻게 알고 전파할 수 있었겠는가? 나는 성인은 사사로운 마음이 없다고 생각한다. 주나라의 혁명은 이미 의거였기 때문에 천명과 인심이 일치하였으니, 기자도 이치로 보아 무왕에게로 돌아가게 되었을 것이다.

그렇지 않았다면 맥수(麥秀)라는 노래를 또한 어디로 좇아 지었겠는가? 그가 이른바 "나는 신복(臣僕) 노릇은 하지 않겠다"라고 한 말은 무슨 뜻인가? '신복'이라는 것은 포로(俘虜)와 같은데, 신복 노릇은 할 수 없다는 뜻이다.

"스승으로 모시고 가르침을 받아서 배운 후에 신하를 삼는다"라는 것은 또한 옛날에도 그런 말이 있었다. 여기에 대해 자세한 내용은 『시경』 백구장(白駒章)에 있으니 서로 참고할 만하다.

『성호사설』 권23 경사문 단기(檀箕)

우리나라 역사는 단군·기자 이상은 상고할 데가 없다. 단군은 요와 같은 시대에 나라를 세웠다 하였으니, 역시 순과 같은 시대이다. 순이 맨 처음으로 12주를 설치했는데, 유주(幽州)·병주(幷州)·영주(營州)는 모두 동북 지대이다. 이를 "순이 맨 처음으로 설치했다" 하였으니, 요의 시대에는 이런 명칭이 없었던 것이다.

"순은 저풍(諸馮)에서 탄생했는데, 동이 사람이다" 하였으니, 저풍이란 지대는 요심(遼瀋)과 서로 가깝게 닿았던 모양이다. 『주례』 직방씨를 상고하면 "유주에는 의무려라는 산이 있고 소산물로는 어염(魚鹽)이 있다" 하였다. 지금 연경으로 가는 길 오른편에 의무려산이 보이고 어염 역시 요동 바다에서 생산되므로, 유주란 지대가 우리나라와 서로 연해 있었음을 짐작할 수 있고, 맨 처음에는 요동과 심양이 모두 조선의 소유였으니 반드시 저풍과 서로 멀지 않았을 것이며, "순은 1년 만에 부락을 이루고 2년 만에 고을을 이루고 3년 만에 도읍을 이루었다" 하였으니, 단군도 순을 따르게 되었던 것은 의심할 여지가 없다.

우공(禹貢, 『서경』 편명 중 하나)에 유·병·영(幽幷營) 세 고을이 탈락된 것은 무슨 이유였는지 알 수 없으나, 대개 중국과 거리가 좀 멀고 풍속에 큰 차이가 있었던가 보다. 세 고을에서 한때에 조회는 온다 해도 내복(內服, 왕성(王城)과 가까운 지역을 이름)과 같이 인정하지는 않았기 때문에 "중국에만 부·세를 정한다(成賦中邦)" 하였다. 이로 본다면 이 세 고을은 직공(職貢, 물건을 바침) 중에만 편입시켜 중국과 통하도록 했던 것인 듯하다. 나중에 부루(夫婁)가 하나라에 조회한 것으로 보아 증명할 수 있다. 또한 은나라가 지나고 주나라에 이르러 기자가 봉함을 받았다고 했는데, 어찌 미개한 호맥(胡貊) 지대로 그냥 버려두었다 할 수 있겠는가?

『좌전』 희공(僖公) 12년에 진 목공이 "당숙(唐叔)을 봉할 때 기자가 '그의 자손은 반드시 크게 될 것이다'라는 말을 했다"고 하였는데, 그때 당숙의 사실을 절역(絕域, 먼 지방. 조선을 가리킴) 밖에서 어떻게 알 수 있었단 말인가? 비록 그런 말이 있었다 할지라도 우리나라에서는 들을 수 없었을 것이다.

소손(小孫) 구환(九煥)이 "백구(白駒)란 시는 유객(有客)과 서로 흡사하므로 이는 기자가 주나라에 조회 갔을 때 지은 것인 듯하다" 하니, 이 말이 근사하다 하겠다.

또한 이십팔수(二十八宿)라는 이름도 어느 시대에 시작되었는지 알 수 없으나, 기성(箕星)은 동북 중간에 있어서 바로 우리나라 석목(析木) 분야에 닿으므로, 기(箕)로써 나라 이름을 만든 것도 그만 한 의의가 있었던 듯하다.

『성호사설』 권23 경사문 조선후(朝鮮侯)

『동사』에 "기자의 후손 조선후가 주나라의 쇠함을 보고 군사를 일으켜 연나라를 치고 주나라를 높이려 했으나, 대부(大夫) 예(禮)가 못하게 간하므로 그만두었다" 하였다. 이는 후(侯)라 칭하였으니 대대로 봉함을 받았다는 것이고, 주나라가 쇠했다 하였으니 춘추 무렵이라는 말이며, 연나라를 친다 하였으니 주나라를 높이려면 먼저 연나라를 치는 것부터 시작한다는 말이다. 조그마한 나라로 동떨어지게 먼 거리에 있으면서, 강한 진(晉)과 초(楚) 같은 나라에 대항할 수 없다는 것을 어찌 몰랐겠는가? 다만 의리상 할 일은 해야겠다 하여 이기고 지는 것은 생각지 않았으니, 후(侯)의 뜻은, 이웃 나라를 침략하려고 자기의 힘을 헤아리지 않고 덤비는 자와는 아주 다른 것이었다.

그때 제후들은 모두 주나라를 높이지 않았다. 만약 그 의리로써 권세의 자루를 삼았다면 천하의 군사를 능히 움직일 수 있었을 것이다. 그러므로 제 환공(齊桓公)은 초(楚)를 칠 때 그 포모(苞茅)만을 물었고, 중니가 죄를 성토하라고 요청한 것도 그 임금을 시해했기 때문이로되, 오직 조선은 의리를 주창하고 말을 정대하게 하여 멀리서 그 성세(聲勢)를 일으켰다면 장차 천하 후세에 좋은 말을 남기게 되었을 것인데, 끝내 대부가 못 하도록 간한 것은 무슨 이유인가? 제 환공은 일찍이 연(燕)을 쳐서 크게 이긴 다음, 겉으로는 왕도(王道)를 가장하고 안으로는 패도(伯道)를 쓴 까닭에 존주(尊周)라는 의리로 연을 성토(聲討)했다는 말은 듣지 못했으니, 그 속셈을 짐작할 수 있다.

그러나 약소한 나라가 강대한 나라에 대항할 수 없는 것은 사실이다. 어찌 연과 제를 지나서 억센 진과 초를 호령할 수 있었겠는가? 하지만 후(侯)의 의리는 참으로 훌륭한 것이었다.

그러나 대부로서 국사를 꾀하며 강한 나라를 함부로 거스르다가 끝내 일은 제대로 되지 않고 한갓 멸망만 당하도록 만들어서도 아니 되니, 그 대부의 간함도 충성이 아니라 할 수 없다.

비유하건대, 아비가 나라에 벼슬할 때 권세를 부리는 간신이 발호(跋扈)하여 임금을 억누를 때, 다른 사람들은 모두 말하기를 꺼리는데 그 아비는 아무 이익도 없다는 것을 환히 알면서도 죽음으로써 일어서려 한다면, 그 아들로서 그 위험한 일을 도리어 권해야 하겠는가, 아니면 이익이 없다는 것을 들어서 그만두도록 간해야 하겠는가? 이로 본다면 예(禮)도 역시 어진 사람이라 하겠다.

그 뒤에 점점 틈이 벌어지고 원수가 되어가다가 결국 연구(燕寇, 연의 침략)에 멸망 당했으니 또한 경계해야 할 일이다.

『성호사설』 권23 경사문 동주(東周)

공자께서 "만약 나를 쓰는 이가 있다면 나는 그 나라를 동주(東周)로 만들겠다" 하였다. 주나라는 본래 기풍(岐豊)에 도읍했기 때문에 "문왕은 서이(西夷)의 사람이다"라고 하였고, 주가 도읍을 동쪽으로 옮긴 뒤에도 왕적(王迹)이 시작된 곳은 오히려 천하 제후의 서쪽이었던 까닭에 "서방 미인(西方美人)이라"라고 했으니, 이는 산동과 구별한 말이다.

무왕이 봉건제도를 세운 후 주공은 노(魯)를, 소공은 연(燕)을, 태공은 제(齊)를, 기자는 조선을 다스리게 되었으니, 반드시 남은 풍속이 다 사라지지 않았을 것이며 조선의 영토는 요동 지대를 모두 차지하였으니, 이는 반드시 순이 정한 12주 안에 들었을 것이다.

그 당시 훌륭한 성현들은 모두 동방에 있게 되었고, 나중에 주나라가 쇠하게 되었을 때도 조선후가 연을 치고 주를 높이려 했으나, 그 대부 예가 못하게 간하므로 그만두었다는 것인데, 이 사실은 『동사』에 뚜렷이 적혀 있다. 비록 그 시대가 어느 때인지 확실히 알 수 없으나 반드시 춘추 무렵에 있었던 것 같다.

부자(夫子)가 일찍이 "구이(九夷)에 살고 싶다"라고 했고 또 "떼를 타고 바다로 떠나가겠다"라고 했으니, 이 바다는 바로 동해다. 떼를 타고 와서 머무를 만한 곳이 조선이 아니고 어디였겠는가? 순도 본래 동이 사람이었으니 조선이 반드시 그 교화를 먼저 받았을 것이며, 기자도 그 교화를 더욱 돈독히 함에 따라 인의지방(仁義之邦)이란 칭호를 얻게 된 것이다.

또 기자의 후손에 이르러서도, 군사를 일으켜 연을 치고 주를 높여 큰 의리를 천하에 펴려고 할 때 복받치는 의분으로 일의 성패는 따지지도 않은 것이다. 이 절역(絕域)에 있는 미약한 나라로서 비록 뜻은 이루지 못했으나 그 사실만은 당시 여러 제후로서는 감히 생각지도 못했던 것이다.

성인의 역량은 지극히 크다. 만약 제·노(齊魯)의 임금들이 그를 들어 써서 산동의 의병(義旅)을 일으키고 밖으로 조선과 연결하여 그 명분을 바로잡고 복종하지 않는 자들을 성토했다면 어찌 주나라 도(道)가 다시 동방에서 밝아질 수 없었겠는가? 부자(夫子)가 일찍이 필힐(佛肹)과 불요(弗擾)에게 가고자 한 것도 계씨(季氏)를 성토하고 명분을 바로잡으려던 것이다. 만약 가서 뜻대로 될 수만 있었다면 성인은 반드시 깨끗이 여기고 일을 했을 것인데, 결국 가지 않은 것은 일이 제대로 이루어지지 않을 듯했기 때문이다. 진실로 조선후의 큰 뜻을 품은 소문을 들었다면 부자는 의심하지 않고 바로 오게 되었을 것이다. 또한 성인의 두 차례 탄식이 바로 그 무렵이 아니었을까? 진실로 그런 일이 단행되었다면 조선이 동주(東周)가 되지 않고 무엇이 되었겠는가? 나중에 동주군(東周君)이 있었기 때문에 사람들은 이를 가리킨 것이라고 의심하였다. 그러나 그처럼 미약하고 떨치지 못한 동주군을 성인이 무엇을 취할 바가 있었겠는가?

『성호사설』 권24 경사문 선도산신(仙桃山神)

『삼국사』에 『북사』의 말을 인용했는데, "고구려에는 신사(神祠)가 둘 있었다. 첫째는 부여신인데 이는 나무를 깎아 부인상(婦人像)으로 만들었고, 둘째는 고등신(高登神)인데 이는 시조 부여신의 아들로서 대개 하백의 딸과 주몽이다" 하였다.

『성호사설』 권25 경사문 부부경형(簿賦輕刑)

그 후 주(紂)가 망하게 되자, 기자는 옥배(玉杯)와 상저(象箸)의 한탄이 나왔으니 모두 사치로 인하여 동기가 된 것이었다. 사치가 심하면 탐욕을 부리게 되고 탐욕이 심하면 학정이 있기 마련이니, 주가 멸망당하게 된 까닭이다.

기자가 동토(東土)의 봉(封)을 받자 단지 3조(條)의 법을 전했는데, 즉 "사람을 죽이면 목숨으로써 보상하고, 사람을 상하게 하면 곡물로써 보상하고, 도둑질을 하면 적몰하여 그 집의 노예로 삼는다"는 것이다. 이것은 은나라의 옛 법인데 기자가 들어 쓴 것인지도 모를 일이다.

한 고조가 관중에 들어가 하나같이 이 예를 적용하여 마침내 천하를 차지하였는데, 세상을 그리 뒤졌는데도 마치 부절을 합한 것 같으니 이는 필시 옛적부터 유전하는 제도로서 한나라가 얻어 쓰게 된 것이다. 그렇다면 단씨(檀氏)가 망하자 기자가 나라를 세우고 영진(嬴秦)의 말세에 한 고조가 갑자기 흥기함에 있어서도 단지 3장(章)의 한 규제만을 인습하였으니 이는 백세를 기다려도 의혹할 바 아니다.

단씨가 천 년을 전하였으니 세대가 오래가면 정사가 가혹하고 포악하지 않은 예가 없으며, 기자가 졸연히 와서 정권을 교체하였으니 그 위태하고 망하게 되었던 것은 억측할 만하다. …

『성호사설』 권26 경사문 삼성사(三聖祠)

『여지승람』에 고기(古記)를 끌어대어 이르기를 "천신 환인이 서자 환웅으로 하여금 천부의 인 3개와 따르는 무리 3천 명을 거느리고 태백산 상봉에 내려오게 하였는데,

이때에 곰이 변화하여 여인이 되니, 환인이 혼인하여 단군을 낳았다. 단군이 비서갑 하백의 딸에게 장가들어 부루를 낳아 그가 북부여 왕이 되었는데, 늙도록 아들이 없으므로 아들 낳기를 기도한 나머지 금와를 얻어 길렀다. 부루가 죽자 금와가 대를 계승하였는데, 대소에 이르러는 고구려 대신무왕에게 멸망을 당했다" 하였다. 그렇다면 단군의 세대는 단지 한 대를 전하고 끊어진 셈이다.

위에는 "부루가 북부여 왕이 되었다" 하였고, 아래는 "부루가 도읍을 옮겼다" 하였다. 『삼국사』에 이르기를 "동부여 왕이 되었다" 했으니, 구도(舊都)는 북부여이고 가섭은 동부여가 되는 모양이다. 또 "그 구도에 천제의 아들이라 자칭하는 해모수란 사람이 와서 도읍했다" 하였은즉 구도란 것은 곧 태백산인데 해모수가 도읍한 곳이며, 부루는 태백산의 동쪽에 있었는데 대소에 이르러 나라가 망하자 그 아우가 쫓겨나서 압록곡에 이르러 해두왕(海頭王)을 죽이고 도읍하니 이를 갈사왕(曷思王)이라 하는데, 또 고구려에 항복하였은즉 금와의 세대가 끊어진 것이다.

환인이 여자로 변한 곰과 더불어 결혼했다면 환웅만 내려온 것이 아니라 환인도 함께 내려온 것이며, 단군이 바로 웅신의 소생이라면 곰이 적처가 아니니, 유독 환웅만이 서자가 아니라 단군도 역시 서자인데 다시 무슨 적자가 있겠는가? 또 혹시 환웅이 죽자 단군이 형을 계승하여 임금이 된 것인가? 단군이 아들 부루에게 전하여 가섭으로 옮겼는데 해모수가 와서 구도에 살았다면 단군은 어디로 갔단 말인가?

사(史)에 또 "단군이 아사달산(阿斯達山)에 들어가 신이 되었다" 하였는데, 아사(阿斯)를 언어(諺語)로 새기면 아홉(九)이요, 달(達)을 언어로 새기면 달(月)이니, 이것이 곧 지금의 구월산(九月山)이다. 문화현(文化縣)에 있는 당장경(唐莊京)은 기자가 수봉된 곳인데 단군이 바로 이곳으로 옮겼다고 한다.

구월산에 삼성사가 있어 환인·환웅·단군 세 사람을 제사하는데, 봄·가을로 향(香)을 내려 제를 올린다. 그렇다면 단군이 이렇게도 많은 해를 머물러 있다가 주무왕 때에 이르러 비로소 당장(唐莊)으로 옮겼단 말인가?

또 혹시 단군은 아사달로 들어가 신이 되고 부루가 도읍을 옮겼는데, 구도에 머무른 자는 해모수의 후예인가? 해모수가 구도에서 왕 노릇을 하고 있는데 그 아들 주몽이 동부여로 난리를 도피했다면 어찌 그 아버지에게로 돌아가지 아니하고 다른 곳으로 갔단 말인가? 기자가 봉을 받았다면 바로 해모수를 대신한 것이요, 단군을 대신한 것은 아니다. 기자는 성인인데 어찌 그 주군을 쫓아내고 스스로 왕이 될 리가 있겠는가?

단군이 천신의 아들이고 해모수도 천제의 아들이라 한다면 하늘에 두 신(神)이 있단 말인가? 단군이 하백의 사위가 되고, 해모수도 또한 하백의 사위가 되었으니 동일한 하백이란 말인가? 그 황당무계하여 믿지 못할 것이 이와 같다.

대저 동사(東史)로서도 김관의(金寬毅)의 편년 같은 따위는 이속(夷俗)을 뒤섞어 채집하여 더욱더 맹랑한 데도 역사를 저작하는 자가 취해 쓰고 있으니 그 견식의 비루함이 이와 같다.

『성호사설』 권26 경사문 기자지후(箕子之後)

세상에서 하는 말이 우리나라 한씨(韓氏) 성은 바로 기자의 후손이다. 기준이 위만에게 쫓겨나서 마한의 왕이 되었기 때문에 기준의 뒤가 그대로 성이 되었다 하는데 이는 전혀 그렇지 않다.

기준이 마한 왕을 쫓아내고 스스로 왕이 되었다면 기준 이전에 이미 한이 있었던 것이다. 『동사』에 이르기를 "위만의 손자 우거가 망할 적에 조선의 상 노인·한음 등이 우거를 죽이고 한나라에 항복하자 한나라는 한음을 봉하여 적저후로 삼았다" 하였으니, 그렇다면 조선의 옛 땅에 본시 한씨 성이 있었던 것이다.

『사기』에 이르기를 "한종(韓終)이 서복(徐福)과 동행하여 돌아오지 못했다" 하였으니 혹시 한종의 후예이던가? 또 기(奇)의 성이 기(箕)와 음이 같으며, 선우(鮮于)의 성은 조맹부(趙孟頫)가 중(僧) 선우추(鮮于樞)에게 준 시에 의거하면 기자의 후손은 염옹이 많다 한 것이 증거가 되니, 이는 알 수 없는 일이지만 만약 기준을 한씨의 조상으로 삼는다면 단연코 그렇지 않다. 『한서』에서는 한음이 한도(韓陶)로 되어 있다.

선우추는 어양 사람인데 벼슬은 태상전부(太常典簿)를 지냈으며, 시문(詩文)에 능하고 더욱 서한(書翰)에 정하였다. 우집(虞集)은 말하기를 "어양·오흥의 한묵(翰墨)이 한 시대를 독차지했다" 하였는데 선우추와 조맹부를 두고 이른 것이다. 선우추는 저술로 『곤학재집(困學齋集)』이 있다.

(출처: 한국고전번역원)

『海槎日記』(1763~1764년)

趙曮(1719~1777)

『해사일기』는 조선 후기 문신 조엄이 1763년(영조 39) 8월부터 이듬해 7월까지 1년여간 통신정사(通信正使)로 일본에 다녀온 후 작성한 견문록이자 사행록이다.

조엄의 본관은 풍양(豊壤), 자는 명서(明瑞), 호는 영호(永湖)이다. 1719년(숙종 45)에 출생하여 1738년(영조 14) 생원시에 합격, 음보로 내시교관(內侍敎官)·세자익위사시직(世子翊衞司侍直)을 지냈다. 1752년 정시 문과에 을과로 급제, 이듬해 사간원의 정6품 관직인 정언(正言)이 되었다. 이어 지평·수찬·교리 등을 역임하고 동래부사·충청도암행어사·경상도관찰사·대사헌·부제학·승지·이조참의 등을 지냈다. 1776년 정조가 즉위하자 벽파(僻派)인 홍인한(洪麟漢)·정후겸(鄭厚謙) 등과 결탁했다는 홍국영(洪國榮)의 무고를 받아 파직되었다. 이후 평안도 위원으로 유배되었는데, 아들 조진관(趙鎭寬)의 호소로 죽음을 면하고 김해로 귀양이 옮겨졌으나 병사하였다.

『해사일기』는 모두 5권으로 구성되어 있다. 내용은 일기, 수창록(酬唱錄), 서계(書契), 예단(禮單), 왜인과 주고받은 글, 장계(狀啓), 연화(筵話), 제문, 원역(員役)에게 효유(曉諭)한 글, 금약조(禁約條), 일공(日供), 사행 명단, 노정기(路程記), 통신사 내부의 군령 등으로 구분된다. 내용 중에는 고구마에 관한 것도 있다. 그는 대마도에서 고구마 종자를 가져와 그 보장법(保藏法)과 재배법을 보급해 구황작물로 이용하게 했다. 일기에서 그는 일본인들이 고구마를 '고귀위마(古貴爲麻)'라고 부른다며 고구마(古貴麻, 甘藷, 孝子麻)라는 이름의 유래를 소개했다.

고조선과 관련해서는 조선이 기자가 봉후받은 예의 나라라는 언급에서 한 번 등장한다. 매우 짧게 언급되어 있으나 기자에 대한 조선과 일본의 인식을 알 수 있는 자료다.

『해사일기』 2, 12월 12일 갑오(甲午)

조선은 기자가 봉후한 예의의 나라로, 삶을 버리고 임금을 위해 죽은 자는 역사에 이루 셀 수 없으나, 오직 이 세 분은 오랑캐 지방에서 상도(常道)를 잡아 신하의 절조를 굳게 지켜 비록 살기도 하고 죽기도 한 것은 다르나, 요컨대 다 오랑캐에게 중히 여김을 받았으니, 이것이 저 사람들이 끝내 동방 사람에게 예대(禮待)를 가하게 된 것이다. 지나는 길이 장차 이 나루를 지나게 되는데, 멀리 충렬을 생각하니 더욱 사람으로 하여금 공경한 생각이 일어나게 한다. 이어서 동명(東溟) 김세렴(金世濂)의 '패가대운(霸家臺韻)'을 차운하여 박제상의 유혼(遺魂)을 위로하였다.

(출처: 한국고전번역원)

『攷事新書』(1771년)

徐命膺(1716~1787)

『고사신서』는 조선 후기의 학자 서명응이 지은 책이다. 일종의 유서(類書)로 1514년 어숙권이 저술한 『고사촬요(攷事撮要)』를 대폭 개정·증보한 것이다. 『고사촬요』는 선조 이후 여러 차례 증보·수정되었는데 영조 말에 서명응을 비롯한 여러 학자가 편집·교열 작업에 참여하여 1771년에 간행하였다.

서명응의 자는 군수(君受), 호는 보만재(保晩齋)·담옹(澹翁)이고, 본관은 대구이다. 시호는 문정(文靖)이다. 이조판서·대제학 등을 역임하였으며 북학

파의 비조(鼻祖)로 일컬어진다. 『보만재총서(保晩齋叢書)』, 『기자외기(箕子外紀)』 등 여러 책을 편찬하였다.

책은 15권 7책으로 구성되어 있으며 12문(門) 체제로 되어 있다. 『고사촬요』에 없는 새로운 내용이 많이 포함되어 있고 체제도 많이 달라져 『고사신서』라는 새로운 이름으로 간행되었다. 『고사촬요』를 증보하였다기보다는 완전히 새로운 책이라 할 수 있다. 자연과 인간, 제도 등에 대한 다양한 지식이 총망라되어 있는데, 농사·원예·의약과 관련된 내용도 상세히 기록되어 있다.

권1은 천도문(天道門), 권2는 지리문(地理門), 권3은 기년문(紀年門), 권4~5는 전장문(典章門), 권6은 의례문(儀禮門), 권7은 행인문(行人門), 권8은 문예문(文藝門), 권9는 무비문(武備門), 권10~11은 농포문(農圃門), 권12는 목양문(牧養門), 권13~14는 일용문(日用門), 권15는 의약문(醫藥門)으로 구성되어 있다.

『고사신서』의 고조선 관련 내용은 권3 기년문과 권6 의례문에 실려 있다. 기년문에는 역대기년(歷代紀年)과 본조국기(本朝國紀) 등 2항목이 실려 있는데, 고조선은 역대기년 항목에 실려 있다. 단군조선, 기자조선, 삼한, 위만조선의 역사를 간략하게 서술하고 있다. 의례문은 국조사전(國朝祀典)·진하전문식(進賀箋文式) 등 15항목이 실려 있는데, 국조사전 편에 역대 왕조 시조의 사당을 소개하면서 고조선의 시조 단군과 고구려의 시조 주몽을 모시는 사당인 숭령전, 기자의 사당인 숭인전 등을 소개하고 있다. 조선 시대에 단군, 주몽, 기자를 중사(中祀)로 제사 지냈음을 알 수 있다.

『고사신서』 권3 기년문, 역대 왕조의 기년

조선: 평양에 도읍하였으며 후에 백악 [지금 문화현 구월산이다]으로 옮겼다. 총 1,212년이다.

단군의 이름은 왕검이며, 원년은 곧 도당씨의 요 임금 25년 무진년이다.

조선: 평양에 도읍하였으며, 총 929년이다.

기자의 성은 자(子)요, 이름은 서여[또는 수유]이다. 원년은 곧 주나라 무왕 원년 기묘년이다. 기부는 기자의 41대손으로 진나라에 복속하였으니, 곧 진 시황 33년 정해년(기원전 214)이다.

기준은 부의 아들이다. 나라를 잃고 남쪽으로 옮겨갔으니, 곧 한나라 혜제 원년 정미년(기원전 194)이다.

삼한: 마한은 총 203년이다.[진한과 변한이 왕업을 누린 햇수는 모두 고찰할 수 없다.]

마한: 기준이 위만에게 쫓겨 남쪽으로 금마군[지금의 익산이다]으로 옮기고 한왕이라 칭하였다. 신나라 왕망 기사년(9년)에 고구려 왕의 아들 온조에게 멸망당하였다.

진한: 진나라의 망명객들이 한(韓)에 들어오자, 한이 동쪽 지역을 떼어 주었다. 후에 신라의 도읍이 되었다.

변한: 그 시조가 누구인지 알지 못하며 진한에 속하였다. 후에 신라에 항복하였다.

위만조선: 왕검성[지금의 평양이다]에 도읍하였으며, 총 87년이다.

위만은 연 지역 사람이다. 기준을 쫓아내고 (왕검성에) 거하였다. 곧 한나라 혜제 원년 정미년(기원전 194)이다. (409쪽 2·3)

『고사신서』 권6 의례문, 국조사전 중사

역대 왕조의 시조[조선의 단군, 고구려의 주몽은 나란히 숭령전에서 제사 지내며, 기자의 사당은 숭인전이다. 모두 평양에 있다. 신라 박혁거세의 세묘(世廟)인 숭덕전은 경주에 있고, 백제 시조 온조의 사당은 남한산에 있다. 고려 태조의 사당인 숭의전은 마전[2]에 있다] 제삿날은 봄·가을의 중월이며, 폐백과 희생 제물, 제사 그릇, 존실(尊實)은 모두 풍운[3]과 같다. (409쪽 4)

2) 경기도 연천군에 있다.

3) 바람과 구름, 번개, 비 등 하늘의 여러 신에게 지내는 제사인 풍운뇌우(風雲雷雨)를 의미한다.

『燃藜室記述』(1776년 이전) 李肯翊(1736~1806)

『연려실기술』은 조선 후기 실학자 이긍익이 조선 시대의 정치·사회·문화와 관련된 역사상의 사건 전말을 밝혀 역사 전개의 진상을 밝히는 역사 서술 양식 중 하나인 기사본말체(紀事本末體)로 서술한 역사서이다. 저술 연대가 명확하지 않지만 내용상 1776년 이전에 1차 완성된 것으로 추정된다.

편저자 이긍익의 생존 시에도 정본(正本)이 없이 원집과 별집의 전사본(轉寫本)이 많았다. 이긍익은 책의 범례에서 본문에 여백을 두어 새로운 자료를 발견하는 대로 수시로 기입, 보충하는 방법을 취하고 다른 사람들에게도 같은 방법으로 보충하게 하여 정본을 이루도록 밝히고 있다. 전사본 중에는 서로 내용이 일치하지 않는 것도 있다. 이긍익의 최후 정본인 원고본은 전해지지 않고 있다. 1911년 최남선이 주관한 광문회에서 원집 24권(태조~인조), 별집 10권, 모두 34권으로 간행하였다. 이어 1913년 일본인이 주관한 조선고서간행회가 원집 33권(태조~현종), 속집 7권(숙종), 별집 19권, 모두 59권으로 간행하였다.

이 책을 저술하게 된 동기는 의례서(序)에 잘 나타나 있다. 이에 따르면 『대동야승(大東野乘)』·『소대수언(昭代粹言)』 등에서 보이는 산만한 서술, 자료 수집의 소홀함, 균형이 잡히지 않고 동서분당 이후 왜곡된 역사 서술 등을 극복하고자 했다. 또한 조직적인 체계, 편리한 열람, 정확하고 풍부한 사실의 수록, 불편부당(不偏不黨)의 공정한 서술을 추구함으로써 역사를 위한 역사를 찬술하고자 하였다.

책의 내용의 경우 원집은 조선 태조부터 현종까지 중요한 사건을 고사본말(故事本末)의 형식으로 엮었다. 속집은 이긍익이 생존했던 시기인 숙종 당대의 사실을 고사본말로 엮었다. 별집은 역대의 관직, 각종 전례·문예·천문·지리·대외 관계·고전 등 여러 편목으로 나누어 그 연혁을 기재하고 출처를 밝혔다. 또한 저자의 사견을 넣지 않고 선배 학자들의 기술을 그대로 옮겨놓은 뒤,

그 기사의 끝에 반드시 인용 서목을 첨가해두었다. 저자의 사견이 없다는 점, 사심 없이 불편부당의 필치를 보인 점, 선현의 이름을 직서하였다는 점도 특징이다. 저자가 역사의 현실성에 중점을 두어 서술하였다는 점, 속집에서 당쟁에 관한 풍부한 자료를 수집하여 상세히 기술함으로써 역사로써 역사의 진실을 알게 하였다는 점도 높게 평가받고 있다. 이 때문에 종래 체계가 없던 모든 야사에 대하여 정비된 체계를 세워 우리나라 야사 가운데 가장 모범적이고 풍부한 사료로 자리매김하고 있다.

고조선과 관련해서는 기자와 관련된 교화나 사당 건립, 기자묘 제사 등에 관련된 내용이 주를 이룬다. 기자의 정전에 대해서도 역대 전적을 참고하여 비교적 상세하게 서술하였다. 단군과 위만에 관해서도 역대 전적을 충실히 옮겨 놓았고, 창해군, 한사군, 패수와 관련된 내용도 자세히 다루었다. 부여와 관련해서는 고구려와 백제가 부여 출자인 내용을 간략히 다루었다.

『연려실기술』 권3 세종조 세종조명신(世宗朝名臣) 권홍(權弘)

한성판윤으로 있을 때 글을 올려서 기자의 사당에 비를 세울 것을 청했는데, 그 말이 자못 사체에 맞았으므로 세종이 허락하였다.

『연려실기술』 권6 성종조 성종조명신(成宗朝名臣) 손순효(孫舜孝)

공은 사람된 품이 순실하고 근신하며 다른 마음은 없었다. … 또 일찍이 평양에 이르러 기자의 무덤을 보고 말에서 내려 절하면서 "동방 사람들이 지금 예의 바른 것은 오로지 태사(太師, 기자)의 가르침에 있다" 하였다.

『연려실기술』 별집 권4 사전전고(祀典典故) 제사(諸祠)

삼성사(三聖祠)는 황해도 문화현(文化縣)의 구월산에 있으며, 환인·환웅·단군을 향사하는 사당인데, 봄과 가을에 나라에서 향과 축문을 내려 제사를 지낸다.

숭령전은 평안도 평양성 밖에 있으며, 단군과 고구려 동명왕을 향사하는데, 봄과 가을에 나라에서 향과 축문을 내려 중간 제사(中祀)를 지낸다.

숙종이 근신을 보내어 치제하였는데, 어제(御製)한 단군사(祠) 시에 이르기를,

동해에 성인이 일어나시니
일찍이 요와 한때라 들었다.
산마루에 사당이 있으니
박달나무에 상서로운 구름이 둘러 있도다

하였다.

영종(영조) 원년에 '숭령전'이라고 편액을 내리고, 기유년에 전참봉(殿參奉) 두 사람을 두었다.

숭인전은 평안도 평양성 밖 기자묘 옆에 있는데, 기자를 향사하는 전각이며, 봄과 가을에 나라에서 향과 폐백을 내렸다.

고려 숙종조 때에 정당문학(政堂文學) 정문(鄭文)이 건의하여 기자의 무덤을 찾아 사당을 세워 중간 제사를 지냈는데, 충숙왕이 평양부에 명하여 기자사(祠)를 세우고 제사를 지내게 하였다.

세종조에 판한성부사 권홍이 임금에게 글을 올리기를 "기자의 어짊은 온 천하 만대에 이르도록 다 함께 경모하는 바입니다. 공자께서 일찍이 말씀하시기를 '은나라에 3인(三仁, 미자 · 기자 · 비간)이 있다'고 하였으며, 우리나라의 예약과 문물이 중화와 견줄 수 있는 것은 기자가 조선에 봉함을 받아서 팔조의 교화를 시행한 까닭이오니, 동방에 끼친 공이 대단히 크므로 태조가 개국한 뒤에 사전(祀典)의 첫머리에 기자를 실었사오니, 옛 성인을 존중하고 숭배하는 것이 지극하였습니다. 그러나 묘에 사적을 새긴 비가 없어서 공덕을 세상에 찬양하여 나타낼 수 없사오니, 청컨대 문신을 시켜 비문을 지어 묘 아래에 세워 후세에 전하게 하소서" 하니, 임금이 참찬 변계량에게

명하여 비문을 짓게 하여 묘 아래에 세웠다.

기자전(殿)은 평안감사가 참봉을 선출·임명하여 지켜왔다. 광해조 계축년, 정사호(鄭賜湖)가 감사로 있을 때 칭호를 고쳐 '숭인전'이라 편액을 내리고, 선우식(鮮于寔)을 기자의 후손이라 하여 숭인감(崇仁監)으로 임명하니, 품계는 정6품이었다. …

선우씨를 기자의 후손으로 삼은 것은 소식(蘇軾)이 선우신(鮮于侁)에게 준 시와 조맹부(趙孟頫)가 선우추(鮮于樞)의 글씨본에 쓴 서문에 '선우씨가 기자의 후손'이라고 한 것을 취한 것이니, 이 말도 또한 근거가 박약하다. 광해조 때에 정치가 어지러워 서로 허위로 만든 것은 반정 초에 즉시 폐지했어야 마땅한데 지금까지 그대로 좇고 있으니 탄식할 일이다. [『하담파적록(何潭破寂錄)』] …

동명왕묘는 고구려 동명왕을 모신 사당이며, 평양성 밖에 있는데 단군과 함께 모신 사당이다.

고려 숙종이 동명성제사(祠)에 옷과 폐백을 올리고 제사를 지냈다. 사당은 평양 인리방(仁里坊)에 있는데, 고을 사람들이 무슨 일이 있으면 언제든지 이 사당에 가서 기도를 드렸다. 세상에 전하여오기를 '동명성제사'라 한다.

고려 때의 동명사(東明祠)는 아마도 지금의 숭령전인 듯하다. 다만 어느 때부터 단군과 아울러 향사했는지 자세히 알 수 없다. 『평양지』에는 단군동명사(檀君東明祠)는 세종 11년에 처음으로 설치되었다고 하였다.

『연려실기술』 별집 권4 사전전고(祀典典故) 서원(書院)

광해 때 평양에 인현서원(仁賢書院)을 세웠는데 조정에서 향사의 예를 어떻게 할지 결정하지 못하였다. 감사 김신국(金藎國)이 아뢰기를, "향사의 잘못은 김계휘(金繼輝)에게서 시작한 것입니다. 대개 기자는 동방의 성군으로 이미 국가의 사전에 실려 있는데, 다시 사자(士子)들이 사사로이 향사하는 일은 외람됩니다. 팔조의 교가 처음 동방에 펴졌으니, 이제 서원을 구도(평양)에 세우고 많은 선비가 모여서 장수(藏修)하고 그가 끼친 가르침을 강명하면 족한 것이요, 제사를 지내는 것은 불가합니다" 하였다. [『염헌집(恬軒集)』]

『연려실기술』 별집 권5 사대전고(事大典故) 조사(詔使)

5년 기묘 천순(天順) 3년…. 황제는 형과급사중(刑科給事中) 진가유(陳嘉猷)를 보내 와 칙명으로 문책하고, 제신(制信)을 내어 보이는 한편 금의위(錦衣衛)의 역자를 보내어, 건주로 가서 힐책하였다. 진가유가 기자묘에 참배하고 지은 시에,

포락(炮烙, 불로 지지는 형벌)의 연기 날자 왕기는 쇠했고
양광의 심사는 거문고 있어 알았네.
천 년 동안 내려온 말 홍범에 남아 있고
사람은 삼한에 이르러 옛 사당에 참배하네

하였다.

『연려실기술』 별집 권9 관직전고(官職典故) 과거삼(科擧三) 등과총목

9년 정사(9월) 알성시에서 [공성비(恭聖妃)의 관복이 추후에 중국으로부터 주어졌으므로 종묘에 고하고 문묘에 작헌례를 행하였다.] 허직(許稷) 등 5명을 뽑았다. [대책 시제, 예조에서 평안도 사민의 원함에 따라 기자의 숭인전비를 건립하여 인현의 교화를 표창하여주기를 청하다.]

『연려실기술』 별집 권11 정교전고(政敎典故) 전제(田制)

기자가 평양에 도읍하고, 정전을 구획하였다.

당나라 이정(李靖)이 말하기를 "정전은 황제(黃帝) 때에 비롯했다" 하였고, 두우 [『통전』의 저자] 도 역시 그렇다고 말했으나 모두 상고할 수 없는 것이다.

기자가 남긴 정전제도가 맹자가 논한 '정(井)' 자의 제도와 같지 않은 것이 있으니, 그중에 함구(含毬)와 정양(正陽) 두 문 사이의 구획이 가장 분명한데, 그 제도가 모두 '전(田)' 자 모양으로 되어 있고, 전이 네 구획으로 되어 있는데 구마다 모두 70묘이다. 큰길 안에서 횡(橫)으로 보면 전(田) 넷에 여덟 구획이 있고, 종(竪) 으로 보아도

또한 전 넷에 여덟 구획이 있어 팔팔(8×8) 육십사(64) 구획이 아주 네모 반듯하여 그 법상(法象)이 꼭 선천방도[先天方圖, 송나라 소강절(邵康節)의 역도(易圖)의 하나이다] 와 같다. 그 대략은 구의 경계에는 1묘(一畝)의 길을 내고, 전(田)의 경계에는 3묘의 길을 내고, 그 세 측면에는 9묘의 큰길이 성문으로부터 영귀정(詠歸亭) 나루터 머리까지 이르는데, 이는 사람들이 왕래하는 거리 같아, 오로지 밭 사이의 두렁을 위해서 설치한 것은 아닌 것 같다. 그러나 반드시 16개의 전, 64구를 한 구역으로 획정한 것은 역시 통로로만 만든 것이 아니라 밭의 경계로 만든 뜻이 없지도 않다. 이로부터 그 밖의 전의 경계의 길은 혹 경지가 침범하여 옛 모습을 잃게 되니 뒷사람이 제작의 본의를 모르고 반드시 3묘로써 기준을 삼아 고치니 다시 대·중의 분별이 없어졌다. 팔괘의 법상은 비록 찾을 수 없으나 그 70묘로써 1구를 삼고, 4구로써 한 전(田)을 삼아 둘 둘을 서로 나란히 해가면 그 들(野)을 다 재보아도 모두 같은 것이다. 반사[『한서』를 말함] 형법지를 상고하니, 이르기를, "네 정(四井)이 읍이 되고, 네 읍이 구(丘)가 되며, 네 구가 전(甸)이 되어 전에는 64정이 있었다" 하였는데, 그 정·읍·구·전의 명칭은 비록 주나라의 제도를 썼으나 넷으로 수(數)를 시작하여 사사(4×4=16)의 정방형을 이루니 실로 이와 부합한다. 경사가 지고 비뚤어져 네모를 이루지 못하는 곳은 혹은 한둘의 전(田)과 2~3개의 구(區)로써 그 지세를 따라 했는데, 이것을 그 시골 사람들이 여전(餘田)이라고 전해 일컫는다. 비록 주나라 정전의 제도일지라도 그 땅을 먹줄(繩)같이 곧고 수준기같이 평평하게 하기는 어려웠을 것이며, 그 정전을 이루지 못하는 곳 또한 쓰지 않고 내버릴 수는 없을 것인즉, 아마 그 제도를 이와 같이 하지 않을 수 없었을 것이다. [구암 한백겸의 『기전도설(箕田圖說)』]

혹자가 이르기를 "기성[箕城, 평양의 구호] 의 전(田)을 정전(井田)이라 일컬어온 것은 아마 오래인 모양이다. 정(井)이란 것은 즉 아홉 구(區)로 구획하는 것이니, 이제 와서 네 개 구로 구획했다고 경솔히 말할 수 없다" 하나, 이는 그렇지 않다. 만약 은나라와 주나라의 전제(田制)를 논한다면 여덟 개의 구(區)는 여덟 집이 나라에서 받는 밭이다. 이렇게 미루어가면 비록 천 개 백 개의 구라도 모두 그러하다. 가령 70묘 중에서 7묘를 공전(公田)을 삼아 주부자(朱夫子, 주희의 존칭)의 말과 같이 한다면 또한 십일제(什一制)의 본뜻을 잃지 않을 것이다. 만약 은나라와 주나라 전제의 같지 않은 점을 논한다면 70묘와 백묘에서 이미 볼 수 있는 것인데, 하필 4구와 9구의 같고 다른 것에 의심을 둘 것이 있는가. 다 같이 귀하게 여기는 것은 십일제의 제도인 것이다. [서경(西坰) 유근(柳根)]

『연려실기술』 별집 권13 정교전고(政敎典故) 관복

정해년에 전교하기를 "지난번 흰옷 입는 것을 금할 때에 누가 말하기를 '기자가 흰옷을 입었으니 흰옷은 우리나라 풍속이다' 하였다. 아아, 후세의 사람들이 기자의 교훈은 실천하지 않고 다만 그 옷만 입으려고 하니 어찌 오활한 일이 아니겠느냐" 하였다. 유생들이 옅은 담색의 의복을 입고 과거 장소에 들어오는 것이나 문관·음관(蔭官)·무관으로서 옅은 담색의 의복을 입는 것을 모두 엄금하도록 명하였다.

『연려실기술』 별집 권13 정교전고 노비

기자가 조선에 봉해지니 백성들을 위하여 법금 8개조를 시행하였다. 도적질한 자는 남자는 거두어 그 집의 남종으로 삼고 여자는 여종으로 삼았는데, 자진하여 속전을 내려는 자는 한 사람이 50만 전을 내었다. 우리나라 공(公)·사천인(私賤人)을 규정한 법은 실로 성왕(聖王)의 법이 아니다. 모두 같은 핏줄의 백성인데 억지로 종을 만들고, 붙잡아 매어 대대로 전하여 천한 계급에 몰아넣고 사족(士族)에 끼워 넣지 않았으니 매우 안 된 일이다. 그러나 기자는 은나라 삼인(三仁)의 성인으로서 중국에서 와서 중국에 없는 법을 세웠으니 어찌 이유가 없었을 것인가.

『연려실기술』 별집 권14 정교전고 족보

새로 간행한 행주 기씨(奇氏) 족보는 기자 이후의 세대를 41대까지 기록하였다. 대개 주나라 무왕 기묘년에 기자가 처음으로 나라를 세우고, 한나라 혜제 정미년에 기준이 마한이라고 하였으니, 합하여 929년이 된다. 그런데 지금 이 보첩에 기록된

41대는 1,036년이 되니 의심스러운 것의 첫째이다. 또 41대 중에 『동사』에는 기부·기준이 있는데, 여기에는 기부조차 없으니 의심스러운 것의 둘째이다. 또 삼국시대 중엽 이후에 비로소 시호를 내리는 법이 있었는데, 지금 여기에 기록된 것은 모두 시호인 듯하니 의심스러운 것의 셋째이다. 이것은 반드시 일 꾸미기를 좋아하는 자가 전거가 확실치 못한 것을 꾸며내어서 세상을 속인 것인데, 간행하는 보첩(譜牒)에 기재하였으니 괴이하다. [『기년아람(紀年兒覽)』]

『연려실기술』 별집 권16 지리전고(地理典故) 총지리

우리나라의 도읍을 정했던 곳은 한두 곳이 아니다. … 평양은 기자가 도읍했던 곳으로 팔조의 정치와 정전의 제도가 아직도 뚜렷하게 남아 있으니, 지금의 외성이 그것이다. 그 후에 연나라 위만에게 점거되었다가 또 고구려가 도읍한 곳인데, … 주취산(珠崒山) 북쪽 한 줄기는 서쪽으로 내려가서 탄현이 되고 운제산(雲梯山)·정토산(淨土山)이 되며 용화산(龍華山)이 되었으며, 기준 [기자의 후손으로 위만에게 쫓겨 남쪽으로 피난 감] 의 옛 성터가 그곳에 있다.

『연려실기술』 별집 권16 지리전고 주군(州郡) 평안도

평안도: … 본래 조선 땅인데 한사군 때에는 낙랑군이었다. 뒤에 고구려의 땅이 되었다.

『연려실기술』 별집 권16 지리전고 주군 남도평양

남도평양: 성이 있다. 단군이 평양에 도읍을 정하여 전조선이 되었고, 기자가 와서 여기에 도읍을 정하여 후조선이 되었으며, 위만이 왕험성(王險城) [왕검성(王儉城)이라고도 한다] 에 도읍을 정하여 위만조선이 되었다. 한 무제가 왕검성을 낙랑군으로 삼았다. 고구려의 장수왕이 국내성에서 이곳으로 도읍을 옮겼다. … 기성(箕城)·장안(長安)·유경(柳京)이라고도 한다.

『연려실기술』 별집 권16 지리전고 주군 성천

성천: 비류왕 송양의 옛 수도인데 고구려의 동명왕이 다물도를 두었다. [송양을 다물후로 봉하였다.] 고려 태조가 여기에 강덕진(剛德鎭)을 두고 뒤에 성천군으로 고쳤으며 태종 을미년에 성천부로 고쳤다. 졸본부여라고도 한다.

『연려실기술』 별집 권19 역대전고(歷代典故) 단군조선

단군의 휘는 왕검이니, 『구사(舊史)』 단군기에 "신인이 태백산 [지금의 영변 묘향산] 단목 아래에 내려오시니, 나라 사람들이 받들어 임금으로 삼았다. 때는 당요 무진년이었다. 상나라 무정 8년 을미에 이르러 아사달산 [지금의 문화 구월산. 본 이름은 궐산(闕山)이니, 궁궐 터가 있기 때문이다. 뒤에 발음이 늦추어져 구월산으로 잘못 불렸다. 일설에는 '아사'란 방언으로 구(九)이고, 달(達)은 방언으로 월(月)이니 '아사달'이란 9월의 방언이라고도 한다] 으로 들어가 신이 되었다"라고 하였다. [『삼한고기』]

원년에 백성에게 머리를 땋고 관(冠) 쓰는 법을 가르쳤다. [군신 · 남녀 · 음식 · 주거의 제도가 이로부터 비롯되었다.]

『동사』에는 "단군이 팽우(彭虞)에게 명하여 국내의 산천을 다스려 백성이 살 터전을 정해주었다" 하였고, 『본기통람(本記通覽)』에는 "우수주 [지금의 춘천] 에 팽우의 비가 있다" 하였다. 살펴보건대 『한서』 식화지에 "팽우가 예맥 조선을 뚫었다" 하였으니, 팽우는 바로 중국 사람이지 단군의 신하가 아니다.

강화현 서쪽 마리산 꼭대기에 참성단이 있는데, 세상에서 전하기를 "단군이 하늘에 제사 지낸 단이다" 한다. 전등산(傳燈山)에는 삼랑성(三郎城)이 있는데, 세상에 전하기를 "단군이 세 아들에게 명하여 쌓았다"고 한다. [『고려지리지』]

이것이 '전조선'이니, 처음으로 국호를 가지게 되었다. [『여지승람』]

조선의 음(音)은 조선(潮仙)이니, 강에서 온 이름이다. 또 "선(鮮)은 밝다는 말이니, 땅이 동쪽에 있어 해가 먼저 밝아오기 때문에 생긴 이름이다"고 한다. 『산해경』에는 "조선은 열양(列陽)에 있다"고 하였는데, 주에 "열(列)은 물 이름이다" 하였고, 양웅의 『방언』에 "조선 열수(洌水)의 사이"라는 말이 있다. 장화(張華)가 말하기를 "조선에는 천수(泉水)·열수(洌水)·선수(汕水)가 있는데, 세 물이 합하여 열수가 된다" 하였으니, 아마 낙랑 조선이 여기에서 이름을 딴 것인 듯하다.

아들 부루를 낳았으니, 이가 동부여 왕이 되었다. 우 임금이 제후를 도산에 모을 때에 이르러 단군이 부루를 보내어 조회하게 하였다. [『삼한고기』 하나라 우 임금 18년 갑술의 일이다.]

일설에는 "부루가 기자를 피하여 부여에 나라를 세우고 북부여라고 일컫다가, 뒤에 가섭원으로 옮겨 동부여라고 이름하였다" 한다.

문화 구월산에 삼성사가 있는데 환인·환군·단군 세 분을 제사 지낸다.

『구사』에 "단군이 태백산 단목 아래에 내려왔다"고 하였는데, 이제 살펴보건대 『삼국유사』에 『고기』의 말을 인용하여 이르기를 "옛날에 환인 제석의 서자 환웅이 있어, 천부인 3개를 받아 무리 3천을 거느리고 태백산 꼭대기 신단수 아래에 내려와 그곳을 '신시'라 일컬었으니, 이를 환웅천왕이라고 이른다. 풍백·우사·운사를 거느리고 세상에 머물면서 다스려 화(化)하게 하였는데, 그때 곰(熊) 한 마리가 있어서 항상 신웅(神雄)께 기도하여 사람이 되고 싶어 하니, 신웅이 쑥 한 줌과 마늘 20개를 주었다. 곰이 먹은 지 37일 만에 여자가 되어 늘 단수 아래에서 주문을 외우며 임신하기를 비니, 신웅이 사람으로 화하여 혼인하여 아들을 낳으니, 이가 단군이다. 당요 경인년에 평양에 도읍하고 1천5백 년 동안 나라를 다스렸다. 주나라 무왕 기묘년에 기자를 조선에 봉하니, 단군이 당장경으로 옮겼다가 뒤에 아사달산에 숨어 신이 되었는데, 수(壽)가 1,908세이다" 하였다. 이로써 말한다면, 태백산 단목 아래에 내려온 분은 단군이 아니다. 다만 그 설이 괴이하고 허황하고 비루하고 과장되어 애당초 거리의 아이들조차 속이기 부족한데, 역사를 저술하는 사람이 이 말을 온전히 믿을 수 있겠는가. 그리고 당요 이후의 역년의 수는 중국의 사서와 소옹의 『황극경세서』를 상고해서 알 수 있으니, 당요 경인년에서 무왕 기묘년까지가 겨우 1,220년이다. 그렇다면 이른바 "나라 다스린 것이 1천5백 년이고, 수가 1,908세"라는 것은 그 거짓됨이 심하지 않은가.

단군의 묘는 강동현에서 서쪽으로 3리 되는 곳에 있는데, 주위가 410척이다. [일설에는 현 북쪽 도료산(刀了山)에 있다 한다.]

『고기』에 "단군은 요와 같은 날 즉위하여 우·하를 지나 상나라 무정 8년 을미에 이르러 아사달산으로 들어가 신이 되었으니, 향년 1,048세이다" 하였는데, 당시의 문적이 전해지지 않아서 그 진위를 고찰할 수가 없으므로 이제까지 『고기』를 그대로 따라서 기술해왔다. 서거정이 말하기를 "요 임금 때는 인류의 문화가 밝았고, 하·상에 이르러 세상이 점차 경쇠해져 오랫동안 재위한 임금이 40, 50년에 불과하고 사람의 수도 상수(上壽)가 1백 년인데, 어찌 단군만 유독 천백 년을 수하여 한 나라를 향유할 수 있었겠는가. 그 설이 거짓임을 알 수 있다" 하였고, 또 말하기를 "'단군이 아들 부루를 보내어 도산에서 우 임금께 조회했다' 하나 그 설이 근거가 없다. 만약 단군이 나라를 장구하게 향유하고 부루가 도산에 가서 조회하였다면, 비록 우리나라 문적이 갖춰지지 못했다 하더라도 중국의 문서에 어찌 한마디도 언급이 없겠는가. 단군이 혼자 누린 것이 아니라 자손 대대로 서로 전해가면서 나라를 향유한 햇수가 1,048년인 것이 의심할 것 없다" 하였다. [『필원잡기』 ○ 『역대아람』에 "무정 8년은 마땅히 갑자년이 되어야지 을미년이 아니며, 수도 마땅히 1,017년이 되야지 1,048년이 아니다. 을미와 1,048년을 가지고 비교하여 참작해 상고해보면 마땅히 39년이 되어야 한다" 하였다.]

홍무 병자년(1396)에 길창군 권근이 사신으로 중국에 갔을 때 명나라 태조가 단군을 제목으로 시를 짓기를 명하니, 권근이 짓기를,

듣건대 태곳적에
단군이 나무 곁에 내려 오셨네.
대 물리길 몇 대인가
햇수는 천 년을 지났다오

하였는데, 대개 전한 세대와 햇수의 장구함을 말한 것이다.

혹 말하기를 "해부루의 어머니는 비서갑 하백의 딸이다" 한다. [『풍암집화(楓岩輯話)』]

『유사』에 "단군이 하백의 딸과 혼인하여 아들을 낳아 부루라고 하였다" 하였는데, 그 말이 더욱더 괴이하다. 그 후에 해모수가 또 하백의 딸과 사통하여 주몽을 낳았다 하였는데, 설령 하백의 딸이 과연 신귀(神鬼)이고 사람이 아닐지라도, 또 어떻게 앞서 단군에게 시집간 터에 뒤에 해모수와 사통했겠는가. [『풍암집화』]

단군의 증손 동부여 왕 대소가 고구려의 대무왕에게 살해당했는데, 대무왕은 곧 한나라 광무제 때에 해당되는 만큼, 단군의 아들 해부루로부터 대소까지는 3세에 불과하고 무정으로부터 광무까지는 꼭 1,339년이 되니, 이럴 리는 없는 듯하다. [『역대아람』]

단군씨의 후손에 해부루라고 하는 이가 있어 곤연에 기도하여 금와를 얻었는데, 얼굴이 금개구리와 흡사했으므로 이름을 금와라 하였다. 금와가 우발수의 여자에게 반하였는데, 햇빛이 몸에 비치니 감응되어 주몽을 낳았다. 주몽의 작은아들이 온조인데, 주몽과 온조는 고구려와 백제의 시조가 되었으니, 모두 단군씨에서 나왔다. [『미수기언』]

평양에 숭령전이 있는데, 단군을 제사 지낸다. [사향전(祀享典)의 제사(諸祠) 조에 상세하다.]

단군의 영토를 상고할 수는 없지만 기자가 단군을 대신하였을 때 그 지역의 반이 요동 땅이니, 단군 때에도 그러했을 것이다. 북부여는 요동 북쪽 1천여 리에 있는데, 대개 단씨가 쇠하자 자손이 북으로 옮겨 가고 옛 강토는 그대로 기자의 영토로 들어간 것이다. [안정복의 『강목』]

『연려실기술』 별집 권19 역대전고 기자조선

기자의 휘는 서여(胥餘)이니, 은나라 태사로 주(紂)의 숙부다. 처음에 기(箕)에 봉했었다. [정현은 "기는 경기(京圻) 안에 있다" 하였다.]

유주(柳州)의 기자비에 "기자의 이름은 수(須)이다" 하였고, 『사기평림』에서 복건이 말하기를 "기자는 주의 서형이다"고 했다. 함허자도 기자를 주의 서형이며 미자의 아우라고 했는데, 필시 복건의 말로써 증거를 삼았을 것이나 사실과 어긋남이 심하다. [『풍암집화』]

서백이 죽고 아들 발(發)이 즉위하니, 이가 무왕이다. 이미 상을 이기고 갇혀 있던 기자를 석방하고 나서 기자에게 도를 물으니, 기자가 이에 홍범을 진술하였다. 원년 기묘에 기자가 주나라가 자기를 석방한 것을 참지 못하여 조선으로 달아나니, 무왕이 듣고 인하여 조선에 봉(封)하고 신하로 삼지 않았다. [『상서』 홍범 주와 『통감외기(通鑑外記)』를 합록하였다.]

조선은 안동국(安東國)의 동쪽에 있으니, 옛날 숙신씨의 땅이다. 무왕이 기자를 봉하여 제후로 삼고 은나라의 제사를 받들게 하니, 중국의 번방이 되었다. [명나라 영락 연간에 도사 함허자가 편찬한 『천운소통(天運紹統)』]

옛 책에 흔히 "무왕이 기자를 조선에 봉했다"라고 하여 마치 주에서 명령을 내려 기자가 봉함을 받은 것 같은 면이 있는데 『구사(舊史)』가 그 오류를 이었으니, 실로 기자의 자정(自靖)하는 의리에 어긋난다. 홍범전에 "인하여 봉했다" 하였고, 정강성(鄭康成)이 말하기를 "주나라가 자기를 석방한 것을 참지 못한 것은 구차히 살아난 것을 혐의한 것이다" 하였으니, 이 말이 기자의 뜻을 얻은 것이다. 이른바 '인하여 봉했다'는 것은, 예컨대 항우가 진여(陳餘)가 남피(南皮)에 있다는 말을 듣고 인하여 봉했다는 것과 같은 유이다. [『풍암집화』]

기자가 중국 사람 5천 명을 거느리고 조선으로 들어가니, 시·서, 예·악, 의(醫)·무(巫), 음양, 복서(卜筮)의 무리와 백공기예(百工技藝)가 모두 따라갔으므로 "반만(半萬)의 은인(殷人)이 요수를 건넜다"라고 말한 것이 이것이다. [『천운소통』]

신익성(申翊聖)의 『경세보편(經世補編)』에 "무자년에 기자가 중국인을 거느리고 조선으로 들어왔다" 하였는데, 무자년은 곧 주나라 성왕 3년이다. 기자가 조선으로 피해 들어온 것은 반드시 무왕이 상을 쳐부순 초기에 있었겠지, 조선으로 들어오기를 어찌 은이 망한 뒤 10년이나 기다렸겠는가. [『천운소통』]

기자가 그 백성에게 예의·밭농사·누에치기·베 짜는 일을 가르치고 백성을 위해 금팔조를 두었으니, 사람을 죽인 자는 즉시 죽음으로 갚고, 상처를 입힌 자는 곡식으로 보상하며, 도적질한 자는 그 집에 들어가 종이 되고, 스스로 죄를 속(贖)하고자 하는 자는 50만 전을 내야 한다. 비록 종살이를 면하고 평민이 되어도 풍속이 오히려 부끄럽게 여겨서 혼인할 데가 없었다. [『한서』]

기자가 조선에 이르러 언어가 통하지 않으므로 통역해서 알아들었다. 시·서를 가르쳐서 중국의 예악 제도를 알게 하니 부자·군신의 도가 비로소 행하게 되고 오상(五常)의 예가 비로소 갖추어졌다. 백공기예를 가르치니 의·무, 음양, 복서의 술수가 비로소 있게 되었으며, 예의, 밭농사, 누에치기를 가르치고, 금팔조를 제정하여 교화하니 1년이 지나자 백성이 스스로 교화되었다. 살인한 자는 목숨으로 갚고, 상처를 입힌 자는 곡식으로 갚으며, 도적질한 자는 남자는 사내종, 여자는 계집종으로 만드니, 3년이 안 되어 사람들이 모두 교화되어 신의를 숭상하고 유도(儒道)에 독실하여 중국의 풍습을 양성하니, 성인의 교화(聖化)라 이를 수 있었다. 전쟁을 숭상하지 말라고 가르쳐 이르기를 "하루에 생긴 난(亂)이 10년이 지나도록 평정되지 않아서 생민(生民)이 도탄에 빠져 그 생업에 편안하게 종사하지 못할 것이다" 하였다. 그리하여 덕으로써 억세고 사나운 것을 굴복시키니, 이웃 나라들이 모두 그 의를 사모하여 서로 친하게 되어 중국의 번방이 되었다. 때문에 대대로 중국과 친하고 믿는 사이가 되어 봉작을 받고 조공이 끊어지지 않았다. 예의의 도가 이지러짐이 없고, 의관 제도가 모두 중국 각대(各代)의 제도와 같기 때문에 "시서 예악의 나라요, 인의의 나라다"라고 하는데, 기자한테 비롯된 것이다. [『천운소통』]

함허자의 논(論)은 『한서』와 대략 같은데, 우리나라 풍속에 대해 깊이 알았다. 역대의 모든 사서 및 『국조혼일지(國朝渾一誌)』가 논한 것은 잘못되고 근거가 없으니, 모두 잘못 들은 데에서 나온 것이다. [『필원잡기』]

기자가 우리나라에 봉해진 초기에 팔조의 교화를 베풀려고 했으나 풍토가 달라서 나라 사람들이 존경하는 자를 얻은 뒤에야 행할 수가 있었는데, 나라 사람들이 왕수긍(王受兢)을 천거하니, 명하여 사사(士師, 고대의 법관)로 삼았다.

평양의 내성과 외성은 세상에서 전하기를 기자 때 쌓은 것이라고 하나, 아득히 먼 세대이니 그런지 아닌지 알 수 없다. 기자궁(宮)의 옛터가 정양문(正陽門) 밖에 있으며 기자정(井)이 있다. [『여지승람』]

정전(井田)이 외성 안에 있는데, 유적이 완연하다. [전제(田制) 조에 상세하다.]

『악지』에 "기자가 팔조의 가르침을 베풀어 예속을 일으키니 조야가 무사하고 인민이 기뻐하여 대동강을 황하에 견주어 노래를 지어 칭송하고 축하하였다" 하였다. [『여지승람』에는 영명령을 숭산에 견주었다.]

세상에 전하기를 "기자가 조선의 풍속이 억세고 사나운 것을 보고, 버드나무의 본성이 부드럽다는 이유로 백성들로 하여금 집집마다 버드나무를 심게 하였다. 이 때문에 평양을 일명 '유경'이라고 한다"고 한다. [『순오지(旬五志)』]

공자가 문왕과 기자를 역상(易象, 『주역』의 괘와 효를 해석한 것)에 아울러 열거하고, 또 삼인(三仁)이라고 일컬었으니 기자의 덕은 말로 찬양할 수 없다. 생각건대 옛날 우 임금이 수토(水土)를 평치할 때 하늘이 홍범을 내려 이륜(彝倫)이 베풀어졌다 하나 그 설이 일찍이 한 번도 우서와 하서에 보이지 않았는데 천여 년이 지나 기자에 이르러서야 비로소 드러났으니, 지난날 기자가 무왕을 위해 진술하지 않았다면 낙서(洛書) 천인(天人)의 학(學)을 뒷사람이 어떻게 알 수 있었겠는가. 기자는 무왕의 스승이다. 무왕이 다른 나라에 봉하지 않고 우리 조선에 봉하여 조선 사람이 아침 저녁으로 친히 교화를 받아 군자는 대도의 요체를 들어 알게 되고, 소인은 지극한 다스림의 덕을 입어서 그 감화가 길에 떨어진 물건을 주워 가지 않는 데에 이르렀다. 이 어찌 하늘이 동방을 후하게 여겨 어진 이를 주어 이 백성을 은혜롭게 함이 아니며, 사람의 힘으로 능히 미치지 못할 바가 아니겠는가. [변계량이 지은 기자묘비]

주나라 성왕 33년 무오에 기자가 돌아가시니 재위 40년이고, 수(壽)는 93세였다.

기자의 묘는 평양부 북쪽 토산 위에 있다.

『사기』 미자세가 주의 색은(『사기』의 주석서)에서 두예가 말하기를 "양국 몽현에 기자묘가 있다"고 했고, 또 살펴보건대 『대명일통지』에 "몽현에 기자묘가 없다"고 했으며, 산동 포정사(布政司) 고적 조에는 "평양성 밖에 기자묘가 있다"고 했으니, 두예의 설이 어디에 근거한 것인지 알 수 없다. 잘못 전해 들은 것인 듯하다. [『풍암집화』]

『환우기』에 "기자묘가 몽현에 있다"고 했고, 『수경』 주에는 "기자묘가 박성에 있다"고 했는데, 이른바 몽현과 박성은 곧 북박(北亳)이다. 『청통지』에는 "귀덕부(歸德府) 상구현(商邱縣)에 있다"고 하였다.

이것이 후조선이니, 41대를 전하여 기준에까지 이르렀다. [『여지승람』]

『한서』에 이르기를 "현도 · 낙랑은 무제 때에 설치되었으니 모두 조선 · 예맥 · 고구려의 오랑캐이다. 은이 쇠망하니 기자가 조선으로 갔다" 했고, 『당서』 온언박에는 "요동은 본래 기자국이다" 했으며, 『요금사(遼金史)』에는 "요동 · 광녕은 모두 기자의 봉지이다" 했다. 『속문헌통고』에는 "함평로(咸平路)가 기자의 봉지다" 했고, 『당서』에서 배구가 말하기를 "고려는 본래 고죽국인데, 주나라가 기자를 봉하여 조선이 되었다"고 하였다.

숭인전 제사 조에 상세하다.

기자의 후손 조선후 때에 주나라가 쇠퇴하자 연후가 참람되게 임금이라 일컫고 조선 땅을 침략하려고 하였다. 조선후도 스스로 임금이라 일컫고 군사를 일으켜 막아 공격함으로써 주나라 왕실을 받들려고 하니, 그 대부 예가 간하여 중지하고 예로 하여금 서쪽으로 가서 연후를 달래니, 연나라가 이에 공격하지 않았다. [『위서』]

뒤에 자손이 차츰 교만하고 포학스러워졌다. 연나라가 이에 장수 진개를 보내어 서쪽 변방을 쳐서 땅 2천여 리를 빼앗고 반한(潘汗)에 이르러 경계를 삼으니, 조선이 드디어 약해졌다. [『위서』]

연나라가 동호를 쳐부수고 땅 1천 리를 넓혀서 장성을 쌓았는데, 조양에서 양평까지 이르렀으며, 상곡 · 어양 · 우북평 · 요동 등의 군을 설치하였다. [『강목』]

『일통지』의 요동 명환 조(名宦條)에 또한 기자가 실려 있고, 『성경지』에는 심양 봉천부(瀋陽奉天府)와 의주 광녕의 지경을 모두 조선의 경계라 하였다. 요동의 태반이 기자의 영토이고, 기자가 또 평양과 환도읍에 도읍하였다 하여, 서울을 많이 정하였으니, 오운(吳澐)이 이른바 "요하 이동과 한수 이북이 모두 기씨의 땅이다"고 한 것이 옳다. 후손에 이르러 연나라 말기에 서쪽 지경 1천여 리를 잃고 만심한(滿潘汗)으로 경계를 삼았으니, 곧 『한지』에서 말한 요동군 동부 속현 심한(潘汗)이다. 이에 요동 땅이 중국으로 들어간 것이다. 『괄지지』에 "조선 · 고구려 · 예 · 맥 · 동옥저 등 다섯 나라의 땅이 동서가 1천3백 리요, 남북이 2천 리이니, 동쪽으로는 대해(大海)까지가 4백 리요, 서쪽으로는 영주 경계까지가 920리며, 남쪽으로는 신라까지가 6백 리요,

북쪽으로는 말갈에 이르기까지 1천4백 리다" 하였다. 이를 살펴보면 또한 방증이 될 만하다. [안정복이 지은 『강목』]

진(秦)나라가 천하를 통일하자 몽염으로 하여금 장성을 쌓게 하여 요동에 이르렀다. 이때 조선 왕 비(否)가 즉위하여 진이 습격할까 두려워서 대략 진에 복속하였으나 조회하려고 하지않았다. 비가 죽고 아들 준(準)이 즉위한 지 20여 년에 진승·항우가 일어나 천하가 어지러워지니, 연·제·조의 백성이 근심 걱정으로 괴로워하다가 속속 준에게로 투항해 왔다. 준이 이에 이들을 서쪽 지경에 두어 살게 하였다. 한이 노관을 연왕으로 삼았는데 당시 조선과 연은 격수(溴水)를 경계로 하고 살았는데, 노관이 반란을 일으켜 흉노로 도망가니, 연나라 사람 위만이 망명하여 호복 차림으로 동쪽으로 격수를 건너 준에게 나아가 항복하고, 준을 유세하여 조선의 변방 신하가 되기를 청하였다. 준이 그를 믿고 총애하여 박사에 제수하고 백 리 땅을 봉하여 서쪽 국경을 지키게 하였다. 위만이 중국에서 망명해 오는 사람들을 꾀여 그 무리가 차츰 많아졌다. 이에 속임수로 사람을 보내 준에게 말하기를 "한나라 군사가 열 갈래로 쳐들어오니 들어가 호위하겠다" 하고 마침내 준을 공격하였다. 준이 위만과 싸워 패하여 그 좌우 신하와 궁인들을 데리고 바다로 해서 남쪽으로 달아나 금마산에 자리잡고 스스로 마한왕이라 일컬었다. 그의 친속으로 본국에 머물러 있는 자들은 인하여 한씨(韓氏)로 성을 가칭했다. [『위서』, 『동문광고(同文廣考)』]

준이 남쪽으로 달아나 여러 대를 전한 뒤에 온조에게 멸망당했다. [아래 마한 조에 상세하다.]

기자를 조선에 봉한 것이 주나라 무왕 기묘년이고, 뒤에 왕 준에 이르러 한나라 고조 병오년(195)에 위만이 침입하므로 바다로 해서 남쪽으로 갔으니, 평양에 도읍한 것이 878년이다. 준이 도읍을 금마군으로 옮기니 이것이 마한인데, 4군·2부 때를 지나 백제 온조왕 26년(8) 무진에 망했으니, 또한 140여 년이다. 김부식은 『삼국사』에 단지 "백제 왕이 마한을 습격하여 취했다"고 썼을 뿐이고 기씨세계(箕氏世系)를 분명하게 말하지 않았으니, 당시에도 필시 상고할 만한 것이 없었을 것이다. [『필원잡기』. 『동문광고』에는 "평양에 도읍한 지 929년을 지나 무강왕 때에 이르러 기준이 남쪽으로 옮겼다"고

하였다.]

명나라 사신 허국(許國)이 평양에 도착하여 "기자가 주 무왕 몇 년에 봉함을 받아 이곳에 왔는가?"고 물었는데, 원접사(遠接使)가 대답하지 못하였다. 종사관 기대승은 옛 사실을 잘 고찰한다고 자처하는 터이라 『사기』와 『양한서』, 『여지승람』, 『동국통감』 등 서적을 가져다가 한참 동안 참고해도 마침내 봉함을 받은 해를 알지 못하였다. 대개 『통감외기』에만 "무왕 원년 기묘에 기자를 조선에 봉하고 신하로 삼지 않았다"고 하였다. [『패관잡기』]

『사기』에 이미 "무왕이 기자를 조선에 봉하고 신하로 삼지 않았다"고 하고, 또 "기자가 주나라에 조회하러 은나라의 옛터를 지나다가 감개하여 맥수의 노래를 지었다"고 했으니, 이상하다. 무왕이 이미 신하로 삼지 않았는데 기자가 스스로 신하가 되기를 달갑게 여겨 조회하러 갔겠는가. 성현을 욕되게 함이 심하다. [『풍암집화』]

『좌전』 희공 15년 조에 "진 목공이 말하기를 '내가 들으니 당숙을 봉할 때에 기자가 말하기를 '그 후손이 반드시 크게 되리라' 하였다'고 하였다" 했으니, 기자가 주나라에 조회하지 않았다면 어떻게 조정의 정사를 미리 알 수 있으며, 바깥 변방에서 비록 말을 했다 하더라도 중국 사람이 또 어떻게 알 수 있었겠는가. [『성호사설』]

함허자가 말하기를 "기자의 후손이 주나라의 패망에서 후한에 이르기까지 1천여 년을 지나 공손강에게 왕위를 빼앗겨 기자의 계통이 끊어졌다"고 하나, 이제 상고하건대 공손강에게 빼앗겼다는 것은 근거가 없다. [『필원잡기』]

기자의 후손이 공손강에 의해 왕위를 빼앗겼다고 하는 것은, 『통전』에 "조선이 1천여 년을 지나 한나라 고조 때 멸망했으며, 무제 원수 연간에 그 땅을 개척하여 낙랑군을 두었으며, 후한 말에 이르러 공손강의 소유가 되었다"고 한 데에서 연유한 것인데, 이는 『한사(漢史)』의 기록과 대략 같다. 어찌 일찍이 공손강이 기자의 후손에게서 왕위를 찬탈했다는 말이 있겠는가. [『풍암집화』]

광녕 [한나라 때에 요동·요서 두 군의 땅] 성의 북쪽 5리에 기자정(井)이 있고 곁에 기자묘(廟)가 있으며, 기자가 우관 [冔冠, 은나라의 갓] 을 쓴 소상(塑像)이 있었는데, 가정(嘉靖) 연간의 병화로 소실되었다. [『월정만록(月汀漫錄)』]

마한 말기에 잔약한 후손 셋이 있었는데, 친(親)은 그 뒤에 한씨(漢氏)가 되었고, 평(平)은 기씨(奇氏)가 되었으며, 양(諒)은 용강(龍岡) 오석산(烏石山)으로 들어가 그 뒤에 선우씨(鮮于氏)가 되었다. 『운서(韵書)』에 "선우는 자(子) 성이니, 주나라가 기자를 조선에 봉하고 작은 아들 중(仲)에게 우(于)를 식읍으로 주었는데, 이로 인하여 성을 선우라 했다"고 하였고, 『강목』에도 "기자를 조선에 봉하고 그 아들에게 우를 식읍으로 주니, 이로 인해 선우로 성을 삼았다"고 했으며, 조맹부(趙孟頫)가 선우추(鮮于樞)에게 보낸 시에 "기자 후손 수염 늙은 첨지라" 했으니, 선우가 기자의 후손임이 명백하지 않는가. 홍무 연간에 선우경(鮮于京)이란 자가 중령 별장(中領別將)이 되었으며, 그 7대손 식(寔)이 태천(泰泉)에서 와서 전각 옆에 사니, 드디어 선우식을 기자의 후손으로 삼고 전각 이름을 숭인이라 하고 식을 전감(殿監)에 임명하여 자손이 대대로 이어 받았다고 한다. [『월사집』의 숭인전비]

평양 대동강 동쪽 기슭에 긴 느릅나무 숲이 길 좌우에 늘어서 있는데, 가로로 10리나 뻗었다. 세상에서 전하기를 "기자가 백성들에게 심게 하여 흉년의 굶주림에 대비한 것이다"라고 한다.

기자가 동쪽으로 올 때 자작으로 봉함을 받았다. 후손 조선후가 연이 왕이라 일컫는 것을 보고 또한 스스로 왕이라 일컫고 연을 정벌하여 주나라를 받들고자 하니, 대부 예가 간하여 그만두었다고 하니, 대개 이보다 앞서서 이미 제후국이 되었고, 조선이 왕이라 일컫게 된 것도 이때부터 비롯된 것이다. 후손이 교만하고 포학하자 연나라가 그 서쪽 지경을 공격하여 땅 2천여 리를 빼앗아 만심한에 이르러 경계를 삼으니 조선이 비로소 약해졌다고 하니, 그렇다면 그를 처음 봉할 때의 경계는 실상 연과 더불어 접경했으며, 지금의 장성 밖 요반(遼潘)의 땅이 모두 역내이다. 이른바 만반한(滿潘汗)이 무엇을 가리키는지 알 수 없지만, 연경(燕京) 동쪽에는 달리 많은 땅이 없으니, 만(滿)이란 지금의 만주(滿洲)이고, 반(潘)은 아마 심(瀋)의 잘못인 듯하다. [『성호사설』]

『연려실기술』 별집 권19 역대전고 위만조선

조선 왕 만은 연나라 사람이다. 전연[대연(大燕)] 시대부터 일찍이 진번 조선을 공략하여 차지하고 관리를 두어 요새를 쌓았다. 진이 연나라를 멸망시키고 요동 변방에 예속시키더니, 한이 일어나자 그곳이 멀어서 지키기 어렵다 하여 다시 요동의 옛 요새를 수리하고 패수를 경계로 하여 연에 속하게 하였다. 연왕 노관이 배반하여 흉노로 도망가자 위만이 무리 천여 명을 모아 망명하여 상투를 틀고 만이의 옷을 입고 동쪽으로 달아나 변경을 넘어 패수를 건너 진의 옛 빈터 상하 요새에 자리 잡았다. 차츰 진번 조선의 만이와 옛 연과 제의 망명자를 끌어모아 왕이 되고 왕검성에 도읍하였다. 마침 효혜·고후 때에 천하가 처음으로 평정되니, 요동 태수가 즉시 위만에게 "외신이 되어 변방 밖의 만이로 하여금 변경을 침범하지 않고 보장이 되도록 하겠으니 모든 만이의 군장(君長)이 들어와 천자를 뵙고자 하면 금지하지 말아달라"고 약속하고 천자께 아뢰니, 천자가 허락하였다. 이 때문에 위만이 병력과 재물을 얻게 되어 이웃의 작은 고을을 침략하여 항복받으니, 진번·임둔이 모두 와서 복속하게 되어 사방 수천 리가 되었다. [『사기』. 『동사』에는 패수를 대동강이라고 했는데, 이 패수는 당연히 압록강이 되어야 한다.]

한나라 혜제 원년 정미(기원전 194)에 위만이 조선 왕 기준을 꾀어 쫓아버리고 스스로 임금이 되어 국호를 조선이라 하고, 평양에 도읍하였다. [『역대아람』 ○ 『동문광고』에 "한나라 고제 병오년(기원전 195)에 일어났다" 하였다.]

그 지경이 서북으로는 만반한까지이고, 또 그 이웃의 작은 고을인 진번과 임둔을 쳐서 항복시키니, 지금의 동북 변방 밖과 북도·영동 지역이 그것이다. 서쪽으로는 대해를 건너 청제(靑齊)로 통하고, 남으로는 한수에 이르러 삼한과 접하였다.

아들을 거쳐 손자 우거에 이르러 꾀어낸 한의 유망인이 더욱 많아졌다. 또 일찍이 천자를 들어가 뵙지 않고, 진번과 이웃 여러 나라가 상서(上書)하고 천자를 뵙고자 하였으나 또 길을 막아 통하지 못하게 하였다. 원봉 2년 임신에 한나라가 사신 섭하를 보내어 달래고 깨우쳤으나 우거가 끝내 조서를 받들려고 하지 않았다. 섭하가 돌아가다가 경계인 패수에 다다라 부하를 시켜 자기를 호송하는 자를 찔러 죽이니, 조선비왕 장이 곧 강을 건너서 달려 변경으로 들어갔다. 드디어 돌아가 천자께 보고하니, 섭하를 요동 동부 도위로 삼았다. 조선이 섭하를 원망하여 군사를 내어 습격하여 섭하를 죽였다. [『사기』. 아래도 같다.]

천자가 죄수를 모집하여 조선을 공격하는데, 그해 가을 누선장군 양복을 보내 제(산동반도)로 해서 발해를 건너오고, 좌장군 순체는 요동으로 나와 우거를 쳤다. 우거가 성을 지키고 있다가 누선의 군사가 적음을 알고 성에서 나와 공격하니, 양복의 군사가 패하여 산속으로 도망갔다가 10여 일 만에 겨우 흩어진 군졸을 다시 수습하였다. 좌장군은 패수 서쪽 군사를 공격하였으나 격파하지 못했다. 천자가 이에 위산을 보내어 군대의 위력으로 가서 우거를 효유하니, 우거가 항복하기를 원하여 태자를 보내 사죄하고 말 5천 필과 군량을 보내기로 하였다. 만여 명의 무리가 무기를 가지고 패수를 건너니, 사자(使者)가 변이 있을까 의심하여 말하기를 "태자가 이미 항복했으니 마땅히 군사들의 무장을 해제해야 한다" 하였다. 태자도 사자가 속여서 죽일까 의심하여 마침내 패수를 건너지 않고 이끌고 돌아갔다. 위산이 돌아가 천자께 아뢰니 천자가 위산의 목을 베었다.

좌장군이 패수의 상류쪽 군사를 깨뜨리고 앞서 성 아래에 도착하여 그 서북쪽을 포위하니, 누선장군도 가서 모여 성 남쪽에 진을 쳤다. 우거가 성을 굳게 지키니, 수개월이 되도록 함락하지 못하고 두 장수는 서로 화합하지 못했다. 천자가 제남태수 공손수로 하여금 가서 정벌케 하니, 좌장군이 말하기를 "누선장군은 몇 번 기약하고도 모이지 않고, 게다가 조선과 더불어 함께 우리 군사를 멸망시키려고 한다" 하니, 공손수가 그 말을 믿고서 누선장군을 체포하고 그 군사를 병합하니, 천자가 공손수를 목 베었다.

좌장군이 양쪽 군사를 병합하고 즉각 급히 조선을 치니, 조선상 노인 · 한음 · 이계상 참 · 장군 왕겹이 서로 모의하기를 "처음에 누선장군에게 항복하려고 했으나 누선이 지금 구금되어 있고, 유독 좌장군이 더욱 급하게 공격하는데, 임금이 또 항복하려고 하지 않는다" 하고, 한음 · 왕겹 · 노인이 모두 도망하여 한에 항복하였는데, 노인은 길에서 죽었다.

원봉 3년 계유(기원전 108) 여름에 이계상 참이 사람을 시켜 조선 왕 우거를 죽이고 와서 항복했으나 왕검성은 항복하지 않았다. 죽은 우거의 대신 성기가 또 모반하여 한나라를 공격하니, 좌장군이 투항해 온 우거의 아들 장(長)과 항복한 상로인의 아들 최로 하여금 그 백성들을 효유하고 성기를 잡아 죽이고 드디어 조선을 평정하여 4군으로 만들었다. 참을 봉하여 홰청후(澅淸侯)로 삼고, 한음을 적저후(荻苴侯)로 삼으며, 왕겹은 평주후(平州侯)로 삼고, 장을 기후(幾侯)로 삼으며, 최는 아비가 죽었으나 자못 공(功)이 있으므로 온양후(溫陽侯)로 삼았다. 좌장군 순체는 공을 다투고 서로 시기한 데 연좌되어 목 베어 저자에 버렸으며, 누선장군 양복은 마땅히 목 베여야 하나 속죄하여 서인이 되었다.

위만은 한나라 고조 병오년(기원전 195)에 일어나서 무제 계유년(기원전 108)에 이르렀으니, 88년 동안 3대를 전하였다.

『연려실기술』 별집 권19 역대전고 예국(濊國)

동이(東暆)는 예의 도읍이다. [이(暆)의 음은 이(移)이다. 『삼국사』]

한 무제 원삭 원년 계축(기원전 128)에 예의 임금 남여 등이 조선을 배반하고 요동으로 나아가 붙으니 28만 명이 투항하였다. 그 땅을 창해군으로 만들었으나 3년 만에 군을 철폐하였다. [『한서』]

남여와 우거가 항복해 왔다. [『후한서』]

예는 북으로 고구려와 옥저, 남으로 진한과 접경하고, 동으로는 바다, 서로는 낙랑에 이르렀다. 예와 옥저·고구려는 원래 모두 조선 땅인데 원봉 3년에 조선을 평정하고 예의 땅을 임둔군으로 만들었다. [『후한서』] …

대대로 전하는 부여왕의 인문(印文)은 '예왕지인'이라 하고, 또 부여의 장로는 스스로 '망인'이라 칭하였으니, 아마 부여가 남여의 유종(遺種)인 듯하다. [동문광고』]

『동국고기』에 부여국은 현도 북쪽 옛 예국에 있고, 그 인문(印文)을 예왕지인이라고 했으며, 나라에 옛 성이 있는데 예성이라 한다. 남여는 곧 부여의 왕이니, 조선 경내에 있는 자가 아니다.

『연려실기술』 별집 권19 역대전고 맥국

『고려사』 지리지에 … 무왕 때 기자를 조선에 봉하기 전에 이미 맥국이 있었고, 맹자 때에는 기자의 자손이 마땅히 조선을 지키고 있었을 것인데, 어찌 맥국이 그 사이에 낄 수 있었겠는가. … 화식전에 "동으로 예맥·조선·진번이 이(利)를 잇는다" 하였으니, 예맥과 조선이 경계는 이어졌으나 나라는 다른 것이다. 한나라 때에 이르러서도 그러했으니, 맹자 때에야 의심할 여지가 있겠는가. 예맥이 두 나라임은 또한 더 말할 필요가 없다.

『연려실기술』 별집 권19 역대전고 동옥저(북옥저부)

한나라 초기 위만이 조선의 왕이 되었을 때에 옥저가 예속되었다. 무제 원봉 2년(기원전 109)에 조선 땅을 나누어 4군으로 하면서 옥저성을 현도군으로 만들었다. 뒤에 이맥(夷貊)의 침입을 받아 군을 요동 지경인 고구려의 서북 땅으로 옮겼으니, 지금의 이른바 현도 고부(故府)다.

『연려실기술』 별집 권19 역대전고 한사군 이부(二府)

현도는 동방 구이다. 한 무제 원봉 3년에 조선을 멸하고 4군을 정하면서 동옥저 지역을 현도군으로 했다. 『후한서』 옥저전에는 "무제가 조선을 멸하고 옥저 땅을 현도라 했으며, 후에 이맥의 침입을 당해 군을 고구려 서북쪽으로 옮겼다"고 하였다.

… 임둔은 『한서』에 "위만이 그 곁의 작은 고을인 진번·임둔을 침략하여 항복시켰다"고 하였으니, 그 이름이 생긴 지는 오래된다. 무제가 사군을 설치할 때 임둔이 그중 하나였다.

"… 임둔·예국·창해군·동이라고 한다" 하였다. 다시 『한서』를 살펴보면 무제 원삭 원년(기원전 128)에 예의 임금 남여가 남녀 28만 명을 거느리고 요동으로 와서 내속하므로 그 땅을 창해군으로 삼았다가 조금 뒤에 파했다고 하니, 이것은 4군을 정하기 20년 전이다.

… 진번이란 이름은 이미 위만 이전에 있었다. 『사기』에 "연나라 때에 진번 조선을 침략하여 귀속시켰다"고 하고, 『한서』에 "요동이 동으로 진번에 장사하는 이익이 있다"고 하였으니, 그 지역이 요동의 동쪽에 있었다. 한 무제가 사군을 정할 때에 진번군을 설치했다 하였다.

『연려실기술』 별집 권19 역대전고 삼한

마한은 조선 왕 기준이 위만의 공격을 받아 나라를 빼앗기게 되자, 한나라 혜제 원년 정미(기원전 194)에 좌우와 궁인들을 거느리고 바다로 해서 남쪽으로 달아나 마한을 쳐서 격파하고 스스로 서서 한왕(韓王)이 되어 국호를 마한이라 한 것이다. 금마산[지금의 익산]에 도읍했으며, 54국을 거느렸다. 세상에서 무강왕이라 부른다. 용화산은 일명 미륵산이니, 석성이 있는데 주위가 3천9백 척이다. 세상에서 기준이 쌓은 것이라고 전해진다.

… 기준의 아들 중에 본국에 머물러 있은 자는 한씨(韓氏) 성을 칭했으며, 준왕은 바다 가운데서 임금이 되었으므로 왕래하지 않았다.[『위략』] 준왕이 그 뒤 여러 대를 전하다가 신(新)나라의 왕망이 건국한 원년 기사(9)에 이르러 백제 왕 온조에게 멸망당하니, 모두 203년이었다.

… 그 뒤 이미 멸망하고 나서 마한 사람이 다시 스스로 서서 진왕(辰王)이 되었으며 진한은 처음에 6국이 있었으니, 양산·고허·진지·대수·가리·고야 등의 6촌이며 이를 진한 6부라고 이른다. 후에 차츰 나누어져 12국이 되었다.[두우, 『통전(通典)』] 조선 유민이 산골 사이에 분산해 살아 6촌이 되었으니 이를 진한 육부라고 한다.[『여지승람』]

… 처음 조선 왕 우거가 패망하기 전에 그 정승 역계경이 왕이 자기의 간언을 들어주지 않자 동쪽의 진국으로 가니, 백성이 따라가는 자가 2천여 호였으며, 또한 조선 속국과는 서로 왕래하지 않았다.[이상은 『동문광고』이다.]

『연려실기술』 별집 권19 역대전고 고구려

큰 산과 깊은 계곡이 많다. 한 무제가 조선을 멸망시키고 고구려를 현으로 삼았다. [『후한서』. 『청통지』에 고려현은 지금의 함흥부 동쪽에 있다고 했다.]

『통전』에 "주몽이 북부여로부터 동남으로 가서 보술수를 건너 흘승골성에 이르러 살았다"고 하였고 『고기』에는 "주몽이 부여에서 난을 피해 졸본에 이르렀다"고 했으니, 흘승골과 졸본은 같은 곳인 것 같다. …

한백겸이 말하기를 "구려는 본래 서안평에서 일어났다"고 하였으니, 그렇다면 『동사』에서 졸본부여를 성천이라고 한 것은 옳지 않다. …

살펴보건대, 고구려는 처음에 중국의 동북 모퉁이에서 일어나 한이 애제·평제 이래로 호령이 미약해지고 거듭 왕망·경시의 난이 일어나니, 고구려가 전 영토를 온전히 확보할 수 있었다. 또 고구려의 북쪽이 곧 부여였는데, 부여는 유리왕에게 격파되어 세력을 떨치지 못하였다. …

시조 동명왕은 이름은 주몽이요, 본성은 해씨인데, 스스로 고신(高辛) [제곡 고신씨(帝嚳高辛氏)인데, 요의 아버지] 의 후손이라 일컫고 고 자로 성을 삼았다. [일설에는 "주몽이 스스로 이르기를 '천제의 아들로 햇빛을 타고 태어났으므로 성을 고쳐 고씨라 한다' 하였다"고 한다.] 처음 동부여의 왕 해부루가 늙도록 아들이 없다가 곤연에서 어린아이를 얻었는데, 금색에 개구리 모습이었다. 해부루가 기뻐서 금와라 이름 지었다. 금와가 하백의 딸 유화를 우발수에서 얻어 방 안에 유폐시켰는데, 햇빛이 비치자 임신이 되어 큰 알을 낳으니, 한 남자아이가 껍질을 깨고 나왔다. 체격이 거룩하였는데, 나이 겨우 7세가 되자 스스로 활과 화살을 만들어서 쏘되 맞추지 못하는 것이 없었다. 부여의 속담에 활 잘 쏘는 사람을 주몽이라고 일컬었으므로 주몽이라 이름 지었다. 금와의 일곱 아들이 그 능력을 시기하여 죽이고자 하니, 주몽이 도망하여 졸본부여에 이르자 그 왕이 사위를 삼았다. 왕이 죽자 아들이 없으므로 주몽이 왕위를 이어서 비류수 가에 도읍하고 국호를 고구려라 하였다. …

임오년(22)에 부여국을 쳐서 그 왕 대소를 살해하였다. [금와의 아들]

『연려실기술』 별집 권19 역대전고 고구려속국(고구려본기에도 보인다)

부여국: 대무신왕 5년에 부여국을 정벌하여 그 왕 대소를 죽였다. 문자왕 3년(494)에 부여왕과 처자가 나라 사람들을 거느리고 와서 항복하였다.

부여는 현도의 북쪽 1천 리 밖에 있었는데, 남쪽은 고구려와 동쪽은 읍루와, 서쪽은 선비와 접하였다. 지역이 사방 1천 리가 되며 본래 예(濊)의 땅으로 북쪽에는 약수가 있다. [『후한서』. 『북사』에는 두막루국이 옛 부여국이라 하였다.] [고구려에 의한 부여의 멸망 및 부여 관련 정보]

『연려실기술』 별집 권19 역대전고 백제

시조 온조왕은 성은 부여이고, 이름은 온조이다. …

온조왕은 본래 북부여 왕 해부루의 서손으로, 아버지는 우태이며, 어머니는 소서노로 졸본 사람 연타발의 딸이다.

『연려실기술』 별집 권19 역대전고 논동국지방(論東國地方)

신라의 강토의 경계는 옛날부터 전해오는 기록이 동일하지 않다. … "낙랑군은 낙양으로부터 동북쪽으로 5천 리 떨어져 있다"고 하였고, 주에 "유주에 속해 있으니, 옛 조선국이다" 하였으니, 계림 지방과 멀리 떨어져 있었던 것 같다. [『삼국지리지』]

삼한의 설에는 서로 차이가 있다. 그러나 조선 왕 준이 위만의 난을 피하여 바다로 남하하여 개국하여 국호를 마한이라고 정하였다가 백제 온조왕이 서자 드디어 병합되었는데, 지금의 익산에 옛 성(城)이 있어 지금까지 사람들이 기준성(箕準城)이라고 부르고 있으니, 마한이 백제인 것은 의심할 바가 없다.

마한이 고구려가 되었고, 진한이 신라가 되었으며, 변한이 백제가 되었다 함은 이미 정론이 있으니 ….

고려 태조가 궁예에게 유세하기를 "대왕께서 만약 조선·숙신·변한의 땅에서 왕노릇을 하려면 무엇보다도 먼저 송악을 일으키소서" 하였으니, 고구려를 변한으로 보는 것은 권근이 처음 만들어낸 설이 아니다. …

동방에 조선의 지역이 있고 또 삼한의 지역이 있는데, 혼동하면 착란이 된다. 조선의 지역은 곧 기자의 옛 나라이며 위만이 자리 잡았던 곳으로 한나라 때에는 4군 2부가 있었다. 이 지역은 서남쪽은 한(韓)의 땅과 서로 얽히고, 동북쪽으로는 옥저와 숙신을 한계로 하며, 북쪽으로는 요하에 닿았다. 『한서』에 "현도는 낙양에서 동북쪽으로 4천리 떨어진 곳으로 거기에 소속된 현이 3현인데 고구려도 이 중의 한 현이다" 하였으니, 동명왕이 처음 일어났던 땅은 곧 옛날 조선 현도의 영역이요, 지금의 요동 심양 동북쪽의 경계로서, 지명을 따서 국호를 삼은 것이다. …

세 개의 패수는 『사기』에 "한이 일어나 요동의 옛 변방을 정비하여 패수에 이르러 경계로 삼았으며, 위만이 망명하여 동으로 달아나 패수를 건너가 왕검에 도읍하였다" 하였으니, 압록강을 패수라 한 것이다. 또 『당서』에는 "평양성은 한의 낙랑군에 속하였는데, 산의 굴곡에 따라서 성곽을 쌓아 남쪽은 패수를 경계로 하였다" 하였으니, 지금의 대동강을 가리킨 것이다. 또 『고려사』에 "평산 저탄(猪灘)을 패강(浿江)이라 하였으니, 백제 시조가 북쪽으로는 패수를 경계로 삼았다"고 한 것과, "당나라 황제가 패수의 서포에 배를 대고 돈을 깔고 상륙하여 송악군에 도착했다"는 것은 아마 이 패수를 지칭한 것인 듯하다. 이로 보건대 우리나라에 본래 3개의 패수가 있었는데 고금을 통하여 여러 사람이 분명히 알고 있는 것은 오직 대동강이다. [『여지승람』 대동강의 주]

『일통지』에 "패수는 조선국 평양성의 동쪽에 있는데 일명 대통하(大通河)라고도 하며 가운데에 조천석(朝天石)이 있다. 당나라 소정방이 패수에서 군사를 격파하였다는 곳이 바로 이곳이다" 하였다. 『설문』에는 "물이 누방에서 나와 동쪽으로 바다에 들어간다. 또 패수현은 강 이름을 따서 지은 것이다" 하였는데, 당나라 이적이 패강도 대총관이 되었다. [『증보자휘』]

『연려실기술』 별집 권19 역대전고 논기화(論氣化)

단군이 하늘로부터 내려왔다고 하는 말은 지금 고증할 수 없다. 그러나 내려온 것이 당요(요 임금) 때라 하니, 이때는 중국이 개벽한 지 오래되지 않았던 때이므로 우리나라에는 혹 인간이 없었을 것으로 생각되는데, 기(氣)가 화(化)했을 리가 혹 있을 듯하다. …

사실은 비록 일반적인 것이 아닐지라도 이치는 혹 괴이할 것이 없으니, 어찌 혁거세의 '알이 하늘에서 내려오고 말이 울었다'는 것처럼 괴이하여 이치에 맞지 않는 것과 같겠는가. 하물며 당시의 해모수·금와·주몽·송양을 모두 천제의 자손이라 말하고, 알영·탈해·수로·알지가 모두 부모 없이 태어났다고 함에 있어서랴. 어째서 한쪽에 치우쳐 있는 작은 나라에 어지러이 천신의 자손이 많은가. … 삼한의 옛 전기에 "단군의 아버지는 환웅이며, 부루의 아들이 금와이며, 동명은 알에서 생겼고, 혁거세는 박(瓢)에서 나왔으며, 석탈해·김알지·수로왕은 모두 하늘에서 내려왔고, … 유독 우리나라에만 이런 기괴한 일이 있다 하니, 어째서인가. 우리나라의 문헌이 가장 늦게 나왔기 때문에 이치 밖의 말이 있지 않는 것이 없으니, 이는 이른바 제동야인(齊東野人)들의 말로써 취하여 기준으로 삼을 수가 없다. [『동문광고』]

(출처: 한국고전번역원)

『東史撮要』(1776년 이전)

저자 미상

『동사촬요』는 고대 국가에 대해 서술한 조선 후기의 책이나 간행한 사람과 간행 시기 모두 명확하지 않다. 목판본과 필사본이 전한다. 내용 가운데 경종조(景宗朝) 다음을 금상조(今上朝)라고 표기한 점에서 영조 때 저술된 것으로 추정하고 있다. 또한 언급된 인물 가운데 1760~1770년대의 원인손(元仁孫), 김치인(金致仁), 윤동도(尹東度), 서지수(徐志修) 등이 있어서 경종 이후 기록은 영조 말기까지 보충된 것으로 보인다.

국립중앙도서관본과 규장각 목판본에는 단군조선부터 고려 공양왕까지의 역사가 연대순으로 서술되어 있다. 조선 시대에 관해서는 지방 통치 기구와 사방 경계만 간략히 소개하였다. 장서각 필사본에는 조선 시대 관련 내용으로 성조조선(聖朝朝鮮), 국조보계(國朝譜系), 호당피선(湖堂被選), 빈관록(儐館錄), 문묘종향, 계성사(啓聖祠), 석채진설도(釋采陳設圖), 석채축문(釋采祝文)이 추가되어 있다. 본 자료집의 번역은 국립중앙도서관의 목판본(한固朝50-180-19)을 기본으로 하였다.

책의 구성은 특별한 것이 없고 목차도 없이 곧바로 본문을 서술하는 형태다. 단군조선, 기자조선을 다룬 뒤 삼한 항목에서 삼한과 위만조선을 다루었다. 위만조선을 삼한 다음에 서술한 점에서 조선 후기에 확대된 마한정통론적 입장을 취했음을 알 수 있다. 삼국은 신라, 고구려, 백제순으로 각 왕별 중요 기사를 수록하였으며, 특별히 기록할 내용이 없을 경우에는 왕명만 기재하였다. 백제는 왕명만 나열한 경우가 많다. 고려 왕조 역시 내용이 빈약하며 왕명만 기록한 경우도 보인다. 삼국 다음에는 가락국, 탐라국을 다루었고, 기타 여러 소국의 위치도 소개했다.

고조선에 대해서는 단군의 건국과 통치, 기자의 교화와 기자조선의 멸망, 마한으로 옮겨간 준왕의 행적, 위만조선의 성립과 멸망 등을 간략하게 다루었고, 부여에 대해서는 고구려 주몽 설화와 백제 시조 온조와 관련된 내용에서 다루었다. 위만조선을 삼한 항목에서 다룬 점과 진번을 요동에서 구하였다는 점이 특징이다. 또한 기자 이전에 단군이 편발개수(編髮盖首)의 교화를 했음을 서술하고, 팽오를 단군의 신하로 보고, 위만조선을 멸망시킬 때 한나라가 보낸 장수로 제남태수 공손수만 언급한 점도 특징이다. 이러한 점에서 홍만종의 『동국역대총목(東國歷代總目)』의 영향을 많이 받았음을 알 수 있다.

『동사촬요』

단군에서 고려 공양왕까지 3,725년간 5세대에 큰 나라가 아홉, 작은 나라가 20이었다. 신령한 자취와 기이한 일, 치란(治亂)의 연혁, 산천과 인물에 대해 간략하게 그 개요를 다루었다.

나라는 천하의 동쪽에 있어 해가 먼저 떠오른다는 점에서 조선이라 불렀다. 백두산을 땅의 근원으로 삼았으며, 산에서 두 물줄기가 나뉘어 두만강과 압록강이 경계를 이루었다. 동·서·남쪽은 모두 큰 바다가 있다. 울릉도, 부산, 탐라와 어마어마한 수의 섬으로 둘려 있다. 땅의 형세는 해방(亥方)[4]을 등지고 사방(巳方)[5]을 바라보고 있고, 미(尾)·기(箕)의 분야와 석목(析木)의 위차(緯差)에 있다. 산천은 험하고 백성의 풍속은 부드럽고 어질었다. 아홉 종의 오랑캐가 있으며 군장은 없었다. 풀로 옷을 하였고 나무 열매를 먹었다. 여름에는 소굴에서 지내고 겨울에는 동굴에서 지냈다. 어떤 사람이 태백산 [지금의 묘향산] 박달나무 아래로 내려오니 나라 사람들이 옹립하였다. 이가 단군이 되었다. 성은 왕이라 하고 이름은 검이라 하였다. 원년은 도당씨 요 임금 25년 무진년이다. 백성에게 머리카락을 엮어 머리를 덮는 것, 의복, 음식 등의 제도를 가르쳤다. 처음에 평양에 도읍하였다가 후에 백악 [지금의 구월산] 으로 옮겼다. 팽오에게 명하여 나라 안의 산과 강을 다스리게 하여 터를 잡아 백성들이 거하게 하였다. 하나라 우왕 18년 갑술년에 아들 부루를 보내 도산에 조회하게 하였다. 상나라 무정 8년에 아사달 [지금의 구월산] 에 들어가 신이 되었다. 재위 기간은 1천 년이고 무덤은 평양에 있다.

기자의 성은 자고 이름은 서여다. 무왕이 상나라를 이기자 기자가 상나라 사람 5천을 데리고 동쪽으로 왔다. 무왕 원년 기묘년에 이로 인하여 봉하였다. 평양에 도읍하여 팔조의 가르침을 베풀고 정전을 구획하였다. 무오년에 이르러 죽으니 나이 97세였다. 무덤은 평양 북쪽 토산에 있다. [살인한 자는 죽음으로 갚게 하고 다치게 한 자는 재물로 갚게 하고 도적질한 자는 적몰하여 그 집의 노비로 삼는다는 것은 팔조 중의 셋이다.] 기자의 41세손인 부가 진나라 시황제 33년 정해년(기원전 214)에 진나라에 항복하였다. [진나라가 장성을 쌓아 요동에 이르자 부가 두려워하여 굴복하였다.] 부의 아들 준이 한나라 혜제 원년 정미년(기원전 194)에 연 사람 위만의 습격을 받았다. 준이 나라를 잃고 남쪽으로 옮겨갔다. [기자 기묘년에서 준 정미년(기원전 194)까지 1,129년이었다.] (401쪽 2~4)

---

4) 북북서 방향.

5) 남남동 방향.

『동사찰요』 삼한

마한의 기준이 남쪽으로 옮겨 금마군 [지금의 익산] 에 이르러 나라를 세우고 한이라 칭하였다. 시간이 지나 한나라 성제 계묘년(기원전 18)에 이르러 동명왕의 아들 온조가 와서 땅을 구하니 백 리를 주었다. 신나라 왕망 기사년(기원후 9)에 온조에게 멸망하였다. [기자에서 온조까지 1,130년이다.] …

위만이 왕검성을 근거지로 삼고 또한 조선이라 칭하였다. 한나라 원봉 3년 계유년(기원전 108)에 제남태수 공손수를 보내 정벌하고 나누어 4군으로 삼았다. 정미년(기원전 194)에서 계유년(기원전 108)까지 87년이었다. 한의 4군은 낙랑 [평양], 임둔 [강릉], 현도 [함흥], 진번 [요동] 이다. 한나라 소제 시원 5년(기원전 82)에 4군을 고쳐 2부 [현도와 진번은 평주도독부로 삼고 낙랑과 임둔은 동부도독부로 삼았다] 로 만들었다. (410쪽 4, 411쪽 5·6)

『동사찰요』 삼국

고구려는 졸본부여에 도읍하였다. [지금의 성천이다. 후에 평양으로 옮겼다. 고주몽은 요동의 구려산 아래에서 태어났다. 그 성을 산 이름 위에 더하여 나라 이름으로 삼았다.]

동명왕의 이름은 주몽이다. 본래 성은 해다. 스스로 고신씨의 후예라 칭하고 고를 성으로 삼았다. 동부여의 왕 해부루는 늙어 아이가 없었다. 곤연에서 작은 아이를 얻었는데 금색에 개구리를 닮은 모습이었다. 데리고 와서 길렀는데 금와라 이름을 지었다. 금와가 하백의 딸 유화를 우발수에서 얻었다. 방 가운데 가두어 두니 햇빛이 비추어 임신을 하였다. 하나의 큰 알을 낳았다. 남자아이가 알을 깨고 나오니 기골이 뛰어났다. 일곱 살 때 스스로 활과 화살을 만들었는데, 맞추지 못함이 없었다. 방언에 활을 잘 쏘는 자를 주몽이라 하였으므로 이로써 이름을 삼았다. 금와의 일곱 아들이 시기하여 죽이려고 하였다. 주몽이 졸본으로 도망하여 그 왕의 딸을 아내로 삼았다. 왕이 죽을 때에 이르러 아들이 없자 주몽이 비류수 위에 도읍을 세웠다. 죽자 아들 유리가 등극하였는데, 이 사람이 유리왕이다. 처음 동명왕이 부여에 있을 때 취한 예씨가 임신을 하였다. 왕이 이미 떠났을 때에 유리를 낳았다. 일찍이 돌을 던졌는데 물 긷는 여인의 물동이를 잘못하여 맞추었다. 부인이 아비 없는 아이라며 꾸짖었다. 돌아와 그 어머니에게 물으니, 어머니가 "네 아버지가 남쪽으로 도망갈 때에 '일곱 고개와 일곱 계곡의 돌 위에 있는 소나무 아래에 어떤 물건이 있는데 이것을 얻으면 내 아이니라'고 말하였다"라고 하였다. 예리하게 주춧돌을 보니 일곱 모서리가 있었다. 고개와 계곡이라는 것은 모서리였고, 소나무 아래라는 것은 기둥이었다. 수색하여 단검을 찾아 졸본에 이르러 왕에게 나아갔다. 왕이 숨겨둔 검을 가지고 맞추어보고는 드디어 후사로 삼았다. …

온조왕의 성은 고다. 고구려 시조 주몽의 아들이다. 처음에 주몽이 졸본부여에 이르렀을 때 왕의 딸을 취하여 두 아들을 낳았다. 장자는 비류라 하고 다음은 온조라 하였다. 주몽이 동부여에 있을 때 예씨를 취하여 낳은 유리를 태자로 삼자 비류와 온조는 용납되지 못할 것을 두려워하여 비류는 미추홀로 갔고 온조는 위례성으로 갔다. (411쪽 7·8, 412쪽 9·10)

『箕子外紀』(1776년)

徐命膺(1716~1787)

『기자외기』는 조선 후기 학자 서명응이 1776년 평양감사로 부임했을 때 기자의 기록을 모아 저술한 책이다.

서명응의 본관은 대구고, 자는 군수(君受), 호는 보만재(保晩齋)다. 서명응은 조선의 중흥기로 불리는 18세기에 활동한 대표적인 학자이자 관료다. 1716년 이조판서를 지낸 서종옥(徐宗玉, 1688~1745)의 둘째아들로 태어나 7세에 학문을 시작했다. 1754년(영조 30) 문과에 급제한 이후 영조 후반기에서 정조 전반기에 걸쳐 고위직을 두루 역임하며 국가 편찬 사업과 왕권 강화에 이바지했다. 정조의 즉위와 함께 규장각이 설치되자 서명응은 규장각의 최고 책임자로서 창설 초기의 규장각 기구를 정비하고 국가 편찬 사업을 주도하며 또한 평안감사, 판중추부사, 대제학 등 내외직을 역임했다. 말년에는 당대 권력을 독점한다는 불만을 가진 사람들이 늘어나자 벼슬길에서 물러나 자신의 저술을 정리하고 국가적 편찬 사업에도 꾸준히 참여했다.

서명응은 다양한 국가 편찬 사업에 참여하며 얻은 역량으로 개인적으로도 방대한 저술을 남겼는데 시문집을 제외한 저술만 29종 160여 권에 달한다. 대상 분야는 경학, 사학, 농학, 천문, 지리, 음악, 도가, 역학(譯學) 등으로 폭넓다. 대표적으로는『보만재집(保晩齋集)』, 『보만재총서(保晩齋叢書)』, 『보만재잉간(保晩齋剩簡)』 등이 있다.

서명응은 1776년부터 1년 6개월 동안 평양감사로 재직하며 기자의 사적들을 복원하고 이에 기반한 학교를 설립하여 인재를 양성하며 향약(鄕約)인 강독회를 실시하였는데『기자외기』도 이때 편찬하였다. 서명응이『기자외기』를 편찬할 때는 윤두수의『기자지』,『평양지』와 이이의『기자실기』가 유포되어 있었고 한백겸, 이이, 이익 등이 기자와 정전에 대한 나름의 견해를 밝힌 다음이었다. 그럼에도 서명응이 또다시 기자의 기록을 집성한 이유는 기존의『기자지』 2본에 기자의 도와 법이 빠져 있기 때문이라고 서에서 밝혔다. 서명응은『기자지』와『평양지』의 자료도 재수록하여 이를 비판적으로 계승하며『기자외기』를 편찬하였다.

책은 모두 9개의 편목으로 구성되어 있다. 편목의 제목은 서술(叙述), 편장(篇章), 제도(制度), 출처(出處), 도학(道學), 논설(論說), 묘향(廟享), 사적(事蹟), 가영(歌詠)이다. 편목에서 편목과 홍범구주(洪範九疇)와의 관련성을 밝혀 서술 체제는 구주(九疇)로 하였다고 하였다. 이러한 서술은『한서』 지리지에서도 시도되었지만 구주의 일부에 국한되었는데『기자외기』는 완전한 구주 체제로 편찬된 것이 특징이다.

기자와 기자조선에 대한 서명응의 인식은 주로 기자본기에 담겨 있다. 그는 기자의 이름은 서여인데 기(箕) 지역에 봉해졌기 때문에 '기자'라고 한 것이라고 보았다. 그리고 기 지역은 하남 서화현에 위치했다고 파악했으며 이 지역에서 매년 봄과 가을에 기자에 대한 제사가 거행된다고 하였다. 기 지역이 하남 서화현이라는 견해는 1582년 평양을 방문한 하남 서화 출신의 명나라 사신 왕경민(王敬民)의 글을 수용한 것이다.

서명응은 은나라가 망하고 기자가 감옥에서 풀려난 후 무왕이 그에게 홍범을 묻자 신하가 되고자 하지는 않았으나 그 도를 전하지 않으면 장차 끊어진다는 점에서 구주의 도를 알려주었다고 보았다. 풀려난 기자는 조선으로 도망갔는데 무왕이 그 땅에 봉하였으나 신하는 아니라고 하였다. 다음해에 기자가 주나라를 찾은 것도 손님으로 간 것이라고 보아 기자조선의 독립성을 강조했다. 기자의 생애에 대해서는 병진년(기원전 1187)에 태어나 조선에 왔을 때에는 54세(기원전 1134)였고, 40년간 왕위에 있다가 93세(기원전 1005)에 죽어 무왕의 수명과 같다고 하였다. 기자 이후 기자조선의 역사에 대해서는 41세 준왕이 한나라 혜제 원년(기원전 194)에 나라를 잃고 남쪽 금마군으로 옮겨 마한을 세웠고 11세를 지나 백제의 침입으로 용강 오석산으로 피해 국호를 황룡이라 했으나 다시 8세를 지나 고구려에 멸망했다고 주장하였다.

『기자외기』의 편찬은 기자에 대한 관심이 깊어진 16세기 이후 기자 관련 기록의 집성을 일단락했다는 점에서 의미가 있다. 이 책은 기자의 정전제와 홍범에 대한 새로운 해석을 제시했으며 이를 통해 조선 문화의 우수성을 강조하고 정조의 왕권을 뒷받침하는 역할을 한 것으로 평가받고 있다.

『기자외기』 서(序)

평양에는 옛 기자지(箕子志) 2본이 있다. 경전(經傳)의 자부(子部)와 사부(史部) 중에 있는 말과 기자의 글을 모으고 또한 사부(辭賦)와 제영(題詠)을 더했다. 그러나 그것에는 기자의 도와 법이 빠져 있는 듯하였다. 병신년(1776)에 서명응은 관서 지역을 자세히 살피고 조사하여 가장 먼저 기자 정전(井田)의 경계를 구별하였다. 또한 기록과 사적의 일부를 연구하기 위해 오는 선비와 백성을 인도하여 보게 하는 중에 어려움이 있어 "멀도다"라고 일컫는 말이 있었다. 8진(八陣)으로 정전에 대한 대위

(對位)의 문장을, 낙서(洛書)로 정전의 연원이 옛날에 있음을 서술하였다.

서명응이 말하노라. 그렇지만 여러 법상(法象)의 사이를 서술하는 데에는 반드시 속으로 양해할 것이 있다. 낙서 4정(四正)의 9·1·3·7은 실로 정전 4정이며, 낙서 4우(四隅)의 2·4·6·8은 실로 정전 4우이다. 그리고 낙서 중의 5는 실로 정전의 가운데로 1극(一亟)이다. 그런즉 그 꿰맨 틈을 볼 수 없으니, 이 연원은 스스로 비롯된 것이 틀림없다. 8진 4정의 천(天), 지(地), 충(衝), 형(衡)은 실로 정전의 4정이며, 8진 4우의 조(鳥), 사(蛇), 풍(風), 운(雲)은 실로 정전의 4우다. 그리고 8진의 지축은 실로 정전의 가운데로 1극이다. 그런즉 그릇된 것을 끌어들인 것을 조금도 볼 수 없고 대위(對位)가 되어 서로 호응한다. 아! 기자가 홍범을 서술한 방법이도다.

목3(木三)을 비록 정동쪽에 두었어도 그것으로 술수를 행하면 하늘을 헤아릴 수 있다. 그러므로 능히 그 낙서 전체의 덕이 될 수 있다. 이에 1은 밥 먹는 위치(食位) 8정(八政)으로 말하면 처음 밥 먹는 자리니 곧 정전(井田)이다. 8은 스승의 위치(師位) 8정으로 말하면 마지막 스승의 자리이니 곧 8진(八陣)이다. 저절로 대조가 이루어지고 또한 각각이 전체를 머금고 있으니, 그 본래 있는 법상이 이와 같도다. 그러므로 지금까지도 성스러움이 미치고 멀리까지도 말이 묻히었으니 옛 제도가 온통 없어진 뒤에도 정전 유적은 오히려 조선 극동의 땅에 남아 있고, 8진 유적은 파·촉 극서의 땅에 남아 있다. 비유하자면 기운이 변화하여 끓어오를 때 해와 별이 수풀처럼 빽빽이 빛나던 참 근원과 같도다. 진실로 스스로 있는 곳에서 뒤섞였으니, 아! 법상(法象)의 뜻이 크도다. 들린 것이 혹은 전해지고 혹은 전해지지 않았다. 이에 서명응이 탄식하며 말하노라. 기자의 나라에 거하고 기자의 풍습을 사모하면서 기자의 도와 법을 알지 못함이 어찌 됨인가. 어찌 반드시 기자의 뜻은 단지 뜻일 뿐이며 그 자취만 남았겠는가. 마침내 아홉 항목으로 나누었으니, 처음은 서술(敍述), 다음은 편장(篇章), 다음은 제도(制度), 다음은 출처(出處), 다음은 도학(道學), 다음은 논설(論說), 다음은 묘향(廟享), 다음은 사적(事蹟), 다음은 영가(詠歌)다. 기자외기를 상·중·하 편으로 정리했다. 기자는 중국에서 와서 우리나라에 다다랐으니, 무릇 우리나라의 기(紀)에서 기자는 모두 외(外)다. 그리고 서명응도 지금 조선의 외사(外史) 끝에 사방의 일을 기록하였으니 역시 외(外)다. 그러므로 외기(外紀)라 하였다. 우리 성상께서는 왕세자로 있을 때부터 낙서의 학문을 받들어 밝히셨다. 그리고 서명응은 삼가 다행히 남은 실마리를 듣고 얻어 보탤 수 있었다. 지금 6룡(六龍)이 때마침 올라가는 것을 만물이 모두 보았고, 무릇 시행하고 조치한 바에 그릇됨이 없으며, 백성들이 내려준 도를 흠모하고 간직하니, 이 글이 이루어지게 되었다. 이 시기에 하늘이 장차 낙서의 학문을 빛나게 하여 다시 우리나라 땅에 밝히시려는 것인가. 6룡이 있게 된 것은 우연이 아니도다. 삼가 감히 판목에 기록하여 인쇄해서 조정에 돌아온 날에 궁궐의 섬돌에서 바치니, 그 편집의 좋고 나쁨이 있는지에 대해 청하나이다. 또 이것으로써 지극함에 모이고 지극함에 돌아가게 하여 더할 나위 없이 잘 다스려진 정치를 돕고자 하나이다.

황명(皇明) 숭정기원후 세 번째 병신년(1776) 11월 삭조(朔朝)에 숭정대부 행평안도관찰사 겸병마수군절도사 도순찰사 관향사 평양부윤 규장각제학 서명응이 삼가 쓰도다. (413쪽 2~4, 414쪽 5~8, 416쪽 14)

『기자외기』 찬(贊)

사마천(司馬遷, 전한, 기원전 145?~기원전 86?)
아! 기자여. 아! 기자여.
바른 말이 쓰이지 않고 도리어 종이 되었구나.

도잠(陶潛, 동진, 365~427)
고향으로 가는 마음은 오히려 몹시 더디도다.
하물며 네가 대신 사례하니, 닿는 물건마다 모두 예전 모습 그대로가 아니도다.
슬픔에 빠진 기자여, 어찌 능히 편할 수 있으랴.
교동의 노래 – 맥수가 – 는 처량하고 슬프도다.

사마정(司馬貞, 당, 679~732)
은나라에는 세 명의 어진 이가 있었으니, 미자와 기자는 주왕의 친척이었도다.
한 사람은 갇히고 한 사람은 떠나가, 자신의 몸을 돌보지 않았도다.

(『시경』의 주송(周頌)에서는 미자를) 반가운 손님이라고 칭송하였으며, 『서경』에서는 기자를 손님으로 대우했다고 칭했다.

마침내 집안의 후사를 전하였으며, 떳떳한 인간 도리를 펴게 하였도다.

김시습(1435~1493)

주왕이 옥으로 만든 잔을 사용하자 기자가 심히 근심했다. 주왕이 음란한 짓을 하자 기자가 끝까지 간하였으나 듣지 아니하고 옥에 가두었다. 사람들이 떠나라고 말했으나 기자는 "만약 떠난다면 주왕의 악을 드러내는 것으로 칭찬을 받을 따름이다"라고 말하고, 머리를 풀어헤치고 거짓으로 미친 척을 하여 노예가 되어 숨어 지내며 거문고를 타고 스스로 슬퍼하였다. 이러한 심정을 누구에게 말하였나. 천 년이 지나도록 알려져 있도다. 내 뜻이 화답하여 닿아 있구나. 당나라 유종원이 지은 비문의 그 문장은 가히 근거로 삼을 만하도다. 비록 시기는 멀리 떨어져 있지만 내 마음도 마땅히 그러해져 같은 심정을 가질 수 있도다. (417쪽 16·17)

『기자외기』 상편 제1 서술 기자실기

이이(1536~1584)

기자는 상나라의 종실이다. 혹은 이름은 서여(胥餘)라고 한다. 홍범구주를 배워 밝히고, 성인의 길을 몸소 전했으니 기내(畿內)의 제후로 태사(太師)가 되었다. 제을(帝乙)의 적자인 수(受)는 언변이 좋아서 이기길 좋아하고 충간을 거부하여 잘못된 일을 뉘우치지 않았다. 그의 서형(庶兄)인 계(啓)는 조심성이 있으며 효가 지극했다. 기자는 수가 좋은 왕재가 되지 못하지만 계는 장자이며 현명하다고 생각했다. 그를 태자로 봉하도록 제을에게 권하였으나 제을은 적자를 버릴 수 없다 하여 마침내 수를 태자로 봉하고 계를 미자(微子)로 삼았다. 제을이 붕어하고 수가 즉위하니 주(紂)라 부른다. 주가 처음에 상아로 젓가락을 만드니 기자가 탄식하여 말하길 "저 사람이 상아 젓가락을 만들었으니 반드시 옥잔(玉杯)도 만들 것이요, 옥잔을 만들면 반드시 먼 지방에서 나오는 귀하고 이상스러운 물건에 마음을 두어 쓰려고 할 것이다. 수레와 말과 궁실도 점점 심해질 것이니 여기에서 시작된 것을 가히 떨치지 못할 것이다"라고 했다. 주왕의 음탕하고 포악함이 날로 심해지자 미자는 은나라가 장차 망할까 애통해 하며 기자와 소사(少師) 비간과 함께 모의하여 말하길 "지금 은나라가 망하여 가는 모습이 마치 큰물을 건너는데 배 댈 언덕과 나루터가 없는 상황 같다. 지금 그대들은 나에게 멸망을 막을 대비책을 알려주지 않으니, 어떻게 하면 좋겠는가" 기자가 말하길 "상나라는 지금 재앙이 있을 것이니 우리는 모두 패망하게 될 것입니다. 상나라가 패망해도 당연히 나는 타인의 신하가 되는 일은 없을 것입니다. 나는 왕자에게 떠나야 된다는 사실을 알리니, 내가 전에 (사람들이) 왕자를 해치려 한다고 말하였습니다. 왕자가 떠나지 않으면 우리는 다 몰락할 것이니 각자 자정(自靖)하여 충의를 선왕에게 바쳐야 합니다. 나는 은둔할 생각이 없습니다"라고 하였다. 이에 미자는 떠났다. 기자가 주왕에게 간언하였으나 주왕은 듣지 않고 기자를 가두어 노예로 삼았다. 어떤 사람이 떠나는 것이 옳다고 하자 기자가 말하길 "남의 신하가 되어 간언을 받아들이지 않는다고 떠나면 이는 임금의 악을 드러내고 스스로 백성의 환심을 사는 것이다. 나는 그런 짓을 하지 못한다"라고 하였다. 이에 머리를 풀어헤쳐 미친 척을 하며 갖은 곤욕을 당했다. 거문고를 타며 스스로 슬퍼했는데 이 곡조가 전해져 기자조(箕子操)라 한다. 비간은 끝내 간언하며 물러나지 않아, 주왕이 그를 죽였다. 주 무왕이 상나라를 정벌하고 소공 석에 명하여 갇힌 기자를 풀어주게 했다. 그리고 왕이 나아가 그를 만나 마음을 비우고 은나라가 멸망한 이유를 물었는데, "내가 주왕을 죽인 것이 옳은가? 그른가?"라고 하였다. 기자는 차마 대답하지 못했다. 왕은 이에 천도(天道)를 물었다. "오호라! 기자여. 하늘이 은연중에 아래 백성들을 안정되게 하셔서 그들의 삶을 보살피고 평화롭게 하셨는데 나는 이륜(彝倫)을 어떻게 펼쳐야 할지 모르겠다" 라고 하였다. 기자는 이에 말하길 "내가 들으니 옛날 곤은 홍수의 흐름을 막고 오행의 차례를 어지럽혔습니다. 상제가 이에 진노하여 홍범구주를 내려주지 않자 이륜이 무너졌습니다. 곤이 곧 극형에 처해져 죽고 우가 계승하여 일으켰습니다. 하늘이 우에게 홍범구주를 내려주어 이륜을 펼칠 수 있게 하였습니다"라고 하였다. 이윽고 홍범을 설명하였다. 그 대목은 다음과 같다. 첫 번째는 오행(五行), 두 번째는 공경함에 오사

(五事)를 쓰는 것, 세 번째는 농사에 팔정(八政)을 쓰는 것, 네 번째는 화합하는 데 오기(五紀)를 쓰는 것, 다섯 번째는 세우는 데 황극(皇極)을 쓰는 것, 여섯 번째는 다스림에 삼덕(三德)을 쓰는 것, 일곱 번째는 밝힘에 계의(稽疑)를 쓰는 것, 여덟 번째는 생각함에 서징(庶徵)을 쓰는 것, 아홉 번째는 누리는 데 오덕(五福)을 쓰고 위엄을 보이는 데 육극(六極)을 쓰는 것이다. 그중에서 황극을 논한 것을 보면 “치우침이나 그릇됨 없이 왕의 의를 따르고 사사롭게 좋아하는 것을 만들지 않고 왕의 도리를 따르며, 사사로이 악한 것을 만들지 않고 왕의 길을 따라야 한다. 치우침이 없고 사사로움도 없어야 왕도(王道)가 넓고 아득해지며, 치우침이 없고 사사로움도 없어야 왕도가 평평해진다. 어김이 없고 그르침이 없어야 왕도가 정직해져 그 극에 모아서 그 극으로 돌아가게 된다”라고 하였다. 기자는 이미 무왕을 위해 도를 전해주었으나 벼슬을 하려고 하지는 않았다. 무왕도 또한 감히 억지로 강요하지 않았다. 기자는 이에 중국을 피하여 동쪽 조선으로 들어왔다. 따라온 중국인이 5천 명이었다. 시·서, 예·악, 의·무, 음양, 복서의 무리와 백공기예(百工技藝)들이 모두 따라왔다. 무왕이 이 소식을 듣고 이로 인하여 기자를 조선에 봉하였다. 평양에 도읍하였다. 처음 와서는 말이 통하지 않아 통역을 통해 알게 하였다. 백성에게 예의, 농업, 잠업, 직조 제작과 정전(井田)을 구획하는 제도를 가르쳤다. 법령 팔조목을 베푸니 그 대략은 다음과 같다. 살인한 자는 목숨으로 대신하도록 처리하고, 상하게 한 자는 곡식으로 배상하도록 처리하고, 남의 것을 도둑질한 자는 남자는 잡아 그 집의 남종으로 삼고 여자도 여종으로 삼았다. 스스로 속죄하려면 50만을 바쳐야 하는데 비록 죄를 면해서 일반 백성이 되어도 백성들의 풍속은 이를 오히려 수치스럽게 여겨 시집 장가가려 해도 배필을 구할 수 없었다. 따라서 백성은 도둑질을 하지 않아 대문과 사립문을 닫지 않게 되었고, 부인은 마음이 곧고 신의가 있어 음란하거나 사특하지 않았다. 시골이든 도시이든 음식을 먹을 때 변두(籩豆)를 사용하였다. 신의를 숭상하고 유술(儒術)을 돈독히 하여 중국의 풍습을 점차 이루게 되었다. 가르쳐 전쟁을 숭상하지 않게 하고 덕으로 강폭한 것을 복종하게 하니 이웃 나라들이 모두 그 의를 사모하여 찾아와 귀부했다. 의관과 제도는 모두 중국과 똑같게 하였다.

그 후 기자가 주나라로 조근하여 옛 은나라의 터를 지나게 되었는데 궁궐은 허물어지고 기장이 자란 것을 보았다. 기자가 마음이 상하여 맥수가를 불렀다. "보리 자라 무성하고 벼와 기장이 기름졌구나. 교활한 저 아이는 나를 좋아하지 않는구나"라고 하였다. 은나라 백성들이 이 노래를 듣고 모두 눈물을 흘렸다. 조선이 인현(仁賢)의 교화를 입어 시·서, 예·악의 나라가 되어 조정과 민간에 변고가 없어 백성이 기뻐하며 이에 대동강을 황하(黃河)에 견주어 노래를 지어 그 덕을 찬양했다. 기자가 죽고 기씨(箕氏)가 대대로 우리나라에서 임금을 하였다. 주나라 말기 연의 제후가 왕을 칭하고 동쪽 땅을 침략하려 하자 조선후도 역시 연나라를 정벌하여 주나라를 받들려 했다. 대부 예가 간하여 공격을 중지하고 예를 사신으로 연나라에 보내 설득하니 연도 역시 공격을 중지하였다. 후에 자손이 점점 교만하고 사나워지자 연나라는 이에 장수를 보내 공격하게 하고 서방 2천여 리를[6] 취하여 만반한을 경계로 하니 조선이 비로소 약해졌다. 진나라가 천하를 통일하고 장성을 쌓아 요동에 이르자 조선 왕 부가 두려워하여 진나라에 복속하였다. 부왕이 죽고 아들 준이 왕위에 올라 10여 년이 지나 진나라가 망했다. 연·제·조 백성들이 많이 도망하여 조선에 들어왔다. 이에 연나라 왕 노관이 조선과 연나라의 경계를 패수로 삼았다. 노관이 흉노로 들어가자 연 지역 사람 위만도 망명하여 무리 수천 명을 데리고 동쪽으로 패수를 건너 서쪽 변방에 거하며 울타리가 될 것을 구하였다. 왕이 신임하여 박사로 삼고 홀을 하사하여 백 리 땅을 봉해주어 서쪽 경계를 지키게 하였다. 만은 꾀어 받아들인 망명인이 많아지자 이에 사람을 보내어 준왕에게 고하여 한나라 군대가 열 길로 쳐들어오니 들어가서 지키겠다고 하고 준왕을 공격하였다. 준왕은 적수가 되지 못하여 바다를 통해 남쪽으로 달아났다. 조선은 마침내 만이 차지하게 되었다. 기자로부터 41대가 전해져 모두 928년 만에 나라를 잃었다. 기준(箕準)은 좌우의 궁인(宮人)을 거느리고 도망하여 한(韓) 지역 금마군에 거주하며 마한왕이라 불렀다. 소국 50여 국을 거느리며 역시 여러 세대를 전하였다. 그 후 신라, 고구려, 백제의 삼국이 점점 커지고 마한은 쇠했다. 백제 시조 온조왕이 26년에 마한을 기습하여 병합했다. 기씨가 마한의 주인이 된지

---

6) 원문에는 '一千餘里'로 되어 있으나 '二千餘里'의 오류이다.

또 200년 만에 망했다. 왕업을 전한 것이 전후 모두 1,120여 년이다.

찬하여 말하노라. "아! 대사(大師)여. 명이(明夷) 괘를 만나 안으로는 곧았으나 희미하였다. 때에 따라 의에 부합하였으니 머리를 풀어 종이 되었고 거문고를 타며 곡조를 만들었으니 하늘만이 그 마음을 알아주겠네. 조국이 이미 망하였으니, 오호라! 어디로 돌아갈 것인가. 홍범구주의 법도는 창(蒼, 주 문왕)의 아이에게 전해주고 자신은 동녘에 와서 다스렸네. 크게 국토를 개척하여 낙랑에 도읍하니 긴 밤과 같이 어둔 우리나라를 비로소 해나 별처럼 밝혔네. 팔조 금법을 만들고 예악으로 문화를 베푸니 강은 맑아 대동강을 이루고 산은 두터워 태백산을 이루었네. 자손들이 연이어 번창하여 천 년의 제사가 정해졌네. 다섯 세대 동안 끊어지지 않아 아직도 끼친 은혜를 받고 있네. 어진 임금에게 제사로 보답하여 하늘에 닿도록 한 것이 어제 일같이 하네."

삼가 생각하면, 하늘이 백성을 내고 반드시 성현을 내리셔서 이를 다스리게 하고 화육(化育)을 돕고 인문을 밝게 베풀어 삶을 완수케 하시고 가르침을 세우니 복희로부터 아래로 삼왕(三王)[7]에 이르기까지 하늘을 대신하여 만물을 지도해주셨으니 그러므로 명하여 임금으로 삼으신 것이다. 그런데 우리 동방에 백성이 있었던 것은 중국에 뒤지지 않을 것으로 생각되는데 아직 예지(睿智)를 갖춘 군주가 나와 군사(君師)의 책임을 다하였다는 말은 듣지 못했다. 물론 단군이 처음 나왔으나 문헌으로 상고할 수 없다. 삼가 생각하면, 기자께서 우리 조선에 들어오셔서 그 백성을 비루한 오랑캐로 여기지 않고 후한 양육과 가르침을 힘써주셔서 머리를 틀어 얹는 오랑캐 풍속을 변화시켜 제·노 같은 나라로 만들었다. 그리하여 백성이 지금에 이르러 그 은혜를 받아 예악의 습속이 왕성하게 계속되어 쇠하지 않으니 공자께서 바다를 건너 살려는 뜻을 가지게 되었다. 그런즉 우 임금이 아니었으면 우리가 어떻게 되었을까 하는 탄식이 세월이 갈수록 깊다. 훌륭한 기자여. 이미 무왕에게 홍범을 베풀어 그 도가 중국에 밝았고, 남은 교화를 동쪽 땅에서 이루었다. 자손들이 왕위를 전하여 천여 년을 내려오니 후대 임금들이 우러러 해와 달같이 하며 그 덕을 존숭하고 은공을 갚으려 대대로

7) 중국 전설상의 삼황(三皇)을 말한다. 삼황이 누군지는 문헌마다 차이가 있으나 복희, 여와, 신농을 말하는 것이 일반적이다.

그 도를 행하니 진실로 원성(元聖)이 아니면 어찌 이와 같은 성대함을 이루겠는가. 오호라! 성대하다.

제나라 사람이 단지 관중(管仲, 기원전 725?~기원전 645)과 안자(晏子, ?~기원전 500)가 있는 줄만 알지만 이는 진실로 우물 안에 앉아서 하늘을 보는 편협한 견해를 면치 못한 것이다. 저 수수(洙水)와 사수(泗水)의 선비들이 공자의 뜻깊은 말을 깊이 풀어내고 낙양(洛陽)과 민중(閩中)의 선비들이 정자와 주자의 가르침만을 치우치게 전하는 것은 또한 일리가 있다. 그런데 우리 동방은 기자의 망극한 은혜를 받았으니 그 실제로 이루어진 자취를 마땅히 집집마다 읽고 사람마다 익혀야 한다. 그러나 요즘 선비가 남의 질문을 받으면 분명히 답할 수 있는 사람이 적으니 그것은 여러 서책이 없어져서 이것을 널리 배울 수 없는 데서 비롯된 것이다. 윤두수(1533~1601)가 일찍이 명을 받들어 사신이 되어 명나라 황제를 배알하였는데, 중국의 선비들이 기자가 한 일에 대해 많이 질문하였다. 윤두수가 능히 대답하지 못한 것을 괴로워하여 돌아와서 경·사·자·서(經史子書)를 넓게 살펴보고 사실 및 성현이 서술한 것에서 중요한 것을 뽑고 후대에 이르러 떠들썩하게 사람들이 읊조린 것을 모아 책을 만들었으니, 이름은 『기자지』다. 그 공로는 아름답고 깊고 그윽하여 그 후학에게 베푼 은혜 역시 지극하였다고 일컬어진다. 다만 생각하기에 경전(經傳)에 있는 것을 뒤섞어 편집하여 계통을 따져보기가 어렵다. 이이는 이에 주제넘음을 헤아리지 않고 살짝 지(志) 가운데 수록되어 있는 기록을 모아 한 편의 책으로 만들었다. 대략 나라를 세운 시작과 끝, 세계와 역년(歷年)의 수를 간략히 서술하고 이름을 『기자실기』라 하였다. 편하게 살피기 바란다.

만력 8년 경진년(1580) 5월 후학 덕수 이이가 삼가 기록하다. (417쪽 16~19, 420쪽 29)

『기자외기』 상편 제1 서술, 기자본기

서명응

기자의 성은 자(子)이며 이름은 서여(胥餘)로 한편으로는 수유(須臾)라고도 한다. 상나라 종실이다. 마융(馬融, 후한, ?~166)과 왕숙(王肅, 위, ?~256)은 주(紂)의 제부

(諸父)라 했다. 복건(服虔, 후한)과 두예(杜預, 진, 222~285)는 주의 서형(庶兄)이라 했는데, 누가 옳은지는 자세히 알 수 없다. 기자는 마땅히 은나라 때에 기(箕)에 봉해진 까닭으로 기자(箕子)라 칭한다. 기는 지금의 하남 서화현에 있는데 현에 기자대, 홍범당이 있다. 봄과 가을에 제사를 지내니 지금까지도 폐하지 않고 있다고 한다. 처음에 제을(帝乙)이 주(紂)를 세우려 하니 기자가 간하길 "미자가 낫고 또한 현명하니 마땅히 미자를 세우십시오"라고 하였다. 제을은 듣지 않고 주를 세웠다. 처음 상아로 젓가락을 만들자 기자가 탄식하길 "저 사람이 상아 젓가락을 만들었으니 반드시 옥잔도 만들 것이요, 옥잔을 만들면 반드시 먼 지방에서 나오는 귀한 보물을 마음을 두어 쓰려고 할 것이다. 수레와 말과 궁실도 점점 심해질 것이니 여기에서 시작된 것을 가히 떨치지 못할 것이다"라고 했다. 주왕의 무도함이 날로 심해지자 기자는 은나라가 장차 패망할 것을 알고 미자와 비간과 더불어 머무르거나 떠나는 것을 이야기하였다. 『상서』 미자 편에 글이 있다. 이에 미자는 제기(祭器)를 갖고 송으로 도망가 종사(宗祀)를 지켰다. 기자와 비간은 주왕에게 간하였으나 주왕이 노하여 비간을 죽이고 기자를 가두었다. 기자는 이에 머리를 풀어헤치고 미친 척을 하여 노예가 되니 남들로 하여금 간혀서 미친 것으로 알게 하였다. 이때에 거문고를 켜고 스스로 슬퍼하였던 까닭으로 전한 것을 기자조(箕子操)라 한다. 조(操)는 해로움을 당해도 오히려 예의를 지키고 바뀌지 않는 그 조(操)를 말한다. 주 무왕 원년 기묘년에 군대를 거느려 은나라를 멸하고 은나라의 도읍으로 들어가 간힌 기자를 풀어주고 방문하여 홍범을 물었다. 기자는 비록 주나라의 신하가 되고자 하지 않았으나 무왕의 성(聖)과 그 도를 전하지 않으면 그 도가 장차 끊어진다는 점에서 이에 구주의 도를 갖추어 고하였다. 『상서』 홍범 편에 있다. 기자는 이미 풀려나 조선으로 도망갔는데 무왕이 다시 그 땅에 봉하였으나 신하는 아니었다. 다음해 기자는 삼각(三恪)의 의를 본받아 손님으로 주나라를 방문했다. 은나라의 옛 도읍을 지날 때 고국의 멸망에 슬퍼져 맥수가를 지었다. 기자가 도망 올 때 중국인 5천 명을 거느렸다. 시·서, 예·악의 문인과 의·무, 복서의 무리, 백공기예의 무리가 모두 따랐다. 도읍을 평양에 두고 후조선이라 칭했다. 처음에 도착했을 때는 언어가 통하지 않아 통역을 통해 알게 하였다.

이에 정전 70무를 구획하여 조(助)를 거두었다. 의관은 모두 중국과 같았다. 농사, 누에치기, 옷감 짜는 법을 가르쳤으며 팔조의 가르침을 베풀었다. 살인한 자는 생명으로 갚게 했다고 하며, 상해를 입한 자는 곡식으로 배상하게 했다고 하며, 도둑질한 자는 남자는 노비로 여자는 여종으로 삼게 했다고 한다. 스스로 대속하고자 하는 자는 비록 죄를 면하여도 풍속에 오히려 더불어 결혼하는 것을 부끄럽게 여겼다. 나머지 5조는 전하지 않는다. 이로부터 조선의 풍속은 신의를 숭상하고 유술을 돈독히 하여 백성이 서로 도둑질하지 않아 집집마다 문을 잠그지 않았으며 여자들은 음란하지 않았다. 음식을 먹을 때는 모두 변두를 사용했다. 예속(禮俗)이 크게 일어나 조정과 민간에 변고가 없어 이웃 나라들은 그 풍속을 우러러 보았다. 백성들은 기뻐하고 대동강을 황하와 비교하고 영명령을 숭산(崇山)과 비교하여 노래를 지어 그 군주를 칭송했다. 후세에 이를 본뜬 것이 서경곡(西京曲)이다.

기자의 생애는 실로 병진년에 그 동쪽으로 올 때가 54세였고, 제후의 자리에 있었던 것은 40년이었다. 무오년에 죽으니 나이가 93세로 무왕과 같았다. 무덤은 평양부 북쪽 7리 토산에 있다. 40세에 걸쳐 왕업을 전하여 부(丕)에 이르러 진나라에 복속되었다. 부의 아들 준(準)이 한나라 혜제 원년 정미년(기원전 194)에 나라를 잃고 남쪽 금마군으로 옮겨 국호를 마한이라 했다. 11세를 지나 양(諒)에 이르러 또 백제의 침공을 받아 용강 오석산으로 피하여 국호를 황룡이라고 했다. 그러나 역시 다시 국세를 회복하지 못하고 8세를 지나 마침내 고구려에 멸망당하였다. 후조선은 928년, 마한은 200년으로 모두 1,120여 년이다.

고려 명효왕(숙종) 7년(1102)에 기자의 무덤을 찾아 사당을 세우고 제사를 드리게 하였다. 충숙왕 12년(1325)에 기자사(箕子祠)를 평양 내성(內城)의 인리(仁里)에 세웠다. 본조(本朝) 세종 11년(1429)에 옛 사당이 좁고 더러우니 증축하고 수리하도록 명하였다. 중사(中祀)로 제사 지내게 하고 사신(史臣) 변계량에게 비문을 지어 세우게 했다. 선조 3년(1570)에 기자의 후손인 선우씨를 감(監)으로 삼았다. 선우씨란, 기자가 이미 조선에 봉해졌고 기자의 아들 중(仲) 또한 요동의 우(于)를 식읍으로 삼았기 때문에 자손들이 합쳐서 선우(鮮于) 두 글자로 성을 삼은 것이다. 후에 수호민(守護民) 호 10인을 더하여 두었다. 지금 기자의 도읍 평양에 가면 2,890여 년이 지난 까닭으로 유적이 하나도 없으나 초상화가 엄연히 인현서원에 있고, 정전 유적이 중성(中城)의 내천(內川)과 외성(外城)의 외천(外川) 흥토(興土) 2부에 완연히 있다. 이런 까닭으로 노인들이 서로 전하기를 기자궁(箕子宮)의 터가 정양문 밖에 있다고 한다. 백성들이 땅을 파다가 자주 석초(石礎) 같은 것을 얻어 영조 을사년(1725)에 관찰사가 제단을 만들고 비석을 세울 것을 건의하였다. 그러나 정전 가운데에는 마땅히 궁전이 없다. 혹자는 2무 반이 들의 움막에 있다고 하며, 혹자는 동명왕의 궁전 터라고 한다. (420쪽 29~31, 421쪽 32~34)

『기자외기』 상편 제2편 장(章), 기자조[『사기평림』을 보라]

아아, 주왕이 무도하여 비간(比干)을 죽였구나. 아아, 홀로 어찌하여 옻칠을 하고 몸을 병들게 하여 머리를 풀어 미친 척을 했구나. 지금 종묘는 어떻게 할 것인가. 하늘이여, 하늘이여. 돌을 이고 스스로 강에 뛰어들고 싶구나. 아아, 사직을 어찌할 것인가. (421쪽 34·35)

『기자외기』 상편 제2편 장(章), 맥수가[『사기』를 보라]

보리는 잘 자라 들쑥날쑥하고, 기장의 싹이 올라 파릇하구나. 저 교활한 아이야! 나하고 사이좋게 지냈더라면 ['기장의 싹이 끊어지지 아니하도다' 혹은 '벼와 기장이 기름지도다'로 지었다고 한다.] (421쪽 35)

『기자외기』 상편 제3 제도, 기자정전

평양 중성의 내천과 외성의 외천 흥토 2부에는 기자 정전 유적이 있다. 그런데 중성은 모두 민가가 차지하고 있어 다시 되돌려 도랑(遂)과 논두렁길(徑)을 분별할 수 없다. 오직 외성의 2부는 지금까지 논두렁과 길(涂)이 한 구역을 빙 둘러 에워싸고 있는데, 가로 세로가 반듯한 사각 모양이 여러 곳에 모두 분명하다. 동서는 모두 6리다.

제1행은 5구(區), 제2행은 6구, 제3행은 7구, 제4행은 8구, 제5행은 9구, 제6행은 10구, 제7행은 11구, 제8행, 제9행, 제10행은 모두 10구다. 제11행, 제12행, 제13행 모두 11구다. 제14행은 10구, 제15행은 9구, 제16행은 8구다. 남북은 모두 4리다. 제1행은 8구, 제2행은 9구, 제3행은 14구, 제4, 제5행은 모두 10구, 제6행은 15구, 제7행은 14구, 제8행은 13구, 제9행은 12구, 제10행은 11구, 제11행은 9구, 제12행은 6구, 제13행은 4구다. 그리고 중앙이 정(井) 자 형태로 이루어져 있는 것이 12정(井)이 된다. 정 바깥에 구가 이루어져 있으나 정 자를 이루지 못한 것이 또 30구다. 구 밖에 여전(餘田)이 이루어져 있으나 구를 이루지 못한 것이 또 21구다. 거주하는 백성들이 지금까지도 여전이라 칭한다. 종서척(縱黍尺)으로 81분 6척을 1보로 삼아 헤아린즉 매 1구는 혹은 189보 혹은 112·113보다. 그 구 사이의 길은 혹은 2보 혹은 3보다. 이는 반드시 옛날 것이다. 구 밖에 두렁(陌)이 있었고 두렁 밖에 도랑(遂)이 있고, 도랑 밖에 길(涂)이 있다. 두렁이면 평탄하고 도랑 역시 막혀 있는데, 밭과 길이 서로 평평히 이어져 있는 까닭이다.

또 9무(畝) 길이 있는데, 그 길의 너비로 말하면 밭의 9무에 해당할 만하다. 길은 모두 3개가 있다. 그중 하나는 동쪽 3·4구 사이에 있는데, 북으로 함구문에서 남으로 제연까지 이른다. 두 번째는 동쪽 6·7구 사이에 있는데, 북으로 정양문에서 남으로 소양각도까지 이른다. 세 번째는 서쪽 4·5구 사이에 있는데, 북으로 원문에서 남으로 차문까지 이른다. 또 가로가 9무인 길이 있는데, 서쪽 9무 길의 가운데에서 곧바로 동쪽 9무 길의 가운데로 이르는데, 마치 옷깃과 띠처럼 둘러 있다. 정양과 양각의 9무 길은 평양의 옛 지(志)에는 보이지 않는데, 혹은 말하길 기자 이후에 만들었다고 한다. 『주례(周禮)』 수인직(遂人職)에서 이르길 "10부(夫)에 구(溝)가 있고 구 위에 전(畛)이 있다"라고 하였다. 지금 동쪽 9무 길에서 서쪽 9무 길까지 그 사이에 있는 구는 모두 10개다. 이에 『주례』에 의한 것임을 알 수 있다. 무릇 부의 수는 가로의 수이고, 정의 수는 네모난 구획의 수이다. 대개 도랑(遂)과 논두렁(徑)은 하나씩 구를 두르고 있고, 그 구(溝) 도랑의 사이는 10부(夫), 혁(洫) 도랑의 사이는 100부(夫), 회(澮) 도랑의 사이는 1만 부, 내(川)의 사이는 1만 부다. 모두 남북으로 세로지어 만들어져 있다. 정전 언덕을 빙 둘러 에워싸서 이루어진 것이 똑같지는 않았다. 수인직(遂人職) 편에서 또 말하길 "내(川)에 길이 있어 경기[8]에 도달한다"라고 하였으나 후에 사람들이 (길이 경기에) 미치지 못하는 것으로 인해 혹은 구·혁·회·천에 대해 의심하였다. 역시 모두 둥글게 빙 둘러쌌는데, 수·경(遂徑)의 구획과 같다. 아아! 이러한 원인은 "9부가 정이 되었고 10부에 구(溝) 도랑이 있다"는 글 때문으로, 서로 저촉되어 서로 능히 통하지 못하여 의논이 분분해져서 지금에 이르러서는 결정할 수 없게 된 것이리라. 매 1구마다 4우(隅)가 있는데, 예로부터 나무 표지를 세워 법수(法樹)라 칭했다. 도중에 흐트러짐을 겪어 나무 표지가 있는 것이 없었다. 숭정후 신미년(1631)에 이르러 구역을 가지런히 고치고 돌로 나무를 대신하여 네 귀퉁이에 세워 그 경계를 정했다. 또 1구 안을 십(十) 자로 나누어 전 글자를 이루었다. 알지 못하는 자가 멋대로 되는 대로 말하여 이르기를 "전 형태는 은나라의 제도이며 정(井) 형태는 주나라의 제도이다"라고 하였는데, 이것은 더욱 옛 제도를 잃음이 크도다. 『주례』를 근본으로 하고, 『맹자』를 참조하였으며, 주자와 송나라의 많은 유학자의 논의를 모았으니, 대저 기자의 옛 제도를 영향을 준 틈 속에서 거의 얻었다고 할 만하다. (421쪽 35, 422쪽 36~39)

『기자외기』 상편 제3 제도, 『주례』 정전설

『주례』 지관(地官) 소사도직(小司徒職)에 이르길 "이에 토지를 다스려 밭과 들을 정(井)과 목(牧)으로 삼았다. 9부(夫)를 1정(井)으로 삼고, 4정(井)을 읍(邑)으로 삼고, 4읍(邑)을 구(丘)로 삼고, 4구(丘)를 전(甸)으로 삼고, 4전(甸)을 현(縣)으로 삼고, 4현(縣)을 도(都)로 삼았다. 이를 통해 땅의 일을 맡아 세금을 다스리게 하였다"라고 하였다. [이것은 도읍과 비(鄙)를 만든 것을 말한다. 경(經)은 이(里)의 수효를 만든 것을 일컫는다. 넓고 기름진 땅이면 정(井)으로 만들고, 습하고 비옥한 땅이면 목(牧)으로 만들었다. 1부(夫)가 받은 땅은 1백 무(畝)고, 9부(夫)의 땅은 9백 무다. 그 형태는 정(井) 자와 같다. 그런즉 방(方)과 이(里)는

8) 왕도 주위로 5백 리 이내의 땅을 의미한다.

정(井)으로 되어 있으며 사방이 각각 1리다. 읍(邑)이면 방(方)이 2리이며 모두 36부(夫)로 받은 땅은 3,600무다. 구(丘)이면 방이 4리이며 모두 16정 144부로 받은 땅이 1만 4,400무다. 전(甸)이면 방이 8리이며 모두 64정 576부로 받은 땅은 5만 7,600무다. 현(縣)이면 방이 16리이며 모두 256정 2,304부로 받은 땅은 23만 4백 무다. 도(都)이면 방이 32리이며 모두 1,024정 9,216부로 받은 땅은 92만 1,600무다. 땅의 일은 아홉 종류의 부세와 같은 부류로, 이것이다. 공(貢)은 9공(貢)이고 부(賦)는 9부(賦)다. ○구씨(丘氏)가 말하길 "전(甸)의 방은 8리로 곁에 1리씩 늘리면 방이 10리가 되어 1성(成)이 되는데, 쌓인 1백 정(井)에서 그중 64정은 밭으로 만들고 그 36정은 곧 산천과 성곽이다. 현(縣)의 방은 80리로 10리씩 늘리면 방이 100리로 1동(同)이 된다. 쌓인 1만 정에서 그중 6,400정은 밭이 되고, 그리고 3,600정은 산천과 성곽이 된다. 사방을 헤아려 밭의 실제를 헤아렸다"라고 하였다. 『사마법(司馬法)』에서는 모든 것을 헤아렸으니 산천과 성곽과 연못을 아울러서 말한 것이다. 구・전(丘甸)이면 향・수(鄕遂) 및 공읍(公邑)에 쓰이고, 현・도(縣都)면 채지(采地)에 쓰인다. 향수와 공읍이 현・도에 없지는 않다. 현・도에 있는 제도로, 백성이 받는 땅이라는 것은 특별히 한 부(夫)의 땅이다. 장부에게 주는 것은 택전(宅田, 집 지을 토지), 가전(賈田, 상인에게 지급된 토지), 사전(士田, 선비에게 지급된 토지) 등의 부류로, 현・도에 이르지는 못했다. 채지(采地)로 받는 곳에도 역시 정・읍・구・전(井邑丘甸)이 없지는 않다. 정・읍・구・전은 현・도 가운데에서 볼 수 있다. 향대부(鄕大夫)가 받은 바의 것이 혹 80리이면 반드시 구획한 것으로 하는 것이 현・도의 제도였다. 다만 야외의 밭은 좋고 나쁘거나 비옥하거나 메마르거나 하는 차이가 없지는 않으니, 어찌 반드시 모든 것이 아주 분명하게 평평한 토대에 그린 것과 같았겠는가. 정(井)이 있고 목(牧)이 있는 것은 쪼개어서 행한 것에 견줄 수 있으니 이것이 정전의 활용 방법이다. 『주례』 한 책에서 모두 이끌어내어 갖추어서 말하였다. 초(楚)의 위엄(蔿掩, ?~기원전 543)이 일컬은 바 "토지를 기록하였는데, 산림을 헤아리고, 늪이나 못을 안정시키고, 높고 큰 언덕을 구분하고, 소금기가 있는 불모지를 표시하고, 비가 오면 잠기는 땅을 헤아리고, 방죽이나 웅덩이를 바로잡고, 하천 부지를 구획하고, 습지를 목초지로 삼고, 비옥한 땅을 정전으로 만들었다"라고 하였다. 곧 성주(成周)의 남겨진 법이다. 이른바 정전 900무라는 것은 반드시 모두 평평한 땅 위에 있는 토지인 것은 아니었으며, 지형이 처한 바에 따라서 헤아린 것으로, 가히 정전의 설을 알 수 있다. 그러므로 정전의 법은 당우(唐虞)에서 시작되어 하・상(夏商)에 이르러 점점 정비되고 성주(成周) 때에 크게 갖추어졌다.]

수인직 편에서 말하길 "땅을 골라 공평하게 다스리고 그 들판의 토지를 분별하여 상지(上地), 중지(中地), 하지(下地)로 하여 밭을 나누어주었다. 상지의 부(夫)는 집 하나, 밭 1백 무, 묵정밭 50무이며, 여부(餘夫) 역시 그러하다. 중지의 부(夫)는 집 하나, 밭 1백 무, 묵정밭 1백 무이며, 여부 역시 그러하다. 하지의 부(夫)는 집 하나, 밭 1백 무, 묵정밭 2백 무이며, 여부 역시 그러하다. 무릇 들을 다스림에 부(夫) 사이에 수(遂)가 있고, 수 위에 경(徑)이 있으며, 10부(夫)에 구(溝)가 있고 구 위에 진(畛)이 있으며, 1백 부(夫)에 혁(洫)이 있고, 혁 위에 도(涂)가 있고, 1천 부(夫)에 회(澮)가 있고 회 위에 도(道)가 있고, 1만 부(夫)에 천(川)이 있고, 천 위에 노(路)가 있어 경기에 이른다. [평정(平政)은 공평하게 그 역역(力役)을 거두는 것이다. 그 토지를 분별하는 것은 토지의 색깔로 땅을 구분하여 상·중·하 3등으로 만든 것이다. 나누어주었다는 것은 백성에게 나누어 준 것을 말한다. 부(夫) 1전(廛)은 사람들이 각기 받은 2무 반에 만든 집이다. 밭 1백 무는 1부(夫)가 받은 것이고, 내(萊)는 밭을 쉬어 경작하지 않는 것을 일컫는다. 나누어준 밭은 부·조(父祖)와 자손이 나눌 수 없으므로 여부(餘夫)에게도 따로 지급한다. 그 수는 역시 동일하다. 중지(中地)는 상지(上地)에 미치지 못한 까닭으로 묵정밭은 갑절로 주며, 하지(下地)는 중지에 미치지 못하므로 묵정밭을 갑절로 준다. 수·구·혁·회는 모두 물이 지나가는 곳이다. 수(遂)는 넓이와 깊이가 각각 1척으로 무릇 1부(夫)가 받은 바의 밭 사이에는 반드시 수가 있다. 경·진·도·도·로는 모두 국도(國都)에서 지나다니는 길이다. 경(徑)의 넓이는 소와 말을 용납할 만한데, 10부(夫), 1천 무의 밭이다. 구(溝)의 깊이와 넓이는 수(遂)의 갑절이며, 진(畛)의 넓이는 가히 큰 수레를 용납할 만한데, 1백 부(夫), 1만 무의 밭이다. 혁(洫)의 깊이와 넓이는 구(溝)의 갑절이며 도(涂)의 넓이는 가히 타는 수레 1대를 용납할 만한데, 1천 부(夫), 10만 무의 밭이다. 회(澮)의 넓이는 2길, 깊이는 2길이며 도(道)의 넓이는 가히 수레 2대를 용납할 만한데, 1만 부(夫), 100만 무의 밭이다. 천(川)은 수·구·혁·회(遂溝洫澮)의 물을 받아들이며, 노(路)의 넓이는 가히 수레 3대를 용납할 만하다. 기(畿)는 6수(遂)의 지경에서 천 리에 이르는 곳으로, [천과 노는] 기(畿) 안에 뻗어 있다.]

하관(夏官) 대사마직(大司馬職)에서 말하길 "무릇 부세를 다스리는 것은 땅과 백성을 통해 규정한다. 상지(上地)는 3분의 2를 빌어먹을 수 있는데, 그곳의 백성에서 쓸 수 있는 자는 집마다 3명이다. 중지(中地)는 절반을 빌어먹을 수 있는데, 그곳의 백성에서 쓸 수 있는 자는 두 집에 5명이다. 하지(下地)는 3분의 1을 빌어먹을 수 있는데, 그곳의 백성에서 쓸 수 있는 자는 한 집에 2명이다"라고 하였다. [무릇 나라의 군역을 다스리는 것은 땅의 좋고 나쁨과 백성의 많고 적음으로 규정하였다. 상지(上地)는, 빌어먹을 수 있는 3분의 2를 일컬어 밭 1백 무라 하며 빌어먹을 수 없는 3분의 1을 일컬어 묵정밭 50무라고 한다. 상지의 집은 일곱 사람인 까닭으로 그곳에서 병사로 삼아 쓸 수 있는 자는 세 사람이다. 중지(中地)는, 빌어먹을 수 있는 것이 반, 빌어먹을 수 없는 것이 반으로, 밭은 1백 무이고 묵정밭 역시 1백 무라고 한다. 중지의 집은 여섯 사람인 까닭으로 그곳에서 병사로 삼아 쓸 수 있는 사람은 두 집에 모두 다섯 사람이다. 하지(下地)는, 빌어먹을 수 있는 3분의 1을 일컬어 밭 1백 무라 하고 그 빌어먹을 수 없는 3분의 2를 일컬어 묵정밭 2백 무라고 한다. 하지의 집은 다섯 사람으로 그곳에서 병사로 삼아 쓸 수 있는 사람은 집마다 두 사람이다. 이 제도가 부세의 등급이다.]

동관(冬官) 장인직(匠人職)에서 말하길 "장인(匠人)이 구·혁(溝洫)을 만드는데, 보습의 넓이는 5촌(寸)이다. 보습 두 개로 나란히 밭을 가는데, 한 짝의 보습으로 치는 넓이가 1척, 깊이가 1척인 것을 치(甾) [견(畎)] 라 한다. 밭머리를 갑절로 하여 넓이가 2척, 깊이가 2척인 것을 수(遂)라 한다"라고 하였다. [구·혁이란 밭 사이를 통할 수 있게 한 수로다. 보습은 쟁기에 댄 쇠로, 지금의 이(犁)다. 벌(伐)은 (땅을) 들추어내는 것이다. 옛날에는 보습 하나로 두 사람이 함께 들추어낼 수 있는 것을 1척으로 삼았다. 견(畎)은 물이 지나가는 작은 도랑이다. 전(田)은 1부(夫)가 농사지을 수 있는 땅이다. 1부(夫)의 밭은 1백 보(步)로 그 사이에 있는 수(遂)로 물을 통한다. 밭머리를 지나가는 물은 견(畎)의 갑절이니 넓이와 깊이가 각각 2척으로 수(遂)라 한다.]

9부(夫)가 정(井)이 되며, 정 사이에 넓이 4척, 깊이 4척인 것을 구(溝)라 일컫는다. 사방이 10리이면 성(成)이 되는데, 성 사이에 넓이 8척, 깊이 8척인 것을 혁(洫)이라 일컫는다. 사방이 1백 리이면 동(同)이 되는데, 동 사이의 넓이 2길, 깊이 2길이 되는 것을 회(澮)라 일컫는다. 천(川)에 이른다. 각각 그 이름을 싣는다. [이것이 경기 안의 채지(采地) 규정이다. 9부(夫)의 밭을 일컬어 1정(井)이라 부른다. 정은 사방 1리로, 구(溝)가 있는데 물이 지나가는 것이 수(遂)의 갑절이다. 사방 10리이면 성(成)이 되는데, 성 가운데에 1전(甸)이 들어 있다. 전의 사방 8리에서 전세를 내며, 주변의 1리에서 혁(洫)을 정비한다. 사방 1백 리이면 동(同)이 되는데, 동 가운데 4도(都) 64성(成)이 있다. 사방 80리에서 전세를 내고 주위 10리에서 회(澮)를 정비한다. 회·천(澮川)은 물이 돌아 나가는 곳이다. 각기 그 이름이 실린 것은 그 물이 나아가는 곳이 다르기 때문이라 한다.]

무릇 천하의 지세(地勢)는 두 산 사이에 반드시 냇물이 있다. 큰 냇물의 위에는 반드시 길이 있다. 무릇 도랑이 지맥을 거스르면 통하지 못한다고 이르고, 물이 모이는 것이 순조롭지 않으면 통하지 못한다고 이른다. 논·밭도랑은 30리에 이르면 넓이가 갑절이 된다. [두 산 사이의 여러 물이 들어오는 까닭에 모여서 냇물이 되고 큰 냇물 위에는 사람이 다닐 수 있으므로 도로가 있다. 지륵(地阞)은 지맥이다. 도랑은 반드시 지세에 따라야 한다. 만약 그 지맥의 이치를 거스르면 물은 통하지 않는다. 순조롭지 않다는 것도 역시 순리를 따르지 않는 것을 이른다. 논·밭도랑의 물이 씻어내고 침식하여 도랑에 이르니 개간하지 않아도 이루는 바가 있는 것이다. 이런 까닭으로 30리의 먼 거리이면 끝의 넓이가 반드시 처음보다 갑절이 된다.]

『기자외기』 상편 제3 제도, 맹자정전설

등 문공이 나라를 다스림을 묻자 맹자가 말하길 "하후씨는 50무를 주고 공물을 거두었고, 은나라는 70무를 주고 조세를 거두었고, 주나라는 1백 무를 주고 세금을 거두었는데, 그 실제는 모두 10분의 1입니다. 철(徹)은 (균등하게) 거두는 것이고, 조(助)는 (공전 경작에 백성의 힘을) 빌린다는 것입니다. [주자가 말하길 "하나라 때는 한 장부가 밭 50무를 받았고, 매 장부마다 그 5무의 것을 계산하여 공물로 들였다. 상나라 사람이 처음 정전의 제도를 만들었는데, 630무의 땅을 나누어 9구로 구획하였다. 구는 70무이다. 가운데에 공전이 있다. 그 바깥 8집은 각각 1구씩 주었다. 다만 그 힘을 빌려 공전의 경작을 돕게 하고 다시 그 사전(私田)에는 세금을 부과하지 않았다. 주나라 때는 한 장부가 밭 1백 무를 받았으며, 향·수(鄉遂)에는 공법(貢法)을 써 10부(夫)에 도랑(溝)이 있었다. 도·비(都鄙)에는 조법(助法)을 썼는데 8집이 같은 정전에서 경작할 때는 힘을 합쳐 경작하고 거둘 때는 무(畝)를 계산하여 나누었다. 그런 까닭으로 철(徹)이라 하는데, 그 실제는 모두 10분의 1이다. 공법은 모두 10분의 1을 변하지 않는 양으로 삼는다. 오직 조법(助法)은 9분의 1인데 상나라의 제도는 헤아릴 수 없다. 주나라의 제도는 공전 1백 무 가운데 20무로 여사(廬舍)를 삼는데, 한 장부가 경작하는 공전의 실제를 계산하면 10무이다. 사전 1백 무를

10분의 1로 나누어 그 하나를 취하는데, 대개 또 10분의 1세보다 가볍다. 가만히 상나라의 제도를 헤아려보면 역시 마땅히 이와 비슷한데, 14무로 여사(廬舍)를 삼았고 한 장부가 실제 경작하는 공전은 7무로 역시 10분의 1에 불과하였다. 철(徹)은 '통한다', '균등하게 한다'는 것이며, 적(籍)은 '빌린다'는 것이다.] 대저 대대로 관리에게 녹봉을 주는 것은 등나라가 진실로 시행하고 있습니다. [주자가 말하길 "맹자는 일찍이 문왕이 기(岐) 지역을 다스린 것을 말하였는데, 경작하는 것은 9분의 1로 하였고, 벼슬한 사람에게는 대대로 녹봉을 주었으니, 2가지는 왕정(王政)의 근본이다. 지금 대대로 관리에게 녹봉을 주는 것은 등나라가 이미 시행하고 있었으나 조법(助法)은 시행하지 않은 까닭으로 백성에게 취하는 데에 법도가 없었다. 대개 세록이란 토지를 지급하고 그 공전으로 들인 것을 먹고 살게 한 것으로, 실로 조법과는 뗄 수 없는 관계다. 군자와 소인으로 하여금 각각 일정한 생업이 있게 해야 위아래가 서로 평안하게 된다. 그러므로 뒤에 글에서 드디어 조법을 이야기하신 것이다"라고 하였다.] 『시경』에 이르길 '우리 공전에 비가 내려 드디어 우리 사전에도 미쳤다'라고 하였습니다. 오직 조법(助法)은 공전에만 있는데, 이로 보건데 비록 주나라이나 역시 조법이 있었던 겁니다. [주자가 말하길 '『시경』의 소아(小雅)·대전(大田) 편에서 비가 내린다고 말한 것은 하늘에 기원한 것이다. 공전에 비가 내려 드디어 사전에 미쳤으니 공(公)을 먼저 한 것이고 사(私)를 뒤에 한 것이다. 당시 조법이 다 폐하고 전적(典籍)이 존재하지 않았다면 이 시가 있었겠는가. 주나라도 역시 조법을 사용하였기 때문에 인용한 것이다'라고 하였다.] 상서(庠序)와 학교를 설치하여 가르쳤는데, 상(庠)은 '기른다', 교(校)는 '가르친다', 서(序)는 '활쏘기를 익힌다'는 뜻입니다. 하나라에서는 교(校)라 하였고, 은나라에서는 서(序)라 하였고, 주나라에서는 상(庠)이라 했습니다. 학(學)은 3대가 함께 사용하였습니다. 모두 인륜을 밝히기 위한 것이었습니다. 인륜이 위에서 밝아지면 백성은 아래에서 친해지는 법입니다"라고 하였다. [주자가 말하길 "상(庠)은 늙은이를 봉양하는 것을 의로 여기며, 교(校)는 백성을 교화하는 것을 의로 여기며, 서(序)는 활쏘기를 익히는 것을 의로 여긴다. 모두 향학(鄕學)이다. 학(學)은 국학이다. 모두 다른 이름은 없다. 윤(倫)은 차례이다. 부모와 자식 사이에는 친함이 있어야 하고, 임금과 신하 사이에는 의리가 있어야 하며, 남편과 아내 사이에는 분별이 있어야 하며, 어른과 아이 사이에는 차례가 있어야 하며, 친구 사이에는 신의가 있어야 한다는 것은 사람이 지닐 큰 윤리이다. 상서와 학교는 모두 이것을 밝힐 따름이다"라고 하였다.] [등 문공이] 필전(畢戰)을 보내어 정전(井田)에 대해 묻자 맹자가 답하길 "그대의 임금이 장차 어진 정치를 행하려고 그대를 가려 뽑아 일을 시켰으니 그대는 반드시 힘을 써 열심히 하십시오. 대저 어진 정치는 반드시 토지 경계를 잘 나누는 데서 시작합니다. 토지 구획이 바르지 않으면 정전의 토지가 고르지 않게 되고 녹봉도 공평하지 않게 됩니다. 이런 이유로 폭군과 탐관오리는 반드시 그 토지 경계를 다스리는 일을 제대로 하지 않습니다. 경계가 바르면 밭을 나누어주고 녹봉을 제정하는 일은 가히 앉아서도 잘 정해집니다. [주자가 말하길 "필전(畢戰)은 등 문공의 신하이다. 문공이 맹자의 말로 인해 필전에게 정전의 일을 주관하도록 하였던 까닭으로 또 사신으로 보내 그 상세함을 물은 것이다. 정지(井地)는 곧 정전이다. 경계를 다스리는 것은 땅을 다스려 밭을 나눈 것을 말한다. 구획의 그 도랑과 길을 다스리고 흙을 북돋아 심어 경계로 삼았다. 이 법을 닦지 않으면 밭을 바르게 나눌 수 없어 호강(豪强)이 차지하여 겸병하게 된다. 정지에 균등하지 않음이 있고, 부세에 정해진 법이 없으면 탐욕스럽고 사나운 자가 차지하여 취하는 것이 많게 된다. 그러므로 녹봉이 고르지 못하게 된다. 이러하니 인정(仁政)을 행하려는 사람은 반드시 이에서 시작했고, 폭군과 탐관오리이면 반드시 나태하게 하여 폐하려 했다. 바르게 함이 있으면 밭을 나누고 녹봉을 제정하는 것은 수고하지 않아도 잘 정해질 수 있다"라고 하였다.] 청하건대 들에서는 9분의 1의 세법으로 조법을 행하고 국중(國中)에서는 10분의 1의 세법을 써서 스스로 납부하게 해야 합니다. [주자가 말하길 "이것이 토지를 나누어주고 녹을 제정하는 마땅한 법으로, 야인(野人)을 다스려 군자를 봉양하게 하는 것이다. 야(野)는 교외의 도·비(都鄙)의 땅이다. 9분의 1의 조(助)는 공전을 만들어 조법(助法)을 행하는 것이다. 국중(國中)은 교문(郊門)의 안, 향·수(鄕遂)의 땅이니, 밭은 정전으로 주지 않고 다만 도랑만 만들어 10분의 1을 스스로 바치게 하였다. 대개 공법을 쓴 것이다. 주나라에서 철법(徹法)이라고 일컬은 것은 대개 이와 같다. 이로써 미루어 보면 당시 조법(助法)이 시행되지 않은 것은 아니었으며 그 공법도 역시 10분의 1세가 그치지 않았다"라고 하였다.] 경(卿) 이하는 반드시 규전(圭田)이 있어야 하니 규전 50무를 주고, [주자가 말하길 "이 대대로 받는 녹봉에 대한 일정한 제도 외에 또한 규전이 있다. 군자를 후하게 하기 위한 것이다. 규(圭)는 깨끗하다는 것으로 제사를 받들기 위한 것이다. 세록(世祿)을 말하지 않은 것은 등나라가 이미 시행하고 있었기 때문으로 여기에서는 다루지 않았다"라고 하였다.] 여부(餘夫)에게는 25무를 주십시오. [정자(程子)가 말하길 "한 장부는 위로는 부모, 아래로는 아내와 자식이 있어 5식구나 8식구를 거느리니, 밭 1백 무를 받는다. 만일 동생이 있으면 이는 여부(餘夫)이다. 16세에 별도로 밭 25무를 받고, 장성하여 장가갈 때를 기다려 이후 다시 1백 무의 밭을 받는다"라고 하였다. 주자가 말하길 "1백 무의 일상적인 법 외에 또한 여부의 밭이 있으니 야인(野人)을 후하게 하기 위한 것이다"라고 하였다.] 죽거나 이사해도 향(鄕)을 나가지 못하게 하고, 향의 토지를 정전으로 함께 하는 자는 출입할 때 서로 짝하고, 지키거나 망볼 때 서로 도우며, 병들면 서로 부축해주면 백성은 친목하게 될 것입니다. [주자가 말하길 "사(死)는 장사 지냄을 말한다. 사(徙)는 거처를 옮기는 것을 말한다. 동정(同井)은 8가(家)이다. 우(友)는 짝이란 말과 같다. 수망(守望)은 도적을 방비하는 것이다"라고 하였다.] 사방 1리의 토지가 정(井)으로, 정은 9백 무이며 그 가운데가 공전이 됩니다. 8가(家)는 모두 사전 1백 무 받고, 함께 공전을 가꿉니다. 공전의 일이 끝난 이후에 사전의 일을 처리하니 야인이 구별되는 바입니다. [주자가 말하길 "여기서 정전 형태의 제도를 자세히 말하고 있으니 곧 주나라의 조법(助法)이다. 공전은 군자의 녹이고 사전은 야인이 받는 것이다. 군자를 말하지 않고 야인을 거론하며 말했는데 문장을 생략한 것이다. 위에서는 야(野)와 국중(國中)의 두 법을 말했는데 여기서는 야를 다스리는 것만 자세히 말한 것은 국중의 공법(貢法)은 당시 이미 행해지고 있었기 때문이다. 다만 취하는 것이 10분의 1을 넘었을 따름이다"라고 하였다.] 이것이 그 대략입니다. 만약 윤택하게 하고자 하는 것은 그대와 임금에게 달렸습니다"라고 하였다. [주자가 말하길 "정지의 법은 제후가 모두 그 서적에서 없앴으며, 이것은 특별히 대략일 뿐이다. 윤택은 때에 따라 마땅하게 제정하여 인정에 합하도록 하고 토착 풍속에 맞게 하여 선왕의 뜻을 잃지 않는 것이다"라고 하였다. ○여씨[呂氏, 여대림(呂大臨), 송, 1046~1092]이 말하길 "자장자[子張子, 장횡거(張橫渠), 송, 1020~1077]가 개연히 삼대의 정치에 뜻을 두고 사람을 다스림에 우선적으로 해야 할 임무를 논의할 때 '경계가 급한 것이다'라고 언급하며 시작하지 않음이 없었다. 법제를 강구하여 찬란하게 구비하였으니, 요컨대 지금도 행해질 수 있으며 내가 등용된다면 일으켜 조처하겠다고 하였다. 일찍이 말하길 '인정(仁政)은 반드시 경계로부터 시작되니, 빈부가 균등하지 못하고 가르치고 봉양하는 것에 법이 없으면, 비록 다스림을 말해도 모두 구차할 따름이다. 세상에 실행하기 어려움을 근심하는 사람은 빨리 부자의 밭을 빼앗아야 한다는 말로 시작하지 않음이 없었다. 그러나 이 법이 실행되면 즐거워할 사람이 많다. 만일 대처함에 기술이 있어 수년의 기한을 준다면, 한 사람도 처벌하지 않고 회복할 수 있다. 걱정이 되는 것은 다만 위에서 행하지 않는 것이다'라고 하였다. 이내 말하여 이르기를 '비록 천하에 시행할 수 없을지라도 한 고을에서는 시험할 수 있다. 오히려 1향(鄕)에서 증명할 수 있다. 학자들과 함께 옛 법을 논의하여 밭 1방(方)을 사서 몇 개의 정(井)을 구획하고, 위로 나라의 부세와 요역을 잃지 않고 물러나 그 사전(私田)의 경계를 바로잡아, 마을을 나누어주어 세금법을 확립하고 저축을 넓히고 학교를 일으키고 예속을 성취하며 재앙 구제하고 환란에서 구휼한다. 근본을 두터이 하고 말단을 억눌러 넉넉히 선왕이 남긴 법을 미루어 마땅히 지금 실행할 수 있음을 밝힐 수 있다'라고 하였다. 뜻을 성취하지 못하고 죽었다"라고 하였다.]

『기자외기』 상편 제3 제도, 반고의 정전설

『전한서』 식화지(食貨志)에서 이르렀다. 백성을 다스리는 도는 백성을 토지에 안주시키는 것을 근본으로 한다. [지저(地著)는 안사(安土)를 이른다.] 그래서 반드시 보(步)와 무(畮)의 기준을 세워 그 경계를 바르게 해야 한다. 6척을 1보(步)로 하고, 1백 보를 1무로 하고, 1백 무를 1부(夫)로 하고, 3부를 1옥(屋)으로 하고, 3옥를 1정(井)으로 한다. 1정은 방이 1리(里)이니 이것이 9부(夫)다. 8가(家)가 (1정(井)을) 공동으로 하여 각각 사전 1백 무와 공전 10무를 받는다. 이것이 880무다. 나머지 20무는 여사(廬舍)로 한다. 정전(井田)에서 나가고 들어올 때 서로 짝을 지어 다니고, 도둑을 지키고 망을 볼 때 서로 돕고, 질병이 있을 때 서로 구제하여, 이로 인해 백성들은 화목해지고, 교화(敎化)하여 모두 같아진다. 공전에 대한 노동 부담과 생산 수익이 공평해진다. 백성이 밭을 받을 때 상전(上田)은 1부(夫)가 1백 무를 받지만, 중전(中田)은 1부에 2백 무고, 하전(下田)은 1부에 3백 무다. 매년 경작하고 씨를 뿌리는 것은 해마다 경작할 수 있는 상전이고, 휴경을 1년 하는 것은 한 해 걸러 경작하는 중전이다. 휴경을 2년 하는 것은 두 해 걸러 경작하는 하전이다. 3년씩 교대로 경작하여 저절로 처음 전토로 바뀐다. [경(更)은 '번갈아 들다'이고 원(爰)은 '~에'이다.] 농민의 호는 한 명이 이미 밭을 받으면 그 가(家)의 여러 남자들은 여부(餘夫)가 된다. 역시 사람대로 밭을 받는 것은 이와 같다. [비(比)는 예(例)이다.] 사·공·상(士工商)의 가(家)도 밭을 받는데, 받는 것은 다섯 사람이 농부 1인에 해당한다. 이는 평원의 토지를 기준으로 함을 말한다. 산림, 늪지, 구릉, 소금기 있는 땅 [순(淳)은 '다하다'이다. 소금기가 있는 척박한 밭은 오곡이 나지 않는다] 과 같은 것은 각각 비옥함과 척박함 정도에 의해 차이를 두었다. 백성은 20살에 토지를 받고, 60살에 반환한다. 들에 있는 것을 여(廬)라 하고 읍에 있는 것을 이(里)라 한다.

『기자외기』 상편 제3 제도, 주자의 정전 유설

한 문제 13년(기원전 167) 6월 전세를 감면하였다. 순씨(荀氏)가 논하여 이르길 "옛날 사람들은 10분의 1의 세를 물려 천하는 지나치거나 모자람이 없었다. 지금 한민(漢民)이 혹은 100분의 1의 세금을 내는데, 적다고 할 만하다. 그러나 세력이 강하고 부유한 사람들이 토지를 차지하는 것이 지나치게 많아서 [이곳에 빠진 글자가 있는 듯하다] 그 부세의 반 이상을 책임진다. 관청이 거두는 것은 100분의 1의 세금이고, 백성이 거두는 것은 반 이상의 부세이다. 관청의 은혜는 삼대(三代)보다 후하나 세력이 강한 자의 난폭함은 망한 진나라보다 심하다. 이에 임금의 은혜는 통하지 않고 위압과 복덕은 세력이 강한 자들에게 베풀어졌다. 지금은 그 근본이 바르지 않으니 조세를 줄이는 데 힘써 부강케 하는 것을 도와 알맞게 만족스러워지도록 해야 한다. 대저 토지는 천하의 큰 근본이다. 춘추의 의는 제후가 봉토를 제멋대로 하지 않게 하는 것이고 대부가 토지를 제멋대로 하지 않게 하는 것이다. 지금 호민(豪民)이 점유하고 있는 토지는 혹은 수백·천 이랑에 이르고 부유함이 왕·후(王侯)를 뛰어넘는다. 이에 봉읍을 제멋대로 한다. 매매하는 것이 여기로 말미암으니 그 땅을 제멋대로 한다. 효무제 때 동중서[董仲舒, 한, 기원전 179~기원전 104]가 일찍이 말하길 '마땅히 백성들이 점유하는 토지를 제한해야 한다'고 하였다. 애제 때 이에 백성들이 점유하는 토지가 30경을 넘지 못하도록 제한하였다. 비록 그 제도가 있었으나 마침내 시행되지 못하였으니, 30경에 불평이 있었다. 또 대저 정전의 제도는 마땅히 백성이 많아야 실시할 수 있는데 당시는 땅은 넓고 백성은 희박하여 할 수가 없었다. 그런즉 적으면 폐지하고 많으면 세우고자 하였다. 토지는 이미 많으나 세력 있는 자들에게 벌려 있었다. 마침내 바로잡으려니, 원망하는 마음이 아울러 일어났다. 즉, 분란이 생겨 제도를 시행하기 어려웠다. 이를 통해 볼 수 있다. 만약 고제(高帝) 초기에 천하가 안정되었을 때와 광무제의 중흥 이후에는 백성이 적었어도 세우기 쉬웠으리라. 마땅히 사람 수에 따라 땅을 차지하게 하고, 법의 한계를 만들어 세워 백성들이 논밭을 갈고 씨를 뿌릴 수 있게 하고, 매매할 수 없게 하여 가난하고 약한 자를 도와 겸병하는 것을 막는 것을 제도로 삼으면 근본을 신장할 수 있으니, 또한 마땅하지 않겠는가. 비록 옛날과 지금의 제도가 다르나 때에 따라 덜고 더하였으니 법의 대략은 일치한다"라고 하였다.

본지(本志)에서 이르길 "옛날 보(步)를 세우고 무(畝)를 세울 때 6척을 1보로 하였고, 1백 보를 1무로 삼았고, 1백 무를 1부(夫)로 삼았고, 3부는 1옥(屋)으로 삼았고, 3옥은 1정(井)으로 삼았다. 정은 사방 1리로 9부로 삼았다. 8가(家)가 함께 하였고, 한 부부가 사전 1백 무를 받았다. 공전은 10무니, 이는 880무다. 남은 20무는 여사(廬舍)로 삼았다. 출입할 때 서로 짝을 이루었으며, 지키고 망볼 때 서로 도우며, 병들면 서로 구제하였다. 백성이 받는 밭은, 상전(上田)은 부당 1백 무, 중전(中田)은 부당 2백 무, 하전(下田)은 부당 3백 무다. 해마다 다시 경작하고 그 거처를 바꾸었다. [하휴(何休, 한, 129~182)가 말하길 '사공(司空)은 삼가 밭의 높고 낮음, 좋고 나쁨을 구별하여 3품으로 나누는데, 상전은 1년에 1번 개간하고, 중전은 2년에 1번 개간하고, 하전은 3년에 1번 개간한다. 비옥하고 풍요로움으로 홀로 즐기지 않고, 황폐하고 메마름으로 홀로 괴로워하지 않도록 3년에 1번 토지와 거주지를 바꾼다'라고 하였다.] 그 집의 많은 남자는 여부(餘夫)로 삼는다. 역시 사람 수대로 밭을 받는 것이 이와 같다. 선비(士)와 공·상(工商)의 집에서 밭을 받는 것을 비교하면 다섯 명은 마땅히 농부 1인에 해당한다. 부세와 세금이 있다. 부(賦)는 사람 수에 따라 재물을 내게 하는 것을 이르며 [이 여섯 글자는 반고의 『한서』 율력지에 대한 안사고의 주에서 가져왔다] 세(稅)는 공전의 10분의 1과 공장, 상인, 산과 못을 담당하는 관리에게 거둬들이는 것이다. 부세는 차마병(車馬兵), 갑사 무리의 역(役)에 이바지하는데, 창고에 가득 채워 지급하는 비용으로 쓴다. 세금은 교사(郊社), 종묘와 여러 신들에 대한 제사에 지급되고, 천자가 백관을 봉양하기 위한 녹봉과 서민을 먹이는 일에 사용되는 비용으로 지급된다. [‘충실(充實)’ 이하의 문장은 모두 반고의 『한서』 율력지의 글이다.] 백성은 나이 20살에 밭을 받고 60살에 돌려준다. 곡물을 심을 때는 반드시 다섯 종자를 섞어 심어 재해에 대비하며, 중간에 나무가 있어 오곡을 막지 않도록 하고, 힘써 밭을 갈고 자주 김을 매며 곡식을 거두는 것을 도적이 이르는 것같이 한다. 농막집을 둘러 뽕나무를 심고 밭두렁에 채소가 있게 하고, 오이와 박과 나무 열매를 경계 지역에 심는다. 닭과 돼지, 개와 돼지는 (새끼를 칠) 그때를 잃지 않으며, 여자들은 누에를 치고 옷감 짜는 것을 익힌다. (이리하면) 50세인 자가 비단을 입을 수 있고, 70세인 자가 고기를 먹을 수 있다. 5가(家)는 비(比)가 되고 5비는 여(閭)가 되고, 4려는 족(族)이 되고, 5족은 당(黨)이 되고, 5당은 주(州)가 되고, 5주는 향(鄕)이 되니, 향은 1만 2,500호이다. 비장(比長)의 지위는 사(士) 아래이다. 이로부터 그 이상은 점점 1급씩 등급이 올라 향에 이르면 대부(大夫)가 된다. 이에 여에는 서(序)가 있고 향에는 상(庠)이 있다. 서(序)에서는 가르침을 밝히고 상(庠)에서는 예를 행하게 하여 교화가 드러나도록 한다. 봄철에는 백성들로 하여금 들에 나가서 마치게 하니, 그 시에 말하길 ‘내 부인과 아이들이 저 남쪽 밭이랑으로 밥을 내가니, 밭의 농부는 즐거움이 넘치도다’라고 하였다. 겨울에는 읍으로 들어가 마치게 하니, 그 시에 말하길 ‘아! 내 아내와 아이들이여. 해가 바뀌었다고 하니 이 방으로 들어와 머물러라’라고 하였다. 봄이면 백성을 내보내는데 여의 관리는 동틀 무렵에 좌숙에 앉아 있고 비장은 우숙에 앉아 있는데, 모두 나간 이후에 돌아온다. 저녁에도 역시 그렇게 한다. 들어올 때 반드시 땔나무를 가볍고 무거움에 따라 서로 나누어 들고 오는데 백발의 노인은 들지 않는다. [하휴가 말하길 ‘뒷 시간에 늦게 나가면 얻을 수 없으니, 해질 무렵에 나가 땔나무를 가지지 못한 자는 들어올 수 없었다’라고 하였다.] 겨울에 백성들이 이미 들어와 있으면 부인들은 한 집에 함께 모여 밤에 길쌈을 하는데, 여공은 한 달에 45일치 공을 얻는다. 반드시 서로 따라가서 (길쌈을) 하는 것은 불을 밝히는 비용을 아끼고 기예의 수준을 같게 하여 습속이 합치되도록 하기 위해서이다. 남녀가 그 원하는 바를 얻지 못하는 자가 있으면 서로 더불어 노래하며 그 감정을 말한다. 이 달에 나머지 아이들 역시 학교에 있는데, [송나라의 조세와 부세에 여자(餘子)가 있다] 8세에는 소학에 들어가

육갑(六甲)·사방·오행·서계(書計)의 일을 배우는데 처음으로 가정에서의 장유(長幼)의 예절을 배운다. [시지(始知) 이하는 반고의 『한서』 율력지의 문장이다.] 15세에는 대학에 들어가 선왕(先王)의 예악을 배우고 조정[두 글자는 반고의 『한서』 율력지에 있다]에서의 군신의 예를 알게 된다. 그 뛰어난 자는 향학(鄕學)으로 보내고, 향학에서 뛰어난 자는 국학(國學)으로 보내 『소학』을 배우게 한다. 제후들은 해마다 『소학』에 뛰어난 자를 천자에게 드려 『대학』을 공부하게 한다. 그 뛰어남이 있는 자를 조사(造士)라고 한다. 행실이 같고 능력이 비슷하면 활쏘기를 하여 구별하여 ['향학(鄕學)' 이하에 대해서는 하휴의 설을 더하고 빼서 수정했다] 이후 관작을 내려주었다. 음력 정월에 군(郡)에 살던 이들이 장차 흩어지면 행인(行人)이 목탁을 흔들며 거리를 돌아다니며 시를 수집하여 태사(太師)에게 바친다. 그 음률을 비교하여 천자에게 올린다. [하휴가 말하길 '남자 60세, 여자 50세에 자식이 없다면 관청에서 옷과 먹을 것을 주었다. 민간에서 시를 구하게 하여, 향(鄕)에서 읍으로 전하고, 읍에서 국으로 전하고, 국에서 천자에게 알린다'라고 하였다.] 3년을 경작하면 1년치를 저축할 만한 여유가 생긴다. 그러므로 3년이면 완성됨이 있으니, 이러한 공적을 이룬다. 그러므로 왕자(王者)는 3년 뒤에 치적을 살핀다. 9년을 경작하면 3년치 먹을거리의 여유가 생겨 산업이 나아지도록 하므로 등(登)이라 한다. 그러므로 고과를 살펴 등용하거나 축출하기를 세 차례 하여 다시 등이 되면 평(平)이라 일컫는다. 6년치 먹을거리의 여유가 생긴다. 세 차례 등을 하면 태평(泰平)이라 한다. 27년으로 9년치의 먹을거리 여유가 생긴다. 이러한 이후에 지극한 덕이 널리 퍼져 예악이 완성된다. 그러므로 왕자가 있어도 반드시 한 세대가 지난 이후에야 인(仁)이 무성해질 것이라는 말은 이것을 이른다. ['9년' 이하는 모두 반고의 『한서』 율력지를 수정하였다.] 『서경』에서 말하길 '하늘이 내려준 질서로 예가 있게 되었고, 하늘이 내려준 벌로 죄가 있게 되었다'라고 하였다. 그러므로 성인은 하늘이 내려준 질서로 5례를 지었고, 하늘이 내려준 벌로 인하여 5형(刑)을 만들었다. 사마(司馬)의 관직을 두어 6군(軍)의 무리를 세웠으며, 정전으로 인해 군부(軍賦)를 제정하였다. 땅이 사방 1리이면 정(井)이 된다. 10정은 통(通)이 되고, 10통은 성(成)이 된다. 성은 사방 10리로 10성은 중(衆)이 된다. 10중[반고의 『한서』 지에는 나란히 '종(終)'으로 되어 있다]은 동(同)이 된다. 동은 사방 1백 리로 10동이면 봉(封)이 된다. 10봉은 기(畿)가 되는데, 기는 사방 천 리의 땅이다. 4정(井)은 읍이 되고, 4읍은 구(丘)가 된다. 구는 16정으로 군마가 1필, 소가 3마리이다. 4구는 전(甸)이 되는데, 64정에 군마가 4필, 병거가 1대, 소가 12마리, 갑사가 3명, 보졸이 72명이다. 무기가 다 갖추어져 있으니 이것을 일컬어 사마(司馬)의 법이라 한다. 1동(同) 1백 리의 봉토는 1만 정(井)으로, 산천, 깊고 길게 판 구덩이, 성곽의 연못, 읍의 거주지, 공원, 도로 등 3,600정을 제외하고 6,400정에서 정해진 부세를 내며, 군마 4백 필과 병거 1백 대를 낸다. 이것이 경대부의 식읍이다. 큰 자는 이에 백승의 집이라 했다. 1봉(封)은 316리로 봉읍 10만 정(井)에서 6만 4천 정에서 정해진 부세를 내며, 군마 4천 필, 병거 1천 대를 낸다. 이것이 제후이다. 큰 자를 일컬어 천승의 나라라고 일컫는다. 천자의 경기는 사방 1천 리로, 봉읍 1백만 정 가운데 64만 정에서 정해진 부세를 내며 군마 4만 필, 병거 1만 대를 낸다. 군마와 수레 일체와 무기가 널리 갖추어져 있다. 봄에는 수(蒐)라는 사냥으로 군대를 정돈하고, 여름에는 묘(苗)라는 사냥으로 야영을 연습하며, 가을에는 선(獮)이라는 사냥으로 군사 훈련을 하고, 겨울에는 수(狩)라는 사냥으로 크게 사열한다. 농한기에 일을 진행한다. 5국을 속(屬)으로 삼고 속에 장(長)을 두며, 10국을 연(連)으로 삼고 연에 수(帥)를 둔다. 36국을 졸(卒)로 삼고 정(正)을 두며, 210국을 주(州)로 삼고 주에 목(牧)을 둔다. 목에는 연수(連帥)가 있는데 매해 병거를 점검하고, 졸정(卒正)은 3년마다 병력을 점검하며, 여러 목(牧)은 5년마다 병거와 군대를 크게 점검한다. 이것이 선왕께서 나라를 다스리기 위해 군대를 세우고 병력을 풍족하게 한 대략의 내용이다" 라고 하였다. ['연수(連帥)' 이하는 모두 반고의 『한서』 지를 따랐다.]

『기자외기』 상편 제3 제도, 선유론(先儒論) 정전제설

주자가 말하길 "일찍이 맹자가 말한바 '하후씨는 50무를 주고 공물을 거두었고, 은나라는 70무를 주고 조세를 거두었고, 주나라는 1백 무를 주고 세금을 거두었다'에 의혹을 품었는데, 이처럼 해결하지 못할까 염려하였다. 선왕이 천하를 다스리던 처음에 많은 견·회·구·혁(畎澮溝洫)과 같은 부류를 만들었는데, 대략 소모된 사람의 힘에 따랐다. 만약 50을 늘려 70으로 만들고, 70을 늘려 1백 무로 만들었다면, 밭 사이의 수많은 땅을 다스려 모두 합하여 다시 고쳤다는 것인데, 아마도 이렇게 다스리지는 않았을 것이다. 맹자가 당시 반드시 친히 본 것은 아니었으며 다만 이와 같이 전해 들었을 따름이다. 아마도 다 믿기는 어렵다. ○정지(井地)의 법에 대해 말한 바를 찾아보고, 『주례』의 여러 설을 고찰하였는데, 역시 모두 합치되는 것이 있지 않다고 한 것은 무엇인가. '대저 맹자의 말이다'라고 하거나 '3대의 남겨진 제도로 근본을 유추하였다'라고 한다. 그런즉 항상 그 개요만 언급하였으니, 반드시 그 상세한 것까지 다할 필요가 없었다. 그 뜻을 본받고 그 글에 구애되어서는 안 된다. 대개 (뜻이) 통하게 하면서 간략하게 바꾸어 스스로 일가를 이루는 것이 세상을 다스리는 능력을 활용하는 방법이다. 그러나 어찌 선비를 구속하고 굽히게 하여 자기에게 유리한 쪽으로 끌어당긴다고 하여 문장이 의미하는 바를 능히 알겠는가. '3대의 때에 받은 바의 밭은 차이가 있어 같지 않았다'고 말한 것은 무엇인가. '장자(張子)가 일찍이 말하였다'고 한다. 진씨(陳氏)와 서씨(徐氏) 역시 설이 있다. 그러나 모두 약간 의심되는 부분이 있으니, 대개 토지 제도가 이미 정해졌으면 그 도랑·길·두둑 지역 역시 일정함이 있어 바뀔 수 없었을 것이다. 지금 시대가 바뀔 때마다 제도를 바꾸면서 매번 증가됨이 있었은즉, 그것은 수고롭게 백성들을 동원하여 이미 이룬 업적을 폐하여 무너뜨려 백성들로 하여금 앞선 시기의 이랑이 있는 밭을 다시 얻지 못하게 한 것이 되니, 그 번거로움이 역시 지나치게 심하다. 맹자의 말의 출처를 알지는 못하나 만약 이러하였다면 결과가 어떠했을까. 진씨(陳氏)가 말하길 '하나라 때에는 홍수가 바야흐로 다스려졌기 때문에 경작할 땅이 적었다. 상나라 때에 이르러 (홍수가) 그쳐 (경작할 땅이) 넓어졌으며, 주나라 때에 크게 갖추어졌다'라고 하였다. 서씨(徐氏)가 말하길 '옛날에는 백성이 검소하였던 까닭으로 밭이 적어도 써야 할 재물을 충족시켰으나 후세에 사치함이 늘어나면서 필요한 곳이 많아졌다. 그래서 밭을 주는 제도 역시 때에 따라서 늘어난 것이다'라고 하였다. ○『주례』를 헤아려보면 조법(助法)이 행해진 것은 공전이 있던 곳이며, 공법(貢法)이 행해진 것은 공전이 없던 곳이다. 맹자 또한 일찍이 『주례』를 보지 않고 단지 『시경』 안에 있는 것을 들어 말하였다. 『시경』

을 이용한 의미는 뒷면에 가서 말하겠다. 향(鄕)의 토지를 정전으로 함께 하는 자는 출입할 때 서로 짝하고, 지키거나 망볼 때 서로 도우며, 질병이 있으면 서로 부축하였다. 정(井) 9백 무 안에는 공전이 있었는데, 8가(家)는 모두 사전이 1백 무씩 있었으며, 함께 공전을 맡았다. 정전을 말할 때 단지 이 몇 구절을 가지고 말하는데, 이는 어느 정도 잘 맞다. 이는 매우 근원이 되는 부분에 대한 것이고, 잘게 나누어서 이해하려는 것은 아니다. ○나라에서 향·수(鄕遂)의 법을 시행하면서 이에 다섯 집을 비(比)로 삼고, 5비를 여(閭)로 삼고, 4려를 족(族)으로 삼고, 5족을 당(黨)으로 삼고, 5당을 주(州)로 삼았다. 또 이에 다섯 사람을 오(伍)로 삼고, 5오를 양(兩)으로 삼고 4량을 졸(卒)로 삼고, 5졸을 여(旅)로 삼고, 5여를 사(師)로 삼고, 5사를 군(軍)으로 삼았다. 모두 5를 서로 연속해서 행한 것으로, 저 9분의 1 법은 찾아볼 수 없고 단지 10분의 1 법만 살필 수 있다. 스스로 부세를 내도록 한 것은 도·비(都鄙)와 같으며, 정·목(井牧)의 법은 시행되지 않았다. 향·수(鄕遂)의 법의 차례는 한 집에서 한 명의 병사를 내는 데에서부터이다. 또 다섯 집을 비(比)로 삼았는데, 비에는 한 명의 장(長)이 있었다. 정·목(井牧)의 법의 차례는 서른 집에서 모두 군사 10명과 일꾼 10명을 내는 것에서부터이다. ○경대부의 규전(圭田)을 살펴보면 반드시 경작한 자가 있는데, 어찌 또 '유경(有耕, 경작하는 자가 있다)'이 '가경(可耕, 경작할 수 있다)'에 속하겠는가. '규전은 다만 공전에 머무르고 있는 백성에게 지급되었을 것이다'라고 한다. 대저 옛날에 밭으로 주는 녹봉은 모두 조법(助法)의 공전에서 충당한 것이었는데, 여덟 집이 이로 인하여 묶이게 되었다. '있는 땅은 1성(成, 10리)이고, 있는 무리는 1여(旅, 500명)이다'와 같은 것이다. 규전(圭田) 역시 이러하였을 듯하다. 그래서 「왕제(王制)」에서 '대저 규전에는 세금이 없다'고 하였다"라고 하였다. ○쌍봉(雙峰) 요씨(饒氏)가 말하길 "정전의 법은 황제(黃帝)가 처음 시작한 것을 문득 만들어 이룬 것이니, 어찌 고쳐서 얻었겠는가. 상나라 사람의 70무를 주나라 사람이 어찌 문득 1백 무로 고쳤겠는가. 도랑과 길과 두둑에까지 미치는 것이니, 역시 하루 아침저녁에 이룰 수 있는 것이 아니다. 주자 역시 일찍이 의심하였는데, 「왕제(王制)」와 『주례』가 이미 같지 않다. 『맹자』의 많은 것은 억측에 의해서 말한 것이다. 정전은 가히 중원의 평탄한 땅에서 시행될 수 있는 것이다. 만약 지세가 높거나 낮으면 어찌 정전이 가능하겠는가. 강남은 공법을 썼을 듯하다. 천맥(阡陌)은 정전 가운데 있는 길이다. 옛 사람의 수레 제도에서는 수레 하나의 넓이는 6척보다 약간 크며 양 옆에 또 날개가 있다. 사람들이 점유하고 있는 토지는 매우 많았는데, 상군[商君, 상앙(商鞅), 진, ?~기원전 338] 이 나라를 부강하게 하고자 천맥을 파고 뚫어 밭을 만들었다. 그 이전에 제후들이 그 나라를 부강하게 하려 하면서 정전의 대강은 저절로 폐해졌다. 상군은 즉 아예 무너뜨린 것이다"라고 하였다.

『기자외기』 상편 제3 제도, 기전도설(箕田圖說)

한백겸(1552~1615)

정전의 제도는 앞선 유생들이 자세히 논하였다. 그런데 그 설은 모두 맹자를 근본으로 삼는다. 이런 까닭에 주나라의 제도는 특별히 자세했지만, 하·은나라의 제도는 드러나 있지 않았다. 그리고 주자가 조법(助法)을 논하였으나 또한 추측과 억측으로 낸 것으로, 고증에 참고한 설은 없다. 그런즉 그것이 과연 당시 제작한 뜻과 모두 합치되는지 알 수 있는 것이 없다. 옛것을 즐기는 선비가 대개 마음속으로 근심하는 바이다. 정미년(1607) 가을에 아우 유천공(柳川公)이 관서 지역을 관찰할 때 내가 아침저녁으로 받들어 평양에 이르렀다. 비로소 기전(箕田) 유제(遺制)를 보았다. 천맥이 모두 남아 있고 가지런하여 흐트러지지 않았다. 옛 성인이 밭이랑을 다스려 구획한 것으로, 오랑캐를 바꾸어 중화로 만들고자 한 뜻을 오히려 천 년이 지난 뒤에서 생각하여 볼 수 있게 하였다. 『논어』에 이르기를 "중국이 예를 잃으면 4이(四夷)에서 구한다"라고 하는데, 어찌 믿을 수 없겠는가. 그 땅을 살피니 그 밭의 형태가 무법(畝法)으로, 지금 맹자가 말한바 정(井) 자의 제도와 같지 않은 점이 있다. 그중 함구와 정양 두 문의 사이의 구획이 가장 분명한데 그 제도는 모두 전(田) 자 모양으로 되어 있다. 전(田)에는 네 구획이 있는데 구(區)는 모두 70무이다. 큰길 안에는 가로로 보면 4전이 있는 것이 8구가 있다. 세로로 보면 역시 4전이 있는 것이 8구가 있다. 4전은 4상(象)의 상이고, 8구(區)는 8괘(卦)의 상이다. 8×8=64로 정정방방(正正方

方)하다. 그 법상(法象)은 정류(正類)로 선천방도(先天方圖)와 같다. 옛사람이 만든 것에 어찌 취한 방법이 없었겠는가. 이로 말미암아 생각해보니, 아! 이것은 대개 은의 제도이다. 맹자가 말하길 "은나라 사람이 70을 주고 조세를 거두었다"고 하였는데, 70무는 본래 은나라 사람이 밭을 나누는 제도이다. 기자는 은나라 사람으로 그 들판을 구획하여 밭을 나누는 것은 마땅히 모국을 모방하였다. 그것은 주나라 제도와 같지 않았으니 의심할 것이 없다. 생각하면 이 천맥은 수천 년 동안 무릇 몇 번이나 바뀌었고 몇 번이나 고쳐졌다. 비록 보존되기 어려웠으나 그 길이와 그 대체적인 것이 차이가 나지 않는다. 경계의 구획은 1무의 길로 되어 있으며, 경계의 밭은 3무의 길로 되어 있다. 그 세 곁에 9무의 큰길이 성문에서 영귀정 나루에 이르고 있어, 왕래하는 통행로와 비슷하다. 오로지 밭 사이에만 천맥이 설치된 것은 아니나 그것은 틀림없이 16전 64구로 1전(甸)을 그려 만든 것이다. 그런즉 또한 땅의 경계가 없지는 않다는 것을 의미한다. 이것으로부터 밖에 있는, 밭의 경계가 되는 길은 혹 경작지를 침범하여 옛것을 잃어버리게 한 것이 있으니, 뒷사람은 (이것을) 만든 본뜻을 알지 못하겠다. 필시 3무를 표준으로 삼은 것이 바르도다. 다시 대·중(大中)의 구분이 있는 것이 없다. 8괘(卦)의 법상은 비록 찾을 수 없으나 70무를 1구로, 4구를 1전으로 삼았다. 둘씩 서로 나란히 이어 가니, 한 들이 모두 같도다. 살펴보면 반고의 『한서』 지(志)에 이르길 "4정(井)으로 읍(邑)을 삼고 4읍을 구(丘)로 삼고 4구를 전(甸)으로 삼는다. 전에는 64정이 있다. 등등"이라고 하였다. 그 정·읍·구·전의 이름은 비록 주나라의 제도를 썼으나 4를 다시 세어 4×4의 방(方)을 이루니 실로 이와 꼭 합치된다. 반고는 학문이 두텁고 넓으나 혹 본받아 따른 바나 겪어온 자취가 있었는지 조심스럽다. 애석하게도 그 전적(典籍)은 불완전하여 그 제도를 모두 얻을 수 없다. 뾰족하거나 비스듬하거나 삐뚤어지거나 치우쳐 사각을 이루지 못한 곳이 혹은 1·2전(田)이며, 혹 2·3구(區)는 그 땅의 형세에 따라 이루어져 있다. 이런즉 지역 사람들이 여전(餘田)이라 칭한다고 한다. 비록 주나라 정전의 제도라도 그 땅을 먹줄로 똑바로 하거나 수준기(水準器)로 평평하게 한 것처럼 하기 어렵다. 그리고 그 정전을 이루지 못하는 곳도 또 버려서 쓸 수 없는 것은 아니니, 아마도 그 제도도 이와 같지 않았을까 한다. 그 공전, 여사(廬舍)의 제도는 비록 고찰할 수 없으나 그 제정한 밭도 본래 정 자의 형태가 아니었을 것이다. 맹자가 "가운데에 공전이 있고 8집에 모두 사전 1백 무씩 있다"라고 말한 제도는 이미 가깝게 끌어들여져 있다. 은나라 때를 헤아려보면, 비록 받은 밭이 들에 있어도 그 여사가 반드시 밭 곁에 있지는 않았다. 혹은 모두 마을이나 성읍 가운데에 모여 살았고, 그 공전 역시 모두 한 구석에 있었고, 반드시 사전의 가운데에 끼여 있지는 않았다. 거름을 주고 밭을 갈고 김매고 수확하는 때가 멀고 가까움에 따라 같지 않았다. 백성 가운데 병든 자도 있었고, 또한 인문(人文)이 점점 갖춰지면서 길흉의 예가 번거로워져 70무로는 산 자를 기르고 죽은 자를 보내는 비용을 충당할 수 없었다. 그래서 희(姬)씨의 주나라가 천하를 차지하고 하늘에 순응하며 사람에 의거하면서 1백 무로 늘렸고, 또한 정전의 법을 만들어 8집이 정(井)을 함께 하게 하며 가운데에 공전을 두었다. 봄철이면 들과 여사로 나가고, 겨울이면 성과 집에 들어와 거한다. 그 제도는 일찍부터 완벽하게 갖추어졌다. 질박한 데에서 세련된 데로 그것이 변혁되어가면서 덜거나 더하였으나 형세는 용납되지 못함이 있었던 것이다. 그런즉 밭을 나누어 정(井)으로 삼는 것이 예전과 같지 않았다. 실로 주나라 사람에서 비롯되었다. 간혹 도랑을 고치려면 많은 비용과 인력이 들어간다는 주자의 설을 통해 맹자의 말을 의심하는데, 이는 아마도 그렇지 않을 것이다. 맹자가 말하길 "편안히 이끌며 백성을 부리면 비록 힘들어도 원망이 없다"라고 하였다. 주자 역시 천명을 변혁하고 세대를 바꾸는 것을 논하였는데, 크게는 정월을 세우는 것과 수를 사용하는 것을[9], 작게는 문서와 수레의 궤도를 아울러 모두 고쳐 한 세대의 이목을 새롭게 했다고 하였다. 그런즉 하물며 이렇게 백성의 일정한 산업도 바로잡아 실로 정책을 내고 인을 베푸는데, 큰 자가 어찌 그 적은 비용을 헤아려 폐단을 계승해서 아교로 기둥에 붙이듯이 해놓고 더불어 모두 바꾸려 하지 않으려 했겠는가. 이렇게 유추하고 이렇게 헤아려보며, 나는 주자가 이렇게 말한 바를 알고자 하여 혹은 밖에 나가서 같은 시대를 사는 사람들과 묻고 대답해보았으나, 평생의 정론은 없었다. 어류(語類) 중에도 이러한 설과 말이 심히 많으니, 삼가 옳지 않아서 이것을 잡으려 하니 저것이

9) 역법을 바꾸는 것을 의미한다.

의심스럽도다. 오호라! 관중(關中)과 민중(閩中)의 여러 현인은 모두 왕을 보좌할 만한 재주를 가지고 말세의 때에 태어나 분발해서 바로잡아 3대의 때와 같이 만들게 하는 것을 자기의 임무로 여기고 남은 경전을 모아 남겨진 제도를 토론하였는데, 그 이른 것이 쓰이지 않은 바가 거의 없었다. 그러나 오히려 공중에 매달려 있는 탄식이 있었으니, 하나로 귀결되는 설을 얻지 못하였기 때문이다. 만일 당시에 발로 그 땅을 밟고 눈으로 그 제도를 보게 하였다면, 선왕이 제작한 뜻을 말하는 것은 생각건대 필시 손바닥을 가리키는 것과 같이 쉽고 명백했을 것이나 애석하게도 그것을 얻지 못하였다. 이에 그 본 바를 기록하여 뒤에 오는 지식인이라고 일컬어지는 자가 바로잡아주기를 구한다.

유근(1549~1627)의 도설(圖說) 발(跋)에서 이르렀다. 정미년 가을에 유천공이 나가 평양을 살폈는데, 백씨(伯氏) 참의공(參議公)이 가서 대부인을 살피고 돌아왔다. 하루는 나를 찾아와서 손에 정전도설(井田圖說)을 들고 보여주었다. 그 제도를 매우 상세하게 고찰하고 설을 매우 갖추어서 저술하였는데, 그 그림을 실어 그 설을 증명하였다. 소위 기전(箕田)은 함구와 정양 두 문 바깥에 있는 것이 구획이 가장 분명하다. 그 이루어진 것이 모두 '전(田)' 자 형태로 이루어졌고, 4구(區)로 나누어져 있다. 구는 모두 70무(畝)다. 구의 경계에 있는 길은 그 넓이가 1무다. 밭의 경계에 있는 길은 그 넓이가 3무다. 모두 16전이며 총 64구다. 64구의 세 곁에는 또 9무의 길이 있는데, 성문에서 강 위에까지 이른다. 그 뾰족하거나 비스듬하거나 삐뚤어지거나 치우쳐 사각을 이루지 못한 곳이 혹은 1·2전이며, 혹 2·3구는 그 땅의 형세에 따라 이루어져 있다. 지역 사람들이 지금 전하길 여전(餘田)이라 한다. 역시 모두 70무다. 아아, 예전부터 지금까지 이 땅에 살아온 사람으로 이 밭을 본 자가 어찌 끝이 있었겠으나 다만 고적(古跡)을 감상하였을 따름이다. 홀로 공께서 늦게 태어나 옛것을 좋아하였는데, 옛 성인이 어떤 뜻에서 밭을 나눈 제도를 만들었는지를 알고자 하여 1,100년이 지난 뒤의 것을 그림으로 만들어 설명하였다. 사람들로 하여금 기전(箕田) 1구가 70무로 된 것을 환히 알게 하였다. 곧 맹자가 애기했던 은나라 사람은 70무로 하였다는 설과 꼭 들어맞아 조금도 틀리지 않으니 어찌 다행이 아니겠는가. 맹자가 말하길

"사방 1리면 정이고 정은 9백 무다. 그 가운데를 공전으로 삼으니, 대개 '정' 자의 형태를 이루어 9구를 이룬다. 8집이 모두 8구의 1백 무를 사전으로 받고, 공전 1백 무의 구역에 나아가 일하며, 20무는 여사로 하여 8부(夫)가 거주한다. 그 경작하는 공전은 모두 10무씩이다. 이는 주나라의 제도인 것이 틀림없다"라고 하였다. 맹자가 말하길 "은나라 사람은 70무를 주고 조세를 거두었고, 주나라 사람은 1백 무를 주고 세금을 거두었다. 그 실제는 모두 10분의 1이다. 철(徹)은 (균등하게) 거두는 것이고, 조(助)는 (공전 경작에 백성의 힘을) 빌린다는 것이다"라고 하였다. 맹자가 주나라 사람의 1백 무의 제도에 대해 논하면서 진실로 세세하고 미미한 데까지 논하였는데, 은나라 사람에 이르러서는 단지 '70무를 주고 세를 거두었다'고 칭하였다. 당시 제후들이 모두 주나라 시절의 책을 버렸다. 하물며 은나라 제도가 어찌 보존되어 남아 있는 것이 있었겠는가. 주부자(주자)가 태어난 때는 맹자의 시대로부터 또한 멀리 떨어져 있다. 어쩔 수 없이 주나라 제도를 통해 유추하였음이 분명하다. 석지[釋之, 이무방(李茂芳), 고려 1319~1398]가 말하길 "상나라 사람이 처음 정전의 제도를 만들었는데 630무의 땅을 9구로 나누었다. 구는 70무다. 가운데는 공전으로 삼았다. 그 밖에 있는 8집에 각각 1구씩을 주었다. 다만 그 힘을 빌려 공전의 경작을 돕게 하고 다시 그 사전에서 세금을 거두지 않았다"라고 하였다. 또 말하길 "삼가 상나라 제도를 헤아려보면 역시 마땅히 이와 비슷할 것이다. 14무로는 여사를 만들었으므로 한 부(夫)가 실제 경작하는 공전은 7무이다. 이 역시 10분의 1을 넘지 않는다. 주자가 이미 은나라 제도를 얻어 고찰하지는 못했으나 이것으로 저것을 헤아려보면 그 만들어진 제도는 이와 같을 것이다"라고 하였다. 옛날 한퇴지[韓退之, 한유, 당 786~824]의 부(賦) 석고(石鼓)에서 대개 공자가 진(秦)에 이르지 못하여 그 글을 얻어 보지 못한 것을 탄식하였다. 만약 주자로 하여금 이 그림을 보게 하였으면 또한 어떻게 생각하였을까. 지금 보이는 것으로 공전, 여사의 제도는 감히 억지로 헤아릴 수 없으니 이 밭의 형태로 보면 4구는 4부가 받은 밭이다. 혹 평양의 전(田)을 정전으로 칭한 것은 대개 오래되었다. 정은 곧 9구다. 지금 가볍게 4구를 만들었다고 말할 수 없다. 이것은 옳지 않다. 만약 은과 주나라의 밭을 논한다면 8구는 8가(家)가 받은 바의 밭이다. 이로 이전의 것을 추론하면, 비록 1,100구라도 모두 그러하다. 70무의 가운데로 나아갔으니, 7무로 공전을 삼은 것은 주자의 설과 같다. 그런즉 10분의 1 세를 잃은 것은 아니었다. 여사의 경우는 주나라 시기의 제도가 크게 갖추어진 것이다. 만일 공전 20무를 8부(夫)의 여사로 삼았다면, 이는 1부가 거주하는 곳은 2무 반에 지나지 않은 것이다. 만약 1부가 받은 바의 구에 대해 다룬다면, 7무는 공전으로 삼아 힘을 내어 경작을 돕도록 하였고, 다시 그 63무에는 세금을 거두지 않았다. 그런즉 비록 12무를 여사로 삼아 거하게 하였어도 역시 10분의 1 제도를 해치지 않는다. 1부가 거주하는 곳은 그 70무 안에 있었다. 설령 도읍에도 집이 있고 산에도 집이 있다면 받은 밭이 들에 있어 왕래하면서 경작하였을 것이나, 모든 것을 얻어 헤아릴 수는 없다. 그 길은 있으나 여사는 없어 역시 알 수 없다. 만약 은과 주나라의 전제가 같지 않다고 논한다면 70무와 1백 무로 이미 살필 수 있다. 하필 4구와 9구의 차이로 의문을 두겠는가. 귀하게 여긴 바는 똑같이 10분의 1의 제도였다. 공자가 말하길 "주는 은의 예를 따랐는데 더하거나 덜한 것을 알 수 있다. 그 혹시 주나라를 계승하여 왕이 된 자는 비록 백 세대를 지나도 알 수 있는 것이다"고 하였다. 백 세대에도 가히 알 수 있는 것은 그것이 10분의 1 제도에 있지 않기 때문이다. 지난해 일찍이 중국 사신 주 학사(朱學士), 양 급사중을 따라 기전(箕田)을 구경했는데, 1구가 70무가 되는지 아는 데 미치지 못하여 바른 것을 구하여 얻지 못한 것이 한스럽도다. 드디어 느낀 바를 글로 적어 발(跋)을 만드니, 뒤에 관람할 자를 기다리노라.

허성(1548~1612)의 도설(圖說) 뒤에 있는 글에서 말하였다. "서경의 남쪽에 전(田)이 있다. 일상적인 제도와 같지 않으니, 서로 전하기를 기자의 정전이라 하였다. 학사·대부가 이 도시를 지나가면서 멀리 돌아가지 않는 자가 없다. 다만 그 전제(田制)는 일반적인 것과 달라 옛 사적으로 여겼다. 그러나 실로 그 시초가 주나라의 정전이 아니라 은나라의 제도라는 것을 알지 못하였다. 정미년 가을 서원(청주)의 한유천이 관서 지역으로 갔다. 늙은 어버이를 모시고 친히 임소(任所)로 나아가니 그 형 구암공(한백겸)이 지부(地部) 우시랑(右侍郞)으로 휴가를 요청하여 가서 살폈다. 보살피는 중에 틈을 내어 옛 나라의 지세와 풍경을 두루 구경하였다. 드디어 정전이라 일컫는 곳에 이르렀다. 두루 관람하는 것이 끝나지도 않았는데 감흥이 일어났다. 감흥이 일어나는 것만으로는 부족하여 길이와 면적을 측량하는 데 이르렀다. 그 경계와 천맥은 대개 무법(畝法)을 따랐는데, 50보다는 넘치고 1백 무에는 부족하였으니, 70무의 밭이었다. 대저 70무를 주고 조세를 거둔 것은 은나라 사람에게 통행되던 법이었다. 이것은 당시 주나라 법이 미처 천하에 두루 미치지 못한 것이다. 그리고 기자는 은나라 종실의 살아남은 노인으로, 해동에서 봉읍을 받았다. 은나라 사람이기에 은나라 법을 그곳에서 시행한 것이다. 그런즉 70무의 밭이었다. 어찌 기자가 직접 우리 동방에 법을 전하지 않았겠는가. 그 밭의 제도를 구암(한백겸)이 직접 그림으로 그리고 기록하였다. 내가 다시 군더더기를 붙이지 않겠다. 그리고 은나라의 전제(田制)는 연대가 아득히 멀어 전적(典籍)이 전하지 않는다. 주자의 슬기로움을 가지고도 헤아릴 수 없어 주나라 제도로 추론해서 얻어냈다. 옛것을 좋아하여 널리 상고하는 선비가 지금까지 한스러워 하는 것으로, 하루아침에 친히 얻어 직접 눈으로 보았으니, 천년이 지난 뒤라지만 어찌 시원하지 않겠는가. 우리 벗이 평생 독서하며 궁리하여, 사물의 번거로움이 싫어 버리는 것을 하지 않게 하였다. 무릇 크고 작은 제도와 문물의 사이에서 마음에 새겨 참고하여 조사하지 않음이 없었으니, 이러한 노력을 통해 얻어진 공로이도다. 아! 내 친구가 아니었다면 누가 능히 이러할 수 있었겠는가. 다만 그 공·사전이라고 일컬은 것은 반드시 그 제도가 있었을 것이나 아직 문자로 고증할 수 없다. 이런즉 한스러워 또 그림으로 그린 바에 나아가 헤아려 본다. 대개 9무의 큰 길 안에 70무로 이루어진 것이 60인데, 4구가 있고 방형으로 늘어서 있다. 『역(易)』의 방도(方圖)와 같으니, 8구는 1행이 여덟인 것과 같다. 그 1행 8구 가운데 그 1구를 내어 공전으로 삼고 그 나머지 7구는 7가가 각기 1구씩 받아 사전으로 삼는다. 그 공전 안에서 7가가 각기 3무를 받아 여사를 만든다. 계산하여 3×7=21을 제하면 나머지 공전은 49무이다. 7가가 나누면, 도와 경작하는 바는 각기 7무이다. 사전이 70무이므로 10분의 1이 된다. 꼭 들어맞아 남거나 빠진 것이 없으니 비록 명백한 문서가 없더라도 그 제도가 어찌 아니겠는가. 또 주나라 제도를 말하면, 공전 1백무에 여사 20무를 계산하여 제하고, 그 나머지 80무를 8가가 나누면 각기 10무씩 얻는다. 사전이 1백 무이므로 역시 10분의 1이 된다. 마치 부절처럼 합치되니 제도 역시 대략 서로 비슷하다. 이른바 주나라의 전제 역시 어찌 이 상나라 제도에서 덜고 더하여 이름을 바꿔 부른 것이 아님을 알겠는가. 이를 통해 살펴보면, 9무의 길 안은, 그 제도가 전체에 걸쳐 있고 그 법이 드러나 있다. 작은 길은 3무의 가운데인데, 이에 그 흩어져 있는 모양이 그 제도와 통한다. 필시 4구로 하나의 사각 단락을 만든 것이니, 대개 그 두 개를 합하면 여덟이다. 비록 열을 지어 가고 있지는 않으나 역시 8구 1행(行)의 뜻이다. 어찌 의미 없이 8로 만들고 4로 만들었겠는가. 주나라의 1정(井)이 9구이고 은나라의 1행이 8구인 그 뜻은 하나이다. 이와 같은즉 반드시 정지(井地)가 아니어도 조법을 실시할 수 있었다. 다만 주자가 말하길 '상나라 사람이 처음 정전의 제도를 만들었는데, 이는 필시 근거가 있다'라고 하였으나 어느 책에서 나왔는지 알지 못한다. 그러나 이 전은 마땅히 기자에게서 처음 나왔다는 것은 의심의 여지가 없다. 제도를 살펴보면 역시 은나라의 조법과 통한다. 마땅히 이 전은 바르고 의심할 것 없이 닮았다. 대개 70무에 7가, 7가에 7무이니, 공전과 여사의 제도 또한 7이라는 숫자를 벗어나지 않는다. 이 어찌 천연의 스스로 이루어진 수효이겠으며 사람의 힘을 쓰지 않고 그 사이에 안배한 것이겠는가. 성인의 제도가 아니고서야 이와 같을 수 있겠는가. 기이하고 묘하다. 아아, 지금은 기자로부터 몇천 년이 떨어졌으나 그 남긴 제도가 서로 전해져 없어지지 않고 이어졌으니, 다행이도다. 그것이 은나라의 제도였음을 밝혀냈은즉, 내 친구를 얻어 시작하였다. 역시 다행이도다. 그 드러났다가 어두워지고 숨어 있다가 드러나기를 또한 그 사이에 몇 번이나 하였겠는가. 지금 이후로 이 전이 지금과 같이 다시 없어지지 않으리라고 보장할 수 없다. 이 제도가 다시 혹 지난날처럼 자취를 감추어버릴지 역시 알 수 없다. 뜻 있고 옛것을 좋아하는 선비는 영원히 그것을 전할 방도를 도모하는데 마땅히 그 지극한 바를 쓰지 않는 바가 없다. 그런즉 내 친구의 이 그림과 이 기록을 형적도 없이 사라지게 하여 전하지 않게 할 수 있겠는가."

『기자외기』 상편 제3 제도, 기자정전기적비(箕子井田紀蹟碑)

서명응

평양은 은나라 태사(太師) 기자의 옛 도읍이다. 지금은 기자가 동쪽으로 왔던 기묘년으로부터 3천 년 가까이 되었다. 그 정지(井地)의 제도가 오히려 외천과 홍토 두 지역에 남아 있다. 일 만들기 좋아하는 자가 부(夫)의 모퉁이에 돌을 심어, 멀리서도 팔진도(八陣圖)의 돌 흔적을 볼 수 있다. 오! 기이하다. 그러나 그 제도는 어긋나고 그릇된 것이 이미 심하다. 누가 만들었는지 알지 못하지만 이론(異論)으로 말하면 “전(田) 자 형태는 은나라의 제도이고 정(井) 자 형태는 주나라의 제도이다”라고 한다. 대저 견·회·구·혁(畎澮溝洫)은 물이 지나는 땅이 아니었다. 처음 천하의 구역이 정해졌을 때 쌀을 씻어내듯이 간략한 것이었다. 그런즉 바꾸지 않고 다시 둘 수 있었다. 다시 둘 수 있었던 바는 오직 장부가 안에 있는 1무의 밭을 해마다 개간하며 쉽게 고칠 수 있었기 때문이다. 어찌 그 전(田)과 정(井)이 다르겠는가. 일찍이 시험삼아 정지(井地)의 주위를 돌아보며, 옛날과 지금의 변화를 따라가며 고찰하였다. 그런즉 밝은 빛이 한쪽 면을 비추자 구불구불하게 이루어진 언덕이 16리를 가로질러 서쪽은 하밀대가 되었고 동쪽은 고리문이 되었고 중성(中城)이 그 위를 둘러쌌다. 언덕의 8각은 겹겹이 아래에 차례대로 쌓여 있었다. 고리문에서 서남쪽으로 비스듬히 이어져 양각도, 대도문을 지난다. 또 북으로 하밀대에 이르는데 외성이 그 위를 둘러싸고 있다. 외성과 중성 사이로 가로세로 바둑판처럼 모두 12정이 펼쳐져 있다. 그 부(夫)가 남아 정을 이루지 못한 것이 또 30구(區)요, 전이 남아 부를 이루지 못한 것이 또한 21구다. 이것은 『주례』의 정목(井牧)으로, 그 들판이 넓고 기름지면 정(井)으로 만들었고, 낮은 습지이면 목(牧)으로 만들었다. 뒤섞고 조정하여 그 법이 이내 행해졌다. 매 1부의 4방은 2척의 지름길이 두르고 있고, 10부의 좌우에는 9보(步)의 길이 끼어 있다. 그것은 2척에서부터 3·4척에 이르고, 9보에서부터 6·7보에 이른다. 그런즉 부 사이의 수(遂)와 성(成) 사이의 구(溝)가 가로막혀서 변하여 그 경계를 잃은 것이다. 이런즉 『주례』 소사도(小司徒)에서 “9부(夫)가 정(井)이 되었고, 4정이 읍(邑)이 되었다”고 하였고, 수인(遂人)에서 “부(夫) 사이에 수(遂)가 있고, 수 위에는 경(徑)이 있다. 10부에 구(溝)가 있고, 구 위에는 진(畛)이 있다"고 하였다. 그러므로 정(井)을 9부로 하고, 진을 10부로 하였다는 두 직(職)의 글은 양쪽이 서로 위배되지 않는다. 이러한 이유로 지금 있는 것으로 옛 제도를 회복하고자 하려면 반드시 그 정·목(井牧)을 분별하고 그 수·구(遂溝)를 바르게 해야 한다. 그런즉 기자의 정지(井地)는 다른 데에서 구할 것을 기다리지 말지니, 이는 여기에 있기 때문이다. 어찌 반드시 번거롭게 하는가. 2각의 남쪽에 기자정 우물이 있고 우물의 동쪽에 작은 전각 하나가 세워져 있는데, 어느 해에 만든 것인지 알 수 없다. 대개 무택(畝宅)과 부가(夫家)의 제도이다. 우리 영조 경신년(1740)에 선대부(先大夫) 문민공(文敏公)이 이 땅, 즉 작은 전각의 북쪽을 돌아보고, 삼익재(三益齋)를 세우고 청남(淸南)의 선비를 선택하여 그곳에서 학문을 익히게 하였다. 또한 가숙(家塾)·당서(黨序)의 제도이다. 둘 모두 분명히 정지의 속내를 밝힌 것이나 특별히 부합하지는 않는다. 올해 병신년(1776)에 서명응은 외람되이 앞선 발자취를 계승하여 삼익재를 다시 새롭게 하고, 전각에 이르러 구주(九疇)라고 편액하고 주위에 담을 둘렀다. 이름을 구삼(九三)이라 하였다. 원(院)이 이미 이루어지자 주위 사람들과 의논하여 이르기를, "재(齋)와 각(閣)이 세워졌으니 정지(井地)가 되었다. 만약 정지가 날로 잡초에 우거져 덮인다면 장차 어찌 재와 각이라고 하겠는가"라고 하였다. 이에 그 도랑을 깊게 하여 통하게 하고 그 무(畝)를 다스려 구획하였다. 하나같이 기자의 정지이니, 바라건대 지금부터 이 정(井)에 거하고 이 정을 경작하는 자는 (도적을) 지키며 망을 보고, 서로 벗을 하며, 병이 나면 서로 도와 기자의 풍속을 두텁게 한 정지였음을 알게 하라. 봄과 가을에는 예·악(禮樂)을, 겨울과 여름에는 시·서(詩書)를 통해 기자가 인재를 기르던 정지였음을 알게 하라. 그리고 은과 주나라의 두 제도가 같지 않다고 이르는 자의 논의가 이르지 못하게 하라. 다만 자세하고 간략한 구분은 있도다. 대저 팔진도는 특별히 영루를 쌓은 돌로 만든 것이다. 그런즉 서촉(西蜀)의 문인과 학사들은 대쪽에 글을 쓰고, 책에 기록하고, 단단하고 아름다운 돌에 새겼다. 지금 그 빈터를 지나가는 자는 울며 감격해한다. 돌 하나도 혹 마음을 상하게 하는데, 하물며 정지는 3대의 인정(人政)이 비롯된 곳이다. 이에 돌에 새겨 그 자취를 기록한다. 사(詞)를 지어

이르기를,

저 가운데 언덕을 바라보니, 그 전(田)이 가로세로로 나 있도다.
기자 성인이 황무한 곳을 바로잡아 우 임금의 제도를 전한 바로다.
전한 것이 무엇인가, 구문(龜文, 낙서(落書))이 하늘에서 내려왔도다.
3·3하여 9가 되니, 중심을 비운즉 넓어지도다.
조법(助法)과 철법(徹法)이 이어져 있으니, 그 연원이 하나이도다.
기자 성인이 동으로 왔으니, 신하가 되지 않으려는 뜻을 굳건히 하였네.
거룩한 이 도여, 엎드러지고 쓰러졌다고 어찌 상하겠는가.
이에 깎으니 쟁기요, 이에 모으니 품 팔고 밭을 가는 자로다.
같이 동쪽으로 서쪽으로 다니면서, 맥(陌)을 만들고 천(阡)을 만들었도다.
흙 날라 담 쌓는 소리와 언덕에 북소리, 백성은 함께하며 성내지 아니하도다.
선한 풍속이 이루어져가고, 어짊이 일어나도다.
인(仁)의 교화가 흡족히 시행되니, 이것이 수레요 이것이 권세로다.
수풀의 그 바람소리가 천만 년에 이르는구나.
백성은 예의를 차려 미적미적하며, 선비는 암송하며 현악기를 타는 것을 업으로 삼도다.
어렴풋한 우리 기자 성인이 나를 꿈틀거리게 하도다.
제기를 올리느냐 분주한데, 오히려 술은 깊고 고요하도다.
하물며 이 옛 제도는, 이제 그 집의 정표니라.
이에 수(遂) 도랑이고 이에 구(溝) 도랑이니, 논두렁길과 두둑이 연이어 이루어져 있구나.
아아! 전이여, 해내(海內)에 선명하도다.
산은 길고 물은 아득하나, 전은 변하지 않았네.

『기자외기』 상편 제4 출처, 『서경』 미자 편

『서경』 「미자」 편. [미자는 장차 은나라가 망할 것을 알고 기자, 비간과 함께 의로움에 처할 것을 도모하였다. 사서에는 그 문답을 기록하고 있는데, 여기에서는 다만 기자의 말만 취한다.]

부사가 이에 말했다. "왕자님, 하늘이 호되게 재앙을 내려 은나라를 망하게 하려는데, 모두 술에 빠져 주정을 일삼고 있습니다. [부사는 기자를 말하며, 주왕의 제부이고 태사이다. 왕자는 미자이다. 주왕은 무도하여 하늘이 은나라에 재앙을 내렸으나, 기자는 이것을 하늘에 돌린 것은 군주를 존경하는 것이니 감히 말을 물리치지 못한 것이다. 방흥(方興)이란 바야흐로 일어나 다하지 않음을 말하는데, 하늘이 바야흐로 주왕의 정신을 빼앗으려 술에 빠지게 하였다고 말하는 것과 비슷하다. 이는 미자의 술에 빠져 주정한다는 말에 답한 것이다.] 두려워해야 할 것을 두려워하지 않고, 나이 많은 사람들과 오랫동안 벼슬한 사람들의 뜻을 거스르고 있습니다. [두려워할 것을 두려워하지 않는 것은 마땅히 두려워해야 할 하늘의 위엄을 두려워하지 않는 것을 말한다. 불(咈)은 거역하는 것이다. '노장(耈長)'은 노성한 사람으로, 노성한 사람을 거역하는 것을 말한다. '구(舊)'는 예부터 지위에 있던 덕이 있는 자를 말한다. 이는 미자의 미친 짓을 드러내니, 노성한 사람이 도망간다는 말에 답한 것이다.] 지금 은나라 백성들이 하늘과 땅의 신에게 올리는 여러 제물을 훔쳐가도 그냥 내버려두고 있으며, 그것을 먹어도 아무런 형벌도 내리지 않습니다. [색깔이 순수한 것을 희(犧)라 하고, 몸이 완전함을 전(牷)이라 하고, 소와 양과 돼지를 생(牲)이라 한다. 희생물인 생(牲)은 천지에 제사하는 것으로 예에 가장 중요한 것이다. 그런데 상나라 백성들은 빼앗고 훔쳐갔는데 담당 관리가 서로 용인하고 숨겨서 가져다 먹으니, 인사(人事)가 어그러짐이 이와 같았다. 그런데도 눈앞에 재앙이 없었으니, 하늘이 은나라를 잊은 지 오래되었다. 이는 미자의 도적질하며 날뛴다는 말에 답한 것이다.] 밑으로 은나라 백성들을 살펴보면 다스린다는 핑계로 원수처럼 재물을 거둬들이고, 적과 원수를 만드는 데 여념이 없습니다. 아래 위의 죄가 하나로 합쳐졌으니 괴로움이 크더라도 호소할 곳조차 없습니다. ['수감(讐斂)'은 원수처럼 심하게 거두는 것이다. 하늘이 바야흐로 은나라 백성을 내려다보니, 다스리는 것이 원수처럼 거두어 죄를 짓고 있으며 주왕이 원수처럼 거두는 것이 갈수록 심하였다. 나라를 망하게 하는 원수를 부르기를 게을리하지 않아 그 죄가 마침내 합쳐져 주왕 한 사람에게 모이고 나라의 국경은 날로 여위는 데도 알리는 자가 없었다. 이는 미자의 백성이 서로 원수가 되었다는 말에 답한 것이다.] 상나라가 지금 재앙이 있을 것이니, 나는 그 패망함을 받아들이겠습니다. 상나라가 멸망하게 된다면, 저는 남의 신하가 되지 않겠습니다. 왕자님께 권하니 도망치십시오. 저는 오래전부터 (다른 사람이) 당신을 해치려 한다고 말해왔습니다. 왕자님께서 떠나시지 않으면 우리 후손까지 완전히 끊기게 됩니다. [상나라는 이제 반드시 멸망의 재앙이 있을 것이다. 우리들은 마땅히 그 화와 패망함을 모두 받을 것이니, 의를 지키는 것을 미리 말하지 않을 수 없다. 상나라가 만약 멸망해도 나는 결단코 타국의 신하와 종이 되지 않을 것이다. 그리고 미자에게 떠나는 것이 도리임을 고하였으니, 상나라의 제사를 받들 사람이 없으면 안 되기 때문이다. 미자가 떠나야 상나라의 제사를 보존할 수 있다. '각(刻)'은 해침이다. 기자가 옛날 미자는 나이가 많고 또한 어질다고 하여 제을에게 미자를 세우라고 권했는데 제을은 이 말을 좇지 않고 결국 주(紂)를 세웠다. 주가 이로 인해 미자를 죽이고자 하였다. 이는 내가 지난날 말한 바에 부합하는 것으로, 그대를 해치려는 것이다. 그대가 만약 떠나지 않으면 화를 결코 면치 못하여 우리 상나라의 종사(宗祀)가 뒤집어져 맡길 곳이 없을 것이다. 어찌 슬프지 않겠는가. 이는 미자의 멸망하여 엎드러진다는 말에 답한 것이다.] 자중하여 모든 사람이 스스로 선왕에게 뜻을 바쳐야 합니다. 저는 도망칠 생각이 없습니다"라고 하였다. [위의 글에서 이미 의를 지키는 길에 대해 갖추어 말하였다. 이에 이르러서는 결국 심법(心法)으로써 단단히 하였다. '정(靖)'은 평안함이다. 그 마음이 스스로 의리에 편안하게 머무르는 것을 당연하게 여기고, 부끄러워하는 마음이 없는 것을 말한다. 스스로 선왕의 신명에게 바칠 따름이다. 이에 내가 도망칠 생각을 하지 않는 바이다. 비록 미자와 같지 않았으나 또한 마음이 상하지 않았다. 공자가 말씀하길, 은나라에는 세 명의 어진 이가 있었다고 했으니, 대개 이것에 근본을 두었다.]

『기자외기』 중편 제5 도학(道學), 홍범 편을 쓰다

홍범 편을 썼다. [『한서』의 지에서는 "우(禹)가 홍수를 다스릴 때 낙서의 법을 내려 진술하였으니, 홍범이다"라고 하였다. 이 홍범은 우의 홍범이다. 『사기』에서는 "무왕이 은나라를 이기고 기자를 방문하여 하늘의 도를 묻자 기자가 홍범을 진술하였다"라고 하였다. 이 홍범은 기자의 홍범이다. 대개 우의 홍범은 홍범의 경전으로, 곧 제4절의 '초일왈(첫째는 이르기를)'에서 '위용육극(위엄으로 6가지 지극함을 사용한다)'에 이르는 것이다. 기자의 홍범은 홍범의 해석서로, 곧 5절 이하 '일오행(첫째는 오행이다)'에서 '육왈약(여섯째는 연약이라 한다)'에 이르는 것이다.]

13년에 (주나라) 왕이 기자를 방문하였다. [은나라에서는 '사(祀)'라고 하고 주나라에서는 '연(年)'이라고 한다. 역사를 기록하는 신하는 대저 무왕과 기자가 묻고 답하는 것을 기록할 때에 햇수에 대한 기록은 주나라의 예를 따라 무왕이 천하를 하나로 통일한 뜻을 드러냈다. 햇수를 세는 칭호는 곧 은나라의 예를 따랐으니, 기자가 신하가 되지 않겠다는 것을 밝힌 것을 겨우 보인 것이다. 이때 곧 무왕이 천자의 자리에 오르기 전에 기자가 도를 전했음을 자연히 짐작할 수 있다.]

왕이 이에 말하여 이르기를 "아! 기자여. 하늘이 몰래 백성들을 정하여놓고 서로 화합하며 살게 하였는데, 나는 그 사람이 지켜야 할 떳떳한 윤리가 베풀어지는 것을 알지 못합니다"라고 하였다. ['이에 말한다'는 것은 침묵을 오랫동안 한 이후에 비로소 말을 하였다는 것이다. 대개 무왕은 정벌을 한 군주이고 기자는 나라를 잃은 신하였다. 나라를 잃은 신하가 정벌을 한 군주를 알현한 것으로, 비통함을 억누르는 것을 스스로 할 수 없었던 까닭으로 무왕 역시 오랫동안 침묵한 것이다. 기자가 점차 안정을 찾는 것을 기다린 이후에 비로소 말을 한 것으로, 충신을 기다리는 예는 아니다. 진실로 이와 같이 한 것은 삼가 그에게 장차 큰 도를 묻기 위해서는 반드시 먼저 그 마음을 위로하고 안정시켜야 했기 때문이다. '등(騭)'은 '안정시키다'는 것이고, '협(協)'은 '화합하다'는 뜻이다. '이상(彝常)'은 윤리로, 이른바 떳떳하게 타고난 인륜이다. 무왕은 장차 큰 도를 물으면서 필시 먼저 탄식하며 기자를 부르며 말하되 "위로 하늘이 묵묵히 그 백성을 능히 안정시키려 주왕의 어지럽힘을 물리칠 수 있게 하고, 또 능히 그 사는 곳에서 화합할 수 있도록 도와주었습니다. 주나라의 다스림을 들게 한 것은 또한 하늘의 뜻이 아닌 바 없으며 사람이 능히 할 수 있는 것이 아닙니다. 지금 내가 장차 천명을 계승하여 백성의 임금이자 스승이 되었는데, 무릇 백성들이 매일 사용하는 도중에 항상 행해야 할 일의 조리는 환한데, 각기 지니고 있는 차례는 그 근본이 되는 바를 알지 못합니다"라고 하였다. 이는 필시 큰 법과 구주의 도리를 기자에게 묻고 싶어 한 것이다. 그러나 말의 뜻은 은근하게 드러내지 않고 짐작하도록 한 겸손하고 공손하면서 온화하며 유순한 말로, 넓고 큰 바를 포함하고 있는 진정한 성인의 말이도다.]

기자가 이에 말하여 이르기를, "내가 듣기에 옛날에 곤이 홍수를 틀어막아 그 5행을 오랫동안 어지럽혔습니다. 상제가 이에 진노하여 홍범구주를 주지 않아 사람이 지켜야 할 떳떳한 윤리가 부서지게 되었습니다. 곤은 곧 죽임을 당했고 우가 이에 계승하여 일으키자 하늘이 우에게 홍범구주를 내려 사람이 지켜야 할 떳떳한 윤리가 베풀어지게 하였습니다"라고 하였다. [‘기자가 이에 말하였다’는 것 역시 그가 가히 도를 전할 수 있는지 여부를 깊이 생각한 이후에 비로소 말하였음을 의미한다. 대개 이 도라는 것은 하늘이 우에게 준 것을 우가 기자에게 준 것이다. 기자가 어려운 때를 만나 몸이 만약 죽지 않았다면 자취가 필시 중국에서 사라졌을 것이다. 이 도도 기자에 이르러 또한 끊어져서 뒤에 전수받아 지키고자 하는 자가 그 도가 전하지 않는 것 때문에 눈물 흘리는 것을 그치지 않음에 이를 것이다. 기자가 받은 도는 곧 우의 도이다. 이에 지금 무왕이 홀연히 이 도를 기자에게 물은 것이다. 기자는 비록 주나라의 신하가 되고자 하지는 않았으나 무왕의 성스러움과 이 도를 전하지 않으면 천하에 가히 전할 사람이 없었기 때문에 오랫동안 깊이 생각해보고 먼저 이 도가 폐하고 일어난 바를 말한 것이다. ‘인(湮)’은 ‘막히다’는 것이고, ‘골(汨)’은 ‘어지럽다’는 것이며, ‘진(陳)’은 ‘늘어서다’는 것이고, ‘제(帝)’는 하늘의 주재자이다. 진노했다는 것은 징후들을 통해 구한 것으로, 참으로 지극히 당연한 이치가 존재하는 곳은 있는 것이다. 대개 하늘의 둥근 원 가운데에서 오르내리며 흘러 다니는 것은 5행의 이와 기이다. 마음의 비어 있는 가운데에서 움직이거나 머물러 있거나 들락날락하는 것 역시 5행의 이와 기이다. 그런 까닭으로 사람이 혹 화를 내면 마음속의 다섯 기운이 요란스럽게 어지러워져 그 본질이 질서 정연히 있기 어렵게 한다. 그런즉 바야흐로 곤이 홍수가 일어나는 것을 막은 것은 위로는 토양의 성질을 막고 아래로는 재화를 이루는 6가지 요소와 덕치를 이루기 위해 필요한 3가지 일을 잃게 하여 오랫동안 다스릴 자를 얻지 못하게 한 것이다. 역시 어찌 하늘의 가운데에 있는 다섯 기운이 요란스럽게 어지러워지지 않겠으며 그 본연의 모습이 능히 질서 정연하지 않을 수 있겠는가. 그런 까닭으로 진노했다고 이른 것이다. ‘비(畀)’는 ‘주다’는 것이고 ‘홍(洪)’은 ‘크다’, ‘범(範)’은 법, ‘주(疇)’는 ‘무리’이고, ‘두(斁)’ 역시 ‘부수다’이다. 홍범구주는 본래 검은 거북이의 낙서에서 나왔다. 검은 거북이의 낙서는 또한 5행의 기운에서 나왔는데, 하늘과 땅의 기운이 합하여 부드럽게 조화를 이루었으며, 곤이 어지럽게 늘여놓은 오행도 이와 같아졌다. 홍범구주는 어디에서 유래하여 주어졌는가. ‘석(錫)’은 ‘주다’이다. 우가 곤을 대신하여 물을 다스려 땅이 평온해지고 하늘이 가지런해졌다. 이에 검은 거북이가 글을 짊어지고 낙수에서 나왔으며, 우가 이로 인해 체계를 세워 큰 법의 아홉 유형을 만들었다. 아래 글에서 일컫는 바와 같다.]

첫 번째는 5행(行)이고, 두 번째는 공경함에 5사(事)를 쓰는 것이고, 세 번째는 농사에 8정(政)을 쓰는 것이고, 네 번째는 화합하는 데 5기(紀)를 쓰는 것이고, 다섯 번째는 세우는 데 황극(皇極)을 쓰는 것이고, 여섯 번째는 다스림에 3덕(德)을 쓰는 것이고, 일곱 번째는 밝힘에 계의(稽疑)를 쓰는 것이고, 여덟 번째는 생각함에 서징(庶徵)을 쓰는 것이고, 아홉 번째는 권할 때는 5복(福)을 쓰고 징계할 때는 6극(極)을 쓰는 것입니다. [이 한 절은 앞서 우왕이 베푼 홍범의 경전에서 가져온 것으로 처음 1에서 다음 9까지는 낙서의 근본 숫자이다. '왈오행' 이하는 홍범의 본문이다. '협(協)'은 '화합하다'이다. 사람을 하늘과 화합시키는 것을 말한다. '예(乂)'는 '다스리다'이다. '건(建)'은 '세우다'이다. '염(念)'은 살피고 시험해보는 것이다. '향(嚮)'은 권하는 바이고, '위(威)'는 징계하는 바이다. 대저 홍범의 법칙은 낙서로 거기에는 큰 것이 3가지가 있으니 대대(對待)와 유행과 시작・중간・끝이다. 무엇을 대대라 하는가. 하도에는 10이 있고 낙서에는 10이 없다. 그러나 낙서의 대대는 실로 10이란 수를 포함한다. 북쪽 1은 남쪽 9와 짝하여 10이 되며, 서남쪽 2는 동북쪽 8과 짝하여 10이 되며, 동쪽 3은 서쪽 7과 짝하여 10이 되며, 동남쪽 4는 서북쪽 6과 짝하여 10이 되며, 가운데에 이르러서는 더불어 짝이 되지 못하고 스스로 5를 포함하여 10이 된다. 합하여 크고 넓은 50의 수가 된다. 비어 있는 그 가운데 5의 하나는 형상으로 말하면 태극이다. 그러므로 홍범의 첫째 5행은 5복 6극과 서로 짝하는데, 5행은 이에 모든 일과 모든 사물이 유래하는 곳이고, 복과 지극함은 또한 사람의 일과 기의 움직임이 스스로 끝나는 곳이다. 끝은 시작과 짝한다. 두 번째 5사는 여덟 번째 서징과 서로 짝하는데, 5사는 천연의 법칙에 대한 공부이고, 서징은 또 사람의 일에 대한 효험으로, 공부와 효험은 짝한다. 세 번째 8정과 일곱 번째 계의가 서로 짝을 이루는데, 8정은 사람의 모의로 된 것이며, 계의는 신의 모의로 된 것이다. 반드시 사람의 모의가 해결되지 않은 이후에 신의 모의에 의해 결단된다. 사람은 신과 짝한다. 네 번째 5기와 여섯 번째 3덕이 서로 짝을 하는데, 5기는 하늘에 있으면서 형상을 이루는 것이며, 3덕은 땅에 있으면서 성질을 이루는 것이다. 형상과 성질은 짝한다. 만약 황극이 8주의 가운데에 거하는 것에 이르면, 앞뒤의 여러 주는 황극이 거느리지 않는 바가 없다. 그러므로 황극은 5행을 순조롭게 할 수 있고 5사를 공경하게 할 수 있고 8정을 두텁게 할 수 있고 5기를 화합하게 할 수 있고 3덕을 다스릴 수 있고, 서징을 헤아릴 수 있고, 5복으로 권하고 6극으로 징계할 수 있다. 무엇을 유행이라 하는가. 하도는 왼쪽으로 돌아 삶을 주관하여 극복함을 주관하는 것과 대대한다. 낙서는 오른쪽으로 돌아 극복함을 주관하니, 삶을 주관하는 것과 극복함을 주관하는 것을 나란히 한다. 그래서 1과 6의 물은 오른쪽으로 돌아 2와 7의 불을 극복하고, 2와 7의 불은 오른쪽으로 돌아 4와 9의 금을 극복하고, 4와 9의 금은 오른쪽으로 돌아 3과 8의 나무를 극복한다. 삶을 주관하니, 1과 6은 나란히 북쪽에 거하는데 1이 물을 낳고 6이 이룬다. 2와 7은 나란히 서쪽에 거하는데, 2가 불을 낳고 7이 이룬다. 3과 8은 나란히 동쪽에 거하는데, 3이 나무를 낳고 8이 이룬다. 4와 9는 나란히 남쪽에 거하는데, 4가 금을 낳고 9가 이룬다. 대개 상극의 가운데에 상생의 기회가 있다. 그러므로 홍범의 여섯 번째 3덕이 첫 번째 5행의 성취가 된다. 5행을 뒤섞어 뭉쳐 있게 하면 사람의 기질에 드러나는 것을 막아 세상이 세속적인 것을 숭상하게 되니, 그 기질이 세속을 숭상하여 혹은 강함에 치우치거나 혹은 연약함에 치우친 것은 필시 3덕을 이용하여 극복하고 5행의 근본을 되돌려 다스린다. 그런즉 이 3덕은 5행의 저울이다. 일곱 번째 계의는 두 번째 5사의 성취가 된다. 임금이 공경함에 5사를 쓰면 천하의 모든 이치가 매우 세차게 쏟아져 의심할 것이 없다. 그런즉 일의 변화에는 끝이 없어 혹은 사람의 모의로 능히 해결할 수 없는 것이 있으니, 여러 점을 쳐서 그 뜻을 결정한다. 이것이 계의이니 즉 5사를 꿰뚫어보고 변화시키는 것이다. 여덟 번째 서징은 세 번째 3정의 성취가 된다. 모든 국가의 큰일은 무릇 얻는 것과 잃는 것이 있어 문득 재앙이나 복을 보게 되니, 5사의 화와 복이 되는 것에 그치는 것만은 아니다. 이것이 서징이니 곧 8정을 신중히 생각하여 조사하는 것이다. 아홉 번째 복극은 네 번째 5기의 성취가 된다. 해와 달과 별들이 밝게 비치며 순조롭게 펼쳐져 있으면 평안함과 화목함이 크게 퍼지니 5복이 모두 이르며, 움직여 흐려지거나 뒤섞여 어지러워지면 사계절의 기운이 어그러져 6극이 갖추어서 이른다. 이것이 복극이니 곧 5기의 끝맺음이다. 만약 황극이 8주의 가운데에 거한다는 것에 이르면, 5행을 살피는 것은 3덕으로 다스리고, 5사를 공경하는 것은 점을 치는 것을 밝히는 것으로 하고, 8정을 두텁게 하는 것은 서징을 헤아리는 것으로 하고, 5기를 화합시키는 것은 복을 내리고 극단을 제거함으로 하니, 앞뒤에 여러 주가 황극으로 말미암지 않음이 없다. 무엇을 시작 · 중간 · 끝이라 하는가. 날에는 아침, 정오, 저녁이 있고, 사람에게는 소년, 장년, 노년이 있고, 사물에는 머리, 가슴, 꼬리가 있고, 일에는 시작, 중간, 끝이 있다. 무릇 하도와 낙서의 수가 어찌 홀로 그렇지 않겠는가. 하도의 형상은 둥글고 쓰임은 네모나다. 4정이 그 모퉁이로 가니 형상이 둥글다고 일컬을 바가 아니다. 하늘의 수는 1에서 시작하고 땅의 수는 2에서 시작하여 두 개의 시작이 된다. 하늘의 수는 5에서 가운데가 되고 땅의 수는 6이 가운데가 되어 두 개의 가운데가 된다. 하늘의 수는 9에서 끝나고 땅의 수는 10에서 끝나 두 개의 끝이 된다. 모두 두 개의 그 시작 · 중간 · 끝으로, 무릇 둘은 필시 우수이고, 무릇 우수는 필시 네모나니, 쓰임이 네모나다고 일컬을 바가 아니다. 낙서의 형상은 네모나고 쓰임은 둥글다. 4정이 그 모퉁이에 있으니 형상이 네모나다고 일컬을 바가 아니다. 1은 북쪽에 기하며 수의 시작이 되고, 5는 가운데 거하며 수의 가운데가 되며,

9는 남쪽에 거하며 수의 끝이 된다. 모두 하나같이 그 시작·중간·끝으로, 무릇 1은 필시 기수이고, 무릇 기수는 필시 둥그니, 쓰임이 둥글다고 일컬을 바가 아니다. 그러므로 홍범 5행이 처음 1의 자리에 거하는 것은 처음 1이 뭇 수가 말미암는 시작이 되고 5행 역시 뭇 쓰임이 말미암는 시작이 되기 때문이다. 대개 5사는 이에 5행이 응집하여 형태를 만든 것이고, 8정은 이에 5행이 섞여 사물이 된 것이고, 5기는 이에 5행의 운행으로 여러 천체 현상이 된 것이고, 3덕은 이에 5행의 순수함과 불순함이 기질이 된 것이며, 계의는 이에 5행의 움직임과 고요함이 점복이 된 것이며, 서징은 이에 5행의 순응과 거슬림이 재앙과 상서로움이 된 것이며, 복극은 이에 5행의 얻고 잃음이 징조가 된 것이다. 가로세로 위아래로 5행의 쓰임 없이 갈 수 없다. 이런즉 낙서의 1은 1을 주어 2가 되고, 2를 주어 3이 되고, 3을 주어 4가 되고, 4를 주어 5가 된다. 비록, 십, 백, 천, 만에 이르러도 1에서 시작하지 않는 것이 없다. 이런 까닭으로 5행을 처음 1에 배치한다. 여러 주는 모두 쓰임을 말하고, 5행만 홀로 쓰임을 말하지 않고, 여러 주의 쓰임을 보게 하니, 모두 이것을 시작으로 한다. 황극이 가운데 5의 자리에 거하는 것은 가운데 5가 뭇 수가 유래하는 근본이 되고 황극 역시 여러 주가 유래하는 근본이 되기 때문이다. 대개 황극이란 이에 임금의 마음으로, 천하의 모든 일이 임금의 마음을 근본으로 하지 않는 것이 하나도 없다. 그러므로 5행은 황극을 얻어 순응하고, 5사는 황극을 얻어 공경하고, 8정은 황극을 얻어 두터워지고, 5기는 황극을 얻어 화합하고, 3덕은 황극을 얻어 다스리고, 계의는 황극을 얻어 밝아지고, 서징은 황극을 얻어 헤아리고, 5복은 황극을 얻어 권하고 징계한다. 이런즉 낙서의 5는 가운데 거한다. 1이 5를 얻어 6이 되고, 2가 5를 얻어 7이 되고, 3이 5를 얻어 8이 되고, 4가 5를 얻어 9가 된다. 여러 숫자가 5를 근본으로 하지 않음이 없으므로, 황극의 가운데에 5를 배치한다. 여러 주는 모두 수를 말하고, 황극만 홀로 수를 말하지 않고, 여러 주의 수를 보게 하니, 모두 이것을 근본으로 한다. 만약 5복과 6극에 이르면, 그 사람의 일이 서로 말미암고, 기의 변화가 서로 타고, 다섯 운행과 여섯 기운이 밀고 옮겨, 그 조화롭고 화합하고 순응하고 맞음이 지극해지면 백성이 어진 이가 장수하는 지역에 오르게 되어 5복이 호응하게 되니, 요와 순의 시대와 같은 것이 이것이다. 사람의 일이 서로 말미암고, 기의 변화가 서로 타고, 다섯 운행과 여섯 기운이 밀고 옮겨, 그 어그러지고 어질러지고 거스르고 사나워짐이 지극해지면 백성이 전염병의 기운을 만나 6극이 호응하게 되니, 걸과 주의 시대와 같은 것이 이것이다. 대개 이에 이르면 선과 악의 징험이 구별되어 두 길이 되고, 다스려짐과 어지러워짐의 구분이 문득 하늘과 땅을 이룬다. 그래서 5복과 6극이 끝에 매여 있어 둘이 그 쓰임으로 말해진다. 대개 모든 일이 둘로 끝나지 않음이 없으니, 4덕의 끝은 곧음과 굳음이니 둘이 되고, 4방의 끝은 귀·사(龜蛇)이니 둘이 되고, 사계절의 끝은 이미 이루어진 올해의 일과 또 시작되는 내년의 일이니 역시 둘이 된다.]

첫 번째 5행은, 1은 물이고, 2는 불이고, 3은 나무고, 4는 쇠이고, 5는 흙입니다.

물은 적시며 내려가는 것이고, 불은 태우며 올라가는 것이며, 나무는 굽거나 곧은 것이며, 쇠는 따르고 고치는 것이며, 흙에서는 심고 거둡니다. 적시며 내려가는 것은 짠 것을 만들고, 태우며 올라가는 것은 쓴 것을 만들고, 굽거나 곧은 것은 신 것을 만들고, 따르고 고치는 것은 매운 것을 만들고, 심고 거두는 것은 단 것을 만듭니다.

[이 이하부터 모두 기자가 자세히 설명한 홍범의 주석서이다. '일오행' 세 글자는 우 임금이 진술한 주의 대강이고, '일왈수' 이하는 기자가 진술한 항목이다. 5행을 물 1에서 서술하는 것은, 물은 사계절의 기운의 시작으로 가볍고 맑으며 원활하여 한 귀퉁이에 머무르지 않기 때문이다. 5행은 모든 일의 시작으로, 뒤섞이고 오가며 움직임에 한 사물에 국한하지 않는다. 글은 모두 셋으로 구분하였는데, 처음은 5행의 순서이며, 가운데는 5행의 성질이며, 끝은 5행의 성취하는 능력이다. 순서로 말하면, 5행은 먼저 태어난 순서가 있고 상극의 순서가 있다. 하늘의 1은 물이고, 땅의 2는 불이고, 하늘의 3은 나무고, 땅의 4는 금이고, 하늘의 5는 흙이니, 이것이 처음 태어난 순서이다. 물은 불을 이기고, 불은 쇠를 이기고, 쇠는 나무를 이기고, 나무는 흙을 이기니, 이것이 상극의 차례이다. 그런즉 태어남이 있은 이후에 극복함이 있으며, 상극의 차례는 모두 먼저 태어난 차례에 의거한다. 그러므로 이것은 다만 그 먼저 태어난 순서를 편 것이다. 성질로 말한 것이다. '윤하(潤下)'는 적시며 또 내려가는 것이고, '염상(炎上)'은 태우며 또 올라가는 것이며, '곡직(曲直)'은 굽고 또 곧은 것이며, '종혁(從革)'은 따르며 또 고치는 것이다. '원(爰)'은 '~에서'이다. '어(於)'라 이른 것은 심고 가둘 따름이기 때문이다. 이름으로 인한 것이 아니다. 그런즉 성질 역시 장점으로 유추한 한 부분이 아니다. 물의 적심을 알면, 불은 마르고 나무는 축축하고 쇠는 맑고 흙은 차짐을 알 수 있다. 불의 태움을 알면, 물은 벌여 있고 나무는 따뜻하고 쇠는 차갑고 흙은 축축함을 알 수 있다. 나무의 굽고 곧은 것을 알면, 물은 평평하고 불은 날카롭고 쇠는 모가 나 있고 흙은 널려 있음을 알 수 있다. 쇠의 따르고 고치는 것을 알면, 물은 온화하고 나무는 깎아지고 불은 태우고 흙은 견고한 것을 알 수 있다. 흙의 심고 거두는 것을 알면, 물은 우물과 샘이 되고 불은 부엌의 불이 되고 나무는 궁궐의 방이 되고 쇠는 그릇이 됨을 알 수 있다. 성취하는 능력으로 말하면, 만들어져 되는 것을 말한다. 처음에는 반드시 그렇지 않으나 끝에는 이내 그러해진다. 물은

짠 맛이 없었으나 그것이 흘러 바다로 들어가 머물러 쌓인 뒤 오래 지나면 맛이 짜진다. 그런즉 짠 것은 이에 적시며 내려가서 만들어진 것이다. 불은 쓰지 않았으나 그 물건을 태우고 태워 오래된 이후에는 맛이 써진다. 그런즉 쓴 것은 이에 태워 올라가서 만들어진 것이다. 나무에 이르러서는 열매가 마르거나 썩으면 시다. 쇠의 본질을 단련하면 맵다. 심고 가꾼 것의 맛은 불을 때거나 익히면 달다. 모두 그 만들어진 것으로 이른 것이다. 혹은 의심하니, 5행에 소리가 있는데 물은 우이고 불은 징이고 나무는 각이고 쇠는 상이고 흙은 궁이라는 것이고, 5행에는 색깔이 있는데 물은 검푸르고 불은 빨갛고 나무는 푸르고 쇠는 하얗고 흙은 누렇다는 것이다. 지금 모두 미치지 못하니 어찌됨인가. 이르노니, 나무의 소리는 진실로 각이고, 쇠의 소리는 진실로 상이다. 그러나 용문의 오동나무에 줄을 달아 연주하면 5음이 갖추어진다. 형양의 쇠를 주조하여 치면 5음이 갖추어진다. 어찌 5음을 5행으로 구별할 수 있겠는가. 물의 색은 진실로 검푸르며 흙의 색은 진실로 누렇다. 그러나 동정의 호수는 그 푸름이 하늘과 같고 회·해 지역의 땅은 그 흙이 붉은 빛깔의 찰흙이다. 이에 또 5색을 5행으로 구별할 수 있겠는가. 대저 5행은 이에 소리와 색깔이 품고 있는 바로, 소리와 색깔로 5행의 계통을 세워 쓰는 것은 불가하다.]

두 번째 5사는, 1은 용모이고, 2는 말하는 것이고, 3은 보는 것이고, 4는 듣는 것이고, 5는 생각하는 것입니다. 용모는 공손함이고, 말하는 것은 따르는 것이고, 보는 것은 밝음이고, 듣는 것은 귀가 밝은 것이고, 생각하는 것은 슬기로운 것입니다. 공손함은 엄숙함을 만들고, 따르는 것은 다스림을 만들고, 밝은 것은 밝음을 만들고, 귀가 밝은 것은 지략을 만들고, 슬기로움은 성스러움을 만듭니다. [5사를 불 2에서 서술하는 것은, 불은 단지 빛의 기운과 냄새와 맛은 있으나 나무와 쇠가 엉겨 뭉쳐 무겁고 탁해지는 것과 같지 않기 때문이다. 용모, 말하는 것, 보는 것, 듣는 것, 생각하는 것 역시 다만 색깔의 형상과 소리의 기운만 있으니, 귀와 눈과 손과 발의 체질이 견고한 것과 같지 않다. 5사의 글 역시 모두 셋으로 구분된다. 용모는 물을 윤택하게 하는 것이며, 말하는 것은 불을 날리는 것이며, 보는 것은 나무를 흩트리는 것이며, 듣는 것은 쇠를 거두는 것이며, 생각하는 것은 흙을 통하는 것이니, 이것이 5사의 이름이다. 공손한 것은 공경하는 것이며, 따르는 것은 순종하는 것이며, 밝은 것은 보이지 않음이 없는 것이며, 귀가 밝은 것은 들리지 않는 것이 없는 것이며, 슬기로운 것은 세세한 것까지 통하는 것으로, 이것이 5사의 기능이다. 엄숙함은 엄한 것이며, 가지런한 것은 다스리는 것이며, 조리 있는 것은 밝은 것이며, 지략은 헤아리는 것이며, 성스러운 것은 통하지 않는 것이 없는 것으로, 이것이 5사의 효험이다. 그런즉 용모는 안색에만 그치지 않는다. 무릇 위엄 있고 엄숙한 동작이 모두 그 공손함과 공경함에서 이르면 기상이 가지런하고 엄숙해져 사람들로 하여금 공경을 일으킨다. 말하는 것은 교제하는 것에만 그치지 않는다. 무릇 지휘하여 명령하고 타일러 경계하는데 모두 그 도리에 순응하면 가히 법에 맞게 되어 사람들로 하여금 스스로 다스리게 한다. 보는 것은 흑백을 분별하고 길고 짧은 것을 살피는 데에 그치지 않는다. 무릇 사물을 보고 사람을 보고 뜻을 보는데 모두 그것을 꿰뚫어 보고자 하면 사람의 본성과 사물의 이치를 밝게 비쳐 가리는 것이 없게 하여 천하를 크게 밝아지게 한다. 듣는 것은 말을 듣고 소리를 듣는 것에 그치지 않는다. 무릇 소송을 결정하고 옳고 그름을 구분하고 이단을 분별하는 것은 하나같이 귀로 들어오니, 모두 그 당연한 바를 얻어 대저 그렇게 된 바와 함께 하면 가야 할 바로 추론하고 어지럽지 않게 헤아려서 처리하여 천하의 뛰어난 계책을 만들 수 있다. 생각하여 몸가짐이 있게 하는데 이르러, 몸가짐을 만드는 일은 듣는 데 있고, 듣는 것을 만드는 일은 아득하고 세밀한 것까지 통찰하여 자기를 신성화하고 기묘함에 들어가게 하는 것으로, 성인이 아닌 자는 할 수 없다. 대개 귀와 눈의 기관은 각기 한 가지 일에 전념하나 마음의 기관은 통하지 않는 곳이 없다.]

세 번째 8정은, 1은 식(食), 2는 화(貨), 3은 사(祀), 4는 사공, 5는 사도, 6은 사구, 7은 빈(賓)이며, 8은 사(師)입니다. [8정을 나무 3에서 서술하는 것은, 나무는 필시 물의 축축함을 얻고 불의 열에 감응하여 그 성질을 이루기 때문이다. 그리고 8정 역시 하늘에 있는 5행과 사람에게 있는 5사로 인한 이후에 사람의 5사로 하늘의 5행을 살펴 법을 세우고 규율을 베풀어, 8정의 쓰임을 두텁게 한다. 1에서 4는 모두 5의 수를 사용하였는데 홀로 8정만 8의 수를 사용한 것은 하늘 3이 나무를 낳고 땅 8이 이루어진 까닭이다. 이와 같이 하나를 들어 그 나머지에 예로 하여 흘겨보니 생성이 이루어지는 교차하는 자리이다. 그런즉 식, 화, 사 셋은 하는 일을 통해 말한 것이고, 사공, 사도, 사구 셋은 관직으로 말한 것이고, 빈과 사에 이르러서는 하는 일과 관직을 겸하여 말한 것이다. 흘겨보아 식과 화와 사가 빈과 사와 합해져서 5가 된다. 사공, 사도, 사구가 빈과 사에 합해져서 역시 5가 된다. 대개 5수의 가운데는 8수에 의지하고, 8수의 가운데는 5수와 짝한다. 대저 이랑과 도랑들은 식의 일이다. 기예를 통하게 하고 일을 바꾸고 있는 것과 없는 것을 서로 바꾸는 것은 화의 일이다. 천신과 토지신과 큰 산과 큰 강, 종묘에서 공·경·대부의 선조에 이르기까지 근본에 보답하고 처음으로 돌아가기 위해 제사 지내지 않음이 없게 하는 것은 사의 일이다. 서울 곧 도성을 9구역으로 삼아 왕궁과 조정과 시장은 가운데에 위치하게 하고 백성들은 좌우에 거하게 하며, 도·비(都鄙)는 25가를 이(里)로 삼고, 5백

가를 향으로 삼고, 2,500가를 당으로 삼는 것은 사공의 일이다. 8세에 소학에 입학하고 15세에 대학에 들어가 백성을 가르치는 3가지 일을 따르게 하여 그 덕행과 어진 능력을 일으키는 것은 사도의 일이다. 지역에 대한 다섯 등급의 복제로 세 곳에 나아가게 하며, 5가지 유배형에 세 등급으로 거하여 하고, 채찍은 관청에서의 형벌로 만들고, 회초리는 학교에서의 형벌로 만드는 것은 사구의 일이다. 조회하고 함께 모이고 왕래하고 교제하여 이웃 나라와 친하고 멀리 있는 사람을 편안케 하는 것은 빈의 일이다. 6군을 거느리고 그 앉고 일어나는 것을 익혀 합당치 않는 것을 정벌하고 간악한 짓을 꾸미는 것을 멈추게 하는 것은 사의 일이다. 8정의 일을 잠시 한두 가지 들었는데, 『주례』의 6전을 벗어날 수 없다. 대개 무왕이 이 도를 기자에게서 얻고 주공이 이 도를 무왕에게서 얻어 드디어 펼쳐서 『주례』 6전이 된 것이리라.]

네 번째 5기는, 1은 세(歲)이며, 2는 월이며, 3은 일이며, 4는 별들이며, 5는 역수입니다. [5기를 쇠 4에서 서술하는 것은, 쇠는 필시 불의 마름을 얻고 물의 적심에 감응하여 그 성질을 이루기 때문이다. 그리고 5기는, 역시 반드시 하늘에 있는 5행과 사람에게 있는 5사로 인한 이후에 사람의 5사로 하늘의 5기를 살펴 역법을 다스리고 때를 밝혀서 5기의 쓰임을 돕게 한다. 지금 3, 4 두 주를 상세히 하여 세울 때 모두 세 번 바뀌는 방법을 쓰지 않고 썼다. 1, 2 두 주와 똑같이 하지 않은 것은 나무와 쇠는 모두 물과 불을 내려 받아 각기 성질이 정해지는 바가 있기 때문이다. 만약 물과 불이 이리저리 옮겨 다니고 번쩍하는 모습이 없으면 변화가 끝없겠는가. 세·월·일이란, 해를 나누면 열두 달이 되고, 한 달을 나누면 삼십 일이 되고, 하루를 나누면 열두 시가 되니, 이것은 역법의 경도이다. 별은 초어스름 때의 중성을 살펴 해 자리의 도를 정하고, 12차의 눈금을 살펴 해와 달이 만나는 때를 안다. 이것은 역법의 위도이다. 경도로써 위도를 헤아리고, 위도로써 경도를 바로잡으니 역의 올바름을 얻을 수 있다. 그런즉 술수가 분명치 않으면 또 어찌 능히 그것을 틀림이 없이 보호하겠는가. 그러므로 역수로 마친다. 역수는 곧 천체의 운행과 위치를 관측하는 기구로, 개천, 주비, 구고와 같은 유형이 모두 이것이다.]

다섯 번째는 황극입니다. 임금이 세운 그것에 지극함이 있어 때에 맞게 5복을 거두어 그 백성에게 베풀어주는 데 쓰면, 오직 그 백성이 그대의 지극함에 때를 맞추어 그대의 지극함을 보호할 것입니다. 무릇 그 백성은 음란함을 벗하지 않고, 사람들은 사사로이 둘러붙게 됨이 없게 되어 오직 임금이 지극함을 만들었기 때문입니다. 무릇 그 백성은 꾀하는 것이 있고 만들어내는 것이 있고 지키는 것이 있게 됩니다. 그대는 생각하십시오. 지극함에 화합하지 않았으나 재앙에 걸리지 않았으면 임금께서 받아주시고, 편안한 얼굴로 "내가 좋아하는 바는 덕이다"라고 말하고 그대는 복을 내려주소서. 때에 사람들은 이에 임금의 지극함에 맞게 할 것입니다. 외롭고 홀로 된 이를 학대하지 않고 고상하고 명망 있는 이를 두려워하지 않게 됩니다. 사람의 할 수 있는 바와 이룬 바에 의해 차이를 두어 그것에 나아가게 하면 나라가 그것으로 번창합니다. 무릇 그 바른 사람은 이미 부유해도 바야흐로 복록으로 할지니, 그대의 집을 좋아함이 있게 하지 않으면 때에 사람들이 이에 배신을 할 것입니다. 그 덕을 좋아함이 없으면 그대가 비록 복을 내려주어도 그대를 비난하기만 할 것입니다. 편파적이지 않고 왕의 도리를 따르고, 좋아하는 것을 만들지 않고 왕의 도리를 따르고, 싫어하는 것을 만들지 않고 왕의 길을 따르소서. 편벽되지 않고 무리 짓지 않으면 왕의 도리가 넓어지고, 무리를 짓지 않고 편벽되지 않으면 왕의 도리가 평평해져, 뒤집어지거나 기울어지지 않아 왕의 도리가 바르고 곧게 되어 그 지극함에 모이고 그 지극함에 돌아옵니다. 가로되, 임금의 지극함에 덧붙인 말로, 이것이 떳떳한 도리요 이것이 가르침으로, 천제께서도 이것으로 가르쳤습니다. 무릇 그 백성에게 지극함에 덧붙여진 말씀을 이것으로 가르치고 이것으로 행하게 하면 천자의 빛에 가깝게 되니 "천자가 백성의 부모가 되어 천하의 왕이 되었다"라고 일컫게 될 것입니다. [황극을 흙 5에서 서술하는 것은, 4행이 교차하는 곳에 거하여 4행을 낳아 이루게 하기 때문이다. 물은 흙에서 다니며, 불은 흙에서 빛나며, 나무는 흙에서 번성하며, 쇠는 흙에서 나온다. 황극이 8주의 가운데에 거하며 8주를 총괄하여 거느리는 까닭으로 5행은 황극으로 말미암아 다스리고, 5사는 황극으로 말미암아 공경하며, 8정은 황극으로 말미암아 두터워지고, 5기는 황극으로 말미암아 협력하고, 3덕은 황극으로 말미암아 다스리며, 계의는 황극으로 말미암아 밝아지고, 서징은 황극으로 말미암아 헤아리며, 복극은 황극으로 말미암아 누리거나 위압한다. 황극이란 무엇인가. 군주의 마음이다. 그래서 이 하나의 주는 오로지 군주의 마음을 법상으로 하여 세운다. 글은 '황건기유극(임금이 세운 그것에 지극함이 있다)'에서 '유황작극(오직 임금이 지극함을 만든다)'은 관축 위에 만들고, '왈황극지부언(임금의 지극함이 펼쳐진 말씀이라 이르다)'에서 '이위천하왕(천하의 왕이 되었다)'은 관축 아래에 만든다. 그런 다음 '범궐서민 유유유위유수(무릇 그 백성은 꾀하는 것이 있고 만들어내는 것이 있고 지키는 것이 있게 된다)'에서 '기작여용구(그대를 비난하기만 할 것이다)'는 모두 임금 마음의 쓰임이다. '무편무피(편파적이지 않다)'에서 '귀기유극(그 지극함에 돌아온다)'은 모두 임금 마음의 근본이다. 쓰임을 먼저 하고 근본을 뒤로 한 것은 근본은 쓰임에 의해 서고, 쓰임은 밖으로 드러난다. 무릇 이것은 모두 법상이 유래하는 가운데로, 나라는 천하의 가운데이고, 나라의 경기는 중국의 가운데이다. 중국의 사람은 4면에서 나라의 경기를 둘러싸 향하고 있으면서 임금 마음의 근본과 쓰임에 보여 나아가거나 머무르게 된다. 천하의 사람은 4면에서 중국을 둘러싸 향하고 있으면서 임금 마음의 근본과 쓰임에 보여 나아가거나 머무르게 된다. 옛 문장은 간략한데, 뜻은 모두 법상을 세운 데에서 많이 유래하였다. '황(皇)'은 '임금'이며, '건(建)'은 '세우다'이다. 극은 지극함이 이르는 의이며 표준의 이름으로 가운데 세워 사방에서 취하는 바이다. 올바름은 다만 태극, 북극, 옥극의 지극함이다. 태극은 음양 및 강함과 유연함의 가운데로, 음양 및 강함과 유연함은 태극의 중심축이 아닌 적이 없다. 북극은 삼원(三垣)과 사상(四象)의 가운데로, 삼원과 사상은 북극을 둘러싸 양손을 맞잡고 있지 않음이 없다. 옥극은 마룻대와 추녀 끝, 집과 방의 가운데로, 마룻대와 추녀 끝, 집과 방은 옥극을 향해 집중되어 있지 않음이 없다. '시(時)'는 '이'와 통하며 '부(敷)'는 '베풀다'이다. 필시 5복을 든 것은 제9주의 5복을 보여서 제5주 황극의 효과와 지극한 공을 만들기 위함이다. 임금의 마음은 5복을 거두어 백성에서 베풀어 내리는 것이다. 그런즉 크게 화합하여 임금 역시 스스로 그 5복을 누리는 것을 느끼는 바가 거의 다르지 않다. 백성이 돌이켜 이 5복을 그 임금에게 바쳐 임금으로 하여금 길이 5복을 보호하게 하니, 내리고 보호한다고 일컫는 바이다. 음란함과 벗하는 것은 사특한 무리이다. '인(人)'은 자리에 있는 사람이다. '비덕(比德)'은 사사로이 서로 둘러붙는 것이다. 음란함과 벗하거나 사사로이 둘러붙지 않는 것은 때에 맞게 5복을 거두는 중추이다. 대개 임금은 비록 복을 거두어 백성에게 내리고자 하나, 같은 백성 같은 신하끼리 강한 자는 강한 자끼리 붕당을 지어 두둔하고, 약한 자는 약한 자끼리 붕당을 지어 두둔한다. 이익을 좋아하는 자는 시장에서 붕당을 지어 두둔하고, 권력을 탐하는 자는 조정에서 붕당을 지어 두둔한다. 층계 앞뜰의 안은 물과 불이 서로 나뉘고 집과 방 가운데에서는 창과 창이 서로를 찾으니, 복이 도리어 재앙이 되어 그 임금이 하고자 하는 것을 따를 수 없게 한다. 비록 그러하나 임금은 규이고 백성은 그림자이다. 규가 바르면 그림자는 곧다. 군주는 물의 근원이고 백성은 그 흐름이다. 근원이 깨끗하면 흘러나오는 것도 깨끗하다. 임금이 지극한 공과 사심 없는 마음으로 위에 있으면, 천하의 신하가 되고 백성이 되는 자는 그 편협한 바탕을 깎고 그 치우친 생각을 잊게 되니, 마침내 광대하게 공평한 세상이 돌아오게 된다. 이 또한 황극의 응험이다. 그러므로 또한 "오직 임금이 지극함을 만든다"라고 한다. 대개 두 황극뿐만 아니라 한 절의 글의 기세로 처음과 끝을 만든다. '유유(有猷)'는 지략이 있는 자이다. '유위(有爲)'는 베풀어 세우는 것이 있는 자이다. '유수(有守)'는 굳건히 지키는 것이 있는 자이다. '염(念)'은 마음속에 간직하여 치밀하게 살피는 것을 이른다. '복(福)'은 벼슬과 녹봉이다. 하늘이 사람에게 내리는 복이란 목숨과 부귀와 편안함과 은덕과 사명이다. 임금이 백성에게 내리는 복이란 높은 작위와 두터운 녹봉으로 그 몸을 영화롭게 하는 이것이다. 그것이 복으로 삼는 하나이다. 그러므로 벼슬과 녹봉이 복이라고 일컫는다. '경독(煢獨)'은 서민 중에서 지극히 미약한 자이다. '고명(高明)'은 세력 있는 집안으로 지위가 높고 이름이 드러난 자이다. 백성을 복되게 하는 도를 말하면 무릇 다섯 등급이 있다. 그 꾀를 냄에 가히 성취함이 있고, 베풀어 이루는 데 가히 공이 있고, 올바르게 행동함에 가히 지키는 것이 있는 이러한 사람이면, 마땅히 마음속에 간직하여 치밀하게 살펴 그릇됨을 갖춘 것을 통해 일을 맡길 수 있다. 비록 황극의 도에 화합하지 않았으나 능히 불의한 구멍에 걸리거나 빠지지 않는 이러한 사람이면, 역시 마땅히 이 받은 것을 맡기고 밖으로 배척하여 버려서는 안 된다. 만약 마음을 편안하게 하는 데 이르면 위태로움이 없어지고 생소하고 껄끄러운 뜻이 색에 화합하게 되고, 드러남이 있는 얼굴빛과 활짝 편 어깨의 징험을 지극함에 서 있는 임금에게 보이게 하여 "이는 진실로 내가 좋아하는 바의 덕이다"라고 이르게 되니, 그 지극함이 협력하여 화합하였다고 이를 만하다. 이와 같은 사람이면 반드시 관작으로 높이고 녹봉으로 후하게 하여 함께 백성에게 복을 내린다. 그런즉 관작과 봉록은 임금이 한 세대의 큰 권력을 뭇 사람이 저절로 따르도록 힘쓰게 하는 것으로, 이 백성으로 누가 황극의 도에 다 돌아오지 않겠는가. 이에 또 그 사람을 쓰는 절도를 말하여 이르면, 필시 외롭고 가난한 백성은 모질게 보지 않고, 역시 높고 명망이 있으며 세력 있는 집은 두려워하거나 꺼리지 않으며, 약함을 업신여기지 않고 세력 있는 것을 빼앗지 않고, 오직 그 사람의 그러함을 취한 이후에 바야흐로 가히 사람을 얻을 수 있다고 할 수 있다. 능력이 있고 재능은 있으나 학식은 부족하고, 한 것이 있고 베풀어 이룬 것은 있으나 아직 성취함에 이르지 못하였으면, 마음속에 간직하여 치밀하게 살피는 자에게 나아가야 한다. '수(羞)'는 나아가는 것이다. 그 학식을 기르고 그 성취를 다하는 것을 이른다. 윗글은 백성을 일으키는 것을 겸하였다. '인(人)' 이것은 단지 사람을 말하는데, 오직 자리에 있는 사람을 가리켜 말한 것이다. 대개 능력이 있고 이룬 것도 있는 자는 이미 마음속에 간직하여 치밀하게 살피는 데 나아가는데, 특별히 임용되는 데 미치지 못해도 지금 더욱 더하고 증진해서 그 재능이 나아지게 한다. 조정의 위에 현명하고 재능 있는 자가 무리를 이루며 많으면 나라가 비록 창성해지려 하지 않아도 얻는 것이 있을 것이다. '곡(穀)'은 '잘하다'이다. 무릇 그 쓰이는 바로 사람을 바르게 하고 반드시 충성과 신의와 두터운 복록으로 한 이후에야 비로소 일을 잘할 수 있다. 만약 그 집으로 하여금 화평하여 사이가 좋게 하지 않고, 녹봉이 이어지지 않고, 옷과 먹을 것이 부족하고, 부모, 형제, 처자와 서로 원망하고 헐뜯게 하면, 사람을 바르게 하는 마음으로도 능히 스스로 평안케 못 하나니, 필시 그릇되고 편벽됨에 빠지게 된다. 무릇 덕이란 마음을 얻는 것이다. 임금이 헛되이 그 외의 것을 믿어 그 마음을 헤아리지 않고 혹은 자리로 총애하고 녹봉을 내려주면 그것은 황극의 변화를 막는다. 황극의 허물을 만드는 자는 떳떳함을 다할 수 있겠는가? '편(偏)'은 가운데 있지 않은 것이며, '피(陂)'는 평평하지 않은 것이다. '작호(作好)'와 '작오(作惡)'란, 좋아하고 미워하는 것은 천리의 공적인 것에서 나오지 않고 사람이 사적으로 만든 지혜에서 만들어진다는 것이다. '당(黨)'은 붕당을 짓는 것이다. '반(反)'은 떳떳한 것을 배반하는 것이다. '측(側)'은 바르지 않은 것이다. '탕탕(蕩蕩)'은 넓고 먼 것이다. '평평(平平)'은 평탄하고 평평한 것이다. '회(會)'는 화합하여 오는 것이다. '귀(歸)'는 와서 이르는 것이다. 옛사람의 말에는 다함이 있으나 뜻에는 끝이 없었으니 반드시 시로 말하였고 반복해서 읊어 사람들로 하여금 스스로 뜻과 상징하는 것을 드러내어 얻도록 하였다. 하물며 황극의 본체는 임금의 마음이니, 법도가 되는 말은 그 광대함이 가히 하늘과 땅과 같고, 관계된 말은 정밀하니 가히 대자연의 이치와 같다. 이 어찌 구구한 말을 기다려야 가히 다 말할 수 있는 것이겠는가. 그러므로 한 편의 가운데 오직 이 한 구절만 시로 만들어 읊으면서 '편'이라 하고, '피'라 하고, '당'이라 하고, '반'이라 하고, '측'이라 하였으니, 어찌 그 이름이 하나가 아니겠는가. 사적이라면 사람의 욕심은 천 가지 길과 만 가지 노선이 있으니 사람마다 그 얼굴이 다른 것과 같다. '의(義)'라 하고, '도(道)'라 하고, '노(路)'라 하였으니 어찌 그것이 한 가지 노선을 반복해서 말한 것이겠는가. 공적이면 천리는 평탄하고 평평하며 너그럽고 광대하여 많은 구부러지고 꺾임을 허용함이 있지 않다. 만약 좋아하고 싫어함 두 가지에 이르면, 그 중앙에 있는 것은 『대학』 성의 장의 좋아함과 싫어함으로, 스스로 속이지 않고 그 홀로 있는 가운데서 삼가는 것으로, 그 근원이 대개 이에서 나온다. 대저 임금의 한 마음은 근본을 통하여 만 가지로 변화한다. 천하의 일의 경우 곱고 추하며 아름답고 악한 것이 이전보다 날로 응하고, 천하의 사람의 경우 어질고 간사하고 충성스럽고 간사한 자들이 이전보다 날로 접하게 되고, 천하의 욕망의 경우 소리와 색과 냄새와 맛이 이전보다 날로 섞이며, 천하의 조짐의 경우 편안하고 위태롭고 존재하고 멸망하는 것이 이전보다 날로 결정되니, 혹 의리의 바름을 등진다. 악한 바는 혹 기질의 편벽됨에서 나온다. 그런즉 쓰고 버리는 사이에 사람은 반드시 그 시작과 끝을 엿봐야 하고, 물리치고 취함을 분별할 때 사람은 반드시 그 얕고 깊음을 비교하여 헤아려야 한다. 신하가 된 자는 각기 고상한 마음과 뜻에 나아가서 서로 비슷해져 상호간에 친밀해지니, 물과 불은 이미 나눠지고 하늘과 땅은 (자기 일에) 더욱 힘쓴다. 백성이 된 자는 각기 천성을 익히는 데 나아가서 서로 가까워져 천・백의 사람이 무리를 이뤄 아침에 모이고 저녁에 자라가니, 항배가 일정하지 않다. 비록 본보기를 보여 백성이 살아가게 한다 해도 온 천하가 같은 도를 얻겠는가. 그러므로 황극 1주로 백성을 하게 함이 있게 하며 지키는 게 있게 하고 사람에게 할 수 있는 게 있게 하며 하게 함이 있게 하니, 임금의 쓰임으로 삼는다. 또 넓어지고 평평해져 극에 모이고 극에 돌아오게 하니, 임금의 근본으로 삼는다. 대개 임금은 하늘과 땅, 해와 달의 마음으로 조정을 바르게 하고자 하며, 만민을 바르게 함으로 천하로 하여금 모두 내 마음과 같이 넓고 크며 공평하게 하여 나의 지극함으로 돌아오게 하고자 한다. '왈(曰)'은 다시 한마디 말을 일으키는 시초로, 주의 끝에서 필시 두 번 '왈' 글자를 거론하였다. 역시 둘로 끝을 낸 뜻은『대학』성의 장 끝의 두 말이 이런 까닭으로, 대개 여기에서 근원한다. '부(敷)'는 곧 문장 위에 부연한 말이다. '광(光)'은 도덕이 빛나는 것이다. 신하 된 자가 임금의 마음에 펼쳐서 행해야 할 말은 계속하여 변하지 않는 마음의 법과 계속하여 변하지 않는 교훈이 되는 가르침이니, 그런즉 무릇 그 마음의 법과 교훈이 되는 가르침은 단지 본래 임금의 마음에서 근원한 것일 뿐만 아니라 이미 상제가 말한 바의 가르침으로 이 또한 사람을 통해 말한 것이다. 백성이 만약 임금의 마음에 늘려 펼치게 할 말은 비록 신하가 만드는 마음의 법과 같을 수는 없으나, 역시 능히 입으로 교훈을 암송하고 몸으로 복종하여 행할 수 있다. 그런즉 가히 그 재능을 나아가게 하여 마침내 등용되어 천자의 도덕에 가깝게 되어 빛나게 한다. 또한 비록 그러하지 않아도 역시 5복의 가운데에 다 모아들인 것을 얻으니, 천자를 소중하게 떠받들기를 부모를 우러러 보듯 하지 않음이 없다. 이 또한 백성을 통해 말한 것이다.『대학』성의 장의 끝의 두 말인 '그 뜻에 성실하고 그 혼자 있을 때 삼간다'는 것은 대개 여기에서 근원한다.]

여섯 번째는 3덕으로, 1은 정직, 2는 강극, 3은 유극입니다. 평강하면 정직하고, 굳세어 벗하지 않으면 강함으로 다스리고, 정답게 벗하면 부드러움으로 다스립니다. 깊이 잠기면 강함으로 다스리고, 높고 밝으면 부드러움으로 다스립니다. 오로지 임금만이 복을 만들며, 오로지 임금만이 위엄을 만들며, 오로지 임금만이 맛있고 좋은 음식을 먹습니다. 신하에게는 복을 만들고 위엄을 만들고 좋은 음식을 먹는 것이 있지 않으니, 신하에게 복을 만들고 위엄을 만들고 좋은 음식을 만드는 것이 있으면, 그 해로움이 그 집에 미치고 흉악함이 나라에 미치게 되니, 사람은 편파적이고 치우친 이를 곁에 두어 쓰게 되고, 백성은 주제넘고 사악한 이를 쓰게 됩니다. [3덕을 물 6으로 서술하는 것은, 물 6은 물 1의 성수(成數)이며, 3덕은 5행이 흘러가는 것이기 때문이다. 사람됨의 기질과 세상의 풍습을 부여한다. 낙서의 1에서 4에 있는 수는 생수(生數)로 되었는데, 섞이지 않고 기가 변화하여 계승한 것으로, 착하고 순수하여 아름다움에 이른다. 원회[10]에서 오회[11] 이전은 강하고 부드러움이 치우치지 않고 위엄과 복이 아래로 내려가지 않는다. 6에서 9에 있는 수는 성수로 되었는데, 어지러이 섞여 있으면서 기가 변화하여 이루어진 것으로, 성품이 맑고 흐리며 순수하고 얼룩얼룩하여 가지런하지 않음에 이른다. 원회에서 오회 이후는 강하고 부드러움이 많이 치우쳐 있고 위엄과 복이 아래로 많이 내려간다. 그러므로 홍범은 1에서 4는 그 이루어진 수가 모두 5로, 오직 8정만 홀로 성수로 거론하였으나 그 실은 5로, 그 된 일은 모두 선만 있고 악은 없어 지극히 순수하다. 6에서 9는 그 이루어진 수가 3·8·7·5로 가지런하지 않게 이르며, 그 된 일은 모두 선과 악 두 갈래로 순수하지 않음에 이른다. 펴고 늘려 가히 옛날과 지금의 시작과 끝을 바로잡을 수 있으며, 거두어 묶어 가히 한 세대의 오르고 내림을 시험할 수 있으며, 물러나 감추어 가히 학문을 닦고 다스릴 수 있어, 거의 역서와 더불어 서로 밖과 안이 되니, 아! 크도다. '정직'은 터럭만큼도 속이거나 거스르는 것이 없는 것을 이르니 그 본연에서 돌아다니는 것이다. '극(克)'은 '다스림'이다. '강극'은 강하고 사나운 도로 다스리는 것이다. '유극'은 부드럽고 순한 도로 다스리는 것이다. 대개 정직, 강극, 유극 이 셋을 3덕이라고 말하는 것이다. '평강정직'은 평강의 때에 그 본연에 머물며 터럭만큼의 거짓이나 거스름이 없는 것이다. '강불우(彊弗友)'는 강경하여 유순하지 않은 것이다. '변우(燮友)'는 온화하고 부드러우며 의젓하고 유순한 것이다. 이는 임금이 세상에 권면할 때 말하는 것으로 사람을 가르칠 때 그 가운데에 있다. '심잠(沈潛)'은 깊이 잠겨 움츠리고 있어 중간에 미치지 못한 것이다. '고명(高明)'은 높고 높으며 밝고 밝아 중간을 지나치는

10) 송(宋)의 소옹(邵雍)이 천지(天地)가 순환하는 기간을 수를 통해 추론한 원회운세(元會運世)에서 유래한 말로, 1만 8백 년을 1회(會)로 삼는다.

11) 해가 중천에 있는 시대를 의미한다.

것이다. 이는 임금이 사람을 가르칠 때 말하는 것으로 세상에 권면할 때 그 가운데에 있다. 대개 왕이 된 자는 세상을 다스리고 만물을 대할 때 반드시 습속이 가지런하지 못함과 타고난 기질과 성품이 하나같지 못함을 보고 억누르거나 칭찬하고 주거나 빼앗아 다스려 균형 있게 한다. 그렇지 않고 여러 가지 약으로 다스리는 것으로 기름진 쌀과 고기에 의한 통치를 대신하고, 편안하고 한가롭게 지내는 속에서의 기교로 성급하고 순수하지 못한 기질을 바로잡고자 한다면 그릇된 것을 베풂이 마땅히 드물어야 능히 효과가 있다. '복(福)'은 곧 관작과 녹봉으로, 경사스러워 준 상이다. '위(威)'는 곧 형벌로 응징하여 치는 것이다. '옥식(玉食)'은 무릇 수레와 관복으로 상하 명분의 분류를 보여주는 것이 모두 이것이다. 그 혹 불행히 활기가 없고 쇠약한 세상을 만나 강한 신하가 조정에 있고 임금의 세력이 외롭고 약하면 이미 난리를 불러 강함으로 다스리는 것이 불가하고 또 업신여김에 이르러 부드럽게 다스리는 것이 불가하다. 그러므로 이 주는 앞 절반의 뒤로, 뒤 절반이 없는 것이 불가한데, 앞 절반은 바둑판과 같고, 뒤 절반은 그 저울을 바르게 하려는 저울추와 같다. 임금이 위엄과 복, 맛있고 좋은 음식을 남에게 빌려주는 것이 불가하다는 것을 알고자 한다면, 등급의 위엄을 구별하여 정권의 대강령을 거두고, 군주의 존귀한 위엄으로 간사한 모의를 억눌러 그 3덕을 행하게 해야 한다. 공자가 말의 가슴끈을 아낀 것은 역시 이러한 뜻이다. 지금 구주의 대략을 마음을 쓰는 법으로 살펴보면, 1에서 4는 마음이 아직 발하기 전으로, 기가 쓰이지 않아 하나의 성품으로 잠겨 있는 것이다. 그러므로 네 주를 모두 순수하고 섞이지 않았다고 말한다. 6에서 9는 마음이 이미 발한 이후로, 강하고 부드러움은 선악 및 다름과 응함을 판별하는 까닭으로 강하고 부드러움은 6에서 말하고 복과 극은 9에서 말하였다. 황극에 이르러서는 이에 마음이 성정을 거느리는 것이다. 이른바 물러나 숨었다고 이른 것은 학문을 위해 닦고 익혔기 때문에 그러하다.]

일곱 번째는 계의로, 거북점과 시초점 치는 자를 가려 세워 이에 거북점과 시초점을 치게 명하면, '비가 오겠다', '비가 개겠다', '어둡겠다', '오락가락하겠다', '어긋나겠다', '정(貞)이다', '회(悔)이다'라고 하니, 무릇 일곱입니다. 거북점 다섯과 시초점의 쓰임 둘로 넓혀서 새롭게 하여 고칩니다. 때에 사람들이 거북점과 시초점 치는 사람을 세울 때, 세 사람이 점을 치면 두 사람의 말을 따르십시오. 당신에게 큰 의문이 있으면 마음에 물어보고 신하에게 물어보고 백성에게 물어보고 거북점과 시초점으로 물어보십시오. 당신이 따르고 거북점이 따르고 시초점이 따르고 신하가 따르고 백성이 따르니 이것을 대동이라고 이릅니다. 그 몸은 편안하고 강건하며 그 자손은 상서로움을 만납니다. 당신이 따르고 거북점이 따르고 시초점이 따르고 신하가 따르고 백성이 따르면 길하고, 신하가 따르고 거북점이 따르고 시초점이 따르면 네가 거스르고 백성이 거슬러도 길하고, 백성이 따르고 거북점이 따르고 시초점이 따르면 네가 거스르고 신하가 거슬러도 길하고, 네가 따르고 거북점이 따르지만 시초점이 거스르고 신하가 거스르고 백성이 거스르면 안에서 하는 일은 길하고 밖에서 하는 일은 흉하고, 거북점과 시초점이 모두 사람들에게 어긋나면 조용히 있는 데 쓰이면 길하고 일을 만드는 데 쓰이면 흉합니다. [계의를 불 7에서 서술한 것은, 불 7은 불 2의 성수가 되며, 계의는 5사가 통하여 변한 것이기 때문이다. 대개 임금은 5사를 사용하여 공경하니, 천하의 만 가지 이치가 성대해질 것은 의심할 바 없다. 그런즉 일의 변화에는 끝이 없다. 혹 사람의 꾀로 능히 해결할 수 없는 것이 있으면 여러 거북점과 시초점을 통해 그 뜻을 결단하니, 이에 계의가 5사를 통하여 변화하는 것이 되는 것이다. '계(稽)'는 '헤아리다'이다. 의심스러운 바가 있으면 거북점과 시초점으로 헤아리는 것이다. 거북점은 '복'이라 하고, 시초점은 '서'이다. 점을 치는 사람은 필시 그 마음이 공적인 것에 이르고 사적인 것이 없으니, 그윽함을 통하고 미약한 것을 살펴 안 이후에 점괘를 빌려 꺼리고 의심스러운 바를 결정할 수 있으니, 먼저 점치는 사람을 가려 세우는 바이다. 우·제·몽·역·극 다섯은 모두 뚫고 불사른 이후에 나타난 점괘의 이름이다. 우는 물의 조짐으로, 그 형상은 물이 내려가는 것과 같다. 제는 불의 조짐으로, 그 형상은 비가 온 다음 비가 활짝 갠 것과 같다. 몽은 나무의 조짐으로, 그 형상은 풀과 나무가 흙을 이기고 나오는 것과 같다. 혹은 나무의 기운을 취하여 어리석고 어둡다고 한다. 역은 쇠의 조짐으로, 옛 글에서 역은 '원(圜)'으로 썼는데 그 형상은 원이 변하였다. 연락이 쇠미해져 금조와 같다. 극은 흙의 조짐으로, 그 형상은 흙과 같다. 진흙을 포개어 높여 엇갈리게 서로의 위로 더한 것이다. 엇갈리게 서로의 위로 더한 것을 극이라 한다. 무릇 이것을 모두 거북점의 조짐이라고 이른다. 안의 궤는 정이고, 밖의 궤는 회이다. 고요함의 궤는 정이고, 움직임의 궤는 회이다. 대개 천하의 회는 많이 '동(움직이다)'에서 나오며, 동은 또 '외(밖)'에서 많이 나온다. 그래서 동 괘와 외 괘는 회가 된다. 무릇 이것은 모두 서 괘이다. 서 괘는 하도에서 나왔고 하도는 음양을 주관한다. 그러므로 정과 회는 단지 그 두 점괘를 들어 낙서에 세웠고, 낙서는 5행을 주관한다. 그러므로 우·제·몽·역·극은 나란히 그 다섯을 거론한다. 넓혀서 새롭게 하여 고친다. 주자는 거북점과 시초점의 변화를 확대하고 넓혔으며,

채씨는 사람 일의 차를 확대하고 넓혔는데, 마땅히 주자의 말을 옳음으로 삼았다. 대개 거북점의 법으로 점괘 120을 거쳐 그 시 1,012가 되었으니 모든 거북점은 그 시이다. 시초점의 법은 괘 64를 거쳐 그 변화 4,096괘가 되었으니 모든 시초점의 그 변화이다. 때에 사람을 세웠으니 이상은 거북점과 시초점의 본체이고 이하는 거북점과 시초점의 쓰임이다. 안에서 하는 것은 제사 등의 일을 말하며, 밖에서 하는 것은 정벌 등의 일을 말한다. '정(靜)'은 일정한 것을 지키는 것을 지칭한다. 말은 가리키는 것을 만들고, 움직이는 것은 말하는 것을 만든다. 거북점을 따르고 시초점을 거슬림이 있고 거북점을 따르고 시초점을 거슬림이 없는 자는 점으로 곧고 빠르게 간단하고 쉽게 의혹을 푼다. 만약 시초점이 아니면 자세하고 소상하게 깨우치기 어렵다. 그러므로 기록에 이르길 큰일은 거북점, 작은 일은 시초점이라고 하였으며, 전하여 이르길 시초점은 짧고 거북점은 길다고 하였다.]

여덟째는 서징으로, 비가 오고, 날이 맑고, 따뜻하고, 춥고, 바람 불고, 때에 맞음을 말합니다. 5가지가 갖추어 오고 각기 그것을 펼치며 여러 풀이 번성하고 무성해지며, 하나의 극만 갖추어지면 흉하고 하나의 극만 없어도 흉합니다. 길한 징조를 말하면, 엄숙하다는 것은 때에 맞게 비가 오는 것과 같고, 다스려진다는 것은 때에 맞게 날이 맑은 것과 같고, 밝다는 것은 때에 맞게 따뜻해지는 것과 같고, 꾀한다는 것은 때에 맞게 차가워지는 것과 같고, 성스럽다는 것은 때에 맞게 바람이 부는 것과 같습니다. 흉한 징조를 말하면, 경망스럽다는 것은 계속 비만 내리는 것과 같고, 참람하다는 것은 계속 맑기만 하는 것과 같고, 미리 행한다는 것은 계속 따뜻하기만 하는 것과 같고, 급하다는 것은 계속 춥기만 하는 것과 같고, 어리석다는 것은 계속 바람만 부는 것과 같습니다. 왕의 살핌을 말하면 오직 해와 같고, 경(卿)과 사(士)는 오직 달과 같고, 벼슬아치들은 날과 같습니다. 해와 달과 날의 때가 바뀜이 없으면 많은 곡식이 잘 여물며, 다스림이 밝아지고, 뛰어난 백성이 드러나며, 집안이 평안해지고, 날과 달과 해의 때가 이미 바뀌었다면 많은 곡식이 잘 여물지 못하며, 다스림이 어두워 밝아지지 못하고, 뛰어난 백성이 미약해지고, 집안이 평안하지 못하게 됩니다. 백성은 오직 별과 같은데, 별은 바람을 좋아하는 것도 있고, 별은 비를 좋아하는 것도 있습니다. 해와 달이 운행하면 겨울이 있고 여름이 있게 되며, 달이 별을 따르면 바람과 비가 있게 됩니다. [서징을 나무 8에서 서술하는 것은 나무 8은 나무 3의 성수로, 서징은 8정의 응험이기 때문이다. 대개 8정은 곧 아래에 사람의 일을 다스리고, 서징은 곧 위에 하늘의 도를 드러낸다. 그 하나는 길하고 그 하나는 흉한데 서로 꿰뚫어 통한다. 거의 다른 영향을 이룬 적이 없으니, 서징이 8정의 응험이 되는 것은 분명하다. '서(庶)'란 하나가 아닌 것을 일컫는다. '징(徵)' 역시 증험이다. 비는 물에 속하고, 해가 맑은 것은 불에 속하고, 따뜻한 것은 나무에 속하고, 추운 것은 쇠에 속하고, 바람은 흙에 속한다. 바람은 흙에 속한 까닭으로 흙에 있는 구덩이의 입구에서 바람이 생긴다. 다섯은 서징의 날줄이며, 때는 서징의 씨줄이다. '자오자래비(5가지가 갖추어 오고)'에서 '일극무흉(하나의 극만 없어도 흉하다)'은 모두 때의 뜻을 풀이한 것이다. 절기에 대한 응험을 서술한 것이다. '각기 그것을 펼치며 여러 풀이 번성하고 무성해진다'는 것은 말을 따르고 때에 응하여 길조가 되는 것을 의미한다. '하나의 극만 갖추어지면 흉하고 하나의 극만 없어도 흉하다'는 것은 말을 뒤집고 시절에 어긋나 흉조가 되는 것을 의미한다. 이에 대개 '왈우(비가 온다고 한다)'와 '왈시(때에 맞다고 한다)'를 양 끝에 나누어 두어 1주의 머리를 밝혀 말하여 아래 문장으로 삼았다. '왈휴징(길한 징조를 말하다)'과 '왈왕성(왕의 살핌을 말하다)'은 일의 발단이 되는 근본으로, 매번 다시 시작하는 처음이므로 반드시 '왈(曰)' 글자를 더하여 조목의 사례를 보인 것이다. '왈휴징(길한 징조를 말하다)' 이하는 모두 낙서의 나무 8을 밝혀 물 2의 대위로 만들었으니, 홍범 9주의 서징을 5사의 응험으로 만들어 주를 마쳤다. 앞머리의 '왈우' 이하의 뜻이다. 용모는 몸가짐이나 태도와 앉고 서는 데에서부터 거처에 드나드는 데에 이르러서, 그 온화하고 공손하고 가지런하고 엄숙함에 지극히 미치면, 혈기가 잘 돌아 덕을 공경하는 것이 몸을 적시게 되니, 때에 맞는 비가 사물을 축축하게 하는 것으로 응한다. 말은 도를 논하고 나라를 경영하는 데에서 명령을 내려 시행하는 데에 이르러서, 그 익히고 다스리며 나타내고 밝힘에 지극히 미치면, 사람의 마음은 활짝 개고 근본이 되는 주요 사건은 뚜렷하게 밝혀져, 때에 맞게 날이 개어 사물을 마르게 하는 것으로 응한다. 보는 것은 총명하여 사리에 밝고 조짐을 뚜렷하게 하는 데에서 어진 이를 알아보고 사특함을 분별하는 데에 이르러서, 그 밝히고 화합하고 베풀고 분명히 함에 지극히 미치면, 그윽하게 숨어 있는 것이 다하여 이르고 사람의 마음이 기뻐 순종하여, 때에 맞게 온화하게 사물과 화합하는 것으로 응한다. 지략은 궁리하여 추측하고 헤아려 처리하는 데에서 법과 기율을 다스리는 데에 이르러서, 아주 자세하고 완전하고 튼튼함에 지극히 미치면, 모든 일을 거두어 모으고 백 가지 일을 가지런히 절제하여, 차갑게 사물을 감추는 것으로 응한다. 성스러움 같음에 이르면 만 가지 사물에 오묘하여 자취가 없고 만 가지 변화에 영묘하여 막힘이 없어 쳐다보면 앞에 있다가 갑자기 뒤에 있다. 그러므로 5일에 한 번 바람이 불고, 바람이 울지 않고 조리 있게 움직여 감응하고, 비 내림이 그침으로 감응하고, 해 맑음이 부풀어 감응하고, 온화함이 모여 감응한다. 차가운 것은 진실로 성스러움으로 4덕에 통하지 않음이 없게 하고 흙으로 4행에 의지하지 않음이 없게 한다. 혹은 5가지 징계가 5사에 나뉘어 속해 있다고 의심하나 깊이 연구해보면 이는 그렇지 않다. 또 성학으로 말하면, 비록 함께 인의예지의 성품을 받고 함께 인의예지의 공적을 얻어 그 덕성을 이룸에 미친 이후이면, 기의 상태가 바로 잡혀 온화하고 공손하며 굳세고 의연하여 날씨가 맑고 화창한 시절 중의 구별이 있게 되니, 진실로 4덕에 치우쳐 있지 않게 된다. 하물며 하늘의 기가 사람에게 응하는 것에서야. '광(狂)'은 망령된 것이고, '참(僭)'은 어긋난 것이고, '예(豫)'는 태만한 것이고, '급(急)'은 다급한 것이고, '몽(蒙)'은 어리석은 것이다. 흉한 징조는 곧 길한 징조의 반대이다. '왈왕성(왕의 살핌을 말하다)' 이하는 모두 낙서 나무 8을 밝혀 나무 3의 성수로 만들었으니, 홍범 9주의 서징을 8정의 응험으로 만들어 주를 마쳤다. 앞머리 '왈시' 이하의 뜻이다. 왕, 경과 사, 벼슬아치의 살핌에 크고 작음이 다르니, 『주례』 태재 편에서 해의 끝에 백관의 조회를 받고 왕께 고한 것을 폐하거나 두니 이른바 왕은 오직 해를 살핀다는 것이다. 소재 편에서 월의 끝에 여러 관리의 얻을 것을 받았다고 했으니 이른바 경과 사는 오직 달을 살핀다는 것이다. 재부 편에서 10일의 끝에 날을 바르게 하여 이룬다고 하였으니 오직 벼슬아치는 날을 살핀다는 것이다. 주나라 제도의 근본은 홍범 구주로, 이 역시 그 한 끝을 증험할 수 있다. 길한 징조를 말할 때에 해를 먼저 하고 월을 다음에 날을 그다음에 하고 흉한 징조를 말할 때에 날을 먼저 하고 월을 다음에 해를 그다음에 한 것은 상서로움은 오직 임금이 있는 곳에서 감응하여 불러들이고, 재앙은 비록 낮은 지위의 신하라 하더라고 역시 족히 이르게 하기 때문이다. 백성은 오직 별과 같다는 것은, 백성은 단지 별들로 점쳐 바람과 비가 있을지를 알아 농사의 기후로 삼을 뿐으로, 왕과 경, 벼슬아치가 베푸는 정치나 내리는 법령과 같지 않으니, 그 한번 얻고 한번 잃는 것이 곧바로 서징에 드러나 보인다. 대개 야인의 풍속은 경박하여 오직 군자에 의해 인도함을 받아야 함은 어떠한 까닭인가. 비록 길한 것과 흉한 것이 있지만 역시 왕, 경과 사, 벼슬아치가 살피는 속에서는 나오지 않는다. 오직 그 한 차례의 바람과 비를 농사일의 징후로 삼으니, 그런즉 위에 있는 사람이 어찌 능히 날마다 백성에게 그 점을 보이리오. 처자와 종으로 하여금 별의 현상을 익히지 않음이 없게 하고자 한즉, 그 밭과 들판 가운데에서 호미를 쥐고 쟁기를 잡고 있으면서 우러러 하늘의 현상을 관찰하여 더불어 손가락으로 가리켜 보이니, 어떤 별이 어느 경도에 들어가면 어느 날에 반드시 바람이 있고 어떤 별이 어느 궤도를 벗어나면 어느 날에 반드시 비가 있을 것이라 한다. 혹은 남쪽 밭에서 행하고 혹은 서쪽 밭에서 행한다. 그러므로 '유성(오직 별)'이라는 말을 특별히 덧붙였도다. 별에는 바람을 좋아하는 것이 있고 별에는 비를 좋아하는 것이 있다는 것은 기성과 필성 두 별의 성질과 심성을 밝힌 것이다. 해와 달이 운행함에 겨울이 있고 여름이 있다는 것은 해와 달이 운행하며 순환하는 것을 밝힌 것이다. 그러한 뒤 달이 별을 좇는 것과 연결시킨다. 그러한즉 바람과 비는 대개 기와 필 두 별이 비록 좋아하는 바라도 만약 달이 좇는 것이 없으면 반드시 바람과 비가 없고, 해와 달이 비록 운행하더라도 만약 별이 떨어지는 것이 없으면 반드시 바람과 비가 없다. 말이 비록 간략하나 뜻이 자기 홀로 옳음에 이르니, 밭과 들판의 어리석은 사내로 하여금 스스로 바람과 비의 징후를 알게 하여 가뭄과 장마를 대비하게 한다. 군자는 조정에 있으면서 이미 그 때를 다하여 도를 베풀었고, 야인은 들판에 있으면서 또 그 대비를 다하여 막을 바가 없게 하였으니, 그것을 8정의 후함으로 삼는다. 어찌 적은 도움이겠는가. 또 후세의 천문지를 살펴보면, 임금 중에 길하고 흉한 징조를 하늘과 해, 달을 통해 볼 수 있는 자가 많았다. 지금 홍범은 대개 보이지 않으나 홀로 비가 오고 해가 맑고 온화하고 춥고 바람 부는 것을 말할 수 있는 것은 어찌함인가. 이에 가히 조화가 세밀하게 쌓임을 얻을 수 있다. 지금 대저 하늘이 위에 있으면서 색이 변하고, 해가 가운데 있으면서 멋대로 어긋나고, 달이 아래에 있으면서 달빛이 어그러지니, 옛날부터 이런 유형의 재앙과 이상 현상이 심히 많았다. 그 참된 실체를 과연 이와 같이 하도록 한즉 하늘과 해와 달 역시 때에 맞지 않는 경우가 있다. 어찌 능히 만고에 이르러 일정하겠는가. 대개 하늘과 땅 사이에는 다만 비가 오고 해가 맑고 온화하고 춥고 바람 부는 것 다섯이 있는데, 이 다섯의 기가 느끼고 만나고 모이고 맺어 떠다니는 기가 생겨 스스로 형상을 만든다. 무지개가 햇무리를 둘러싸고 있는 것과 같이 하늘을 막아 가려 하늘이 그 색을 바꾸고, 해와 달을 막아 가려 해와 달이 그 형태를 바꾼다. 모두 아래에서 바라본 것이 그러한 것이며 참된 실체는 실로 변하지 않는다. 아! 이것이 홍범의 길하고 흉한 징조에 대한 것으로, 다만 5가지로 말하였으나 그 뜻은 깊도다. 후세에 혹 해의 운행에 더디거나 빠름이 있으면 임금이 느리거나 빠르게 행해야 할 징조로 삼았는데, 대개 홍범의 학문에 밝지 않아서 그러하였다.]

아홉 번째의 5복은, 첫째는 오래 사는 것, 둘째는 부유한 것, 셋째는 몸이 건강하고 마음이 평안한 것, 넷째는 덕을 좋아하여 즐겨 행하는 것, 다섯째는 제 명을 다 살다가 죽는 것이며, 6극은 첫째는 제 명을 다하지 못하고 일찍 죽는 것, 둘째는 질병에 걸린 것, 셋째는 근심스러운 것, 넷째는 가난한 것, 다섯째는 악한 것, 여섯째는 약한 것입니다. [5복과 6극을 쇠 9에서 서술하는 것은, 쇠 9는 쇠 4의 성수이며 5복과 6극 역시 5기의 끝이 되기 때문이다. 대개 해와 달과 별은 밝고 정해진 차례를 따르면 큰 화합이 떨쳐 일어나 5복이 끝내 이른다. 이것이 복과 극이 5기의 끝이 되는 이유이다. 5복은 양기에 속하는 까닭에 5를 벼리로 삼으니, 5는 하늘의 가운데 수이다. 지극히 잘 다스려지는 시대에는 바람의 기운이 조화로우니, 백성으로 이러한 기운이 있는 때에 태어난 자는 성품과 바탕이 완전히 튼튼하고 정력이 어그러지지 않아 나이가 모두 1백 세가 넘는다. 어찌 장수한다고 이르지 않겠는가. 마음을 수고롭게 하는 자는 남에 의해 먹고 힘을 수고롭게 하는 자는 남을 먹이고, 배불리 먹고 배를 두드리며 농사지어 밥을 먹고 우물 파서 물을 마시니, 황제의 힘이 나에게 있게 된 것은 무엇 때문인가. 어찌 부요하다고 이르지 않겠는가. 5운과 6기가 모두 그 궤도를 돌고, 학질과 피부병, 염병과 돌림병이 마을에 돌지 않아 백성이 몸을 마칠 때까지 병들지 않는다. 어찌 몸이 건강하고 마음이 평안하다고 하지 않을 수 있겠는가. 학교의 가르침을 펴서 효와 우애, 충성과 신의의 도를 익히고, 머리가 희끗한 자는 짐을 지거나 머리에 이지 않는다. 어찌 덕을 좋아하여 즐겨 행하는 것이라 이르지 않겠는가. 형벌에 의해 죽이는 일이 미치지 않고 칼과 톱을 더하지 않으니, 태어나서 오래 살고 늙어서 죽으니 모두 타고난 수명을 마친다. 어찌 제 명을 다 살다가 죽었다고 이르지 않겠는가. 무릇 이 모두는 근본 법칙을 세워 이룬 효과로 지극한 공이다. 그러므로 5복이라 하고, 부유하다고 하고 덕을 좋아하여 즐겨 행한다고 한다. 제5와 제9의 주는 서로 비추고 연결되어 있는데, 『대학』 성의 장과 평천하 장이 호(좋아함)와 오(싫어함) 두 글자로 서로 비추고 연결되어 있는 것은 그 원류가 대개 여기에서 나왔다고 한다. 6극은 음기에 속하는 까닭에 6을 벼리로 삼으니, 6은 땅의 가운데 수이다. 쇠락하고 혼란한 시대에는, 형벌이 복잡하고 엄하며 살육이 멋대로 이루어져 백성이 그 명을 다하지 못하고 죽는다. 어찌 제 명을 다하지 못하고 일찍 죽는다고 이르지 않겠는가. 바람의 기운이 어그러져 어지럽고, 춥고 더움이 지나쳐 엎드러지고, 피부병과 마마, 염병과 전염병이 없는 해가 없다. 어찌 질병이라 이르지 않겠는가. 조정에 있는 자는 헐뜯는 말에 근심하고 들에 있는 자는 거둬 가는 것 때문에 근심하니 어진 이는 시절을 근심하고 어리석은 자는 난리를 근심한다. 어찌 근심스럽다고 말하지 않겠는가. 부유한 자는 밭두렁이 이어져 있고 백성은 송곳 꽂을 땅도 없으니, 좋은 해에도 몸을 마치도록 주리고 흉년에는 구렁텅이에 굴러 떨어진다. 어찌 가난하다고 이르지 않겠는가. 강한 자는 그 힘을 믿어 그 바탕이 비뚤어져 있고 바로잡아 선으로 나아갈 뜻이 없다.

어찌 악하다고 이르지 않겠는가. 유약한 자는 선을 하고자 하나 능히 떨칠 수 없고, 악을 제거하고 싶어도 잘못을 뉘우치도록 벌을 주거나 꾸짖어서 경계하도록 할 수 없다. 어찌 약하다고 이르지 않겠는가. 대저 이 주는 9가 10을 머금고 있는데, 양기가 다하는 것이 음기가 생기는 것을 머금고 있는 것과 같이 2가지 뜻이 있다. 그러므로 5복과 6극 둘로 끝낸 것처럼 「요전」도 두 흠으로 마지막을 끝냈다. 『주역』은 기제괘와 미제괘로 마지막을 끝냈으니 이것은 서로 그 뜻이 깊음을 발휘한 것이다.]

『기자외기』 하편 제6 논설, 『주역』 명이(明夷) 괘효(卦爻)의 글

(『주역』의) 단사에서 이르길 "명이는 어려움에서 곧음이 이롭다"라고 하였다. [주자가 말하길 이(夷)는 다치는 것이다. 괘는, 아래는 이괘, 위는 곤괘로 한다. 해가 땅에 들어가니 밝은 가운데 있으나 상한 상이니 이런 이유로 명이가 된다. 또한 그 상6은 어둠을 주인으로 삼는데 65에 가깝다. 이런 이유로 점치는 자는 어렵게 여겨 바른 것을 지키는 것으로 그 밝음을 스스로 감추는 것이 이롭다. ㅇ운봉 호씨가 말하길 두 몸이니 이괘는 밝음이며 다치는 것은 곤괘이다. 6효로 말하면 초효에서 5효까지는 모두 밝음이며 다치는 것은 상효이다. 상은 어둡고 어리석은 군주이고 5효에 가까이 있으므로 『본의』에서는 단전(彖傳)을 따라 "어려움에서 곧음이 이롭다"는 것을 5효로 삼았다. 단사에서는 여러 번 "곧음이 이롭다"고 말했는데, 곤괘에서는 "암말이 곧음이 이롭다"고 했으며, 동인괘에서는 "군자의 곧음이 이롭다"고 했으며, 가인괘에서는 "여자의 곧음이 이롭다"고 하였다. 명이괘에서는 "어려움에서 곧음이 이롭다"고 하였다. 여러 효 중에서는 서합괘의 94와 대축괘의 93에서 말하였다. 한 괘의 전체를 이롭다는 뜻으로 삼지 않은 것은 대개 명이의 때는 어려운 시기이기 때문이다. 곧음은 한결같은 것으로, 평상시에 대처하는 것과는 다르다. 그때에 바야흐로 나의 밝음을 어둡게 하려 하니, 어려움 속에서 곧음을 지켜 스스로 그 밝음을 드러낼 수 있다.]

단에서 말하기를 "밝음이 땅속에 들어가는 것이 명이이다"라고 하였다. 안은 밝으나 밖은 유순하여 큰 어려움을 당하니 문왕이 이러했다. 어려움에서 곧음이 이롭다는 것은 어둠 속에서 밝은 것이다. 어려움 안에서 능히 그 뜻을 바르게 했으니 기자가 이렇게 했다. [주자가 말하길 "괘의 상으로 괘의 이름을 풀이하였고 괘의 덕으로 괘의 뜻을 풀이하였다. 65 한 효의 뜻으로 괘의 글을 풀이하였다. 큰 어려움은 주왕의 어지러움을 만나 갇힌 것을 이른다. 안에서의 어려움은 주왕의 가까운 친족으로 그 나라의 안에 있는 것을 이르니 65가 상6에 가까운 것과 같다"라고 하였다. ○운봉 호씨가 말하였다. "단사에서 명이는 '어려움에서 곧음이 이롭다'고 했는데, 주공은 65의 효사에서 '기자의 명이이니 곧음이 이롭다'고 해석했고, 단전에서는 문왕을 겸하여 뜻을 펼쳤다. 유리라는 곳에 갇혀 역도(易道)를 펼침은 매우 침착하게 대처한 것이니 문왕의 덕을 확인할 수 있으며, 미친 척을 하며 수모를 당함은 지극히 어렵게 대처함이니 기자의 뜻을 확인할 수 있다. 그러나 이는 동시대에 있었던 일로, 문왕은 그에 따라 복희의 하도의 역을 발하였고, 기자는 그에 따라 우 임금의 낙서의 주(疇)를 펼쳤다. 성현이 환란 속에서 스스로 유학의 도리를 지킨 것은 하늘의 뜻을 보존하고 있었기 때문이니, 이것은 단전의 본래의 의도는 아니지만 잠시 언급을 하였다"라고 하였다.]

효사에 이르길 "기자의 명이이니 곧음이 이롭다"라고 하였다. [주자가 말하길 "어두운 땅에 거하며 어두운 임금 가까이에 있으면서도 능히 그 뜻을 바르게 하니 기자의 상으로, 곧음이 지극하였다. 곧음이 이로우니, 점치는 자를 경계하였다"라고 하였다. ○운봉 호씨가 말하길 "사대부가 평소에는 대처하기 쉬우나 명이의 때에는 대처하기 어려우니, 명이의 때에 미자와 비간이 되는 것은 오히려 쉽고 기자가 되는 것은 어렵다. 미자는 이미 떠나서 다시 떠날 수 없고, 비간은 이미 죽었으니 다시 죽을 수 없었다. 안으로 어려우나 능히 그 뜻을 바르게 하는 것은 기자가 그러하였다. 이것이 은나라에 세 명의 어진 이가 있으나 효사에서 유독 기자만 말한 이유이다. 역은 뜻을 주로 삼는데, 이 괘의 뜻은 상6을 주로 하므로 암군을 상징한다. 그런즉 임금의 자리가 5효에 있지 않음은 여러 괘의 뜻에 이와 같은 유형이 있기 때문이다. 배우는 사람은 알아두어야 한다"라고 하였다.]

상(象)에 이르길 "기자의 곧음은, 밝음이 가히 식지 않는 것이다"라고 하였다. [정자가 말하길 "기자는 밝음을 감추어도 곧음을 잃지 않았으니 비록 어려움을 당하였지만 밝음이 스스로 보존되어 없어질 수 없었다. 만약 환란에 핍박을 당하여 결국 지키던 것을 잃게 된다면, 밝음을 잃어 없어지게 되는 것이다. 옛사람 중에 양웅(楊雄, 전한, 기원전 53~기원전 18) 같은 이가 그런 경우이다"라고 하였다. 중계 장씨가 말하길, "기자가 밝음을 감추면서도 끝날 수 없었던 이유는 밝음이 안에 보존되었기 때문이다"라고 하였다.]

『기자외기』 하편 제6 논설, 『논어』의 삼인장(三仁章)

미자는 떠났고, 기자는 노예가 되었고 비간은 간하다 죽임을 당했다. [주자가 말하길 "미(微)와 기(箕)는 두 나라의 이름이고, 자(子)는 작위이다. 미자는 주왕의 서형이고, 기자와 비간은 주왕의 제부이다. 미자는 주왕이 무도한 것을 보고 떠나서 종사를 보존했다. 기자와 비간은 모두 간하였는데 주왕은 비간을 죽이고 기자를 가두어 노예로 삼았다. 기자는 갇혀 미친 척을 하며 치욕을 당했다"라고 하였다.] 공자가 말하길 "은나라에는 3명의 어진 이가 있었다"라고 하였다. [주자가 말하길 "3명의 행동은 같지 않았지만 다 같이 지극히 참되고 간절한 마음에서 나왔다. 그렇기 때문에 사랑의 원리를 어기지 않으면서도 그 마음의 덕을 온전하게 했다"라고 하였다. ○묻노니, 미자가 떠난 것은 종사를 보존하기 위해서이고, 비간의 죽음은 주왕이 행실을 고치기 바란 것이다. 그 지극히 참되고 간절한 마음은 알 수 있으나 기자의 지극히 참되고 간절한 마음은 어떻게 알 수 있을지 모르겠다. 말하길, 기자와 비간은 모두 같은 마음이니 기자는 우연히 주왕의 노여움을 건드리지 않아 죽임을 당하지 않았다. 그러나 비간이 그렇게 죽는 것을 보고도 다시 죽음으로 간하면 나라에 아무 도움을 주지 못하고 헛되이 임금에게 간하는 신하를 죽였다는 이름을 얻게 하는 것이니 이에 처신하는 것은 가장 어려운 일이다. 미자가 떠난 것이 오히려 쉽고, 비간처럼 계속 간하다가 죽는 것은 또 오히려 쉽다. 기자는 반쯤 오르다 아래로 떨어졌으니 가장 처신하기가 어려웠다. 그는 감시를 당하여 거기에 묶여 거짓 미친 척하는 것을 면하지 못하였다. 그래서 『역경』에는 특별히 기자의 명이를 말하였으니, 그 어려운 처지를 가히 알 수 있다. 그러므로 어려워도 굳게 지킴이 이롭다고 하는 것으로, 그 밝음을 숨기는 것이다. 안으로 어지러운데 능히 그 뜻을 바르게 하는 것으로, 기자가 그러하였다. 그는 겉으로는 (비록 미친 척을 했어도) 마음은 흔들리지 않았다.

○『사기』 은본기에 의하면 미자가 먼저 떠나고 비간이 간하다 죽은 후에 기자가 거짓 미친 척을 하다가 노예가 되어 주왕에 의해 갇혔다. 대개 미자는 제을의 원자로 마땅히 선왕의 종사를 중히 여기야 하니 의리상 마땅히 일찍 떠나야 하고 또 주왕에게 간할 수 없음을 분명히 알아 마침내 떠났어도 꺼림직하게 여기지 않았다. 비간은 소사로서 의리상 마땅히 힘써 간해야 했고 비록 간할 수 없음을 알아도 그만둘 수 없기에 마침내 간하다가 죽었지만 후회하지 않았다. 기자는 비간의 죽음을 보고는 자신이 간할 수 없음을 알고 차마 또 죽어서 왕에게 누를 끼치고 싶지 않았고 미자가 떠나는 것을 보았기 때문에 자신은 꼭 떠나지 않아도 되는 것을 알았으니 또 차마 떠나 왕을 배신할 수 없었다. 이런 까닭에 거짓으로 미친 척을 해서 노예가 되었어도 치욕으로 여기지는 않았다. 여기서 세 어진 이의 행위는 처지가 바뀌어도 모두 그러했을 것이다. 간혹 기자가 하늘이 내린 홍범구주를 전하지 못해 감히 죽을 수 없다고 보기도 하는데 그 설은 그럴듯하다. 다 같이 어진 이라 부르는 것은 모두 사사로움이 없고

각각 이치에 맞았기 때문이다. 사사로움이 없어 마음의 본체를 얻어 어기지 않았고, 이치에 합당하여 마음의 쓰임을 얻어 잃지 않았다. 이것은 마음의 덕을 온전히 하여 다 같이 어질다고 부르는 이유이다. 『사기』에 세 사람의 일과 공자의 이 말씀의 선후가 같지 않은 것은 『사기』의 기록은 일의 실제이고 여기서는 일의 어렵고 쉬움을 선후로 삼았기 때문이다.]

『기자외기』 하편 제6 논설, 『맹자』 당로어제장(當路於齊章)

맹자가 말하길 "탕왕에서 무정에 이르기까지 현명하고 성스러운 군왕이 6·7명이 일어났다. 천하가 은나라에 귀의함이 오래되었는데 오래되면 변하기 어렵다. 무정이 제후의 배알을 받으며 천하를 다스리는 것은 손바닥 위에서 움직이는 것과 같았다. 주왕이 무정을 떠난 것을 오래지 않아서이다. 그래서 가문의 남겨진 습속과 유풍과 선한 다스림이 존재했다. 또 미자, 미중, 왕자 비간, 기자, 교격은 모두 현인으로 서로 함께 은나라를 보필하였다. 그러므로 (나라를 금방 잃지 않고) 오랜 시간이 지난 후에 잃은 것이다"라고 하였다.

『기자외기』 하편 제6 논설, 제자설(諸子說)

안사고(당, 581~645)가 말하길 "공자께서는 뗏목에 올라 동이로 가고자 하셨다. 그 나라에는 인현의 가르침이 있어 가히 하늘의 가르침을 펼 수 있기 때문이다. 또한 말하길 무왕이 처음에 맹진에서 병사들을 돌아보았는데 8백의 제후가 약속을 하지 않았는데도 모였다. 모두 주왕을 정벌해야 한다고 했으나 무왕은 말하길 그대들은 천명을 모른다 했다. 군대를 철수한 지 2년 주왕이 비간을 죽이고 기자를 가두자 무왕은 이에 쳐서 이겼다"라고 하였다.

범엽(송, 398~445)이 말하길 "기지가 은나라가 쇠하자 도망가 조선 땅에 피하니, 처음에는 그 나라가 있는지도 몰랐다. 이에 팔조의 규약을 베풀어 사람들에게 금하는 것을 알게 하니 도읍에 음란한 것과 도적이 없어져 밤에도 문의 빗장을 잠그지 않았다. 악하고 나쁜 풍습을 바꾸고 너그럽고 간략한 법을 이루어 수백·천 년 동안 행해졌다. 그러므로 동이 전체가 유순하고 공손함을 풍속으로 삼아 3방과는 풍속이 다르게 되었으니 진실로 정치가 제대로 이루어지면 도의가 있게 마련이다. 중니가 분함을 품고 구이에 가서 살려 하였는데 어떤 이는 그곳은 더러운 곳이 아닌가 했는데, 공자가 '군자가 살고 있으니 어찌 그곳이 더럽겠는가'라고 한 것도 그런 까닭일 것이다. 이와 같이 기자가 법조문을 간략히 하고 신의로 다스린 것은 성현의 법을 만든 근본 취지를 얻은 것이다"라고 하였다.

임지기(송, 1112~1176)가 말하길 "기자와 미자는 비록 주나라로 돌아가도 주나라의 신하가 될 수 없다. 비간과 더불어 3명의 어진 이라 불리는 이유이다"라고 하였다.

장정견(진, ?~355)이 말하길 "군자의 물러감과 나아감과 죽고 사는 것은 그 뜻에 있다. 천하 국가에 있고 자기 한 몸에 달려 있는 것이 아니다. 그런 까닭에 죽더라도 명예를 구하지 않고 살더라도 재앙을 두려워하지 않으니, 몸을 이끌어가기를 구하는 자는 임금을 잊음으로 재물을 늘리려 하지 않는다. 어짊이 있는 바와 의가 주관하는 바는 귀신도 안다. 옛 상나라의 어진 이 3명은 혹은 살거나 혹은 죽거나 혹은 노예가 되어도 모두 종묘사직에 부끄러움이 없었다. 어찌 이에서 나온 바가 아니겠는가. 이에 서로 경계하여 말하길 스스로를 편안케 하여 스스로를 선왕에게 드렸다고 일컬으니, 대개 이때 주왕이 망하게 하려 했으나 잠들지 않았다. 그 신하로 비렴, 악래와 같은 이는 모두 군주를 따르며 선하지 않는 것을 하였으나 살기를 도모하지는 않았다. 백이와 태공과 같은 이는 천하가 지극한 현자라 이를 만한 이였으니 몸을 더럽히지 않고 물러나 피하여 의를 지키며 망할 사람과 함께하지 않았다. 상나라의 대신이면서 또 왕의 친척이었던 이는 왕자 비간, 기자, 미자이었다. 3인은 물러나고자 하였으나 그 패망함을 보고는 곧 나아가고자 하는 마음에 견딜 수 없었다. 왕과 함께 나라를 존속시키고자 하였으나 곧 더불어 말할 수 없다. 비록 충과 효와 정성과 성실한 마음이 있다고 해도 그 누가 이룰 수 있겠는가. 선왕의 창업을 돌아보고 생각해보면, 좋은 전통을 후손에 남겼으며 직분을 베풀어 천하의 어질고 뛰어난 인물이 녹봉과 작위를 갖게 하였다. 더하여 좌우의 신하들과 더불어 어려운 시기를 견뎌내어 위태로움과 망함에 이르지 않았다. 그러나 후에 이미 자손이 따르지 않아 망하려는 형상이 드러났다. 충신과 의로운 선비 무리는 오히려 선왕의 천하와 후세를 위한 뜻을 잃지 않는 것을 뜻으로 삼으나 윗자리에 오르지 못하여 그 시기를 이끌지 못하였다. 폐하고 어지럽히는 자는 가히 다스릴 수 없고 기울어져 있는 자는 가히 지탱하게 할 수 없다. 신하가 선왕에게 보답하는 방법은 그 능함으로 스스로를 바치는 것으로 가하다. 비록 군자의 뜻은 동일하지 않아도 죽고 사는 것과 물러나고 나아옴에 각기 의에 합당하여 선왕에게 죄를 짓지 않는다. 사람이 능히 할 수 있는 것으로 꾀하지 않고 스스로를 편안함에 있게 하겠는가. 대개 상나라의 제사가 엎드려지는 것은 미자가 근심한 바이고, 신하에게 욕보이는 것은 그 임금과 함께 망하지 않는 것이니, 기자와 비간이 수치로 여긴 바이다. 미자가 제기를 안고 주나라로 향했던 것은, 뒤이을 것을 청하여 선왕을 받드는 효를 얻기 위함이었다. 비간은 간하고 따르지 않다가 죽임을 당하였으니 군주를 섬기는 절개를 다한 것이다. 기자는 부사의 직책으로 노예가 되어 갇혔으나 오히려 가엾게 여기는 마음에 떠나지 않았음은 군주를 사랑함이 지극하였기 때문이다. 그 죽은 것은 어리석어 보였고 그 갇힌 것은 치욕스러워 보였고 그 떠나가버린 것은 배반하여 충성스럽지 않은 것과 같았다. 그러나 세 사람은 모두 편안히 행하였으니, 할 수 없는 바로 스스로를 부끄럽게 하지 않았고, 또한 할 수 있는 것으로 남을 부끄럽게 하지 않았다. 더욱 서로 권하여 의에 합치될 것을 구하였으며 반드시 같아야 할 것을 기약하지 않았다. 대저 선왕이 후세의 신하에게 바라는 바는 오직 충과 효다. 따라서 미자는 떠남으로 스스로 그 효를 바쳤고 비간은 간하다 죽었다. 기자는 올바름 때문에 갇히며 스스로 그 충성을 바쳤다. 즉, 이렇게 세 사람은 구차스럽게 하지 않았다. 거의 망해가는 곳에 있으면서도 오히려 천하와 국가를 잊지 않으며 제 한 몸을 보존하려 하지 않는 까닭은, 그 뜻이 꾀하는 바는 각기 바라는 바에서 나오기 때문으로, (바라는 바는) 선왕이 알아줄 것에 대한 기대이다. 옛날에 이른바 뚜렷하게 그 뜻을 속이지 않는 자는 이 사람이라고 일컫지 않았다. 비록 그러하나 미자와 기자가 서로 경계할 것을 고한 말은 책에 기록되었으나 비간은 그러하지 않음은 어인 일인가. 신하의 의로움은 죽음으로 지킨 절개로는 드러나기가 쉽지 않고 나라를 떠나는 것으로는 드러나기가 어렵지 않다. 굴욕을 당하며 자기를 감춘 자 역시 분별하기 어려운 바이다. 비간이 죽음으로 한 것은 의심할 바가 없는 것이므로 반드시 남에게 알릴 필요가 없다.

기자와 미자가 피할 수 없었던 것은 나아가고 물러나는 의를 중요하게 여겨 근원으로 삼았던 까닭이다. 그렇지 않다면 어떻게 세 어진 이라 나란히 일컬음을 얻을 수 있겠는가"라고 하였다. [주자가 이르기를 "치당(호인(胡寅), 송, 1098~1156))이 몇 잔의 술을 마신 뒤 장재숙의 '자정(自靖)은 사람이 스스로 선왕에게 바치는 것이다'의 뜻을 암송하였으니, 가히 호걸의 지사라 일컬을 만하다"라고 하였다.]

구산 양씨가 말하길 "무왕 때에 이르러 잘못을 뉘우치려는 마음이 없음을 회수하였으니, 현인과 군자는 죽지 않으면 혹은 노예가 되거나 혹은 나라를 떠났다. 주왕이 천하를 다스림은 한 필부에 지나지 않아 결국 무왕에게 죽임을 당했다"라고 하였다.

영평 이씨는 일찍이 세 어진 이의 일을 말하였는데, 이치에 맞으면서 사심이 없는 것을 어짊이라고 하였다.

주자가 세 어진 이에 대해 말하길 "봉황의 깃 하나를 보면 다섯 색깔이 갖추어져 있는 것을 알 수 있다"라고 하였다.

서산 진씨가 말하길 "기자가 홍범 5사를 진술하면서 몸가짐, 말하는 것, 보는 것, 듣는 것, 생각하는 것을 말하였다. 안연이 인(仁)에 대해 묻자 공자께서 말씀하시길, '자기를 이겨 예로 돌아가는 것을 인이라 한다'고 하였다. 그 조목에 대해서 물으니 또 고하여 아뢰길 '예가 아닌 것은 보지도 듣지도 말하지도 행동하지도 말라'고 하였다. 생각하는 것은 들어가 있지 않으니 어찌됨인가. 일찍이 듣기를, 금지하는 것을 말로 하지 말라는 것을 일컫는다고 하였다. 귀와 눈과 입과 귀는 사물에 의해 움직이나 마음이 주재하지 않으면 그 누가 능히 그치게 하겠는가. 특별히 학자들이 살피지 않았을 따름이다"라고 하였다.

여릉 증씨가 말하길 "무왕이 상을 이기고 기자를 조선에 봉하였으나 신하는 아니었다. 주나라에 조근하였다는 것은 주나라에 손님으로 온 것을 말한다"라고 하였다.

방효유(명, 1357~1402)가 말하길 "주왕의 난폭함이 가히 심했다고 할 만하다. 기자는 주왕의 친척이요 미자는 주왕의 형이다. 기자와 미자는 모두 현인이다. 지친이면서도 현명하게 폭군을 섬겨 신하의 예를 감히 잃지 않았다. 혹은 굽히어 노예가 되었고 혹은 그 망함을 기다려 떠났다. 기자와 미자가 어찌 사직이 임금보다 중요함을 몰랐겠는가. 마침내 차마 그 임금을 위협하는 것을 어려워하였으니 임금과 신하 사이의 큰 도리는 사직보다 중요함을 알았다"라고 하였다.

『기자외기』 하편 제7 묘향, 급군(汲郡)의 기자묘

기자묘는 급군(汲郡)의 기현(箕縣) 치소 남쪽에 있다. 당나라 유종원(773~819)이 비를 만들었다. 중국 사신 왕경민이 기자묘부의 서문에서 말하길 "나는 하남 서화 사람이다. 서화는 예전에 기자의 땅이었다. 성사(聖師)가 기 땅을 식읍으로 삼았기 때문에 기자라 칭했다. 지금 읍 가운데에 기자대가 있다. 대의 끝에는 홍범당의 목주가 설치되어 있다. 봄과 가을에 제사를 지내니, 그 유래한 바가 오래되었다. 내가 일찍이 그 가운데에서 책을 읽어 홍범의 뜻을 풀었다. 등등"이라고 하였다.

당 유종원(773~819)

대체로 대인(大人)의 도가 3가지 있다. 첫째는 바른 도를 지킴으로 고난을 견디며, 둘째는 법을 성인에게 전수해주는 것이고, 셋째는 교화가 백성에게 미치는 것이다. 은나라에 기자라는 어진 이가 있었는데 그는 실로 이 도를 구비하여 세상에 우뚝 섰으니 그러므로 공자가 육경의 뜻을 기술할 때 그에 대해 한층 더 간곡하게 하였다. 주왕의 때를 당하여 대도(大道)가 무너지고 혼란해졌으니 하늘의 위엄을 동원해도 경계할 수 없었고 성인의 말씀도 소용이 없었다. 죽음을 각오하고 간언을 올려 목숨을 바친 것은 참으로 어진 일이었다. 그러나 사직에 도움이 되지 않는 까닭으로 몸을 맡길 수 없었으니, 사직을 보존케 한 것은 참으로 어진 일이었다. 내 나라와 함께 망하였으므로 차마 그럴 수 없었는데, 이 2가지를 다 갖추어 행한 사람이 있었다. 이것으로 그 명철함을 보존하여 세상과 더불어 부침했고, 자기의 계책과 법도를 숨겨 옥에 갇혀 노예가 되는 치욕을 당하였다. 어두웠으나 사악한 마음이 없었고 희망이 무너졌으나 노력을 멈추지 않았다. 그러므로 『주역』에 기자의 밝음이 묻혔다고 하였으니, 바른 도를 따르다 어려움을 당한 것이다. 천명이 이미 (주나라로) 바뀌고 백성들로 하여금 바른 길로 나아가게 하여 큰 법을 내놓았으니 성사(聖師)가 되어 주나라 사람에게 사람이 지켜야 할 큰 도리를 베풀고 큰 법을 세웠다. 그러므로 『서경』에 기자가 돌아와 홍범을 지었다고 했으니 이것은 법을 성인에게 전해준 것이다. 조선에 봉해져 뒤에 예의의 도를 보급하고 풍속을 변화시켰으며 덕을 통해 누추함이 없게 하였고 원근을 막론하고 모든 사람이 교화되었다. 그리하여 은나라 왕실 제사의 규모를 크게 하고 멀리 변방 민족을 중화와 대등하게 만든 것은 교화가 백성에게 미친 것이다. 이 3가지는 큰 도로 (기자의) 그 몸에 집중되었으니, 천지가 바뀌더라도 자신은 바른 도를 꿋꿋하게 지킬 수 있었으니, 이것이 대인(大人)이다. 아! 주나라 시대가 아직 이르지 않고 은나라 왕실 제사가 아직 끊어지지 않았을 때에 비간은 이미 죽었고 미자는 이미 떠났다. 가령 주왕이 죄악이 극에 이르기 전에 스스로 죽고 무경이 나라가 혼란할 것을 염려하여 나라를 보존할 것을 도모했다고 가정하더라도 그 사람이 없으면 누구와 함께 태평성대를 일으키겠는가. 이것은 진실로 사람의 일로 혹 일어날 수 있는 일이다. 그렇다면 선생이 자기 존재를 숨기고 치욕을 참으면서 그렇게 행동했던 것은 이러한 뜻이 있었기 때문이리라. 당나라 시기 어느 해 급군에 사당을 지어 해마다 때에 따라 제사를 올렸으니, 선생 홀로 『주역』의 상(象)에 나열된 것을 아름답게 여겨 이 송(頌)을 짓는다. 송에 이르기를,

정도를 따르다가 어려움에 빠졌으나 계책을 성군에게 전해주었다.
종묘제사가 번성하게 하였고, 오랑캐 백성도 깨어나게 하였다.
덕 밝고 성대하신 대인(大人)이기에 드러나든 묻히든 변함이 없었다.
성인의 어짊이여! 치세이건 난세건 도리에 합당하였다.
명철함이 몸에 있었으나 노예가 되는 것도 달게 여겼다.
온화하고 겸손히 예법을 지켜 군주가 된 뒤에도 자만하지 않았다.
높아도 위태로운 일이 없었고 낮아도 누가 감히 넘지 못했다.
죽지 않고 떠나지도 아니한 것은 옛 도읍을 그리워하였기 때문이었다.
때에 맞게 굽혔다가 폈으니 마침내 온 세상의 모범이 되었다.
『주역』의 상(象) 중에 들어갔으니 문왕과 한 부류가 되었다.

크게 밝히고 널리 밝히니, 숭배하며 제사지냄을 정성껏 하도다.
예전에는 칭송하는 글이 없었는데, 뒤의 유학자들에 의해 계속 나오는도다.

『기자외기』 하편 제7 묘향, 기자묘비후기(箕子廟碑後記)

명 장녕

당나라 유종원(773~819)은 올바름으로 어려운 경우를 견더내는 것, 법도를 성인에게 전수하는 것, 교화가 백성들에게 미치게 하는 것 3가지를 가지고 기자묘비를 풀어내어 대인의 잘한 일로 끝을 맺었다. 다만 그 이른바 "주왕이 죄악이 극에 이르기 전에 스스로 죽고 무경이 나라가 혼란할 것을 염려하여 나라를 보존할 것을 도모했다고 가정하더라도 그 사람이 없으면 누구와 함께 태평성대를 일으키겠는가"라고 논하였는데, 짐짓 스스로 헤아리지 않으면 능히 의심하지 않을 수 없다. 대저 비간이 아직 죽지 않았을 때 천하는 상나라에 대해 주저하였고, 선생이 왕실의 부사로서 올바름으로 그렇지 못한 것을 구해냈을 것인지는 단언할 수 없다. 우연히 잘되었기를 바라나 헤아릴 수 없으니 이 역시 말하기 어렵다. 가령 과연 이러한 마음을 지니고 있었어도 마침내 어지러워지고 망하는 지경에 빠졌고, 서로 이어져 있었으나 중요한 일을 이루지 못하였다. 이는 더욱 보통 수준의 지혜를 지닌 자가 할 수 있는 바가 아니며, 대현(大賢) 군자라 일컫는 자라야 할 수 있다. 하물며 세 어진 이는 말을 고할 때에 진심으로 따른다는 것을 밝게 서로 펼쳤으니, 선생이 무엇을 할지에 대한 낌새들이 마침 여기에 적지 않게 보인다. 이것이 거짓 미친 척하며 간하지 않았던 마음으로, 진실로 일정한 입장이 있었음을 살필 수 있다. 주나라가 흥기함에 이르러 무왕이 방문하였으며, 곧 봉했다고 말하였다. 또한 옛 도읍의 백성에게 나아가 은나라를 잊지 않았다. 무경의 마음은 뒤를 잇고자 하는 것이었으나 역시 일찍이 뜻이 일치하지 않고 틈이 있었다. 조법으로 백성을 교화하여 마침내 예의와 겸양이 일어나 넉넉해졌다. 이 동쪽의 땅에 거함이 처음부터 있었던 사람과 같았고, 또 처음 봉해졌을 때 조선이 처음으로 통하게 되었다. 성왕의 때에 이르러 서쪽에서 실천하고 동쪽에서 복종하였다고 서로 전하며 일컬었다. 이내 동쪽 노나라 성인(공자)에 이르러 "군자가 있는데 어찌 더럽겠는가"라는 말이 있게 되었다. 진실로 선생이 땅을 편안하게 하고 백성을 인도한 노력이 아니었다면 그 교화가 어찌 이와 같을 수 있었겠는가. 곧 그 마친 일을 통해 역시 그 시작하였을 때의 마음을 가히 알 수 있다. 그런즉 선생이 어찌 장차 은나라를 잊고 주나라를 따르는 것을 즐겼겠는가. 이는 그렇지 않다. 상나라는 천명을 잃었고 주나라는 천명을 일으켰다. 홍범의 도가 거의 끊어져 다시 전해지는 것이 이미 막혔는데 다시 통하게 된 것 역시 천명이다. 그것이 하늘에 달려 있음을 알고 몸을 감추어 스스로 욕되게 하였으며 주나라의 신하가 되지 않으니 이 또한 천명이다. 대개 하늘이란 도리이다. 이미 성현의 말과 행동은 모두 어긋남이 없으니, 하물며 대인은 오죽하겠는가. 온전히 이 도리를 다하며 거하였기에 필시 쓰임이 있었던 것이며, 사사롭게 베푼 것이 아니었다. 곧 성인이 어짊이라 일컫는 바를 따랐다. 비록 그러하나 완고한 백성은 두 마음을 품고 따르지 않았으니, 무경의 감독은 오래가지 않았다. 더구나 재주는 일을 이루기에 충분하였으며 덕은 사람을 움직이기에 충분하였고 도리는 세상을 세우기에 충분하였으니, 선생과 같은 분은 그 중간에 뜻을 불러일으키지 않았을 뿐만 아니라 또한 시종 일관되었다. 드디어 그 신하가 되지 않겠다는 뜻으로 큰 은혜를 한 지역에 베풀어주어 동이를 중화로 만들고 사람이 지켜야 할 떳떳한 도리와 예악이 윤택하게 되어 지금까지 쇠하지 않고 이르렀다. 대대로 받은 봉지를 내려주고 나라를 물려주는 것이 오래되었다. 그리고 선생의 경우도 역시 오랫동안 사당에서 제사드리는 자가 있었다. 모두 중국 주나라의 베푼 것이니, 아! 주나라 역시 어질었도다.

『기자외기』 하편 제7 묘향, 평양 숭인전(崇仁殿)

『고려사』에 이르길 "은나라 태사는 천인(天人)의 학문을 얻은 것은 마땅히 밝음이 상실된 때니, 주나라 무왕에게 홍범을 베풀고 조선에 봉해졌다. 팔조의 교화로 동이를 중화로 만들고 군자 예의의 나라가 되게 하였다. 우리 동방의 역대 군신이 능히 사전(祀典)을 세우려 함이 있지 않았는데, 예부에서 건의한 바를 명효왕(고려 숙종)이 따랐다. 무덤은 비록 오래되었으나 사당의 모습은 새롭고 제사 음식과 향을 길이 흠향하니, 수천·백 년간 무너져 있던 의식이 하루아침에 빠짐없이 갖추어졌다. 가히 아름다운 일이로다"라고 하였다.

고려 충숙왕 12년(1325), 기자가 처음 본국에 봉해져 예악으로 교화하여 이때부터 행해지게 되었다는 점을 들어 평양부로 하여금 사당을 세워 제사하게 했다.

고려 공민왕 원년(1352), 기자가 여기에 봉해진 뒤 예약으로 교화한 은덕이 지금까지 이르게 되었다는 것을 들어 평양부로 하여금 사당을 수리하고 제사를 드리게 하였다.

『평양지』에 이르길 "본조 세종대왕이 평양의 기자 사당을 고쳐 세웠다. 사신 변계량에게 명하여 글을 지어 비를 세우게 했다"라고 하였다. [변계량이 지은 비는 지금은 없어졌다.]

숭인전은 옛 기자 사당이다. 만력 임자년(1612)에 조삼성, 양덕록, 정민 등이 임금에게 청하여 숭인으로 고쳐 사액하였다. 선우식을 전감으로 삼고 세습하게 하였다. 정축년에 사신 이정구(1564~1635)에게 명하여 글을 짓고 비석을 세우게 했다.

융경 5년(1571)에 사당을 지키는 민호 10명을 추가하고 또한 하마비를 세웠다.

장씨 녕이 말하길 "평양성이 서경이 되었으며 기자묘가 문묘의 왼쪽에 있다. 목주의 제목은 '조선의 시조 기자'라고 되어 있다. 내가 처음에 장차 사당을 알현하기 위해 이르렀을 때 예조정랑이 들어와 예를 청하니 내가 제자가 스승을 뵙는 의례로 말하였다"라고 하였다.

숙종 6년 기미년(1679)에 홍범을 두루 보고 느낀 바가 있어 가까운 신하를 숭인전에 보내어 단군 사당과 함께 제사를 지내게 했다.

『기자외기』 하편 제7 묘향, 평양기자묘비

변계량(1369~1430)

선덕 3년 무신년(1428) 여름 4월 갑자일에 국왕 전하께서 전지를 내려 이르셨다. 옛날 주나라 무왕이 은나라를 이기고 은나라 태사 기자를 우리나라에 봉하여 주나라 신하의 노릇은 하지 않겠다는 그의 뜻을 이루게 했다. 우리 동방의 문물과 예악이 중국에 비슷해지게 되어 지금까지 2천여 년에 이르렀으니 오직 기자의 가르침으로 힘입은 것이다. 돌아보면 그의 사당이 좁고 누추하여 우러러 공경을 표하기에는 맞지 않으니 우리 부왕께서 일찍이 중수를 명하셨고 내가 그 뜻을 받들어 독려했다. 이제 낙성을 고하니 마땅히 돌에 새기도록 하여 오래도록 후세에 보여야 할 것이니 사신은 글을 지으라 하셨다.

신 변계량이 명을 받으니 조심스럽고 두려워 감히 사양하지 못하였다. 신은 삼가 생각건대, 공자는 문왕과 기자를 (『주역』의) 역상(易象)에서 함께 열거했고 또 (『논어』 미자 편에서 미자·기자·비간을 은나라의) '세 어진 이'이라 일컬었으니 기자의 덕은 가히 찬양함을 충분히 얻을 수 없다. 생각건대, 옛날 하나라 우 임금이 물에 잠긴 땅을 다스릴 때, 하늘이 홍범을 내려니 떳떳한 인륜을 서술하였다. 그러나 그 말이 일찍이 우와 하나라의 글에는 한 번도 보이지 않았고 1천여 년이 지나 기자에 이르러서야 비로소 나왔다. 그때에 기자가 무왕을 위하여 진술하지 않았다면 낙서에 담긴 천인(天人)에 관련된 학문을 후인들이 어디를 통해 알 수 있었겠는가. 기자가 이 도에 공이 있었으니, 어찌 우연한 일이겠는가. 기자는 무왕의 스승으로, 무왕이 그를 다른 곳에 봉하지 않고 우리 조선에 봉했으므로, 조선 사람들이 아침저녁으로 친히 그 가르침을 받아 군자는 대도의 요체를 얻어듣고 백성은 지극한 다스림의 은택을 입었다. 그 교화로 길에 떨어진 물건을 줍지 않는 데까지 이르렀다. 이것은 어찌 하늘이 우리 동방을 후하게 하여 어질고 착한 사람을 내려주어 이 백성들에게 은혜를 베풀어준 것이 아니겠는가. 사람의 힘으로 미칠 수 있는 바가 아니다. 정전의 제도와 팔조의 범금이 해와 별처럼 밝아 우리나라 사람들이 대대로 그 가르침을 따랐고, 1천 년 뒤에도 그 당시에 사는 것과 같아서 엄숙한 모습으로 우러러 대하니, 스스로 그칠 수 없을 지경이다. 우리 상왕 전하께서는 총명하여 옛일을 살피고 경서와 사서를 즐겨 보았으며, 우리 전하께서는 하늘이 낸 지혜롭고 현철한 자질로 성인의 학문에 밝아 홍범구주의 도에 대해 모두 정통하고 마음으로 융합함이 있었다. 그런 까닭에 (상왕께서) 지으신 것을 (전하께서) 계승하였다. 그 덕을 높이고 공을 보답하는 전례를 이룬 것이 지극한 정성에서 나왔으니, 실로 전대의 군왕들이 짝할 수 없는 바이다. 경과 선비와 서민들이 이것을 본받고 행하니, 천자의 밝은 덕에 가까워져 베풀어주시는 복을 받게 되리라는 것은 의심할 것도 없다. 아, 성대하다. 무릇 몇 칸의 집을 짓고 거기에 소속된 전지를 두어서 제사에 이바지하게 하였고, 요역을 면제시켜서 이곳의 청소에 응하게 하였으며, 부윤에게 명하여 향사를 삼가 받들게 하니, 묘궁의 일이 대체로 유감스러울 일이 없었다. 신 변계량은 감격을 이기지 못하여, 삼가 머리를 조아려 절하며 명을 바친다. 명은 다음과 같다.

아, 기자는 (『주역』의 역상에 올라간) 문왕과 같은 부류였네.
참되도다. 홍범이여. 상제의 가르침이 펼쳐졌네.
은나라 스승만이 아니라 진실로 무왕의 스승이었네.
은나라는 그를 버려 멸망하고, 주나라는 그를 찾아 창성했네.
크나큰 천하의 평안함과 위태함이 그 몸에 달렸네.
거두어 동쪽으로 오심은 하늘이 우리를 편애함일세.
가르치고 다스림에 팔조가 밝았도다.
우매한들 뉘 아니 밝아지며, 유약한들 뉘 아니 강해지랴.
『한서』에서 아름다움을 칭찬하였으니, 길에 흘린 물건은 줍지 않았다네.
동이를 중화로 변화시켰다는 것은 당나라 비석에 쓰여 있네.
부지런히 힘쓰시는 우리 임금, 끊어진 학문을 밝게 이었네.
마음은 그 이치에 합하였고, 몸으로는 그 법을 실천하였네.
(선왕께서) 지으신 것을 이었으니, 사당은 의젓하여 날아갈 듯 솟아 있네.
높다란 그 사당집에 신이 이르시어 편안히 있도다.
계절에 따라 제사를 드림에, 능히 공경과 정성을 다하리라.
아, 소신은 성인께서 남기신 글에 마음이 잠기었네.
이제 왕명을 받들어 머리를 조아리며 명을 짓노라.
성대한 덕의 광채여, 억만년 동안 길이 빛나리로다.

『기자외기』 하편 제7 묘향, 평양 숭인전비(崇仁殿碑)

이정구(1564~1635)

은나라가 망하고 세 사람의 행동은 같지 않았으나 공자는 이들을 함께 세 명의 어진 이라 칭했고 주자는 이 세 사람이 처지가 바뀌었어도 모두 그렇게 했을 것이라고 여겼다. 신이 생각하면 기자가 주왕에게 간한 것이 비간보다 먼저였는데 주왕이 죽이지 않고 가둔 것은 하늘이 한 일이다. 무왕이 다른 곳에 봉하지 않고 조선에 봉한 것도 역시 하늘이 한 일이다. 왜 그러했을까. 하늘이 하도를 복희씨에게 주었는데 팔괘의 변화가 여전히 드러나지 않았고, 문왕이 갇히고 나서 비로소 『역경』의 단을 자세히 설명했다. 하늘이 낙서를 우 임금에게 주었으나 구주의 수가 밝혀지지 않다가 기자가 곤경에 처하니 비로소 홍범을 지었다. 천인의 묘한 이치가 이에 크게 밝혀지고 제왕의 정치를 위한 큰 줄기와 법도가 천하 후세에 전해지게 되었다. 만약 문왕이 『역경』을 자세히 설명하지 않고 기자가 구주를 서술하지 않았더라면 하도와 낙서는 하나도 규명되지 못하고 혼돈된 상태였을 것이다. 하늘이 복희씨와 우 임금에게 준 것은 어찌 그렇게 하려던 것이었겠는가. 이것이 하늘의 뜻이 아니라면 누구의 뜻이겠는가. 또한 하늘이 백성을 내면서 반드시 성현을 내려 임금과 스승으로 만들어 백성들의 삶을 영위하게 하고 가르침을 세우게 하였으니, 복희씨, 헌원씨, 요 임금, 순 임금이 중국을 교화함이 이런 예이다. 우리나라는 비록 외진 곳이지만 또한 하늘의 백성이다. 그러나 단군 때부터 인문이 드러나지 못하였고 무지몽매한 상태였는데 만약 기자의 팔조목 가르침이 없었다면 끝내 오랑캐의 습속을 벗어나지 못했을 것이다. 기자가 우리나라를 교화한 것은 복희씨, 헌원씨, 요 임금, 순 임금이 중국을 교화한 것과 마찬가지로, 그렇게 하지 않을 수 없는 이유가 있었으니 이 또한 하늘의 뜻이 아니라면 누구의 뜻이겠는가. 하늘이 기자를 죽이지 않은 것은 도를 전하기 위함이요 백성을 교화하기 위해서이니 기자가 죽고 싶어도 할 수 있었겠는가. 무왕이 조선에 봉하고 싶지 않다고 그렇게 할 수 있었겠는가. 그렇기 때문에 기자가 이 도에 끼친 공이 있었으니, 실로 천하의 온 나라가 함께 덕을 보았지만 직접 가르침을 받은 은혜는 우리나라가 가장 많았다. 삼한이 영원히 사람 노릇을 할 수 있게 한 공덕이 얼마나 대단한가.

공자의 도가 비록 크지만 오랑캐 나라에는 교화가 미치지 못하였다. 기자가 우리나라를 교화한 것은 공자가 태어나기 전의 일이다. 그래서 공자는 배를 타고 가서 살고 싶다는 뜻을 가진 것이니, 예의와 문명의 교화가 여기에서 시작된 지 오래되었다. 만약 기자의 교화가 먼저 있지 않았다면 후대에 비록 공자의 도가 있었어도 그 교화는 어찌 쉽게 받아들였겠는가. 그러니 우리나라가 기자를 숭배하고 그 은덕에 보답하는 예는 공자와 같은 수준으로 높여야 한다. 그러나 아직도 제사 지내는 곳이 많지 않고 그 후손을 세우지 못하여 참으로 유감스러운 일인데 또한 아마 기다린 바가 있었을 것이다.

우리 전하께서 즉위하신 지 3년째 되는 해인 만력 신해년(1611, 광해군 3년)에 본도의 선비 조삼성(1545~?), 양덕록(1553~1635), 정민 등이 연이어 항소하여 말하길 "역사서에 의하면 기자 이후 41세를 전하였으며, 준에 이르러 위만에게 축출되었고, 마한 말엽에 후손 세 사람이 있었는데 친이라 이르는 자는 그 후 한씨(韓氏)가 되었고 평이라 이르는 자는 기씨(奇氏)가 되었고 양이라 이르는 자는 용강 오석산에 들어가 선우(鮮于)에게 계통을 전했다고 합니다"라고 하였다. 그 세계는 『운서』에서는 "선우는 자성(子姓)인데 주나라가 기자를 조선에 봉하고 장자가 아닌 아들 중(仲)이 우(于) 땅을 식읍으로 받아 성씨가 선우가 된 것이다"라고 하였고, 『강목』에서는 "기자가 조선에 봉해지고 그 아들이 우 땅을 식읍으로 받아 선우를 성으로 삼게 되었다"라고 하였다. 조맹부(원, 1254~1322)가 선우추(원, 1256~1301)에게 준 시에 "기자의 후손에 수염 많은 사람이 많다"라고 하였으니, 선우가 기자의 후손임이 이미 명백하게 드러났다. 홍무 연간에 선우경이 중령별장이 되었으며 그 7대손인 식(寔)이 태천에 와서 기자 사당 곁에 산 지 지금 10년이 되었다. 선우식에게 기자의 제사를 맡게 할 것을 청하니, 전하께서 그 일을 중요하게 여기고 예관에게 명하여 대신에게 자문하게 하고 본도(本道)에 명하여 선우식을 찾아보고 다시 아뢰도록 하니 일이 모두 근거가 있었다. 조정의 의론이 모두 찬성하여 드디어 선우씨를 기자의 후손으로 정하였다. 이듬해인 임자년(1612, 광해군 4년) 봄에 어명으로 사당에 '숭인(崇仁)'이라는 전각 이름을 걸게 하고 선우식에게 전감(殿監) 벼슬을 내리고 자손 대대로 이어받게 했다.

옛날 주나라 무왕이 황제와 요, 순의 후손을 찾아 삼각(三恪)으로 삼아 그 선조의 제사를 모시게 하였으니, 성인의 덕을 숭상하고 끊어진 세대를 이어 제사를 지내게 하는 뜻은 천고에 걸쳐 같은 것이다. 그리고 부윤에게 명하여 무덤길을 만들고 사우를 수리하게 하였으며 제전(祭田)과 수호(守戶)를 증설하여 제수를 공급하고 청소를 하게 하였다. 또한 무릇 성씨가 선우인 사람은 세금과 부역을 면제하게 하고 군적에 넣지 않아 그들로 하여금 기자의 사당 아래 모여 살게 하였다. 한편 근신(近臣)을 보내 향을 가져가 사당에 제사를 지내게 하고 그 이유를 고하게 하니, 기자를 존숭하는 예전이 옛날과 더할 나위 없게 되었다. 이것은 실로 올바른 도리를 기르게 하고 세상을 다스리는 도리를 바로잡아 회복할 큰 기회이다. 아, 성대하다.

당초 만력 병자년(1576, 선조 9년)에 본도의 선비들은 성사(聖師)가 남긴 은택을 사모하여 부 서남쪽 창광산 아래 서원을 세웠으며 강당을 설치하고 이름을 홍범사원이라 하였다. 유생들이 기자를 존숭하고 도학을 강학하는 장소로 삼았다. 그리고 무신년(1608, 선조 41년) 겨울에 인현서원이라는 사액을 받았다.

이에 이르러 관찰사 정사호(1553~1616)가 조정에 보고하여 이르되 "지금 기자전에 명호를 걸고 후손을 세워서 제사를 지내게 한 것은 실로 수천 년 이래 없었던 성대한 일입니다. 이 지역의 백성들이 모두 부사(父師)에게 문명의 교화를 다시 입은 것처럼 기뻐 날뛰며 이 사실을 비석에 새겨 크나큰 경사를 기리길 바라고 있습니다. 바라건대 유신(儒臣)을 시켜 전후 사적을 기술하여 사람들이 우러러 쳐다볼 수 있게 하여 (기자의 은택이) 끝이 없음을 대대로 보이소서"라고 하였다. 전하께서 승낙하시고 신에게 적으라고 명하셨다. 신이 마침 황송하게도 예관(禮官)이라 이 일에 대해 의논한 바를 듣지는 못했으나 보기 힘든 예전을 얻어 볼 수 있어서 떨리는 마음으로 명을 받들었다. 감히 문장이 천박하고 비루하여 정성을 다해도 해결하기에 부족하다는 변명을 할 수 없어 삼가 손을 들어 맞잡고 머리를 조아려 절하고 명을 바친다. 명은 다음과 같다.

하늘이 법도를 내려주시니 우 임금께서 법칙을 삼으셨다.
기자에게 전하시니 기자가 계승하여 흥기시켰도다.

감춰진 뜻이 드러나니 인문이 비로소 밝아졌네.
이에 윤리가 펼쳐져 성인의 물음을 계승하였네.
이는 상제의 가르침이네. 이미 무왕의 스승이 되셨네.
백성들에게 지극함을 내려주고, 의리로 신하가 되지 않으셨네.
하늘과 땅이 변화하여 우리가 그 바른 이치를 얻었네.
어두움이 쇠하게 된 상황에서도 스스로를 다스렸으며, 이제 동쪽 나라를 돌아보셨네.
이에 도를 미루어 폈으니, 실로 하늘이 그렇게 만들었네.
먼 곳도 없고 누추한 곳도 없으니, 팔조의 법으로 교화를 펴셨네.
오랑캐가 중화로 바뀌었으며, 어진 덕이 피부에까지 스며들었네.
길거리 떨어진 물건은 줍지 않았으니, 예의가 구현된 치세였네.
높도다. 성대한 덕이여! 백세토록 길이 우러르리.
그 은덕이 지금까지 이어지고 있으니, 패수 서쪽 기슭이로다.
정전 옛터가 남아 있으니, 신성한 자취가 엊그제 일 같네.
고려 때 사당을 지었으나 예식이 갖추어지지 못했네.
세월이 갈수록 해이해지도다. 아득한 성인의 계통이여.
후손이 끊어지지 않고 이어졌으나 자손은 여러 갈래로 흩어지고 나뉘었다.
밝으신 우리 임금께서는
홍범을 받들어 법도를 세우셨으며, 멀리 전승이 끊어진 학문을 이으셨네.
사당에는 아름다운 명호가 있으며, 서원에는 빛나는 사액이 걸렸네.
더욱 빛나고 또 성대하리라. 후손을 세워 끊어진 계통을 이었도다.
영원히 벼슬을 세습하게 하니, 삼각을 본받은 것이네.
특별히 사당에 제사하니, 기장의 좋은 향기로다.
예의가 넘쳐흐르니, 훌륭하도다. 우리 왕이시여!
선인의 가르침을 이으셨고, 우리나라의 중흥을 이루셨네.
실추된 예전을 모두 정비하니, 그 의식의 법도가 찬란하도다.
천고에 면모를 일신하였으니, 아, 드러나지 않겠는가.

글이 여기에 있으니, 세상 떠날 때까지 사모하리라.

『기자외기』 하편 제7 묘향, 평양 인현서원(仁賢書院)

『평양지』에 이르길 "인현서원은 창광산 서쪽 기슭 신호사 옛 터에 있다. 은태사(기자)의 화상을 봉안하고 있다. 가정 갑자년(1564, 명종 19년)에 진사 양덕희(1553~1635) 등이 감사 정종영(1513~1589)에게 청하여 정사를 창립하고 학고당이라 이름 지었다. 만력 병자년(1576, 선조 9년)에 감사 김계휘(1526~1582)가 규모를 확대해 홍범서원이라 이름 붙여 기자를 받들려고 했으나 실행하지 못하였다. 임진왜란으로 서원의 건물이 불타자 갑오년(1594, 선조 27년) 감사 이원익(1547~1634)이 중건하여 서검재라 했다. 경자년(1660년, 선조 33년) 감사 서성이 기자가 무왕에게 홍범을 아뢰는 모습을 그린 그림을 얻어 서원에 보관하였다. 갑진년(1604, 선조 37년)에 감사 김신원(1553~1615)이 서륜당과 동·서재를 건립하고 무신년(1608, 선조 4년) 가을에 참봉 김내성과 생원 양덕록(1553~1635) 등이 사액해달라는 상소문을 올려 인현이라는 이름을 하사받았다. 계축년(1613, 광해군 5년) 봄에 원장 김태좌와 유사 조삼성, 양덕록(1553~1635) 등이 감사 정사호(1553~?)에게 인현전을 중건해달라고 요청했다. 병인년(1626, 인조 4년) 여름에 화가 이신흠을 보내어 서원에 보관한 홍범을 그린 그림과 초상화를 모사하게 했는데 봉안되지는 못했다. 정묘호란 때 진본을 잃어버려 초본만 남았다. 임신년(1632, 인조 10년)에 감사 민성휘(1582~1647)가 다시 모사하게 했다. 계유년(1633, 인조 11년)에 향축을 하사받아 인현전에 봉안하였다. 서륜당은 이름을 홍범으로 바꾸었다. 정묘년(1627, 인조 5년)에 잃어버린 영정의 진본이 나타났는데 한씨 성의 승려가 얻어 장연에 있는 학접사에 보관해놓았었다. 승려는 또 떠돌다 간수하지 못할 것을 걱정하여 한연희에게 맡겼다. 한연희는 자신이 기자의 후손이라 여겨 소중히 보관하고 그 4세손인 한진태에게 맡겼다. 기해년(1719, 숙종 45년) 11월 20일에 한진태가 상자를 가져와 본 서원에 돌려주었는데 본 서원의 초상화와 조금의 차이도 없었다. 상자는 서원에 보관했다. 신축년(1721, 경종 1년) 10월 21일에 한명후 등이 황룡산성으로 옮겨 봉안해줄 것을 요청하는 소장을 올렸다. 경신년(1640,

인조 18년)에 효종이 동궁 시절 심양으로 떠날 때 본 서원에 와서 직접 '봉림대군' 네 글자를 심원록에 썼는데, 동궁의 방문 뒤에 따로 표구하여 홍범당에 보관했다"라고 하였다.

『기자외기』 하편 제8 사적, 유속(遺俗)

『악지』에 이르길 "주나라 무왕이 기자를 조선에 봉하니 예속을 일으켜 조정과 민간이 평안하여 백성들이 기뻐하며 대동강을 황하에 비견하고 영명령을 숭산에 비겨서 노래를 지어 그 임금을 송축하였다"라고 하였다.

『요동지』에 이르길 "요동은 기자가 지나면서 교화한 나라이다. 습성이 되어 풍속이 순후하고 아름답게 되었으니, 그 실마리가 먼 곳에 있었다"라고 하였다.

송렴(명, 1310~1380)이 말하길 "기자의 나라에는 위로는 변함없이 고귀한 지위에 있는 이들이 있고 아래로는 상민에 상응하는 지위에 있는 이들이 있으니, 실로 선왕의 유풍이 남아 있다. 마땅히 우리 중화와 같이 보아주어야 할 것이요, 외국의 예로 말할 수 없는 것이다"라고 하였다.

주득거가 말하길 "조선은 한해(瀚海)의 동북에 있는데 기자의 옛 봉토이다. 풍속에 본래부터 임금과 신하, 웃어른과 아랫사람의 의를 알았다"라고 하였다.

단목효사가 말하길 "조선은 기자의 옛 봉토이다. 해외에 있으면서 추나라와 노나라와 같은 나라가 되었다"라고 하였다.

왕창(명, 1453~1515)이 말하길 "조선은 옛 기자의 후예로, 의관과 문물의 제도, 가깝고 먼 이와 귀하고 천한 이에 대한 격식이 아름답게 빛나니, 중국의 풍속이 있다"라고 하였다.

예겸(명, 1415~1479)이 말하길 "기자가 팔조의 교화를 베풀어 백성을 통치하니 지금까지도 유풍이 미치어 오히려 남아 있다"라고 하였다.

권근(1352~1409)이 말하길 "구주는 천인의 학문이니 팔조 유풍의 아름다운 토대이다. 우리 동방은 수천 년에 걸쳐 예의로 교화되었다"라고 하였다.

손순효(1427~1497)가 말하길 "동쪽의 사람들이 지금 예의의 지역으로 모이게 된 것은 온전히 태사의 교화에 의해서이다"라고 하였다.

『기자외기』 하편 제8 사적, 숭봉(崇奉)

송나라의 역사에서, 대관(1107~1110) 중에 여러 학교를 두었는데 상서(庠序)의 제도로 하였다. 문선왕(공자)을 선사로 삼고 기자와 풍후 등 9인을 배향했다.

명나라의 역사에서, 국자사업 송렴(1310~1380)이 '태학 석전에 대한 논의의 대강'을 올렸는데 공자의 70제자와 정현(후한, 127~200), 마융(후한, 79~166) 등의 배향을 파하고 복희, 신농, 황제, 요 임금, 순 임금, 우 임금, 탕왕, 문왕, 기자, 무왕, 주공, 공자를 태학에서 제사드리자는 등의 내용이었다. 고황제는 기뻐하지 않고 지현으로 강등시켰다가 얼마 안 있어 소환했다.

『평양지』에 이르길 "기자묘는 계사년(1593, 선조 26년)에 왜구가 비석을 쳐 부러뜨렸고 왜적이 물러난 뒤에 다시 새로 비를 세웠다. 한호(1543~1605)가 글씨를 쓰고 쇠못으로 옛 비석을 뚫어 새 비석의 뒤에 붙여 옛 모습을 남겼다. 만력 임인년(1602, 선조 35년)에 감사 허욱(1548~1618)이 정자각을 세우고 숭정후 병술년(1646, 인조 24년)에 중수하였다. 무덤 동쪽에 옛날에는 길이 있었는데 무신년(1728, 영조 4년) 감사 윤유(1674~1737)가 그 길이 내맥의 나무를 끊는 것이 안타까워 막아버리고 북성문으로 길이 통하게 하였다"라고 하였다.

가정 병오년(1546, 조선 명종 원년) 4월 22일, 우박이 심하게 내려 토산의 소나무가 모두 꺾였는데, 기자묘 둘레에 있는 나무는 상한 것이 거의 없었다. 사람들이 모두 기이하게 여겨 신명이 보호하였다고 생각했다.

『기자외기』 하편 제8 사적, 고적

『평양지』에 다음과 같이 말하였다.

외성은 지세가 평평하여 낮고 강물이 얕아 동남쪽이 잠긴다. 세상에 전하기로 기자가 도읍을 세운 초기에 성을 9겹으로 쌓아 수해에 대비했다고 한다. 기자는 은나라 사람으로 경·박(耿亳)의 이하(圯河)를 보고 9겹을 만들었는데 수천 년 동안 강물이 크게 몇 번을 범람했는지는 알 수 없지만 백성들이 수해를 입어 흩어지는 일이 없었던 것은 이 때문이었다. 실로 평양 백성들의 울타리였으니 성왕이 후세를 위한 염려함이 지극하였다. 전후의 관찰사들은 다른 업무로 여유가 없어 미처 수리하지 못하였는데, 시간이 점점 흐르면서 옛날에 축조한 것이 점점 무너지고 혹 한두 겹만 남았고 또한 많은 부분은 대부분 무너져 성왕의 옛 도읍이 거의 사라질 지경이었다. 정미년(1727, 영조 3년)에 감사 홍석보(1672~1729)가 봉급 3백 냥과 전미 1백 섬, 면포 50필을 내었고, 기유년(1729, 영조 5년)에 감사 윤유(1674~1737)가 돈 5백 냥, 면포 5동을 더 내어 보역고를 새로 만들어 두고 매년 남은 것으로 수축 비용에 충당하였다. 경술년(1730, 영조 6년)에 감사 송인명이 계문을 올려 위로는 소성(小城)에서 아래로는 영귀루에 이르기까지 모두 8백 보를 수축하겠다고 아뢰었다.

만력 갑오년(1594, 선조 27년) 중에 어부가 대동강에서 쇠 덫을 건졌는데 그 길이는 3파(把)이고 둘레는 1척(尺)이었다. 아래에는 3개의 갈고리가 있고 위에는 둥근 고리가 있었다. 같은 해에 하류 기슭 물가에서 닻이 하나 나왔는데 그 모양은 이와 비슷하면서 다른 점이 약간 있었다. 풍수가는 평양이 떠다니는 배의 형상이라 하고 옛사람들이 여기를 진으로 삼았다고 하였다.

외성의 지형은 평평하면서 넓고 깊다. 곳곳에 굴과 우물이 있으며 그 깊이는 한결같은데, 가득 차기도 하고 오그라들기도 하는 것이 강의 조석에 따랐다. 여름에는 물이 불어나 맑고 찬데, 패강과 더불어 발원지가 통하기 때문이다. 유독 기자정 물의 맛은 다른 우물과 몹시 다르다. 오상(1512~1573)이 감사가 되었을 때 본래 소갈증으로 이 물 마시길 좋아했다. 물 긷는 사람이 그곳이 멀어 다른 물을 바치니 자세히 맛보고 알아차렸다. 물 긷는 자를 꾸짖으니 물 긷는 자가 사실대로 아뢰었다.

경신년(1620, 광해군 12년) 참봉 조흡(?~1644)이 기자정 동쪽 땅을 파다가 옛 거울을 얻었는데 볼록하게 새겨진 20자의 글씨가 뒷면에 있었다. 머리와 꼬리 둘레에 글자가 이어져 있었는데 동왕공의 구절이 있었다. 전해지기로 정양문 바깥 기자정 북쪽에 기자궁의 터가 있다고 하였다. 늘 동왕방이라 일컬었던 까닭으로 한동안 모두 동왕을 기자로 여겼으며 그 거울을 보물로 여겼다. 그 글을 "東王公西周會年 益壽民宜子孫 吾陽陰眞自有道"라 읽었는데, 서주회년(西周會年)을 맹진회년(孟津會年)으로 보았다. 오직 월사 이정구는 "吾陽陰竟自有道 東王公 西國曾年 益壽民宜子孫"이라 읽고, 가로되 "'오(吾)' 자 위에 표점과 같은 것이 있으니 마땅히 '오' 자를 필두로 삼고, '진(眞)' 자를 '경(鏡)'의 옛 글자인 '경(竟)'으로 보아야 하며, '주(周)' 자는 흙속에서 부식되었지만 '국(國)'의 옛 글자인 '국(囯)'으로 보아야 하고 '회(會)' 자는 '증(增)' 자의 옛 글자인 '증(曾)'으로 보아야 한다. 모두 『한서』에 실려 있는 통용되는 옛 글자이며 또한 그 글은 예서체 글자이다. 예서는 이사(진, ?~기원전 208)가 만든 것에서 시작되었으니 이는 기자 때의 글이 아니다. 동왕은 곧 동명왕을 가리킨다"라고 하고 글을 지어 기록하였다. 여러 사람은 이 거울이 기자궁의 남겨진 터에서 나왔으니 동왕은 기자로 생각했는데 월사는 이것은 예서이기에 옛날 기자 때에 제작된 것이 아니라 하였다. 이 말을 보아도 거울은 오래된 것이다.

기자정각. 만력 병오년(1606, 선조 39년) 감사 박동량(1569~1635)이 세웠다. 숭정 두 번째 신미년(1691, 숙종 17년) 서윤 이규징이 중수했다. 영조 병신년(1775, 영조 52년) 서명응(1716~1787)이 감사가 되어 이름을 구주각이라 했다. 더불어 삼익재와 합하여 하나로 둘러싸 주원으로 삼았다. 그 외문이 작아 구삼원이라 불렀다. [자세한 것은 제3장 '제도'의 정전 기적비를 보라.]

기자궁터. 기자정의 북쪽에 있다. 영조 을사년(1725, 영조 1년) 감사 이정제(1670~1737)가 조정에 장계를 올렸다. 주원을 두르고 그 터 가운데 단 하나를 쌓아 구주단이라 불렀으며, 남으로는 한 문을 설치하여 팔교문이라 했으며, 제단의 서쪽에 업적을 기록한 비석을 세웠다고 아뢰었다. 비석은 각문 바깥에 있다. 밭 70무를 사서 9구의 제도로 구획하고 유사를 두어 지키게 하였다.

기자의 지팡이가 전하는데 이미 오래되어 몸의 마디가 얼마간 썩어 끊어졌다. 유홍(1524~1594)이 감사를 할 때 석장에 붙여 여러 목갑에 보관하였다. 문지르고 만지는 것을 통해 (기자에 대한) 생각이 일어나게 하였는데 지금은 이미 없어졌다. [한편으로는 등나무 지팡이 2짝이 있는데, 기자가 왕이었을 때부터 전해진 것으로 지금 감사의 절월(節鉞)로 사용되

고 있다고 한다.]

평양 유림. 5색의 관현악기, 붓 한 자루가 있는데, 대대로 전해오는 말로는 기자가 왕이었을 때의 물건으로 만약 선비 중에 장차 오는 자가 있으면 서로 전하여 주고받아 유학자 김덕량에 이르렀다고 한다. 잃어버려 전하지 않는다고 한다.

이문형(1510~1582)이 감사였을 때 조정의 명을 받들어 기자의 능침을 수리하였는데, 부리는 사람이 사질 도기와 흰 잔 2개를 얻었다. 절묘하여 구경할 만하였다. 이문형과 당시 부의 관리가 모두 보았다. 혹은 부리는 자가 얻은 바와 합치되지 않는다고 한다. 관청 창고에 두었는데 드디어 어디에 두었는지 알지 못하게 되었다. 이는 선진시대의 옛 유물로 실로 기물이었다. 만약 잘 보관하여 전해지게 했다면 어찌 한 지방의 좋은 일이 되지 않았겠는가. 안타깝다.

『기자외기』 하편 제8 사적, 득성(得姓)

『강목』(『자치통감강목』) 한나라 헌제기에 선우보의 주에 이르길 “선우는 복성이다. 주나라 무왕이 기자를 낙랑의 조선에 봉하였으며, 그 자식이 우를 식읍으로 얻었기 때문에 이로 인해 성이 선(鮮)씨가 되었다”라고 하였다.

『씨족대전』에 이르길 “기자의 아들 중이 우를 식읍으로 받아 그 자손이 이로 인해 성씨로 삼았는데 태원을 본관으로 했다”라고 하였다. [우는 곧 요동의 땅이다. 후에 중국의 경계가 되었다. 『우공주』에서는 “태원은 지금의 하동로이다”라고 하였다. 또한 『여지도』에서는 “태원은 본래 기주의 동남 지역에 있다”라고 하였다. 그 태원으로 본관으로 삼았다는 것은 요동 가까이에 있는 것으로 삼았다는 것인가.]

마한 말미에 미약한 자손 3명이 있었다. 하나는 양이라 하는데 용강 오석산에 들어가 선우씨의 세계를 전하였다. 하나는 친이라 하는데 한씨가 되었다. 하나는 평이라 하는데 기씨(奇氏)가 되었다.

선조 때 한교(1556~1627)가 상소하여 대략 말하길 “기자는 본래 은나라와 같은 성씨로, 기는 봉해진 땅이며 그 성씨가 아닙니다. 조선에 봉해진 후에 조선은 장자에게 전하고 다른 아들이 우에 봉해졌는데 두 나라를 합하여 성씨로 삼았습니다. 오랜 기간에 걸쳐 함께 전해져 그 자손이 이곳에도 있고 저곳에도 있게 되었으나 모두 선우를 성씨로 삼은 것은 분명합니다. 국초의 신하 권근(1352~1409)이 우리나라의 역사를 편찬하면서 기를 성씨로 알아 기준이라 했으니 그 착오가 심합니다"라고 하였다. 『지봉유설』에 이르길 "기자는 은나라와 같은 성씨이며 기는 곧 봉해진 나라이다. 미자의 경우와 같이 그 성씨를 일컫는 것이 아니다"라고 하였다.

『기자외기』 하편 제8 사적, 국조(國祚)

『삼국사』(『삼국지』 한전)에 이르길 "기자 후에 40여 세를 거쳐 조선후가 참람하게 왕을 칭했다. 연나라 망명인 위만에게 나라를 탈취당해 그 좌우 궁인을 거느리고 바다를 건너 한 지역에 거하고 스스로 한왕을 칭했다. 그 후손은 끊어졌으나 지금 한인 중에는 그 제사를 받드는 이가 있다. 한나라 때는 낙랑군에 속했고 계절마다 조근했다"라고 하였다.

조선 왕 준은 위만의 난리로 바다 건너 남쪽으로 가서 나라를 열어 마한이라 했다. 백제 온조왕이 즉위함에 이르러 병합되었다. 지금 익주에 옛 성이 있어 지금에 이르고 있는데, 사람들은 기준성이라 칭한다.

기자가 조선에 봉해진 주나라 무왕 을묘년에서 뒤에 준왕이 한나라 고조 병오년(기원전 195)에 위만의 침략으로 바다 건너 남쪽으로 가기까지 평양에 도읍한 것이 878년이다. 준왕이 금마군으로 도읍을 옮겼는데 이것이 마한이다. 4군 2부 때를 거쳐 백제 온조왕 26년 무진년(서기 8)에 이르러 망하니 역시 140여 년이다.

『기자외기』 하편 제9 가영(歌詠), 기자조(箕子操)

명나라 공용경(1501~1564)

저 사나운 아이를 생각하며 내게 이르렀도다.

어찌 큰일을 구하며 이미 가버렸는가, 사직은 누구와 함께 도모할꼬.

이 옛 궁을 바라보니, 벼와 기장은 기름지구나.

아! 맑고 푸른 하늘에 내 어찌 허물하리오.
몸은 떠나길 허락하였으나 마음은 어찌 편안하리오.
삶을 버릴 수 있으나 죽은들 어찌 이루리.
내 노예가 되었으니 나라가 높임을 받아야 삶을 도모할 수 있도다.
아! 신하가 죄를 지으면 갇히는 것은 마땅하니, 임금의 거룩하고 총명함이여.

또,

명나라 화찰(1497~1574)
내 그 이름은 들었으나, 아직 그 사람을 보지 못했네.
내 그 무덤을 보노니, 내 근심함이 내 마음이로다.
새는 구슬프게 울며, 나무는 어두침침하도다.
산은 공허하고, 구름은 깊고 깊도다.
큰 현인이 떠났으니, 내 어디서 찾으리오.
오직 세상에 매우 드물게 서로 감응함이여, 규범이 남아 있어 지금에 이르렀도다.
수레에서 내려 엎드려 절하노니, 발걸음 늦추어 머뭇거리며 슬피 읊조리도다.
차를 부으니 한 방울이요, 천 년의 오랜 세월 동안 품었던 생각을 적시도다.

또,

설정총(1498~?)
아! 검은 새여, 천명이 상나라 시절에 있었도다.
밝은 임금이여, 신령스러운 빛을 전하였도다.
어찌 말세가 되어 하늘에 길한 것이 없는가.
내가 구하고 내가 안정시켜 선대의 왕에게 바치도다.
아! 내 마음 깊이 아파하노니, 나를 미쳤다고 하는구나.
저 경치 좋은 산을 바라보노니, 높고 크도다.
강이 둘러져 있으니 천명을 받아 나라를 아름답게 했도다.

제사가 끊어지고 종을 매달던 틀은 옮겨졌구나.
나는 노비가 되었구나. 허둥지둥하며 어디로 가는가.
아! 내 좋지 못한 세상에 태어나 이 많은 근심을 만났구나.

또,

김시습(1435~1493)

상 왕조가 창성하니, 함께 창성하였도다. 상 왕조가 망하니, 함께 망하였도다.

내 슬퍼하노니, 멀지 않은 하나라 때에 본보기가 있었도다. 어찌 우리 탕 임금이 세운 왕조의 제도와 문물을 잊으리오.

만약 물을 건너려 해도 나루터와 물가가 없네. 아득하고 한이 없이 넓어 당해낼 수 없도다.

넓고 아득하여 끝이 없도다. 나 홀로 무엇을 하며 헤매는가.

하늘은 너를 술에 빠지게 하지 않는데, 나는 어찌 술에 깊이 빠져 미치듯이 날뛰는가.

지나치게 음탕함으로 밤낮을 잊으니, 외눈박이의 근심은 오래갈 수 없도다.

밝은 대낮이 갑자기 어둑어둑해지고, 올빼미 울며 하늘을 빙빙 도는도다.

봉황과 기린은 저 탱자나무와 가시나무에 깃들고, 원숭이는 함부로 날뛰며 제멋대로 하는구나.

거문고 가락에 맞추어 노래하니 저절로 슬픔에 잠기도다.

우러러 하늘을 바라보니 어찌하여 맑고 푸른가.

우리 황제의 조상이 저 하나라를 정벌하여, 백성을 위무하고 하나라의 사나움을 싫어하여 물리쳤도다.

이때가 언제 망할지 가리키니, 내 너와 함께 망하였도다.

하늘은 이미 죄목을 들어 꾸짖도록 명하였으며, 또 우리 조상이 끼친 교훈이 영원히 창성하도록 하셨도다.

어찌 뒤의 왕이 나아가지 않으리오. 그리하여 이 재앙에서 벗어나리라.

앞뒤를 돌아보나 달아날 곳이 없고, 위아래를 살피나 날아갈 곳이 없도다.

저 말라버린 연못의 물고기 같으니, 마침내 문드러져 없어졌으니 누가 불쌍히 여겼다고 이르겠는가.

백성이 함께 원망하고 다 같이 원한을 품었으니, 시끄럽기가 쓰르라미 같았고 털매미 같았도다.

작고 큼에 상관없이 마침내 망하였으니, 내 어찌 이 재앙을 만나 물리치기 어려워하는가.

왕의 마음이 적어짐이 고쳐지길 바라며, 멀리 있는 문을 바라보며 감정을 풀어내도다.

왕은 어찌해서 살피지 않았는가. 내게 근심을 끼치니 술에 흠뻑 취한 듯하다.

종묘사직이 장차 뒤엎어지는 것을 슬퍼하며, 나라가 장차 기울어질 것을 근심하도다.

시절은 이미 멀어지고 오히려 음악에 빠지니, 방자하게 주색에 빠져 정신을 차리지 못함이 끝이 없도다.

장차 멀리 떠나 멸망으로 흘러가니, 성과 궁궐을 바라봄에 근심뿐이로다.

머무르게 하고 싶으나 바르게 할 바가 없도다. 형체와 그림자를 돌아보며 스스로 놀라는도다.

대저 누구와 함께 다스리리. 내 어찌 살았다고 하리오.

슬프고 분한 마음 끌어안고 거문고를 어루만지노니, 소리가 끊어질 듯이 하다가 다시 울리는도다.

벌어진 일을 바라보며 홀로 슬퍼하노니, 시절은 점점 멀어져가 다시 되돌릴 수 없도다.

또,

소세양(1486~1562)

아! 어찌하리. 누가 나의 이 마음을 알리.

우러러 하늘을 바라보나, 밝은 해는 어두워졌도다.

커다란 선한 덕을 이미 잃어버렸고, 충심은 어두침침해졌네.

왕자 또한 가버렸으니, 떨어진 도의 실마리를 어찌 가히 찾으리오.
마음속으로 꾹 참으며 머리를 풀어헤치고, 지금에 이르렀도다.
거문고 곡조에는 원망하는 말뿐이도다.
맥수의 노래여! 슬피 읊조리며 생각에 잠기는도다.
피눈물이 흐르니, 피가 흘러내려 옷깃을 적시는도다.

또,
하늘이 위엄을 꺼려하여 우리 상나라에 복을 내리지 않는구나.
눈은 멀리까지 바라보나 햇빛을 볼 수 없도다.
사람의 그 뛰어나게 어짊이여, 내게는 어진 것이 없도다.
내 얼굴에 모자를 씌우고 싶으니, 우리 선왕께 부끄럽도다.
아! 내 어찌 노비가 되리오. 차라니 떠나고자 하는 바를 억누르고 미친 척하리.
하수는 빙빙 휩싸며 돌아가고, 박산은 우뚝우뚝하도다.
은나라가 천명을 받으니, 온갖 복록이 마땅하게 되도다.
천명은 변함없이 늘 한결같지 않으니 지금은 이미 옮겨가 버렸구나.
몸은 어찌 노예가 되었으며, 또 어찌 떠나갔는가.
아! 상서롭지 못한 실상에 나 홀로 죄를 주며 근심하도다.

『기자외기』 하편 제9 가영, 기자묘사병서(箕子廟辭并序)

명나라 고윤(?~?, 15세기)

무왕이 상나라를 이기고 기자를 조선에 봉하였다. 앞선 유학자들이 그 도를 전하는 것은 가하고 맡는 것은 불가하니 만세의 공론이라고 하였다. 삼가 가려 모아 사를 만들어 크게 우러러 보는 뜻을 다하고자 한다.

정축년 6월에 조선의 어가가 찾아오니 기자의 사당을 구하여 분향하고 내려가서 절하였으며 우두커니 서서 비석을 바라보았다. 바야흐로 주왕이 임금답지 못하여 고기로 수풀을 만들고 술로 연못을 만들었으며 형벌을 엄하게 하고 사치스러운 옷을 입었으며 상아 젓가락과 옥으로 만든 잔을 썼으며 달기를 부추겼다. 천둥이 칠 만한 구슬을 내리고자 하였으며, 쟁기와 칼을 무디게 만들고, 웅검을 자검으로 만들었다. 물고기의 눈이 보배와 섞이고, 단사로 진흙을 만들고, 더부룩한 풀은 허리에 두른 난초였다. 그런즉 그릇되어 어짊은 화합할 수 없었고 의로움은 보존될 수 없었으며 앎은 들어오게 할 수 없었고 예는 바로잡게 할 수 없었다. 비간은 간하다가 죽고 미자는 떠나갔다. 새김칼을 쥐고 쓰지 않고 그림쇠를 버렸다. 거짓 미친 척하며 머리를 풀고 치욕을 받아들였다. 위태로움을 함께하는 것은 어진 이의 뜻이며 군자의 할 바이다. 주나라가 천명을 받아 모든 나라를 다스림에 이르러 비록 그 갇힌 바에서 풀러났으나 어찌 그 신하가 되겠는가. 비록 봉함을 입었으나 그 곡식을 먹지 않았다. 도를 스승으로 삼아 법을 성인에게 전하였으며, 거북 껍데기의 글을 밝혀 백성을 세우고 삼강오륜을 실천하도록 명하였고, 신하의 직분과 군주의 권력, 해와 달과 별들이 좋고 나쁜 징조에 감응하였고, 징계는 죄가 무거운 자에게 사용하고 권면은 복과 경사스러움에 사용하였다. 우왕의 규범이 다시 밝아져 다스리는 도가 성하였으니, 아! 한 사람에게 모이지 않고 다행히 만세에 공이 있게 되었다. 살았으나 존귀하고 영화롭게 되었고, 멸망하였으나 제사가 끊어지지 않게 되었다. 구름 낀 산은 높고 험하며 바람 부는 강물은 흘러간다. 봄은 가을과 짝하여 서리가 내리고, 원숭이 소리와 학 울음소리가 처량하고 황급하니, 그 품고 있는 바를 일으켜 무릎 꿇고 사를 늘어놓고 얼굴을 가리며 눈물 흘리도다. 왕의 일에 분주하여 아득히 먼 곳으로 돌아가며, 흥하고 망한 것이 이어져 있음을 탄식하도다. 사람이 길이 머리를 바로잡으니 그 사모함이 충과 의로다.

『기자외기』 하편 제9 가영, 기자 사당의 사 [서문을 겸하다.]

명나라 동월(1430~1502)

무덤은 평양성의 서북쪽 모퉁이에 있다. 내가 조선에서 돌아오면서 경유하여 참배를 할 때에 비바람이 처량하고 쓸쓸하였는데 사람으로 하여금 눈물 흘리게 하려는 뜻이 있음을 깨닫지 못하였다. 대개 떳떳한 도리를 지키고 덕을 좋아하는 것에서 일어난 것으로 억지로 권한 것이 아니다. 이에 사 3장을 만들어 조문하니 다음과 같다.

구름은 어둡고 수풀은 그늘지며, 비는 자욱하고 산은 깊도다.

수레 끄는 말을 쉬게 하고 길 가운데서 옥을 파묻은 곳을 바라보니 아득한 봉우리뿐이도다.

바위가 반짝이니 이끼가 침범하였네. 한번 우러러보고 절을 하니 눈물이 옷깃을 적시는도다.

슬퍼하는 이 마음이 어찌 적지 않으련만 떨어져 있는 것이 옛날과 지금이도다.

아! 죽지 않았으니 사람의 마음에 이어졌구나.

우뚝 솟아 있구나, 그윽한 궁궐이여. 어찌 된 것인가, 동쪽에서부터 바로잡았도다.

나를 봉한 것은 주나라 무왕이요, 나를 좋아하지 않은 것은 사나운 아이(주왕)로다.

남겨진 터를 돌아보니 벼와 수수만 무성하도다.

다른 곳에 은덕을 끼쳤으니 하나의 덕이로다. 같은 바람이 천백 년을 흘렀으니 이 누구의 공인가.

아! 3척이라, 봉토는 알맞게 높구나.

북소리 애태우고 피리 소리 그윽하다.

술에 기뻐하며 다시 안주를 올린다.

동쪽 사람이 은혜에 보답하며 올리는 제사에 나아가니, 봄가을에 어그러짐이 없도다.

신령이 와서 노닐기를 바라노니, 우리 오랑캐를 위무하고 다만 우리 동쪽 사람을 삼가게 하소서.

소나무와 오동나무를 자르지 말아 이 아름다운 그늘을 머무르게 하여 이 무덤을 영원히 덮으소서.

아! 이 밖에 역시 또한 무엇을 구하리오.

또,

명나라 왕폐(?~?)

그늘진 여름 나무여, 더욱 그늘졌구나. 무성한 잡목을 깎아도 풀은 깊구나.

외로운 봉분을 바라니, 누가 허락하였는가. 목련에 덮여 있는 높은 봉우리여.

비석은 벗겨지고 떨어져 나갔구나. 서리와 눈에 바람 들어와 쓸쓸히 마음 속 번뇌를 씻겨내도다.

겹욕(낙양)에 도읍을 정하니 쇠퇴하여 망하는 데 오래 걸렸다.

팔조목으로 가르침을 주고받아 지금에 이르렀도다.

아! 도의 줄기가 서로 통하였으니 백 세대나 떨어져 있어도 같은 마음이도다.

옥으로 장식한 궁전이여, 아름다운 궁궐이로다.

주왕의 악이 가득 찼으니, 황금빛 도끼는 동쪽으로 실려 갔다.

노련하고 이룬 바가 있는 자를 버리고 넘어뜨리는 자를 쓰도다.

극성으로 대궐을 어지럽히는 여인이여, 완악한 아이(주왕)와 같도다.

옛 도읍은 멸망하여 그 보리만 무성하도다.

새로운 봉토에서 바로잡아 만드니 유학의 풍속이 떨치었다.

바닷가 사람들이 교화되어가니 그 신기한 공을 우러러 보노라.

사당에는 조심스레 삼가는 모습이 있고, 제사 지내는 예법은 아득히 높구나.

비는 어둡게 뿌리고 강은 아득하도다.

산초로 담근 술로 제사 지내고 진귀한 음식을 벌여 올리도다.

무덤은 신비에 싸인 채 긴 세월을 겪었도다.

구주를 펼치니 먼 곳까지 드리웠도다.

아! 무덤은 목묘의 별과 닮았으니, 백양나무와 오동나무로 둘렀구나.

눈물을 엇갈려 흘리며 이 산 구릉을 지나는도다.

저 희미하여 알지 못함이여, 내게 일러 무엇을 구하느냐고 하는구나.

또,

명나라 당고(1469~1526)

산은 높고 높으며, 흰 구름은 깊도다.

나무가 우거졌으니, 기운이 스산한 수풀이로다.

쌓여 있는 것이 집과 같으니, 성 그림자가 드리워졌도다.

돌로 만든 짐승(석물)은 위태하고, 예전의 모습이 지금까지 있도다.

아! 내 집은 큰 강의 남쪽이로다.

삼한에 아득하였으니, 날을 같이하였도다.

사신의 수레를 타고 홀연히 동쪽을 노니는도다.

압록강에 다다르니 강물에 젖어들도다.

거듭 거듭 산을 넘어도 다시 고개이나, 어찌 수고롭다며 임무가 아니라고 하겠는가.

평양에 가까워지니 몇 리뿐이로다. 통역하는 이가 무덤 있는 수풀을 나에게 가리키도다.

기자가 학이 된 곳이라 하니, 관과 비녀가 이곳에 묻혀 있겠구나.

내 수레를 돌려 머물고자 하니, 산초나무로 만든 술을 올려 몸소 따르리라.

길은 매우 험하여 구불구불하며, 눈물 콧물은 뒤엉켜서 흘러 떨어지는도다.

아! 상나라 말에 만들어졌겠는가. 어찌 인심을 잃은 왕의 음란한 짓이랴.

어찌하여 그릇이 없다고 품으리오. 함께 쪼개어 이 마음에 매달으리라.

어찌 상아 젓가락은 불가하다고 간하였는가. 또 왕이 경계해야 할 것에 무엇이 있었는가.

오랑캐를 불로 밝히고 땅에 엎드리게 하고, 도가 처음으로 주나라 왕의 터에 드러났도다.

옷깃이 헤어지도록 조선에서 봉토를 열었으니, 해와 달이 골고루 내리 비치도다.

대개 손님은 되었으나 신하는 되지 않았도다. 또 어찌 털가죽에 피로해져 옥구슬로 하였겠는가.

동쪽 땅에 무릅쓰고 나아가 뜻을 두었으니, 풀과 나무를 적심이 장마가 내림과 같았도다.

동쪽 사람들이 제사를 지냄이 마땅하니, 송아 가루 날리며 산삼으로 떡을 만들었도다.

푸른빛 용을 타고 빠르게 내려오니, 신령함 가득히 와서 흠향하도다.

이 동쪽의 사람들에게 복을 내려주기 기원하노니, 악한 기운과 요사스러운 기운을 다스려주소서.

동쪽 사람들이 대대로 무덤을 지키고 제사하니, 소와 양이 침범해 오지 않는구나.

나라는 위대한 명나라와 함께 끝과 처음을 함께하니, 대광주리로 내려주고 진기한 것으로 바치도다.

또,

명나라 공용경(1501~1564)

산골짜기는 고요하고 산은 깊으며, 성은 높이 솟아 있고 수풀은 음침하도다.

무덤으로 가는 문을 바라보니 가시나무가 있으며, 쌓아올린 흙은 넓이는 세 길이구나.

구름은 짙게 깔려 있고 푸르른 노을에 봉우리가 끊어져 있구나.

땔나무를 채취하고 여우와 토끼가 침범하여 상하게 하도다.

큰 어진 이여, 옛 도로 공경하오니, 엎드려 절하며 글과 옷깃에 눈물 흘리노라.

아! 이 사람을 생각하나 볼 수 없으니, 쓸쓸하고 서글픈 이 내 마음이여.

또,

명나라 오희맹(1508~?)

천지가 갈라져 혼란하였고 해와 달이 가려져 흐릿해졌다.

내게 도를 물은 것은 주나라 무왕이요, 나를 가둔 것은 사나운 아이(주왕)로다.

슬퍼함이 끓어올라 못을 이루었으나 이미 끝났도다. 이때를 맞이하여 어디로 갈 것인가.

서글픈 이 삶이여, 짝할 곳이 없도다. 남은 백성을 거느리고 동쪽에서 시작하였네.

세 명의 어진 이를 논하면 다름이 있으나, 하나의 도를 헤아렸음은 똑같았도다.

신묘함은 아득하게 드러났고, 바람은 솔솔 불어 소나무에 이르렀도다.

정결하게 향을 준비하여 사모함을 다하고, 외로운 무덤에 절하여 숭상함을 표하였도다.

아! 구주의 규범이 있고, 팔조목에 끝이 없구나. 오랑캐를 바꾸어 중화가 되게 하였으니 이 누구의 공인가.

또,

명나라 허국(1527~1596)

스승께서는 어찌하여 중국의 땅을 떠나고자 하여, 홀로 이 먼 구석에 거하였는가.

주나라가 이미 풀어주고 찾아와 도를 물었으나 어찌 스승께서 원수를 잊으리오.

내 몰래 스승의 뜻을 엿보며 슬퍼하노니, 은나라의 사직은 이미 멸망을 맞아하였도다.

차라리 은나라에 의해 갇혀서 노예가 될지언정 주나라의 신하는 되지 않으리.

내 죄는 이미 머리 깎이고 목에 칼을 차야 하는 형벌이 마땅한데, 또 어찌 중국의 의관을 입는 욕을 받으리오.

차라리 머리를 풀어헤치고 오랑캐에게 가서 거하리. 진실로 내 마음이 편안해하는 바는 수산을 바라보고 낙망한 마음 젊어지고 의에 머무르는 것이다.

주나라 땅에서 먹지 않겠다는 저 백성은 진실로 뜻을 지녔도다. 하물며 나는 예전에 또 보필을 하였도다.

보리 이삭이 들쑥날쑥하노니, 은나라의 옛 터로 인해 마음 상해하도다.

구주에 한 자의 땅도 없음을 생각하노니, 내 어찌 따라가리.

우왕의 규범을 품에 안고 서쪽에서 진술하고, 먼 바다에 배를 띄워 동쪽으로 가도다.

바람 불어 몸 붙일 곳 없고, 내 머리를 말리니, 해 돋는 동쪽 바다의 섬에 만족하도다.

해변의 적막함이여, 내 은나라의 도망친 죄수임을 잊지 않으리오.

삶은 미천하게 살아갈 따름이며, 죽음은 떠도는 것을 막을 따름이로다.

아침 해가 내 간절한 마음을 비추며, 푸른 물결이 나의 욕됨을 씻기도다.

송나라는 제사가 끊기고 주나라는 폐허가 되었도다. 대저 은나라 선왕의 옛 물건을 그대로 숭상하노라.

산의 고사리를 채취하여 음식을 만들고, 들의 샘물을 술잔에 부어 제사 지내도다.

신령이 황홀하게 내게 이르니, 백마를 타고 쓴 글은 어지러운 듯 다 끝났다고 말하는도다.

뼈는 평양에 맡겼으나 마음은 어찌 잊었으리오.

대저 박 도읍의 혼이여, 장차 은나라 선왕이 거하는 곳으로 돌아오리라.

또,

이행(1478~1534)

토산의 언덕은 고요히 깊고, 소나무와 전나무는 빽빽하여 울창하도다.

엄숙한 사당은 그늘져 있고, 공경스럽게 제사를 드림이 지금까지 이르렀도다.

무덤은 세 자 길이며 남쪽을 향해 있도다. 아득히 먼 고국이여, 상나라와 나란히 하였도다.

옛날 주나라는 스승을 신하로 삼지 않고, 대동강 물가를 영지로 내려주었네.

저 교활한 아이(주왕)가 법도를 깨뜨렸으니, 큰 그릇을 맡겼으나 감당하지 못하였다.

궁궐을 맡아 구슬과 옥으로 치장하고, 술로 연못을 만들고 고기로 수풀을 이루었네.

옛날에 이룬 것에 갇히어 생각하고 듣는 것이 없었으며, 비렴과 악래를 총애하여 관복을 차려 입고 북을 두드렸도다.

천 명의 사람과 소가 마셔대니, 긴 밤에 술 따르며 술 주정부림이 심하였도다.

마치 큰물이 넘실거려 건널 나루가 없는데, 짙은 비가 또 제멋대로 내리는 것과 같았도다.

어찌 홀로 조정만 망하게 했겠는가. 천하로 하여금 빠져들게 하였도다.

아! 스승은 구할 바를 알지 못하였으니, 슬픈 마음을 거문고의 곡조에 의탁하였도다.

이미 충신의 간을 쪼갠 것을 보았으니, 어찌 상아 젓가락으로 교훈할 수 있으리오.

큰길이 보리 이삭으로 가득함을 알고는 눈물이 흘러내려 옷깃을 적시도다.

내 어찌 장부가 한번 죽는 것을 어려워하리오. 밝고 분명함을 우러러보니 백성에게 임함이 있도다.

오직 구주가 전해지지 못하게 할 수 없어 재능 있는 자에게 한마디 말을 더하였도다.

남은 은혜가 우리 동쪽에서 넓어졌으니, 큰 가뭄의 단비처럼 빛났도다.

사신이 지나가며 계향을 넣어 빚은 술을 올리고 안주와 삼으로 신령을 밝혔도다.

오래도록 어두워지지 않았으니 오히려 고명을 받고 흠모한 것과 비슷하였도다.

온갖 신령이 엄연하게 그를 보호하고 지켜주었으니 상서로운 바람이 그 요사스러운 기운을 쓸어가는 것을 보도다.

무덤 주위에 심겨 있는 나무는 팥배나무와 같으니, 또 어찌 도끼로 벨 필요가 있겠는가.

좋은 글을 펼쳐 세 번 반복하노라. 훌륭하고 귀한 사람이여, 나라의 보배로다.

또,

정사용(1491~1570)

길 하나 둘러 있고 구름은 깊도다.

많은 소나무는 울창하니 어우러져 그늘졌구나.

무덤의 수풀을 바라보니 공경하는 마음이 일어나도다.

머무르고자 하는 마음 나를 덮으니 찾아왔도다.

한 가지 분별할 것을 빌고자 하여 높은 봉오리를 올랐도다.

땔나무 채취하고 가축 치는 것을 못하게 하니 길을 내어 범하는 것이 없어졌도다.

팔조목을 펼치니 법식이 남았도다.

동쪽 사람으로 하여금 관을 쓰고 옷깃을 여미게 하였도다.

아! 오랑캐를 희미하게 밝히고 드디어 신하가 되지 않았으니 내 마음에 감흥이 더해지도다.

또,

이전 사람

왕위가 대대로 이어졌으나 어두워졌구나. 우주를 덮어버리니 눈이 멀어버렸도다.

하늘이 진실로 싫어하였도다. 상나라의 덕을. 또 누구를 탓하리. 완악한 아이여!

직책을 맡았기에 갇히어 노예가 되었어도 떠나가지 않았으며, 내 몸을 원망하며 따르지 않았도다.

도가 내게 있으니 신하가 되지 않았으며, 마침내 봉토를 받아 동쪽에 거하였도다.

구주를 진술하고 팔조목을 펼쳤으며, 우리 백성을 이끌어 한 동기처럼 같게 하였도다.

학이 된 이를 그리워하였더니 봉분이 있구나. 울창한 구름에 전나무와 소나무여.

엄숙히 수레를 멈추고 공손히 절을 하며, 높은 산을 우러러 보니 숭상하는 마음이 앞질러 가는구나.

아! 몸은 때도 없이 고생하였고, 은혜가 흐름에 다함이 없어 파초 잎과 여지로 제사 드리노라. 긴 세월 동안 그 공을 영원토록 먹었도다.

『기자외기』 하편 제9 가영, 기자 사당에 대한 부

명나라 기순(1434~1497)

상나라가 쇠퇴함에 있어 큰 도가 가라앉아버렸으니, 여인의 난잡함이 곳곳을 부추겨 쌓아놓은 곡식이 티끌을 이루었도다.

사냥과 주색에 빠지고 법도를 깨뜨리니, 사나운 불길이 멋대로 움직여 재앙이 아득히 퍼졌구나.

하늘이 위엄으로 경계하지 않으니 충성스러운 말을 멀리하고 들으려 하지 않았도다.

아! 스승이여, 이때를 만나 심히 근심하였도다.

의로움으로는 대신이 되었고, 친함으로는 제부가 되었네.

근본을 보여 그 지극히 중한 것을 굳세게 하였으면, 감히 조금도 근심 없이 편안히 거하지 아니하였으랴.

바야흐로 상아 젓가락을 처음 만들었으니, 말세에 지탱하지 못할 것을 근심하였도다.

약과 돌 침을 편안하고 느릿하게 드려 오랫동안 낫지 않던 병이 치료되기를 바랐다.

아! 사나운 아이(주왕)는 그것을 깨닫지 못하였으니, 진흙과 들깨를 즐기기를 엿과 같이 하였도다.

내 속마음을 슬프게 하여 격렬하고 절실하게 하도다. 홀로 허둥지둥하니 무엇을 돌아볼꼬.

미자는 멀리 떠나가버렸으니, 내 어찌 차마 그 임금을 다시 등지겠는가.

비간이 이미 죽었음을 한탄하노니, 내 어찌 한 무리가 되어 몸이 떨어지게 하겠는가.

감추거나 달아나서 숨거나 참는 것을 즐기겠는가. 이에 거짓 미친 척하여 노예가 되었도다.

종묘사직이 무너진 것을 슬퍼하며, 거문고를 끌어안고 연주하며 탄식하도다.

오랑캐의 양들이 들에 가득하고, 보리 이삭이 옛 도읍에 있도다.

스승이 힘쓰지 않음이 없었으나, 진실로 하늘의 운수가 이미 막혔도다.

조선은 동쪽 땅에 치우쳐 있으나 진실로 스승이 봉함을 받은 나라이도다.

사우는 오래되었으나 널리 새로워졌으며, 근엄하고 맑은 바람은 어제와 같도다.

팔조목의 가르침으로 다스리니, 편안히 누에 쳐 옷감 짜고 농사를 짓도다.

신의와 덕이 물결에 비친 달처럼 가득하니, 완고한 자를 청렴케 하고 야박한 자를 도탑게 하기에 족하였도다.

내 수천 년 뒤를 살고 있으나 마침 사신이 되어 이곳을 지나게 되었도다.

형상을 헤아리니 공경함이 일어나는구나. 품고 있는 바를 다하지 못하고 생각만 끝없이 하는구나.

『서경』에는 구주가 있고, 『주역』에는 명이가 있도다.

공자가 칭찬하였고, 유종원의 비문이 있도다.

이 스승의 가르침이 크노니, 또 어찌 군더더기와 같은 한 문장을 사용하리오.

『기자외기』 하편 제9 가영, 기자 사당을 알현한 부 [서문을 겸하다.]

명나라 왕경민(?~?, 16세기)

대개 나는 하남의 서화 사람이다. 이르기를, 서화는 옛 기의 땅이다. 처음 성스러운 스승이 기를 식읍으로 삼았으므로 기자라고 일컬어졌다. 지금 읍 가운데에 기자대가 우뚝하니 있다. 학궁의 뒤, 대의 끝에 홍범당이 있는데, 나무로 된 신주가 있다. 봄가을에 이를 제사 지내는데 그 유래한 바가 매우 오래되었다. 내가 약관의 나이에 책을 읽는 도중에 매번 홍범의 뜻을 풀어보았는데, 문득 머리를 숙이고 왔다 갔다 하니

1,100년 전의 감흥이 일어났도다. 나머지 생각이 있었으니, 이곳은 성스러운 스승이 처음 봉해진 나라라 말하였다. 그런즉 그 뒤에 조선에 봉해졌으니 만 리나 떨어져 있다. 그러므로 후손은 고향을 향하여 언덕에 머리를 누이고 신령은 그 사이를 왕래하여 그 뜻이 비슷해졌다. 내가 공손히 생각한 것이니 옳은지 모르겠다. 진실로 지금처럼 임금의 명을 받들었다고 일컬을 수는 없다. 몸소 동쪽 변방에 이르러 조칙을 베풀고 기회를 얻어 우두커니 그 사당의 모습을 바라보니 친히 보는 듯이 하였다. 기가 서로 감응하였다고 일컬을 만하였으니, 자주 짝하지 않은 것이 아니었던 것일까. 또 남긴 가르침이 오히려 존재하니 그 나라의 임금과 신하는 능히 예의를 붙잡고 신의를 도탑게 할 수 있어 세상의 동쪽 변방이 되었다. 또 나는 도를 즐기는 자라, 기자 사당의 부를 짓노라.

공손히 천자의 아름다운 명을 받들어 조선에 조서를 베풀었네.

위엄과 부호로 열고 은혜를 풀어 흘러가게 하여 동쪽 변방에 넘치게 하고 궁구하여 밝혀 왕성케 하였도다.

남겨진 풍속은 중국과 다르지 않았고, 울창하게 중화가 되어 끊임없이 이어졌도다.

곧 다스려 크게 이루고 사방을 평정하여 복속하였으며, 남겨진 가르침을 진실로 따랐도다.

인현이 이를 사용하여 대인의 원대한 규범을 좇았으나, 홀연히 감응하여 어려움을 입어 도망하여 떠돌았도다.

마땅히 사나운 아이(주왕)가 이 천도를 어그러뜨려 어지럽혔으니, 사는 것은 명령에 있지 않고 하늘에 달렸다고 한다.

이미 어지럽게 헤쳐서 성인의 말을 쓰지 않고, 색다른 것을 보배로 여기고 사방의 것을 좋아하는 것을 더욱 굳게 하였도다.

애태우며 죽음으로 나아가 운명을 같이하여 제사를 더하지 못하였으니, 또 어찌 잔인하게 밟아 내 나라를 망하게 하는 허물과 함께하리오.

두렵건대 상서롭지 못하여 내게 폐를 만드니, 매백이 젓갈에 담겨지는 형벌을 맞이

하여 불쌍히 여김이 되었도다.

명철함을 보호하여 더불어 굽어보고 쳐다보았으니, 머리를 풀어헤치고 미친 척하여 노예가 되었도다.

간사하지 않은 자를 혼미케 하고 쉬지 않는 자를 무너뜨리니, 크고 바르게 바꾸어 오랑캐를 밝혔으나 변하지 않게 할 수 없었도다.

마침내 나의 가슴속에 맺힌 감정을 헤아릴 수 없었으니, 때에 거문고에 의탁하여 스스로 탄식하였도다.

천명이 이미 바뀜에 이르러 주나라 무왕의 방문을 받으니, 장차 윤리를 서술하고 법을 세워 바르게 도모하게 하였도다.

홍범을 베풀어 황극이 세워지니, 우왕이 서술한 바와 똑같이 부합하였도다.

어둡고 미약한 것을 밝히는 크고 심오한 규범이 되는 말이니, 진실로 성인에게 받아 꾀하였도다.

조선에 봉하였으나 신하로 보지 않았으니, 동쪽 사람으로 하여금 다 깨어나게 하였도다.

평양을 어루만져 밝게 다스리니, 먼 바다 밖에까지 이르러 법식이 있게 되었도다.

오직 종묘와 사직을 영원히 이었으니, 엄연하게 강역을 열어 제후를 칭하였도다.

덕을 행함에는 누추한 곳이 따로 없고 사람에게는 먼 곳이 없으니, 다른 풍속을 이끌어 고쳐서 따르게 하였도다.

풍속이 떨쳐 통하게 하고 예의를 따르게 하니, 대저 기자에 의해서였도다.

공적이 이에 이르렀으니 빛나고 또 아름다웠도다. 계승하였으니 능히 버릴 수 없도다.

해가 뒤를 이어 오랫동안 미쳤으니, 오랜 세월동안 오직 이 법도로 교화하였도다.

전할 만한 법을 어찌 해마다 밝혔으리. 멀리까지 바퀴가 돌 듯 순리에 따라 하므로 들어와서 붙는 나라가 더하였도다.

황제가 총애하고 기뻐하여 덕과 은혜가 널리 미쳤으며, 또 조서와 조칙으로 베풀었도다.

동쪽에 있는 나라로 하여금 황조의 도량이 넓음을 알게 하였으니, 비록 날 사이에라도 은혜를 베풀어 돌봐주는 것을 잊지 않게 하였도다.

내 날을 가려 기자의 사당을 찾아가 제사드리니, 고향을 떠올리며 문득 오동나무와 같음을 깨달았도다.

그 주상은 높고 크게 정위에 세워져 있으니, 이 집은 실로 두드러지게 시원하나 거만함이 적도다.

들보와 용마루를 메고 있는 것이 무지개가 솟아 있는 듯하니, 아! 기둥이 자리를 잡고 있고 아름다운 옥이 새겨져 있구나.

왼쪽은 계단으로 하고 오른쪽은 평평하게 하여 엄격하고 바르게 하였고, 흙과 나무는 붉은 비단으로 수놓아 입혀 빛깔이 마룻대에 흐르도다.

눈은 멀리 날리어 흰 산에 달라붙으며, 감아 둘러싸 맑은 강의 아득함을 잡아당기도다.

터는 실로 현토의 깊숙한 지역에 자리 잡았으니, 섬돌의 푸른 측백나무는 오랫동안 공덕을 남겼도다.

천 년의 제사와 의식으로 높이고 보답함이 지금에 이르렀고, 유익함이 두루 미쳐 내 이곳을 지나게 되었도다.

오랫동안 머뭇거리며 떠날 수 없으니, 산초로 빚은 술로 제사 지내고 진기한 음식을 베푸는도다.

그윽한 정을 모아 사를 지어 베푸니, 화목하여 즐거워지려 하도다.

영혼은 다만 나를 원하니 이곳에 오게 하여 반짝반짝 빛나게 하도다.

어찌 존재하는 것으로 대저 누가 마음에 감응할 수 있는 것이 없겠는가.

누가 내 공경해함을 살피지 않아 거짓으로 나를 넘쳐 잠기는 데 나아가게 했겠는가.

거의 옛 가르침으로 옷 입으니, 더욱 규범이 되는 말을 깨달음이 있도다.

다시 추스르거니와 다행이도다.

삼가 기성을 사모하나 오히려 만 리나 멀어져 있구나.

사당에 배알하고 내려왔으나 몸과 마음이 어렴풋하도다.

내 기성의 뒷사람이 되어 흠향하는 바를 거의 알도다.

또,

서거정(1420~1488)

주나라가 바야흐로 일어나니 은나라는 멸망하였도다.

이 요염한 아내에 홀려 정신을 못 차렸으니 거교 창고의 곡식은 티끌이 되었구나.

아! 스승이 때를 얻지 못함이여, 주의 악함이 그 재앙이로다.

대저 무엇 때문에 괴로워하며 충성하였는가. 향초는 아득하여 내 듣지 못하였네.

비간은 간하다가 죽었으니, 어찌 그때의 운세를 탓하리오.

미자는 떠나갔으니, 홀로 깨우쳐 훈계하며 스승이니 아버지니 하였도다.

아! 자취를 감추어 스스로 보존하리라. 그대는 어찌 이러한 좋은 방도를 택하지 않았는가.

아! 커다란 집은 이미 기울었구나. 어찌 약간 나무로 지탱할 수 있겠는가.

불치병이라 일컬음이 이미 심하였으니, 또 어찌 좋은 의사를 쓸 수 있으리오.

나라에 올라 세울 수 있기를 기다리나, 달콤한 짐새의 독은 좀먹은 것과 같도다.

종묘사직을 위해 피 흘리지 못한 것을 민망히 여기노니, 내 다시 이를 버리고 어찌하리오.

이에 주나라에 있으면서 신하가 되지 않았으니, 오직 내 임금은 그 임금뿐이로다.

홍범을 펼쳐 임금과 백성에게 내렸도다. 다시 어찌 홀로 그 몸만 아끼리오.

의로움으로 그 제사가 끊어지지 않게 도모할 수 있다면, 어찌 노예가 되는 것을 견디지 않으리오.

비록 토지를 분봉받았다고 하지만 차라리 종국으로 삼지 않고 탄식하리라.

평양을 다스리고 있으면서 그 도읍을 빈틈없게 하였도다.

내가 받고 내가 봉하였으니 우리 동방에 미쳤다고 말할 만하도다.

팔조목으로 가르침을 삼았으니, 역시 나라를 위함에 무엇이 있겠는가.

백성이 지금 이르러 그 내린 바를 받았으니, 완연히 남아 있는 풍속은 어제 일 같도다.

집에서는 예의를 지켜 사양함이 있고 세속에서는 화목하고 기뻐함이 있도다. 밭을 갈고 샘을 파도다.

이 세 명의 어진 이의 물러나고 나아감이여, 어느 것이 중하고 가벼우며 두텁고 박하랴.

사람이 스스로 안정시키고 스스로 드리니, 어찌 이와 같은 것을 만나리오.

스승의 남겨진 사당을 바라보니, 천 년의 끝없는 사색이 일어나도다.

만일 스승이 우리 동방에 있지 않았다면 공자께서 어찌 오랑캐 지역에 거하겠다고 말하였겠는가.

그 뜻에 순응하여 함께 인에 돌아가니, 내 태백의 비를 믿노라.

아! 선생을 위한 시가가 있으니, 내 장차 절묘하게 좋은 문장을 구하노라.

또 [서문을 겸한다.],

이이(1536~1584)

평양은 기자의 옛 도읍이다. 사당을 세워 신주를 봉안하고 봄가을에 향을 피워 제사 지낸다. 서화는 기자가 처음 봉해진 땅이다. 역시 사당이 있어 추앙하여 공경하니 중원 안과 밖에 아무 차이가 없다. 명나라 만력 10년(1582) 겨울에 급사중 경오 왕 선생이 명을 받들어 우리나라에 조서를 베풀었다. 선생은 서화 사람이다. 어렸을 적에 홍범당에서 공부하여 홍범구주의 요지를 세밀하게 풀었으며 어진 성현의 은혜로 목욕하였으니 질박하도다. 지금 만 리의 밖에 있는 기자의 나라에 마침 이르러 사당의 모습을 우러러보고 배회하다가 감흥이 일어나서 드디어 그 일을 부를 지어서 진술하였다. 붓을 한번 휘두르니 이어붙일 것이 없도다. 문장은 풍부하고 뜻은 요원하니 선현을 높이고 옛것을 사모하는 뜻이 글 표면에 넘치도다. 하물며 우리 동쪽 사람들은 스승으로부터 끝없는 은혜를 받았다. 남겨진 풍속과 옛 습속은 오히려 만들어졌을 때와 같다. 시가를 통하지 않고 아름다운 공덕을 떨칠 수 있으랴. 이에 감히 졸렬함을 살피지 않고 다음의 운율로 바치나이다.

대체 어째서 명궁이 높고 험한가. 아침 햇빛에 휘황찬란하고 빛깔은 선명하네.

엄숙히 예의를 갖추어 나아가 옷깃을 여미네. 인문을 거슬러 올라가보니 처음으로 베풀었네.

옛날 현조가 상나라를 열었으니, 제을에 이르기까지 왕위가 이어졌도다.

밝은 덕을 함양하고 신중하게 벌을 주니, 임금 6~7은 성현이로다.

어찌 인심을 잃은 왕이 의지하는 운수를 기약하리. 군자를 고생시키니 머뭇거리게 하도다.

원망에 찬 독기와 엉기었으니 상하지 않았다고 이르겠는가. 이미 하늘로부터 어그러짐을 얻을 것을 생각 안 할 수 없도다.

아! 태사가 이를 만나 오랑캐를 밝혔도다. 어려움을 참고 정절을 지키어 더욱 굳건하였도다.

어찌 반복해야 숙련될 수 있음을 모르리오. 두렵건대 내가 편벽되어 허물이 드러날까 하노라.

어찌 높은 곳으로 가야 피할 수 있음을 모르리오. 천제를 마르도록 근심하니 누구를 불쌍히 여기리오.

드디어 안은 밝고 밖은 희미하니 달갑게 드러내지 않고 참아 노예가 되었도다.

정성스런 마음을 드러내어 선조께 바치니, 왕이 힘써 스스로를 다스려 죽음에 이르러서도 변하지 않았도다.

수풀의 무리가 한순간 가축을 치는 들로 흩어짐과 같으니, 아! 스스로 끊으니 어떻게 말하리오.

탕왕의 용맹스러운 공덕을 바라보매 광채가 있도다. 법을 받지 않고 어찌 도모하였겠는가.

정성스럽게 홍범을 이미 진술하였으니, 앞뒤의 성인이 하나같이 부합하였도다.

대저 누가 8백 년 희씨의 공적을 알았으리요. 참으로 훌륭한 계책에 의해 터전을 공고히 하였도다.

주나라의 덕을 생각하니 이는 하늘이 보필한 바로다. 백성이 서로 훌륭한 임금이 고달픈 백성을 소생한 일을 경하하도다.

내 뜻을 돌아보아 신하로 삼지 않았으니, 가장 높은 하늘을 가리키며 미쁘게 하였도다.

조각배를 물 위에 띄워 바다를 건너니, 감히 사양하고 대저 거친 곳에 몸을 던져 외로운 자취를 남겼도다.

왕이 이에 어진 이를 공경하고 충성스러운 자를 드러내어, 스승이 추구한 바를 거스르지 않았도다.

조선을 설계하고 나라를 세웠으니, 대저 신하로 삼지 않은 까닭이도다.

군자가 거하는 곳이니 어찌 누추하리오. 다른 지역에 이르렀으니 참지 않고 베풀었도다.

하나의 비늘 있는 동물도 옷을 입혀 바꾸었으며 무지하더라도 법도로써 바로잡았도다.

덕으로 다스리니 먼 곳까지 교화가 되었고 바다 모퉁이까지 죄다 귀부하였도다.

단군의 넓은 땅을 어루만지고 팔조목을 가르쳐 부지런히 깨우쳤도다.

예악을 선명하게 하여 중화보다 뛰어났으니 백성은 지금에 이르기까지 그 은혜를 받는구나.

참으로 등불을 지닌 용이 어두운 곳을 비추었으니, 깊은 잠에서 깨어남과 같도다.

세상은 해를 이어감이 천 년이로다. 덕은 두터이 흘러 광채가 나니 그 누가 더불어 짝을 하리.

중국 사신이라 이르고 사당에 공경하는 마음을 표하노니, 차고 있는 것에서 소리가 울리니 아름다운 옥이 부딪치는 소리로다.

이는 기성의 뛰어난 선비라 일컬어지니, 바람이 물에 잠겨 헤엄치며 은혜를 흘러 보내는도다.

서화와 평양은 몇천 리 떨어져 있는지 알 수 없으나 피차를 생각하니 아득하도다.

신의 격식이여, 물과 같이 이 땅에 있구나. 어찌 반드시 이 도가 홀로 머물렀겠는가.

남아 있는 백성이 옥으로 만든 부신을 바라보니 측은함이 더하도다. 서로 밀치고 막으니 길이 구부러졌구나.

좋은 음료와 산초로 만든 술을 따르며, 풀을 채취하여 음식을 만들어드리노라.
신령한 바람이 이르니 시원한 바람소리로다. 나를 영접하는 신성한 혼과 같도다.
오르내리니 향기가 올라와 신령한 기운이 오싹하게 하도다. 어찌 잊지 않음이 없겠으나 오히려 존재하도다.
아! 중국 사신이 정성을 높이 드니, 도가 있는 나라 사람이 공경함을 더하도다.
영원토록 서로 전하여 잊지 않았으니, 오히려 임금께 자신의 의견을 진술하고 직언을 함에 감응함이 있도다.
다시 추스르거니와, 아! 군자가 자신의 몸을 지키는 법이여, 즐겨 행하며 어긋나지 않을까를 근심하노라.
아! 스승이 그때그때 형편에 맞게 잘 처리한 것이여, 누가 감히 바라보랴.
어렴풋이 덕을 우러러 숭상하고자 하니 무엇으로 말미암으리. 지극히 깊은 곳에 있는 은미한 것까지도 연구하노라.

6월 [서문을 겸하다.] ,

명나라 진감(1415~?)

6월에 기자를 알현하였다. 주나라가 기자를 조선에 봉하였으나 신하가 되지 않았다. 동쪽 사람들이 받들어 시조로 삼고 대대로 그 제사를 지냈다.

이 6월이여, 내 동쪽에 왔도다.
당신의 집을 맞이하였으니, 어찌 엄숙히 화합하지 않으리오.
저 군자여, 상나라의 자손이도다.
왕의 충신이니, 그 덕이 흠이 없어 한결같도다.
아! 너 은·상나라 사람이여, 원망 듣는 것을 덕으로 삼았네.
젊은이와 늙은이가 거의 죽었는데, 언제 그 끝이 있으리오.
나라의 행보가 이리 절박하니, 그 어찌 착할 수 있으리.
마음속 근심을 끊을 수 없으니, 나아가지도 물러나지도 못하고 막혀 있네.

이에 간곡한 간언을 쓰나, 내 말을 듣지 않는구나.
위엄과 거동이 모두 미혹되었으니, 마음 초초해하며 근심하노라.
크도다! 천명이여. 이에 그리워하며 서쪽을 돌아보노라.
많이도 내가 병을 만났으나 나를 도와주지 않는구나.
이 성인이여, 힘써 구한 바로다.
백성이 떳떳한 도리를 쥐고 있으니, 그 누가 알리요.
옛사람이 말한 바가 있으니, 사물이 있으면 법칙이 있도다.
그 소리를 늘어놓아, 옛 가르침을 본보기로 삼았네.
엄숙한 왕의 명령이여, 저 동방을 보호하였네.
우리 손님이 도달하여 머물렀으니, 바다에 있는 나라에까지 이르렀도다.
드디어 큰 동방으로 넓히니, 만백성이 이를 좇는구나.
저 큰 도를 따르고, 백성으로 하여금 농사짓게 하도다.
제사를 지냄에 어긋남이 없으며, 지금의 이러함이 지금만이 아니었도다.
능묘를 심히 편안하게 이루어, 그 마음을 위로하도다.
높은 산을 우러러 보듯이 앙모하니, 그 시가 심히 크도다.
신께서 들으시고, 또한 기뻐하지 않으랴.
6월, 12장을 4구씩 단락을 이루었다.

『紀年兒覽』(1778년) 李萬運(1723~1797)

『기년아람』은 이만운이 편찬한 아동용 역사 연표이다. 처음에 이만운이 아동 교육용으로 『중국동방기년아람(中國東方紀年兒覽)』을 지었는데, 이를 높이 평가한 이덕무에게 교정·윤문을 부탁한 뒤 재정리하여 1778년에 완성하였다. 뒤에 고종이 아이뿐만 아니라 어른들에게도 필요한 책이라 하여 『기년편람(紀年便覽)』이라는 서명을 내렸다. 고종의 명으로 정조 이후의 사실을 덧붙여

1877년에 다시 편찬되었다.

이만운은 과거에 합격하지는 못하였고, 정조 6년(1782)에 음서로 돈녕부참봉에 임명되면서 관직 생활을 시작하였다. 이만운은 박학다식하다고 알려진 인물이었기 때문에 영조 때 편찬된 『동국문헌비고』 개수에 참여하여 1790년에 『증보문헌비고』의 초고를 정조에게 바쳤다. 『조두록(俎豆錄)』, 『풍천음(風泉吟)』, 『장릉지(莊陵誌)』 등도 편찬하였다. 이덕무는 1779년 초대 규장각 외각 검서관이 되어 14년 동안 규장각에서 근무한 인물이다. 『관독일기(觀讀日記)』, 『편찬잡고(編纂雜稿)』, 『청비록(淸脾錄)』 등 여러 책을 저술하였다.

『기년아람』은 8권 4책으로 구성되어 있다. 권1~4는 중국사, 권5~8은 한국사를 다루었다. 여러 종류의 필사본과 이를 요약, 초록한 다양한 이본이 존재한다. 이 글은 미국 버클리대학교 동아시아도서관 소장본을 기준으로 번역하였다. 이 판본은 정조를 주상 전하로 표기하고 있다는 점에서 이른 시기의 것으로 추정된다.

한국사를 다룬 권5은 단군조선에서 고려까지 역대 왕을 시대순으로 배열하여 서술하였다. 권6은 고려 이전의 지계를 다루었다. 권7은 조선 시대의 여러 기사를 다루었다. 권8은 팔도 지리를 다루었다. 군왕에 대한 서술은 성명, 자호(字號), 생졸(生卒), 재위(在位), 향년(享年), 시호(諡號) 등을 먼저 다룬 다음 파계(派系), 후비(后妃), 능묘(陵墓), 고실(故實)의 순으로 기록했다. 논란이 되는 부분이 있을 경우에는 고이(攷異) 항목을 두어 기술하였다. 이덕무가 수정, 증보한 곳에는 '수(修)', '증(增)' 자가 표기되어 있다.

고조선에 대해서는 단군조선, 기자조선, 위만조선, 4군 2부, 삼한순으로 다루었으며, 3조선이 통할한 여러 속국의 하나로 부여국을 다루었다. 위만조선을 먼저 다루고 있다는 점에서 마한정통론적 입장에서 서술하지는 않았음을 알 수 있다. 조선의 이름, 단군의 수명, 기자를 계승한 군주, 패수, 2부(二府), 주몽설화 등을 고이 항목에서 다루었다. 『행주기씨족보』를 전거로 삼아 기자 이후 왕들의 이름과 재위 연수를 표기하였다. 환인을 단군의 조부로 표기하였으며,

부여 왕 금와를 주몽의 아버지로 기록하고 있다.

『기년아람』 권5, 범례

하나. 단군에서 고려까지의 서법은 중국의 예에 의거하였다. 고려 조에서는 묘정에 배향된 자를 첨가하여 썼는데, 문헌에 이미 있어 가히 믿을 수 있다. …

하나. 단군 이하는 위 부분의 정간 밖에 횡렬로 위에 중국 왕조의 세대를 썼다. 기자, 위만, 4군, 2부, 삼한, 삼국은 바로 전대의 왕조 아래로 미치게 하였다. (423쪽 2)

『기년아람』 권5, 단군조선

단군조선 [세상에서는 전조선이라고 칭한다. 평양에 도읍하였다가 후에 백악으로 옮겼다] 전한 세대 [미상이다] 역년은 1,211년이다.

단군 [이름은 왕검이다. 도당씨 요 임금 25년인 무진년에 왕이 되었다. 국호는 조선이었으며 평양에 도읍하였다가 후에 백악으로 옮겼다. 세상에서는 장당경이라고 부른다. 상나라 무정 39년인 을미년에 아사달산으로 들어가서 신이 되었다. 재위는 1,048년이며 수명도 같다. 혹자는 나라를 향유한 기간이 1,211년이며 수명은 1,908세라고 한다] 파계 [할아버지는 환인인데 세상에서는 천신이라고 칭한다. 아버지는 환웅인데 세상에서는 신시라고 부른다] 후비 [비서갑 하백의 딸이며 해부루를 낳았다] 능묘 [하나는 강동현 서쪽에 있는데 둘레가 410척이다. 하나는 현 북쪽 도마산에 있다] 고실 [나라 안의 산천에 터를 정하였다. 머리카락을 땋아 머리를 덮었다. 아들 부루를 보내어 도산에서 배알하였다. 후손에게 전하여 상나라 신(辛) 무인년에 이르러 멸망하였다. 부루는 후에 북부여왕이 되었다. 평양에 숭령전이 있으며, 문화에 삼성사가 있다] 고이 [『사기』에서는 "동쪽 끝의 해 뜨는 지역이므로 조선이라고 한다"라고 하였다. 『색은』에서는 "산수(汕水)가 있기 때문에 이름하였다"라고 하였다. 당장경은 문화에 있다. 아사달산은 곧 구월산이며 문화에 있다. 삼가 『고기』를 살펴보니 이르기를 "동방에 처음에는 군장이 없고 단지 아홉 종의 오랑캐만 있었다. 환인이 있어 서자 환웅에게 명하여 태백산 신단수 아래로 내려가게 하였다. 그때 곰이 있어 신령한 약을 먹고서 여신으로 변하였다. 환웅과 결혼하여 왕검을 낳았으니 이가 단군이다"라고 하였다. 태백산은 묘향산으로 영변에 있다. 또 옛 역사를 살펴보니, 단군은 상나라 무정 8년 을미년에 신이 되었는데, 나이가 1,048세라고 하였다. 무정 8년은 마땅히 갑자년이지 을미년이 아니므로 수명은 마땅히 1,017세가 되어야지 1,048세가 아니다. 을미년과 1,048세 두 가지로 서로 고찰해보면 마땅히 무정 39년으로 써야 한다. 또한 단군의 수명이 1,048세라는 것도 매우 의심할 만하다. 단군의 증손자인 동부여 왕 대소는 고구려 대무왕에게 죽임을 당했는데, 대무왕은 한나라 광무제의 시대에 해당한다. 그런즉 단군의 아들 해부루로부터 대소까지는 불과 3대이나 상나라 무정에서부터 광무제까지는 은·주·진·서한을 지나면서 1,339년이나 된다. 아마도 이는 이치에 맞지 않다. 홍무제 병자년(1396)에 길창군 권근이 사신으로 명나라에 갔다. 태조 황제가 단군에 관한 시를 짓도록 명하였다. 권근이 응하여 짓기를 "대를 전해온 것이 얼마나 되는지 알지 못하나 햇수는 천 년을 지났다 하오"라고 하였다. (세상에서는 권근의 이 말을) 사실에 따른 기록으로 여긴다고 한다.] (423쪽 3·4)

『기년아람』 권5, 기자조선

기자조선 [세상에서는 후조선이라고 한다. 평양에 도읍하였다] 은 41대로 모두 합하면 929년이다.

기자 [성은 자(子)씨이고 이름은 서여이다. 유종원(773~819)의 기자묘비 주석에서는 이름을 수유라고 하였다. 은나라 종실로서 기(箕)에 봉하여졌기 때문에 기자라고 불렀다. 주나라 무왕 원년인 기묘년에 주나라를 피하여 조선에 들어왔다. 무왕이 이로 인하여 그를 조선에 봉하였다. 나라 이름은 또한 조선이라고 칭하였고 평양에 도읍하였다. 성왕 33년 무오년에 죽었다. 재위는 40년이며, 수명은 93세였다] 파계 [아버지는 상나라 왕 태정이다] 능묘 [평양부 토산에 있다. 『태평환우기』는 몽현에 있다고 기록하였다. 『수경주』는 박성에 있다고 하였으니 이른바 몽현과 박성은 곧 북박이다. 『대청일통지』는 귀덕부 상구현에 있다고 했다] 고실 [여덟 조목의 가르침을 베풀었다. 정전을 구획하였다. 맥수가를 지었다. 40세손인 부(否)가 진나라에 복속하였다. 그 아들인 준이 자리를 이어받았으나 위만에게 속아 남쪽으로 달아나 마한을 세웠다. 평양에는 숭인전과 인현서원이 있고 성천과 용강에는 모두 영정을 모신 사당이 있다] 고이 [삼가 『주사』를 살펴보니, 무왕이 상나라를 이기자 기자가 5천 명을 거느리고 조선으로 들어갔다. 시·서, 예·악, 무·의(巫醫), 음양, 복서의 무리들과 백공의 기예가 모두 따라왔다. 또한 우리나라의 역사를 살펴보면, 기자를 계승한 군주가 기록되어 있지 않았다. 그런데 새로 간행한

『행주기씨족보』에서는 기자 이후의 세대 순서를 다음과 같이 기록하였다. 대개 주나라 무왕 기묘년에 기자가 처음으로 나라를 세웠고, 한나라 혜제 정미년(기원전 194)에 기준이 마한을 세웠으니, 합하여 929년이 된다. 그런데 지금 여기 기록된 41대는 1,036년이 되니 첫 번째 의심스러운 것이다. 또 41대 중에 우리나라 역사서에서는 단지 기부·기준 두 대의 이름만이 언급되었는데, 여기에는 기부조차 없으니 두 번째 의심스러운 것이다. 또 삼국 시대 중엽 이후에야 비로소 시호를 내리는 법이 있었는데, 지금 여기에 기록된 것은 모두 시호인 듯하니 세 번째 의심스러운 것이다. 아마도 이는 일 만들기를 좋아하는 자가 근거도 없이 엉터리로 찬술해서 세상을 속인 것인데도, 이미 간행한 족보에 수록된 것이다. 그러므로 일부러 아래에 수록해서, 안목을 지닌 자가 논리적으로 깨뜨리기를 기다린다. 태조 문성왕 기자의 재위 기간은 40년. 장혜왕 송의 재위 기간은 25년. 경효왕 순의 재위 기간은 27년. 공정왕 백의 재위 기간은 30년. 문무왕 춘의 재위 기간은 28년. 태원왕 찰의 재위 기간은 44년. 경창왕 장의 재위 기간은 11년. 흥평왕 착의 재위 기간은 14년. 철위왕 조의 재위 기간은 18년. 선혜왕 색의 재위 기간은 59년, 국가가 편안하여 아무 일이 없었다. 의양왕 사의 재위 기간은 53년. 문혜왕 염의 재위 기간은 50년. 성덕왕 월의 재위 기간은 15년. 도회왕 직의 재위 기간은 25년. 문열왕 우의 재위 기간은 15년. 창국왕 목의 재위 기간은 13년. 무성왕 평의 재위 기간은 26년. 정경왕 궐의 재위 기간은 19년. 낙성왕 회의 재위 기간은 28년. 효종왕 존의 재위 기간은 17년. 천로왕 효의 재위 기간은 24년. 수도왕 양의 재위 기간은 19년. 휘양왕 통의 재위 기간은 21년. 봉일왕 삼의 재위 기간은 16년. 덕창왕 근의 재위 기간은 18년. 수성왕 상의 재위 기간은 42년. 영걸왕 여의 재위 기간은 16년. 일민왕 강의 재위 기간은 17년. 제세왕 곤의 재위 기간은 22년. 청국왕 벽의 재위 기간은 35년. 도국왕 징의 재위 기간은 19년. 혁성왕 즐의 재위 기간은 28년. 화라왕 탁의 재위 기간은 16년. 열문왕 하의 재위 기간은 8년. 경순왕 화의 재위 기간은 19년. 가덕왕 후의 재위 기간은 27년. 삼로왕 욱의 재위 기간은 25년. 현문왕 석의 재위 기간은 39년. 장평왕 윤의 재위 기간은 28년. 종통왕 휼의 재위 기간은 12년. 애왕 준의 재위 기간은 28년.] (423쪽 4, 424쪽 5·6)

『기년아람』 권5, 위만조선

위만조선 [평양에 도읍하였다] 은 3대가 이어졌으며 모두 87년이다.

위만 [연 지역 사람 위만은 노관의 난리를 타서 망명하여 동쪽으로 패수를 건넜다. 한나라 혜제 원년 정미년(기원전 194)에 조선 왕 기준을 속여서 내쫓고는 스스로 서서 왕이 되었다. 국호는 조선이고 평양에 도읍하였다. 아들에게 전하고 손자 우거에게 미쳐 무제 원봉 3년 계유년(기원전 108)에 한나라에게 멸망당하였다] 고이 [삼가 살펴보니, 우리나라의 역사서에서는 위만이 건넌 패수를 대동강으로 여기는데, 대동강은 평양부 동쪽 1리에 있다. (대동강이 패수라면) 패수를 건너서 기준을 핍박할 수가 없다. 여기서 말하는 패수는 아마도 마땅히 압록강으로 써야 할 것이다.] (424쪽 6)

『기년아람』 권5, 4군

4군 [한나라 무제 원봉 3년 계유년(기원전 108)에 우거를 멸하고 그 땅을 나누어 4군으로 만들었다.] (424쪽 6)

『기년아람』 권5, 2부(二府)

2부 [한나라 소제 시원 5년 기해년(기원전 82)에 4군을 합하여 2부로 삼았다. 각기 도독부를 두었다. 원봉 원년 신축년(기원전 80)에 또 2부를 고쳐 2군으로 삼았다. 원제 건소 2년 갑신년(기원전 37)에 고구려에게 병합되었다] 고이 [삼가 살펴보면, 도독의 이름은 이씨의 당나라 때 비롯되었다. 여기서 도독부라고 이른 것은 기록한 자의 오류가 아닐까 한다.] (424쪽 7)

『기년아람』 권5, 마한

마한 [기준이 위만을 피하여 한나라 혜제 원년 정미년(기원전 194)에 바다로 하여 남쪽으로 도망하여 금마저에 이르러 도읍으로 삼았다. 나라 이름을 마한이라 하였다. 거느린 나라가 54국이었다. 세속에서 호강왕이라고 불렸다. 세대를 전하여 신망 시건국 원년 기사년(9)에 백제 왕 온조에게 멸망당하였다. 모두 203년이었다] 고이 [『후한서』에 이르기를 "기준이 위만에게 공격당하여 빼앗기자 좌우의 관리를 거느리고 바다로 들어갔다. 마한을 공격하여 깨뜨리고 스스로 한왕이 되었다. 그 후손이 끊어져 마한 사람이 다시 자립하여 진왕이 되었다.] (424쪽 7)

『기년아람』 권5, 부(附), 세 조선이 통할한 여러 속국 부여국

부여(扶餘)국 [혹은 부여(夫餘)라고 한다. 『후한서』에서 이르기를 "현도의 북쪽 천여 리에 있다.

동쪽으로 읍루와 접하고 서쪽으로 선비와 접하며 남쪽으로 고구려와 접한다. 북쪽에 익수가 있다. 땅은 사방 2천 리이다. 단군의 아들 해부루가 기자를 피하여 부여에 나라를 세우고 북부여라 하였다. 후에 가섭원으로 옮기고 다시 동부여로 불렀다. 부루가 죽고 아들 금와가 계승하였다. 나라를 전하다가 고구려 문자왕 4년 갑술년(494)에 고구려에 의해 없어졌다. 주나라 무왕 기묘년에서 이에 이르기까지 모두 1,616년이었다.] (424쪽 8)

『기년아람』 권5, 부(附), 세 조선이 통할한 여러 속국 예국

예국[… 한나라 무제 원삭 원년 계축년(기원전 128)에 예군 남려 등이 조선을 배반하고 요동에 나아와 내부하였다. 그 땅에 창해군을 두었다. 후에 4군의 임둔이 되었다.] (425쪽 9)

『기년아람』 권5, 고구려 시조

파계 [아버지는 동부여의 왕 금와. 어머니 유화는 하백의 딸], 후비 [졸본부여 왕의 딸] … 고이 [『고기』에 보면, 동부여 왕 금와가 여자 유화를 태백산 남쪽에서 얻었다. 지금의 묘향산 남쪽이다. 햇빛의 쬐임을 입어 임신하였다. 하나의 큰 알을 낳았는데, 남자아이가 있어 껍질을 깨고 나왔다. 일곱 살에 스스로 활과 화살을 만들어 백 번을 쏘면 백 번을 맞추었다. 부여에서 활을 잘 쏘는 자를 주몽이라 하였으므로 이름을 주몽이라 하였다. 스스로 고신씨의 후예라 하여 성씨를 고로 하였다. 또 다른 설에서는 스스로 천제의 아들로 햇빛을 타고 태어났으므로 성씨를 고로 하였다고 한다. 금와의 일곱 아들들이 시기하여 죽이고자 하였다. 어려움에서 도망하여 졸본부여에 이르러 도읍으로 하였다.] (425쪽 10)

『기년아람』 권5, 고구려 문자왕

문자왕 … 고실 [… 갑술년(494)에 부여국이 항복하였다.] (425쪽 11)

『東史綱目』(1778년)

安鼎福(1712~1791)

『동사강목』은 순암 안정복이 기자조선에서 고려 공양왕 4년까지의 역사를 기록한 일종의 통사이다.

안정복은 39세에 종사랑(從士郎)에 조봉대부(朝奉大夫)가 되어 입경(入京), 사은(謝恩)하였다. 통훈대부(通訓大夫), 사마부감찰(司馬府監察), 세손(世孫)을 교도하는 서연(書筵)을 역임했다. 65세에는 한직인 목천현감(木川縣監)이 되었고 78세에 통정대부(通政大夫)에 첨지중추부사(僉知中樞府事)가 되었고 이어 가선대부(嘉善大夫)에 동지중추부사(同知中樞府事)가 되었다.

안정복은 다수의 역사서를 저술하였다. 한국사와 관련한 책으로는 『열조통기』·『동사보궐(東史補闕)』·『동국일사외기(東國逸史外紀)』·『동국고사전(東國高士傳)』·『동사례(東史例)』·『동사외전(東史外傳)』 및 『동국열녀전(東國烈女傳)』 등 있다. 중국사와 관련한 책으로는 『독사상절(讀史詳節)』·『사감(史鑑)』·『삼성전(三聖傳)』·『삼현전(三賢傳)』·『기자통기(箕子通記)』 등이 있다. 이외 『영남선현전(嶺南先賢傳)』·『목천지(木川志)』 등 지방지류와 『지리고이(地理考異)』와 같은 역사·지리에 관한 것이 있다.

다른 문헌 기록에는 『동사강목』이 18권이라고 되어 있기도 하고 고이(考異), 지리고(地理考) 2권 합 20권이라고 되어 있기도 하다. 현행본이 본고(本稿) 18권, 고이(考異) 1권, 괴설변증(怪說辨證) 1권, 잡설(雜說) 1권, 지리고(地理考) 1권임을 고려하면 18권은 본래의 본고일 것이고, 20권본은 고이와 지리고를 합칭한 것으로 보인다. 22권본은 여기에 변증과 잡설을 합한 것으로 생각된다.

『동사강목』은 편년체이자 강목체의 역사서이다. 『자치통감강목(資治通鑑綱目)』의 체제에 따라 강(綱)과 목(目)으로 나누고 강에서는 기본이 되는 사실을, 목에서는 『수서』, 『당서』, 『삼국사기』 등을 참고하여 그 내용을 서술하였다. 그 아래에는 [안(按)] 이라고 표시하여 편자(編者)의 의견을 작은 글자로 기입하였다. 또한 기전체나 기사본말체에서 보이는 표(表)·지(志)·서(書)를 대신하여 수권(首卷)에서 서(序)·목록(目錄)·범례(凡例) 외에 동국역대전수지도(東國歷代傳授之圖)·단군기자전세지도(檀君箕子傳世之圖)·신라삼성전세지도(新羅三姓傳世之圖)·고구려전세지도(高句麗傳世之圖)·백제전세지도(百濟傳世之圖)·고려전세지도(高麗傳世之圖) 등을 실었다. 이어서 전지도(全地圖)·조선사군삼한도(朝鮮四郡三韓圖)·삼국초기도(三國初起圖)·고구려전성도(高句麗全盛圖)·백제전성도(百濟全盛圖)·신라전성도(新羅全盛圖)·신라통일도(新羅統一圖)·고려통일도(高麗統一圖) 등을 실었다.

본문에서는 기자를 중시하여 고조선의 준(準) 왕까지를 정통으로 삼고, 삼국을 무통(無統)으로 보고 있다. 그러나 동국역대전수지도에서는 단기정통(檀箕正統)과 마한정통을 세우고 있어 대조된다.

『동사강목』 범례, 통계

통계는 사가가 책 첫머리의 제일의(第一義)로 삼는 것인데, 『동국통감』은 단군과 기자의 사적을 별도로 외기(外紀)로 삼았으니, 그 의의가 옳지 못하므로 이제 정통을 기자로 시작하고, 단군을 기자가 동방으로 온 사적 다음에 붙이되, 『통감강목』 편수(篇首)의 삼진(三晉)의 예를 본떴다. [상고하건대, 단군은 맨 먼저 나라를 다스렸고, 기자는 문물(文物)을 처음 일으켜서 각각 1천여 년을 지냈으니, 신성한 정치는 민몰시켜서는 안 될 터인데, 『동국통감』에서는 '전하는 사서가 없어 외기에 엮었다' 하였다. 외기란 명칭은 유서(劉恕)에게서 비롯되었다. 유서가 사마광과 함께 『자치통감』을 짓고, 다시 상고 이래의 사적을 채택하여 『통감외기』를 지을 때에 전기에 뒤섞여 나오는 것을 취택하지 않고 그것을 써 놓았으니, 이를테면, 여와씨(女媧氏, 중국 상고의 황제 이름으로 복희씨(伏羲氏)의 누이동생)가 하늘을 기웠다느니, 예(羿, 요 임금 때 활 잘 쏘는 사람)가 10개의 해 중에서 9개를 쏘아 떨어뜨렸다느니 하는 것들이다. 그러므로 외기라 이름하였다. 단군과 기자의 사실이 비록 인몰되기는 하였으나, 어찌 이 조목과 같이 돌릴 수 있으랴!]

하나. 기준(箕準)이 나라를 잃고 남쪽으로 달아났으나, 마한을 쳐서 나라를 다시 만들어 태사(太師, 기자를 가리킨다)의 제사가 끊어지지 않게 하였으니, 이것 역시 정통이 돌아가는 바이므로 『통감강목』 촉한의 예와 같이 썼다. [임씨의 『동사회강』에는 이렇게 적혀 있다. "기준은 나라를 잃고 남으로 옮겼으므로 옛날의 종주로 처우할 수는 없으되 그 분주(分註)한 기년은 삼국의 머리에 써야 하나, 쇠미하여 징험할 데가 없으므로 『강목』의 분주에 노(魯)·위(衛)를 기록하지 않은 예에 따랐다."

상고하건대 이 설은 크게 잘못이다. 기자가 이미 정통의 임금이 되었으니, 쇠미하여 징험할 데가 없다 하여 정통의 열에 쓰지 않을 수 없다. 노·위는 본디 제후로 전국(戰國) 때에 쇠미함이 매우 심하였으니 『강목』에서 쓰지 않은 것이 마땅하거니와, 주(周)의 난왕(赧王)으로 말하면 노·위보다도 심하게 쇠약하였는데도 『강목』에서는 정통으로 쓰지 않았던가!]

하나. 정통은 단군·기자·마한·신라 문무왕 [9년 이후]·고려 태조 [19년 이후]를 말한다. [신라는 고구려에 대해 나라를 합병한 예를 썼으므로 통일한 이듬해에 정통을 이었고, 고려는 견훤에게 도적을 평정한 예를 썼으므로 통합한 해에 정통을 이었다.] 무통(無統, 정통이 아닌 것)은 삼국이 병립한 때를 말한다. [구사(舊史)에는 백제가 의자왕에서 그쳤으나, 의자왕 뒤에 왕자 풍(豊)이 3년 동안 즉위하였으므로 이제 풍으로 대를 이었다.]

하나. 위만은 찬적(簒賊)인데, 『동국통감』에는 단군·기자와 함께 삼조선이라 일컬어서 마치 그와 덕도 같고 의리도 같은 것처럼 하였으나, 이제 폄출(貶黜)하여 참국(僭國)한 예에 따랐다.

하나. 부여는 북방의 절역(絶域)에 있어서, 비록 단군의 후손이라 하더라도 제국(諸國)의 열에 쓸 수 없는데, 하물며 징험할 데가 없음에랴! 그러나 고구려와 백제의 종국이었으므로 고구려와 백제에 이를 갖춰 써서 건국한 예에 따랐다. (426쪽 1·2)

『동사강목』 권1 상, 기묘(己卯) 조선 기자원년(箕子元年)

은 태사 기자가 동방으로 오니, 주의 천자가 그대로 그곳에 봉하였다. 기자는 성이 자(子)이고 이름이 서여(胥餘)이며, 은 주(紂, 주왕)의 친척이다. 기(箕)에 봉하여지고 자작(子爵)을 받았으므로 '기자'라고 부른다. [『사기』 주에 "기는 국명이고 자는 작호이다" 하였고, 『일통지』에 "서화(西華)는 옛 기 땅이며, 개봉부성(開封府城, 개봉부는 하남성에 있다) 서쪽 90리에 있다. 예전에 성사(聖師, 자기를 가리킨다)가 기를 식읍으로 하였으므로 그를 기자라고 부르며, 지금 읍내에 기자대(箕子臺)가 있다" 하였다.] 기자가 은에 벼슬하여 태사로 있을 적에 주가 음란하므로 간하였으나 주가 듣지 않고 가두니, 기자가 거짓으로 미친 체하고 노(奴)가 되어 거문고를 타며 스스로 슬퍼하였다. 주 무왕이 주를 치고 은에 들어와서, 소공(召公)에게 명하여 갇힌 기자를 풀어주게 하였다. 무왕이 은이 망한 까닭을 물었으나 기자가 차마 말하지 않았고, 왕이 이어서 천도(天道)를 물으니 기자가 홍범구주(洪範九疇)를 진술하였다. [『사기』·『서전』에 보인다.] 기자가 주에 의하여 풀려난 것을 부끄러이 여겨 조선으로 달아나니, 무왕이 듣고서 조선을 그에게 봉하되 [홍범의 대전에 보인다] 신하로 삼지는 않았다. [『사기』에 보인다.]

동방에는 예전에 임금이 없더니, 신인(神人)이 태백산 단목(檀木) 아래에 내려오매 백성이 군으로 세우니, 이 이가 단군이다. 혹 이르기를 "이름은 왕검이고 국호는 조선이라 하였는데, 당요 25년(무진)과 같은 때이었다" 한다.

【안】 동방의 고기 등에 적힌 단군에 관한 이야기는 다 허황하여 이치에 맞지 않는다. 단군이 맨 먼저 났으니, 그 사람에게는 신성한 덕이 있으므로 사람들이 좇아서 군으로 삼았을 것이다. 예전에 신성한 이가 날 적에는 워낙 뭇사람과는 다른 데가 있었으나, 어찌 이처럼 매우 이치에 맞지 않는 일이 있었으랴! 고기에 나오는 '환인제석'이라는 칭호는 『법화경』에서 나왔고, 그 밖의 칭호도 다 중들 사이의 말이니, 신라·고려 때에 불교(異教)를 숭상하였으므로 그 폐해가 이렇게까지 된 것이다.

동방이 병화(兵火)를 여러 번 겪어서 비장(秘藏)된 국사(國史)가 죄다 없어져 남은 것이 없었으나, 승려가 적어둔 것은 암혈(岩穴) 가운데에 보존되어 후세에 전할 수 있었으므로, 역사를 짓는 이들이 적을 만한 것이 없어서 답답한 끝에 이를 정사에 엮어 넣는 수도 있었다. 세대가 오래 내려갈수록 그 이야기가 굳어져서, 한 인현(仁賢)의 고장으로 하여금 말이 괴이한 데로 돌아가게 하였으니 통탄함을 견딜 수 있으랴! 내가 이처럼 이치에 맞지 않는 이야기를 일체 취하지 않는 것은 그릇된 것을 답습하여 온 고루한 버릇을 씻어버리고자 하는 까닭이다.

대저 선왕의 제례(制禮)는 사전(祀典)이 가장 엄한 것이다. 이제 문화현(文化縣) 구월산에 삼성사(三聖祠)가 있어, 승국(勝國, 전대의 왕조)부터 본조(本朝)까지 환인·환웅·단군을 제사하는데, 단군을 제사하는 것은 워낙 마땅하거니와, 환인·환웅은 망설이지 말고 빨리 제거하여야 한다. '올바른 귀신이 아닌 것을 제사한다'는 것이 바로 이것이기 때문이다.

단군이 백성에게 편발(編髮, 머리를 땋다)과 개수(蓋首, 모자를 쓰다)를 가르쳤으며, 군신(君臣)·남녀·음식·거처의 제도가 이때에 비롯하였다. 처음에 기주(冀州) 동북 땅에 동이(東夷)가 살았는데, 요(堯)의 덕이 널리 입혀지매 모두 귀화하여 그들의 피복(皮服, 가죽옷)을 공물로 바쳤다. 순(舜)이 섭정할 때에 유주(幽州)·영주(營州) 두 고을을 두어 동이들을 여기에 붙였다.

【안】 요(遼) 땅은 예전에 본디 동이의 땅이었으므로, 우(禹)의 자취가 우갈석(右碣石)에 미쳐서 "도이(島夷)는 피복을 입는다" 하였는데, 도이는 우리 동방을 가리킨 것이다. 우리 동방의 지형은 삼면이 바다로 막혀서 그 형상이 섬과 같으므로, 『한서』에 "조선은 해중(海中)에 있는 월(越)의 형상이다" 한 것이 이 때문이다. 요순 때에 덕교(德敎)가 점점 퍼지매 귀화하는 동이가 더욱 많아지므로, 기주 동북의 땅을 유주로 만들었는데 지금의 요하 이서가 그곳이고, 청주(靑州) 동북 바다 너머의 땅을 영주로 만들었는데 지금의 요하 이동이 그곳이다. 성인(聖人)의 정치는 덕을 힘쓰되 땅을 넓히는 데에는 힘쓰지 않았으니, 이는 아마도 후세의 기미주[羈縻州, 계속(係屬)시켜 견제하는 고을]와 같이 오랑캐를 매어두기 위한 것이었을 뿐일 것이다.

하(夏)의 우(禹, 우왕)가 즉위하여 제후를 도산(塗山)에서 조회시킬 적에, 단군이 아들 부루(夫婁)를 보내어 들어가 조회하게 하였고, 상(商, 19대 반경(盤庚) 때에 국호를 은(殷)으로 고쳤다)의 왕 무정(武丁, 22대) 8년(갑자)에 아사달에 들어가 신이 되었는데, 재위는 1,017년간이고 수(壽)는 1,048세였다고 한다.

최보(崔溥)는 이렇게 적었다.

"당(唐, 요(堯)의 나라)·우(虞, 순(舜)의 나라)로부터 하·상에 이르는 동안에 세상이 점점 각박하여져서 임금의 향국(享國)이 길어야 50~60년에 지나지 않았는데,

어떻게 단군만 1,048세를 살아서 한 나라를 누릴 수 있었으랴! 그 이야기가 거짓임을 알 수 있다. 선배의 말은 '대대로 전하여 지낸 햇수'라 하는데, 그 말이 그럴듯하다. 근세에 권근이 중국에 조회하러 갔을 적에, 태조(太祖, 명 태조)가 '단군'을 제목으로 하여 시를 짓게 하매, 권근이 시를 지어,

몇 대 이은지 모르겠으나(傳世不知幾)
지낸 햇수는 천이 넘더라(歷年曾過千)

하였는데, 그때의 여론이 권근의 말을 옳다고 하였다."

단군이 처음에 평양에 도읍하였다가 뒤에 백악(白岳)으로 옮겼고, 단군이 죽은 뒤 196년[이 햇수는 단군의 자손에 관계되는 것이라야 마땅하다]에 기자가 동방에 봉하여졌다.

처음에는 동방에 견이(畎夷)·방이(方夷)·간이(干夷)·황이(黃夷)·백이(白夷)·적이(赤夷)·현이(玄夷)·풍이(風夷)·양이(陽夷)라는 9종(種)의 이(夷)가 있었는데, 모두가 대를 이어 살아온 종족이었다. 천성이 유순하며 술 마시고 노래하고 춤추기를 좋아하였으며, 혹 변(弁)을 쓰고 비단옷을 입기도 하였으며, 그릇은 조두(俎豆)를 썼다.

하(夏)의 후(后, 임금) 태강(太康, 3대)이 나라를 잃게 되매, 이(夷) 사람들이 비로소 배반하였다. 후(后) 상(相, 5대)이 즉위하여 견이를 정벌하고 이듬해에 또 황이를 정벌하였으며, 7세(歲, 연(年))에는 간이·견이가 하에 빈복(賓服, 조공을 바치고 복종하다)하여 왔다. 소강(少康, 6대) 이후로 이 사람이 비로소 왕화(王化)에 감복하여, 방이가 빈복하여 와서, 이때부터 악무(樂舞, 음악과 춤. 음악 연주에 맞추어 추는 춤)를 바쳤다. 후 괴(槐, 8대) 3세에 구이(九夷, 위에 나온 9종의 이)가 하에 빈복하여 왔다. 후 설(泄, 10대)이 즉위하여 견이·백이·적이·현이·풍이·양이에게 처음으로 작명(爵命, 봉작(封爵)을 받다. 그 봉작)을 주게 하였다. 후 발(發, 16대) 원세(元歲, 원년)에 모든 이가 입무(入舞)하였다. 걸(桀, 17대)이 음란하매 견이가 빈(邠, 지금의 섬서성(陝西省) 순읍현(栒邑縣))·기(岐, 지금의 섬서성 기산현(岐山縣)) 사

이 일대에 들어와 살았고, 걸이 포학하여지매 모든 이가 많이 중국 안으로 침입하였다.

은(殷)의 탕(湯, 1대)이 혁명하고서, 그들을 쳐서 평정하였다. 중정(仲丁, 10대) 6사(祀, 연(年))에 또 남이(藍夷, 동이의 하나. 남수(藍水) 일대의 이)가 다시 배반하였으며, 이때부터 제후들은 복종하기도 하고 배반하기도 하였다. 무을(武乙, 27대) 때에 동이가 차츰차츰 번성하여 드디어 나뉘어서 회대(淮岱, 회수(淮水)와 대산(岱山, 태산 일대))로 옮겨 와 점점 중국에 살게 되었는데, 이른바 서이(徐夷)가 이것이다.

주(周)가 상(商) 태사(太師)의 나라를 조선에 봉하였을 때에, 마침 관숙(管叔)·채숙(蔡叔)이 주에 배반하여 회이(淮夷, 히수(淮水) 일대의 이)를 불러들여서 난을 일으키니, 주공(周公)이 정벌하여 평정하였다. 그 뒤에 서이가 왕을 참호(僭號)하니, 목왕(穆王, 5대)이 초(楚)에 명하여 그들을 멸망시켰다. 초 영왕(靈王)이 신(申, 지금의 하남성(河南省) 남양현(南陽縣))에서 조회시킬 적에 또한 서이가 와서 동맹(同盟)하였는데, 뒤에 떠나서 낭야(瑯琊, 지금의 산동성(山東省) 제성현(諸城縣))로 옮기더니, 드디어 중국을 깔보고 사납게 굴며 작은 나라들을 침범하여 멸망시켰다.

진(秦)이 천하를 통일하매, 회(淮)·사(泗, 사수(泗水) 일대)의 이가 다 흩어져 인호(人戶)가 되었다. 그래서 동이가 죄다 없어졌다.

【안】 누가 묻기를 "동이는 예전에 종락(種落, 종족이 모여 사는 곳)이 번성하여 땅과 호칭을 각각 달리하였으므로 반드시 모두가 우리 땅에 있지는 않았는데, 그대가 여기에 편입한 것은 무슨 까닭인가?" 한다면, 나는 이렇게 말하리라.

"그 종족은 하나가 아닐지라도 그 땅은 요심(遼瀋) 안팎의 땅에서 벗어나지 않으니, 단씨(檀氏, 단군조선의 씨족 또는 그 왕조의 성씨를 뜻한다)도 구이(九夷)의 하나였을지 어찌 알랴! 대저 동방은 목(木)의 기운이 성하여 인(仁)이 많다. 그러므로 『한서』와 『후한서』에 다 '동이는 천성이 유순하다' 하였는데, 그 말이 우리의 성질과 서로 맞으니, 더욱 믿을 만하다.

또 요순 때에 유주·영주가 그 치내(治內)에 있었으며, 단군이 요와 같은 때에 나라를 세워 압록(鴨綠, 압록강) 안팎을 차지하였으므로 성인의 교화가 미치는 데에서 멀리 떨어져 있지 않았으니, 이 때문에 그들의 관변(冠弁)·조두(俎豆)에는 중국의 풍속이 있었으며, 기자가 동으로 와서 또 인현의 교화를 베풀었으니, 공자가 바다를 건너서 동이에 살고 싶어 한 것이 아마도 이 때문이었을 것이다. 반고(班固)·범엽(范曄)·안주(顔籀), (『한서』에 주(注)를 낸 사람)의 말이 어찌 나를 속이랴! 『후한서』와 『통전(通典)』의 동이전(東夷傳)에 구이의 시말(始末)을 논하였으므로, 이제 여기에 붙여서 장고(掌故, 옛 사실과 관례. 고사를 맡은 벼슬아치)의 자료로 갖추어 둔다."

평양에 도읍하였다.

성곽을 쌓았다.

팔조목의 교훈(八條之敎)을 베풀었다.

기자가 올 적에 따라온 중국 사람이 5천이었다.

그 안에 시서(詩書)·예악(禮樂)·의무(醫巫)·음양(陰陽)·복서(卜筮)의 무리와 온갖 공장이의 기예(技藝) 있는 자들이 따라왔는데, 처음 와서는 말이 통하지 않아 통역하여 그것을 알렸다. 백성들에게 예의를 가르쳐서 중국의 제도와 부자·군신의 도리를 알게 하였고, 법금 팔조(禁八條)를 두었는데 대략 이러하였다.

"사람을 죽이면 목숨으로 갚고, 남을 다치게 하면 곡식으로 갚고, 남의 것을 훔치면 사내는 잡혀 가서 그 집의 노(奴)가 되고 계집은 비(婢)가 되는데, 스스로 속(贖, 재물을 내고 형벌을 면하다)하려면 사람마다 50만 금을 바친다."

그러나 노비가 되는 것을 면하여 양민(良民)이 되더라도 세속이 그것을 수치스러운 일로 여기므로 혼인에 배필이 되어줄 사람이 없었다. 그래서 그 백성은 훔치지 않으므로 밤에 문을 걸어 닫는 일이 없었으며, 아낙네는 곧고 성실하여 음란하지 않았다. 그 백성은 음식을 변두(籩豆)에 담아 먹었다. 신의와 겸양을 숭상하고 유술에 독실하여 중국의 풍교(風敎)를 자아내어, 전쟁을 좋아하지 않고 거세고 사나운 것을 덕으로 복종시키니, 이웃 나라가 모두 그 의리를 사모하여 따랐으며, 의관의 제도가 다 중국과 같았다. [『한서』·『함허자(涵虛子)』에서 보충]

송(宋) 범엽은 이르기를 “기자가 팔조목의 규약(八條之約)을 베풀어서 사람들에게 법금을 알게 하여, 고을에 음란과 도둑이 없어서 밤에도 문을 잠그지 않았으며, 어두운 풍속을 돌려서 너그러운 법도로 나아가게 하여 수백 년을 시행하였으므로, 동이가 모두 부드럽고 삼가는 것을 풍속으로 삼아서 삼방(三方, 동방을 뺀 나머지 지방)과 달랐으니, 중니(仲尼, 공자의 자(字))가 ‘살 만하다’ 한 데에는 또한 특히 까닭이 있다. 기자가 법문(法文)의 조목을 간단히 하고 신의(信義)를 베풀어 썼으니, 그야말로 성인(聖人)이 법을 만드는 근본에 맞는다” 하였고, 당(唐) 유종원(柳宗元)은 이르기를 “무릇 대인의 도(道)에 3가지가 있는데, 첫째는 바름을 가지고 고난에 무릅쓰는 것이고, 둘째는 법을 성인(聖人, 임금)에게 전해주는 것이고, 셋째는 백성에게 교화를 미치는 것이다. 은에 기자라는 어진 이가 있었는데, 참으로 이 도를 갖추고서 세상에 임하였으므로, 공자가 육경(六經)의 뜻을 서술할 적에 이에 대하여 더욱 정성 들였다. 주(紂) 때에 대도(大道)가 문란하매, 그 명철(明哲)을 지키며 그에 더불어 거동하여, 모범(模範)을 숨기고 수노(囚奴)가 되어 욕을 보았으므로 『역』에 ‘기자의 명이(明夷)’라 하였으니, 이는 바름을 가지고 고난을 무릅쓴 것이다. 천명(天明)이 이미 바뀌고 나서는 사람들이 정도(正道)를 쓰매, 대경(大經, 큰 법)을 내어서 성인(주 무왕을 가리킨다)의 스승이 되었는데, 주 사람들이 이륜(彝倫)에 따라서 대전(大典, 큰 법)을 세웠으므로, 『서전(書傳)』에 ‘기자가 돌아가 홍범(洪範)을 지었다’ 하였으니, 이는 법을 성인에게 전해준 것이다. 조선에 봉하여져서는 도를 추장(推獎)하여 풍속을 훈계하고, 덕을 펴는 데 비루(鄙陋)를 가리지 않고, 사람에게 혜택을 입히는 데 먼 데를 가리지 아니하여, 은의 연기(年紀)를 넓혀서 오랑캐를 화하(華夏)가 되게 하였으니, 이는 백성에게 교화를 미친 것이다. 이 대도를 모두 그 몸에 모아, 천지가 변화할 적에도 자신만은 그 바름을 얻었으니, 그야말로 대인이다” 하였고, 이수광(李睟光)은 이르기를 “기자의 8조목 중에서 3조목만 남아 있는데, 혹시 오륜(五倫)을 합하여 8가지가 되는 것인지도 모른다” 하였다.

【안】『한서』에 ‘8조’라 하고서 3조만을 들었는데, 3조는 곧 홍범(洪範)의 8정(八政) 중의 사구(司寇)의 일인데, 기자가 다스리는 데에는 반드시 홍범을 두고서 달리 도모

하지 않았을 것이니, 8조는 8정을 가리켜 말하는 것일지도 모른다.

전제(田制)를 정하고, 백성에게 전잠(田蠶)을 가르쳤다.

기자가 은의 전제를 쓰고, 백성에게 농사짓고 누에 치고 베 짜는 방법을 가르치매, [정전의 유지가 지금 평양부 남쪽 외성 안에 있다] 3년이 못 가서 백성이 다 향화(向化)하고, 예속(禮俗)이 행하여져서 흥작(興作)하여, 조야(朝野)가 무사하니, 백성들이 기뻐서 도읍의 강을 황하에 견주고 도읍지의 산을 숭산(嵩山)에 견주어 [곧 대동강과 영명령(永明嶺)이다] 노래를 지어 그 덕을 기렸다.

한씨(韓氏) [백겸(百謙)] 는 이렇게 적었다.

"내가 평양에 가서 기전(箕田)의 유제(遺制)를 보았는데, 천맥(阡陌, 밭 사이의 길)이 다 남아 있어서 반듯반듯하고 어지럽지 않으니, 옛 성인이 경리 주획(經理籌畫)하여 오랑캐를 화하로 변화시킨 뜻을 오히려 상상할 수 있었다. 그 전형(田形)과 묘법(畝法)이 지금 『맹자』에 거론된 정자형(井字形)의 제도와 같지 않다. 그 가운데에서 함구문(含毬門)과 정양문(正陽門) 사이의 구획이 가장 분명한데, 그 제도는 다 전자형(田字形)으로 되어 있고, 전(田)에는 4구(區)가 있고 구는 다 70묘씩이다.

대로(大路)에서 안쪽을 가로 보면, 4전 8구이니, 4전은 사상(四象)을 본뜨고 8구는 팔괘(八卦)를 본뜬 것인가? 가로 세로가 8구이고 곱하여 64구로 네모 발라서 그 방법이 선천방도(先天方圖)를 본떴으니, 아! 이것이 아마도 은의 제도일 것이다.

『맹자』에 '은 사람은 70으로 조(助)하였다' 하였는데, 70묘는 본디 은 사람의 분전(分田)하는 제도이고 기자는 은 사람이므로, 그가 들(野)을 가르고 밭을 나누는 데에 조국(宗國)의 것을 본받았을 터이니, 주의 제도와 같지 않았으리라는 데에는 의문이 없다. 다만 이 천맥이 수천 년 내려오면서 바뀌어서 그 규격(尺寸)이 어김없이 보존되기는 어려웠으나, 대략 너비 한 두둑의 길로 구(區)를 경계 짓고, 세 두둑의 길로 전(田)을 경계 지었다.

그 3방(方)에는 아홉 두둑의 큰길이 성문에서 영귀진(永歸津) 머리까지 나 있는데, 이것은 왕래하기 위한 길이고 오로지 전 사이 천맥으로 하기 위하여 둔 것은 아닌 듯하나, 반드시 16전 64구를 1전(甸)으로 하였으니 또한 한계 짓는 뜻이 없지 않다. 여기서부터 밖으로는, 전을 경계 지은 길을 혹 개개어 밭갈이하여 옛 모양을 잃은 곳이 있으면, 후세 사람이 제작의 본의를 모르고 반드시 세 두둑을 기준 삼아서 바루었으니, 다시는 대중(大中)의 분별이 없어서 팔괘의 법상(法象)을 찾을 수 없으나, 70묘를 1구로 하고 4구를 1전으로 하여 둘씩 아울러 가면, 한 들판이 다하도록 다 같다.

반사(班史, 반고가 지은 역사책, 곧 『한서』)의 형법지를 상고하여 보면 '4정(井)이 1읍(邑)이 되고 4읍이 1구(丘)가 되고, 4구가 1전(甸)이 되니, 1전에 64정이 있다…' 하였는데, 그 정·읍·구·전의 명칭은 주의 제도를 썼을지라도 4를 기수(起數, 기본이 되는 수)로 하여 4와 4로 모(方)를 이룬 것은 이것과 합치한다. 반씨(班氏)의 학문은 매우 넓으니, 혹시 전례를 따른 내력이 있는지도 모른다.

그 지형이 뾰족하고 비끼고 기울고 치우쳐서 모를 이루지 못한 곳은 한두 전 또는 한두 구를 그 지세에 따라 더하였는데, 이것을 이 고장 사람들이 여전(餘田)이라고 전해 부른다고 한다. 주의 정전(井田) 제도에 있어서도, 그 땅이 곧고 평평하기만 할 수는 없으니, 제 모양을 이루지 못한 곳이라 하여 버려두고 쓰지 않을 수 없었다면, 아마도 그 제도가 이러하지 않을 수 없었을 것이다. 그 공전(公田)과 여사(廬舍, 사는 집)의 제도는 상고할 수 없으나, 그 제전(制田)이 이미 정자형(井字形)이 아니니, 『맹자』에 이른바 '가운데에 공전이 있고 여덟 집이 다 사전(私田) 1백 묘'라는 제도는 엉뚱하게 틀린 것이 되고 만다.

내 생각에는 이러하다. 은 때에 밭은 들에 있을지라도 여사가 반드시 밭 곁에 있지는 않고 성읍(城邑) 안에 모여 살았을는지 모르며, 공전도 모두가 한 모퉁이 땅에 있어 반드시 사전 가운데에 끼어 있지는 않았을 것이다. 밭에 거름 주고 갈고 김매고 거두어들일 즈음에 거리가 같지 않아서 백성 중에는 그것을 괴롭게 여기는 사람이 있고, 또 인문(人文)이 점점 갖추어지매 길례(吉禮)와 흉례(凶禮)가 번거로워져서 70묘로는 산 사람을 먹이고 죽은 사람을 장사 지낼 자산이 모자라므로, 희주(姬周, 주 왕실의 성이 '희'이다)가 천하를 차지하고서 천리(天理)와 인사(人事)에 따라서 1백 묘로늘이고, 또 정전(井田)의 법을 만들어 여덟 집이 한 정(井)을 함께 하고 가운데에 공전(公田)을 두도록 하였다." (426쪽 1~429쪽 13)

『동사강목』 권1 상, 무오 사십년

기자가 훙(薨)하였다.

수(壽)는 93이었고, 평양 북토산(北兎山)에 장사 지냈다. 변씨(卞氏) 계량(季良)은 이르기를 "기자는 무왕의 스승인데, 무왕이 다른 지방에 봉하지 않고 우리 조선에 봉하매, 조선 사람이 가까이 가르침을 받아, 군자는 대도(大道)의 요체를 듣고 소인은 지극한 다스림의 혜택을 입을 수 있었으므로, 그 교화로 길에서 흘려 있는 물건을 줍지 않게까지 되었으니, 이것이 어찌 하늘이 동방에 은혜를 두텁게 하여 인현(仁賢)을 내려주어 우리 백성에게 혜택을 베푼 것이며 사람으로서는 미칠 수 없는 바가 아니랴! 정전의 법제와 8조의 규약이 해와 별처럼 밝아서, 우리나라 사람이 대대로 그 가르침에 따르되 천 년 뒤에는 그때에 나서 엄숙하게 신명을 대하듯이 절로 그만두지 못하는 것이다" 하였다.

또 이씨(李氏) 정귀(廷龜)는 이르기를 "하늘이 백성을 낼 적에 반드시 성현을 내리어 임금이 되게 하고 스승이 되게 하여, 그들의 삶을 이루어주고 그들의 가르침을 세워주는 것이니, 복희(伏羲)·헌원(軒轅)·요(堯)·순(舜)이 중국을 교화한 것이 이것이다. 우리 동방이 치우쳐 있기는 하나, 또한 하늘이 낸 백성인데도 단군 때로부터 인문(人文)이 밝지는 못하였으니, 아마도 기자가 아니었으면 끝내 오랑캐의 풍속이 되었으리라. 기자가 동방을 교화한 것은 복희·헌원·요·순이 중국을 교화한 것과 같아서, 그렇게 될 수밖에 없었던 것이니, 이것이 하늘의 뜻이 아니랴!" 하였다.

【안】 하늘이 우리나라를 돌보매 태사(太師, 은 태사 곧 기자)가 동방으로 와서, 이륜(彝倫)으로 우리를 도탑게 하고 예악(禮樂)으로 우리를 가르치어, 사람으로 하여금 살에 배고 뼈에 사무쳐서 큰 교화 속에 길러지게 하였다. 그 자취가 이미 멀어지고 그 말이 이미 사라졌으나, 백성이 가르침을 받아서 그대로 따라 익히는 것은 천 년이 지나도 없어지지 않더니, 사군(四郡)·이부(二府) 때에 기울고, 삼국 때에 무너지고,

신라 · 고려 때에 사라져갔으나, 마음에 뿌리박힌 예의는 오래도록 바뀌지 않았다. 그러므로 성인이 살고자 하는 뜻을 두었고, 전사(前史)에 군자라는 칭호가 있었으니, 어찌 까닭 없이 그러하였으랴! 모두가 태사의 가르침이 그렇게 만든 것이다. 동방 사람이 그러한 까닭을 모른다면, 물고기가 물에서 놀되 물을 의지하여 산다는 것을 모르는 것과 같다.

그때의 제작이 전해오는 것은 없으나, 지금 우리나라 사람이 큰 갓에 흰옷을 입는 것과 부녀자의 수식(首飾)을 은(殷)의 유제(遺制)라고 말하는 사람이 있는데 그런지도 모른다. (429쪽 15·16)

『동사강목』 권1 상, 임술 조선 [연대기년무고(年代紀年無考)]

공자가 노(魯)에서 졸(卒)하였다.

춘추시대에 주의 왕실이 미약해져서 제후가 강한 것을 서로 다투니, 공자가 천하에 어진 임금이 없는 것에 상심되어 탄식하여 말하기를 "도(道)가 행해지지 않으니 떼를 타고 바다를 건너겠다" 하고 또 "구이(九夷)에 살고 싶다" 하니, 어떤 사람이 "미개한 곳인데 어떻게 가시겠습니까?" 하매, 공자가 "군자가 그곳에 사는데 어찌하여 미개하겠느냐!" 하였다. (430쪽 17)

『동사강목』 권1 상, 무술 조선 [연대기년무고(年代紀年無考)]

연(燕)의 백(伯)이 왕을 참칭하매, 조선의 후(侯)가 치려 하다가 수행하지 못하고, 또한 왕이라 칭하였다. 기자가 훙하고서 자손이 대대로 동방의 거(居)하니, 연대는 상고할 수 없다. 연의 역왕(易王)이 왕호를 참칭하고 동으로 와서 땅을 침략하려 하매, 조선후가 군사를 일으켜 연을 치고 존주(尊周, 주 왕실을 높이 받들다) 하려 하였으나 대부(大夫) 예(禮)가 이를 간하므로 중지하고 예를 시켜서 서쪽으로 가서 연왕을 타이르게 하니, 연도 중지하고서 공격하지 않았는데, 조선후가 또 왕이라 칭하였다. [『문헌통고』·『위략』에서 보충]

【안】 그때에는 주를 다 함께 왕으로 삼았는데, 연백이 왕이라 칭하였으니, 그 죄는 마땅히 벌할 만하였다. 조선후가 아득한 황복 밖에 있으면서 문죄하는 군사를 일으키려 하였으니, 그 뜻은 컸으나, 환공(桓公)·문공(文公)과 같은 재주와 열국(列國)의 도움 없이 제 힘을 헤아리지 않고서 이웃 나라의 화를 돋우었더라면, 의로운 소문이 드러나기 전에 반드시 먼저 화를 입었을 것이니, 대부 예가 나라를 도모한 것 또한 충성되다고 할 만하다. 그러나 또, 연의 죄를 묻는 것은 그 왕호를 참칭한 때문이었는데, 마침내는 그 잘못을 본받았으니, 존주하는 마음이 과연 어디에 있었으랴! (430쪽 18)

『동사강목』 권1 상, 경신 조선 [연대기년무고(年代紀年無考)]

왕(王) 부(否)가 진(秦)에 복속하고서 곧 죽고, 아들 준(準)이 즉위하였다.

조선이 왕을 칭하자, 그 뒤로 자손이 점점 교만하고 포학해졌다. 연의 장수 진개가 전에 동호에 볼모로 가 있을 때에 동호가 그를 매우 믿었는데, 돌아가서는 동호를 엄습하여 격파하고 조선의 서방을 공격하여 1천여 리의 땅을 차지하고서 만번한(滿潘汗)까지를 경계로 삼으니, 조선이 비로소 약해졌다. 진(秦)이 천하를 통일하게 되어서는 부가 진을 두려워하여 드디어 진에 복속하였으나, 조회하려 하지는 않았다. 부는 기자의 40세손인데 곧 죽고, 아들 준이 즉위하였다. (430쪽 19·20)

『동사강목』 권1 상, 임신 12년

연·제·조의 백성이 투탁하여 왔다.

처음에는 연이 전성(全盛)하였을 때에 진번·조선을 공략하여 복속시키고서 관리를 두고 장새를 쌓았는데, 진이 연을 멸망시키고서 요동 외요(外徼, 변방의 경계)에 붙였다. 이세(二世)가 즉위하고서 천하가 크게 어지러워지매 연·제·조의 백성이 점점 도망하여 조선에 귀화한 자가 수만 구(口)였다. [『한서』·『문헌통고』에서 보충] (430쪽 20)

『동사강목』 권1 상, 무술 18년

8월, 북맥(北貊)이 날쌔고 강한 기병을 보내어 한을 도와서 초를 쳤다.

맥(貊)은 동이(東夷)의 국명이다. (431쪽 21)

『동사강목』 권1 상, 기해 19년

한과 패수(浿水)로 경계를 삼았다.

한이 천하를 평정하고 나서 노관을 연왕으로 삼고, 연이 쌓은 장새가 멀어서 지키기 어렵다고 생각하여 요동의 옛 장새를 수리하고서 패수까지를 경계로 삼았다. [『한서』에서 보충] (431쪽 22)

『동사강목』 권1 상, 병오 26년

연(燕) 사람 위만이 항복하여 오니, 박사를 제배(除拜)하고서 서쪽 변방을 지키게 하였다.

한의 연왕 노관이 배반하여 흉노로 들어가매, 위만이 망명하여 천여 인의 무리를 모아 상투를 틀고 이(夷)의 옷을 입고서 동으로 달아나 장새를 나와 패수를 건너와서 항복하고, 왕을 설득하여 '서쪽 경계에 있는 옛 진(秦)의 공지(空地)인 상하장(上下障)에 살면서, 망명하여 온 자들과 함께 이 나라의 번병(藩屛, 울타리. 변방의 나라)이 될 것'을 바라니, 왕이 그를 믿고 사랑하여, 박사를 제배하고 규(圭)를 주고 백 리의 땅을 봉하여 서쪽 변방을 지키게 하였다. [『한서』·『문헌통고』·『위략』에서 보충]

【안】 작은 것이 큰 것을 섬기고 약한 것이 강한 것에 복속하고 이적(夷狄)이 중국에 의지하는 것은 바뀌지 않는 정한 이치이다. 우리 동방은 땅이 치우쳐 있고 나라가 작으며 중국에 가까우니, 큰 나라의 도움을 잃지 않아야 보존할 수 있다.

위만이 수천의 무리를 모아 어지러운 때를 타서 도망하였으니, 이는 중국을 배반한 백성인데, 왕이 배반한 백성을 받아들여서 서쪽 변방을 지키게 하여 큰 나라와 원수가 되려 하였으나, 다행히도 이때에 천하가 새로이 정해져서 여후(呂后)가 백성을 휴양

(休養)하는 데에 뜻을 두었으므로, 군사를 쓰기에 이르지는 않았다. 만약에 한의 무제 같은 이를 만났다면, 위만의 반란이 있기 전에 문죄(問罪)하는 군사가 반드시 동으로 움직였을 것이다. (432쪽 23·24)

『동사강목』 권1 상, 무신 28년(조선왕 위만 원년, 나라를 찬탈하다)

위만이 배반하여 왕도(王都)를 엄습하매 왕이 남으로 달아나니, 위만이 조선왕이라 칭하고 왕검성에 도읍하였다.

위만이 서쪽 변방에 있으면서 망명한 무리들을 꾀어서 점점 많아지매 사람을 왕에게 보내어 '한의 군사가 열 갈래의 길로 온다'고 거짓으로 고하여 들어가 숙위하기를 청하고, 드디어 도리어 왕을 공격하였다. 왕이 위만과 싸웠으나 대적하지 못하고, 좌우(左右)와 궁인(宮人) 및 나머지 무리 수천 인을 거느리고 남으로 달아나서 마한에 가니, 기자로부터 준(準)까지 41세(世)이며 모두 930년을 지내고서 나라를 잃었다. 최씨(崔氏)[부(溥)]는 이렇게 적었다.

"기자가 다스리는 도리에 밝은 학식을 지닌 이로서, 신복(臣服)하지 않는 뜻을 높이 가지고 자취를 감추어 동으로 와서 팔조의 가르침을 펴고 정전의 법을 시행하였으니, 그 깊은 인애(仁愛)와 두터운 혜택은 백성의 마음을 굳게 맺어지게 하여 나라의 명맥을 길게 하기에 모자람이 없었다. 우리 동방의 예속이 아름답다는 것이 천하에 알려졌으므로 부자(夫子, 공자를 가리킨다)가 이곳에 살려는 뜻을 두었고, 『한서』에는 '인현의 교화'라 하고, 『당서』에는 '아름다운 군자의 나라'라 하고, 송조(宋朝)에서는 '예악문물의 나라'라 하였고, 함허자도 '시서(詩書)와 인의(仁義)의 나라'라 하였으니, 우리 기자가 지나는 곳마다 신묘한 덕화(德化)로 우리 동방에 혜택을 준 것은 천만 년이 지나도 한결같은데, 아깝게도 그 사실이 실린 서적이 전하여오지 않아서 증거할 만한 문헌(文獻)이 없다."

위만이 조선을 격파하고 점점 진번·조선의 제이(諸夷)와 옛 연·제에서 망명하여 온 자들을 종속시켜서 그들의 왕이 되고 왕검성에 도읍하였다. 마침 효혜(孝惠, 한 혜제)·고후(高后, 한 고조의 후) 때에 천하가 비로소 평정되었으므로 요동태수가 위만을 외신으로 삼아서 변방 밖을 지키게 하매, 그 때문에 위만이 병권과 재물을 얻게 되어 곁에 있는 작은 고을들을 침략하여 항복시키니, 진번·임둔이 다 복속해 와서 지방이 수천 리가 되었다. [『한서』에서 보충]

【안】『사기』와 『전한서』에 비로소 조선전을 넣었다. 또 혹 '위만은 바로 중국 사람이요 조선의 신자(臣子)가 아니니 찬적(簒賊)의 유례(類例)에 두지 않아야 한다'고도 하나 이 말은 잘못이다. 『사기』에 '위만이 항복해 왔다' 하고, '또 위만에게 박사(博士)를 제배(除拜)하였다' 하고, 또 '들어와 숙위하기를 청하였다' 하였으니, 그가 신하로서 섬긴 자취가 명백하다. 또한 그는 양나라 후경(侯景)의 무리이니, 『강목』이 후경을 어찌 일찍이 찬적으로 대우하지 않았던가! 『통감』에서는 단군·기자와 함께 삼조선이라 아울러 불러서 덕(德)과 의(義)가 같은 것처럼 하였으나, 그 뜻은 잘못된 것이다.

왕이 마한을 공략하여 격파하고 금마군 [지금의 익산군] 에 도읍하였다.

왕이 남으로 달아나 마한을 공략하여 격파하고 스스로 한왕이 되니, 곧 무강왕(武康王)이다. [지금의 익산 오금사봉(五金寺峰) 서쪽에 쌍릉이 있는데 『고려사』에 '후조선(後朝鮮) 무강왕과 비(妃)의 능'이라 하였고, 세속에서는 영통대왕릉(永通大王陵)이라 부른다. 또 기준성(箕準城)이 용화산(龍華山) 위에 있다.]

준(準)이 마한에서 임금 노릇을 하면서 조선과 서로 왕래하지 않았으며, 그 아들, 벗, 친족으로서 나라에 머물러 있던 자가 성(姓)을 한씨(韓氏)라고 고쳤다. …

한씨 [백겸(百謙)] 는 이르기를 "우리 동방은 예전에 스스로 남북으로 나뉘었는데, 북은 본디 삼조선 땅이었다가 뒤에 고구려가 되었고, 남은 삼한의 땅이 되었다" 하였다. …

임씨 [상덕(象德)] 는 이르기를 "이때에 조선은 이미 망하고 삼한은 넓고 거칠었는데, 백성이 지리(地利)를 따라 모여 살면서 각각 부락을 만들고 간혹 웅장(雄長)이 있으면 다 나라라고 칭하니, 삼한이 거느린 나라가 무려 70여 국이나 되었고 조선·예맥 사이에 있던 작은 나라는 다 적을 수 없다. 신라가 처음 일어나서부터 수십 년 사이에 고구려가 패수(浿水) 북쪽에서 일어나고 백제는 한수 남쪽에서 일어났는데, 작은 나라들이 항복하거나 멸망하여 모두가 삼국의 군현이 되었다" 하였다. (432쪽 25~28, 433쪽 29)

『동사강목』 권1 상, 계축 마한(위씨조선)

가을 예(濊)의 군(君) 남려(南閭)가 한에 항복하니, 한이 창해군(滄海郡)을 두었다.

예도 조선의 땅이다. 한이 팽오(彭吳)를 시켜 길을 열어 예맥·조선에 통하게 하였는데, 예의 군 남려가 남녀 28만 구(口)를 거느리고 요동으로 가서 내속하니, 무제가 그 땅을 창해군으로 삼았다. 예국의 옛 성이 지금 강릉부(江陵府) 동쪽에 있다. [『한서』에서 보충. 『후한서』에 처음으로 예전(濊傳)을 넣었다.]

【안】 이것이 중국이 군(郡)을 둔 시초이다. 산천이 구별되어 풍기(風氣)가 다르므로 기욕(耆欲)이 같지 않고 언어가 통하지 않았는데, 성인이 때를 맞추어 가르침을 베풀었기 때문에 뜻을 통하여 풍속을 통하게 되었다.

우리 동방은 중국과 산천으로 막혔으니, 이는 천연으로 구별된 고장이어서 중국의 군현에 낄 수 없는 것이 분명하다. 그러므로 당(唐)·우(虞)·삼대 때에는 다만 피복을 공물로 바치고 악무(樂舞)를 바치고서 기미(羈縻)하게 하였을 뿐이라고 알려져 있고, 병합하거나 갈라서 반드시 중국 땅으로 삼고 말았다는 것은 알려져 있지 않다. 한 무제는 병력을 다하고 무위(武威)를 욕되게 하여 사이(四夷)의 경략을 일삼았다. 땅은 넓혔으나 덕에는 힘쓰지 않았으므로, 위엄은 더하였으나 혜택은 창달하지 못하여, 중국을 피폐시켰을 뿐이고 얻은 것이 잃은 것을 채우지 못하였으니, 무슨 보탬이 되었으랴!

창해군은 세운 지 얼마 안 가서 파(罷)하였고, 사군은 세운 지 얼마 안 가서 합하였고, 현도는 군치를 옮겼고, 낙랑은 동부를 덜어냈다. 힘은 지켜낼 수 없고 거조(擧措)는 전도(顚倒)되어 이예(夷濊)의 웃음거리가 되었을 뿐이니, 어찌 중국의 수치가 아니랴! 뒷날에 당 고종이 고구려·백제를 현(縣)으로 삼으려 했고, 원 세조도 행성(行省)을 두었고, 명 태조는 철령위(鐵嶺衛)를 두려 하였으니, 모두가 한 무제의 사치한 마음을 답습하려 하고 옛 성왕(聖王)의 도(道)를 통달하지 못한 사람들이다.(434쪽 31·32)

『동사강목』 권1 상, 을묘 마한(위씨조선)

한이 창해군을 파하였다.

한의 승상 공손홍(公孫弘)이 중국을 피폐하게 하면서 쓸모없는 땅을 돕는 것을 파하자고 간하여서 파하였다. [『한서』에서 보충] (434쪽 33)

『동사강목』 권1 상, 임신 마한(조선 왕 우거)

조선 왕 우거가 한의 요동도위 섭하를 죽였다.

위만이 졸(卒)하매, 아들에게 왕위를 전하였다.

손자 우거 때에는 한에서 도망 온 사람을 더욱 많이 꾀었고, 또 중국에 들어가 천자에게 뵈지도 않고, 진국(辰國)이 글을 올려 천자를 뵈려 하여도 막고 통과시키지 않았다. 이해에 한의 사신 섭하가 우거를 달래었으나, 끝내 조명(詔命)을 받들지 않았다. 섭하가 돌아가다가 국경인 패수(浿水) 가에 이르러, 말몰이꾼을 시켜 하를 전송하던 조선의 비왕(裨王) 장(長)을 찔러 죽이고, 바로 강을 건너 새(塞)로 달려 들어갔다. 드디어 돌아가 천자에게 '조선의 장수를 죽였다'고 보고하니, 무제가 그 명분을 아름답게 여겨 꾸짖지 않고서 하에게 요동의 동부도위를 제배(除拜)하였다. 조선이 섭하를 원망하여 군사를 일으켜서 습공하여 하를 죽였다.

【안】 진국(辰國)은 마한이다. 『통전』에 "기준이 마한왕을 내쫓고 스스로 즉위하여 진왕이 되었다" 한 것이 이것이다. 동방은 단군이 나라를 세우고부터 전심(專心)으로 대국을 섬겼고, 기자에 이르러서는 백마로 주에 조빙하였으며, 뒤의 군(君)도 연을 정벌하여 주실(周室)을 높이려 하였다. 이때에 와서는 이미 유한(劉漢, 유씨의 한나라)이 되었으나 한 줄기 공북(拱北, 천자의 덕화에 귀의하다)하는 정성은 끝내 게을리하지 않았다. 이 때문에 동방 사람이 중국에게 칭찬받고, 또한 나라를 보전할 수 있었던 것이다. 위씨 때에는 단군·기자 때와 규모가 절로 달라서 곧 복멸(覆滅)을 가져왔으니, 옳은 방법을 얻지 못한 까닭이다.

여름 6월 한이 조선을 정벌하였다.

무제가 천하의 사죄인(死罪人)을 모아서 군사를 만들고, 누선장군(樓船將軍) 양복(楊僕)을 보내어 제(齊)에서 발해로 향하게 하고, 좌장군(左將軍) 순체(荀彘)를 보내어 요동에서 나가게 하였다. [『한서』에서 보충] (434쪽 34·35)

『동사강목』 권1 상, 계유 마한(위씨조선이 망하다)

춘3월 한군(漢軍)이 왕검성을 포위하니, 여름에 조선 사람들이 그들의 임금인 우거를 시해하고 나와서 항복하였으며, 대신(大臣) 성기(成己)는 죽으니, 위씨가 망하였다.

한군이 조선 국경을 넘어 들어오니, 조선 왕 우거가 군사를 발하여 험새(險塞)을 막았다. 양복이 제의 군사 7천 인을 거느리고 먼저 왕검성에 이르매, 우거가 성에서 지키면서 양복의 군사가 적은 것을 탐지하고 곧 성을 나가 양복을 공격하니, 양복의 군사가 패하여 흩어져서 산속으로 도망하였다가 10여 일 만에 퇴산(退散)한 병졸을 조금 찾아 다시 모았다. 순체는 조선의 패수서군(浿水西軍)을 쳤으나 깨뜨리지를 못하였다. 천자가, 두 장수가 유리하지 못하다고 생각하고서 위산(衛山)을 시켜 군사의 위엄에 의지하려 우거에게 가서 달래게 하니, 우거가 사자를 보고 돈수(頓首)하며 사례하기를 "항복하려 하였으나, 두 장수가 속이어 신(臣)을 죽일까 두려웠는데, 이제 신절을 보았으므로 다시 항복합니다" 하고 태자를 보내어 들어가 사례하고 말 5천 필과 군량을 바치게 하매, 무리 만여 명이 병기를 가지고 막 패수를 건너려 하는데, 사자와 순체가 변란이 생길까 의심하여 태자에게 말하기를 "이미 항복하였으니, 사람들이 병기를 가지지 말게 하시오" 하므로, 태자도 사자와 순체가 속여서 죽일까 의심하여 드디어 패수를 건너지 않고 다시 돌아왔다. 위산이 돌아가 천자에게 보고하니, 천자가 위산을 베었다. 순체가 수상군(水上軍)을 격파하고 곧 전진하여 성 아래에 이르러 서쪽과 북쪽을 포위하고, 양복도 성 남쪽에 가서 모이니, 우거가 드디어 성을 굳게 지켜서 두어 달 동안이나 함락시키지 못하였다. 순체가 거느린 연(燕)·대(代)의 병졸들은 굳세고 사나운 자가 많았으나, 양복이 거느린 제의 병졸들은 이미 패망의 곤욕을 맛보았으므로, 병졸들은 다 두려워하고 장수는 마음에 부끄러웠다. 우거를 포위하게 되어서도 늘 화해하려는 태도를 가졌으나, 순체는 급하게 공격하였다. 그래서 조선의 대인(大人)이 몰래 사람을 시켜 양복에게 항복할 것을 약속하고, 양복도 왕래하며 말하였으나, 아직 결단하려 하지 않았다. 순체가 자주 양복에게 함께 싸우자고 하였으나, 양복이 조선 대인과의 약속을 추진하려 하여 그를 만나지 않았다.

순체도 사람을 시켜 틈틈이 조선에게 항복하라고 요구하였으나, 조선이 양복에게 붙으려고 생각하지 않았다. 이 때문에 두 장수가 서로 공을 세우지 못하였다.

【안】 예로부터 두 장수가 출사하여 먼 지역에서 훈공을 차지하려 하고서도 화목한 일이 없었다. 그러므로 조선이 능히 이간하니, 두 장군이 끝내 그 공명(功名)을 보존하지 못하였다.

순체가 마음속으로 '양복에게는 전에 군사를 잃은 죄가 있고 이제는 조선과 몰래 잘 지내어 항복받지 못하니, 아마도 그가 배반할 생각을 가졌을 것'이라고 생각하였으나, 감히 발설하지는 않았다. 천자가 두 장군이 성을 포위하고서도 의견이 달라서 싸움이 오래도록 결단나지 않는다고 생각하여, 제남태수(濟南太守) 공손수(公孫遂)를 시켜 가서 치되 편의대로 일을 처리하게 하였다.

공손수가 이르니, 순체가 말하기를 "마땅히 조선의 항복을 받았을 것인데 오래도록 항복받지 못한 것은 누선장군(樓船將軍)이 자주 기약에 모이지 않았기 때문입니다" 하고, 평소에 생각했던 일들을 갖추어 고하면서 '지금 이와 같이 취하지 않으면 아마도 큰 해가 될 것'이라고 하였다. 공손수도 그렇게 여기고, 곧 절(節)로써 양복을 불러 순체의 군영에 들어와 일을 계획하라 하고는, 순체의 휘하에게 명하여 양복을 잡게 하고 그 군사를 합병하고서 천자에게 보고하니, 천자가 공손수를 베어 죽였다.

순체가 두 군사를 병합하고 나서 곧 급히 조선을 공격하니, 조선의 재상(相) 노인(路人)·한음(韓陰)과 이계(尼谿)의 재상 삼(參)[생각건대, 이계는 예(濊)의 반절(反切)이다]과 장군 왕협(王唊)이 서로 꾀하기를 "처음에 누선장군에게 항복하려 하였으나 누선장군은 잡혔고, 홀로 좌장군이 양군(兩軍)을 아울러 거느렸으니, 앞으로 싸움이 더욱 급해지려니와 아마도 그들과 싸워낼 수 없을 것입니다" 하였으나, 임금은 항복하려 하지 않았다. [생각건대, 우거는 나라를 망친 임금일지라도 또한 등한한 사람이 아니었다.]

음·협·노인이 다 도망하여 한에 항복하였는데 노인은 길에서 죽었다. 여름에 이계의 재상 삼이 사람을 시켜서 우거를 죽이고 한에 항복하니, 위만으로부터 우거까지가 무릇 3세, 86년 만에 망하였다.

허씨[목(穆)]는 이렇게 적었다.

“위만이 인(仁)과 덕(德)을 쌓고 베푼 것이 없이 한갓 망명한 사람들을 속이고 왕 준(準)을 쫓아내고서 나라를 빼앗아 아울렀으니 매우 의롭지 못하거니와, 2세를 지내고서 멸망하였으니 갑자기 얻은 자는 갑자기 망하는 것이다. 어찌 전세(傳世)가 장구하여 단군·기자와 같으랴!”

조선이 이미 항복하였으나, 왕검성만은 항복하지 않고 우거의 대신 성기(成已)가 다시 한의 관리를 공격하니, 순체가 우거의 아들 장(長)과 항복한 재상 노인의 아들 최(最)를 시켜서 백성에게 고유(告諭)하여 성기를 죽이게 하였다. 그래서 드디어 조선을 평정하였다. [『한서』에서 보충]

【안】 이때에 나라가 파멸하고 임금이 사망하고 대신들이 다 안으로부터 배반하였으나 성기는 홀로 몸을 아끼지 않고 분연히 굳게 지켰으니, 노인의 무리가 나라를 팔아 살기를 탐낸 데에 비하면 충절이 위대하여 후세의 신하에게 권장이 될 만하다. 『한서』에 “성기가 배반하여 다시 관리를 공격하였다” 하고, 또 “성기를 주살하였다” 하였으나, 이것은 적국에 대한 말이므로 필법이 그렇거니와, 『동국통감』에 그대로 써서 참으로 죄가 있는 사람인 것처럼 한 것은 어찌 된 일인가!

한이 조선을 갈라서 낙랑·임둔·현도·진번의 4군으로 만들었다.

낙랑은 조선현(朝鮮縣) [지금의 평양부(平壤府)] 에, 임둔은 동시현(東暆縣) [지금의 강릉부(江陵府)] 에, 현도는 옥저성(沃沮城) [지금의 함경남도] 에, 진번의 치소는 삽현(霅縣)에 [오랑캐의 땅에 있으며 지금은 상세히 알 수 없다] 두었다. 삼을 홰청후(澅清侯) [제(齊)의 땅에 있다] 로, 음을 적저후(狄苴侯) [한의 발해군(渤海郡) 땅에 있다] 로, 협(唊)을 평주후(平州侯) [태산(泰山) 양보현(梁父縣)에 있다] 로 장을 기후(幾侯) [하동(河東) 땅에 있다] 로, 최는 아비가 죽었고 자못 공도 있으므로 열양후(涅陽侯) [남양군(南陽郡)에 있다] 로 봉하였다. 순체를 불러들여, 공을 다투어서 서로 시기하여 계책을 어그러뜨린 죄로 기시(棄市, 사형에 처하여 주검을 저자에 버리는 것)하고, 양복도 군사가 열구(列口) [『지리고』에 보인다] 에 이르면 순체를 기다려야 하는데도 마음대로 먼저 출동하여 군사를 많이 잃은 죄로 죽어야 마땅하나, 속(贖, 금품을 내고 벌을 면하다)하고 서인이 되었다.

사군이 내속된 뒤로부터 요동에서 관리를 가려 보내매, 그 관리들은 백성이 문을 닫거나 물건을 감추지 않는 것을 보았었는데, 중국의 장사꾼이 가서는 밤이면 도둑이 되매 풍속이 점점 박해져서 범금이 많아져 60여 조목에 이르니 인현의 교화가 변하였다. 한의 반고는 이렇게 적었다. "동이는 천성이 유순하여 3방(三方, 남·서·북의 세 지방)의 오랑캐와 다르므로, 공자가 도가 행하지 않는 것을 슬퍼하여 떼를 만들어 바다를 건너서 구이에 살고자 하였으니, 까닭이 있었던 것이다." [『한서』에서 보충] (435쪽 37~40, 436쪽 41·42)

『동사강목』 권1 상, 기해 마한

한이 진번군을 폐지하고, 현도군을 고구려에 옮기고, 임둔군을 낙랑군에 합쳤다가 곧 낙랑에 동부도위를 두었다.

처음에는 한이 옥저 땅을 현도의 군치로 삼았는데, 이맥에게 침략받으매 고구려[한의 고구려현은 지금 심양의 봉천부(奉天府) 북쪽에 있었다]에 도읍을 옮기고, 단대령(單大領)[지금의 철령(鐵嶺)] 이동의 옥저·예맥은 모두 낙랑에 붙이더니, 뒤에 경토가 넓으므로 다시 낙랑의 영동 7현을 갈라서 동부도위를 두고 불내성(不耐城)[지금의 영동에 있으나 미상]에 치소를 두었다. [『후한서』에서 보충] (436쪽 43)

『동사강목』 권1 상, 임술 마한

부여의 군(君) 해부루(解夫婁)가 도읍을 동으로 옮겼다.

부여국은 현도 북쪽 천 리에 있었다. 그 선대는 알 수 없는데, 혹 "단군의 후손이 북쪽으로 옮겨 부여국이라 하고, 해(解)로 성을 삼았다"고도 한다.

처음에 그 왕 해모수(解慕漱)가 스스로 천제의 아들이라 일컬었고, 또 단군이라 불렀으며, 아들 부루(夫婁)를 낳았다. 부루가 늙도록 아들을 두지 못하매[백제 시조 온조가 부루의 서손 우태의 아들이라고 하니, 여기에 아들이 없다고 한 것은 의심스럽다. 동사(東史)의 착란하여 밝힐 수 없음이 대개 이와 같다] 산천에 제사하여 후사를 구하였더니, 그가 탄

말이 곤연(鯤淵) [지금 호(胡)의 땅에 있었으나 미상] 이르자 금빛 개구리 모양의 어린아이가 있으므로 기뻐 말하기를 “이는 하늘이 나에게 아들을 주신 것이다” 하고 곧 거두어 길러서 이름을 금와(金蛙)라 하고 태자로 삼았다. 국상(國相)이 부루에게 말하기를 “동해 가에 흙이 기름져서 오곡을 심기에 알맞은 땅이 있으니 도읍 할 만합니다” 하고, 드디어 왕에게 권하여 도읍을 옮기고서, 또 동부여라 일컬었다.

【안】『후한서』와 『삼국지』에 처음으로 부여전을 넣었다. 두씨(杜氏)의 『통전』에 이렇게 적혀 있다. 진(晉) 때 부여 창고에 예왕지인(濊王之印)이라는 글이 새겨진 인장이 있었다. 그 나라에 예성(濊城)이라는 옛 성이 있으니, 아마도 본디는 예맥의 땅이었을 것이다. 그 나라는 장성 북쪽에 있는데, 현도에서 천 리 떨어졌다. 남으로 고구려, 동으로 읍루, 서쪽으로 선비(鮮卑)와 이어지고, 북에는 약수(弱水)가 있으며 땅이 사방 2천 리는 되고, 호수(戶數)가 8만이다. 동이의 지역은 가장 평평하고 넓은데, 흙이 오곡을 심기에 알맞으나 오과(五果, 밤 · 대추 · 배 · 감 · 사과)는 나지 않는다. 궁실(宮室) · 뇌옥(牢獄) · 창고(倉庫)가 있으며, 산릉(山陵)과 넓은 늪(澤)이 많다. 그 사람들의 성품은 굳세고 용감하며 신중하고 관후하여, 도둑질이나 노략질을 하지 않는다. 육축(六畜)으로 관직의 이름을 지어 마가(馬加) · 우가(牛加) · 저가(豬加) · 구가(狗加) · 견사(犬使) · 대사자(大使者) · 사자(使者)가 있다. 읍락(邑落)에는 토호(豪)가 있어 백성을 하호(下戶)라 하여 모두 노복(奴僕)으로 삼으며, 가(加)들은 각각 따로 다스리는 땅이 있는데, 큰 것은 수천 집이고 작은 것은 수백 집이다. 회동(會同) · 배작(拜爵)에 읍양(揖讓)하고 오르내리는 것이 중국과 비슷하고, 섣달에는 하늘에 제사 지낸다. 역인(譯人, 통역하는 사람)이 말을 전할 적에는 다들 꿇어앉아서 손으로 땅을 짚고 가만히 말한다. 형벌은 엄하고 급격하여, 사람을 죽인 자는 죽이고 그 집 사람을 모두 노비로 삼으며, 도적질하면 그것의 12배를 강제로 거두며, 남녀가 간음하거나 부인이 질투하면 모두 죽인다. 형이 죽으면 형수를 아내로 삼는 것은 북적(北狄)과 같은 풍속이다. 명마(名馬)와 적옥(赤玉) · 미주(美珠)가 나는데 구슬의 큰 것은 산조(酸棗, 멧대추)만 하다. 활 · 화살과 칼(刀) · 창(矛)을 병기로 삼고, 집집마다 갑옷과 병기가 있다. 성책(城柵)을 모두 둥글게 만들어서 뇌옥(牢獄)과

비슷하다. 행인(行人)에게는 밤과 낮의 구별이 없으며, 노래하기를 좋아하여 한결같이 소리가 끊어지지 않는다. 군사(軍事)가 있을 때에는 역시 하늘에 제사를 지내며, 소를 잡아 발굽을 보고서 길흉을 점치는데, 발굽이 벌어졌으면 흉하고 합해졌으면 길하게 여긴다. 적이 있으면 가(加)들이 스스로 싸우고, 하호(下戶)들은 양식만을 담당한다. 그들이 죽으면 여름에는 모두 얼음을 쓰며, 사람을 죽여서 순장(殉葬)하는데 많으면 수백 명이나 되며, 장례를 후하게 치르는데(厚葬) 관(棺)을 쓰되 곽(槨)은 없다. 임금이 죽으면 남녀가 다 희게 입고, 부인은 포면의(布面衣)를 입으며, 환패(環佩, 반지·노리개 따위의 장식물)를 떼니, 대체로 중국과 비슷하다. (436쪽 44, 437쪽 45·46)

『동사강목』 권1 상, 갑자 마한(신라 시조 박혁거세 원년. 신국 1년, 신라가 처음으로 사로라고 칭하였으며 지금 이를 나라 이름으로 삼다)

여름 4월 진한(辰韓)의 육부(六部)가 박혁거세를 군(君)으로 세우고 거서간이라 칭하였으며, 국호를 사로라 하였다. 이에 앞서 조선의 유민(遺民)들이 동해 가 산골짜기에 나뉘어 살며 여섯 마을을 이루었는데, 알천양산(閼川楊山)·돌산고허(突山高墟)·자산진지(觜山珍支)[간진(干珍)이라고도 한다]·무산대수(茂山大樹)·금산가리(金山加利)·명활산고야(明活山高耶)이며 이것이 이른바 진한의 육부이다. … 김씨 부식은 이르기를 "해동에 나라가 있은 지 오래다. 기자가 주에 봉함을 받고 한 초기에 위만이 참호(僭號)하기까지는 연대가 멀고 글이 소략(疎畧)하여 그 상세한 것을 알 수 없고, 삼국이 정립한 때에 이르러는 그 시종을 상고할 수 있다." … 류씨[형원(馨遠)]는 이르기를 "동사(東史)에 삼국에 관한 괴이한 말이 제일 많다. 풍기(風氣)와 인사(人事)는 늘 서로 밀접히 관계되므로, 기자가 동래하고 한 무제가 동정(東征)한 뒤로는 한사(漢史)의 기록에 괴이함이 있음을 듣지 못하였다. 삼국에 있어서는 도리어 허황한 것이 많으니, 아마도 이때는 고증할 문헌이 없고 습속이 미개하여 어리석은 백성들이 이야기로 전하여온 것을 도리어 사실로 기록하였으니, 사관(史官)이 사적 없음에 답답하여 이런 말들을 취한 것이다. 뒤에 역사를 엮는 자는 일체 제거해야 한다." (437쪽 47·48, 438쪽 49·50)

『동사강목』 권1 상, 갑신 마한(신라 시조 21년, 고구려 시조 동명성왕 고주몽 원년, 신국 2년)

부여인 해주몽(解朱蒙)이 졸본으로 도망해 와 도읍하고 고구려라고 칭하니, 왕의 성이 고씨이다.

처음에 북부여왕 해모수가 하백[하백은 곧 군장(君長)이란 칭호이고, 반드시 옛 기록에 이른 바와 같이 하수(河水)의 신은 아니다]의 딸 유화에게 장가들어 아들을 낳았는데 골격과 풍신이 영특했다. 나이 겨우 7세에 우뚝하여 보통 사람과 달랐고, 스스로 활과 화살을 만들어 쏘되 백 번 쏘면 백 번 다 맞추었다. 부여의 속어(俗語)에 활쏘기 잘하는 사람을 '주몽'이라고 하므로 따라서 주몽이라고 이름하였다. 주몽은 곧 부루의 배다른(異母) 아우이다. 부루가 훙(薨)하매 금와가 계승하였다. 금와가 아들 7인을 두었으나 기능이 모두 주몽에게 미치지 못하였으므로, 그 장자 대소가 제거하여 후환이 없게 하기를 청하였으나, 금와가 듣지 아니하고 말을 기르도록 하였다. 주몽이 사사로이 시험하여 말의 좋은 것과 나쁜 것을 알아두고서, 준마는 먹이를 감하여 여위도록 하고 노마(駑馬)는 잘 길러 살찌도록 했는데, 금와가 살찐 것은 자기가 타고 여윈 것은 주몽에게 주었다. 뒤에 사냥갈 적에 주몽은 활을 잘 쏜다 하여 화살을 적게 주었는데도 짐승을 잡은 것은 많으니, 왕자와 신하들이 또 죽이기를 음모하였다.

그 어머니가 이것을 알고서 주몽에게 말하기를 "나라 사람들이 너를 해치려 한다. 너의 재략으로 어디를 간들 안 되겠느냐? 지체하고 있다가 욕을 당하게 되느니보다는 멀리 떠나가 유위(有爲)한 일을 하는 것만 못하다"고 하였다. 주몽이 그제야 친하게 믿는 오이(烏伊)·마리(摩離)·협보(陜父) 등 세 사람과 함께 동남쪽으로 도망쳐 엄사수(淹㴲水)를 건너게 되었다.

[생각건대, 『후한서』 주에 "고려에 개사수(蓋斯水)가 있다"고 하였으니 아마 이 강인 듯하고, 김부식은 말하기를 "지금의 압록강 동북쪽에 있다"고 하였으니 이는 압록강 상류의 근원이 되는 곳을 말한 것이며, 『여지승람』의 동월(董越)의 『조선부(朝鮮賦)』 주석에는 지금의 박천강(博川江)을, 고기와 자라가 다리를 이루었던 강물이라 하였는데, 틀린 것이다. 대개 지금의 오랑캐 땅(胡地)에 있었을 것인데 미상이다.]

건너고자 하였으나 다리가 없어 빌기를 "나는 하나님의 아들이고 하백의 외손으로 지금 난을 피하는 중인데, 추격하는 사람들이 곧 올 것이니 어쩌면 좋습니까?" 하니, 이에 고기와 자라가 떠올라 다리를 만들었고, 건너고 나자 다리가 흩어져 쫓아오는 기마가 미치지 못하였다. 모둔곡(毛屯谷) [『위서』·『북사』에는 보술수(普述水)로 되었는데, 미상이다] 에 이르러 세 사람을 만났는데, 마의(麻衣)를 입은 사람은 이름이 재사(再思), 납의(衲衣)를 입은 사람은 이름이 무골(武骨), 수조의(水藻衣)를 입은 사람은 이름이 묵거(默居)인데 성은 말하지 아니했다. 주몽이 재사(再思)에게는 극씨(克氏)로, 무골에게는 중실씨(仲室氏)로, 묵거에게는 소실씨(少室氏)로 각기 성(姓)을 주고서 여러 사람에게 말하기를 "내가 바야흐로 큰 명(景命)을 받아 기초를 닦으려고 하는데, 이 세 어진 사람을 만나게 되었으니, 어찌 하늘이 내린 것이 아니랴!" 하고, 드디어 재능을 헤아려 일을 맡기고 졸본천[『위서』·『북사』에는 흘승골성(紇升骨城)으로 되어 있다]에 이르렀다.

그 토질이 비옥하고 산천이 험한 요새(要塞)인 것을 보고서 드디어 기초를 세우려 하였으나 미처 궁실은 짓지 못하고, 단지 비류수 위에 집을 짓고 살았다. 국호를 고구려 또는 졸본부여라고 하고, 따라서 '고'로 성씨를 삼았다. (438쪽 51·52, 439쪽 53)

『동사강목』 권1 상, 계묘 마한(신라 시조 40년, 고구려 유리왕 2년, 백제 시조 부여 온조 원년, 이로부터 삼국이 되다)

졸본 사람 해온조가 위례성에 나라를 세우고 국호를 백제라고 하였다.

당초에 부여왕 해부루의 서손 우태가 졸본 사람 연타발(延陀勃)의 딸 소서노(召西奴)에게 장가들어 아들 둘을 낳으니, 맏은 비류이고 다음은 온조인데, 우태가 죽자 주몽이 부여에서 남쪽으로 피란하여 와서 졸본에 이르러 도읍을 세우고, 소서노와 혼인하여 비(妃)로 삼았는데, 터를 닦고 창업하는 일에 내조가 있었기 때문에 주몽이 총애로 대해주고 비류 등도 자기 자식과 같이 대하였다.

주몽의 아들 유리가 태자가 되어 왕위를 이어받게 됨에 미쳐, 비류가 온조에게 말하기를 "당초 대왕이 부여의 난리를 피해 도망쳐 여기에 이르렀을 때에 우리 어머니께서 가산을 털어 협조하여 왕업을 이루었으니, 근로가 대단했는데 대왕께서 세상을 버리고 유리가 왕위를 계승하니 우리들이 여기에 있는 것은 마치 사마귀나 혹과 같으니, 어머니를 모시고 남쪽으로 가다가 땅을 가려 따로 나라를 세우는 것만 같지 못하다" 하고, 드디어 어머니를 모시고 오간(烏干)·마려(馬黎) 등 열 사람과 남쪽으로 가니, 백성들이 따르는 자가 많았다. (439쪽 54·55)

『동사강목』 권1 상, 을묘 마한(신라 시조 52년, 고구려 유리왕 14년, 백제 시조 13년)

춘3월 부여가 고구려에게 사신을 보냈다.

이에 앞서 부여 왕 금와가 죽고 태자 대소가 즉위했는데, 이때에 와서 사신을 보내어 고구려를 빙문하고 서로 아들을 보내어 볼모로 할 것을 청했다. 고구려 왕은 그 강대함을 꺼려 태자 도절(都切)을 볼모로 삼으려 했으나 도절은 두려워하며 가지 않았다. 대소가 성을 내는데도 결국 보내지 않았으므로 두 나라는 화친을 잃게 되었다. (440쪽 56·57)

『동사강목』 권1 상, 기사 마한(신라 남해왕 6년, 고구려 유리왕 28년, 백제 시조 27년)

하4월 원산(圓山)과 금현(錦峴)이 백제에 항복하니, 마한은 드디어 망하였다.

두 성이 항복하니 그 백성은 한산으로 옮겼다. 마한은 기준(箕準)이 세웠는데, 이때까지 전한 세대(世代)의 수는 사기에 전한 바 없고, 역년(歷年)은 202년이며, 기자가 왕조를 전한 것까지 합하면 1,131년이 된다. 최씨(崔氏)는 이렇게 적었다. "주 무왕 기묘년에 기씨를 조선에 봉하여 9백여 년을 지났으며, 기준에 이르러서 남으로 마한에 달아나 50여 국을 통합하여 4군 2부(四郡二府) 시대를 지내는 동안에 전세(傳世)가 2백 년이니, 기씨가 전후에 서로 전승한 것이 1천여 년이다. 전세가 이처럼 오래거늘 아깝게도 고증할 만한 문헌이 없다. 지금 마한이 멸망함에 있어서 김부식과 권근 등은 모두 기군(箕君)의 시종을 말하지 않았는데, 이는 무엇 때문이었을까? 기자와 같은 성덕(聖德)으로 자손이 미약하여 파천(播遷)되었다가 하루 아침에 제사를 받지 못하게 되었으니, 또한 슬프지 않은가?" 기준의 후손은 멸절되었지만 마한 사람들이 오히려 그 제사를 받드는 이가 있었으며, 마한 사람이 다시 서서 진왕(辰王)이 되었다

하는데 사서에는 전하지 않는다.

8월 부여가 사신을 보내 고구려를 꾸짖었다.

부여 왕 대소가 사신을 보내어 고구려 왕을 꾸짖기를 "우리의 선왕(先王)께서 그대의 선군(先君) 동명왕과 친분이 있었거늘, 우리 신하를 꾀어서 도망쳐서 백성을 모아 나라를 세우게 하다니, 대체로 나라에는 대소가 있고 사람은 장유(長幼)가 있는 법이라, 작은 나라가 큰 나라를 섬김은 예이며, 어린이가 어른을 섬김은 순(順)이다. 이제 왕께서 예와 순으로 우리를 섬긴다면 하늘이 반드시 도울 것이나, 그렇지 않으면 사직을 보전하려 해도 어려울 것이다" 하였다. 고구려 왕은 스스로 건국한 지가 얼마 되지 않아서 백성과 군사가 약하다고 생각되어 공손한 말로 답하기를 "과인(寡人)이 궁벽하게 바다 모퉁이에 살고 있어 예의에 아는 바가 없더니, 이제 왕의 가르침을 받았는데 감히 명령을 따르지 않으리까?" 하였다. 왕자 무휼(無恤)이 왕의 잘못하는 대답을 듣더니 직접 그 사신을 보고 이르기를 "우리 선조는 신령의 후손으로서 어질고 재주가 많았는데도 대왕께서 부왕에게 참소하여 욕되게도 말을 치게(牧馬) 하였습니다. 그래서 선조께서는 기미를 보고 나오신 것인데, 이제 왕께서는 전날의 잘못을 생각하지 아니하고 강대함을 믿고서 우리를 멸시합니다. 여기에 지금 누란(累卵, 쌓아놓은 달걀)이 있는데, 대왕께서 이를 허물지 않으시면 내가 장차 왕을 섬길 것이요 그렇지 않으면 섬기지 않을 것입니다" 하였다. 사신이 돌아가서 보고하매, 대소가 '누란'이란 말을 물으니 여러 신하가 대답을 못 하는데, 어떤 노파가 말하기를 " '누란'이란 위태함이요, '허물지 않는다'함은 편안함을 말하는 것이니, 그 뜻은 '왕이 자기의 위험을 모르고 남을 굴복받으려 하는데, 이는 방법을 바꿔서 자신을 편안히 다스리는 것만 못하다'는 것입니다" 하였다. (440쪽 58·59, 441쪽 60)

『동사강목』 권1 하, 경오(신라 남해왕 7년, 고구려 유리왕 29년, 백제 온조 28년)

하6월 고구려에 와이(蛙異, 개구리의 변이)가 있었다.

모천(矛川)에서 검은 개구리와 붉은 개구리가 떼 싸움을 하다가 검은 개구리가 많이 죽었는데, 평의하는 사람이 말하기를 "검은 것은 북방의 빛이니, 이는 북부여가 파멸할 징조이다" 하였다.

『동사강목』 제2 하, 임신(신라 내물왕 17년, 고구려 고국양왕 9년 및 광개토왕 원년, 백제 진사왕 8년 및 아신왕 원년)

3월 고구려는 교서를 내리어 불법을 숭상하고 믿도록 하였다.

○ 고구려가 처음으로 나라의 사직(國社)을 세우고 종묘를 수축하였다.

고구려 사람은 귀신과 사직과 영성(零星)과 해에 제사 지내기를 좋아하여 10월에 하늘에 제사하기 위하여 크게 모이니 이를 한맹(寒盟)이라 한다. 그 나라 동쪽에 큰 굴(穴)이 있어 수신(隧神)이라 부르는데, 10월이면 왕이 친히 제사를 지냈다. 또 신묘(神廟) 두 곳이 있으니 '부여신'이라고도 하고, '고등신'이라고도 한다. 이는 시조인 부여신의 아들이니 하백의 딸과 주몽을 말함인데, 모두 관사를 두어 수호하였다. 또 기자가한(箕子可汗) 등의 신이 있었다.

『동사강목』 제2 하, 을축(신라 눌지왕 9년, 고구려 장수왕 13년, 백제 구이신왕 6년)

고구려가 사신을 위(魏)에 보냈다.

이때에 탁발씨가 중하(中夏)를 차지했다. …

【안】『북사』 고구려전에는 이렇게 적혀 있다.

"그 선조는 부여에서 나왔다. … 신묘가 두 곳이 있는데 하나는 부여신이라 하는 것으로 나무를 조각해 부인의 형상을 만들었고, 하나는 고등신이라 하는 것으로 이는 시조 부여신의 아들이라 한다. 모두 관사를 두고 사람을 파견하여 수호하는데, 이는 하백의 딸과 주몽이라 한다."

『동사강목』 제3 상, 갑술(신라 소지왕 16년, 고구려 문자왕 3년, 백제 동성왕 16년, 가락 겸지 3년, 대국 3과 소국 1 모두 4국이다)

춘2월 부여가 고구려에 항복하였다.

부여가 물길에게 쫓겨서, 왕과 처자가 나라를 가지고 항복하여 왔다. [이 뒤로는 전해오는 것이 없다.]

【안】『통전』 및 『당서』에 이렇게 적혀 있다.

"당나라 정관 14년에 유귀국(流鬼國)이 세 나라의 통역을 거쳐서 당에 조공하고, 스스로 말하기를 '북부여의 후예로 고구려에게 멸망되었다.' 하였다."

『동사강목』 제3 상, 신미(신라 진흥왕 12년, 고구려 양원왕 7년, 백제 성왕 29년)

가야국 악사 우륵(于勒)이 신라에 망명하여 왔다.

처음에 가야왕 가실(嘉實)이 … [… 『두씨통전』과 『문헌통고』에는 … 부여는 12월에 하늘에 제사를 지내고 연일 크게 모여서 먹고 마시고 노래부르며 춤추는데, 이것을 영고라 한다. 행인들도 늘 노래 부르기를 즐기어 …]

『동사강목』 제3 하, 기묘(신라 진평왕 41년, 고구려 영류왕 2년, 백제 무왕 20년)

춘2월 고구려가 사신을 보내어 당(唐)에 조빙하였다.

고구려 왕이, 당이 수(隋)에 갈음하였다는 소식을 듣고 …

【안】『당서』 고구려전에는 이렇게 적혀 있다.

"고구려는 본래 부여의 별종이다. … 풍속이 음사(淫祀, 사신(邪神)에게 제사 지내는 것)가 많으니 영성(靈星) 및 태양·기자·가한(몽골어로 왕의 칭호) 등의 신이 있다. 나라 좌편에 큰 굴이 있으니, 신수(神遂)라 하며 매양 10월이 되면 왕이 제사한다. … 하4월 고구려왕이 졸본에 행행하여 시조묘에 제사하였다."

『동사강목』 제3 하, 경자(신라 선덕여주 9년, 고구려 영류왕 23년, 백제 무왕 41년)

신라·고구려·백제가 자제를 보내어 당에 가서 입학(入學)하였다.

이때 이연수(李延壽)는 이렇게 적었다.

"구이(九夷)가 있는 곳이 중국과 동떨어져 있으나 천성이 유순하고 횡포한 풍습이 없어 산해의 먼 곳에 있을지라도 도의로써 거느리기가 쉬웠다. 하은(夏殷) 시대에는 혹 때로 내왕(조빙(朝聘)을 말한다)하였다. 기자가 조선으로 피하여 와서 처음으로 팔조의 교(敎)가 있게 되었는데, 소략하나 샐 틈이 없고 간명하나 오래갈 수 있어서 교화에 감동된 것이 천 년이 지나도 끊어지지 않았다. 지금도 요동 제국은 의복은 관면(冠冕)의 의용(儀容)을 지녔고, 음식은 조두(俎豆)의 그릇이 있으며, 경술(經術)을 좋아하고, 문사(文史)를 사랑하여 경도에 유학하는 자의 왕래가 끊어지지 않으며, 혹은 죽을 때까지 돌아가지 않으니 선철(先哲)의 유풍이 아니면 그 어찌 이러함에 이를 수 있으랴!" [『북사(北史)』에서 보충]

『동사강목』 제4 상, 무진(신라문무왕 8년, 고구려왕장 27년, 고구려의 멸망)

9월 당의 군사와 신라 군사가 평양에 모여들어서 성을 함락시키고, 당이 고구려왕 장을 잡아가지고 돌아감으로써 고구려는 망하였다. 당은 설인귀를 평양에 머물러 지키게 하였다. … "현도·낙랑은 본래 기자조선의 땅이어서 인현의 교화가 있었다. 고구려에 와서는 진한(秦漢)의 뒤로부터 중국의 동북쪽 모퉁이에 끼여 있었고, 그 이웃이 모두 천자의 관원이었고 난세에는 이들 지역에 영웅이 일어나 참람되이 명위(名位)를 도둑질하기 일쑤였다. 그런데 고구려는 두려운 땅에 처해 있으면서도 겸손한 마음이 없이 이웃 나라 땅을 침범하여 원수가 되고, 그들의 군현에 들어가 살았기 때문에 싸움이 계속되고 환란이 맺어져 거의 편안한 해(歲)가 없었다. 그들이 동천(東遷)한 시기는 수당(隋唐)의 일통 때와 합치되었는데도 조명을 거역하여, 여러 번 죄를 묻는 사자를 보내었다. 혹간 기계(奇計)를 써서 대군을 함몰시켰으나(살수 싸움과 안시성 싸움을 말함) 마침내 왕은 항복하고 나라는 멸망되었다. … 허씨는 이렇게 적었다. "『주례』에 '유주(幽州)는 산진(山鎭)을 의무려(醫巫閭)라 한다' 하였다. 그 아래가 요동의 현도군인 것이다. 고구려 주몽씨(고구려 시조 동명왕)의 도읍인 졸본부여는 현도 지역에 있다. … 그러나 그 지역의 경계는 우공(禹貢)의 기주(冀州)와 접해 있으니 중국 땅이면서 실제는 기자의 나라이므로, 그들 백성이 진실하고 순박하여 대국의 유풍(遺風)이 남아 있다."

『동사강목』 제4 하, 정해 신문왕 7년

5월 문무관에게 전지를 차등 있게 내렸다.

【안】 이것이 우리나라 직전(職田)의 시초이다. 동방 고조선 초에는 전직의 제도가 전하는 것이 없었으며, 평양에 기자의 전제(田制)가 있는 것은 은나라의 제도이다. 『여지승람』에, 경주에 정전의 유지가 있고 남원부에 또한 유인궤(劉仁軌)의 정전의 유적이 있다고 하나 사서에는 모두 전해지지 않으니 애석하다.

『동사강목』 제4 하, 계축 성덕왕 12년

동10월 … 위문(魏文)이 치사(致仕, 나이가 많아서 벼슬에서 물러나는 것)하였다.

당이 말갈의 대조영을 발해군 왕으로 삼았다.

이때에 조영이 점점 강성하여져서 사자를 보내어 돌궐과 통교하였고, 땅의 경계는 2천 리요 호구는 10여만이었다. 자못 글을 알았고, 부여 · 옥저 · 조선 · 해북제국(海北諸國)의 땅을 모두 차지하였다.

『동사강목』 제6 상, 병진 광종대성왕 7년

노비안험법(奴婢按驗法)을 정하였다.

옛날 기자가 금법을 베풀 적에 도둑질한 자는 그 집을 모두 노비로 삼았다. 우리나라의 노비법은 아마도 여기에서 비롯되었을 것이다. 세족(世族)의 집에서 대대로 전하여 부리는 자를 사노비라 하고, 관아와 주군(州郡)에서 부리는 자를 공노비라고 하였다. …

【안】 우리나라 노비가 대대로 법으로 묶여진 것은 … 말하는 사람들이, 노비법은 기자에게서 비롯되었다 하여 아울러 대대로 신역(身役)하는 폐단과 혼동하여 말하니, 성인(聖人)이 인민(仁民)을 다스리는 정치가 어찌 이와 같았겠는가?

『동사강목』 제7 하, 임오 숙종 7년

동10월 기자사를 세웠다.

예부(禮部)에서 아뢰기를 "우리나라가 예의로 교화하기는 기자로부터 비롯되었는데, 묘모(廟貌)도 아직 없고 사전(祀典)에도 빠져 있으니 원컨대 그 분묘를 찾게 하고 사당을 세워 제사하십시오" 하니, 왕이 이에 좇았다.

【안】 정문(鄭文)의 열전에는 "문(文)이 일찍이 서경에 호종(扈從)하여 기자사를 세울 것을 청했다" 하였다.

제법(祭法, 『예기』 편명)에 이르기를 "성왕(聖王)이 제사를 제정할 때, 법을 백성에게 베풀었으면 제사하고, 죽음으로써 일에 부지런하였으면 제사하고, 노력하여 나라를 안정시켰으면 제사하고, 능히 재앙을 물리쳤으면 제사하고, 대환(大患)을 막았으면 제사한다" 하였다. 이 때문에 중국의 제왕들은 반드시 사우(祀宇)를 건립하여 옛날의 제왕과 명신 중 공덕을 후세에 남긴 자에게 경의를 표하였으니, 이는 충성스럽고 순후함이 지극하기 때문이다. 고려는 나라를 세운 지 이미 오래였는데도 오직 이단(異端)인 불교에만 힘쓰고 선대(先代)의 군왕에게 경의를 표했다 함을 듣지 못하였다. 기자와 같은 성인에게도 제사를 드리지 않았으니 다른 분들이야 어찌 말할 수 있겠는가? 이때에 비록 사우를 세운다는 이름만은 있었으나 뒤의 충숙·공민조에 또 영을 내려 기자사를 세운 것으로 보아, 아마도 중도에 폐지되고 다시 수리하지 않은 것이니 게을러서 일을 버려둠이 심하였다. 성조(聖朝, 조선을 말한다)에 이르러서는 사전(祀典)을 거행하여 단군·기자로부터 삼국을 거쳐 고려의 임금들까지 각각 묘사(廟祀)를 세웠으니, 뜻이 매우 성대하였다. 그러나 오히려 미비한 것이 있으니 삼한의 시조들도 마땅히 제사해야 할 것이다. 진한·변한의 시조는 그 명호를 알지 못하니 추사(追祀)할 길이 없지만, 마한의 시조인 무강왕(武康王) 기준(箕準)은 곧 기자의 41세손으로 남쪽 땅에 나라를 열어 2백 년이나 지속되었고, 가락(駕洛)의 수로(首路)는 비록 작은 부용국이었지만 역년(歷年)이 가장 오래이고 신령스러움도 밖에 드러났으므로 식자들이 모두 제사해야 한다고 한 말을 믿어야 한다. 내가 일찍이 스승에게 듣기를 "혁거세·고주몽·온조는 다 왕의 이름이므로 축문의 칭호로는 옳지 못하다" 하였다. 옛날 당 태종이 비간에게 충렬이란 시호를 더하여 제사한 것도 대개 또한 칭명(稱名)함이 옳지 못하였기 때문일 것이다. 그러므로 삼국의 임금들도 각각 무강왕의 경우와 같이 좋은 시호를 더함이 마땅하다.

『동사강목』 권11 상, 임술 원종충경순효왕 3년

추9월 낭중 고예(高汭)를 몽골에 보내었다.

몽주(蒙主)가 안탈(按脫)·능철아(夌徹兒) 등을 보내와 … [『성호사설(星湖僿說)』에는 이렇게 되어 있다. "우리나라는 천하에서 가장 약한 나라이다. 이는 다만 땅이 좁고 백성이 가난할 뿐만 아니라 기자가 봉해진 이래로 문교(文敎)가 끊이지 않아 모두 '예의지방(禮義之邦)'이라 하였다. 문교가 행하여지면 무비(武備)가 소홀하게 됨은 당연한 사세이다. 지켜 나가기(守成)만 좋아하고 정벌하는 것은 싫어하며, 큰 나라를 섬기기만 부지런히 하여 천명을 두려워한 지 상하(上下) 3천 년 동안에 이 규모를 간혹 어기게 되면 멸망하지 않은 적이 없었으니, 모두 거울을 삼을 만하다."]

【안】 우리나라가 비록 약하나, 옛날 삼국 시대에는 오로지 무(武)를 숭상하는 데 힘썼기 때문에 고구려는 선비를 항복시키고, 말갈을 쳐서 부속시켰으며, 부여를 병탄하였다. 그래서 항상 중국의 근심이 되어서, 수나라와 당나라가 천하의 군사를 가지고도 끝내 그 뜻을 얻지 못하였다.

『동사강목』 권11 하, 경오 원종충경순효왕 11년

2월… 몽골이 서경을 동녕부(東寧府)로 삼고 자비령(慈悲嶺)으로 경계를 그었다.

【안】 『원사』에 이렇게 되어 있다. … 당초에 마형(馬亨)이 말하기를 "고려는 기자에게 봉해준 땅이요, 한(漢)·진(晉)이 다 군현으로 삼았거니와, 이제 내조하기는 하였으나 그 마음은 헤아리기 어려우니, 군사를 엄하게 하고 길을 빌어 일본을 취한다고 명목을 삼고서 승세(乘勢)하여 그 나라를 엄습해서 군현으로 정하는 것이 낫다."

『동사강목』 권11 하, 을해 충렬경효왕 원년

6월 초하루(경자)에 일식(日食)이 있었다. 흰옷을 금하였다.

【안】 은나라 사람은 흰 것을 숭상하였으니, 기자가 동으로 와서 흰 말(白馬)로 주나

라에 조빙한 것은 그 옛 제도를 따른 것이다. 동방 사람이 흰 것을 숭상함을 말하는 자가 기자가 끼친 풍속이라 하는데, 그 말이 미덥거니와, 술사(術士)의 구구하게 얽매인 말을 어찌 믿을 만하랴!

『동사강목』 권13 하, 을축 충숙의효왕 12년

동10월 교서를 내려 대사(大赦)하였다.

왕이 원에 있으면서… 평양에 기자사(箕子祠)를 세우게 하였다.

『동사강목』 권15 하, 경술 공민경효왕 19년

동11월 우리 태조가 지용수 등과 함께 동녕부를 함락시켰다.

당시 이인임은 안주(安州)에 주둔하였고, … 방(榜)을 내붙여 납합출(納哈出) 및 금주(金州)·복주(復州) 등 처에 효유하기를 "본국은 요(堯)와 나란히 세워졌다. 주 무왕이 기자를 조선에 봉하여 그 봉지가 서쪽으로 요하까지 이르렀다. 원조(元朝)가 일통하여 공주를 본국에 시집보내고 요심 지역을 탕목읍(湯沐邑)으로 하였던 것이다. 무릇 요서 이동 본국 강역 안 백성의 대소 두목(大小頭目)은 빨리 스스로 내조하여 함께 작록을 누리도록 하라. 만약 내조하지 않으면 그 귀감(龜鑑)이 동경에 있을 것이다."

『동사강목』 부(附) 권상 상, 고이(考異), 단군 원년 무진은 당요(唐堯) 25년에 해당한다

『위서』를 상고하면 "2천 년 전에 단군왕검이 아사달에 도읍하고 나라를 열어 그 국호를 조선이라 하였으니 요(堯)와 동시이다" 하여, 중국사의 기록이 동사(東史)와 대략 같다. 단, 동사에는 지나치게 과장하고 허황하게 썼기 때문에 믿지 않는 사람이 많다. 그러나 모호하게 기연미연한 것으로 돌림은 옳지 못하다. 또 상고하건대, 고려의 중 무극(無極) 일연이 『삼국유사』를 찬술하면서 『고기』, 『단군고기』를 인용하여, "단군은 당요 50년 경인에 즉위하였다" 하고, 그 자주(自註)에 "요의 원년은 무진이므로

50년은 정사요 경인이 아니다" 하여 『경세서』와 다르니 필시 다른 일종의 책일 것이다. 『동국통감』과 『고려사』 지리지에 모두 "당요 무진년에 단군이 평양에 도읍하였다" 하였는데, 요의 즉위가 상원갑자(上元甲子) 갑진(甲辰)에 있었으니 무진은 곧 25년이다. 신익성(申翊聖)이 지은 『경세서보편(經世書補編)』에도 요의 25년 무진으로 단군의 원년을 삼았기 때문에 그것을 따른다.

『동사강목』 부 권상 상, 고이, 단군에 대한 이칭(異稱)

『삼국유사』에 "신단수(神檀樹) 아래에 내렸기 때문에 단군이라 칭한다" 하였고, 『동국통감』 및 『고려사』 지리지에도 "단목(檀木) 아래에 내렸기 때문에 단군이라 칭한다" 하였기에 『동국통감』 및 『고려사』 지리지를 따른다.

『동사강목』 부 권상 상, 고이, 왕검

『고기』 및 『삼국유사』에 인용된 『위서』에 모두 "단군의 이름은 왕검이다" 하고, 『삼국사』에는 "평양이란 본래 선인(仙人) 왕검의 집이다" 하고, 단군의 이름이라고는 말하지 않았기 때문에 『동국통감』에 그 이름이 나타나지 않았다. 지금 취하기는 하였으나 의심이 간다.

【안】『삼국사』에는 "왕이 되어 왕검에 도읍하였다" 하였다.

【안】『한서』에는 "위만이 조선을 격파하고 점차 진번과 조선 제이(朝鮮諸夷) 및 전에 연·제로부터 망명해 온 사람들을 역속(役屬)시켜 이에 왕이 되고 왕검에 도읍하였다" 하였다. 지금은 그 위문장을 끊어버리고 다만 "왕이 되어 왕검에 도읍하였다" 하는 것만 썼으므로 문리가 통하지 않는다. 김부식의 소략함이 이와 같은 데가 많으니 이제 변별하지 않을 수 없다.

검(儉)은 『한서』에 험(險)으로 되었으나, 지금 동사(東史)의 기록을 따라 검으로 한다.

『동사강목』 부 권상 상, 고이, 백성을 가르쳐 머리를 땋고 모자를 쓰게 하다

이 조항은 홍씨(洪氏, 만종(萬宗))의 『동국총목(東國摠目)』에서 나왔는데, 무슨 책에 근거한 것인지는 모르겠으나 필시 근거가 있을 것이다. 또 개국 초기에 반드시 백성을 가르치는 절차가 있었으리라 믿어 그대로 따른다.

『동사강목』 부 권상 상, 고이, 팽오의 죄

홍씨(洪氏)의 『동국총목』에 "팽오에게 명하여 국내 산천을 다스리게 했다" 하였는데, 이는 자못 팽오가 한인(漢人)인 줄을 몰라서 이와 같은 잘못이 있게 된 것이다. 『한서』 식화지에 "팽오가 길을 열어 예맥과 조선을 통하여 창해군을 두었다" 하였으니, 대개 무제 때였다. 김시습의 시에,

수춘(壽春)은 곧 맥국인데
팽오로부터 길이 개통되었네

라고 한 것이 바로 그것이다. 홍씨의 인용이 부당하므로 취하지 않는다.

『동사강목』 부 권상 상, 고이, 부루는 두 사람이 있어야 마땅하다

『삼국유사』에 「단군기」를 인용하여 "서하 하백(西河河伯)의 딸에게 장가들어 아들 부루를 낳았다" 하였고, 또 북부여 편에 "해모수가 북부여에 나라를 세우고 아들을 낳아 이름을 부루라 하였다" 하였으니, 이때는 한 선제(宣帝) 신작(神爵) 3년(기원전 59)에 해당한다. 또 고구려기를 인용하여 "해모수가 하백의 딸과 사통하여 주몽을 낳았다" 하였으니, 부루와 주몽은 배다른 형제이다. 또 왕력 편에 "주몽은 단군의 아들이다" 하였으니, 이는 해모수로 단군을 삼은 셈이다. 이에 이른바 단군은 아마 처음 내려온 단군이 아니고 단(檀)으로 성을 삼아 곧 그 자손이 그대로 호칭하여 단군이라 일컬은 것이리라. 이른바 해모수 역시 처음 내려온 단군의 후예이고, 그

아들을 부루라 이름한 것 역시 미심(芈心)을 회왕(懷王)으로 경칭(更稱)하는 것과 같은 것이리라. 고려의 전설이 허황하여 하나도 믿을 만한 문적이 없다. 지금은 그 근사한 말만 따라 부루는 두 사람으로 나누어 기록한다.

『동사강목』 부 권상 상, 고이, 구이(九夷)

동이(東夷) 9종(種)에 대해서는 말이 일치하지 않는다. 『후한서』에는 견이(畎夷)·우이(于夷)·방이(方夷)·황이(黃夷)·백이(白夷)·적이(赤夷)·현이(玄夷)·풍이(風夷)·양이(陽夷)에다 남이(藍夷)가 더 있고, 『논어정의(論語正義)』의 구이는 현도·낙랑·고려·만식(滿飾)·부유(鳧臾)·소가(素家)·동도(東屠)·왜(倭)·천비(天鄙)라 하고, [『이아(爾雅)』의 주소에도 같다] 『삼국유사』에 인용한 신라의 중 안홍(安弘)의 기록에는 "구한(九韓)은 일본(日本)·중화(中華)·오월(吳越)·탁라(乇羅)·응유(鷹遊)·말갈(靺鞨)·단국(丹國)·여진(女眞)·예맥(濊貊)이다" 하였다. 『정의』에 현도·낙랑은 후한 때 정한 것이요, 이른바 만식·부유·소가·동도·천비는 어느 땅인지 알 수 없다. 안홍의 기록에도 역시 신라 시대에 병립(並立)한 나라인데, 이른바 응유는 상고할 수 없고 중화·오월도 구한의 숫자에 들었으니 한 자리의 웃음거리도 되지 않는다. 오직 『후한서』에 거론한 것이 근거가 있으므로 그것을 따르고, 다시 『죽서기년(竹書紀年)』·『통전』·『통감전편(通鑑前編)』 등의 책을 상고하여 그 시말을 갖추어둔다.

『동사강목』 부 권상 상, 고이, 단군이 훙하다

『고기』에 "단군은 무진에 요와 병립하여 우(虞)·하(夏)를 거쳐 상(商)의 무정 8년 을미에 아사달산에 들어가 신이 되고 1,048세의 수(壽)를 누렸다" 하였는데, 지금 『경세서』 및 여러 역사를 상고하건대 무정 8년은 갑자가 되고 39년이 을미다. 요의 무진부터 무정 8년 갑자까지는 1,017년이 되고 을미까지는 1,048년이 되니, 『고기』의 말과 같이 본다면 이 어찌 향국 1,017년에 향수가 1,048세란 뜻이 아니겠는가? 이제

『경세서』에 의거하여 무정 8년 갑자로 기록한다. 대개 상고 시대 신성(神聖)의 나이가 혹 범인과 특이한 것이 있으니, 광성자(廣成子)는 1,200세요, 팽조(彭祖)는 800세다. 이것이 비록 패가(稗家)의 잡설에서 나왔으나 중국 사람들의 전설이 이미 오랬고, 또 일본사를 보면 왜황(倭皇) 수인(垂仁) 때 왜희(倭姬)의 나이 500여 세였으니 이때는 서한(西漢) 원성(元成) 무렵이요, 대신(大臣) 무내(武內)의 나이 340여 세였으니 이때는 서진(西晋) 말엽이다. 이런 것으로 본다면 단군의 향년 1천여 세가 또한 괴이할 것이 없다. 권근의 응제시(應製詩)에,

역대는 얼마인지 모르겠으나
역년은 1천 년이 지났도다

라고 하였으니, 그 의도가 1,048년으로 간주한 것이다. 그 역대와 역년의 수가 자못 이치에 가깝기 때문에 『동국통감』에서 그 논을 취하였다. 나도 그 논을 받아들인다.

『동사강목』 부 권상 상, 고이, 아사달산에 들어가 신이 되다

신이 되었다는 말이 매우 괴이하고 허황하나, 후세에 사람이 죽으면 신으로 삼아 제사하는 자가 많으니, 이것도 그런 종류일 것이다. 그러므로 나도 그것을 따른다.

[추강(秋江) 남효온(南孝溫)의 시에,

단군이 우리 청구에 탄강하여(檀君生我靑丘衆)
우리의 이륜을 패수 가에서 가르쳤네(敎我彝倫浿水邊)
아사달에 약 캐러 간 지 만세인데(採藥阿斯今萬世)
지금까지 사람들은 무진년을 기억하네(至今人記戊辰年)

하여, 선배들 역시 신이 되었다는 설을 믿었다.]

『동사강목』 부 권상 상, 고이, 단군의 무덤

『여지승람(輿地勝覽)』 강동현고적(江東縣古迹) 조에 "고을 서쪽 3리(里)에 큰 무덤이 있으니 그 주위가 410척으로 속설에 단군총이라 전해진다" 하였다. 이는 언설(諺說)에서 나왔기 때문에 따르지 않는다.

『동사강목』 부 권상 상, 고이, 단군이 기자를 피하여 장당경(藏唐京)으로 옮기다

『삼국유사』에 "단군이 나라를 다스린 지 1,500백 년 되는 주 무왕 기묘에 기자를 조선에 봉하므로 단군은 곧 장당경으로 옮겼다가, 뒤에 아사달산에 숨어 신이 되고 수(壽) 1,908세를 누렸다" 하였는데, 지금 『경세서』를 상고하니, 요의 무진으로부터 무왕 기묘년까지 1,212년이라, 1,500백 년 동안 나라를 다스렸다는 말은 허황하여 분별할 수 없다. 또 기자는 어진 성인이시라 어찌 남의 나라를 모점(冒占)할 리 있겠는가? 성인을 모독함이 너무 심하다. 대개 저들이 이미 쇠망하였기 때문에 기자가 와서 풀밭을 헤치고 개창(開創)한 것이다. 『고려사』 지리지에 "문화현(文化縣) 장장평(庄庄坪)은 단군이 도읍한 곳이라고 전해지는데, 곧 당장경(唐莊京) [『삼국유사』에는 장당경(藏堂京)으로 되어 있다] 의 오전(誤傳)이다" 하였고, 『여지승람』에 "기지(基址)가 아직 남아 있다" 하였으나, 이는 세속의 전설에서 나왔기에 모두 취하지 않는다.

『동사강목』 부 권상 상, 고이, 후조선(後朝鮮)

『고려사』 지리지에 단군 전조선과 기자 후조선이라는 글이 있기에 이제 그것을 따른다. 『동국통감』에 "단군조선 · 기자조선 · 위만조선이다" 하여 그 뜻이 옳지 못하므로 이제 위씨(衛氏)를 물리쳐 참국(僭國)의 예로 삼는다. [범례에 보인다.]

『동사강목』 부 권상 상, 고이, 기자의 이름은 서여(胥餘)이다

『사기색은(史記索隱)』에 기자의 이름은 서여라 하였고, 유종원(柳宗元)이 지은 기자비의 주에 "이름은 수유(須臾)이다" 하였으니, 이는 음(音)의 와전이다. 나는

『색은』을 따른다.

『동사강목』 부 권상 상, 고이, 기자는 주(紂)의 친척이다

『사기』 송세가(宋世家)에 기자는 주(紂)의 친척이라 하고, 마융(馬融)과 왕숙(王肅)은 주의 제부(諸父)라 하고, 복건(服虔)은 주의 서형(庶兄)이라 하였다. 나는 세가를 따른다.

『동사강목』 부 권상 상, 고이, 기자의 수봉(受封)은 무왕 기묘년에 있었다

기자가 조선에 봉해진 데 대해 『통감전편(通鑑前編)』에는 무왕 기묘년(기원전 1122)으로 기록하고, 『경세서』에는 성왕(成王) 무자년(기원전 1113)으로 기록하고, "미자(微子)는 송(宋)에 명하고 기자는 고려에 명한다" 하였다. 상고하건대 무왕이 상(商)을 대신해 즉위하자 즉시 뭇 성왕(聖王)의 후예를 봉하였으니, 『통감전편』의 글이 믿을 만하다. 또 후일 주나라에 조회한 일 역시 무왕의 세대에 있었으니 『경세서』의 기록은 합당하지 못하다. 그러므로 나는 『전편』을 따른다.

『동사강목』 부 권상 상, 고이, 기자가 조선으로 피해 간 것과 조선 수봉(受封)에 대한 분별

『사기』 미자세가(微子世家)에 "무왕이 기자를 조선에 봉했다" 하였고, 『서경』 홍범대전(洪範大傳)에 "무왕이 은(殷)을 이기고 갇혀 있는 기자를 석방하니 기자는 주나라의 석방을 차마 그대로 받아들이지 못하여 조선으로 달아났는데, 무왕이 이를 듣고 곧 가자를 조선에 봉했다" 하였고, 『한서』 지리지에는 "은나라 국운이 쇠하자 기자는 조선으로 갔다" 하였고, 『후한서』에도 "기자가 쇠한 은나라 운수를 저버리고 조선으로 피신하였다" 하여, 후세 사람들은 반고와 범엽이 쓴 두 역사(『한서』와 『후한서』를 가리킨다)를 신임하는데, 본조(本朝, 근세 조선을 가리킨다)에 이르러 장씨(張氏, 장유(張維))·임씨(林氏, 임상덕(林象德))도 모두 그렇게 생각하였다.

[계곡(谿谷) 장씨(張氏)는 말하기를 "기자의 말이 '상(商)이 망하더라도 우리가 남의 신복이 될

수는 없다' 하였으니, 만약 무왕의 봉작을 받았다면 이는 주나라의 신하 노릇을 한 것이요, 그 처음에 먹었던 뜻을 변한 것이다. 그러고 보면 사마천의 말은 분명 그릇되고 망령된 말이요, 『한서』의 말이 가장 근리하다. 대개 기자가 중국을 버리고 조선으로 들어오자 조선 백성들은 다 함께 떠받들어 임금을 삼았으니, 또한 태백(泰伯)이 만형(蠻荊)에 갔다가 드디어 그 지방 임금이 된 것과 같다" 하였고, 임씨(林氏)는 "무왕이 기자를 높였다면 의당 조토(胙土)를 주었을 것이요 황복(荒服)으로 물리칠 이치가 없으니 『한서』의 말이 옳다" 하였다.]

『사기』가 본래 소루(疎漏)하기 때문에 이제 여러 말을 들어 바룬다.

『동사강목』 부 권상 상, 고이, 기자가 성(城)을 쌓다

『고려사』 지리지에 "평양에 고성(古城) 하나가 있으니 기자가 쌓은 것이다" 하였고, 『여지승람』에 "평양의 외성(外城)이 당포(唐浦) 위에 있어 석축이 둘레 8천2백 척, 토축이 1만 205척에 높이가 모두 30척으로 기자가 쌓은 것이라고 전해지나 사실 여부는 알 수 없다. 고려 태조 5년(922)에 처음으로 서도(西都)에 재성(在城)을 쌓으니 아마 이것인 듯하다" 하였다. 상고하건대 연대가 오래되어 이 성이 꼭 기자가 쌓은 것인지는 알 수 없으나, 역대로 기자의 구축(舊築)에 따라 수리하는 것도 또한 이상하지 않으리라. 기자가 우리나라에 와서 비록 남면(南面)의 즐거움은 없었으나, 당시 구이(九夷)가 교란하여 교화가 펴지지 못하였으니 어찌 나라를 굳건히 하고 난적을 방어하는 방도야 없었겠는가? 이제 『고려사』 지리지를 따른다.

『동사강목』 부 권상 상, 고이, 팔조의 금령(禁令)을 베풀다

서거정이 "함허자의 논이 우리나라 풍속을 깊이 알았다" 하기에 함께 추려 기록한다. 상고하건대 함허자가 지은 『천운소통(天運昭統)』 중 기자의 일을 논한 것이 있으니, 『범학전서(範學全書)』에 "함허자는 영락(永樂, 명 성조(明成祖)의 연호) 연간의 도사(道士)이다" 한 것은 잘못이요, 곧 우리나라 중으로 옛 이름은 수이(守伊), 또 법호는 득통(得通)인데, 일찍이 『금강경오가해(金剛經五家解)』를 지은 사람이다.

【안】 기자홍범에 있어 그 세 번째가 팔정(八政)으로 곧 나라 다스리는 도가 갖추어졌으니, 역사에 전해지는 팔조가 이것이 아니겠는가? 『한서』에 전해지는 것은 다만 3조(三條)가 있을 뿐인데, 한 고조의 약법삼장(約法三章)과 같다. 자세한 것은 잡설에 보인다.

『동사강목』 부 권상 상, 고이, 평양의 정전

우리나라 사람들의 제설(諸說)에 모두 기자정전이라고 하나, 그 밭이 정(井) 자와 다르기 때문에 나는 정전제라 하고 정전을 구획하였다고는 하지 않았다. 다시 상고하건대 기자의 전제(田制)가 중국 사책에 보이지 않으므로 『동국통감』에서 취하지 않았으나, 우리나라에서 전하는 말이 근거 없는 것이 아니리라. 『고려사』 지리지에 "평양의 성 안을 구획하여 정전제를 썼다" 하였고, 『여지승람』에 "평양 외성 안에는 기자정전의 구획이 완연하다" 하므로 이를 따른다. 『평양지』에 "기자가 구획한 경계가 남아 있는데, 겸병(兼並)하거나 천맥(阡陌)을 헐므로 말미암아 거의 옛모습을 잃었다가 만력(萬曆, 명 신종(明神宗)의 연호) 을유년(선조 18, 1586)에 서윤(庶尹) 김민선(金敏善)이 수리하였다" 하였다.

『동사강목』 부 권상 상, 고이, 대동강가(大同江歌)

대동강·영명령(永明嶺)은 기자 당시에는 필시 이런 명칭이 없었을 것이요 후세에 나왔으리라. 『고려사』 악지(樂志)에 이를 기록하여 자못 당시 기자 성치(聖治)의 기상을 보게 되므로 이제 그를 따른다.

『동사강목』 부 권상 상, 고이, 기자가 훙(薨)하다(주 성왕 33년, 기원전 1083)

기자의 연수(年壽)가 전기에는 보이지 않으나, 홍씨의 『동국총목(東國摠目)』에 "『진조통기(震朝通紀)』를 상고하건대, 기자가 병술년(기원전 1175)에 나서 무오년(기원전 1082)에 졸하여 연세가 93세이며, 주 무왕과 동시로서 연수 역시 비등하니 이상하다” 하였으니, 이른바 『통기』란 누구의 소작인 줄은 모르나 그 말이 증거가 있는 것 같기에 이를 따른다.

『동사강목』 부 권상 상, 고이, 평양 북쪽 토산(兎山)에 장례하다

『사기색은』에 두예(杜預)의 말을 인용하기를 “양국(梁國) 몽현(蒙縣)에 기자총이 있다” 하였는데, 『일통지』를 상고하여도 보이지 않으니, 이는 대개 두씨의 전문(傳聞)으로 그릇된 말이다. 『일통지』 고적(古跡)에 “평양성 밖에 기자묘가 있다”고 하였으니 이는 대개 우리나라 사람들의 말을 따라 쓴 것이다. 『고려사』 지리지에 “평양부성 북쪽 토산 위에 기자묘가 있다” 하였는데, 나는 이를 따른다.

『동사강목』 부 권상 상, 고이, 연백(燕伯)이 왕을 칭하다(주 현왕 46년, 기원전 323)

『자치통감』에는 이해에 한(韓)·연(燕)이 다 왕으로 일컬었다고 하였으니, 연은 곧 역왕(易王)이다. 이것에 근거하면 조선후의 일은 당연히 이해 이후에 있어야 한다. 그런데 『경세서보편(經世書補篇)에는 “주 현왕 36년 무자(기원전 333)에 연 문공(燕文公)이 졸하고 역왕이 서다” 한 구절 밑에 붙였으니, 이때에는 연이 왕으로 일컫지 못하였다. 나는 『자치통감』을 따른다.

『동사강목』 부 권상 상, 고이, 조선후(朝鮮侯)가 왕을 칭하다

기자가 우리나라에 수봉될 때 주나라의 오등명작(五等名爵, 공(公)·후(侯)·백(伯)·자(子)·남(男)을 가리킨다) 중 어느 등급이었는지는 알 수 없으나, 『위략』에 “조선후는 필시 후작일 것이다” 하였으니 그를 따른다. 또 “연이 왕으로 일컫자 조선후 또한 왕으로 일컬은 것은 연을 치고 주를 높이고자 함이다” 하였다. 상고하건대 조선후가 연을 치고 주를 높이고자 하는 것은 반드시 그 참호(僭號)의 죄를 문책하여 명분을 정하려는 것이다. 그렇다면 또한 어찌 먼저 감히 왕으로 일컬었겠는가? 이는 반드시 연을 치려 한 이후의 일이기 때문에 그 밑에 썼으리라. 『후한서』에는 “기자 이후 40여 대를 지나 준(準)에 와서 왕으로 일컬었다" 하였다. 나는 『위략』을 따른다.

『동사강목』 부 권상 상, 고이, 왕 부(否)가 훙하고 아들 준(準)이 서다(진 시황 36년, 기원전 211)

『위략』에 "진(秦)나라가 천하를 통일하고 몽염으로 하여금 장성을 쌓아 요동에 이르자 조선 왕 부가 진나라를 두려워 그에 복속하였는데, 부가 죽고 아들 준이 선 지 20여 년 만에 진(陳)·항(項)이 일어났다" 하였다. 지금 『자치통감』을 상고하니 진나라가 장성을 쌓은 것은 정해년(기원전 214)에 있었고, 진·항이 일어난 것은 이세(二世) 임진년(기원전 209)에 있었으니 이는 6년 사이의 일이다. 어찌 20년이 될 이치가 있겠는가? 최씨 및 『보편(補編)』에 모두 이해 (진시황 36년, 기원전 211)에 붙이므로 이를 따른다.

『동사강목』 부 권상 상, 고이, 조선의 서쪽을 공격하여 2천여 리의 땅을 빼앗다

『위략』에 "연이 장수 진개를 파견하여 서쪽 지방을 쳐 2천여 리의 땅을 빼앗고 만번한에 이르러 경계를 삼았다" 하였는데, 『한서』 지리지를 상고하니 "번한현이 요동군에 소속되었다" 하고, 그 본주에 "패수(沛水)가 새외(塞外)에서 발원하여 서남쪽으로 흘러 바다로 들어간다" 하였으니 여기에 2천 리라고 이른 것은 무엇을 따져 말한 것인지 알 수 없다. 『자치통감』에는 "연의 장수 진개가 동호에 볼모로 가 있을 적에는 동호가 매우 그를 믿었는데 돌아와서는 동호를 습격하여 1천여 리의 땅을 차지하였다"고 하였으니 이 말은 근리하다. 『율곡집』 기자실기에는 "1천여 리의 땅을 취하였다"고 하였으니 이 역시 2천 리란 말이 의심되어 고친 것이리라. 여러 전거를 아울러 상고하여 근리한 것을 취한다.

『동사강목』 부 권상 상, 고이, 기준(箕準)

기(箕)가 기자의 봉국이라면 성(姓)이 아니다. 그러나 동사에 모두 기준(箕準)이라 일컬었고 혹은 기씨라고 말하기도 하며 나라로 성을 삼아 일컫기도 한다. 진 혜제(晋惠帝) 때 대주인(代州人) 기담(箕澹)이 있었는데 호삼성이 주를 낸 『성보(姓譜)』에 "기는 상(商)나라 기자의 후예이다"라고 하고, 『씨족대전(氏族大全)』·『운부군옥(韻部群玉)』에는 모두 "기자의 지자(支子)가 우(于)로 채읍(采邑)을 삼음으로 말미암아 선우(鮮于)로 성씨를 삼고 태원(太原)으로 관향을 삼았다"라고 하였다.

【안】『산해경』에는 "해동에 군자의 나라가 있는데 의관 차림에 칼을 차며 사양하기 좋아하고 다투지 않으며 근화초(槿花草)가 있어 아침에 피고 저녁에 진다"라고 하였다. 또 『고금기(古今記)』에는 "군자의 나라는 지방이 1천 리인데 목근화(木槿花)가 많다"라고 하였다. 또 『동방삭신이기(東方朔神異記)』에는 "동방 사람이 있으니 남자는 모두 흰 띠에 고관을 쓰고 여자는 모두 채색 옷을 입으며 항상 공손히 앉아 서로 침범하지 않으며 서로 칭찬하고 헐뜯지 않으며 남의 환란을 보면 사지라도 뛰어들어 구제한다. 얼른 보아 어리석은 것 같으나 이를 일러 선인(善人)이라 한다" 하였으니, 이는 모두 우리나라를 가리켜 말한 것이다. 대개 우리나라는 태초부터 민속이 순고한 데다가 기자가 교화를 펴 크게 문화를 혁변함으로 인해 그 의관과 문물이 반드시 위에서 말한 바와 같았다. 『후한서』에는 "천성이 유순하여 도로 다스리기 쉽고, 변(弁)을 쓰고 비단을 입으며 그릇은 조두(爼豆)를 쓴다" 하였으니, 이것은 필시 기씨의 교화가 미쳐 그런 것이리라. 애석하게도 이와 같은 사실이 본국에는 전하지 않는다. 그래도 중국 서적에 이처럼 보이니 참으로 다행한 일이다. 당 현종은 신라를 군자의 나라라고 하였고, 또 고려 때 표사(表詞)에 우리나라를 일컬어 근화향(槿花鄕)이라 하였으니 이는 대개 위 글에 근본한 것이다. 여기에 기록하여 이문(異聞)으로 삼는다.

『동사강목』 부 권상 상, 고이, 위만이 항복해 오다(한 고제 12년, 기원전 195)

『보편(補編)』에는 혜제(惠帝) 원년 정미(기원전 194)에 붙였는데, 『자치통감』에 상고하니 노관의 반란이 이해 4월에 있었다. 그러고 보면 위만의 출분(出奔)은 마땅히 이해(한 고제 12년, 기원전 195)에 있어야 한다.

『동사강목』 부 권상 상, 고이, 위만이 배반하다(한 혜제 2년, 기원전 193)

『보편』에는 정미년(기원전 194)에 붙였으나, 『동국통감』 최씨의 사론에는 "준이 선 지 29년인 한 혜제 무신년(기원전 193)에 남쪽으로 달아났다" 하였다. 상고하건대 위만이 나그네 차림으로 망명하여 남몰래 모사하였으니, 필시 도망한 자를 꾀어 틈을 엿보아 기병하려는 것이므로 시기를 기약할 수는 없었을 것이다. 최설을 따른다.

『동사강목』 부 권상 상, 고이, 무강왕(武康王)

무강왕은 고려 사람들이 혜종(惠宗, 이름은 무(武))의 휘(諱)를 피하여 모두 호강왕(虎康王)이라 일컬었는데, 『고려사』 지리지에 "금마군에 후조선 무강왕비릉(武康王妃陵)이 있어 세속에서 영통대왕릉(永通大王陵)이라 부르는데, 일설에는 백제 무왕의 어릴 때 이름이 서동이라 한다" 하고, 『여지승람』에 "익산의 옛이름이 금마요, 영통은 곧 서동이 변한 것이다" 하였다. 『여지승람』에 또 "무강왕이 선화부인과 더불어 미륵사를 지으니, 신라 진평왕이 백공(百工)을 보내 도왔다" 하였다. 상고하건대 여기에 이른 무강은 곧 무왕의 오류이다. 백제의 무왕이 진평왕과 동시이고 또 선화부인이 있었으니, 『여지승람』은 이를 상고하지 않은 것이다. 『삼국유사』에, "백제 무왕의 이름은 서동이고 비는 선화부인으로 신라 진평왕의 딸이다" 한 것이 이것이다. 『고려사』 충숙왕 36년에 "도적이 마한조 호강왕릉을 도굴하였다" 하였고, 또 『지봉유설(芝峯類說)』에 "『여지승람』에 말한 무강왕은 곧 기준이다" 하여, 두 설 역시 근거가 있기 때문에 그를 따른다.

『동사강목』 부 권상 상, 고이, 기준의 아들 우친(友親)이 한씨(韓氏)로 모성(冒姓)하다

상고하건대 『덕양기씨보(德陽奇氏譜)』에 "태조문성대왕 기자(太祖文聖大王箕子)로부터 애왕 준(哀王準)까지 41세인데, 주 무왕 기묘년(기원전 1122)에 창업하여 한 고제 병오년(기원전 195)에 마쳤다" 하고, 또 "마한이 강왕 탁(康王卓)으로부터 계왕(稽王)까지 8세인데, 한 혜제 무신년(기원전 193)에 창업하여 한 성제 홍가(鴻

嘉) 4년 갑진(기원전 17)에 온조의 병합한 바 되었다” 하여 그 세대와 명시와 기년이 자세하게 기록되었으며, 또 “마한의 원왕(元王)이 아들 셋을 두어 우평(友平)·우성(友誠)·우량(友諒)이라 했는데, 나라가 망하자 우평은 고구려로 달아나 유리왕에게 벼슬하여 북원 선우씨(北原鮮于氏)가 되고, 우성은 백제에 항복해 온조왕에게 벼슬하여 덕양 기씨(德陽奇氏)가 되고, 우량은 신라로 도망가 탈해왕에게 벼슬하여 상당 한씨(上黨韓氏)가 되었다”라고 하였다. 그 말이 정사에 나지 않아 믿을 수 없기 때문에 따르지 않는다.

【안】 이정귀(李廷龜)가 쓴 기자숭인전비(箕子崇仁殿碑)에 “마한 말에 잔손(孱孫) 3인이 있었는데, 친(親)이란 사람은 뒤에 한씨(韓氏)가 되고, 평(平)이란 사람은 기씨(奇氏)가 되고, 양(諒)이란 사람은 용강(龍岡) 조석산(鳥石山)으로 들어가 뒤에 선우씨(鮮于氏)가 되었다” 하였으니, 여기의 친(親)은 곧 『통고』에 이른바 ‘기준의 아들 우친이 머물러 있어 한씨로 모성(冒姓)하였다’는 것이요, 평·양도 『기보(奇譜)』와 동일하여 그 후예들의 모성한 것이 각각 다르니 상고할 수 없다.

또 상고하건대 운서(韻書, 『운부군옥(韻府群玉)』을 가리킨다)에 “기자가 조선에 봉해지고 그 지자(支子) 중(仲)이 우(于)로 채읍(采邑)을 삼음으로 말미암아 선우(鮮于)로 성씨를 붙였다” 하고, 조맹부(趙孟頫)가 선우추(鮮于樞)에게 보낸 시에 “기자의 후예는 텁석부리가 많다(箕子之後髯翁)” 하였으니, 선우씨가 기자의 후예임이 분명하다. 『홍씨총목(洪氏摠目)』에 “홍무(洪武, 명 태조(明太祖)의 연호) 연간에 선우경(鮮于京)이란 자가 있어 중령별장(中領別將)이 되었는데 그 7대 손 식(寔)이 태천(泰川)으로부터 숭인전 곁에 와 살기에, 그가 기자의 후예라 하여 드디어 전감(殿監)을 제수, 그 자손이 대대로 전감을 받게 되었다” 하였다.

『동사강목』 부 권상 상, 고이, 예창해(濊滄海)

예(濊)는 예(穢) 혹은 예(獩)나 예(薉)로 썼고, 창(滄)은 창(倉)이나 창(蒼)으로 썼는데 나는 모두 수변(水邊, ‘氵’을 가리킨다)을 따른다.

『동사강목』 부 권상 상, 고이, 이계(尼谿)의 재상 삼(參)

이계는 예(濊)의 반절음이다. 이계의 재상 삼은 조선의 재상 노인(路人)과 대칭한 것이니 이계는 당연히 국호로 보아야 하겠으나, 우리나라에 어찌 이런 국호가 있었던가? 중국 사람들이 외번(外蕃)의 이름을 쓸 적에 혹은 반절을 쓰는데 그릇됨이 또한 많다는 것을 내 일찍이 스승에게 들었다.

상고하건대 재상 노인, 한음과 이계의 재상 삼과 장군 왕협을 응소는 5인이라고 말하였으니, 이는 이계를 아울러 말한 것이다. 사고는 이에 대해 "이계는 지명이니 4인이다" 하였으니, 이계의 재상 삼(尼谿相參)을 한 사람으로 본 것이다. 밑의 문장에 이계를 봉후한 것이 없으니 안씨(顔氏, 사고(師古))의 말이 옳다.

『동사강목』 부 권상 상, 고이, 후한서의 부여 관련 잘못된 서술

『후한서』 부여전에 "처음 북이(北夷) 탁리국[槖離國, 고구려의 옛 이름인 듯하다]의 시아(侍兒)가 임신을 하자 왕이 죽이려 하니, 시아의 말이 '전에 천상으로부터 계란만한 기(氣)가 내려오는 것을 보고 임신되었다'고 하였다. 왕이 그녀를 가두었는데 뒤에 드디어 남자아이를 낳았다. 왕이 그를 돼지우리에 버리게 하니 돼지가 입김으로 보호하여 죽지 않게 하고, 다시 마구간에 옮기게 하니 말 역시 그와 같이 하므로 왕은 이상히 여겨 곧 그 어미에게 거두어 기르라 하고 이름을 동명이라 하였다. 자라서는 활을 잘 쏘아 왕이 그 용맹을 꺼려 죽이고자 하니, 동명은 달아나 남쪽으로 엄사수(掩斯水)[본주(本註)에는 "고려 중에 개사수(蓋斯水)가 있는데, 아마 이 물인 듯하다" 하였다]에 이르렀다. 동명이 활로 물을 치니 어별(魚鱉)이 떼지어 물 위에 뜨므로 동명이 그것을 타고 물을 건너 곧 부여(夫餘)에 이르러 왕이 되었다" 하고, 『삼국유사』에 또 『주림전(珠琳傳)』 제21권을 인용하여 이르기를 "옛날 영품리왕(寧稟離王)의 시비(侍婢)가 임신했는데, 상(相)을 보는 사람이 귀하게 되어 왕이 될 것이라고 말하니, 왕은 나의 아들이 아니니 죽이는 것이 마땅하다 하자, 시비는 기가 천상으로부터 내려옴으로 인해 임신하였다고 말하였다. 뒤에 아들을 낳자 상스럽지 못한 것이라 하여 돼지우리에 버리니 돼지가 입김을 불어주고, 마구간에 버리니 말이 젖을 먹여 죽지 않게 하였는데, 마침내 부여왕이 되었다" 하니, 이 말이 『후한서』와 대략 같다. 『삼국유사』에 또 "영품리왕은 곧 부루를 달리 부른 이름이다. 동명이 졸본부여의 왕이 되었는데, 졸본부여는 북부여의 별도(別都)인 까닭에 부여왕이라 한 것이다" 하였다.

『후한서』에 이른 것을 상고하니 부여왕 동명은 곧 고구려 시조 주몽이다. 이로부터 중국 사책이 오류를 답습해 와전하여 『북사』에까지도 주몽으로 고구려 시조를 삼고 동명으로 백제 시조를 삼게 되었다. 그러나 이는 대개 백제의 성(姓)이 부여인 까닭에 부여국으로 인식하게 된 것이다. 한 사람을 나누어 두 나라의 시조로 삼았으니, 이는 멀리서 들은 터무니없는 말이라 실답지 못한 것이다. 우리나라 고기(古記)에도 북부여가 단군에서 나왔다 하였다. 부(夫)는 동사에 부(扶)로 썼다.

『동사강목』 부 권상 상, 고이, 우태(優台)와 구태(仇台)의 분별

『북사』에는 "동명이 부여에 이르러 왕이 되고, 동명 뒤에 구태(仇台)가 대방 옛 땅에 나라를 세우자 한의 요동태수 공손도가 그에게 딸을 보내 아내를 삼아 주었는데, 드디어 동이의 강국이 되었다"라고 하였다. 상고하건대 이는 동명으로 부여국의 왕을 삼은 것으로, 그 말은 대개 『후한서』의 그릇된 것을 인용한 것이다. [부여국에 보인다.] 또 『문헌통고』에 "한 헌제 때 구려·선비가 강성하여, 요동태수 공손도가 부여왕 위구태(尉仇台)로 두 나라 사이에 있게 하고 그 종녀(宗女)로 아내를 삼아 주었다" 하였으니, 이는 북부여의 일을 『북사』에서 백제의 선조로 인용한 것이다. 대개 백제의 시조에 우태(優台)가 있고 또 백제의 성이 부여이기 때문에 혼동하여 분별하지 못하는 것이다. 『북사』·『통전』에 모두 "백제가 그 시조 구태(仇台)의 사당을 국성(國城)에 세우고 해마다 네 차례씩 제사한다" 하였으니, 이는 모두 우태의 와전이다. 중국 사람들이 항상 부여와 백제를 혼동해 일컫기 때문에 『남사』에는 "진(晋)나라 때 구려가 요동을 점유하고 백제 또한 요서의 진(晋)·평(平) 두 고을을 점거하였다" 하였고, 『자치통감』 진 목제 영화(永和) 2년(346)에는 "처음에 부여가 녹산에 있다가 백제 [구려의 오류인 듯하다] 의 침략을 받아 부락이 소산해지므로 서쪽으로 옮겨 연에 근접하였다" 하였다.

이와 같은 여러 말은 모두 중국에서 그릇 전문(傳聞)된 것인데, 억단하여 의견을 세워 놓은 것이다.

『동사강목』 부 권상 상, 고이, 중국 역사에서 삼국의 사실을 잘못 논한 것

중국 사람들이 외이(外夷)의 사실을 기록함에 있어 혹은 본국의 속담에 전해지는 것을 따르기도 하고, 혹은 멀리서 잘못 들은 억설을 인용하기도 하였기 때문에 어긋나는 것이 많다. 『후한서』에는 동명왕을 부여왕으로 삼았고, 『북사』에는 동명왕을 백제의 시조로 삼았으니 사실이 위(우태(優台)·구태(仇台)의 분별 조를 가리킨다)에 보인다.

『동사강목』 부 권상 중(中), 괴설변증(怪說辨證)

『고기』에는 이렇게 되어 있다.

옛날에 환인 제석의 서자 환웅이 있었다. 환인 제석이 삼위 태백을 내려다보니 인간 세계를 널리 이롭게 할 만하므로, 환웅에게 천부인 3개를 주어 내려보내 인간을 다스리게 하였다. 환웅은 그 무리 3천 명을 거느리고 태백산 꼭대기 신단수 밑에 내려와서 이곳을 신시라 불렀으니, 이분이 곧 환웅천왕이다. 그는 풍백·우사·운사를 거느리고 곡식·수명·질병·형벌·선악 등을 맡아보게 하여 인간의 360가지 일을 주관하고 인간 세계를 다스려 교화했다.

이때 곰 한 마리와 범 한 마리가 한 굴에서 살며 늘 환웅에게 사람 되기를 빌었는데, 한번은 환웅이 신령스러운 쑥 한 모숨과 마늘 20개를 주면서 이르기를 '너희가 이것을 먹고 100일 동안 일광(日光)을 보지 아니하면 곧 사람이 되리라' 하였다. 곰과 범은 이것을 받아먹었는데 범은 이를 능히 참아내지 못하였으나 곰은 37일을 참아서 여자의 몸이 되었다. 여자가 된 곰은 그와 혼인해줄 상대가 없어 늘 단수(檀樹) 밑에서 아이 배기를 축원하였다. 환웅이 이에 잠깐 변하여 그와 혼인해주었으므로 그가 아들을 낳았는데, 이름은 단군이라 하였다. [『삼국유사』에도 같다.]

상고하건대 이 말은 너무 허황하여 변증할 수 없으니 『통감』에서 생략한 것이 옳다. 무릇 단군이란 우리나라의 맨 처음 임금으로서 그 사람은 필시 신성한 덕이 있었기 때문에 사람들이 그를 임금으로 삼았을 것이다. 물론 옛날 신성의 탄생이 실로 여느 사람과 다르겠지만, 그렇다고 해도 어찌 그처럼 무리(無理)한 일이 있을 수 있겠는가? 대개 『삼국유사』란 고려의 중(일연을 가리킨다)이 지은 것이요, 『고기』 또한 누가 지었는지 알 수 없으나 신라 이속(俚俗)의 호칭에서 나와 고려 때 이루어졌으니, 역시 중의 편집일 것이다. 그러므로 허황한 말을 부질없이 많이 하여 그 인명·지명이 불경에서 많이 나왔다. 여기에 이른 환인 제석 역시 『법화경』에서 나왔는가 하면, 기타 이른바 아란불·가섭원·다바라국·아유타국의 따위가 모두 중의 말이다. 신라·고려 시대에는 불교를 존숭하였기 때문에 그 폐단이 이와 같은 데까지 이르렀다. 역사를 쓰는 사람이 그 기록할 만한 사실이 없음을 민망히 여겨 심지어는 이 같은 것을 정사에 엮어, 한 구역 어진 나라를 모두 괴이한 무리로 만들었으니 너무나 애석한 일이다.

『고기』에 이렇게 되어 있다. 단군이 비서갑 하백의 딸에게 장가들어 아들을 낳았으니 이가 부루인데, 우 임금이 도산(塗山)에서 회합을 가질 적에 부루를 보내어 조회하게 하였다. 뒤에 북부여 왕이 되었는데, 늙어 아들이 없으므로 하루는 대를 이을 아들을 빌고서 곤연에 이르렀다가 소아(小兒)를 얻어 길렀으니 그것이 금와이다. 금와가 아들 대소에게 전하였는데, 고구려 대무신왕에게 멸망되었다.

유씨(柳氏)는 이렇게 적었다. 단군이 요와 함께 섰다 하나 그 이름이 유야무야하게 겨우 두 글자(단군)가 전해질 뿐인데, 후인들이 무엇을 근거하여 그 모씨(某氏)에게 장가들었음을 알 것인가? 단군으로부터 삼국·여조(麗祖, 고려 태조를 가리킨다)에 이르기까지 흥기한 많은 왕자(王者)가 알(卵)에서 나오지 않았으면 반드시 금독(金櫝)에서 나왔고, 그 왕비도 하백의 딸이 아니면 반드시 용녀라고 하니 그 거짓을 조작하는 술책 또한 매우 졸렬하다.

상고하건대 단군의 향수(享壽)는 그 왕조가 역년한 햇수라고 이른 선유(先儒)의 말이 근사하다. 여기서 말한 부루가 북부여의 왕이 되었다면 이는 서한의 말기에 해당되어, 향수 또한 거의 2천여 세가 되니 반드시 이런 이치가 없을 것이다. 고이(考異)에 자세히 보인다.

『삼국사기』에는 이렇게 되어 있다. 부여왕 해부루가 늙도록 아들이 없어 산천에 제사하여 후사를 구하려 했는데, 그가 탄 말이 곤연에 이르러 큰 돌을 보고 마주 대하여 눈물을 흘렸다. 왕(해부루)이 이를 이상히 여겨 사람을 시켜 그 돌을 굴려 들추니 금빛 개구리 모양의 어린애가 있었다. 왕은 기뻐하며 말하기를 '이것은 하늘이 나에게 아들을 주신 것이다' 하고 거두어 기르며 이름을 금와라 하고 태자로 삼았다. [『삼국유사』·『동국통감』 및 여러 사책이 다 이와 같다.]

상고하건대 돌을 보고 눈물을 흘렸다는 것은 너무 요망스러운 말이다. 중국 사람들이 어찌 일찍이 계(啓)가 돌에서 나고 이윤(伊尹)이 공상(空桑)에서 났다는 말을 정사에 넣어 엮었던가? 이는 김씨(金氏, 부식(富軾))가 취하여 역사에 전한 것인데, 후인들이 그 잘못을 답습하여 고대의 일은 혹 이런 것도 있을 것이라고 말하니, 또한 가소롭고 민망스러운 일이다. 뒤에 이와 같은 예가 많다.

『동사강목』 부 권상 하, 잡설(雜說), 조선명호(朝鮮名號)

관자(管子)의 글에 "조선의 문피(文皮, 무늬 있는 가죽)를 징발하였다" 하고, 『전국책(戰國策)』에 소진(蘇秦)이 연 문후(燕文侯)를 설득하기를 "연의 동쪽에 조선 요동이 있다" 하였는데, 이때는 기씨의 때이니 조선이라 일컬은 것을 확신할 수 있다. 『사기』에 조선열전이 있어 위만의 사실을 말하였으니 위씨가 이어 조선이라 일컬은 것이 또한 자명하다. 그 명칭의 의미에 대해서는 여러 말이 모두 같지 않다. 『색은』에는 "조(朝)의 음은 조(潮)요 선(鮮)의 음은 산(汕, 『사기』 색은에는 선(仙)으로 되어 있다)이니, 산수(汕水)가 있기 때문에 이름한 것이다" 하였다. 이 말이 약간 질박하기는 하나 적합하게는 여겨지지 않는다. 『여지승람』에는 "동쪽 끝 해가 뜨는 곳에 있기 때문에 조선이라 이름하였다" 하고, 학봉(鶴峯) 김성일(金誠一)의 『조선고이(朝鮮考異)』에는 "선(鮮)은 밝음(明)이니 동쪽에 위치하여 해가 선명(鮮明)하기 때문에 조선이라 하였다" 하여 두 말의 어의가 너무 공교롭다. 이는 문승(文勝)한 후세에 와서 아름답게 윤색한 말 같아 마치 고려의 여(麗) 자가 본래 평성(平聲, '리'로 발음된다)

인데 후인들이 거성(去聲, '려'로 발음된다)으로 읽어 산고수려(山高水麗)의 여(麗)자로 일컫는 것과 같다. 혹자가 말하기를 "동방은 곧 백두산의 기슭이고 백두산은 선비산으로부터 뻗어 내렸으니 그 근본은 곤륜의 별지(別支)이다. 후한 당시 그 산 밑에서 일어난 동호부락이 그 산의 이름을 따 선비국이라 이름한 것이 바로 이것이다. 기자 세대에 요지(遼地)의 태반이 그의 봉역(封域)에 있었는데, 그 산이 선비산 동쪽에 위치하였기 때문에 조선이라 하였다. 조(朝)는 동(東)의 뜻이니 『주례』 경조 다음(景朝多陰)의 조(朝) 자와 뜻이 같다" 하니 그 뜻이 비교적 가깝다. 단군 시대에 조선이란 칭호가 있었는지는 알 수 없으나, 『고려사』 지리지에 의하면 단군으로 전조선을 삼고 기자로 후조선을 삼아 그 전설이 이미 오래되었으므로, 내 이제 옛것을 따라 그대로 쓴다. 혹은 "단(檀)이 국호이기 때문에 그 자손이 모두 단군이라 일컫는다" 하나 상고할 수 없다.

【안】『후한서』 예전에 "낙랑의 단궁(檀弓)이 그 땅에서 나온다" 하였으니 단(檀)이 활을 만들 만한 나무가 아니니 국호로 호칭되어 유전(流傳)된 듯하다.

또 생각하기를 『삼국유사』에 『위서』를 인용하여 "지금으로부터 2천 년 전에 단군 왕검이 있어 아사달에 도읍을 정하고 나라를 세워 조선이라 불렀는데 요와 같은 때였다" 하였다. 중국 역사를 상고하면 단군이 여기에 비로소 보이니, 이에 의하면 조선의 칭호가 또한 단군으로부터 있었던 것이다.

『동사강목』 부 권상 하, 잡설(雜說), 구암 한씨의 기전설 뒤에 쓰다

내가 일찍이 스승에게 들은 말은 다음과 같다. 구암의 말은 이해하기도 어렵거니와 주자주(朱子註)를 다 알지도 못하였다. 『맹자』의 50묘 · 70묘 · 1백 묘가 끝내 미흡하기 때문에 『어류(語類)』에 "갑자기 구(溝) · 도(塗) · 진(畛) · 역(域)을 고쳐 백성을 괴롭히고 재물을 손상시킨다면 이는 왕망의 정치이다" 하고, 또 "맹자가 일찍이 친히 보지 못한 때문이다" 하였다. 맹자가 어찌 망령된 말로 사람을 속였겠는가. 기자의 전자제(田字制)를 본 뒤에야 비로소 삼대의 정전이 일찍이 바뀌지 않았음을 알 수 있을 것이다. 맹자가 이른바 50이니 70이니 하는 것은 보수(步數)로 말한 것이다.

1백 보가 되어야 1묘(畝)를 이루기 때문에 묘 자를 말하게 된 것이니, 그 문세를 보아 명백한 것이다. 방리(方里)를 정(井) 자로 구획하여 한 정에 9개 구역을 두고, 그 1개 구역 속에 각각 작은 구역 4개를 두며, 그것을 전(田) 자의 형체로 만들어 전마다 4부(夫)가 되어 하나의 정에 36부가 되며 그 땅은 사방 30보니 이는 하(夏)의 제도였다. 그 뒤에 백성의 용도가 점점 확대되어 더 주지 않을 수 없기 때문에 2개의 작은 구역을 하나로 만들었으니, 1정에 18부가 되고 그 땅은 길이 1백 보에 너비 50보였으니, 이는 은(殷)의 제도였다. 이를 절장보단(折長補短)하여 개방법(開方法)으로 계산하면 7×7의 49수가 되니, 2개의 작은 구역의 수에 하나가 모자랄 뿐이다. 주나라에 이르러서 더욱 그 사용이 넓어지므로 또다시 더 주어 4개의 작은 구역을 합쳐 하나를 만들었으니, 1정에 9부가 되고 그 땅의 길이와 너비가 모두 1백 보였다. 그 10분의 1을 바치는 제도는 삼대가 변동하지 않았다. 그러므로 백성이 90묘를 먹고 공전(公田) 역시 90묘라, 이것이 맹자가 이른바 '그 실지는 모두가 10분의 1이다'는 것이다. 9부의 세(稅)와 국부(國賦)가 균통(均通)하게 한 것은 오직 주나라만 그렇게 하였기 때문에 1백 묘의 철법(徹法)을 하였다고 하였으니, 철(徹)이란 통(通)과 같은 뜻이다. 주 선생(朱先生, 주자를 가리킨다)에게 직접 질문하지 못하는 것이 한스러울 뿐이다. 은나라 전제의 길이와 너비가 일치하지 않은 것은 하의 제도를 인습하였기 때문이다. 기자가 우리나라에 이 제도를 펼 적에 구태여 이 제도를 따라야 할 필요가 없었기 때문에 곧 4개 구역의 전을 만들고 그 전이 사방 70보가 되게 하였으니, 그 의도가 명백하여 눈으로 보고 손으로 가리키는 것 같다.

『여지승람』에 또 "경주에는 신라 시대 실시하던 정전의 옛 기지가 아직까지 남아 있다" 하였으니, 이 말은 잘못이다. 경주는 곧 진인(秦人)이 도읍한 곳으로서, 그 읍내의 밭의 대소 장단과 동서남북을 막론하고 모두 바르고 곧아 비뚤어진 곳이 없으니, 뜻하건대 그 사람이 필시 진(秦)나라 법으로 실시한 듯하다. 진나라에서 정전을 폐지하고 천맥(阡陌)을 열었는데 주자가 "채택전(蔡澤傳)에는 '천맥을 결렬(決裂, 여러 갈래로 나누는 것)하였다'는 문구를 '천맥을 파결(破缺, 헐어 없애는 것)하였다' 하였으니, 이것이 자못 의심되나 왕망전에 의하면 천맥이란 분명 진(秦)나라에서 세운 법의 명칭이다. 대개 전제(田制)가 옛날과 같지 않은 것은 수전(水田)이 있기 때문이다. 정국(鄭國)의 도랑을 낙(洛)으로 돌려대어 1종(鍾)의 묘를 적셨다" 하였으니 여기에서 수전은 두렁으로 경계를 삼고 갈라 나누어 물을 돌려 대는 것이 편리하다는 것을 알 수 있다. 그러므로 상앙이 천맥을 만들어 갈라 나누게 하였으니, 이는 곧 나라를 부강하게 만드는 하나의 방법이었다.

『한서』 지리지에는 "상군(商君)이 원전을 만들고 천맥을 열었다" 하였으니, 이는 곧 진나라의 전명(田名)이다.

『주례』 주인(輈人)에 "원(轅)은 곧고도 휘청거리지 않는다" 하였으니 원전(轅田)이란 직전(直田)이다. 옛적에 수레(車)로 물건의 법칙을 삼았기 때문에 원전이라 이르니 그 뜻이 매우 명백하다. 진(秦)나라는 주나라의 옛 도읍 터인데, 정전을 구획할 처음에 그 땅이 산·시내, 물가·평지와 도로 등이 있어 결코 하나하나 다 제도대로 하지 못하였다. 또한 반드시 수전이 있었으니 평지라야만 실행할 수 있었고, 비탈지고 방정하지 못한 땅은 그를 실행하기에 애로가 있으며 그 곡식을 생산하여 백성을 잘 살도록 하기에 불편하였다. 그러므로 대소 장단과 동서남북을 가리지 않고 지세에 따라 정전을 갈라 나누어 천맥을 만들었으니 이것이 원전이라, 유리함을 따랐을 뿐이었다. 진나라 사람이 우리나라에 왔을 때 원전을 창설하였을 것은 역시 필연적인 이치이다. 평양의 은전(殷田)과 경주의 진전(秦田)이 좌계(左契)를 잡은 듯이 다 들어맞으니 천자가 관직을 닦지 못하면 학문이 사이(四夷)에 있다고 한 것이 바로 이를 이름이다.

【안】 선왕조에 참판 이형상(李衡祥)이 경주부윤이 되어, 그 전형(田形)이 오랫동안 침탈됨을 애석히 여겨 복구에 뜻을 두고 영을 내려 모두 옛 제도와 같이 하려 하였는데 그 당시 방백(方伯)이 이 말을 듣고 오활한 일이라 하며 '정전을 다시 실행할 수 있겠는가?' 하면서 축출하였는데, 지금에 와서는 점점 그 옛 제도를 찾아볼 수 없으니 식자(識者)들이 그를 위해 유감으로 생각한다.

『동사강목』 부 권상 하, 잡설, 기자유제(箕子遺制)

지금 우리나라 사람의 대관(大冠)·백의(白衣)와 부녀들의 수식(首飾)이 오히려 옛 제도임을 말할 수 있으니 대개 은(殷)의 후(冔)로서 곧 주(周)의 변(弁) 같은 종류이다. 주석에 후(冔)는 복(覆, '덮다'의 뜻이다)이라 하였으니 그 제도는 머리를 덮어 씌울 수 있으며 약간 큰 것이다. 『후한서』에는 "고구려 사람이 절풍건(折風巾)을 썼으니 그 형상이 변(弁)과 같다" 하였고, 『통전』에는 "남제(南齊) 영명(永明, 무제의 연호) 연간에 고구려 사신이 절풍건을 쓰고 왔는데, 왕융(王戎)이 그 복장이 맞지 않음을 희롱하자 사신은 '이것이 옛날 변(弁)의 제도이다'고 대답하였다" 하였고, 『문헌통고』에는 "붉고 소매가 큰 저고리에 장보관(章甫冠)과 가죽신을 신었으니, 장보는 은(殷)의 관(冠)으로서 동이가 그것을 사용한 것이다. 옛사람의 말에 예(禮)를 잃으매 오랑캐에게 구한다는 것이 믿을 만하다" 하였으니, 이로 본다면 지금의 입자(笠子)가 곧 은(殷)의 후이며 장보(章甫)의 제도인데, 점차 그 제도가 변하여 모자의 위가 높고 옆 둘레가 넓어진 것이다. 고구려 사람이 이를 절풍건이라 하였는데 지금 중국 사람들도 달리 부르지 않는다. [『일통지』에 이르기를 "조선에서는 절풍건을 쓰고 대수삼(大袖衫)을 입는다" 하였고, 『지봉유설』에는 "지난해 우리나라 남해 사람이 표류하여 절강(折江)에 이르렀는데, 예부에서 발행한 쇄환 자문(刷還咨文)에 이르기를 '머리에 절풍건을 썼다' 하였다" 하였으니, 대개 지금의 입자이다.]

신라와 백제 사람들도 그 복장이 응당 그와 같았다. 신우(辛禑) 당시에 각 사의 서리로 하여금 백방립(白方笠)을 착용하게 하였으니, 사람들이 이를 일러 나제립(羅濟笠)이라 하였다. 이것이 곧 고구려의 절풍건이다. [『지봉유설』에는 이렇게 되어 있다. "본조(本朝, 이조(李朝)를 가리킨다)에서는 외방 이인(吏人)들의 착용하는 바가 되어 절풍건을 검게 하였는데, 임진왜란 이후 폐지하여 다시 사용하지 않았다."]

지금의 방립(方笠)은 그 모양이 머리를 덮을 만큼 크게 생겼으니, 옛날의 후(冔)·변(弁)의 남은 제도가 아닌가 생각된다. 지금은 상인(喪人)의 출입복(出入服)이 되어서 입자(笠子)와 나누어 2가지로 만들었으나 실상은 같은 물건이다.

【안】 최금남(崔錦南)의 『표해록(漂海錄)』에 "중국 사람이 방립을 보고 그 쓰는

뜻을 물었을 때 최가 '상인(喪人)은 중한 죄인으로 천일(天日)을 보지 않고자 함이다' 하였다" 하는데, 이는 일시적 억견(臆見)에서 나온 말이니 근거가 될 수 없다.

은나라 사람은 흰색을 숭상하였다. 기자가 흰 말을 타고 주에 조회하였다는 말이 고지(古志)에 나오는데, 주나라가 비록 은나라를 대신해 섰으나 기자가 주나라의 객으로 자처하고 신복이 되지 않았으니, 선왕의 옛 법도를 지키는 것이 예에 또한 당연할 것이다.

『북사』 신라전에 "복색은 흰 것을 숭상하였다" 하였다. 진한의 6부가 조선의 유민이었으니 의당 고국의 풍속을 따랐을 것이다. 『통고』에 "고려의 사녀복(士女服)은 흰 것을 숭상하였다" 하였는데, 대개 그 풍속이 멀어질수록 그치지 않았다. 고려 때 어느 술사(術士)가 말하기를 "동방은 목(木)에 해당되고 백(白)은 금(金)에 해당된다" 하여 드디어 백의(白衣)를 금하였다 하니, 이는 진실로 잘못이다. 저 구구한 술사가 어떻게 이 뜻을 알겠는가. 내가 스승에게 들은 것은 다음과 같다. 『시경』 소아(小雅) 도인사(都人士)의 시는 서주가 거의 망하고 동도의 풍속 또한 점차 쇠하여 변해가므로 시인이 그 옛날을 생각하여 감회를 일으킨 것이다. 그 시에 도인(都人)이라 하였으니 후국(侯國)의 선비가 아니요, 귀주(歸周)라 하였으니 호경(鎬京)에 돌아간 것이요, 민망(民望)이라 하였으니 반드시 현귀한 망족(望族)이다. 낙읍(洛邑)은 은나라의 유허인데, 주공이 동도를 경영하고 은나라의 사족을 거기에 거처하게 하여 오랜 뒤에 귀화하였으니, 이른바 주나라 제후가 되어 복종하였다는 말이 바로 그것이다. 군자는 변(弁)과 면(冕)이 있고 대립치촬(臺立緇撮)은 조제(朝祭)의 복장이 아닌데, 행귀(行歸)라고 말하였으니 이는 곧 밖에 나들이할 때의 수식으로서 남자의 복장이다. 부인의 복장은 이것과 달리 오직 머리털로 분별하기 때문에 머리털을 중하게 여긴다. 군자녀(君子女)는 곧 여중의 군자로서 『예기』에 이른바 군자자(君子子)와 같은 것이니 곧 여자의 현귀한 사람을 가리킨 것이다. 이것 역시 귀녀(貴女)의 출입하는 수식이다. 『주례』 퇴사(追師)에 "왕후의 수식에는 부(副)와 편(編)과 차(次)가 있다" 하였는데, 그 주(註)에 부(副)는 덮는다(覆)는 말이라고 하였다. 곧 머리를 덮어 수식하는 것으로서 지금의 보요(步搖)와 같은 것이니, 이를 착용하고 왕을 따라 제사하는 것이다.

편(編)은 머리를 땋아 만든 것으로 지금의 가계(假髻)와 같으니 역시 착용하고 제사하는 것이며, 차(次)는 다리(髮髢)로서 머리털의 길고 짧은 것을 간추려 만든 것인데, 반드시 잇대어 길게 하여 그것을 머리에 둘러 상투(髻)를 만드는 것이다. 날린다(有旟)고 하였으니 머리에 두르고도 나머지가 있는 것이요. 벌 꼬리 같다(如蠆)고 하였으니 걷어들어 돌린 것이 벌 꼬리(蠆尾)의 꼬부라진 것 같은 것이다. 만약 짧은 머리를 걷어 올렸다면 어떻게 날린다고 이를 수 있겠는가? 사혼례(士婚禮)에 의하면, "여자가 복장을 갖추는 데는 반드시 차(次)를 썼다" 하였으니, 차(次)가 혼례의 수식이 되었음을 알 수 있다. 『주역』에 이르기를 "제을(帝乙)이 누이를 시집보냈다" 하였으니, 혼례는 곧 은탕(殷湯)이 제정한 것인데 주나라에 와서 반드시 은나라 예를 쓴 것은 그 근본을 잊지 않아서이다. 『주역』 비괘(賁卦)의 육사(六四)에 이르기를 "백마가 그처럼 희니 그는 도적(寇)이 아니라 혼구(婚媾)이다" 하였으니, 은나라 사람은 흰색을 숭상하였기 때문에 혼인에 반드시 백마를 사용하였다. 곧 서부(庶婦)의 예도 응당 이것과 다르지 않을 것이니, 다리가 은례(殷禮)에 근본하였음을 또한 알 수 있다. 우리나라는 기자가 창업한 기지요 기자는 은나라 사람으로 그의 옛 풍속을 지켰다. 그러므로 충선왕의 혼례 때 백마 81필로 폐백을 드린 풍속이 유전되어 아직까지 없어지지 않고 있으니, 무릇 사서(士庶)의 혼례에 있어 반드시 백마를 구하는 것에서 볼 수 있다. 그리고 기타 흰옷을 입고 정전을 구획한 것이 천백 년 동안 변하지 않으니, 은나라 풍속의 유전이 이와 같다. 『문헌통고』에 의하면 "신라의 부인은 아름다운 머리털을 머리에 감아올리고, 고려는 머리를 땋아 오른쪽 어깨를 덮고, 백제는 두 가닥을 합하였다" 하였는데, 대저 서로 유사한 것으로서 은나라로부터 전해오는 제도였다.

요즈음 풍속에 의하면 부녀들이 다리 두 가닥을 머리에 두르고 그 끝을 꼬부려 오른쪽에 꽂은 다음 댕기를 늘어뜨린 것이 흡사 '꼬리를 걷어올렸다(卷蠆)'느니 '날린다'느니 하는 말과 꼭 맞아서, 성세(盛世)의 풍도를 완연히 목견하는 것 같다. 옛날에 소호(少昊)의 벼슬은 섬(郯)에서 얻고, 하후(夏后)의 시력(時曆)은 기(杞)에서 얻었는데, 어찌 이처럼 그 옛 제도가 해외의 조그마한 나라에 남아 있었단 말인가. 이것으로 미루어 보면 대립(臺笠)도 또한 모(帽, 모자 윗부분의 높이 솟은 곳을 가리킨다)가 있고 대(臺, 모자의 테를 가리킨다)가 있는 입(笠)으로서 요즈음에 쓰고 다니는 출입의 상복(上服)과 서로 같은 것이라 생각된다. 이것 역시 은나라의 물건임을 알 수 있다.

『동사강목』 부 권상 하, 잡설, 백이·숙제가 기자와 상종하다

오운(吳澐)이 말하기를 "『수서』 배구전에 '고려는 본래 고죽국이다' 하였고, [상고하건대 고죽국이 뒤에 요서의 땅에 이르렀으니, 그 강역이 멀리 뻗어 지금의 요심(遼瀋) 지대가 된다. 고구려가 요동을 차지하였으니 배구의 말도 믿을 만하다.] 이첨(李詹)은 지금의 해주(海州)라 하고, [본래 『삼국유사』에서 나왔다] 『여지승람』에는 근거가 없다고 하였다. 그러나 천하가 지극히 넓은데 『수서』가 어찌 낭설을 지어내 하필이면 한 모퉁이의 고려를 가리켜 고죽국이라고 하였겠는가. 전해오는 속담에도 백이·숙제가 수양산(首陽山)으로부터 평양에 찾아와 기자를 방문하곤 하였다는 말이 있다. 수양산이 지금의 해주에 있으니, 이 말이 비록 명확한 증거는 없으나 천백 년 이상의 일을 어찌 반드시 애매한 것으로 돌릴 수 있겠는가" 하였다. [이상은 오씨의 말이다.]

상고하건대 『여지승람』에서 이 사실을 부인한 것은 『일통지』에 "영평부에 고죽국이 있고 거기에 3군(君)의 무덤이 있다" 하였기 때문이다. 그러나 하동(河東)의 수양산에 또 이제묘(夷齊墓)가 있는 것은 무슨 까닭인가? 반드시 하나는 진실이요 하나는 거짓일 것이다. 중국의 책도 이처럼 믿지 못할 것이 있는데, 우리나라 수양산이 어찌 백이·숙제가 천명을 지킨 곳이 아닌 줄을 알겠는가? 우리나라 사람은 이 사실이 중국의 기록에 나오지 않았다 하여 우물거리며 감히 사실을 들어 잘라 말하지 못하니, 중국 사람들의 웃음거리가 될까 염려스럽다. 그러나 중국이 은·주의 시대에 즈음하여 문헌이 또한 몹시 흩어져 없어져서 그 기록이 대부분 후인들의 추문(追聞)에서 나왔으니, 중국의 기록이라 하여 하나하나 다 믿을 수도 없는 것이다. 여기에 한 가지 증거를 댈 만한 사실이 있다. 백이가 일찍이 주(紂)를 피하여 북해빈(北海濱)에 살았는데, 지금 중국에는 북해가 없고 요해(遼海)가 중국의 동북쪽에 위치하였다. 지금 우리나라 양서(兩西, 평안도와 황해도를 가리킨다)의 바다가 요해와 잇닿았으니, 통틀어 북해라고 이를 수 있었을 것이다. 백이가 주(紂)를 피하여 북해에 살았으니, 주(周)를 피하여 옛날에 숨어 살던 곳에 돌아왔을 것이 필연적인 사실이다. 백이가 의리로 주나라를 섬기지 않았으니 마땅히 고상한 뜻으로 멀리 떠나기를 기자가 조선으로 나온 것같이 하였을 것이다. 어찌하여 기내(畿內)가 가까운 하동 땅에 방황하며 가지 않았겠는가?

석만경(石曼卿)의 시에

탕무가 싸움하던 곳에선 살기가 부끄러워
서로 사양하던 당우의 땅에서 죽으련다

하였으니, 이것은 특별히 문인들이 교묘하게 꾸며 만든 것이라 하겠으나 그 사실이 실답지 않다고 말할 수 있겠는가? 영평은 옛 요서로서 주나라와 몹시 격원하고 또 우리나라 땅과 가깝다. 생각건대 백이·숙제가 이미 중국을 떠난 터이라, 만약 향국(鄕國)으로 돌아가면 다시 혐의가 있을 것 같으므로 [백이·숙제가 처음 나라를 사양하고 도망하였기 때문이다] 고국으로부터 동쪽으로 나와 기자와 상종하며 우리나라 수양산에서 죽었는데 뒤에 고국에 귀장(歸葬)하며 수구(首丘)의 뜻을 이루었을 것이 사리에 그럴듯하게 여겨진다. 민속에 유전되는 말이라 하여 버릴 수는 없는 것이다. 또 무왕이 기자를 신하로 삼지 않고 조선에 봉하였으니 그 절의와 명성이 당대에 울려 찬란하였다. 주나라를 도망친 선비가 기자를 버리고 어디로 돌아갔겠는가?

【안】 공자의 말에 "소련(小連)과 대련(大連)은 동이의 아들이다" 하였다. 대개 은·주 시대에 동이로서 중국에 들어가 산 사람이 많았으니, 만약 선행이 있어 칭찬할 만하다면 성인(聖人)이 반드시 버리지 않았으리라. 일찍이 청인(淸人) 연국주(連國柱)의 저서를 보았는데, 그는 요(遼)의 광녕(廣寧)사람으로 이련(二連, 소련·대련)의 후예가 되며, 삼한으로 자호하였으니 그 뜻은 우리나라를 취한 것이다. 광녕이 기자의 봉역에 있었으니, 이련 또한 기씨의 백성인가 싶다.

『동사강목』 부 권상 하, 잡설, 진국삼한설(辰國三韓說)

고초(古初)에 한남(漢南)의 땅이 삼한이었으니 한인(韓人)이 나라를 세웠기 때문에 한(韓)이라 일컬었다. 또 진국(辰國)이라 일컫는 것은 진(秦)을 피하여 온 사람들이 모두 진이 통일한 뒤에 왔기 때문에 진(辰)으로 통칭하였다. 진(辰)이 진(秦)으로 된 것은 『좌전』에 이른 진영(辰嬴)에 증거할 수 있다. 『한서』에 "진국이 글을 올려 천자를 보고자 하였으나 우거가 막고 통행시키지 않았다" 하였으니 이는 기씨의 마한을 가리킨다. 범사(范史, 『후한서』를 가리킨다)에서 처음으로 삼한전(三韓傳)을 만들어 "삼한은 대개 78개국인데 그중 마한이 가장 컸다. 그들은 마한종(馬韓種)을 세워 진왕(辰王)으로 삼아 삼한의 땅에 군림하였는데, 조선 왕 준이 위만에 패하고 바다에 들어와 마한을 쳐 파한 다음 스스로 한왕(韓王)이 되었다. 준이 뒤에 멸망하자 한인이 다시 스스로 진왕이 되었다."

【안】『서서(書序)』의 "성왕(成王)이 이미 동이를 정벌하였다" 한 전(傳)에는 "해동의 모든 오랑캐 구려(駒麗)·부여(扶餘)·한맥(馯貊)의 등속이다" 하였고, 『정의(正義)』에는 "『한서』에 고구려·부여·한이 있고 한(馯)은 없으니, 한(馯)은 곧 한(韓)으로서 음이 같고 글자가 다를 뿐이다" 하였으니, 이에 의하면 한(韓)의 명칭이 오래된 것이다.

『동사강목』 부 권상 하, 잡설, 삼한 후설(後說)

진한은 신라가 되고, 변한은 신라에 항복하였으며 [시조 19년] 마한은 멸망하여 백제에 흡수되었다. [온조 27년] 삼한이 이에 다 멸망하였는데 신라 탈해왕 5년(61)에 마한의 장수 맹소(孟召)가 복암성(覆巖城)을 들어 항복하였으니 마한이 망한 해와의 상거는 53년이다. 이로 보면 『후한서』에 이른바 왕 준이 뒤에 멸망하고 마한 사람이 다시 스스로 서서 진왕이 되었다는 말이 옳은가? 『자치통감』에 "한 안제 건광(建光) 원년(121)에 고구려와 마한이 현도를 포위하고 연광(延光) 원년(122)에 또 고구려·마한이 요동을 침략하였다" 하였는데, 김부식이 『삼국사기』에 인용해 쓰면서 논하기를 "마한이 이미 멸망하였는데 멸망했다가 다시 일어났는가?" 하였다. 우리나라 사서에 삼한의 시종이 없기 때문에 김씨는 상고할 데가 없었으므로 이처럼 의심나는 말을 하였다. … 하물며 마한의 일을 누가 알아 전하겠는가? 혹 기씨가 망한 뒤에 마한의 남은 무리가 한 구석을 지키고 있다가, 백제의 침략을 받게 되자 고구려에 붙어 종군하다가 마지막으로 고구려에 병합된 까닭에 최치원이 마한은 고구려라는 말을 하였는가?

『동사강목』 부 권상 하, 잡설, 삼국이 처음 일어나다

삼국이 일어나기 전에 한수(漢水) 이남에는 삼한의 78개국이 있었고, 북방 역시 낙랑군(樂浪郡)·부여(扶餘)·옥저(沃沮)·예맥(濊貊)·비류(沸流)·황룡(黃龍)·행인(荇人)·개마(蓋馬)·구다(句茶) 등의 나라가 있었다.

『동사강목』 부 권하, 지리고, 단군강역고(檀君疆域考)

단군의 강역은 상고할 수 없지만 기자가 단씨(檀氏)를 대신하여 왕 노릇하였는데 그 제봉(提封, 제후의 봉지)의 반이 곧 요지(遼地)였으니 단군의 시대에도 그와 같았을 것이다. 『고기』에 "북부여는 단군의 후손이다" 하였다.

상고하건대 부여는 요동 북쪽 1천여 리에 있으니, 아마 단씨 세대가 쇠하자 자손이 북으로 옮기고 옛 강역이 이내 기자의 봉지에 흡수된 것이리라.

『고려사』 지리지에 "마니산의 참성단은 세속에서 '단군이 하늘에 제사 지내던 단이다' 하고, 전등산(傳燈山)은 일명 삼랑성(三郎城)인데, 세속에서 '단군이 세 아들을 시켜서 쌓은 것이다'고 전한다" 하였다. 그렇다면 그 남쪽은 또한 한수(漢水)로 한계를 해야 할 것이다.

『동사강목』 부 권하, 지리고, 태백산고(太伯山考)

『삼국유사』에 "태백산은 지금의 묘향산 [지금의 영변부에 있다] 이다" 하였는데, 『고려사』 지리지와 『여지승람』은 모두 그 설을 따랐다. 태백산이 묘향으로 변한 것은 그 어느 시대에 그렇게 되었는지는 알 수 없으나, 우리나라 모든 산 이름은 대부분 중들이 지었으니 묘향이란 이름 또한 불가의 문자이리라. 이목은(李牧隱, 목은은 이색의 호)의 묘향산기(妙香山記)에 "산은 압록강 남쪽에 있는데, 요지(遼地)와 경계가 되고 장백산의 분맥(分脉)이다. 그 산에는 향나무가 많다" 하였다. 그렇다면 묘향산이란 이름은 향나무가 많기 때문에 붙여진 것이리라. 단군이 태백산 단목 아래에 하강하였고 단은 바로 향나무인 까닭에 후인이 그 임금을 단군이라 칭하고, 그 산을 묘향이라 부른 것이 아닐까? 『삼국사기』 최치원전에 있는 태사에게 올린 장(狀)에 "고구려의 잔민이 북쪽 태백산 아래에 의거하고 국호를 발해라 했다" 하였다. 여기서 말한 태백산은 지금의 백두산을 가리킨 것이요, 위에 말한 장백산이 바로 그것인데 단군이 하강하였던 지역이다.

【안】『여지승람』에는 강동현(江東縣)에 대박산(大朴山)이 있고 그 아래에 큰 고총(古塚)이 있는데 세속에는 단군묘라 전한다고 기록되어 있고, 지금 그 지방 사람들이 대박산을 태백산이라고 하나, 또한 믿을 수 없다.

『동사강목』 부 권하, 지리고, 백악고(白岳考) (아사달)

『삼국유사』에 "단군이 처음에는 평양에 도읍을 정했고, 또 백악산 아사달로 옮겼다" 하고, 또 "아사달은 또 백악이라고도 하는데, 백주(白州) [지금의 백천(白川)이다]에 있다. 혹은 개성 동쪽에 있다고 하는데 지금 백악궁 [지금은 미상] 이 바로 그것이다" 하였으나, 모두가 확정되지 않은 말이다. 『고려사』 김위제전(金謂磾傳)에서는 신지선인(神誌仙人)의 비사(秘詞)에 있는 백아강(白牙岡)에 대한 설을 인용하여 서경(평양)을 거기에 해당시켰다. 신지(神誌)는 단군 때 사람이라고 세속에서 전한다. [권람의 응제시주에 나온다.] 이른바 백아강이란 곧 백악이다. 단군이 도읍을 옮긴 것이 마치 고구려가 평양에서 동황성(東黃城)으로 옮기고, 신라가 금성(金城)에서 월성(月城)으로 옮긴 것 같은 것이 아닐까? 『고려사』 지리지에 "문화현(文化縣)의 구월산을 세속에서 아사달산이라 전하고 장장평은 세속에서 단군이 도읍한 곳이라고 전하는데,

곧 당장경의 잘못이다" 하였는데, [세전에는 "장장평이 문화현의 동쪽 15리에 있는데, 기지(基址)가 지금도 있다" 하였으니, 백악은 바로 이 땅이다] 방언으로 아사(阿斯)는 구(九)에 가깝고 달(達)은 월(月)에 가깝기 때문이다. 옛날 우리나라 지명은 모두 방언으로 불렀으니, 이것 또한 그랬으리라. [혹자는 "그 산에 궁궐의 옛터가 있기 때문에 세속에서 궐산(闕山)이라 칭하는데, 와전되어 구월산이라 한 것이다" 한다.]

『동사강목』 부 권하, 지리고, 기자강역고(箕子疆域考)

『한서』에는 "현도와 낙랑은 본디 기자가 봉해진 곳이다" 하고, 『당서』에는 "배구가 '요동은 본시 기자의 나라다' 하였다" 하고, 『요사』 지리지에는 "요동은 본디 조선이다. 주 무왕이 기자를 감옥에서 풀어놓자 조선으로 갔는데, 그대로 기자를 거기에 봉하였다" 하고, 『요동지(遼東志)』에는 "요동은 본디 기자가 봉해진 땅이다" 하고, 『일통지』 요동명환(遼東名宦)에도 기자가 실려 있고, 『성경지』에서는 심양(瀋陽)·봉천부(奉天府)·의주(義州)·광녕(廣寧) 지경이 모두 조선과 경계했다고 하였으니 요동의 태반이 기자의 제봉(提封)이 되었었고 [월정(月汀) 윤근수(尹根壽)는 "광녕성(북쪽 3리에 기자정(井)이 있고, 그 곁에 기자묘가 있으며, 후관(冔冠)을 씌운 소상(塑像)이 있었는데 가정(嘉靖, 명 세종(明世宗)의 연호) 연간의 병화에 탔다" 하였다] 기자는 또 평양에 도읍하였으니, 무릇 도읍이란 국중(國中)에 정하는 것이고 보면, 오운(吳澐)이 "요하 이동, 한수 이북이 다 기자의 땅이었다"고 한 것이 옳다. 후손에 이르러 연 말기에 서쪽 지경 1천여 리를 잃고 만반한으로 경계를 삼았는데 곧 『한서』 지리지에 보인 요동군 동부 속현 반한(潘汗)이다. 이때에 요지가 중국에 흡수되었던 것이다.

[『괄지지(括地志)』에는 "조선·고구려·예·맥·동옥저 등 5국의 땅은 동서가 1천3백 리, 남북이 2천 리이며 동쪽으로 바다까지는 4백 리, 서쪽으로 영주(營州) 지경까지는 920리, 남쪽으로 신라국까지는 920리, 북쪽으로 말갈국까지는 1천4백 리이다" 하였으니, 생각건대 그것 또한 방증이 될 만하다.]

『동사강목』 부 권하, 지리고, 위씨강역고(衛氏疆域考)

위만이 기씨의 나라를 빼앗았으니, 그 영토는 서북으로는 만반한에 경계하고, 또 곁에 있는 작은 읍(邑) 진번과 임둔을 침략하여 항복시켰으니, 지금 동북 새외(塞外)와 북도 영동의 땅이 바로 그것이다. 서쪽으로는 바다를 건너 청제(靑齊, 청주(靑州)와 제주(齊州) 지역)와 통하고, 남쪽으로는 한수에 이르러 삼한과 접하였는데, 뒤에 망하여 한(漢)에 흡수되니 한에서 사군을 설치하였다.

『동사강목』 부 권하, 지리고, 창해군고(滄海郡考)

『사기』에 "장량이 한(韓)을 위해 원수를 갚으려고 동쪽으로 와서 창해군(滄海君)을 보고 역사(力士)를 얻었다" 하고, 그 주에 "창해군은 동이의 군장이다" 하였으니, 창해라는 이름이 생긴 지 이미 오래다. 한 무제 원삭(元朔) 원년(기원전 128)에 예의 임금 남려(南閭)가 항복하자 그 땅을 창해군으로 삼았으니, 아마 옛 이름을 그대로 따른 것이리라. 예고(考)와 관련시켜 보기 바란다. [잡설 삼한 조에 또 보인다.]

『동사강목』 부 권하, 지리고, 삼한고(三韓考)

삼한 땅은 지금의 한수 이남으로부터 시작되었다. 마한은 한수 이남 경기·충청·전라도 땅이며, 서쪽은 바다를 건너 청제양월(靑齊揚越, 청주·제주·양주(揚州)·월주(越州) 지역)과 통하고, 동남은 바다를 건너 왜국과 통하고, 북쪽은 한수를 한계로 조선과 접하고, 동쪽은 진한·변한과 연하였는데, 뒤에 백제가 그 땅을 차지하였다.

김부식의 『삼국사기』 지리지에는 이렇게 되어 있다. 최치원이 '마한은 곧 고구려요, 변한은 곧 백제요, 진한은 곧 신라다' 하였는데, 이 설이 근사하다. 『신당서』·『구당서』 같은 데에는 모두 '변한의 묘예(苗裔, 후손)가 낙랑 땅에 있다' 하였으니, 이것은 떠도는 이야기이다. 낙랑은 옛날 조선국이라 하였으니, 계림(鷄林, 신라)과는 거리가 멀리 떨어졌다.

권근은 이렇게 적었다. 삼한에 대한 설은 동일하지 않다. 그러나 조선 왕 준이 위만의 난을 피하여 배를 타고 남쪽으로 가서 나라를 세워 국호를 마한이라 하였는데, 백제 온조가 서게 되자 그를 병합하였다. 지금 익주(益州, 익산)에 옛 성이 있는데 지금 사람들도 그것을 기준성(箕準城)이라고 일컬었다.

구암 한백겸은 이렇게 적었다. 우리 동방은 옛날에 저절로 남북이 나뉘어졌다. 북쪽은 본디 삼조선의 땅이요, 남쪽은 곧 삼한의 땅이었다.

『동사강목』 부 권하, 지리고, 사군고(四郡考) 낙랑고(樂浪考)

『급총주서(汲冢周書)』에서 낙랑을 양이(良夷)로 삼았으니, 곧 조선을 가리킨 것이다. 한 무제가 위씨를 멸하고 옛 이름을 그대로 사용하여 낙랑군을 두었다. 『한서』 지리지에 "낙랑군치는 조선현이다" 하였는데, 그 주에 "우거가 도읍한 곳을 군치로 삼았다" 하였고, 응소는 "낙랑은 옛 조선국이다" 하였고, 『통전』에도 "평양성은 곧 한(漢)의 낙랑군 왕검성이다" 하였다. 지금 평양을 낙랑이라고 칭하니 그 유래가 오래다.

【안】『괄지지』에 "조선 남쪽 지경은 6백 리이다" 하였는데, 조선은 곧 낙랑군치이니, 지금 평양에서 한강에 이르기까지는 550리이다.

『동사강목』 부 권하, 지리고, 사군고 낙랑제현고(樂浪諸縣考)

낙랑. 『한서』에는 이렇게 되어 있다. 낙랑군은 한 무제 원봉 3년에 설치하고, 왕망은 낙선(樂鮮)이라 하였는데, 유주에 속하였다. [25현을 관할하였다고 한다. 후한 때에는 18현이었고, 진(晋) 때에는 낙랑군이 평주에 소속, 6현을 관할하였다.]

조선. [응소는 "무왕이 기자를 조선에 봉했다" 하였다.
곧 낙랑군치이다. 한이 우거를 멸하고 그 도읍을 격하하여 현으로 삼았는데, 지금의 평양이다.]

『동사강목』 부 권하, 지리고, 사군고 임둔고(臨芚考)

임둔은 『한서』에 "위만이 그 곁에 있는 소읍인 진번과 임둔을 침략하여 항복시켰다" 하였으니, 그 임둔이란 이름이 있은 지 오래다. 무제가 사군을 두었는데 임둔이 그중 하나이다. 아마 국을 격하시켜 군으로 만든 것이리라. …

『고려사』 지리지에 "명주(溟州)는 본시 예국(濊國)인데, 한 무제 때 임둔으로 만들었다" 하고, 『여지승람』에는 "명주는 지금의 강릉부인데 딴 이름은 임둔・예국・창해군・동이현이다" 하였으며, 『한서』를 상고하면 "무제 원삭 원년에 예군 남려가 남녀 28만 명을 거느리고 요동에 와서 내부하니, 무제가 그 땅으로 창해군을 삼았다가 얼마 안 가서 없애버렸다" 하였으니, 이것은 사군을 정하기 20년 전에 있었던 일이다. 임둔과 예국은 모두 한때에 있었다. 또 예국 인구가 28만이었음을 볼 때 그 땅이 작지 않는데, 강릉 1읍이 어떻게 두 나라를 수용하였겠는가? 임둔은 이미 작은 읍이라 칭하였으니, 아마 부락 추장의 호에 불과한 것이고, 당시 예국이 이미 한(漢)에 항복하여 그 땅이 아울러 임둔에 소속되고 예국의 도읍인 동이현으로 임둔치를 삼았던 것이리라. 단대령은 지금 철령 안팎에서 대관령에 이르는 한 가닥 산령(山嶺)이 바로 그것이다. 『여지승람』에서 대관령을 또한 대령(大嶺)이라고 칭하였으니, 아마 옛 이름이 없어지지 않았던가 보다. 이것에 의하면 지금 함경도와 강원도 영동의 땅이 모두 임둔의 관할 지역이었을 것이다.

『동사강목』 부 권하, 지리고, 사군고 현도고(玄菟考)

현도는 '동방 구이(九夷)에 현이(玄夷)가 있다'는 것이 바로 그것이다. 한 무제 원봉 3년에 조선을 멸하고 4군을 정할 때 동옥저의 땅으로 현도군을 삼았다. [홍씨(洪氏, 홍만종을 가리킨다)의 『동국총목』에 "혹은 군치라고도 하는데, 지금의 함안부(咸安府)이다" 하였다.]

『동사강목』 부 권하, 지리고, 사군고 진번고(眞番考)

진번이란 이름은 이미 위만 전에 있었다. 『사기』에 "연(燕) 때에 진번과 조선을 얻어 소속시켰는데, 만(滿)에 이르러 진번・임둔 등의 땅을 쳐서 항복시켰다" [『한서』에 보인다] 하였다. 『한서』에 또 "요동이 동쪽으로 진번의 물건을 무역하였다" 하였으니, 그렇다면 그 땅은 요동의 동쪽에 있었던 것이다. 한 무제가 4군을 정할 때 진번군을 두었다. …

반고의 서설(叙說)에 "진번의 이점(利點)은 연과 서로 접한 것이다" 하였는데, 이것은 동북 제이(諸夷)가 중국과 통하려면 반드시 먼저 연에 가는 것을 말한 것이지, 지경이 서로 접했음을 말한 것은 아니다. 그런데 주(註) 낸 사람들은 그것을 모르고 사고는 "진번은 연과 서로 접하였다" 하고, 응소는 "현도는 옛 진번의 나라이다" 하였으니, 다 잘못된 말이다. 만일 현도가 곧 옛 진번이라면, 군을 설립할 때 어찌 진번이라 칭하지 않고 현도라고 칭했겠는가? 생각건대 진번의 진(眞)은 숙신(肅愼)에서 나온 것으로, 후세 여진(女眞)의 진(眞)도 진번을 답습한 것이리라.

『동사강목』 부 권하, 지리고, 요동군고(遼東郡考)

유향(劉向)의 『설원(說苑)』에 "제 환공이 산융(山戎)을 치려 할 때에 관중(管仲)의 말에 따라 요수(遼水)를 건넜다" 하였으니, 요(遼)라는 이름이 있은 지 오래다. 먼 옛날에는 동이의 땅이었기 때문에 우(禹)의 발자취가 우갈석(右碣石)에 이르렀으며, "도이(島夷)는 피복(皮服)을 바쳤다" 하였는데, 도이는 우리나라를 가리킨 것이다. 우리나라는 3면이 바다이므로 그 형상이 섬(島)과 같기 때문이다. 『한서』에 또 "조선은 바다 가운데 있으니, 월(越)의 상(象)이다" 한 것이 바로 그것이다. 순(舜)의 덕교(德敎)가 퍼짐에 이르러 동이 중에 귀화한 자가 더욱 많았다. 그러므로 기주(冀州) 동북의 땅으로 유주를 삼았으니 지금의 요하 이서가 바로 그곳이요, 청주(靑州) 동북 바다 건너의 땅을 영주(營州)로 삼았으니 지금의 요하 이동이 바로 그곳이다. 2주를 설치한 것은 대개 이맥을 붙잡아 매려는 의도에서였다. 하·상(夏商) 때에 구이가 점점 성하여 중국에 들어가 사는 자가 있자, 이때부터 유주와 영주 땅은 다시 동이가 사는 곳이 되었다.

주의 초기에 단군의 세대가 쇠하고 기자가 다시 그 땅에 봉해졌으니, 요서인 지금의 의주(義州)·광녕(廣寧)으로부터 요동 전 지역에 이르기까지가 모두 그 강역이었다. 중국의 지리지를 상고하면 알 수가 있다.

『주례』 직방씨에 "동북을 유주라 하는데 그 산은 의무려요, 그 산물은 어염(魚鹽)이다" 하였으니 주의 시대에는 지금의 요하 이서가 중국의 봉내에 있고 영주는 기자의 조선에 흡수되었던 것이다. 기씨가 쇠하자 연의 장수 진개가 조선의 서쪽 땅 천 리를 탈취하여 만번한 지역으로 경계를 삼고 장성을 쌓았으며 조양(造陽) [상곡(上谷)에 있다] 으로부터 양평에 이르기까지에 비로소 요동군을 두었더니, 연이 망하자 진(秦)에 병합되었다. (진에서는) 요수 동서를 나누어 2군을 만들고, 한의 초기에는 진(秦) 때의 것을 따르다가 무제 때에 동부교위를 세워 동이를 거느렸고 이어 조선을 멸하고 4군을 두었으며, 소제(昭帝) 때에 진번을 없애고 현도를 요동 동북의 땅에 옮겼는데, 왕망 때에 와서는 요서가 오환에게 점거되어 요동의 경지가 날로 줄어들었다. 동한 때에 다시 속국도위를 두고, 헌제(獻帝) 때에 요동태수 공손도가 요동의 서쪽 땅을 점유하고 스스로 요동후(侯)와 평주목이 되니, 동방 제국(諸國)이 많이 붙었는데 3세(世) 50년 만에 망하였다. 위(魏)에 와서는 동이교위를 두고 양평에 있게 하고 평주를 설치하였다가 얼마 뒤에 다시 합쳐서 유주를 만들었는데, 진씨(晋氏) (곧 진(晋)나라이다)도 그대로 따랐다. 얼마 뒤에 모용씨에게 점거되었고 자주 고구려와 싸워 서로 침탈하였다. 모용씨가 쇠하자 고구려가 요동을 차지했다.

『동사강목』 부 권하, 지리고, 고구려현고(高句麗縣考)

『주서(周書)』에 "고이(高夷)는 곧 고구려다" 한 말이 있으니, 그 이름이 생긴 지 이미 오래다. 『한서』 지리지에 의하면 무제 원봉 4년에 현도군 소재지인 고구려현을 설치하였는데, 고구려는 아마 오랑캐 나라라 해서 현으로 강등하고 그 이름을 그대로 사용한 것이리라. …

응소는 또 주하기를 "옛 구려호(胡)다" 하였으니, 이에 의하면 현도군 땅은 곧 고구려국인데 한 무제가 멸망시킨 것이다. 사실이 나타나지 않은 것이다. …

『후한서』 고구려전에도 "한 무제가 조선을 멸하고 고구려로 현을 삼아 현도에 붙이고 고취(鼓吹)와 기인(伎人)을 주었다" 하고, 『북사』에는 "주몽이 부여에서 동남쪽으로 도망하여 흘승골성에 이르러 살면서 고구려라 호칭하고 고를 성씨로 하였다. 주몽이 죽으니 아들 여율(如栗)이 서고, 여율이 죽으니 아들 막래(莫來)가 서서 곧 부여를 병합하였다. 한 무제가 조선을 멸하고 현도군을 설치한 다음 고구려를 현으로 삼아 현도군에 붙였다. 한 소제가 의적(衣幘)·조복(朝服)·고취를 주매, 항시 현도군에 나가서 받았는데 뒤에 점점 교만하여 현도군에 나가지 않았다"고 하였다.

『동사강목』 부 권하, 지리고, 패수고(浿水考)

『한서』 지리지의 낙랑군·패수현 아래에 반고는 자주하기를 "물이 서쪽으로 증지현(增地縣)에 이르러 바다로 들어간다" 하였는데, 후세의 사전(史傳)이 증거가 없으므로 언자(言者)들의 주장이 한결같지 않다. 혹은 평산(平山)의 저탄(猪灘)이라 주장하고, 혹은 평양의 대동강이라 주장하고, 또는 의주의 압록강이라 주장하기도 한다. 그래서 국중에는 삼패설(三浿說)이 있게 되었으니, 어느 설을 따라야 할지 모르겠다. 두루 상고해서 갖추 논하겠다.

저탄이라 주장한 자는 다음과 같이 생각한 것이다. 백제기에 "온조 13년 강역을 정할 때 북으로는 패하(浿河)에 이르고, 남으로는 웅천에 이르렀다" 하고, 『고려사』에 "평주(平州) 저천(猪淺)을 패강(浿江)이라고도 한다" 하고, 『여지승람』 평주 저탄 조에도 "평양 패강은 고구려 도성 곁에 있는데 어떻게 백제의 경계가 될 수 있었겠는가? 이른바 패하(浿河)는 아마 저탄인 듯하다" 하였으니, 이것이 저탄을 패수라고 칭한 하나의 증거이다.

『고려사』에 "김관의(金寬毅)가 당 숙종이 천보(天寶) 12년에 바다를 건너 패강 서쪽 포(浦)에 이르렀다" 하였으니, 포는 곧 전포(錢浦)요, 전포는 지금의 개성부 서쪽 벽란도에 있고 벽란도는 곧 저탄의 하류이니, 이를 패강이라 칭하는 것이 마땅하다. 숙종이 동쪽에 왔다는 설은 비록 황탄하여 믿을 만한 것이 못 되지만, 어찌 지명까지 아울러 그르다고 할 수 있겠는가? 이것이 저탄을 패수라고 칭한 2가지 증거이다.

고구려기에 "평원왕 13년에 패하(浿河)의 언덕에서 사냥하고 50일 만에 돌아왔다" 하였다. 이때 고구려가 평양에 도읍하였으니, 그것이 대동강이 아님은 분명하다. 또 백제기에 "고구려와 백제의 싸움은 패수 가에서 많이 있었다" 하였으니, 아마 (패수가) 양국의 경계에 있었기 때문이리라. 또 "성왕(聖王) 원년에 고구려 군사가 패수에 이르매, 왕이 장수를 보내 출전하여 그를 물리쳤다" 하였으니, 이것이 저탄을 패수라고 칭한 3가지 증거이다.

이 3가지 증거 외에도 『수경(水經)』에 "패수는 낙랑의 누방현(鏤方縣)에서 나와 동남쪽으로 임패현(臨浿縣)을 지나 동쪽으로 바다에 들어간다" 하였다. [역도원의 주가 아래에 보인다.]

상고하건대 임패현이란 이름은 어느 때 정해졌는지는 모르나 『여지승람』을 보면 우봉현(牛峯縣) 흥의역(興義驛)의 옛 이름이 임패이니, 『수경』에서 칭한 것이 바로 이것이다. 이것 또한 저탄을 패수라고 칭한 방증이 될 만하다.

대동강이라 주장한 자는 다음과 같이 생각한 것이다.

역도원의 『수경주(水經注)』에 "위만이 패수로부터 조선에 이르렀다 하니, 만일 패수가 동으로 흐른다면 패수를 건넜을 리가 없다. 내가 번사(番使)에게 물었더니, 성[상고하건대 평양성을 가리킨다]이 패수는 북쪽에 있다 한다. 그 강이 서쪽으로 흘러 낙랑군 조선현을 경과한다. 그러므로 『지리지』에 '패수가 서쪽으로 증지현에 이르러 바다로 들어간다' 하였으니 『수경』이 착오다" 하였으니, [이 주는 『수경』에 "패수가 동쪽으로 바다에 들어간다"는 말을 착오라 하였으니, 이 주가 옳다] 이것은 대동강을 패수라고 칭한 하나의 증거이다.

『당서』에 "평양성은 한의 낙랑군인데, 산세를 따라 굽게 성곽을 쌓고 남쪽으로 패수에 다다랐다" 하고, 또 "등주(登州)에서 동북쪽으로 바닷길을 따라가 남쪽으로 해연(海壖)을 끼고 패강(浿江) 어구와 초도(椒島)를 지나면 신라 서북쪽의 '장구진(長口鎭)'에 이른다" 하였다. 초도는 지금 풍천부(豊川府) 북쪽 40리 바다 가운데 있으니, 이것이 대동강을 패수라고 칭한 2가지 증거이다.

신라가 당과 함께 고구려를 평정하고 남쪽 경계를 정하였는데 현종 개원 23년, 성덕왕 34년에 당이 패강 이남의 땅을 주었으므로 이에 신라의 땅은 비로소 북쪽으로 지금 중화(中和)·상원(祥原)의 땅을 한계로 하였고, 견훤이 고려 태조에게 준 글에

평양의 누대에 활을 걸고
패강의 물을 말에게 먹인다

고 한 글귀가 있으니, 이것이 대동강을 패수라고 칭한 3가지 증거이다.

이상 두 설은 각기 증거한 바가 있고 증거도 어긋나지 않으나 두 패수는 다 평양 이남에 있다. 그런데 평양은 조선의 도읍지이고, 『한서』에서는 "조선과는 패수로 경계를 하였다" 하였고, 또 "위만이 동쪽으로 도망하여 새(塞)를 빠져나가 패수를 건넜다" 하고, 또 "한의 사신 섭하가 조선으로부터 돌아와 경계에 이르러 패수에 다다랐다" 하고, 또 "순체가 요동으로부터 군사를 내어 조선 패수 서쪽의 군사를 격파하였다" 하고, 또 "조선 태자가 입조하려다 패수를 건너지 않고 다시 돌아갔다. 체(彘)가 패수 가의 군사를 깨뜨리고 전진하여 성 아래에 이르러 그 서북쪽을 포위하였다" 한 것은, 모두 패수를 건넌 뒤에야 조선의 왕도에 이를 수 있었던 것이다. 이런 때문에 『여지승람』과 오운의 『동사찬요』에서는 '위만이 패수를 건넜다'는 설을 의심하고 압록강을 패수라고 하였는데, 후인들도 또한 그 설을 많이 따른다. 그러나 그 설도 착오이다.

『한서』 지리지에 의하면 서개마현에 마자수(馬訾水)가 있으니, 바로 지금의 압록강이다. 패수와 마자수가 만일 한 강이라면 어찌 나누어 말하였겠는가? 상국(相國) 남구만(南九萬)의 『약천집(藥泉集)』에도 "『한서』 지리지 요동 번한현(番汗縣)에 패수(沛水)가 있으니, 패(沛)와 패(浿)는 글자는 비록 다르나 음이 같으니, 아마 한 강인 듯하다" 하였다.

상고하건대 패(沛)와 패(浿)를 비록 혼용한다 하더라도 『사기』와 『한서』 두 책에서 누차 패(浿)라 칭하고 끝내 패(沛)라고 말하지 않았으니, 어찌 모두 착오로 그랬겠는가? 이것은 믿을 수가 없다.

『성경지』에는 『요사』를 인용하여 "요양현은 한의 패수현(浿水縣) 북쪽에 있다. 패수는 어니하(淤泥河)라고도 하고 점우락(蔪芋濼)이라고도 한다" 하였는데, 『일통지』에서도 그것을 따라 "지금은 어니하라고 칭하는데 해성현(海城縣) 서남쪽 60리에 있다" 하였다.

상고하건대 『한서』 지리지에 "요동군의 서안평현은 마자수가 바다로 들어가는 바로 그곳에 있다" 하였으니, 압록강 이북은 모두 요동에 속하였는데, 낙랑의 여러 현이 어떻게 그 사이에 끼어들었겠는가? 대저 『요사』 지리지에는 믿을 수 없는 것이 많다. 『요사』 지리지에 "숭주(崇州)는 본래 한의 장잠현(長岑縣)인데, 지금 요양 동북쪽 150리에 있다" 하였다.

상고하건대 장잠은 뒤에 대방에 속하였으니 그 땅이 평양 이남에 있었는데, 어찌 요양의 동북쪽에 있다고 했을까? 또 "자몽현(紫蒙縣)은 본래 한의 누방현인데, 지금의 개원 지경 안에 있다" 하였다.

상고하건대 개원은 압록강 북쪽 1천 리쯤에 있고, 요동과 현도 두 군이 그 중간에 가로놓여 있는데, 낙랑이 어떻게 그 땅을 가졌겠는가? 이것은 비록 중국의 책이지만, 전연 믿을 것이 못 된다. 그렇지 않으면 낙랑이 뒤에 요동 땅에 교설(僑設)되고 그때 또한 옛날 고을 이름을 설치하였는데, 후인들이 그릇 한이 설치한 것으로 알았던가? 어떤 이가 "참으로 자네 말과 같다면 여러 설들은 취할 만한 것이 못 되는데, 혹시 따로 그 땅이 있다는 말인가?" 하기에 나는 "여러 설이 남김없이 밝혔으니 다시 어떻게 별도의 의논을 제기하겠는가? 어리석은 나의 견해로는 여러 설 중 대동강을 패수라고 칭한 설이 가장 명백하고, 저탄을 패수라고 칭한 것은 우리나라 사람이 따로 칭한 것이며, 그 나머지는 모두 옳은지 모르겠다" 하자, "대동강을 패수라고 칭한 설은 과연 어찌해서인가?" 하기에, 나는 "『사기』와 『한서』의 문세(文勢)를 가지고 말하겠다. 그 말에 '조선이 관리를 두고 장새를 쌓았는데, 진(秦)이 요동의 변경에 소속시켰다' 하고, 또 '노관이 연이 쌓은 요동 장새가 멀어서 지키기 어렵다 하여 다시 요동의 옛 변방 요새를 고쳐 쌓고, 패수에 이르러 경계를 삼았다' 하고, 또 '위만이 옛 진(秦)의 공지(空地)인 상하장(上下障)을 구해 살았다' 하였으니, 이것은 모두가 일반 문세이다. 그 '변경'이라느니 '연이 쌓은 장새는 멀어서 지키기 어렵다'느니 '옛 진의 공지를 구해 살았다느니' 한 것은 모두 지금의 해서(海西) 지방인 것 같고, 그 중간을 비워둔 것은 지금 서북 두 나라의 경계와 같았던 것이다. 지금의 평양은 기자의 도읍지인데, 지금의 한양에도 평양이란 이름이 있다. 『삼국사기』 신라기에 '김헌창의 아들이 자립하여 평양에 도읍하였다' 하고, 『삼국사기』 지리지에 '백제의 근초고왕이 고구려 남쪽 평양을 취하여 도읍하였다' 하였는데, 모두 지금의 한양을 가리킨 것이다. 한양을 또 평양이라고 칭한 것은 무엇 때문일까? 생각건대 전국(戰國)의 말기에 기씨가 나라를 잃고 동쪽으로 지금의 한양에 옮기고서 옛 이름을 그대로 칭한 것이리라. 그렇다면 위만이 도읍한 평양도 지금의 한양인 것이다. 만일 이와 같다면 패수가 지금의 대동강임이 틀림없다. 또 상고하건대 『한서』 지리지는 모두가 당시 전벌(戰伐) 및 강역을 경계 지을 때 편찬한 것이기 때문에 그 글이 모두 진실하고 답험(踏驗)한 말이요, 멀리서 잘못 전해 들은 것이 아니다. 열수(列水)는 지금의 한강(漢江)인데, 열구현(列口縣)은 열수가 바다에 들어가는 바로 그 어귀라 하니, 지금의 강화 지방이다. 강화를 옛날 혈구(穴口)라 칭하였으니, 아마 열구의 잘못인 듯하다. 열수고(列水考)에 보인다. 전후 제유(諸儒) 중에 패수를 논한 것은 하나뿐이 아닌데, 누구나가 지금의 평안(平安) 한 도를 우리의 강역으로 보고 또는 지금의 평양을 위씨의 도읍지로 삼고서는 별도로 패수를 찾으니, 이는 그 실지를 얻지 못하고 더욱 후인들의 의심을 자아내게 하는 것이다" 하였다.

『동사강목』 부 권하, 지리고, 열수고(列水考)

『한서』 지리지에 의하면, 낙랑군 탄열현(呑列縣)에 분려산(分黎山)이 있고 거기에서 열수(列水)가 나와 서쪽으로 점제(黏蟬)에 이르러 바다에 들어가는데, 수로의 길이가 840리라 한다. 우리나라 내지에 수원(水源)이 8백 리가량 먼 것이 없는데, 한수(漢水)의 수원이 가장 멀어 그 잇수가 8백여 리가 충분히 되니, 열수는 바로 지금의 한수인 것이다.

[한구암(구암은 한백겸의 호)은 이렇게 적었다.

한강(漢江) 외에 8백 리 되는 큰 강이 없으니, 아마 한강이 열수인 듯하다. 한강의 수원이 하나는 태백산에서 나오고, 다른 하나는 오대산에서 나와 서남쪽으로 용진(龍津)과 합하여 한강이 된다. 이른바 탄열(呑列)이란 것도 아마 이 지방을 벗어나지 않은 듯하고, 열구(列口)도 또한 한강 어귀에 있었던 듯하다.]

또 열구현이 있는데, 호삼성은 "열수가 바다에 들어가는 어귀에 있다" 하고, 『사기』에 "한 무제가 조선을 칠 때 양복이 제병(齊兵) 7천을 거느리고 먼저 왕검성에 이르렀다. 우거는 성을 지키고 있다가 양복의 군사가 적음을 알고 곧 나가서 치니 양복의 군사는 패주하여 산속으로 도망하였다. 조선을 평정한 뒤에 한 무제는, 양복이 열구에 이르러서 마땅히 순체를 기다려야 하였을 것인데 저 혼자 지레 군사를 풀어 치다가 망실(亡失)한 것이 많았다는 이유를 들어 서인(庶人)을 삼았다” 하였다.

상고하건대 위에서는 ‘먼저 왕검성에 이르렀다’ 하고, 아래에서는 ‘열구에 이르렀다’ 하였으니 그 거리가 멀지 않았던 것을 알 수가 있다. 『삼국사기』 지리지에 “고구려의 혈구현은 지금의 강화이다” 하였으니 혈구는 아마 열구의 잘못일 것이며 한수가 바다로 들어가는 바로 그 어귀에 있었다는 것을 더욱 믿을 수가 있다. 어떤 이는 대동강을 열수라 하기도 하는데, 그것은 옳지 않은 듯하다. 한의 말기에 낙랑을 나누어 대방군을 설치하고, 열구를 대방으로 옮겨 붙였다. 지금의 평양이 낙랑군치이고 열구가 (한수가) 바다로 들어가는 바로 그 어귀에 있었으나, 군치의 지척지지(咫尺之地)를 어찌 다른 군에 떼어 붙였겠는가? 이것으로 열구가 강화임을 더욱더 믿겠다. 『산해경』에 “조선은 열양(列陽)에 있다” 하였는데, 그 주에 “(열양은) 열수의 이름이다” 하였고, 양웅의 『방언』에는 “조선과 열수의 사이이다” 하였고, 『사기』 장안의 주에는 “습수(濕水)와 산수(汕水)가 합쳐서 열수가 된다” 하였고, 색은에는 “산수(汕水)가 있기 때문에 조선이라 이름한 것이다” 하였다.

상고하건대 한강의 근원은 둘이 있는데, 하나는 강릉의 오대산에서 나와 정선 · 평창영월 · 단양 · 청풍 · 충주 · 여주를 거쳐 흐르니 그것은 남강이라 하고, 다른 하나는 회양(淮陽)의 말휘령(末暉嶺)에서 나와 낭천 · 춘천 · 가평을 거쳐 흐르니 그것은 북강이라 하는데, 합류하여 한강이 된다. 이런 까닭에 습수와 산수를 구별한 듯하다.

『동사강목』 부 권하, 지리고, 예고(濊考)

예(濊)는 동이의 옛 나라이니 『주서』에서 말한 “예인은 전아(前兒) [짐승 이름이다] 인데, 원숭이처럼 생기고 서서 다니며, 어린애와 같은 소리를 낸다”[지금은 미상] 한 것이 그것이다.

【안】 지금 울릉도에 가지어(嘉支魚)[인어(人魚)를 말한다]가 있는데 바위 밑에 굴을

파고 살며 비늘이 없고 꼬리가 있으며 어신(魚身)에 네 발이 달렸는데 뒷발이 매우 짧다. 육지에서는 잘 달리지 못하나 물에서는 나는 듯이 다니며 소리는 어린애와 같은데, 그 기름은 등유(燈油)로 쓸 만하다 하니, 전아라는 것은 아마 그런 유인가? 『후한서』에서 비로소 예에 대한 전을 두었는데, 『후한서』에 의하면 예는 북쪽은 고구려·옥저와 접하고, 남쪽은 진한과 접하고, 동쪽은 바다에 닿고, 서쪽은 낙랑에 이르는데, 본시 조선의 땅이다. 원삭 원년에 예의 임금 남려가 우거를 배반하고 인구 28만을 거느리고 요동에 가서 내속하니, 무제가 그 땅을 창해군으로 삼았다가 수년 만에 이를 혁파하였다. 원봉 3년에 조선을 멸하고 4군을 나누어 두었다. 소제 시원 5년에 단단대령 이동의 옥저·예·맥을 다 낙랑에 소속시키고, 낙랑 7현을 나누어서 동부도위를 두어 다스렸다 하고, [이민구(李敏求)의 『독사수필(讀史隨筆)』에는 이렇게 되어 있다. 단단대령의 동서는 지금의 관동과 관서이다. 남려가 28만의 인구를 거느렸다는 그 수는 비록 관동·관서의 인구를 통틀어서 말한 것이기는 하지만 조폐(凋弊)한 나머지 현재의 인구가 매우 적은 것으로 볼 때, 고금 인구의 다과가 현격함을 알 수 있다.] 광무 건무 6년에 도위를 없애고 결국 영동의 땅을 떼어내서 그 땅에 모두 그 우두머리를 봉해 현후(縣侯)로 삼은 다음 세시에 조알하게 했다 한다. 그리고 예는 뒤에 고구려에 붙었더니 조위(曹魏) 정시(正始) 6년에 불내 등과 함께 위(魏)에 항복했다 하였고, 이 뒤로는 예가 중국 역사책에 나타나지 않는다.

『동사강목』 부 권하, 지리고, 맥고(貊考)

맥(貊)도 동이의 옛 나라이다. 『주관(周官)』의 맥예(貊隸)에 대한 주에 "동북 오랑캐를 정벌해서 노획한 것이다" 하고, 또 "직방씨는 구이(九夷)와 구맥(九貊)을 관장한다" 하였는데, (그 주에서) 정지(鄭志)는 조상(趙商)의 물음에 답하기를 "구맥은 곧 구이이다" 하고, 『이아』의 주에는 "예맥은 오적(五狄)의 하나이다" 하고, 『맹자』에 "백규(白圭)가 '세를 거둘 때 20분의 1을 거두려 하는데 어떻겠는가?' 하고 묻자, 맹자는 '그대의 세법은 맥에서 하는 세법일세. 맥에는 성곽·궁실·종묘나 제사 지내는 예절이 없고 제후에게 폐백과 음식 대접하는 일이 없으며 백관·유사가 없다. 그러므로 20분의 1을 거두어도 충분하다' 했다" 하였는데, 그 집주에 "맥은 북방 이적의 나라이다" 하고, 『공양전』에는 "10분의 1은 천하에서 중정한 세법이다. 10분의 1보다 많으면 대걸(大桀)이나 소걸(小桀)이요, 10분의 1보다 적으면 대맥(大貊)이나 소맥(小貊)이다" 하였다. 맥이 경전의 글에 섞여 나온 것이 이와 같으니, 그 유래가 아마 오랜 모양이다. 『한서』 고제 4년에 "북맥과 연 사람이 효기(梟騎, 강한 기병(騎兵))를 보내와 한(漢)을 도왔다" 하고, 『후한서』에 "무제가 조선을 멸하고 옥저 땅을 현도군으로 삼았는데, 소제가 이맥이 침략한다고 하여 현도군을 고구려로 옮기고 단단대령 이동의 옥저·예·맥을 다 낙랑에 소속시켰더니, 뒤에 경토가 너무 광원하다는 이유로 다시 영동7현을 나누어 낙랑동부도위를 설치하였는데, 광무 건무 6년에 도위를 없애고 결국 영동 땅을 떼어내서 그 땅에 모두 그들의 수장을 봉하여 현후(縣侯)로 삼고 세시에 조알하게 하였다."

『동사강목』 부 권하, 지리고, 부여고(扶餘考)

『사기』 화식전에 "연이 북쪽으로 오환과 부여에 인접했다" 하였으니, 부여라는 이름이 생긴 유래는 오래되었다. 『후한서』에 "부여국은 현도 북쪽 1천 리에 있어 남쪽은 고구려에 접하고, 동쪽은 읍루에 접하고, 서쪽은 선비에 접하고, 북쪽에는 약수(弱水)가 있다. 땅이 사방 2천 리인데, 본시 예땅이다. [당의 가탐은 "잘못이다" 하였는데, 예고(濊考)에 보인다.] 동이의 땅이 매우 평창(平敞)하므로 오곡을 심기에 알맞다" 하였다. 진(晋)의 초기 모용씨에게 패망한 뒤에는 사서에 보이지 않는다. 『북사』는 "두막루국은 옛날의 부여국이다" 하였고, 『성경지』는 "부여국은 지금 개원현 소재지 경내가 모두 그 땅이다" 하고, 또 "그 왕성은 개원현성 서남쪽에 있는데, 요(遼)에서 통주(通州)로 고쳤다"라고 하였다.

[(『성경지』에는) 또 이렇게 되어 있다.

『후한서』와 『삼국지』를 상고하여 도로의 이수(里數)를 가지고 계산하면, 부여에서 한의 요동군과의 거리는 오히려 1천4백~1천5백 리가 된다. 지금 개원은 요양과의 거리가 겨우 3백여 리이고 붉은 옥과 아름다운 구슬이 지금 흑룡강 경내에서 난다고 전하니, 부여부는 마땅히 변외 영고탑 흑룡강 지경에

있었을 것이다.]

『동사강목』 부 권하, 지리고, 고구려 제현고(諸縣考)

부여성: [옛날 부여의 왕성이다. 고구려는 왕성을 부여성으로 고치고 요(遼)는 통주로 고쳤는데, 지금의 개원현성 서남쪽에 있다. 당의 설인귀가 고구려를 금산(金山)에서 깨뜨리고 승세를 타서 부여성을 쳐 빼앗았다.

부여고에 보인다.]

『동사강목』 부 권하, 지리고, 발해국 군현고(郡縣考)

『문헌통고』에 발해는 바로 고구려의 옛 땅 …

가탐의 『고금군국지』에는 "발해국의 남해 · 부여 · 책성 · 압록 등 4부는 모두 고구려의 옛 땅이다.

부여의 옛 땅으로 부여부가 되었다. [지금의 개원현 지경으로 부여고에 자세히 보인다.]

『동사강목』 부 권하, 지리고, 강역 연혁 고정(考正)

경기도: 고조선 땅이다. 한 무제 때 낙랑의 남쪽 지경으로 삼았다.

강원도: 고조선 땅으로 예 · 맥이 웅거하였다. 한 무제 때 낙랑의 동쪽 지경을 삼았다.

황해도: 고조선 땅이다. 한 무제 때에 낙랑의 속현으로 삼았다.

평안도: 고조선 땅이다. 한 무제 때 낙랑군을 설치하였다.

함경도: 고조선 땅이다. 지금 북도(北道)는 북옥저였고 남도 근해는 동옥저였으며, 남옥저는 북옥저 남쪽에 있었는데, 아마 지금의 삼수(三水) · 갑산(甲山) 등지인 듯하다. 한 무제 때 현도군으로 삼았다.

요동: 맨 처음에는 구이의 땅이었는데, 순(舜)이 유주(幽州) · 영주(營州) 등 2주를 두어 동이를 얽매었고, 하(夏) · 상(商) 시대에는 동이에 속하였으며, 주 무왕 때에는 기자를 단군 조선 옛 땅에 봉하였으니 지금 봉천부(奉天府)의 의주(義州) · 광녕(廣寧) 이동이 모두 그 봉지이다. 전국 시대 말기에 연(燕)이 쳐서 그를 취하였더니 얼마

후에 진(秦)에 흡수되고 뒤에 한(漢)에 속하였다.

영고탑: 옛날 숙신씨의 땅이다. 서쪽 지경은 진번 오랑캐가 점거한 바 되어 조선에 속하였는데, 한 무제가 조선을 멸하고 진번군을 두었으니, 아마 지금의 영주(永州)·길주(吉州) 등의 땅이 바로 그것인 듯하다.

『동사강목』 부 권하, 지리고, 분야고(分野考)

일찍이 스승에게 들었는데 다음과 같다. 기자의 봉지는 남기(南箕, 성좌 이름. 남방 7수(宿)의 하나)의 땅에 있다. 홍범에 설명한 것은 곧 낙서(洛書)를 펴서 만든 것이다. 낙서의 위치는 이(二)와 팔(八)이 그 위치가 바뀌었다.

(출처: 한국고전번역원)

『燕行記事』(1778년)

李押(1737~1795)

『연행기사』는 조선 후기 문신 이갑(李押)이 동지사(冬至使, 조선 시대 명과 청에 정기적으로 파견한 사신을 뜻함)의 부사(副使) 자격으로 1777년 10월 27일부터 1778년 3월 29일까지 청에 다녀온 일을 일기 형식으로 쓴 책이다. 따라서 『연행기사』는 견문록이자 사행 기록이라고 할 수 있다. 본문에는 사행 일행의 동정, 사행 중에 방문한 지역의 역사적 내력, 사행 완수를 위해 진행했던 각종 협의, 청 관원들과의 교섭 등이 기록되어 있다. 고조선과 관련해서는 기자묘를 알현한 내용이 매우 짧게 서술되어 있다.

이갑의 본관은 연안(延安). 자는 신경(信卿)이다. 1769년(영조 45) 정시 문과에 병과로 급제했고 사간원정언, 홍문관 교리·수찬, 도승지, 대사간, 대사헌, 비변사당상, 황해도관찰사, 동지겸진주사(冬至兼陳奏使)의 부사 등을 거쳤다.

『연행기사』는 5권 1책으로 구성되어 있다. 「일기」, 「문견잡기」, 「시」로 이루어져 있으며 「일기」와 「문견잡기」는 다시 상·하 2권으로 되어 있다. 「일기」

상권은 1777년의 기사로 산천 · 토성(土性) · 성첩(城堞) · 공로(貢路) · 의복 · 관복 · 작농제(作農制) · 거제(車制) · 성묘(聖廟) · 경학 · 과거 · 한어(漢語) · 의술 · 음식 · 소채(蔬菜) · 어구(漁具) · 습속 등에 관한 것이다. 하권은 1778년의 기사로 풍속 · 견문 사항 · 만한 관계(滿漢關係) · 명청 관계(明淸關係) · 이문(異聞) · 유구(琉球) · 안남(安南) · 서번사사(西蕃四寺) · 하번오사(河蕃五寺) · 사천(四川) 등에 관한 것이다.

『연행기사』는 사본으로 전해오다가 1961년에 성균관대학교 대동문화연구원이 『연행록선집(燕行錄選集)』 하권에 수록해 영인, 출판하면서 알려지게 되었다.

고조선에 관련된 내용은 앞에서 언급한 기자묘 배알 기사가 전부이다. 정사(正使)인 이광(李珖)과 함께 기자묘에 다녀간 내용을 전하는 데에서 한 번 등장한다. 비록 몇 글자 안 되는 짧은 기록이지만 기자묘 봉심(奉審)이 사행 일행의 일반적인 관행이었음을 알 수 있어 기자에 대한 조선의 인식을 짐작할 수 있다.

『연행기사(하)』 3월 22일

정사(正使)와 함께 기자묘에 가서 봉심(奉審)하고 이청(吏廳)에 관사를 정하였다. (442쪽 1)

(출처: 한국고전번역원)

『熱河日記』(1783년경)

朴趾源(1737~1805)

『열하일기』는 조선 후기 실학자인 박지원이 1780년(정조 4) 청 건륭제의 칠순연을 축하하기 위해 청에 다녀온 후 그 결과를 기록한 견문록이다. 그는 성경(盛京) · 북평(北平) · 열하(熱河) 등을 여행하면서 그곳 문인 · 명사들과 교유한 내용, 청의 문물 제도 등에 대해 기록했다. 탈고 시기는 1783년경으로 추정된다.

박지원의 본관은 반남(潘南), 자는 미중(美仲) 또는 중미(仲美)이고 호는 연암(燕巖) 또는 연상(煙湘)·열상외사(洌上外史)이다. 1765년 첫 과거시험에서 좋은 결과를 얻지 못하자 이후 출사에 뜻을 두지 않고 은거하며 학문과 저술에 전념했다.

현재 알려진 『열하일기』 필사본은 대략 30여 종이 있다. 저본이 되는 판본은 박영철(朴榮喆)본 『연암집』 소재의 『열하일기』이다. 『열하일기』는 연행록이라는 형식에 국한되지 않고 파격적인 문체를 구사하여 호평과 혹평을 동시에 받았다고 한다. 특히 정조가 당시 유행하던 중국풍의 패관잡기체의 문체를 비판하고 순정 고문으로 돌아가게 하려는 '문체반정(文體反正)'을 주도하였고, 이때 『열하일기』는 불순한 문체의 근원으로 지목되어 박지원 생전에 출간되지 못하였다. 이 때문에 다량의 필사본이 전해지게 되었다. 특히 당시 천주교 탄압의 동기가 된 진산사건 이후 서학에 대해 경계하던 시대 분위기에 따라 천주나 지동설에 관한 표현들이 삭제되거나 판본에 따라 다시 복원되는 등 내용의 출입이 많다.

책은 모두 26권 10책으로 구성되어 있다. 간본(刊本)으로는 1901년 김택영(金澤榮)이 간행한 『연암집(燕巖續集)』 권1·2가 있으며, 1911년 광문회(光文會)가 간행한 A5판 286면의 활판본이 있다. 1932년 박영철이 신활자본으로 간행한 『연암집』 별집 권11~15에 전편이 수록되어 있다. 현재 규장각에 소장돼 있으며 1966년에 민족문화추진위원회(현 한국고전번역원)에서 완역하였다.

박지원은 '연행록'의 일반적 형식인 일기체를 채택하지 않고 압록강을 건넌 6월 24일부터 열하에서 북경에 돌아온 8월 20일까지만을 일기체로 서술하였다. 나머지는 견문한 것을 내용에 따라 여러 편(篇)으로 분류해서 서술하였다.

각 권은 내용에 따라 나누어져 있다. 권1 「열하일기서(熱河日記序)」·「도강록(渡江錄)」, 권2 「성경잡지(盛京雜識)」·「속재필담(粟齋筆譚)」·「상루필담

(商樓筆譚)」·「고동록(古董錄)」, 권3 「일신수필(馹汎隨筆)」, 권4 「관내정사(關內程史)」 등과 같은 형식이다.

고조선 및 부여에 관한 내용은 권1 「도강록」과 권20 「망양록(忘羊錄)」에 실려 있다. 「도강록」은 압록강에서 중국 요령성 요양(遼陽)에 이르는 15일간(1780년 6월 24일부터 7월 9일)의 기행문에 해당한다. 「망양록」은 청나라 학자들과 음악에 관하여 이야기 나누며 피력한 견해를 기록한 부분이다. 이 두 권에 조선현, 고구려현, 부여 등에 관한 내용이 있다. 여기에는 부여, 옥저, 물길, 말갈, 발해 등으로의 변화에 대한 박지원의 견해가 들어 있다.

『열하일기』 권1 도강록(渡江錄), 6월 28일 을해(乙亥)

대개 당 태종이 천하의 군사를 징발하여 이 하찮은 탄알만 한 작은 성을 함락시키지 못하고 창황히 군사를 돌이켰다 함은 그 사실이 의심되는 바 없지 않거늘, 김부식은 다만 옛 글에 그의 성명이 전하지 않음을 애석히 여겼을 뿐이다. 대개 부식이 『삼국사기』를 지을 때에 다만 중국의 사서에서 한번 골라 베껴 내어 모든 사실을 그대로 인정하였고 또 유공권(柳公權, 당의 학자요 서예가)의 소설을 끌어 와서 당 태종이 포위되었던 사실을 입증까지 했다. 그러나 『당서』와 사마광의 『자치통감』에도 기록이 보이지 않으니 이는 아마 그들이 중국의 수치를 숨기려 한 것이 아닌가 싶다. 그러나 우리 본토에서는 옛날부터 전해 내려오는 사실을 단 한 마디도 감히 쓰지 못했으니, 그 사실이 미더운 것이건 아니건 간에 모두 빠지고 말았던 것이다.

나는 "당 태종이 안시성에서 눈을 잃었는지 않았는지는 상고할 길이 없으나 대체로 이 성을 안시(安市)라 함은 잘못이라고 한다. 『당서』에 보면 안시성은 평양에서 거리가 5백 리요, 봉황성은 또한 왕검성(王儉城)이라 한다 하였으므로, 『지지(地志)』에는 봉황성을 평양이라 하기도 한다 하였으니, 이는 무엇을 이름인지 모르겠다. 또 『지지』에 옛날 안시성은 개평현[蓋平縣, 봉천부(奉天府)에 있다]의 동북 70리에 있다 하였으니, 대개 개평현에서 동으로 수암하(秀巖河)까지가 3백 리, 수암하에서 다시 동으로 2백

리를 가면 봉황성이다. 만일 이 성을 옛 평양이라 한다면『당서』에 이른바 5백 리란 말과 서로 부합되는 것이다"라고 생각한다. 그런데 우리나라 선비들은 단지 지금 평양만 알므로 기자가 평양에 도읍했다 하면 이를 믿고, 평양에 정전(井田)이 있다 하면 이를 믿으며, 평양에 기자묘가 있다 하면 이를 믿어서, 만일 봉황성이 곧 평양이다 하면 크게 놀랄 것이다. 더구나 요동에도 또 하나의 평양이 있었다 하면, 이는 해괴한 말이라 하고 나무랄 것이다. 그들은 아직 요동이 본시 조선의 땅이며, 숙신·예·맥 등 동이(東彝)의 여러 나라가 모두 위만의 조선에 예속되었던 것을 알지 못하고, 또 오라(烏剌)·영고탑·후춘(後春) 등지가 본시 고구려의 옛 땅임을 알지 못하는 것이다. 아아, 후세 선비들이 이러한 경계를 밝히지 않고 함부로 한사군을 죄다 압록강 이쪽에다 몰아넣어서 억지로 사실을 이끌어다 구구히 분배하고 다시 패수를 그 속에서 찾되, 혹은 압록강을 '패수'라 하고, 혹은 청천강을 '패수'라 하며, 혹은 대동강을 '패수'라 한다. 이리하여 조선의 강토는 싸우지도 않고 저절로 줄어들었다. 이는 무슨 까닭일까. 평양을 한 곳에 정해놓고 패수 위치의 앞으로 나감과 뒤로 물리는 것은 그때그때의 사정에 따르는 까닭이다. 나는 일찍이 한사군의 땅은 요동에만 있는 것이 아니고 마땅히 여진에까지 들어간 것이라고 했다. 무엇으로 그런 줄 아느냐 하면『한서』지리지에 현도나 낙랑은 있으나 진번과 임둔은 보이지 않는다.

대체 한 소제(昭帝) 시원(始元) 5년(기원전 82)에 4군을 합하여 2부로 하고, 원봉(元鳳) 원년(기원전 76)에 다시 2부를 2군으로 고쳤다. 현도 세 고을 중에 고구려현이 있고, 낙랑 스물다섯 고을 중에 조선현이 있으며, 요동 열여덟 고을 중에 안시현이 있다. 다만 진번은 장안에서 7천 리, 임둔은 장안에서 6천 1백 리에 있다. 이는 김윤(金崙, 조선 세조 때의 학자)의 이른바 "우리나라 지경 안에서 이 고을들은 찾을 수 없으니, 틀림없이 지금 영고탑(寧古塔) 등지에 있었을 것이다"라고 함이 옳을 것이다. 이로 본다면 진번·임둔은 한 말에 바로 부여·읍루·옥저에 들어간 것이니, 부여는 다섯이고 옥저는 넷이던 것이 혹 변하여 물길이 되고, 혹 변하여 말갈이 되며, 혹 변하여 발해가 되고, 혹 변하여 여진으로 된 것이다. 발해의 무왕 대무예가 일본의 성무왕에게 보낸 글월 중 "고구려의 옛터를 회복하고 부여의 옛 풍속을 물려받았다"

하였으니, 이로써 미루어 보면 한사군의 절반은 요동에, 절반은 여진에 걸쳐 있어서 서로 포괄되어 있었으니 이것이 본디 우리 강토 안에 있었음은 더욱 명확하다.

그런데 한대 이후로 중국에서 말하는 패수가 어딘지 일정하지 못하고, 또 우리나라 선비들은 반드시 지금의 평양으로 표준을 삼아서 이러쿵저러쿵 패수의 자리를 찾는다. 이는 다름 아니라 옛날 중국 사람들은 무릇 요동 이쪽의 강을 죄다 패수라 하였으므로 그 이수가 서로 맞지 않아 사실이 어긋나는 것이다. 그러므로 옛 조선과 고구려의 지경을 알려면, 먼저 여진을 우리 국경 안으로 치고, 다음에는 패수를 요동에 가서 찾아야 할 것이다. 그리하여 패수가 일정해져야만 강역이 밝혀지고, 강역이 밝혀져야만 고금의 사실이 부합될 것이다. 그렇다면 봉황성을 틀림없는 평양이라 할 수 있을까. 이곳이 만일 기씨(箕氏)·위씨(衛氏)·고씨(高氏) 등이 도읍한 곳이라면 이 역시 하나의 평양이리라 하고 답할 수 있을 것이다. 『당서』 배구전(裴矩傳)에 "고려는 본시 고죽국인데, 주(周)가 여기에 기자를 봉하였더니, 한에 이르러서 4군으로 나누었다" 하였으니 이른바 고죽국이란 지금 영평부(永平府)에 있으며, 또 광녕현(廣寧縣)에는 전에 기자묘가 있어서 우관(冔冠)을 쓴 소상(塑像)을 앉혔더니, 명나라 가정(嘉靖) 때 병화에 불탔다 하며, 광녕현을 어떤 이들은 평양이라 부른다. 『금사(金史)』와 『문헌통고』에는 "광녕·함평(咸平)은 모두 기자의 봉지(封地)이다" 하였으니, 이로 미루어 본다면 영평(永平)·광녕의 사이가 하나의 평양일 것이요, 『요사』에 "발해의 현덕부는 본시 조선 땅으로 기자를 봉한 평양성이던 것을, 요가 발해를 쳐부수고 동경이라 고쳤으니 이는 곧 지금의 요양현이다" 하였으니 이로 미루어 보면 요양현도 또한 하나의 평양일 것이다. 나는 "기씨가 애초에 영평과 광녕 사이에 있다가 나중에 연나라의 장군 진개에게 쫓기어 땅 2천 리를 잃고 차츰 동쪽으로 옮아가니, 이는 마치 중국의 진(晉)·송(宋)이 남으로 옮겨감과 같았다. 그리하여 머무는 곳마다 평양이라 하였으니 지금 우리 대동강 기슭에 있는 평양도 그중의 하나일 것이다"고 생각한다.

그리고 저 패수도 역시 이와 같다. 고구려의 지경이 때로 늘기도 하고 줄기도 하였을 터인즉, 패수라는 이름도 따라 옮김이 마치 중국의 남북조(南北朝) 때에 주(州)·군

(郡)의 이름이 서로 바뀜과 같다. 그런데 지금 평양을 평양이라 하는 이들은 대동강을 가리켜 "이 물은 '패수'다" 하며, 평양과 함경(咸鏡) 사이에 있는 산을 가리켜 "이 산은 '개마대산(蓋馬大山)'이다" 하며, 요양으로 평양을 삼는 이는 헌우낙수(軒芋濼水)를 가리켜 "이 물은 패수다" 하고, 개평현에 있는 산을 가리켜 "이 산은 개마대산이다" 한다. 그 어느 것이 옳은지 알 수는 없지만 반드시 지금 대동강을 패수라 하는 이는 자기네 강토를 스스로 줄여서 말함이다.

당나라 의봉(儀鳳) 2년(677)에 고구려의 항복한 임금 고장(高藏) 보장왕(寶藏王)을 요동주(遼東州) 도독(都督)으로 삼고 조선왕(朝鮮王)을 봉하여 요동으로 돌려보내며, 곧 안동도호부를 신성(新城)에 옮겨서 이를 통할하였으니 이로 미루어 보면 고씨의 강토가 요동에 있던 것을 당이 비록 정복하기는 했으나 이를 지니지 못하고 고씨에게 도로 돌려주었으니 평양은 본시 요동에 있었거나 혹은 이곳에다 잠시 빌려 씀으로 말미암아 패수와 함께 수시로 들쭉날쭉하였을 뿐이었다. 그리고 한의 낙랑군 관아가 평양에 있었다 하나 이는 지금의 평양이 아니요, 곧 요동의 평양을 말함이다. 그 뒤 승국(勝國, 고려를 의미) 때에 이르러서는 요동과 발해의 일경(一境)이 모두 거란에 들어갔으나 겨우 자비령과 철령을 경계로 삼가 지켜 선춘령(先春嶺)과 압록강마저 버리고도 돌보지 않으니 하물며 그 밖에야 한 발자국인들 돌아보았겠는가. 고려는 비록 안으로 삼국을 합병하였으나 그의 강토와 무력이 고씨의 강성함에 결코 미치지 못하였는데 후세의 옹졸한 선비들이 부질없이 평양의 옛 이름을 그리워하여 다만 중국의 사전(史傳)만을 믿고 흥미진진하게 수·당의 구적(舊蹟)을 이야기하면서 "이것은 패수요, 이것은 평양이오"라고 한다. 그러나 이는 벌써 말할 수 없이 사실과 어긋났으니 이 성이 안시성인지 또는 봉황성인지를 어떻게 분간할 수 있겠는가.

성의 둘레는 3리에 지나지 않으나 벽돌로 수십 겹을 쌓았다. 그 제도가 웅장하고 화려하며 네 모서리가 반듯하여 네모 말(斗)을 놓아둔 것처럼 보인다. 지금 겨우 반쯤밖에 쌓지 않아서 그 높낮이는 비록 예측할 수 없으나, 성문 위 다락 세울 곳에 구름다리를 놓아 허공에 높이 떠 있는 것 같이 보인다. 그 공사는 비록 거창스러운 듯하나 여러 가지 기계가 편리하여 벽돌을 나르고 흙을 실어 오는 것이 모두 기계가 움직이고 수레바퀴가 굴러 혹은 위로부터 끌어올리기도 하며 혹은 저절로 가기도 하여 그 법이 일정하지 않으나, 모두 일은 간단하되 공로는 배나 되는 기술이다. 그 어느 하나 본받지 않을 것이 없으나 다만 길이 바빠서 골고루 구경할 겨를이 없었을 뿐더러 설사 진종일 두고 자세히 본다 하더라도 갑자기 배울 수 없으니 참으로 한스러운 일이다.

『열하일기』 권20 망양록(忘羊錄)

형산(亨山, 윤가전(尹嘉詮)의 호)은 다시 "귀국에는 『악경(樂經)』이 있다더니 참말 그렇습니까?" 하고 묻는다. 나는 "이것은 떠돌아다니는 말입니다. 중국에도 없는 것이 어찌 외국에 있겠습니까" 하였더니 혹정은 "이것은 있을 수 없을 겁니다. 세상에서는 악경도 진(秦)의 불 속에 들어갔다고 한탄하지만, 제 생각은 중국에도 처음부터 악경이 없었다고 생각합니다" 한다. 나는 "사전(사마천의 『사기』)에는 기자가 조선으로 피해 올 적에 시·서, 예·악, 의(醫)·무(巫), 복서(卜筮), 공기(工伎)의 무리 5천 명을 데리고 함께 동쪽으로 나왔다 하였으니, 6예(藝)는 모두 진 시황(秦始皇)의 화염 속에 타지 않고 우리나라에 유전(流傳)되었다고 합니다" 하였더니, 혹정은 웃으면서 "이것은 본래 중국에서 호기(好奇)하는 인사가 꾸며서 만든 말입니다. 풍희(馮熙)의 『고서세본(古書世本)』도 이런 것으로, 소위 『기자조선본(箕子朝鮮本)』이란 본래 기자를 조선에 봉할 때부터 전해 오던 고문 『서경(書經)』이라 하여 제전(帝典, 『서경』의 요전(堯典)과 순전(舜典)으로부터 미자(微子))에 그쳤고, 그 끝에는 다만 홍범(洪範) 한 편을 붙였는데, 팔정(八政, 홍범 중에 있는 말) 밑에는 52자를 더했습니다. 고정림(顧亭林)의 『일지록(日知錄)』에서 왕추간(王秋澗)의 『중당사기(中堂事記)』에 의거하여 이미 위찬(僞撰)이란 것이 판명되었습니다" 한다.

나는 "제가 심양에 들어온 뒤부터, 수재(秀才)를 만나면 문득 우리나라에 『고문상서(古文尙書)』가 있느냐고 물었습니다. 이것은 대개 기자가 조선으로 나올 때 가지고 나왔다는 것입니다. 혹은 위만이 가지고 나왔다고 하는데, 위만은 비록 저 스스로 상투를 묶고 오랑캐 옷을 입었다지만, 역시 저대로는 호걸을 자처하였을 뿐 아니라 그 무리 수천 명 중에는 역시 선비로서 경서를 안고 진(秦)을 피하여 따라 나온 자가 없었다고 할 수 없는 것인즉, 이치에 괴이할 것 없습니다. 그러나 고구려는 본래 무력을 숭상하여 다만 약탈을 좋아하니 설사 끼쳐진 경서가 있었더라도 이것을 받들어 소중히 여길 줄 몰랐을 것이고, 또 여러 차례 난리를 치른 나머지 우리나라에서 1천여 년 이래로 『고문상서』가 있다는 말은 못 들었습니다" 하였다.

혹정은 "선배 주석창(朱錫鬯)이 이미 변증한 바입니다. 『주서(周書)』 공안국(孔安國)의 서문에 성왕(成王)이 동쪽 이 한 점은 이(夷) 자인데, 그가 나를 대하였으므로 이를 피했다. 성왕이 동이(東夷) [한 점(一點)은 이자(夷字)인데 그가 나를 대하였으므로 이를 피했다. 대체 그는 호(胡)·노(虜)·이(夷)·적(狄) 등 글자는 모두 기휘하였다] 를 이미 치자 숙신(肅愼)이 와서 축하하니, 성왕은 영백(榮伯, 주(周)의 종실이자 정치가)을 시켜 숙신에게 보내는 칙서를 썼다고 했습니다. 그 전기에 의하면 해동의 여러 종족들로서 구려·부여·간맥(馯貊) 등은 무왕이 상(商)을 쳐서 이겼을 때부터 교통이 되었다고 하였습니다. 주(朱)는 『주서』 왕회 편에 직(稷)·신(愼)·예(濊)·양(良) 같은 나라는 처음으로 보이지만 구려니 부여 같은 이름은 없다 하여 동국사(東國史)에서 인용하기를 '구려의 건국이 한 원제(元帝) 건소(建昭) 2년(기원전 37)이라면, 공안국이 황제의 명령을 받고 이 글을 쓸 때 구려와 부여는 중국과 아직 교통이 없었을 때이거늘 더구나 주가 상을 처음 이겼을 때일까 보냐' 했습니다. …"라 한다. …

혹정은 "… 의리를 형식으로 따진다면 무왕이 미자나 기자를 받들어 세우고 자기는 물러나 번방에 처하였다면, 그가 은의 순수한 신하로서 해로운 것이 없고, 잠자리에서 눈물을 흘려 끝까지 천위(天威)를 두려워한 것은 경시(更始)의 어진 종실이 되는데 해롭지 않았으리다. …" 한다. …

나는 "… 우리나라가 중국을 사모하는 것은 곧 그 천성으로 되어 있습니다. 21대 역사를 상고해 보건대 신라와 고려로 국호를 삼은 상하 수천 년 동안에 아직 한 번인들 이 귀국의 국경을 놀라게 한 적이 있었습니까. 조선이 한(漢)의 사신을 죽인 것은 곧 위만의 조선이요, 기자의 조선이 아니며 수(隋)나 당(唐)에 대하여 항거한 자는 곧 고씨(高氏)의 고구려요, 왕씨의 고려가 아닙니다. … 고려가 비록 나라는 작고 백성은 가난하다 하지만 기름진 곡식들은 족히 조상께 제사를 모실 만하고 실과 삼은 족히 제복(祭服)을 갖출 만하며 산에서 나는 쇠와 바다에서 구운 소금은 남의 나라에 의지하지 않고서도 지낼 수 있으니 어찌 상국의 재물에 욕심을 내고 천자의 유사(有司)들에게 시끄럽게 했겠습니까. 송의 여러 황제들은 관곡(館穀)이 허비되는 것을 아까워하지 않고 멀리 찾아온 수고를 따뜻하게 위로하는 뜻은 다른 나라보다 더했습니다. 오래 전해온 기자 같은 성인의 가르침이 있다 하여 본래부터 예의의 나라로 불려서 대우가 심히 두터웠으니 중국의 부유하고 포용력이 큰 것을 볼 수 있는지라, 어찌 사해의 부력을 가지고 한 개 사신의 비용을 아끼겠습니까. …" 하였다. …

혹정은 "… 중국 땅에서 문헌들이 해마다 압록강을 건너서, 교화는 태사(太師, 기자를 의미)를 따르고 학문은 자양(紫陽, 주자의 별칭)을 표준하여 '예의의 나라'라 일컬어오는 터에, 천 년의 춘추대의는 어진 자의 책임을 갖추고 있는 것입니다" 한다.

(출처: 한국고전번역원)

『朝野輯要』(1784년경)

저자 미상

『조야집요』는 고조선부터 조선 영조가 승하한 병신년(1776)까지의 역사를 편년체로 기록한 조선 후기의 야사형 사서이다. 저자와 저술 연대가 알려지지 않았다. 다만 책머리의 '군표일반(羣豹一班)'에 갑진년 봄에 71세의 늙은이가 경어재(耕漁齋)에서 썼다는 내용을 근거로 김상복(1712~1782)이 썼거나 혹은 이장연이 썼다고 보고 있다. 편찬 시기는 1784년(정조 8)을 유력하게 본다.

책은 모두 29편으로 이루어졌다. 1편은 '동국연혁총서(東國沿革總叙)'로 고조선에 대한 내용을 다루고 있다. 제2편에서 제29편까지는 조선 왕조의 역사를 다루고 있다. 여러 편의 필사본이 전하는데 한국학중앙연구원 장서각에 『소화귀감(小華龜鑑)』 필사본이 있다. 『소화귀감』에는 박손경(1713~1782)이 쓴 자서가 있다.

고조선과 관련해서는 단군왕검의 건국 이야기와 통치, 기자조선의 성립과 멸망, 기자의 후손 준왕이 세운 마한과 삼한, 위만조선의 성립과 망명 등을 간략하게 서술하였다. 부여와 관련해서는 고구려 시조 주몽의 부여 시절 내용을 담고 있다. 단군의 아들 부루에 대한 여러 사람의 논의를 비판적으로 다루었으며, 기자 무덤에 대한 의문도 언급하였다.

『조야집요』 권1, 우리나라의 연혁 총서(東國沿革總敍)

우리나라의 천문은 미(尾)·기(箕)의 분야이니 곧 석목(析木)의 위차(緯差)이다. 중국에서는 동이, 서강, 남만, 북적이라 일컫는데, 강(羌)은 양(羊)을 부수로 하며, 만(蠻)은 충(虫)을 부수로 하며, 적(狄)은 견(犬)을 부수로 하며, 이(夷)는 인(人)을 부수로 한다. 기자가 조선에 들어가고 공자가 구이에 살고자 한 것은 우리 동방이 바깥 오랑캐의 나라가 아니기 때문이다. 중국과 비슷한 까닭에 소중화라고 부른다. 도당씨 요 임금 때 단군이 나란히 즉위하였으며, (주나라) 무왕의 시기에 기자가 임금이 되었다. 진·한이 일어났을 때 위만이 평양에 도읍하였으며, 오계의 난이 끝났을 때 삼한이 통일되었고, 송나라가 장차 일어나려 할 때에 고려 왕조가 이미 일어났다. 명나라가 천하를 다스릴 때에 우리 태조가 국가를 바로잡았다. 단군이 뒤를 이은 것은 요 임금 25년이고, 우리 태조 또한 뒤를 이은 것이 명 태조 25년이었다. 요 임금 원년 갑진년에서 명 태조 원년 무신년(1368)에 이르기까지 2,725년이니 기수(氣數)가 같다. 연·대는 북녘에 가깝고, 두만강은 말갈을 이웃하고, 민·석은 만(蠻)과 통하고 내주는 마도와 붙어 있다. 동쪽에는 물고기 잡이와 소금의 이익이 있으니, 으뜸은 청주·제남이다. 좋은 벼, 물고기의 풍족함은 마땅히 오회이다. 이런즉 지리는 부절(符節)이다.

단군의 이름은 왕검이다. 동방에 처음에는 군장이 없었고, 아홉 종의 오랑캐가 있었다. 옛날에 천신 환인이 있어 무리 3천을 거느리고 태백산[지금의 영변 묘향산] 정상 신단수 아래로 내려왔다. 신시라고 이른다. 때에 곰 하나가 신에게 기원하여 사람의 몸이 되고자 하였다. 신이 약을 보내 먹게 하였더니 변하여 여자가 되었다. 신이 임시로 변화하여 혼인하니 아들을 낳았다. 이가 단군이다. 나라를 세워 조선이라고 일컬었다. 곧 요 임금 25년 무진년이다. 상나라 무정 8년에 아사달산[지금의 구월산]에 들어가 신이 되었다. 나이가 1,908세였다. 양촌 권근의 시에 "세상에 전해진 지 얼마인지 알지 못하노니, 지나간 해가 일찍이 천 년이 지났다"라고 하였다. 단군이 비서갑 하백의 딸을 취하여 아들을 낳으니 부루라 하였다. (하나라) 우왕이 도산에서 회맹을 하였을 때에 아들 부루를 보내 조빙하였다. 『삼국사기』에 이르기를 "북부여 해부루가 도읍을 가섭원[성천]으로 옮기고 나라 이름을 동부여라고 하였다. 그 옛 도읍에는 어느 사람이 있었는데, 스스로 천제의 아들이라고 일컫는 해모수가 와서 도읍으로 삼았다"라고 하였다. 또 이르기를 "부루가 늙어 아들이 없어 산천에 후사를 기원하였다. 타고 가던 말이 곤연에 이르러 큰 돌을 보고는 눈물을 흘렸다. 왕이 기이하게 생각하여 그 돌을 옮기게 하니 작은 아이가 있었는데, 금색에 개구리 모습이었다. 왕이 기뻐하며 이르기를 '하늘이 나에게 후사를 내렸다'고 말하고, 이내 이름을 금와라고 하였다. 왕이 죽자 이어받아 왕위에 올랐다"라고 하였다. 또 다른 설에는 한나라 선제 때에 천제의 아들이 흘골성 아래에 내려와 도읍을 세우고 나라 이름을 북부여[영변]라 하고 스스로 이름을 해모수라 일컬었다. 아들 부루를 낳으니 해를 성씨를 삼았다. 또는 부(夫)라 하였다. 죽으니 금와가 왕위를 이었다가 아들 대소에게 전하였다. 고려 무휼왕 때 이르러 나라가 제거되었다. 대소의 아우가 갈사수 물가로 도망가서 즉위하여 갈사왕이 되었다. 미수의 『기언』에 이르기를 "갈사왕의 손자 도두가 구려에 항복하여 동부여가 멸망하였다. 단군은 도당(陶唐)에서 상나라 무정까지 1,048년이었다. 부루 뒤로 갈사왕이 망한 왕망이 있던 시기까지 또한 천 년이다. 부여왕 부루가 곤연에서 아이를 얻은 것은 한나라 선제 신작 3년(기원전 59)으로 단군의 아들 부루가 하나라에 조회하던 때로부터 1천 5백 년 떨어져 있다"라고 하였다. 지금 『기언』은 동부여의 부여를 단군의 아들 부루로 언급하였는데, 무엇에 근거하였는지 알 수 없다.

기자의 성씨는 자고 이름은 서여로 은나라의 태사였다. 은이 멸망하고 바다를 건너 동쪽으로 갔다. 중국 사람 5천 명이 예·악과 복서의 책을 가지고 따라왔다. (주나라의) 무왕이 이에 봉하였으나 신하로 삼지 않았다. 나라 이름을 조선이라 하고 평양에 도읍하였다. 41대손 기부에 이르러 진나라가 두려워 복속하였으며, 부의 아들 준이 처음으로 왕을 일컬었다. 한나라 혜제 원년 정미년(기원전 194)에 연 사람 위만이 준을 기습적으로 공격하였다. 준이 바다로 해서 남쪽으로 도망하여 마한을 다스렸다. 기자가 일어난 기묘년에서 준의 기미년까지 모두 929년이었다.

마한. 기준이 금마군 [지금의 익산] 에 이르러 나라를 세워 마한이라 하였다. 50여 나라를 다스렸다. 준에서부터 여러 세대를 걸쳐 한나라 성제 계묘년(기원전 18)에 백제 시조 온조에게 멸망당하였다. 정미년(기원전 194)에 일어나 기사년(9)에 멸망하였으니 모두 203년이었다. 기자가 전한 왕위를 합하면 1,132년이었다. 『지봉유설』에 이르기를 "기자의 무덤은 평양성 밖에 있다. 그러나 중국에서 듣기는, 하남의 땅에 또한 기자의 무덤이 있다고 한다. 어찌 죽은 뒤 반장(返葬)을 하였겠는가. 그런즉 평양의 무덤은 기자의 후예가 잠든 것이다"라고 하였다.

진한. 진나라의 망명객이 역을 피하여 마한으로 들어왔다. 열두 나라를 거느렸다. 항상 마한 사람으로 임금을 삼았으며 능히 그 땅에서 스스로 즉위하지 못하였다. 후에 신라가 되었다. 시조 혁거세가 도읍한 곳이다.

변한은 시조가 누구인지 알지 못한다. 또한 열두 나라를 다스렸으며, 진한에 속하였다. 후에 신라에 항복하였다. 대개 그 땅은 영남 우도의 남쪽 지역에 있어 왜와 접하였다. 또 다른 설에 변한은 낙랑의 후예라고 한다. 마한, 진한, 변한이 삼한이 되었다.

위만. 한나라 혜제 때 연왕 노관이 반기를 들고 흉노로 들어갔다. 위만은 오랑캐 옷을 입고 패수를 건너와 서쪽 지역에 거주할 수 있게 해달라고 구하였다. 기준(箕準)이 백 리의 땅을 봉해주었다. 드디어 준왕을 습격하여 왕검성 [지금의 평양] 을 근거지로 삼았다. 나라 이름은 또한 조선이라 하였다. 손자 우거에 이르러서 한나라 무제가 장수를 보내어 쳤다. 나라 사람이 우거를 죽이고 항복하였다. 한나라가 그 땅을 나누어 낙랑 [지금의 평양], 임둔 [지금의 강릉, 즉 예국], 현도 [지금의 함흥, 즉 동옥저], 진번 [지금의 함경 북쪽의 오랑캐 땅] 4군을 두었다. 소제가 4군을 2부로 고쳤다. 현도 · 진번은 평주도독부로 삼았고, 낙랑 · 임둔은 동부도독부로 삼았다.

단군, 기자, 위만은 삼조선이 되었다. 땅이 동쪽의 해가 떠올라 먼저 밝아지는 곳에 있기 때문에 조선이라 하였다. 또한 산수(汕水)가 있었기 때문에 그렇게 일컬었다.

신라 시조 혁거세의 세계이다. 처음 조선의 유민이 산과 골짜기에 나누어 살면서 6부를 이루었다. …

고구려는 신라 혁거세 21년에 나라를 세웠다. 시조 동명왕은 주몽이다. 동부여 왕 금와가 우발수에서 여인을 얻어 물었다. 대답하기를 "나는 하백의 딸로 이름은 유화입니다. 한 남자가 있었는데 해수라고 부르던 자로 나를 압록강 변으로 꾀어 사통하였습니다. 부모님이 내가 중매도 없이 남을 따라갔다고 꾸짖고는 이곳으로 귀양을 보냈습니다"라고 하였다. 금와가 이상하게 여겨 집 안에 유폐하였다. 해의 비침을 받아 임신을 하여 큰 알을 낳았다. 버리자 소와 말이 밟지 않고 새가 날개로 덮어주었다. 드디어 비단으로 싸서 방 가운데에 두자 남자아이가 껍질을 깨고 나왔다. 나이를 먹어 일곱 살이 되었을 때 활과 화살을 만들어 쏘니 백발백중이었다. 부여의 풍속에 활을 잘 쏘는 것을 주몽이라고 일컬었으므로 그것으로 이름을 삼았다. 금와의 여러 아이들이 싫어하여 죽이려 하자 주몽은 도망하여 졸본천 [지금의 성천] 에 이르렀다. 비류수 위에 살며 스스로 고신이라 불렀다. 후에 고를 성으로 삼았다. (443쪽 2~4, 445쪽 9)

『文苑黼黻』(1787년)

존현각 편

『문원보불』은 조선 초부터 정조 초까지 각관(閣館)에서 지은 옥책(玉册), 죽책(竹册), 교명(教命), 반교(頒教) 등 여러 형태의 글을 모아 관찬(官撰)한 책이다. 1775년 존현각(정조가 세손 때 경희궁에 있으면서 독서하던 곳)에서 편집하여 1787년 이문원(조선 시대 역대 임금의 어진, 어필, 어제 등을 보관하기 위해 정조 때 설치한 관서)에서 간행하였다.

책머리에 정조의 서문과 편찬에 참여한 신하들의 이름 등이 있다. 임금의 명을 받들어 규장각 원임제학(原任提學) 서명응(徐命膺)이 고정(考訂)을 하였고, 정창성(鄭昌聖) 등이 중정(重訂)을 하였으며, 정창순(鄭昌順) 등이 감인(監印)을 하였다.

『문원보불』은 총 20책 40권으로 구성되어 있으며, 별편(別編)으로 2책 4권이 있다. 권1~3은 옥책(玉冊), 권4~12는 반교(頒敎), 권13은 교명(敎命), 권14는 죽책(竹冊), 권15~19는 제문(祭文), 권20은 악장(樂章), 권21·22는 애책문(哀冊文), 권23·24는 상량문(上樑文), 권25~28은 사제문(賜祭文), 권29~32는 사액문(賜額文), 권33~36은 교서(敎書), 권37·38은 불광비답(不光批答), 권39는 전(箋)과 표(表), 권40은 주문(奏文), 자문(咨文) 등으로 되어 있다.

『문원보불』에는 단군, 기자 관련 내용이 나온다. 권28에 황해도 문화현에 있는 단군 사당인 삼성사, 평양에 있는 단군 사당인 숭령전, 기자 사당인 숭인전에 올린 제문이 있다. 삼성사와 숭령전에 올린 제문은 이병모(李秉模, 1742~1806)가 지은 것이 있으며, 숭인전에 올린 제문은 김석주(金錫胄, 1634~1684)가 지은 것과 정휘량(鄭翬良, 1706~1762)이 지은 것이 있다. 이병모의 자는 이칙(彝則), 호는 정수재(靜修齋)로, 영조 때 관직에 진출하여 정조 때 우의정·좌의정·영의정을 지낸 인물이다. 김석주의 자는 사백(斯百), 호는 식암(息庵)이며, 숙종 때 대제학·이조판서·우의정 등을 역임한 인물이다. 정휘량의 자는 자우(子羽)·사서(士瑞), 호는 남애(南崖)로 영조 때 대제학·우의정·좌의정을 역임한 인물이다.

『문원보불』 권28, 치제문(致祭文)

삼성사에 제사 지내는 글 [지금 임금의 신축년(1781)]

빛나도다! 단군이여. 우리 동방에서 가장 먼저 나오셨도다.

덕은 천지신명과 합하였고, 오행이 움직여 하늘과 땅이 아직 갈리지 않은 혼돈한 상태를 열었도다.

누가 이루어내고 열었는가. 두 성인이 있었도다.

그 상서로움이 깊은 곳에서 일어났도다. 밝은 천명을 받아 태어났도다.

천제가 보배로운 어보(御寶)를 내리셨도다. 일에 비록 증거가 없으나 신령함과 성스러움이 서로 따랐도다.

우리나라 역사에서 일컬어지는 바이니, 세상에 전한 것이 얼마인가.

은택으로 천 가지 상서로운 풀이 머물렀도다. 높도다! 저 아사달이여.

사람의 영으로 땅에 있었고, 사당은 옛것을 따라 고쳤도다.

예의를 중하게 여기는 것은 근원에까지 거슬러 올라가도다.

매년 향과 축문으로 제사하니, 탕기(湯器)와 술 단지로 하나가 되었도다.

옛날 우리를 편안케 한 왕이여. 새로운 법규를 실어 계획하였도다.

이제 이렇게 바꾸어 술잔을 따르오리다. 이처럼 계승하고 이처럼 이었도다.

내 비록 덕이 없어 신인(神人)에게 의탁하는 바이나, 진실로 마땅히 여기고 허물로 여기지 않도다.

신령함이 많아 어긋남이 없도다. 보호하시고 도우시도다.

내가 받드는 나라가 오래 이어지도록 하시고, 우리 백성을 길러주시고, 우리의 농사가 풍요롭도록 하여 주소서.

내가 많이 구하지 않음을 오직 신께서 꾸짖으소서. [내각지제교 이병모 지음] (446쪽 2)

『문원보불』 권28, 치제문

숭령전에 제사 지내는 글 [지금 임금의 신축년(1781)]

높은 산에 정기가 모였으니, 박달나무가 동산을 이루었도다.

진심이 깃들어 신인(神人)이 태어났으니, 요 임금과 같은 시기에 나타났도다.

해와 같이 바야흐로 떠올라 드디어 조선이 있게 하였도다.

혼돈한 상태를 처음으로 열어 인문이 점차 널리 펴졌도다.

산맥과 바다의 서쪽, 요동 평야의 동쪽에 처음으로 임금이 있었고,

처음으로 어른이 있었도다. 오래도록 신의 공을 입게 하였도다.

태사가 가르침을 베풀어 공자께서 거하고자 하였도다.

아름답게 만들어 풍속이 되게 하였도다. 그 처음에는 분명하게 드러나지 않았으나,

우리나라의 문화가 밝아졌도다.

또한 스스로 많은 것을 힘입었으니, 보답할 것만 있을 뿐 어찌 허물을 의심하리오.

은택이 물거품처럼 사라지지 않고, 서경에 넉넉하게 있도다.

사당에는 고요함이 있으니, 선조를 공경하는 마음으로 시를 올려 드리도다.

임금을 평안케 하여 현판을 베풀도록 하였도다.

내 사전(祀典)을 가지런히 하나니, 해마다 그를 높여 제사 지내도다.

애꾸눈인 저는 부족한 자이나 황송하게 신인을 주관하게 하였도다.

깨끗한 대동강을 바라보니, 멀고도 오래도록 마음이 달려가는구나.

여러 왕조가 오래도록 이어졌으며, 땅은 아득하고 구름은 멀도다.

진실로 떨어지지 않았으며, 오히려 이겨내고 마음을 다하여 따랐도다.

이에 은연중에 화와 복을 드리우셨도다. [내각지제교 이병모 지음] (446쪽 3)

『문원보불』 권28, 치제문
숭인전에 제사 지내는 글

우리 동방의 땅은 한쪽에 치우친 변방에 있도다.

옛날 처음에는 거칠고 궁벽하여 인문이 아직 밝지 못하였도다.

처음에 단군이 나왔으니, 요 임금과 같은 시기에 태어나셨도다.

신이 이르러 신령함이 아득히 나타났고, 어진 성인이 마침내 이어졌도다.

아, 우리 어진 성인이여. 만난 때가 어둡고 더러웠으나, 뜻을 정하여 성의를 바쳤으며, 의를 달게 여기고 어리석음을 감추었도다.

상나라가 이미 망하여 이어온 규범이 장차 못쓰게 되었으나,

스승을 공경하는 예의가 이르러, 도를 베풀고 교만해지려는 것을 꾸짖으셨도다.

성인에서 성인으로 이어졌으니, 시절 또한 기다림이 있었도다.

백성이 지켜야 할 떳떳한 도리와 천자가 세운 지극히 올바른 법도를 만세토록 영원히 힘입었도다.

손님으로만 있었고, 신하가 되지는 않았도다.

내 처음 맹세를 찾아보고자 내 이 터를 돌아보았으나, 경계가 끊어져 구역 밖에 있구나.

직책이 이어져 있지 않아 부르신 회합에 참여할 수 없구나.

아득히 먼 은나라의 강토는 넘실거리는 바다로 맞닿아 있구나.

찬란하도다! 이곳에 오심이여. 어리석은 자들을 깨우쳐 밝히셨도다.

팔조목을 처음 베풀어 윤리를 다하게 하시고 법도가 극치에 이르게 하였도다.

우리를 인의로 이끄시고, 우리를 효와 우애로 거느리셨도다.

허물이 있었으나 변화할 줄을 알아, 법과 풍속이 크게 바뀌었도다.

거문고를 타면서 시를 읊으니 왜소함이 옮어져, 작은 물고기와 조개마저도 옷 입히셨도다.

맑은 소리가 밝게 빛나 아름다움이 삼 대에 이어졌으며, 널리 베풀어져 멀리까지 이르렀도다.

요 임금과 순 임금 시대가 멈추어 분봉받은 저곳에 거하였으니, 진실로 하늘이 베풀어주신 바이다.

백성이 지금에 이르기까지 예를 지킨다고 일컫는 것을 볼 수 있으니, 이 누구의 힘으로 귀먹어리됨을 면하였는가.

오랫동안 제사를 드려 보답하였도다.

근엄함을 지니고 대동강에 임하니 신령한 샘물이 용솟음쳤도다.

옛 밭두렁에 봇도랑 흔적이 남아 있구나.

신라와 고려를 거치면서 숭상하고 받드는 것을 게을리하지 않았으며, 본조에까지 미쳐 더욱 제사 음식을 엄격하게 하였도다.

빛나도다! 홍범구주여. 안과 밖으로 단계(彖繫)를 체득하였구나.

하늘의 도의 근원을 헤아려 밝은 경계(警戒)를 크게 드리웠도다. 폭력을 경계함에 홀로 근심하였고, 음란함을 경계하는 것에 벗과 함께 매달렸도다.

내가 남겨진 책을 읽어보니, 놀랍게도 귀신같이 부합하도다.

항상 우뚝 조용히 있으니, 이에 기침 소리 받들도다.

산과 강의 험난함이 멀리까지 이어져 있어, 아직 가지런히 하여 참배하는 것을 못 하였도다.

공손히 갖추어온 마음 있어 지난 일을 생각하며 긴 탄식을 내쉬도다.

드디어 가까운 신하를 보내 거느린 자를 바꾸어가며 제사를 드리게 하도다.

여러 번 신령에 감응하게 하시나, 일깨우고 도와주심에 미치지 못하도다. [대제학 김석주 지음] (446쪽 4, 447쪽 5)

『문원보불』 권28, 치제문 1
숭인전에 제사 지내는 글

도리가 하늘에서 나오고, 거북이가 낙수에서 나오도다.

우왕의 은택이 아득히 펼쳐져 인문이 이처럼 크게 되었도다.

빛나도다! 홍범구주여. 근원이 천자가 세운 만민의 법도에 있도다.

아름다운 광채를 내는 내 신성한 스승이여, 누가 그 심오함을 밝히리오.

해와 별과 같은 그 말이여, 책 속에 분명히 드러나 있도다.

천도와 사람이 지켜야 할 떳떳한 도리를 일일이 가르쳐 베풀어서 훤히 알 수 있게 하였도다.

지극한 도를 펼쳐 만세의 표준이 되게 하였도다.

그 표준을 세워 나라에 오래 지속될 수 있는 법이 있게 하였도다.

왕도(王道)를 이와 같이 연마하여 돌아와서 법칙이 있게 하였도다.

음란한 벗을 밝혀 경계하고, 명철한 조서로 후대 사람으로 하여금 피할 수 있게 하였도다.

편벽되게 얽매여 있지 않아 올바름을 따랐도다.

지극한 선이 있으니, 집에 등뼈가 있는 것과 같도다.

큰 공께서 세웠으니, 북극성을 향하는 별과 같도다.

돌이키지 아니하고 치우치지 아니하니 임금과 백성이 서로 돕는도다.

눈으로 보고 느낌에 싫어함이 없었으니, 하사하시고 보호하심이 지극하였도다.

나로 하여금 5가지 복을 흠모하게 하니, 영원토록 이를 따르도다.
사특하고 치우침이 있지 않아 그 가르침이 크게 드러나도다.
그 이로움이 이에 넓어져, 나아가니 어진 성인이도다.
덕은 성하였으나 몸은 가로막혀 있었는데, 이 청구에 꼭 필요하였도다.
하늘의 은혜이자 성인의 은택이라, 팔조목의 가르침이여.
비루하지 않고 멀리까지 이르렀으니, 임금의 큰 계책이도다.
이미 육경에 드러나 있으니, 그 나머지를 헤아릴 수 있도다.
이 거칠고 순박한 곳을 교화하여 아득한 후대에까지 이르게 하였도다.
누가 감히 가로막아 들이지 않으리. 역사책을 차례로 세리라. 흩어지고 없어짐에 어찌 이어졌을까 하나, 한 줄의 수레 자국처럼 막힘이 없구나.
붕당을 지어 두둔하는 것은 해로운 독이다. 간사함으로 업신여겨 서로 질투하여 남을 모함에 빠뜨리도다.
당나라 때 우승유(牛僧孺)·이종민(李宗閔)의 편벽되고 사특함이여, 촉수(蜀水)에서 시작되어 절수(浙水)에서 무리를 이루었구나.
혹은 불타버리고 혹은 깎여졌도다.
본조에서 붕당을 지어 다른 당을 배척하는 풍습은 2백 년이 넘었도다.
무서운 기세로 들을 태우고 세력이 하늘을 가득 메웠도다.
남에게 재앙이 내리는 것을 무리의 복으로 여기니, 내 이와 같음을 슬퍼하도다.
깨어 있을 때나 잠잘 때나 근심하고 애통해하도다.
남겨진 책은 우뚝하니 있고, 기침 소리는 어제 있었던 듯하다.
마음을 가라앉히니 미덥구나, 말 없어도 서로 뜻이 맞도다.
마음과 몸이 받아들이고 좇아, 세월로써 연마하고 법칙으로써 받아들였도다.
자주 돼지와 물고기에 감응해보고, 자주 쇠붙이와 돌에 투영해보았도다.
죽은 사람의 신령이 올라오는 바요, 참되고 성실한 마음이 쌓이는 바라.
31년 동안 쓰라린 마음으로 공적을 이루었도다.
몇 가지 평안함을 숭상하여, 고요하고 쓸쓸함이 통하게 하겠는가.

어찌 허물을 근심함이 있으리. 어찌 위태로움에 빠져듦이 있으리.
원류의 처음과 끝을 속속들이 살펴 밝히지 않을 수 없도다.
혹은 징계하고 혹은 권면하여 편안한 얼굴빛으로 받았도다.
그 처음 가장 신령스러운 것을 어찌 깨닫지 못함이 있었겠는가.
의리는 밝히 드러나고 간사함은 힘써 사라지게 하였도다.
모든 벼슬아치들이 이미 좇았는데, 얽힌 자도 있고 배반한 자도 있도다.
함께한 우리 여러 백성은 다함께 복되고 영화로운 삶을 만들었도다.
모두가 대동이라고 말하고, 하나 되어 깨끗하고 밝아지자고 맹세하였도다.
하늘로 가는 길은 매우 평탄하여 많은 바큇자국이 마을 외곽에 있도다.
수레에 올라타 고삐를 바로잡았으니, 느리지도 말고 빠르지도 말지어다.
동서남북 사방에 막힌 곳이 없구나.
공을 들인 효과가 이와 같으니, 고개를 숙였다가 머리를 들어 우러러보기를 되풀이 하도다.
성인이 계획함에 없는 것이 없으니, 큰 길이 여기에서 나아가도다.
가르치고 거느려서 전하였으니, 과감하게 따르면 얻는 것이 있도다.
다만 남기신 법칙을 따르오며 영원히 널리 반포하리.
대동강이 한없이 넓으니, 나라의 근간이 되었도다.
합하여 솟구치어 앞으로 흩트렸으나, 밭두렁은 옛 구획에 의거하였도다.
높이어 받들고 예의를 차려 갖추었으니, 기둥과 서까래에 근엄함이 서려 있도다.
나를 삼가게 하는 심오한 변화로다. 천 년의 화목함이라.
백마의 흰 관은 가히 우러러볼 만하도다.
선대의 어진 이가 책 안에 있으니, 내 마음을 움직여 삼가고자 하는 바를 더하도다.
대인의 변모함이 어떤 힘을 주는가.
말을 내어 오랫동안 생각해보고, 길한 날을 이렇게 가렸도다.
바꾸어가며 제사를 드리니, 흠향하시고 용서하시를 바라나이다. [홍문제학 정휘량 지음]

(447쪽 5~8)

『海東樂府』(1787년경)

李福休(1729~1800)

『해동악부』는 조선 후기에 이복휴(1729~1800)가 고조선에서부터 17세기 이전까지의 우리 역사를 249수의 시로 읊은 영사악부(詠史樂府)이다.

이복휴의 자는 사엄(士儼), 호는 담촌(澹村)·한남옹(漢南翁)이다. 본관은 여주이다. 1762년(영조 38) 문과에 급제하였으며, 금천군수, 예조정랑, 첨지중추부사 등을 역임하였다. 저서로는 『담촌집(澹村集)』이 있다.

조선 후기에 우리 역사를 읊은 영사악부 편찬이 활발히 이루어졌는데, 17세기 심광세(沈光世)의 『해동악부』 이외에도 15편가량이 편찬되었다. 이 가운데 『해동악부』라는 이름을 지닌 것은 7편인데, 임창택(林昌澤), 이익(李瀷), 오광운(吳光運), 이학규(李學逵), 이유원(李裕元)의 『해동악부』도 있다.

이복휴의 『해동악부』는 현재 규장각 가람문고본, 종로시립도서관본, 후손가장본 등 3종이 전하며, 이 글에서는 규장각의 '가람古 811.05-Y51h-v.1-2'로 번역하였다. 『해동악부』는 1787년에 1차로 완성하였으며 이후 1~2년 사이에 몇 편을 더 추가한 것으로 본다.

작품은 환웅사(桓雄詞), 팔조영(八條詠) 등 고조선 시대를 담은 것부터 시대순으로 배열하였다. 각 편은 대략 시제(詩題), 사화(史話), 원시(原詩), 사평(史評)순으로 구성하였다. 시는 5언과 7언의 제언구(齊言句), 잡언구(雜言句) 등 다양한 형태로 구성하였다. 책은 3권으로 구성되어 있는데, 권1에는 81수, 권2에는 85수, 권3에는 83수가 실려 있다.

고조선과 관련된 것은 환웅사, 팔조영, 살사탄(殺使歎), 마한곡(馬韓曲)이 있다. 환웅을 환국 임금의 서자로 표현하여 『고기』의 환인을 환국으로 보았으며, 단군 사당에 환웅이 배향되어 있는 것만 언급하였다. 기자에 대해서는 5천의 중국 사람을 거닐고 왔으며 여덟 조목의 가르침을 베푼 것을 중심으로 서술하였다. 위만조선에 대해서는 부정한 방법으로 나라를 얻었으며 부정함 때문에 멸망했다고 평하였다.

부여와 관련된 것은 북부여, 동부여, 유화곡(柳花曲), 칠릉석(七稜石), 훼난행(毁卵行), 함니뇨(陷泥淖)가 있다. 해모수의 북부여 건립, 해부루의 이동과 동부여 성립, 금와 설화 등이 실려 있다. 유화곡 등에서는 고구려의 주몽, 유리왕, 대무신왕의 업적을 중심으로 서술하면서 부여 관련 내용을 담았다.

『해동악부』 권1, 환웅사(桓雄詞)

『고기』에 이르기를 "옛날 환국 임금의 서자인 웅이 세상에 나아가서 구할 것을 구하였다. 임금이 그 뜻을 알고는 천부인 3개를 주어 보냈다. 웅이 무리 3천 명을 거느리고 태백산 박달나무 아래로 내려왔다. 때에 곰 한 마리와 호랑이 한 마리가 함께 살았다. 신인(神人)이 신령한 쑥 한 줌과 마늘 스무 쪽을 주고 이르기를 '이것을 먹고 백 일 동안 햇빛을 보지 않으면 사람으로 변할 것이다'라고 하였다. 곰은 먹고 그 말과 같이 하여 여자로 변하였다. 매번 박달나무 아래에서 아이를 잉태할 것을 축원하였다. 웅이 사사로이 정을 통하여 아들을 낳았으니 이가 단군이다. 왕검성에 도읍하고 나라 이름을 조선이라 하였다. 나라를 누린 지 1천 5백 년이 되어 주나라 무왕 기묘년에 기자가 봉읍을 받아 왔다. 단군이 아사달산으로 피하여 숨어 은거하였다"라고 하였다. 산에는 단군 사당이 있으며, 환웅이 배향되어 있다. 봄가을로 제사를 지낸다.

나라에 환국이 있었고 사람에 웅이 있었다.
아버지가 아들에게 명하였으며 하늘의 도장이 붉어졌도다.
3천의 법려(法侶)는 □과 같았다. □□□□
푸른 박달나무 가운데에서 곰이 여자로 변화하였도다.
여자가 임신을 하였으니 환웅이 남자였구나.
여자가 마침내 신의 아들을 낳았도다.

□ 왕검성에 진을 치니 아침 해가 떠올랐다.
아사달의 옛 사당에는 제사하는 연기가 일어났으며,
흰 구름은 천 년 동안 고귀한 영혼과 함께 노닐었도다.

살펴보니 왕검성은 곧 단왕(檀王) 검이 쌓은 것이다. 양촌 권근이 일찍이 이르기를 "지나쳐온 해가 몇 년인가. 전한 세대가 몇 년인지 알지 못하도다"라고 하였다. 대개 단군의 자손이 오랫동안 이어졌음을 보여준다. 단군은 요 임금과 함께 하였다. □□□ 중국은 이미 문명이 밝히 드러났었으나 우리나라는 처음 반고의 때와 같았다. 그 전해진 이야기가 허무맹랑하였고 세대는 어렴풋하고 흐릿하였다. 이와 같은 것이 있었으니 곧 우리나라에 치우친 것이겠는가. (448쪽 2·3)

『해동악부』 권1, 팔조영(八條詠)

기자가 중국 사람 5천 명을 거느리고 조선에 들어와 평양에 도읍하였다. 백성에게 예의와 밭농사와 양잠을 가르쳤다. 여덟 조목의 가르침을 베푸니 사람들이 문을 닫지 않았으며 교화가 크게 이루어졌다. 진나라가 천하를 병합함에 이르러 40대손 부(否)가 진나라에 복속하였다. 아들 준(準)이 즉위하였다. 연 지역 사람 위만이 진나라 2세의 난으로 인하여 망명하여 무리를 모아 패수를 건넜다. 준 임금을 습격하니 준이 바다로 하여 남쪽의 금마군으로 도망하였다. 이때가 한나라 혜제 무신년(기원전 193)이었다.

현금(玄禽)[12]의 황제의 녹(籙)은 끝이 났고, 백마는 동쪽의 해동으로 갔다.
홍범구주의 남은 지혜를 옮기고, 여덟 조목으로 혼돈한 상태를 열어젖혔다.
남자에게는 생업을 가르치고 여자에게는 정숙함을 가르쳤으며, 도적질한 자는 노예로 삼았다.

12) 은나라의 시조 설(契)이 태어날 때 알을 떨어뜨린 제비를 의미한다.

대대로 그가 요(遼)의 산을 주관하니, 목판 문을 밤에도 닫지 않았다.
패수 가에 있는 밭의 도랑은 어찌 사방팔방으로 어지러이 희미하게 남아 있는가.
머리를 풀어 헤친 우리 대인이 그것을 널리 베풀었도다.

대대로 여덟 조목을 오륜과 삼강으로 여겼다. 그러나 우리나라가 비록 황량하고 치우쳐 있었으나 어찌 기자를 기다린 이후에야 비로소 알았겠는가. 여덟 조목이라고 일컫는 것은 필시 은나라 풍속의 금법일 것이다. 바야흐로 무리가 모여서 밤에 마셔대는 것과 같이 하였으니, 매방(妹邦)[13]에서 술주정하였고 무격이 어지러워졌으며 백성의 부인이 음란해졌고 의복을 입는 것이 정해진 법도에서 벗어났다. 도적을 잡아 노비로 삼으니, 마을에서 서로 싸우고 다투며 음악은 토할 정도로 더러워졌으니, 이것은 (『서경』의) 「이훈(伊訓)」 편에서 경계한 바이다. 지금에 이르기까지 우리나라에 여전히 이러한 금법이 의연히 있으니, 상나라의 모범이다. 어찌 성인의 공적과 교화가 아니겠는가. (448쪽 3·4)

『해동악부』 권1, 살사탄(殺使歎)

위만이 이미 기씨를 쫓아내고 조선에 웅거하였다. 한나라 여씨의 난을 틈타 주변의 읍들을 침공하여 항복시켰다. 낙랑 · 진번이 모두 그 소유가 되었다. 손자 우거 때에 이르러 한나라 무제가 사신을 보내어 회유하였으나 조서를 받들기를 거부하였으며 한나라 사신을 살해하였다. 원봉 2년(기원전 109)에 황제가 양복 등을 파견하여 토벌케 하였는데, 군사의 일이 오래되도록 해결되지 않았다. 다시 공손수를 보내니 (조선의) 상 노인이 우거를 살해하고 한나라에 항복하였다. 드디어 그 땅을 평정하고 임둔 · 낙랑 · 현도 · 진번 4군으로 삼았다.

(남월 왕) 위타(尉佗)는 항복하였고 (제나라 왕) 전횡(田橫, ?~기원전 202)은 망하

13) 은나라 주왕(紂王)이 도읍하였던 곳이다.

였도다.

노관의 백성은 홀로 참람하게 왕이라 하고 안절부절못하였구나.

우물 속 개구리는 교만하여 천자의 집안을 숭상할 줄을 모르고 사람을 죽였도다.

남이 나를 죽인 것은 남에게 해를 끼쳤기 때문이니, 누구에게 원통함을 내며 한탄할 수 없도다.

공손수는 가림 벽을 알지 못했으나 공손함이 있었도다.

살펴보니 위만은 부정한 방법으로 나라를 얻었고 또 부정함 때문에 나라를 잃었다. 진실하도다. 우리 땅이 부(府)가 되고 군이 된 것은 모두 위만의 죄 때문이었다. 만약 기씨의 후예로 하여금 어루만지게 하였다면 많은 여지가 있었으리라. 계승해온 중간에 도적에게 □□하게 된 바 되어 볼 수 없게 되었으니 한탄할 만하다. (448쪽 4, 449쪽 5)

『해동악부』 권1, 마한곡(馬韓曲)

기준이 이미 위만에게 쫓기게 되어 그 궁인 및 좌우에 있는 사람을 거느리고 바다로 하여 한 땅 금마군에 거하였다. 마한이라고 하였다. 그 백성은 뽕나무와 삼을 심고 양잠을 하였다. 산과 바다 가운데에 흩어져 살았으며 성곽이 없었다. 거처하는 곳에 토실을 지어 거하였다. 풍속에 금과 은, 수놓은 비단을 중요하게 여기지 않았다. 갓끈에 매다는 구슬을 귀하여 여겨 그것으로 머리를 장식하고 귀에 늘어뜨렸다. 남자와 여자는 비단으로 옷을 해 입고 수풀에 우거하였다. 성품은 용맹하고 억세었으며 시끄럽게 부르짖었다. 활과 방패, 창과 큰 방패를 잘 사용하였다. 서·북쪽의 50여 국가를 거느렸으니 총 10만여 호였다. [『문헌통고』 왜국 항목에서는 마한을 모한이라고 하였다.]

자라의 신령이 처음으로 나라를 잃었도다.

낙랑은 두우(杜宇)[14]를 슬퍼하나니, 어진 사람을 잊을 수 없도다.

---

14) 두우(杜宇)는 촉나라 망제(望帝)의 이름으로, 죽어서 그의 혼이 소쩍새가 되었다고 한다.

따르는 자가 8만 호였으니, 어느 곳으로 돌아가리오. 금마군이로다.

금마군은 우리의 땅이 아니었다. 우리의 땅이 아니었으나 역시 다리로 연결하기에 마땅하였도다.

우리의 땅이 아니었으나 역시 다리로 연결하기에 마땅하였도다.

드리운 구슬로 머리를 장식하고 베와 비단을 입었네.

몸은 서쪽 고을에서 태어나 남쪽 고을에서 죽었도다.

인자한 풍속을 으뜸으로 하여 무력을 다투지 않았다.

다만 온왕(백제 온조왕)을 두려워함을 위왕(위만)과 같이 하였다.

살펴보니 기씨 왕이 교화한 풍속은 오로지 예의와 겸양이었기 때문에 위만이 이르자 땅을 버리고 바다로 도망하였다. 진나라 사람(진한)이 도망해 오자 땅을 나누어 인접하게 하였으며, 온조가 오자 땅을 떼어 주었다. 마침내 진멸됨에 이르러 남긴 것이 없었다. 만약 스스로 강하게 하여 지켰다면 어찌 수백 년 만에 그쳤겠는가. 우리나라는 어질기는 하나 약하였던 것이 옛날부터 그러하였으니, 한탄스럽도다. (449쪽 5·6)

『해동악부』 권1, 북부여

고구려의 옛 기록에 이르기를 "한나라 선제 신작 3년 임술년(기원전 59) 4월에 하늘의 사람이 흘골성으로 내려왔는데, 용이 끄는 수레를 타고 왔다. 도읍을 세우고 왕을 칭하였으며 나라 이름을 북부여라고 하였다. 스스로 해모수라고 이름하였다. 아들 부루를 낳았다. 후에 도읍을 동부여로 옮겼다. 부루의 아우 동명이 북부여를 계승하여 일으켜 졸본에 도읍하였으니, 이가 졸본부여가 되었다"라고 하였다.

빛나도다! 다섯 마리 용이 끄는 수레요.

뾰족뾰족하도다! 무산의 봉우리여.

구름 속 어느 곳인가에 사람이 있는 듯하구나.

이는 내 고향 흘골성 위니, 아침 햇빛이 붉어지는 곳이도다.

지금 성천읍에는 열두 봉우리가 앞에 펼쳐져 있는 곳이 있으니, 이곳을 일컬어 신선이 내려온 땅이라고 한다. 신선의 흔적은 어렴풋하고 아득하다. 옛사람들이 그 일에 의지하고자 하여 말을 일으킨 것인지 의심스럽도다. (449쪽 7)

『해동악부』 권1, 동부여

북부여의 재상 아란불의 꿈에 천제가 내려와 이르기를 "장차 내 자손으로 하여금 이곳에 나라를 세우게 할 것이니 너는 그곳에서 피하여 가라. 동쪽 바다의 해변은 토지가 비옥하니 마땅히 왕도를 세울 만하다"라고 하였다. 아란불이 부루에게 권하여 도읍을 동쪽 지역으로 옮기게 하였다. 부루가 늙도록 아들이 없어 산과 강에 후사를 구하는 제사를 지냈다. 곤연에 이르러 (타고 다니던 말이) 큰 바위를 보고는 마주하여 눈물을 흘렸다. 왕이 괴상하게 여겨 사람들로 하여금 그 돌을 치우게 하였다. 작은 아이가 있었는데, 금빛이 나고 개구리를 닮은 모습이었다. 왕이 기뻐하여 이르기를 "하늘이 내게 현명한 후사를 내려주었도다"라고 하고는 이내 거두어 길렀다. 이름을 금와라고 하였다. 장성하자 태자로 삼았다. 부루가 죽자 왕위를 계승하였다가 아들 대소에게 자리를 전하였다.

아름다우신 천제께서 꿈속에서 타이르셔서, 뛰어난 사람을 내려보내셨도다.
궁 가운데에 계수나무 꽃이 피었으니, 씨앗을 맺어 꽃이 만발한 봄이 이르렀도다.
내 아이는 어느 곳에 있는가. 곤연의 바위로다.
내 집은 어느 곳에 있는가. 망망한 바다의 해변이로다.
제사 지낸 단의 남쪽 지역에서 말이 머뭇거리니
아이가 꾸물꾸물하며 몸을 바꾸려 하네.
아름다운 빛깔에 개구리 우는 듯한 형상이라.
이르기를, 이는 서방의 성스러운 황제라.
친히 사람을 품음으로 머리카락 새하얗게 될 때까지 늙어가도다.
봄바람에 미소 지으니 버드나무 산에 달 밝구나.

거듭 수레를 옮기니, 아란불의 한마디에서 비롯되었도다.
사람을 깨우치니, 천제의 궁실이요 새 도읍이로다.
즐거움이 새로워지니, 구멍이 난 바위는 비워져 있구나.
양어(梁語)는 황홀하고 『제해(齊諧)』는 괴이한 글이라, 진실함이 없도다.

사람들은 핏줄을 중요하게 여기므로 그 피가 이어지는 자에게서 취하는 것이 일반적이다. 바위 가운데에서 아이가 태어났다는 말은 자못 허씨의 공암과 비슷하다. 어찌 족히 믿을 수 있겠는가. (449쪽 7·8, 450쪽 9)

『해동악부』 권1, 유화곡(柳花曲)

부여 왕 금와가 한 여인을 태백산 우발수에서 만났다. 물으니 이르기를 "나는 하백의 딸 유화입니다. 여러 아우와 나와서 노닐 때 한 남자가 있었는데 스스로 천제의 아들이며 이름은 해모수라고 하였습니다. 나를 웅신산 아래 압록의 방 가운데로 유인하여 사사로이 정을 통하였습니다. 떠나가더니 돌아오지 않았습니다. 부모님이 내가 중매도 없이 남을 따랐다고 나무란 뒤에 드디어 이곳으로 유배를 보냈습니다." 금와가 이상하게 여기고는 방에 유폐하였다. 햇볕의 쬠을 입으니 몸을 이끌어 피하였다. 햇볕이 쫓아가서 쬐니 이로 인해 임신을 하였다. 하나의 알을 낳았는데 크기가 닷 되쯤 되었다. 왕이 버려 개와 돼지에게 주자 모두 먹지 않았다. 길에 버리니 소와 말이 피하여 갔다. 들에 버리니 새들이 날개로 덮어주었다. 이에 그 어미에게 돌려주니 그 어미가 보자기로 싸서 따뜻한 곳에 두었다. 어떤 아이가 껍데기를 깨고 나왔다. 기골이 두드러지고 비상하였다. 이름을 주몽이라고 하였다. 금와의 일곱 아들이 그 능력을 시기하여 죽이려고 하였다. 그 어머니가 그 모의를 알리니, 주몽이 오이·마리·협보 등 3인과 함께 졸본부여의 비류수에 이르러 도읍으로 삼았다. 나라 이름을 고구려라 하고 고를 성씨로 삼았다. 때는 한나라 원제 건소 2년(기원전 37)이다. 고구려 풍속에 활을 잘 쏘는 자를 주몽이라고 일컬었다.

유화는 솔직한 바람으로 우발수에 불어댔으며,
햇볕의 쬠을 입은 큰 알은 둥글기가 수레바퀴와 같았도다.
소와 말이 길러주고 새들이 날개로 덮어주었으니, 천자로다.
강원(姜嫄)[15]의 아들이 다시 태어났구나.
아! 달은 가득 찼고 비워지지 않았네.
일곱 번의 가을을 떠나보내고 하늘에 호소하니,
하늘이 노하여 원추리꽃의 봄 빛깔은 풀어졌으며,
사람을 미혹하는 복숭아꽃 색깔의 명마는 바람에 날리는 비를 좇았도다.
세 사람이 엄체수의 들로 갔으나,
배가 없어 건널 수 없음을 근심하였도다.
위교(渭橋)를 이룬 물고기와 자라는 연나라 왕자 단(丹)을 물 밖으로 보냈으며, 추격하는 기병에게는 헛되이 날아가는 먼지처럼 하였다.
신령한 거북이 비류천에서 몰래 밥을 먹으니,
천명이 삼베옷을 입은 사람에게 한번 들렸도다.
누가 유화가 바람에 떨어졌다고 말하였는가.
유화가 떨어져 죽은 곳에서 푸른 가지가 새롭게 피어났도다.

『필원잡기』를 살펴보면, 단군이 하백의 딸과 사통하여 낳은 부루는 우 임금이 도산에서 회합할 때에 들어가 조회하였다고 한다. 보유(補遺)에서 해모수의 아들은 부루이고, 부루의 아들은 금와라고 하였다. 본기(本記)에서 해모수는 유화의 지아비이고 (유화는) 다시 금와의 처가 되어 동명을 낳았는데 한나라 원제 때로 되어 있다. 세 설의 다름이 이와 같다. 부루(扶婁)와 부루(夫婁)는 부(扶), 부(夫)로 다르니, 혹 단군의 아들과 해모수의 아들은 이름이 같은 다른 사람인가. 해모수가 이미 천제의 아들이라 칭하고 유화를 유혹하여 사통하였으니, 어찌 다시 금와를 따르는 것이 도리이겠는가. 이는 하간(河間), 상중(桑中)과 같이 누추한 곳이다. 어찌 사람 된 자가 나타나

15) 주(周)나라의 시조 후직의 어머니이다.

영원히 세대를 전할 수 있었겠는가. 대개 주몽을 금와의 아들로 여기는 것이 참되도다. 『고기』에서 이미 부여의 시조 해모수가 한나라 신작 4년에 나라를 세웠으며, 주몽은 해모수의 증손이라 하였다. 신작 4년 임술년(기원전 59)에서 건소 2년 갑신년(기원전 37)까지는 그 사이가 23년이다. 세 세대가 전하였으니, 역시 매우 분주한 듯하다. 연대와 일의 자취가 매우 가까우니 뒷 시기의 사람일 듯하다. 혹 이러하였다면 무슨 근거가 있었던 것인가. (450쪽 9~11)

『해동악부』 권1, 칠릉석(七稜石)

고구려 시조왕은 주몽이다. 처음 부여에 있을 때에 예씨를 취하니 임신을 하였다. 주몽이 떠난 뒤에 아이가 태어났으니 이름이 유리였다. 큰 뜻을 지녔으며, 돌 던지기를 좋아하였다. 일찍이 나가 노닐다가 참새에게 돌을 던졌는데 잘못하여 물을 길러 가는 아낙네의 물동이를 맞추었다. 아낙네가 꾸짖어 이르기를 "너는 아비가 없어 이처럼 사납고 포악하구나"라고 하였다. 유리가 부끄러워서 다시 진흙으로 만든 탄환을 꺼내어 구멍을 막아주었다. 돌아와 그 어머니에게 묻기를 "내 아버지는 누구이며 지금 어디에 있습니까?"라고 하였다. 어머니가 이르기를 "네 아버지는 비상한 사람이다. 지금은 남쪽으로 도망을 가서 나라를 열었다. 길을 떠나려고 할 때에 내게 이르기를 '낳은 아이가 만약 남자라면, 어떤 물건을 일곱 산등성이와 일곱 계곡에 있는 돌 위의 소나무 아래에 두었으니, 이것을 찾으면 내 아이이다'라고 말하였다"라고 하였다. 유리가 산과 골짜기를 두루 찾아다녔으나 얻지 못하였다. 하루는 주춧돌 사이에서 소리가 나는 듯하였다. 드디어 초석을 살펴보니 일곱 모서리가 있었다. 이내 풀이하여 이르기를 "일곱 산등성이와 일곱 계곡은 일곱 모서리이고 돌 위의 소나무라는 것은 주춧돌이다"라고 하고는, 이내 파보았다. 끊어진 칼 하나를 얻었다. 그것을 가지고 졸본에 이르렀다. 칼날을 왕에게 바치니 왕이 가지고 있던 칼날과 맞추어보았다. 과연 증험이 이루어졌다. 드디어 후사로 삼았다.

내 집은 흘골촌이며, 낭군은 천제의 아들이도다.

아내는 붉은 콩을 먹고, 낭군은 농두수의 물을 마시는도다.
물은 흘러서 돌아오지 않고, 낳은 아들은 벌써 아름답게 컸구나.
용은 동굴로 돌아가고 봉황은 새집에 깃드니,
물 긷는 아낙네의 한마디 말은 떨쳐 일으키기에 충분하였도다.
어머니의 입에는 줄 수 있는 것이 있었고,
아버지가 떠나갈 때에 남긴 말이 있었도다.
일곱 산등성이 일곱 계곡의 소나무 꽃가루가 떨어져 규룡을 둘렀으니 씩씩함이 움츠러졌도다.
구름 깊은 곳의 많은 산과 골짜기를 두루 찾아다니다가 돌아와 베개에 눈물 적시며 추위와 더위를 잊었도다.
달을 보며 울부짖으니 구리로 만든 꽃에서 저절로 기운이 일어나 나루터로 인도하여 만나게 하였도다.
하늘이 그 색동옷 입은 아이와 함께하여 소매에서 녹로를 내니,
늙은 까마귀는 격식을 갖추어 그 새끼를 맞이하였네.
정말로 조심해야 할 필요 없는 댓조각임을 알았으니,
족히 집안을 전하는 증표가 되었도다.

초석 아래에서 소리가 난 것은 유리의 정성에 하늘이 감동한 것이다. 만약 주춧돌에서 소리가 나지 않았다면 아버지와 아들은 끝내 서로 만날 수 없었을 것이다. 당시 동명이 계획한 것 역시 수고스럽기만 한 것에 가까웠다. (450쪽 12, 451쪽 13)

『해동악부』 권1, 훼난행(毁卵行)

부여 왕 대소가 사신을 보내어 고구려 왕을 꾸짖어 이르기를 "우리 선왕께서 마음으로 동명왕을 사랑하였는데, 동명은 우리 신하들을 꾀어내어 남쪽으로 도망해서 나라를 세워 우리에게 짐을 지운 것이 심하였다. 이제 왕이 순순히 나를 섬긴다면 하늘이 반드시 도울 것이다. 그렇지 않으면 사직을 보존하기 어려울 것이다"라고 하였다.

왕자 무휼은 비록 어렸으나 사신에게 대답하여 이르기를 “우리 선조 동명왕은 태어나면서부터 신이함이 있었다. 여러 형들이 부모에게 참소하여 우리 선조께서 말을 키우는 모욕을 입었으며, 우리 선조께서 기회를 엿보다가 나왔다. 지금 대왕께서는 앞선 허물은 생각하지 않고 다만 병사의 강함만을 믿고 우리나라를 경멸하고 있다. 사신에게 청하노니, 돌아가서 왕에게 고하여라. 지금 쌓여 있는 알이 이와 같으니 왕이 만약 그 알을 헐지 않는다면 나는 장차 섬길 것이나 그렇지 않는다면 왕은 그것을 스스로 헤아려보라”라고 하였다. 대소가 듣고는 여러 신하에게 두루 물었으나 아는 자가 없었다. 한 노파가 있어 풀이하여 이르기를 “알이 쌓여 있는 것은 위태로운 것이요, 헐지 않는 것은 평안한 것입니다. 그 뜻은 대략 이러하니, 스스로 위태함을 알지 못하고 남의 섬김을 받고자 하나, 위태로움을 바꾸어 평안케 하는 것만 못 하다는 것입니다”라고 하였다. 대소가 심히 부끄러워하였다.

엄표수의 강변에서 도망치던 사람이 돌아오니,
부소산의 오래된 나무에서 가을바람 소리가 일어나노다.
종주국 나라의 사신이 명을 받들어 오니,
병든 호랑이가 으르렁대는 소리가 오만하고 사납구나.
자연스럽게 불러일으켜 저절로 원수를 만드는도다.
내 어찌 내 형과 임금을 잊고서 보지 않으리.
별안간 들판 언저리의 나무들이 서로 엉키었는데,
동쪽의 가지는 초췌하고 서쪽의 가지는 무성하도다.
그대의 집 안에는 알이 첩첩이 쌓여 있으니, 위에도 알이요 아래에도 알이로다.
그대를 기울게 하는 위태로움으로 지금 속히 허물어서 그대의 집을 허물 수 있으니,
차라리 그대의 몸이 편안함을 누리는 것이 낫지 않겠는가.
내 폐백을 가지고 그대를 배알할 것이니,
서울에 있는 그대는 내 아이 모습을 비웃지 마라.
아이는 부끄러워하지 않으나 그대는 늙고 비루하구나.

그때에 알을 허물 자 누구의 아들이랴?
이 아이가 비록 어리고 어리나 능히 이룰 것이다.

살펴보면, 무휼의 알을 허는 것에 대한 말은 조무휼(趙無恤)[16]이 품에 안은 댓조각의 글에 대한 대응과 같은 모습이라고 보는 것이 마땅하다. 고구려의 창업은 조나라 양자(襄子)의 경우와 서로 비슷하다. (451쪽 14~16)

『해동악부』 권1, 함니뇨(陷泥淖)

고구려 대무신왕이 골구천에서 사냥을 하다가 신령한 말 인루[17]를 얻었다. 부여를 공격하러 가는 길에 한 사람을 우연히 만났는데 신장이 9척이었고 눈에서는 광채가 났다. 말 앞에서 배알하여 이르기를 "신은 북명 사람 괴유입니다. 대왕께서 군사를 냈다는 것을 들었사옵니다. 신이 원하옵건대, 따라가서 부여 왕의 머리를 취하고자 합니다"라고 하였다. 왕이 허락하였다. 군사를 나아가게 하여 부여의 남쪽에서 말안장을 풀고 병사들을 쉬게 하였다. 부여 왕이 말을 채찍질하여 앞으로 돌격하다가 진창에 빠졌다. 괴유가 칼을 빼 들고 바로 앞으로 나아가 부여 왕의 머리를 얻었다. 부여의 병사들이 혼란에 빠졌다. 드디어 기세를 타서 승리를 거두고 돌아왔다. 부여 사람들이 왕의 아우 갈사를 세워 왕으로 삼았다.

붉은 까마귀가 부여에서 오니, 상서로움이 비류에 날아 내려왔도다.
모호(蝥弧) 깃발이 나아가고 전모(前茅) 깃발이 근엄하니
인루의 울음소리, 밝은 달, 모천의 검은 개구리가 앞서 징조를 보였도다.
동쪽 이웃의 전투용 말이 봄에 눈 녹은 진창에 빠지니,
북명의 장사가 검을 어루만지며 일어났으며,
백제(白帝)의 혼령이 우연히 언덕에서 끊어졌도다.

---

16) 중국 춘추시대 진(晉)나라 사람 조앙(趙鞅)의 아들인 조양자(趙襄子)이다.
17) 『삼국사기』에는 거루(駏驤)로 되어 있다.

서쪽의 먼 하늘은 고요한데, 구름과 안개가 어지럽게 일어나 돌아왔도다.
허수아비를 만들어 병사로 세우니 환호하는 소리가 가지런해졌도다.
넓고 아득함은 알 수 있으나, 임금을 돕는 것이 있음을 보이지 않는구나.
학반령 아래의 구름이 아름답고 구슬프도다.

살펴보면, 부여 왕을 죽인 괴유와 백제 왕을 죽인 황창랑은 동일하게 손재주가 일반적이었으나 당시 임금들이 칼에 찔려 죽임을 당하였다. 만약 이처럼 심히 쉬웠다면 한(韓) 정승이 정사를 보는 곳에 곧장 들어가는 것도 이상할 것이 없다. 그 어리석음을 알 수 있다. (451쪽 16, 452쪽 17)

『春官通考』(1788년경)

柳義養(1718~?)

『춘관통고』는 조선 왕조의 예조(禮曹)에서 관장하던 모든 예제와 예무(禮務)를 길(吉)·가(嘉)·빈(賓)·군(軍)·흉(凶)의 오례로 나누어 정리한 책이다. 조선 초부터 정조 초까지 예조에서 관리하는 각종 예제 및 연혁 등과 관련된 내용이 서술되어 있다. 의식의 절차와 내용의 이해를 돕기 위한 도식(圖式)이 함께 실려 있다. 『오례통고(五禮通考)』라고도 불린다. 원래 『춘관통고』에는 편찬자가 표시되어 있지 않았는데 다른 기록을 통해 1788년경 유의양이 정조의 명을 받아 완성하였음이 밝혀졌다.

유의양의 자는 계방(季方)·자장(子章)이며, 호는 후송(後松)이다. 본관은 전주이다. 대사간, 예조참의, 예조참판, 공조참판 등을 역임하였다. 예조참의 시절에 『국조오례통편(國朝五禮通編)』을 저술하였는데, 이를 계기로 규모를 좀 더 넓혀서 이 책의 편찬을 명 받았다고 한다. 이 밖에 『춘관지(春官志)』, 『영희전지(永禧殿誌)』, 『춘방지(春坊志)』 등을 편찬하였으며, 『동국문헌비고』 수정에도 참여하였다. 『국조오례의』를 보충하여 편찬하기도 하였다.

책은 모두 96권으로 구성되어 있다. 권1~45는 길례, 권46~72는 가례, 권73~74는 빈례, 권75~76은 군례, 권77~96은 흉례에 관한 내용이 실려 있다. 조선 초에 완성된 『국조오례의』는 정조 때까지 몇 차례에 걸쳐 수정·증보되었는데, 이 책에는 원의(原儀), 속의(續儀), 보편의(補編儀), 금의(今儀)가 모두 실려 있다. 원의는 성종 때 완성된 『국조오례의』와 『국조오례서례(國朝五禮序例)』를 의미하며, 속의는 영조 20년(1744)에 개정 증보한 『국조속오례의(國朝續五禮儀)』와 27년(1751)에 보강한 『국조속오례의보(國朝續五禮儀補)』를 의미한다. 보편의는 영조 28년(1752)에 흉례 부분에 대해 김재로(金在魯) 등이 그 사이에 변화한 것을 반영하여 개정·증보한 것을 합쳐 만든 것이다. 금의는 속의 편찬 이후 시기부터 정조 12년(1788) 이전까지 새로 제정된 것으로, 정조 12년에 편찬된 초본(初本) 『국조오례통편』에 수록된 것을 의미한다.

『춘관통고』에는 단군, 기자와 관련된 내용이 나온다. 권44~45의 길례 편에 수록되어 있다. 내용은 황해도 문화현에 있던 단군의 사당인 삼성사, 평양에 있던 단군과 동명왕의 사당인 숭령전, 기자의 사당인 숭인전 및 단군·기자의 무덤에서 이루어졌던 의례와 관련된 것이다.

『춘관통고』 권44 길례(吉禮), 전(前) 왕조의 시조 사당

세조 원년 병자년(1456)에 다시 역대 왕조 시조의 위판을 정하기를 '조선시조단군지위', '후조선시조기자지위', '고구려시조동명왕지위'라고 하여 모두 '지위' 두 글자를 추가하였다. (453쪽 2)

『춘관통고』 권44 길례, 삼성사

삼성사는 황해도 문화현 구월산에 있으며, 환인·환웅 [『동사보유』에 이르기를 "환인은 단군의 할아버지이며, 환웅은 단군의 아버지이다"라고 하였다] ·단군을 제사한다. 봄과 가을에 향과 축문을 내려 제사를 지낸다. 단종 즉위년 임신년(1452)에 경창부윤 이광제가 상소하여 이르기를 "신이 사초를 정리하면서 무신년(1428)에 이르렀는데, 우의정으로 치사한 유관이 글을 올려 이르기를 '문화현은 신의 본향입니다. 나이 드신 어른들이 이르되, 구월산은 현의 주산으로 단군의 때에 아사달산이라고 이름하였다고 합니다. 산의 동쪽 산봉우리는 높고 크며 구불구불한데, 그 산허리에 신당이 있습니다. 어느 시대에 만들었는지 알지 못하나 북쪽 벽에는 단인 천왕이 있고, 동쪽 벽에는 단웅 천왕이 있으며, 서쪽 벽에는 단군 부왕이 있습니다. 고을 사람들이 일컫기를 삼성당이라고 합니다. 그 산 아래에 사람이 사는데, 또한 성당리라고 부릅니다. 신당 안과 밖에는 까마귀와 까치가 살지 않으며, 고라니와 사슴이 들어가지 않습니다. 단군이 아사달산에 들어가 신이 되었는데, 이 산 아래의 삼성당이 지금에 이르기까지 남아 있어 그 흔적을 가히 살필 수 있습니다. 현의 동쪽에 한 지역이 있는데, 이름이 장당경입니다. 나이 드신 어른들이 전하기를, 단군이 도읍으로 삼았다고 합니다. 혹은 단군이 처음 도읍한 곳은 왕검성이라고 합니다. 지금 마땅히 기자묘가 있는 곳에 합쳐져 있습니다. 대개 단군은 요 임금과 같은 시기에 즉위하였으며, 기자에 이르기까지는 천여 년인데, 어찌 시기를 내려서 기자의 사당과 합할 수 있습니까. 신이 앞서 가지런히 하고 『삼국유사』를 살펴보았는데 '단군왕검은 도당씨의 요 임금 즉위 50년 경인년에 즉위하여 평양에 도읍하고 처음으로 조선이라 칭하였다. 또 도읍을 백악산 아사달로 옮겼다. 나라를 다스린 지 1천 5백 년에 주나라 무왕이 즉위하여 기자를 조선에 봉하였다. 단군이 또 장당경으로 옮겨갔다. 돌아와 아사달에 은거하여 산신이 되었다. 수명이 1,908세이었다'라고 일컬은 것이 있었습니다. 단군이 평양을 떠나 있은 지가 4백여 년이었으며, 돌아와서는 아사달에 은거하여 신이 되었습니다. 즉, 여기서 임금이 되었고 여기서 신이 되었으니, 이 땅을 싫어하지 않았음이 분명합니다. 기자가 40대를 전하였으며, 연 지역 사람 위만이 왕검성에 도읍하고 2대를 전하였으며, 고구려가 705년을 전하였고, 신라가 병합하여 2백여 년을 지냈으며, 고려 왕씨가 4백여 년을 전하였습니다. 즉, 단군이 평양을 떠난 지가 멀고도 아득한데, 평양에 대해 마음이 걸려 잊지 못하였으리요. 또 산신이 되어 지역 사람들이 높이어 제사를 지내는 데에 이르렀는데, 어찌 평양으로 옮겨 동명왕과 같은 사당에 붙여지는 것을 즐거워하겠습니까'라고 하였습니다. 『삼국유사』의 주석에 이르기를 '환인은 천제이다'라고 하였는데, 유관의 글에는 단인이라고 일컬었으며, 환웅 천제의 서자는 즉 단웅이라고 하였습니다. 오랜 옛날 초창기의 사람들이 그 근본을 잊지 않고 사우를 세우고 '환'을 '단'으로 고쳐 부르고 삼성이라고 하였는데, 어느 때에 만들었는지는 알지 못합니다. 지난번 단군을 평양으로 옮기고 두 성인을 어느 곳에 두었는데, 이는 단군이 단지 지역 사람에게 원망을 일으키게 하는 것에 그치지 않고 두 성인이 반드시 화를 일으켜 백성을 해롭게 할 만한 것입니다. 신의 어리석은 생각으로는 옛 사당을 수리하고 새롭게 신상을 만들고, 중국 조천관 열수(列宿)의 형상과 또 삼의하 해신의 용모를 좌우에 구분하여 앉힌 다음, 존중하고 공경하기를 예전처럼 하고, 조정 관료를 보내어 성당에 가서 음우(陰祐)를 기원하는 방식으로 고한다면, 어찌 감응을 나타내어 복을 내려주지 않겠습니까. 어떤 자들은 천제가 박달나무 아래에 내려와 단군을 낳았다고 하는 일이 괴상하고 거짓된 점이 있어 믿기 어렵다고 합니다. 그러나 신령한 사람이 태어남에 있어서는 일반 사람들과 다른 점이 있었으니, 간적은 현조(玄鳥)의 알을 삼킨 뒤 설을 낳았으며, 강원은 천제의 엄지발가락을 밟고 후직을 낳았습니다. 이것은 중국 상세의 일로 어찌 쉽게 의논할 수 있겠습니까. 엎드리건대, 전하께서는 친히 세종 임금의 생각을 따르셔서 여러 신하들을 불러들여 물으시고, 천제가 박달나무 아래에 아들을 내려보낸 근원과 또한 위패를 옮기고 괴이한 것을 만든 이유를 헤아리시고, 나이 든 사람에게 널리 물어 성당의 위패를 고쳐 세우시면 매우 다행일 것입니다"라고 하였다.

성종 3년 임진년(1472)에 환인 · 환웅 · 단군의 삼성사를 문화현 구월산에 세우고, 평양의 단군 사당의 예에 의거하여 해마다 향과 축문을 보내어 제사 지내게 하였다. 황해도 관찰사 이예의 요청을 좇았다.

영조 41년 을묘년(1765) 12월에 삼성묘의 신주를 넣어두는 궤를 만들게 하고 이어 제사를 지내게 하였다. 이에 앞서 성종 때에 삼성묘를 세우면서 위판을 흙으로 만들었는데, 오래되어서 훼손되었다는 것을 예조판서 심용이 들었다. 전하께서 드디어 예관을 보내어 나무로 세 성인의 위판을 위한 궤를 만들게 하고 이어 제사를 지내도록

명하셨다. (453쪽 3·4, 454쪽 5~7)

『춘관통고』 권44 길례, 숭령전 [동명왕묘를 덧붙임]

숭령전은 평안남도 평양부 성 밖에 있다. 단군과 고구려 동명왕을 제사 지낸다. 영조 원년 을사년(1725)에 사액하였으며, 봄·가을에 향과 축문을 내려 중사(中祀)로써 제사하였다.

원의, 사전, 중사. 음력 2월과 8월의 복일(卜日)에 제사 지낸다.

원의, 축식. '유년'은 어느 해인지를 부르는 것이며, '세차'는 모 갑, 모 월, 모 삭, 모 일, 간지이다. 조선 국왕, 어느 성씨, 어느 이름을 지닌 누가 감히 단군께 밝혀 아뢰옵니다. 엎드리건대, 하늘을 밝히시고 덕을 낳으셨으며, 우리나라 땅의 토대를 닦으셨습니다. 이에 제사를 올리니 크나큰 도움을 내려주소서. 삼가 희생과 폐백, 예제[18], 자성[19] 등 여러 물품을 법식에 따라 차리고 밝게 올리니 흠향하옵소서.

속의, 제관. 역대 왕조의 시조, 헌관[20] [관찰사이며, 만약 제사를 지내는 곳이 한 곳이 아니면 나누어 수령을 보낸다], 축[21] [교수이다], 장찬자[22], 집준자[23], 집사자, 찬자[24], 알자[25] [장찬자 이하는 본 읍의 학생으로 충원한다] 이다.

원의, 역대 왕조의 시조, 반찬. 변(籩)이 10개이다. 좌측에 있는 것이 셋이며, 오른쪽 위에서 시작한다. [첫 번째 행은 형염[26]이 앞에 있고 마른 고기, 말린 대추, 껍질을 벗긴 밤이 그다음이다. 두 번째 행은 개암나무 열매가 앞에 있고, 마름 열매, 가시연밥 열매가 그다음이다. 세 번째 행은 사슴고기포가 앞에 있고, 흰 떡과 검은 떡이 그다음이다.] 두(豆)가 10개이다. 우측에 있는 것이

---

18) 거르지 않은 술로, 잘 익은 술찌기와 쌀알이 뜨는 약간 탁한 술이다.
19) 제사에 올리는 정결한 곡식을 의미한다.
20) 잔을 올리는 제관.
21) 축문을 읽는 제관.
22) 반찬을 담당하는 제관.
23) 잔을 담당하는 제관.
24) 홀기(笏記)를 담당한 제관.
25) 의례 참가자를 인도하는 제관.
26) 호랑이 등의 모양을 지닌 마른 소금 덩어리.

셋이며, 왼쪽 위에서 시작한다. [첫 번째 행은 부추로 담근 김치가 앞에 있고, 포를 썰어 만든 것, 순무 김치, 사슴고기로 만든 것이 그다음이다. 두 번째 행은 미나리 김치가 앞에 있고, 토끼고기로 만든 것, 죽순으로 담근 김치가 그다음이다. 세 번째 행은 물고기로 만든 것이 앞에 있고, 넓적다리 살, 돼지의 겨드랑이 살이 그다음이다.] 적대가 둘이다. 하나는 변 앞에 있고, 하나는 두 앞에 있다. [변 앞의 적대는 양고기 날것을 일곱으로 나누어 그릇에 넣는데, 두 넓적다리 살, 두 어깨 살, 두 겨드랑이 살, 등골뼈이다. 넓적다리 살이 양쪽 끝에 있고 겨드랑이 살이 그다음이고, 등골뼈는 가운데 있다. 두 앞의 적대에는 돼지고기 날것을 일곱으로 나누어 그릇에 넣는데, 그 올리는 방식은 양고기와 같다.] 보(簠)와 궤(簋)는 각각 둘이다. 변과 두 사이에 두는데, 보는 좌측에 있고 궤는 우측에 있다. [보는 벼와 메조를 담는데, 메조는 벼 앞에 둔다. 궤는 기장과 피를 담는데 기장을 피 앞에 둔다.] 등(甄)과 형(鉶)은 각각 셋인데, 보와 궤 뒤에 있고, 형이 앞에 있고 등이 다음에 있다. [등은 순 고깃국을 담고 형은 나물이 들어가 있고 양념하여 간을 맞춘 국을 담는다.] 작(爵)은 셋인데, 보와 궤 앞에 있다. [각각 잔대(盞臺, 굽이 높은 술잔 받침)가 있다.] 희준(犧尊, 소 모양의 술 항아리)은 둘이다. [하나는 명수(明水, 맑고 깨끗한 물)를 담고 하나는 예제를 담는다.] 상준(象尊, 코끼리 모양 술 항아리)은 둘이다. [하나는 명수를 담고 하나는 앙제[27]를 담는다.] 산뇌(山罍)는 둘이다. [하나는 현주(玄酒, 맑은 찬물)를 담고, 하나는 청주[28]를 담는다.] 3행으로 하는데 [첫 번째 행은 희준, 두 번째 행은 상준, 세 번째 행은 산뇌이다] 모두 뚜껑 있는 잔에 베풀며, 제단 위 동남쪽 모퉁이에 두고 북쪽을 향하게 하고 서쪽을 위로 한다. [석전[29] 및 역대 시조 제사에서 준(尊)과 뇌(罍)는 전각 위 동남쪽 모퉁이에 두며, 배위의 준과 뇌는 정위의 준과 뇌의 동쪽에 둔다. ○속의, 금의에 똑같이 있다.]

원의, 폐백. 흰 모시. [길이는 1장 8자이며, 예기척[30]을 이용하여 만든다.] 속의 [원의와 같다. 단 길이는 11자 6치 7푼이다.]

원의, 반찬. 역대 시조는 앞서 고한 사유로 신주를 옮겨 다시 제자리로 모신다.

---

27) 매우 엷고 푸른빛을 띠는 술.

28) 겨울에 빚어 여름에 익는 술.

29) 음력 2월과 8월에 성균관과 지방 향교 등에서 선성(先聖)·선사(先師)를 추모하기 위해 올린 제사 또는 전통 사회에서 산천과 종묘·사직에 올리던 제사이다.

30) 한 자가 지금의 9촌 2푼 6리에 해당하는 옛날 도량형의 하나이다.

좌측 첫 번째에 변[사슴고기를 말린 포를 담는다], 우측 첫 번째에 두[사슴고기로 만든 것을 담는다], 포와 궤는 각각 하나로, 변과 두 사이에 둔다. 포는 좌측에 두고 궤는 우측에 둔다. [포에는 벼를 담고 궤에는 기장을 담는다.] 적대는 하나로 포와 궤 앞에 둔다. [돼지고기 날것을 담는다.] 작 하나는 적대 앞에 두고[잔대가 있다], 상준 둘은[하나는 현주를 담고 하나는 청주를 담는다] 모두 뚜껑을 더한 채로 신위의 좌측에 둔다. 모두 안쪽으로 향하고 오른쪽을 위로 한다. [속의와 금의도 모두 같다.]

세조 원년 병자년(1456) 7월에 다시 고조선 단군의 신주를 정하여 '조선시조단군지위'로 하였다. 5년 경진년(1460) 10월에 임금께서 왕세자를 거느리고 서쪽으로 평양을 돌아보시고 친히 가서 제사를 드렸다.

숙종 5년 기미년(1679)에 임금께서 홍범 편을 강론하시다가 마음에 느낀 바가 있어 가까이에 있는 신하를 보내어 기자 사당과 함께 나란히 제사를 지내도록 명하였다. 23년(1697)에 또 제사를 지냈다. 임금께서 지은 '단군 사당에 대한 시'에 이르기를, "동해의 성인이 만들었으니, 일찍이 요 임금과 나란히 하였다고 알려졌도다. 산초나무는 사당 앞에 남아 있고, 박달나무에는 상서로운 구름이 끼어 있구나"라고 하였다.

영조 5년 기유년(1729)에 전참봉 두 명을 두었다. (454쪽 8, 455쪽 9~11)

『춘관통고』 권44 길례, 숭인전

[고려 숙종 7년(1102) 정당문학 정문이 기자 무덤에 사당을 세우고 중사로서 제사 지낼 것을 건의하였다.]

숭인전은 평안도 평양부 성 바깥에 있으며, 기자를 제사 지낸다.

원의, 사전. 중사는 음력 2월과 8월의 복일에 제사 지낸다.

원의, 축문의 형식. 감히 기자께 밝혀 아뢰나이다. 엎드리건대, 9주로서 윤리를 펴시고 팔조목으로 풍속을 이루었으니, 지극한 덕은 이름 붙이기도 어려우며 제사 지내는 일은 싫어할 수 없습니다. [도입 글과 끝맺는 글은 모두 숭령전과 같다.]

제관과 반찬, 폐백[모두 숭령전과 같다.]

세종 때 판한성부사 권홍이 글을 올려 말하기를 "기자의 인자함은 천하가 만 대에 걸쳐 함께 공경하고 사모할 바입니다. 우리 공자 선생께서 일찍이 은나라에는 세 명의 어진 이가 있다고 말씀하셨습니다. 우리 동방의 예악과 문물이 중화와 견주어 다를 바 없는 것은 기자가 이 땅에 봉함을 받아 팔조목의 가르침을 베풀었기 때문입니다. 우리나라에 끼친 그 공이 매우 큽니다. 태조께서 나라를 여시고 먼저 사전(祀典)을 완성한 것은 앞선 시기의 성인을 존경하고 숭상함이 지극하였기 때문입니다. 그러나 무덤에는 비와 기록이 없어 공덕을 높이 드러내지 못하고 있습니다. 청컨대, 문신으로 하여금 비를 지어 후세에 알리게 하옵소서"라고 하였다. 변계량에게 명하여 비를 짓게 하고 사당 아래에 세우게 하였다.

세조 5년 경진년(1460) 10월에 임금께서 왕세자를 거느리고 서쪽으로 평양을 돌아보시고 친히 가서 제사를 드렸다.

광해군 3년 신해년(1611)에 성문준이 예조판서 이정귀에게 글을 옮겨 말하기를 "우리 동방은 기자에게 갚을 수 없을 정도의 큰 은혜를 받았습니다. 사람으로서 지켜야 할 떳떳한 도리가 오랫동안 펼쳐져 물고기와 조개와 같이 되는 것을 면하게 하였으니, 이것은 누구의 공덕입니까. 그러나 후세의 풍속은 쌀쌀하고 각박하여 근본을 잊어버리고 거만해진 지 오래된 까닭으로 남아 있는 모든 사당의 의례 물품에는 풀만 무성합니다. 지금 서경의 미천한 자가 청하여 올릴 것이 있사오니, 만약 전각을 다시 수리하고 제사를 지내는 예전(禮典)을 숭의전의 예와 같이 하여 왕의 돌보심이 있게 한다면 어찌 우리 조정을 빛나게 함이 크지 않겠습니까. 선우씨로 서경에 있는 자는 그 먼 자손이므로 현명함을 가릴 것도 없으니 그 제사를 주관하도록 시키십시오"라고 하였다. 이정귀가 곧 그 말을 조정에 아뢰어 시행하게 하였다.

4년 임자년(1612)에 조삼성 등이 숭인전에 사액해줄 것을 요청하자, 이에 선우식을 전감으로 삼고 대대로 계승하도록 하였다. 그 후에 전감을 참봉으로 바꾸었다.

인조 원년 계해년(1623)에 사신을 보내 제사를 지내게 하였다.

15년 정축년(1637)에 사당의 뜰에 비를 세웠다.

숙종 5년 기미년(1679)에 임금께서 홍범을 강론하다가 느낀 점이 있어 이에 교령으로 이르기를 "기자가 동쪽을 봉지로 받은 뒤 교화가 크게 밝혀졌고 예악과 문물이 찬연하여 계승될 수 있었다. 우리나라로 하여금 지금에 이르러 관복을 입게 하고 사람이 지켜야 할 5가지 도리를 속속들이 밝혀 소중화라는 칭호를 얻게 한 것은 기자의 힘이었다. 문한(文翰)을 주재하는 신하에게 명하여 별도로 제문을 짓게 하고 도승지를 보내 기자 사당에 제사를 지내게 하라"라고 하였다. 이어 명하여 이르기를 "별도로 승지를 보내 그 일을 중요하게 처리하라. 그대는 반드시 공경을 다하여 제사를 드려라. 묘우와 무덤에 만약 무너진 곳이 있으면 하나하나 서계하고 자손 중에 채용할 만한 자가 있으면 또한 방문하도록 하라 [기자묘에도 보인다]"라고 하였다.

35년 기축년(1709)에 교령으로 이르기를 "기자의 팔조목의 가르침은 진실로 동방의 큰 공이 되었다. 그 사당은 평양에 있는데, 일찍이 가까이 모시는 신하를 보내 제사를 지내게 하였으나 세월이 오래되었다. 지금 다시 승지를 보내 제사를 지내게 하라"라고 하였다.

영조 6년 경술년(1730)에 제사를 지냈다.

7년 신해년(1731)에 승지를 보내 제사를 지내게 하고 선우씨 중에 준수한 자를 가려 전각의 제사를 받들게 하였다. 교령에 이르기를 "세상을 편안하게 하신 뜻을 회상하며 진술하고 홍범을 강론하고, 기자의 성스러운 뜻을 제사하도록 하라"라고 하였다.

33년 병자년(1756)에 제사를 지냈다.

붙임. 기자의 영정을 모신 사당은 평안도 용강현 황룡산성에 있으며, 또 평안도 성천부 백령산에 있다. (455쪽 12, 456쪽 13~16)

『춘관통고』 권44 길례, 숭의전

숙종 21년 을해년(1695) 2월에 영의정 남구만이 역대 시조의 제사 축문의 형식에 대해 아뢰기를 "백제 시조에게 고하는 첫머리 말에 이르기를 '백제 온왕에게 고한다' 라고 되어 있는데, 백제 시조는 곧 고려 시조 고주몽의 아들입니다. 축문 가운데 만약 그 성씨를 들어 칭하는 것이라면 마땅히 '고' 자를 칭해야 합니다. 만약 그 이름을 직접 거론하는 것을 꺼린다면 백제 시조라고 부르는 것도 안 될 것이 없습니다. 지금 그 이름을 들추어내어 한 글자를 위에 더하여 온왕이라고 하였는데, 사리에 맞지 않습니다. 청컨대 예의를 담당하는 관리로 하여금 고치게 하소서"라고 하였다. 예조에서 아뢰기를 "평양에 있는 단군의 위판에는 '전조선단군지위'라고 쓰여 있고, 기자의 위판에는 '후조선기자지위'라고 쓰여 있고, 고려 시조의 위판에는 '고구려시조동명왕지위'라고 쓰여 있고, 경주의 신라 시조의 위판에는 '신라시조지위'라고 쓰여 있고, 광주에 있는 백제 시조의 위판에는 '백제시조온왕지신위'라고 쓰여 있고, 마전에 있는 고려 시조의 위판에는 '태조신성대왕'이라고 쓰여 있습니다. 이를 참고하면 백제 시조 위판에서 그 이름의 한 글자를 들추어내어 온왕이라고 칭한 것은 진실로 근거가 없습니다. 고려 시조의 위판에는 그 나라 이름이 없고 직접 태조라고 칭하였는데 또한 거북스럽습니다. 또 『향실의궤』를 살펴보면 축문의 첫머리 글 중에 기자, 단군은 단지 기자와 단군이라고만 칭하고 전조선, 후조선의 칭호가 없습니다. 고구려 시조는 '동명왕' 세 글자가 없으며, 백제는 그 '시조' 두 글자가 없으며, 고려 시조는 곧 '고려태조대왕'이라고 칭하였습니다. 위판과 축문 형식이 뒤섞여 있는 것이 이와 같으니, 청컨대 대신들과 의논하고 처리하게 하옵소서"라고 하였다. 영의정 남구만이 세월이 오래되어 나무로 된 위패가 문드러져서 없어져 이전에 쓰인 제목이 아무래도 신령에 대한 도리와 숭상하고 정숙하게 하고자 하는 뜻에 어긋난다는 점을 들어, 위판은 마땅히 이전 향실의 축문과 같이 하여 '백제시조'는 곧 '백제시조왕'으로 고치고, '고려태조'는 곧 '고려태조왕'으로 고치고, '신라시조'는 곧 '신라시조왕'으로 고치면 같아져 거리낄 것이 없게 된다고 하였다. 임금께서 따랐다.

6월에 예조에서 아뢰기를 "역대 시조의 칭호를 모두 이미 고쳤는데, 단군의 축문은 평양에 이미 '전조선단군'의 글을 보냈으니, 황해도 삼성사의 단군 위패에도 마땅히 같은 글을 따르게 하소서. 숭의전의 고려 태조는 이미 '태조왕'으로 일컬어지니, 한 전각에 안치되어 있는 현종·원종·문종의 위패에 쓰여 있는 대왕의 '대(大)' 글자를 모두 쓰지 못하게 하고, 다만 '모 종왕'이라고만 칭하여 같게 하는 것이 마땅합니다"라고 하였다. 임금께서 윤허하였다. (457쪽 17~20)

『춘관통고』 권45 길례, 역대 왕조의 능묘

세조 원년 병자년(1456) 3월 정유일에 집현전 직제학 양성지가 가로되 "명나라의 여러 관청과 직책과 업무를 살펴보았는데, 관리를 파견하여 역대 왕조의 임금과 재상을 제사할 때 큰 소를 사용하고 매우 성대하게 거행하였습니다. 본조는 역대 왕조의 임금이 흩어져 있어 도읍하였던 곳에서 제사를 지내나 혹은 마땅히 제사해야 하지만 제사를 드리지 않는 경우가 있고, 또는 혹 배향된 대신이 없기도 하니 흠이 되는 일입니다. 청하건대, 매년 봄과 가을에 동쪽 교외에서 전조선왕 단군, 후조선왕 기자, 신라의 시조·태종왕·문무왕 [두 왕이 고구려와 백제를 통합하였다], 고구려의 시조·영양왕 [수나라 군대를 크게 파하였다], 백제의 시조, 고려의 태조·성종·현종·충렬왕 이상 12위를 합하여 제사 지내고, 신라의 김유신·김인문, 고구려의 을지문덕, 백제의 흑치상지 등 최근에 정한 전 왕조의 배향 16위 및 한희유·나유 [합단을 방어하는 데 공이 있다]·최영·정지 [왜구를 방어하는 데 공이 있다] 등을 배향하소서. 첫째로 전 왕조의 능묘를 보호하소서. 신이 『속육전』을 보니 고려의 태조·현종·문종·원종의 네 능은 각기 지키고 보호하는 역할을 하는 호가 둘로 정해져 있으며, 땔나무를 하고 가축 치는 일을 금하였고, 태조의 능은 한 호를 더하였으니, 매우 성대한 덕입니다. 그러나 신이 역대 왕조의 군주를 생각해보니, 비록 모두 이 백성에게 공덕이 있는 것은 아니나, 역시 모두 한 나라의 백성이 함께 임금으로 삼았습니다. 그 있는 바를 살피지 못하였을 따름입니다. 그 능묘는 옛날과 같고, 여우와 삵이 파헤친 구멍이 곁에 있으며, 땔나무를 채취하려 그 위로 지나다니는 것을 하게 하니 어찌 가엽지 아니합니까. 청하건대 관리에게 명하여 전·후조선과 삼국, 전 왕조가 도읍한 개성, 강화, 경주, 평양, 공주, 부여, 김해, 익산 등에 있는 능묘를 자세히 찾아 방문하여 그 공덕이 있는 자에게는 능을 지키는 자로 3호를 두고, 별로 공덕이 없는 자는 2호를 두고, 정비의 능묘 역시 1호를 두고, 조세와 부역을 간략하게 하거나 덜어, 거기서 땔나무를 채취하는 것을 금하게 하소서"라고 하였다. 이에 소재하고 있는 지역의 관리로 하여금 봄과 가을에 살피고 제사를 지내게 하였다. …

(영조) 22년 병인년(1746) 5월에 명을 내려 단군에서부터 전 왕조의 여러 왕릉을

관찰사로 하여금 가을철까지 기다려 수리하게 하고 의조(예조)에서 향을 내려 제사를 지내게 하였다. (458쪽 21~24)

『춘관통고』 권45 길례, 단군의 무덤

단군의 무덤은 평안도 강동현 서쪽 3리에 있다. 주위가 410자이다. 이것은 『여지승람』에 실려 있는 것을 잠시 기록한 것으로, 갖추어 전한 것인지는 의심스럽다고 한다.

이름은 왕검이다. 도당씨의 요 임금 25년 갑진년에 즉위하였다. 상나라 무정 8년 갑자년에 아사달산 [지금의 구월산] 에 들어가 신이 되었다. 사당은 평양에 있다.

영조 39년 계미년(1763)에 단군, 기자 및 신라, 백제, 고구려 시조의 능을 수리하라고 명하였다. (459쪽 25)

『춘관통고』 권45 길례, 기자의 무덤

기자의 무덤은 평안도 평양부의 북쪽 5리의 토산에 있는데, 정남향을 하고 있다.

성씨는 자이며, 이름은 서여이다. 주나라 무왕 원년 기묘년에 즉위하여 무오년에 죽었다. 여러 가지 석물과 시설이 무덤을 둘러싼 담장의 3면에 있는데, 문석이 한 쌍, 무석이 한 쌍, 양석이 한 쌍이 있다. 정자각은 다섯 간이며, 무덤 위에는 비석이 있으며 [앞면에는 '기자묘'라고 쓰여 있으며, 뒷면에는 '만력 22년(1594) 3월 일'이라고 쓰여 있다], 산불을 막기 위해 무덤의 담 밖에 있는 나무나 풀을 불살라버리는 곳이 있다. 주위는 1,190보이다.

무덤을 담당하는 관리는 본래 전감이라 하는데, 음력 초하루와 보름에 향을 태우는 의례의 거행을 겸한다. 수호군은 25명이며, 보인은 25명인데, 본 고을에서 25결에 대한 부역을 면제해주었다. 본조의 임진왜란 때 왜구들이 좌측 부분을 깊이 한 장 정도 팠는데, 견고하여서 팔 수 없었으며, 갑자기 음악 소리가 무덤 광 안에서 나와 적들이 두려워서 멈추고 비석을 쳐서 부러뜨렸다. 난이 평정된 이후에 다시 새로운 비석[한호가 썼다]을 세웠다. 쇠못으로 옛 비석을 뚫어 붙여서 새로운 비석의 뒤에 세웠다. 임인년(1602)에 정자각을 세웠다.

인조 원년 계해년(1623)에 관리를 파견하여 제사를 지내게 하였다.

숙종 5년 기미년(1679)에 임금께서 이르기를 "내가 오늘 홍범의 글을 배웠는데, 기자가 무왕에게 도를 전하고 사람이 지켜야 할 떳떳한 도리를 진술함으로써 동쪽을 봉지로 받기에 이르렀다. 크고 밝게 교화가 일어나 예악과 문물이 찬연하게 이어질 수 있었으며, 우리나라로 하여금 지금의 관복을 하게 하였으며, 사람이 지켜야 할 5가지 떳떳한 도리인 오상을 똑똑히 밝혀 소중화의 칭호를 얻게 하였으니, 기자의 힘이다. 문한(文翰)을 담당하는 신하에게 명하여 별도로 제문을 짓게 하고 도승지를 보내 기자묘에 제사를 지내게 하라"라고 하였다. 이어 승지에게 명하여 이르기를 "별도로 승지를 보내 그 일을 중요하게 처리하고 경이 반드시 제사를 지내되 공경을 다해 제사를 지내도록 하라. 사당과 분묘에 무너진 곳이 있으면 하나하나 서계하되 수리한 땅으로 만들어라. 자손 중에 채용할 만한 자가 있는지 또한 방문하여라"라고 하였다. 승지가 아뢰기를 "단군과 동명왕 역시 그곳에 있으며, 세종 때부터 봄과 가을에 향과 축문을 내렸으니, 함께 제사를 지내는 것이 옳을 듯합니다"라고 하였다. 임금께서 이르기를 "먼저 기자묘를 제사한 다음에 뒤에 또한 날을 택하여 제사를 지내도록 하여라[승인전에도 보인다]"라고 하였다. (459쪽 26~28)

『춘관통고』 권45 길례, 단군 사당에 근시를 보내어 제사를 드리는 법식 [기자 사당에 제사 지내는 법식과 같다. 금의(今儀)]

그날 전감이 그 속류를 이끌고 전각의 안과 밖을 깨끗하게 쓸고 닦고, 동문 밖에 찬만[31]을 설치하는데 땅의 적당함에 따라 한다. 찬자는 사자(使者)의 자리를 동쪽 계단의 동남쪽에 설치하되 서쪽을 향하게 하고, 집사자의 자리는 그 뒤의 약간 남쪽에 두되 서쪽을 향하게 하고 북쪽을 위로 하고, 찬자와 알자의 자리는 동쪽 계단 아래의

31) 제사 때 쓸 음식을 쌓아두는 곳이다.

약간 동쪽에 두되 서쪽을 향하게 하고 북쪽을 위로 한다. 사자 이하 문외위(門外位)는 동문 밖 길 남쪽에 설치하되 북쪽을 향하게 하고 서쪽을 위로 한다. 축문을 태우는 곳은 요감의 남쪽에 설치한다. 사자는 남쪽에 있으면서 북쪽을 향하여 선다. 축문 읽는 자인 축과 찬자는 동쪽에 있으면서 서쪽을 향하여 서며 북쪽을 위로 한다. 제사 지내는 날 마지막 행사 전에 장찬자가 그 속류를 거느리고 들어가서 축판을 신위의 오른쪽에 안치하고, 폐백을 담는 상자를 준을 놓은 곳에 진열해놓는다. 향로, 향을 담는 상자, 병촉(幷燭)은 신위 앞 두 번째에 설치하고, 제사 그릇은 법식에 맞게 설치한다. 사자의 대야는 동쪽 계단의 동남에 북쪽을 향하게 설치하고 여러 집자의 대야는 사자의 동남쪽에 북쪽을 향하게 둔다. 준・뇌・비・멱 제기를 담당하는 자의 자리는 준・뇌・비・멱의 뒤에 둔다. 장찬자가 반찬 그릇에 공물을 넣는 것을 마치면 사자 및 여러 집사는 각각 흑단령을 입고, 찬자・알자는 동문으로 들어와 먼저 계단 사이의 절하는 자리로 나아가 북쪽을 향하고 서쪽을 위로 한 채로 네 번 절하기를 마친 뒤 각각 자리로 나아간다. 알자는 사자 이하를 모두 이끌고 문외위로 나아가고, 또 축과 여러 집사를 이끌고 계단 사이의 절하는 자리로 나아가 북쪽을 향하고 서쪽을 위로 한 채 똑바로 선다. 찬자가 "사배"라고 고하면 축 이하가 모두 네 번 절을 하고, 관세위[32]에 나아가 손을 씻고 수건으로 닦는다. 마친 뒤 각자 자리로 간다. 집사자는 술잔을 씻는 곳에 나아가 술잔을 씻고 닦은 뒤 대광주리에 넣고 받들어 잔을 놓는 곳에 나아가 잔대 위에 놓는다. 알자는 사자를 이끌고 자리로 간다. 찬자가 "사배"라고 고하면 사자는 네 번 절한다. 찬자가 "행전폐례"라고 고하면 알자가 사자를 이끌고 관세위로 나아가 손을 씻고 수건으로 닦은 뒤 인도함을 받아 신위 앞에 나아가 북쪽을 향하여 무릎 꿇는다. 집사자 한 명은 향을 담는 상자를, 한 명은 향로를 받든 채로 무릎을 꿇고 올리며, 알자가 세 번 고한 뒤 향을 올리고 사자도 세 번 고하고 향을 올린다. 집사자가 신위 앞에 향로를 놓는다. 축이 폐백을 담은 상자를 사자에게 주면 사자가 폐백을 받아서 드리고, 폐백을 축에게 주면 신위 앞에 놓는다. 알자가 "고개를 숙이고 엎드린 뒤 일어나 몸을 바르게 하라"라고 알리고 안내하여 본 자리로 돌아간

32) 제사를 지낼 때 여러 제관이 손을 씻을 수 있도록 마련한 곳이다.

다. 찬자가 "행작헌례"라고 고하면 알자가 사자를 이끌고 올라와 잔 놓는 곳에 나아와 서쪽을 향하여 선다. 집존자가 덮개인 멱을 들고 술을 따르며 집사자가 작으로 술을 받는다. 알자는 사자를 이끌고 신위 앞에 나아가 북쪽을 향하여 선 뒤 꿇어앉으라고 알린다. 집사자가 작을 사자에게 주고 사자는 작을 잡아서 드린다. 작을 주면 집사자는 신위 앞에 놓는다. [연속해서 세 번 작을 놓는다.] "고개를 숙이고 엎드린 뒤 일어나시오"라고 알리면 약간 물러나 북쪽을 향하여 무릎을 꿇고 앉으며, 축이 신위의 오른쪽으로 나아와 동쪽을 향하여 무릎을 꿇고 앉아 제문을 읽기를 마친다. 알자가 "고개를 숙이고 엎드린 뒤 일어나 몸을 바르게 하라"라고 알리면 이끌고 내려가 제자리에 선다. 찬자가 "사배"라고 고하면 사자가 네 번 절한다. 찬자가 "망료"라고 말하면 알자가 사자를 이끌고 망료위 앞에 나아가 북쪽을 향하여 서고, 찬자는 망료위로 나아가 서쪽을 향하여 선다. 축이 대광주리에서 축판과 폐백을 취하여 서쪽 계단으로 내려와 구덩이 앞에 놓는다. 찬자가 "불사른 뒤 흙을 놓고 구덩이를 묻으시오"라고 말하면 알자가 사자의 왼쪽으로 나아가 예식이 끝났음을 아뢰고 드디어 사자를 데리고 나간다. 찬자는 본래 자리로 돌아온다. 알자는 축과 여러 집사를 이끌고 모두 다시 절을 하는 곳에 정돈하여 선다. 찬자가 "사배"라고 고하면 축 이하 모두 네 번 절한다. 마치면 알자가 다시 이끌고 나간다. 찬자와 알자가 절을 하는 곳에 나아와 네 번 절하고 나간다. 장찬자가 그 속류를 이끌고 제사에 쓴 음식물을 거두고 문을 닫고 내려와 이에 물러난다. (460쪽 29~32)

『燕行紀』(1790년)

徐浩修(1736~1799)

『연행기』는 조선 후기 실학자인 서호수가 1790년(정조 14) 청 건륭제의 팔순을 축하하는 만수절(萬壽節)에 참여하기 위해 청에 사은부사(謝恩副使)의 자격으로 다녀와서 작성한 사행 기록이자 견문록이다. 1790년 5월 27일부터 같은 해 10월 22일 복명한 날까지 시간 순서대로 기록했다. 서호수는 두어 차례 사행을 다녀왔는데, 『연행기』는 저자가 두 번째로 청에 다녀와서 쓴 기록이다. 첫 번째 사행은 1776년(정조 즉위년) 진하 겸 사은부사로 다녀온 것이다.

서호수의 본관은 달성(達城), 자는 양직(養直)이다. 아버지는 『고사신서』, 『기자외기』 등을 저술한 판중추부사(判中樞府事) 서명응(徐命膺)이다. 1765년(영조 41)에 식년 문과(式年文科)에서 장원을 하여 관료 생활을 시작하였다. 1790년에는 예조판서로 있으면서 사은부사로 청에 다녀왔는데, 이때 다녀와서 작성한 것이 『연행기』이다.

책은 모두 4권 2책으로 구성되어 있다. 1권은 진강성에서 열하까지의 일정에 관한 것이다. 조선의 역사와 관련 있는 만주 일대의 지명, 연혁, 위치 등을 비교적 상세히 고증하여 적었다. 관방 제도, 군대, 성책(城柵)과 같은 것에 대한 내용도 있으며, 청에 보내는 주문(奏文), 자문(咨文), 방물(方物)의 세목(細目)에 관한 것도 있다.

2권은 열하에서부터 원명원까지의 일정에 관한 것이다. 청의 종실, 안남(安南)의 사절들, 만주의 복제(服制)를 상세히 기록하였다. 청과의 외교 문서, 일본·대만·안남 지역과의 외교 관계에 대한 것과, 각국의 조공 내역, 대만의 풍물 및 각 지역에 관한 고사가 있다.

3권은 수도인 연경(북경)의 관경, 제도, 만수절에 행한 의식들에 대한 내용을 담고 있다. 만수절에 참여한 몽골, 안남 등의 사절들에 대한 내용도 있다. 청대 고증학의 거두인 옹방강(翁方綱)과 대담한 내용도 수록되어 있다.

4권은 연경에서 출발해서 조선으로 되돌아오는 과정에 대한 내용이다.

『연행기』는 성균관대학교 대동문화연구원에서 영인 출판한 『연행록선집(燕行錄選集)』 안에 편제되어 있으며 민족문화추진회(현 한국고전번역원)의 『국역 연행록선집』에도 실려 있다. 원본은 규장각도서, 중경문고(中京文庫), 미국의 캘리포니아대학 등에 있다. 본서는 규장각 소장 필사본을 한국고전번역원이 번역한 것 가운데 관련 자료를 모아 수록했다.

고조선과 관련된 내용은 모두 세 군데에 나온다. 모두 기자 관련 내용이다.

청의 군기대신(軍機大臣) 왕걸(王杰)이 평양은 기자가 도읍한 곳이라고 하면서 다음번 동지사행으로 올 때 한백겸(韓百謙)의 『기전고(箕田攷)』를 가져다 달라고 요청했다는 내용이다. 또한 청의 연성공(衍聖公)이 서호수에게 보낸 시에 등장한다. 여기에서 연성공은 시에서 기자가 조선에 전했다고 하는 홍범구주를 기주(箕疇)라 하고 조선은 기자의 봉지(封地)라고 표현했다.

『연행기』 권3, 8월 3일 신해(辛亥)

또 우리나라의 볼 만한 책이 무엇인가를 묻는다. 내가 편지로 답하기를 "목은은 곧 이색의 호이고, 포은은 정몽주의 호입니다. 이들은 다 고려 때 사람으로서 지금으로부터 4백 여 년 이전의 사람들입니다. 병화를 여러 번 겪어서 전집은 전하지 않습니다. 우리나라의 학자들은 발자취가 수천 리 밖을 나가지 못하기 때문에 견문이 매우 적습니다. 그들의 저술에 어찌 대방(大方)의 볼거리가 있겠습니까? 권근의 『예기천견록』이라든가, 한백겸의 『기전고(箕田攷)』 같은 것은 조금은 폭넓고 정제되었다고 일컫고 있으나, 또한 정림 고염무나 죽탁 주이존의 수준을 따라가기에는 부족합니다" 하니, 왕걸이 회보하기를 "귀국의 평양은 곧 기자가 도읍한 곳으로 그 전제(田制)에 반드시 볼 만한 것이 있을 것이니, 동지 사행 편에 『기전고』 1부를 부쳐주시면 감사하겠습니다" 하였다. 대체로 소대에서 물러나온 뒤로부터 이와 같이 여러 번 간절하게 요구하고 있으니, 황제의 뜻으로 장차 『사고전서』에 편입하고자 하는 데서 나온 일이 아니라는 것을 어찌 알겠는가? 돌아와 봉황성 변문에 도착하였을 때에 편지로 내각에 보고하여 연석(筵席)에 진달(陳達)하고, 『기전고』 20본을 인쇄하여 동지 사행에 붙여 각로(閣老) 왕걸, 상서 기균, 시랑 철보에게 나눠주게 하였다. (461쪽 1·2)

『연행기』 권3, 8월 21일 기사(己巳)

맑음. 남관(南館)에 머물렀다.

연성공(衍聖公)이 내가 증정한 시에 화답하여 보내오고, '학산견일정(鶴山見一

亭)'의 편액을 써 보내왔다. 그의 시는 이러하다.

문장으로 높은 명성 해동에 떨치더니
이날에 화답하니 뜻이 서로 통하네.
청담을 듣노라고 시간 감을 잊었어라.
용운 같은 박식은 다함이 없네.
또,
이잠과 패수가 지독히도 멀건만
봉성에 수레 모이니 기쁘기도 하구나.
오히려 기주 끼친 법이 있어서
항상 구역을 앞서 소식을 들려주시네.

규문각 전적 강은영(姜恩永)이 와서 전해주었다. 그는 연성부(衍聖府)의 낭관(郎官)이다. (462쪽 3)

『연행기』 권4 기연경지진강성(起燕京至鎭江城) 9월 21일 무술(戊戌)

황상 어제『무술집(戊戌集)』주(註)에 "도화동(洞)의 벼랑 사이에는 조선인의 시를 새겨놓은 것이 많다. 대체로 조선은 기자의 봉지로서, 지금까지도 여전히 문교(文教)를 소중히 여긴다" 하였다. 묘(廟)의 동쪽에 따로 도관(道觀, 도교의 사원)이 있는데, 도사(道士) 두어 사람이 살고 있다. 아마 묘를 지키기 위한 것일 것이다. (462쪽 4)

『燕行錄』(1792년) 金正中(?~?)

『연행록』은 조선 후기 인물인 김정중이 1791년(정조 15) 동지 겸 사은사(冬至兼謝恩使)로 정사 김이소(金履素), 부사 이조원(李祖源), 서장관 심능익

(沈能翼)을 따라 김이소의 자제군관의 자격으로 연경에 다녀온 5개월간의 견문 내용을 기록한 기행문이다.

저자 김정중에 대한 정보는 많지 않고 생몰 연대도 알려져 있지 않다. 다만 『연행록』의 서술을 통해 자(字)는 사룡(士龍), 호는 자재암(自在庵)이고, 평양에 거주한 것을 알 수 있다. 그는 50세가 되도록 벼슬을 하지 않은 것으로 보인다. 그가 사행에 함께하게 된 계기는 김이소의 동생인 김이교(金履喬)와 친분이 있고 문필에 대한 식견이 높아서였을 것으로 추정하고 있다. 그는 직책을 가지고 연행에 참여한 것이 아니기 때문에 비교적 자유로운 연행을 할 수 있었다. 덕분에 연행길에서 본 견문이나 풍물, 제도, 토산물 등에 대한 것을 상세하고 구체적으로 기록할 수 있었던 것으로 평가된다.

책은 2권 1책으로 구성되어 있다. 잡록(雜錄)에 「도리(道里)」·「장관(壯觀)」·「기관(奇觀)」·「고적(古蹟)」이 있고, 「연행일기」와 「기유록(奇遊錄)」이 있다. 「도리」에는 한양에서 출발하여 의주를 거쳐 책문, 심양, 산해관, 연경을 경유한 일정이 기록되어 있다. 「장관」에는 연경 정양문(正陽門)의 차마(車馬)로부터 요야(遼野)에 이르는 10곳에 대한 내용이 기록되어 있다. 「기관」에는 만불루(萬佛樓)를 비롯한 7곳의 기이한 것들이, 「고적」에는 화표탑(華表塔)을 포함한 9곳의 고적(古蹟)에 대한 것들이 기록되어 있다. 각 항목에서 연행한 곳의 주요 특산물을 자세하게 기록했다는 점이 특징이다.

「연행일기」에는 저자와 동행한 송원(宋園) 김이교, 저자의 형, 연경에서 만나서 친해진 중국인 정가현(程嘉賢) 등과 주고받은 서한(書翰) 등이 있으며 정가현이 지은 연행일기서(燕行日記序)가 실려 있다.

「기유록」은 일종의 일기에 해당된다. 이는 저자가 평양에서 연행에 합류하기 시작해 연경에서 일정을 보내고 평양으로 돌아오기까지 약 5개월간 매일 기록한 것이다. 여행 중의 경로, 관경, 견문, 여행 중에 작성한 시 수십 편이 있다. 정가현과 나눈 시문들도 수록되어 있다.

책의 마지막 부분에는 제목이나 분류 혹은 표제 없이 날짜만 적혀 있는 일기가 이어진다. 자신이 청에서 경험한 풍속, 음식, 건축, 인물, 물산과 같은 것을 기록했고 맨 끝에 연경팔경(燕京八景)의 명칭과 사신의 이름을 기록했다.

『연행록』이 저술된 후 간행이 되었는지는 알 수 없다. 민족문화추진위(현 한국고전번역원)에서 국역할 때 삼은 대본은 초서로 된 원본을 뒤에 필사(筆寫)한 것으로 추정되는 필사본이다.

고조선과 관련된 내용은 「기유록」에 짧게 기록되어 있다. 조선은 기자가 책봉받은 곳이며, 정전의 제도가 전한다는 내용이 전부다.

『연행록』 기유록(奇遊錄) 임자(壬子) 정월 3일

소백(少伯)이 말하기를 "동방에 정전(井田)이 있다고 들었는데, 이제껏 그 제도를 시행합니까?" 하기에, 내가 대답하기를 "저희 고을이 바로 은 태사(殷太師, 기자)의 옛 도읍이라 구획이 아직 남아서 도랑 자리를 미루어 생각할 수 있으나, 정전은 넓지 않고 주민이 점점 빽빽하여져서 능히 은나라, 주나라의 옛 제도를 시행하지는 못하되, 이제껏 민간에는 서로 돕는 화목한 풍속이 있습니다" 하였다. (463쪽 1)

『연행록』 기유록 임자 정월 20일

동방의 지도를 살피건대 대동강이 성의 동문을 돌아서 구불구불 꺾여 흐르되 그 끝간 데를 모르겠고, 그 서쪽 언덕은 기자가 도읍했던 옛 땅이 되어 기름진 들이 이어 뻗었고 주민이 빽빽하며 정전이 있어 은(殷)의 제도를 남겼으며, 동쪽 언덕은 먼 봉우리가 흩어져 벌여 있고 아름다운 나무가 빽빽이 벌여 있어 우뚝우뚝 서로 마주 서고 울창하게 서로 무성하다. (463쪽 2, 464쪽 3)

(출처: 한국고전번역원)

『同文廣考』(1754년 이후 저술 추정)

李敦仲(1703~?)

『동문광고』는 조선과 청 및 일본 주변에 있는 여러 세력의 역사를 다룬 책이다. 동문(同文)은 사대교린 문서를 의미하는 것으로, 중국과 주변 국가와의 교류 및 분쟁에 대한 내용이 실려 있다. 1849년에 이원익이 쓴 『동사약(東史約)』에서 이돈중(李敦仲)이 쓴 것으로 전한다. 저술연대가 명확하지 않지만 가락고(駕洛考)에 있는 내용을 통해 건륭(乾隆) 갑술년(1754년) 이후에 쓰인 것으로 보고 있다. 홍석주가 편찬한 『동문광고』와는 다른 책이다.

이돈중은 숙종 29년(1703)에 태어났으며 호는 신천옹(信川翁)이다. 영조 11년(1735) 식년(式年) 생원시에서 3등에 합격하였으며, 주로 향촌에 은거하며 후학 양성에 전념하였다. 『동문광고』 저술 이후 이 책을 본 영조가 동지중추부사(同知中樞府事)에 제수한 바 있다.

이 책은 필사본이며, 모두 4책으로 이루어졌다. 제1책은 동이고(東夷考)로, 고조선에서부터 후삼국 시대까지 우리나라에 있었던 여러 국가를 다루었다. 고조선은 단군조선, 기자조선, 위만조선으로 구분하여 서술하였으며, 마한·진한·변한의 삼한과 예맥, 고구려·백제·신라의 삼국, 후백제, 태봉, 가락, 탐라 등을 다루었다. 제2책은 저고(氐考)로 중국 서쪽에 있는 세력들을 다루었다. 제3책은 일본기(日本記)와 대만국고(臺灣國考) 등으로 이루어졌다. 제4책은 북황제이고(北荒諸夷考)로 흉노부터 거란에 이르기까지 중국 북쪽 유목 지역에서 활동하였던 세력을 다루었다. 우리나라 사서와 중국 사서의 내용을 비교하여 서술하였으며, 저자의 의견을 '안(按)'이라 하여 덧붙였다. 규장각과 국립중앙도서관에 4본이 있는데, 필체와 내용에 약간의 차이가 있다. 이 자료는 규장각에 보관된 '一蓑古951.02-D717g'본을 바탕으로 번역하였다.

고조선과 부여 관련 내용이 비교적 많다. 고조선은 세 조선으로 나누어서 다루었고, 부여는 고구려·백제 역사를 서술하면서 언급하였다. 국내 사서를 인용한 부분은 원 자료를 그대로 옮기지 않고 요약하거나 변형하여 서술하였다는 특징을 보인다. 단군 신화의 경우 기존 사서의 내용과 달리 환웅이 암컷 곰과 관계하여 단군을 낳았으며 단군이 늙어서 구월산에 들어가 신선이 되었다고 표현하고 있다. 저자 나름대로 신화의 내용을 재해석한 것으로 보인다. 부여의 경우 고구려·백제와의 관계를 중심으로 서술하고 있다.

『동문광고』 제1책, 동이고(東夷考)

여동래[33]는 "중국 동북쪽 요새 밖에 있는 자를 일컬어 구이라고 한다. 상고 시대에 우이, 방이, 황이, 백이, 적이, 현이, 남이, 양이의 칭호가 있었다"라고 하였다. 『서경』에는 "요 임금이 희중에게 명해 우이가 있는 곳에 살게 하였는데, 양곡이라 한다"라고 하였다. 『죽서기년』에 "하나라 후상 2년에 황이를 정벌하였다. 7년에 우이가 찾아왔다. 소강의 때에 방이가 찾아왔다"라고 하였다. 이때로부터 구이가 대대로 왕의 교화에 복종하여 그 음악과 춤을 드렸다. 후걸이 무도하자 여러 이들이 서로 침략하였는데, 은나라 탕왕이 천명을 바꾼 뒤 정벌하여 안정시켰다. 중정의 때에 남이가 노략질을 하였으며, 상나라가 멸망한 이후에는 혹은 반기를 들고 혹은 복종을 하였다. 3대 이후 구이의 연대나 구역은 제대로 고찰하기 어렵다. 춘추 시대에 공자가 구이 지역에 살고 싶다고 하면서 "뗏목을 타고 바다로 간다"라고 말하였다. 대개 중국 발해의 동쪽에 있었다. 살펴보면 요양 이동은 동쪽으로 바다로 이어지며, 북쪽은 사막과 접하며, 남쪽은 조선에 다다르는데, 모두 그 구역이다. (465쪽 2)

『동문광고』 제1책, 동이고 단군조선

단군이라는 자는 상고 시대 동방을 열어젖힌 조상이다. 처음에 어떤 사람이 태백산 신단수 아래로 내려왔는데 이가 환웅 천왕이다. 암컷 곰과 관계를 맺어 아들을 낳았는데 이가 단군이다. 도당씨 요 임금과 같은 나이였다. 즉위한 때는 무진년이다. 나라

33) 주희와 교유한 송나라 학자이다. 정확한 생몰 연대를 알 수 없다.

이름을 조선이라 하고 평양을 도읍으로 삼았다. 후에 백악으로 옮겼다. 늙으매 구월산에 들어가 신선이 되었다. 살펴보니 태백산은 지금의 희천 묘향산이며 구월산은 해서 지역에 있다. 단군의 아들 해부루는 하나라 우 임금의 때 도산 회의에 참여하였다. 이가 부여의 국조이다. 단군 이후 1,212년을 지나 기묘년에 기자가 동쪽으로 왔다. (465쪽 2·3)

『동문광고』 제1책, 동이고 기자조선

기자조선에 대해 말한다면, 기자의 이름은 서여로 (주나라) 무왕이 상나라를 멸망시키고 조선후로 봉하였다. 왕검성에 도읍하였는데, 옛 선인 왕검이 살던 곳으로 지금의 평양이다. 여덟 조목의 가르침을 베풀어 그 백성을 교화하였다. 임금 자리를 전한 것이 928년으로 41대손에 이르렀다. 기준(箕準)이 처음에 무강왕을 칭했는데, 위만에게 쫓겨 나라를 잃었다. 살펴보니 『위서』에 이르기를 "조선후가 보니 주나라는 쇠약해졌고 연의 제후는 주제넘게 왕을 칭하고 조선으로 땅을 넓히려고 하였다. 조선후 역시 스스로 왕을 칭하고 군사를 일으켜 맞서 싸워 주나라 왕실을 받들고자 하였다. 그 대부 예가 간언을 올려 멈추었다. 예로 하여금 서쪽으로 연나라에 가서 유세를 하게 하자 연이 이내 공격하는 것을 멈추었다. 후에 자손들이 점점 사나워지자 연나라가 장군 진개를 보내 그 서쪽 지역을 공격하게 하여 2천여 리의 땅을 취하고 반한에 이르러 경계로 삼았다. 조선이 드디어 약해졌다. 진나라가 천하를 통합한 뒤 몽염을 시켜 장성을 쌓게 하였는데 요동에 이르렀다. 이때 조선 왕 부가 즉위하였는데 진나라가 습격할까 두려워하여 진나라에 복속할 것을 약속하였으나 (진나라 황제를) 배알하러 가지는 않았다. 부가 죽고 아들 준이 즉위한 뒤 20여 년이 지나 진승과 항우가 봉기하여 천하가 어지러웠다. 연·제·조 지역 주민들이 근심하며 괴로워하여 점점 준왕에게 투항하였다. 준왕이 이에 서쪽 지역에 안치하였다. 한나라 때에 이르러 노관을 연왕으로 삼았다. 조선은 연과 추수를 경계로 하며 자리 잡았다. 노관이 반기를 들어 흉노로 들어갔을 때에 연 지역 사람 위만도 망명하였는데, 오랑캐 복장을 하고 동쪽으로 추수를 건너 준왕에게 나아와 항복하였다. 준왕에게 유세하여 살 수 있게 해준다면 조선의 울타리가 되겠다고 하였다. 준왕이 믿고 총애하여 박사에 제수하고 백 리의 땅을 봉하여 서쪽 변방을 지키도록 하였다. 위만이 중국 망명객을 꾀어 무리가 점점 많아졌다. 이에 거짓으로 사람을 보내 준왕에게 한나라 병사가 열 길로 들어오고 있다고 말하고 들어가서 숙위할 것을 구하였다. 드디어 준왕을 공격하였다. 준왕이 위만과 싸웠으나 패하여 그 좌우의 궁인을 거느리고 바다로 하여 남쪽으로 달아났다"라고 하였다. 금마산에 살면서 스스로 마한왕이라고 불렀다. 그 친족으로 본국에 머무른 자들은 한씨 성을 칭하였다. 준왕이 남쪽으로 도망한 뒤 여러 세대를 전하였다가 온조에 의해 멸망하였다. 지금 익산군 금마산에 기준의 옛 성이 남아 있다. (465쪽 3·4, 466쪽 5)

『동문광고』 제1책, 동이고 위만조선

위만은 연 지역 사람이다. 초와 한이 싸우던 때에 무리 수천 명을 모아 동쪽으로 피해 왔다. 드디어 기준을 공격하여 빼앗아 평양에 거하였다. 동이의 여러 부족을 복속하고 나라 이름을 또한 조선이라 칭하였다. 손자 우거에 이르러 중국 망명객들이 점차 많아지자 교만해져서 (한나라 황제의) 조서를 받들기를 거부하였으며, 요동 도위를 습격하여 살해하였다. 한나라 무제가 노하여 원봉 3년(기원전 108)에 장군 양복과 순체 등을 보내 요동으로 출격하여 토벌케 하였다. 조선의 상, 이계의 상 삼 등이 우거를 죽이고 항복하였다. 드디어 그 땅을 나누어 4군을 두었다. 진번, 임둔, 현도, 낙랑이라고 한다. (한나라) 소제 때에 이르러 4군이 너무 멀어 없애고 요동으로 옮긴 뒤 2군을 만들었다. 요동, 현도라고 한다. 그 후에 한나라가 동이의 여러 나라에 옷과 머리쓰개, 북 치고 피리를 부는 기악 등을 내렸는데, 모두 현도군에서 받아 가게 하였다. 위씨가 나라를 연 것은 한 고조 12년 병오년(기원전 195)으로, 무제 계유년(기원전 108)에 망할 때까지 무릇 88년이었다.

세 조선 이후 동이에는 드디어 군장이 없어져 그 부락들이 흩어졌다. 삼한이라고 불리는 자가 있었는데 마한, 진한, 변한이라고 한다. 살펴보니 신라의 최치원이 이르기를 "동쪽 바다 밖에 세 나라가 있었는데 마한, 진한, 변한 등 삼한이 이것이다. 마한은 지금의 고구려이며, 진한은 지금의 신라국이며, 변한은 지금의 백제국이다"라고 하였다. 최치원 시기로부터 삼한은 멀지 않았으므로 분명 그 구역을 자세히 알았을 것이다. 『위서』에 이르기를 "마한은 서쪽에 있으며 진한은 동쪽에 있고 변한은 진한과 마한 사이에 끼어 있다"라고 하였다. 옛날부터 그 구역에 대해 말한 것이 자세하지 않으니 무슨 이유인가. 삼한의 때는 책이 없어 그 연대와 사적은 오직 『위서』의 간략한 말을 통해서 고찰할 수 있었다. 그 지역의 풍속은 이런 까닭으로 이것을 표준으로 삼는다고 한다.

마한. 기준이 남쪽으로 옮긴 뒤에 스스로 마한왕이라 불렀다. 그 친족으로 본국에 머무른 자들은 이로 인해 한씨 성을 사용하고 스스로 마한의 종족이라고 칭하였다. …

삼한의 때에 동옥저 역시 한 곳을 차지하고 있었는데 지금의 함경북도 지역이다. … 한나라 초에 위만이 조선의 왕이 되었을 때에 옥저도 포함되었다. 한나라 무제가 원봉 2년(기원전 109)에 조선을 쳐서 위만의 손자 우거를 죽이고 그 땅을 나누어 4군으로 삼았다. 옥저성을 현도군으로 삼았다. 후에 오랑캐들의 침입을 받아 군을 요동으로 옮겼는데, 고구려 서북 지역이다. 지금 현도의 옛 부라 일컬어지는 곳이다. (466쪽 5~7)

『동문광고』 제1책, 동이고 예맥고

『삼국사』에 이르기를 "예맥은 본래 조선의 땅이다. 남쪽은 진한과 함께, 북쪽은 고구려·옥저와 함께 붙어 있다. 동쪽은 큰 바다와 잇닿아 있고 서쪽은 낙랑에 이른다. 한나라 무제 원삭 5년(기원전 124)에 예군 남려가 조선을 배반하고 28만 명의 사람을 거느리고 요동에 나아가 한나라에 항복하였다. 그 땅을 창해군으로 만들었다가 수년 만에 폐하였다. 건무(25~56) 중에 그 우두머리를 봉하여 현후(縣侯)로 삼았다. 해마다 조공을 하였다"라고 하였다. (466쪽 8)

『동문광고』 제1책, 동이고
삼한 이후에 삼국이 있었는데 신라·고구려·백제가 그것이다

신라의 시조는 혁거세라고 하며 성은 박씨이다. 조선의 진한 부족 사람이다. 한나라가 위만을 멸망시킨 뒤에 4군을 요동과 조선의 땅에 두어 동이에는 드디어 군장이 없어졌다. 변한, 진한, 마한 등 삼한은 그 하나의 지역 중에 거하면서 각기 우두머리가 있어 그 부락을 다스렸다. 싸움이 날로 심해져 진한의 6부가 이에 혁거세를 추대하여 임금으로 삼고 거서간이라고 불렀는데, (거서간은) 동이에서 왕을 부르는 칭호이다. (466쪽 8, 467쪽 9)

『동문광고』 제1책, 동이고 고구려

고구려 시조는 동명왕으로 이름은 주몽이다. 북부여 오랑캐 국가의 압록부 사람이다. 스스로 고신씨의 후예라 하여 성을 고라 하였으나 그 선조가 누구인지는 알 수 없다. 그 속설에 이르기를 부여왕 금와 때에 태백산 남쪽에 한 여자가 있었는데 이름이 유화였다. 남자 해모수와 함께 웅심산 아래 압록수 강변에서 사사로이 정을 통하였다. 부모가 중매도 없이 남을 따라갔다며 딸을 책망하고 우발수 위로 유배를 보냈다. 한나라 선제 신작 4년 계해년(기원전 58) 4월에 아들을 낳았는데 기골이 두드러지고 영특하였다. 나이가 일곱 살이 되자 스스로 활과 화살을 만들었는데 백 번 쏘면 모두 맞추었다. 그 민간에서 활을 잘 쏘는 사람을 주몽이라고 불렀으므로 그것으로 이름을 삼았다. 부여 왕이 말을 기르는 관리로 삼았다. 주몽은 기르는 말 중에서 뛰어난 것을 알아보고 밥을 적게 주어 야위게 하였다. 왕이 (그 말을) 주몽에게 주었다. 왕을 따라 사냥을 가게 되었는데 주몽이 죽인 짐승이 유독 많았다. 왕의 장자 대소가 왕에게 말하여 이르기를 "주몽은 용맹스럽고 활을 잘 쏩니다. 필시 뒷날에 근심이 될 것이니 제거할 것을 청합니다"라고 하였다. 왕이 듣지 않았다. 주몽의 어머니가 알고는 주몽에게 권하여 멀리 피하도록 하였다. 이에 오이, 마리, 협보 등 세 사람과 함께 도망하여 압록 동북의 엄표수 위에 이르렀다. 추격하는 자가 미치자 주몽 등은 말을 타고 강을 건넜다. 모둔곡에 이르러 세 사람을 만났는데, 삼베 옷을 입은 사람의 이름은 재사였으며, 장삼 옷을 입고 있는 사람의 이름은 무골이었고, 수풀 옷을 입고 있는 사람의 이름은 묵거였다. 주몽이 무리에게 고하여 이르기를 "내가 크나큰 명령을 받들어 으뜸가는 터전을 열고자 하였는데 이렇게 세 사람을 만나게 되었으니 어찌 하늘이 내려줌

이 아니겠는가"라고 하였다. 함께 졸본천 흘승골성에 이르러 살았다. 궁궐을 지을 겨를이 없어서 단지 비류수 위에 움막을 지었다. 나라 이름을 고구려라 하였다. 이때 주몽의 나이 22세였다. 한나라 원제 건소 2년이자 신라 혁거세 21년 갑신년(기원전 37)이었다. …

(동명성왕) 14년(기원전 24) 8월 주몽의 어머니 유화가 부여에서 죽었다. 부여왕 금와가 주몽이 나라를 세우고 왕을 칭하였다는 점에서 태후의 예로 장례를 치르고 사당을 세워 제사 지냈다. 10월에 부여에 사신을 보내 토산물을 바치고 그 은혜에 보답하였다. 주몽의 본처 예씨와 주몽의 아들인 유리가 주몽에게 도망해 오자 세워서 태자로 삼았다. 9월에 주몽이 죽었다. 나이 40세였다. 용산에 장사 지내고 호를 동명왕이라 하였다. ○사서에서 이르기를 "주몽이 영웅의 자질이 있어 부여에서 꺼려함을 입어 졸본으로 도망해 왔다. 거친 풀을 헤치고 나라를 세우고 도읍을 정하였다. 비록 한가할 겨를도 없이 만들었으나 위엄과 덕이 날로 성하였다"라고 하였다. …

또 『위략』에서 이르기를 "환도는 요양에서 동쪽으로 천 리에 있다. 북쪽에는 부여가 있고, 동쪽에는 옥저가 있으며, 남쪽에는 조선과 예맥이 있다. 호는 3만이요, 땅은 사방 2천 리이다. … 본래 부여의 별종으로 언어가 부여와 많이 비슷하다. 그 성향과 의복은 같지 않다"라고 하였다. …

(유리왕) 32년(13) 11월에 부여 사람이 침공해 왔다. 왕자 무휼이 군대를 이끌고 가서 막았다. 산골짜기에 복병을 두었다가 학반령 아래에서 부여 군사를 크게 깨뜨렸다. …

(대무신왕 3년(20)) 10월에 부여 왕 대소가 붉은 까마귀를 보냈는데 머리 하나에 몸이 둘이었다. 4년(21) 12월에 왕이 군사를 내서 부여를 쳤다. 비류수 위에 이르러 귀한 솥을 얻었다. 불을 피우지 않았는데도 스스로 열을 내어 밥을 지어 한 부대를 배불리 먹였다. 도중에 한 사람을 만났는데 키가 9척이었으며 얼굴은 하얗고 눈에서는 광채가 났다. 왕에게 절을 하고 이르기를 "신은 북명 사람 괴유입니다. 듣자 하니 대왕께서 장차 부여를 치신다고 들었습니다. 신이 청하건대 따라가서 부여 왕의 머리를 취할 수 있게 하여주옵소서"라고 하였다. 왕이 기뻐하고 허락하였다. 5년(22) 2월에 왕이 부여를 치고 군사를 진격시켜 나라 남쪽 늪이 많은 곳으로 나아갔다. 부여

왕이 출전하여 말을 채찍질하여 앞으로 나아가다가 진흙 가운데에 빠졌다. 괴유가 칼을 빼들고 큰소리를 지르면서 공격하니 많은 무리가 쓰러졌다. 앞으로 나아가 부여 왕을 잡은 뒤 목을 베었다. 부여 사람들이 고구려 왕을 여러 겹으로 에워쌌다. (고구려 왕은) 가짜 병사를 만들어놓고 샛길로 밤에 도망하여 사로잡힐 뻔한 것을 모면하였다. 신마(神馬) 거루 및 스스로 불을 피우는 솥을 잃어버렸다. 3월에 신마가 부여에서 키우는 말 백여 필을 거느리고 와서 학반령 아래 차회곡에 이르렀다. 4월에 부여 왕 대소의 아우가 갈사수 위에 이르러 나라를 세우고 왕을 칭하였다. 금와의 막내아들이었다. 왕의 사촌동생이 만여 명과 함께 고구려에 투항해 오자 왕으로 봉하여 연나부에 안치하고 낙씨 성을 하사하였다. …

(태조왕) 25년(77)에 부여에서 뿔이 셋이 있는 사슴과 긴 꼬리가 있는 토끼를 바쳤다. 왕이 상서로운 물건이라 하여 크게 사면하였다. …

69년(121)에 한나라 유주자사 마환, 현도태수 요광, 요동태수 채풍 등이 군사를 합쳐 공격하여 예맥의 우두머리를 살해하였다. 왕이 아우 수성을 보내 병사 수천을 거느리게 하였다. 힘써 싸우다가 거짓으로 항복한 뒤 현도와 요동을 몰래 습격하였다. 그 성곽을 불태우고 수천여 명을 죽이거나 사로잡았다. 이때 왕이 선비와 함께 한나라의 요대현을 침략하였는데, 요동태수 채풍이 맞서 싸우다가 패하여 죽었다. 왕이 드디어 마한·예맥과 합하여 만여 명의 기병으로 현도로 나아가 포위하였다. 부여의 왕자 위구태가 병사 2만 명을 거느리고 와서 한나라 병사와 함께 힘써 맞서 싸웠다. 고구려 병사가 크게 패하였다. …

(서천왕) 11년(280)에 숙신이 침공해 왔는데, 왕의 아우 달고가 쳐서 깨뜨렸다. 그 단로성을 취하고 6백여 호를 옮겼다. 또 부여 남쪽 오천 등 6, 7부락이 항복하였다. 왕이 달고를 봉하여 안국군으로 삼았다. …

나운(문자명왕) 2년(492)에 북위가 사신을 보내 책봉을 하고 의관과 수레와 의복 등의 물품을 보냈다. 남제 역시 사신을 보내 책봉하였다. 14년(504)에 사신 예실불을 보내 북위에 조공을 바쳤다. 북위 임금이 정침의 동쪽에 있는 동당으로 불러서 보았다. 예실불이 나아가서 이르기를 "(저희) 작은 나라는 진실로 천자의 나라와 이어져 있어 여러 대에 걸쳐 힘써 돈독한 관계를 맺으며 땅에서 나는 토산품으로 조공하는 일을 어긴 적이 없었습니다. 황금의 경우는 부여에서 나고 마노는 섭라의 산물입니다. 부여는 물길에게 쫓긴바 되었으며 섭라는 백제에게 병합되었습니다. 두 물품이 왕의 창고에 오르지 못하게 된 이유입니다"라고 하였다. (467쪽 10~12, 468쪽 13~470쪽 22)

『동문광고』 제1책, 동이고 백제고

백제 시조 온조왕은 본래 북부여 왕 해부루의 서손으로, 아버지는 우태라고 한다. 어머니는 소서노라고 하는데 졸본 사람 연타발의 딸이다. 처음에 우태에게 시집을 가서 두 아들을 낳았는데 첫째는 비류라 하고 둘째는 온조라 하였다. 우태가 일찍 죽자 소서노는 졸본에서 과부로 지냈다. 주몽이 부여에서 용납되지 못하여 전한 건소 2년(기원전 37) 2월에 남쪽으로 도망하여 졸본에 이르러 나라를 세우고 고구려라고 불렀다. 소서노를 취하여 왕비로 삼았는데, 그 터전을 열고 과업을 이루는 과정에서 내조한 바가 많았다. 주몽이 총애하며 대우하였는데, 특별히 온조 형제를 자기 아들처럼 잘 대해주었다. 주몽의 본처인 예씨의 아들 유리가 부여에서 주몽에게 도망해 오자 세워 태자로 삼았다. 주몽이 죽자 유리가 즉위하였다. (470쪽 23)

『동문광고』 제1책, 동이고
우리나라의 지나온 세대에 대한 종합적인 요점

단군은 도당씨 요 임금 원년 무진년에 일어나 평양에 도읍하였고, 후에 구월산으로 옮겼다. 1,212년을 지나 기자가 동쪽으로 왔다.

기자는 주나라 무왕 원년 기묘년에 일어나 평양에 도읍하였다. 929년을 지나 무강왕 기준에 이르러 위만에게 쫓겨 남쪽으로 금마산으로 옮겼다. 지금의 익산군이다.

위만은 한나라 고조 병오년(기원전 195)에 일어나 기씨를 쫓아내고 그대로 평양에 도읍하였다. 손자 우거에 이르러 한나라 군사에 의해 멸망하였다. 이때가 무제 계유년(기원전 108)이다. 3대에 걸쳐 무릇 88년이었다. (470쪽 24)

『梧溪日誌集』(18세기 편찬 추정)

李宜白(1711~?)

『오계일지집』은 조선 후기의 문인 이의백(1711~?)이 신선(神仙) 관련 유적지를 답사하면서 들은 내용이나 체험한 것을 서술한 책이다. 일종의 도가 설화집이라 할 수 있다. 저술시기는 명확하지 않다.

이의백은 자는 숙덕(淑德)이며 호는 백치(百恥), 본관은 용인이다. 조선 후기 영조 무렵에 황해도 신천군 금목동 고매촌에서 살았다. 관직에 나가지는 못하였고 고향에 묻혀 살았던 것으로 본다. 한휴휴의 문인으로 여러 도사와 산수를 떠돌며 방술을 배우고 신선 수련을 하였던 것으로 전한다.

책은 필사본으로 전하며 58쪽으로 구성되어 있다. 인조 때 조여적의 『청학집』과 함께 편철(編綴)되어 전한다. 표지에는 '오계일지집(梧溪日誌集)'으로 적혀 있으나 안쪽에는 페이지마다 '오계집(梧溪集)'으로 표시되어 있어 『오계집(梧溪集)』으로도 불린다. 책의 첫머리에는 이의백의 행적이 간략히 소개되어 있으며 이후 8개의 항목으로 구성하여 서술하였다. 다만 항목의 제목과 내용이 일치하지 않는 경우도 있는데, 편의적으로 항목을 분류하였음을 알 수 있다. 칭호오계이유(稱號梧溪理由), 윤이하 팔우당기(尹爾夏 八友堂記), 낙하자서(樂何子序), 한휴휴선생 내력실기(韓休休先生 來歷實記), 단군세계상탐기(檀君世系祥探記), 단군내력실기(檀君來歷實記), 북행록(北行錄), 영석증험(靈石證驗) 등의 항목이 있다.

『오계일지집』에는 고조선과 관련된 여러 신비한 이야기가 서술되어 있다. '낙하자서'에서는 단군 시기에 백령산에 숨겨두었다는 옥판 이야기를 전하고 있으며, '단군세계상탐기'에서는 해주군 창금산의 어느 산봉우리에서 얻은 이인원의 묘지석을 통해 단군의 세계를 고려 시대 인물까지 나열하였다. '단군내력실기'에서는 구월산 지역에 전하는 단군 전승과 『삼국유사』에 실린 단군 신화 내용을 기록하였으며, 구월산과 당장리에 가서 느낀 소회를 담은 시와 글이 실려 있다. 또한 환웅이 만들고 해모수가 수정을 가했다는 현묘결(玄玅訣)에 대한 이야기도 담고 있다.

『오계일지집』 낙하자서(樂何子序)

하루는 내가 한휴휴 선생을 따라 백령산을 지나면서 하얀 학 두 쌍이 산봉우리 꼭대기를 날면서 둘러싸고 있는 것을 보았다. 내가 "이 산에 학루(鶴樓)가 있습니까" 라고 물었다. 휴휴가 이르되 "저 학은 학이 아니고 옥판(玉板)의 정기입니다. 저 산봉우리 위의 바위틈에 돌 궤가 숨겨져 있는데, 궤 가운데 옥판 4개가 있습니다. 판 위에는 금으로 쓴 글씨가 있는데, 단군 시기에 문박·대왕·신지 성인들이 기록한 것으로 모두 변화하고 오래 사는 비결에 대한 것입니다. 바깥에는 '단흑 성인(丹黑聖人)은 뜯어보아라'는 글이 새겨져 있습니다. 늙은 원숭이로 하여금 지키게 하여 일반 사람이 멋대로 들추지 못하게 하였습니다"라고 하였다. 나는 한번 보고 싶어서 보기를 청하였으나 휴휴는 "불가합니다"라고 말하였다. 나는 억지로 나아가 바위 앞에 이르렀으나 바람과 비와 우레와 천둥소리가 크게 일어났다. 공중에서 소리가 있어 이르기를 "휴휴는 함부로 말하지 말고 다시는 더럽히지 말라"라고 하였다. 나는 두려워서 물러날 것을 청하였다. 도중에 나는 다시 "단흑 성인은 어느 때에 나타납니까"라고 물었다. 휴휴가 "백여 년 후에 세상에 나타납니다"라고 말하였다. (471쪽 2)

『오계일지집』 단군 세계의 상세한 탐구 기록

무인년(1758)에 나는 해주군 창금산 밖에 있는 일곱 봉우리 중의 마지막 봉우리 정상에서 이곳의 무덤을 조사하고 싶어서 땅을 팠다. 갑자기 지석 3개가 나타나서 옛 이인원의 무덤이라는 것을 알았다. 지석에 이르기를 "공의 이름은 인원이요 자는 사부이다. 함원 사람이다. 송나라 가우 정유년(1057) 2월 2일에 태어났으며, 관직은 좌복야에 이르렀다. 정사년(1137) 9월 초4일에 죽었다"라고 하였다.

○ 세계는 단군이 둘째 아들 부루우를 의무군에 봉한 데에 붙어 있다. 아들은 습국군 환표이며, 아들은 환호이며, 아들은 환리이며, 아들은 환리이며, 아들은 환동이며, 아

들은 환유이며, 아들은 환안이며, 아들은 환비이며, 아들은 모모자이며, 아들은 환린이며, 아들은 환료이며, 아들은 환해이며, 아들은 환비이며, 아들은 환기이며, 아들은 환상이며, 아들은 환유이며, 아들은 환시이며, 아들은 환박이며, 아들은 환령이며, 아들은 양갑이다. [병신년에 나라가 멸망하였다.] 아들은 학공이며, 아들은 송랑이며, 아들은 영랑이며, 아들은 선랑이며, 아들은 초랑이며, 아들은 신지이며, 아들은 국리이다. [이 아래는 자세히 알 수 없다.] 3세손은 오송선이며, 아들은 어상이며, 아들은 을밀이다. 아들 갈풍은 거서부장에 봉해졌다. 전성공 활, 지간공 정, 자헌공 고, 여이공 고, 차경공 술, 이무공 반, 첩정공 기, 문공 정, 이공 자, 평공 저, 소공 편이다. 아들 문진은 옥저국백에 봉해졌으며 소양, 장지에게 전하였다. 매로에 이르러 개사부장에 봉해졌다. 아들 오열이 숙신국에 들어갔다. 후손인 엽하가 해국군이 되었다. 아들 만구가 양맥국군이 되었다. 아들 대발혼이 실직군이 되어 해곡률, 영시, 부양유에게 전하였다. 아들 변비는 변한 군주가 되어 무골, 조영, 묵연에게 전하였다. [나라가 멸망하였다.] 아들 고전은 맥국의 군주가 되어 7세를 전하였다. 아들 갈야가 양위하고 스스로 구화선생이라고 불렀다. 아들 안류는 현도후가 되었다. 아들은 흘승이며, 아들 유유는 남부대인이 되었으며, 아들 도설은 임황군이 되었으며, 아들 발삽은 동부대인 엽원후가 되었으며, 아들 이사는 동이군이 되었으며, 아들 소실상부는 서부 누랑하후가 되었으며, 아들 문일은 계루부 대인이 되었다. 형의 아들은 효동이고, 아들 유장은 성을 고로 칭하였으며 부여후에 봉해졌다. 아들 갑승은 막리지가 되었고, 아들 헌성은 백제 병관좌평이 되었고, 아들 지신은 내두좌평이 되었고, 아들 충진은 내법좌평이 되었고, 아들 열기는 신라 예부령이 되었으며 처음으로 문(文)을 성으로 삼았다. 아들은 광헌이며, 아들 다미는 한삭 도독이 되었으며, 아들 종철은 대내마가 되었으며, 아들 길일조는 상대등 흑양공이 되었으며 처음으로 길(吉)을 성으로 삼았다. 아들 회간은 청천군공이 되었으며, 아들 인흥은 사벌주 대사가 되었으며, 아들 순문은 밀성후가 되었으며, 아들 원린은 서량후가 되었으며, 아들 보민은 권읍백이 되었으며, 아들 경명은 견성태수가 되었으며, 아들 길권은 당나라 헌종 황제의 손자 이휘은의 양자가 되어 처음으로 이(李)를 성으로 삼았다. 아들 헌정은 선정공이 되었으며, 아들 정은 문익공이 되었으며,

아들 회는 문경공이 되었으며, 아들 효순은 함원백이 되었으며 처음으로 함원을 본관으로 삼았다. 아들 두정은 상서가 되었으며, 아들 인원은 좌복야가 되었다고 한다. 또 쇠못 8개, 옥관자 2쌍, 은그릇 1쌍이 있었다. 드디어 약간의 물건을 묻고 다시 봉분을 쌓았다. 다만 이인원의 후손이 어느 곳에 사는지 알지 못하여 잠깐 기록하여 후손을 기다릴 따름이다. (471쪽 3·4, 472쪽 5)

『오계일지집』 단군 내력의 실제 기록

고기(古記)의 내용이다. 구월산 팔대 산봉우리에 비서갑의 왕비가 와서 노닐었는데, 대의 상서로운 기운이 무지개와 같았다. 단제가 맞이하여 왕비로 세웠다. 성스러운 아들 셋을 낳았는데 첫째는 부소이고, 다음은 부루우이고, 셋째는 부여이다.

도당씨 요 임금 25년 무진년에 왕검을 세워 임금으로 삼고, 아사달에 도읍하고 나라 이름을 조선이라 하였다. 처음 단군이 되었으며, 재위 기간은 93년이었다. 경자년에 신령한 태자 부루를 세워 왕으로 삼고 아사달산에 들어가 도를 닦았다. 은나라 무정 8년 갑자년에 이르러 금린(金獜)에 와서 신선으로 변화하여 떠나갔다. [요 임금 25년 무진년에서 은나라 무정 8년 갑자년까지 계산하면 모두 1,017년이다.]

기자가 신선이 되었을 때에 신발 1개와 적삼 1벌을 이 산봉우리에 두었는데, 때는 곧 3월이었다.

기자의 때에 돌이 견고하여 수레바퀴를 밀어 산봉우리까지 올릴 수 있었다. 이런 까닭으로 석견봉이라고 하였다. 그 후에 산사람 맹손이 산봉우리에서 돌 버섯을 캐다가 떨어져 죽었다.

그 후 구월산 상봉에 산성을 쌓을 때에 눈이 내려 성의 윤곽을 만들었다. 이런 까닭으로 설옹산성이라고 이름을 붙였다.

또 도사 연양이 이곳에서 구광초를 채취하였으므로 지원이라고 이름을 붙였다.

산성 동문 밖에 돌문이 있는데, 후세 사람이 전하기를 기자가 선결(仙訣)을 감춘 곳이라고 한다. 혹은 어떤 사람이 뜯어보려고 하면 곧 바람과 비가 크게 일어나고 천둥과 벼락 소리가 크게 났다고 한다.

『위서』에 이르기를 "2천 년 전에 단군왕검이 있어 아사달 [무엽산을 다스렸다. 또한 백악이라고도 하는데 백주의 땅에 있다. 혹은 개성 동쪽에 있는데 지금의 백악궁이 이것이다] 에 도읍을 세우고 나라를 열어 조선이라 하였다. 고(高)와 같은 시기였다"라고 하였다.

고기(古記)에 이르기를 "도리천궁은 제석 환인이 거주하는 하늘이다. [이 하늘은 수미산에 있는 곳으로 천주(天主)가 산다.] 환인의 서자 환웅이 자주 천하에 뜻을 두고 인간 세상을 탐하였다. 아버지가 아들의 뜻을 알고 아래로 삼위태백을 내려다보고는 가히 인간을 널리 유익하게 할 만하였다. 이에 천부인 3개를 주어 가서 다스리게 하였다. 환웅이 무리 3천을 이끌고 태백산 정상 [곧 태백산 묘향산이다] 신단수 아래에 내려왔다. 신시라 불렀다. 이를 환웅 천왕이라고 이른다. 풍백·우사·운사를 거느리고 곡식, 생명, 질병, 형벌, 선악 등 인간의 360여 가지 일을 주관하며 세상에 있으면서 다스리며 교화하였다. 때에 곰 한 마리와 호랑이 한 마리가 있었는데, 항상 신 웅에게 기도하여 사람으로 바뀌기를 원하였다. 때에 신이 신령한 쑥 한 줌과 마늘 20개를 전하면서 이르기를 '너희들은 먹어라. 백 일 동안 햇빛을 보지 않으면 곧 사람의 모습이 될 것이다'라고 하였다. 곰과 호랑이는 얻어서 먹었다. 3, 7일을 경계하여 곰은 여자의 몸을 얻었으나 호랑이는 지키지 못하여 사람의 몸을 얻지 못하였다. 웅녀는 더불어 혼인할 사람이 없어 매번 박달나무 아래에서 잉태할 수 있도록 빌었다. 환웅이 이내 거짓으로 변화하여 혼인하였다. 잉태하여 아들을 낳았는데 단군왕검이라 불렀다. 당고(唐高) 즉위 50년 경인년 [요 임금 즉위 원년은 무진년이다. 곧 50년은 정사년이지 경인년이 아니다. 사실이 아닌지 의심스럽다] 에 평양성 [지금의 서경] 에 도읍하고 처음으로 조선이라 칭하였다. 또 백악산 아사달로 옮겼는데 또 궁(弓) [방(方)이라고도 쓴다] 홀산이라고도 이름하고 또 금미달이라고도 한다. 나라를 다스린 지 1천 5백 년에 단군이 장당경으로 옮겨갔다. 후에 아사달로 돌아와 숨어 산신이 되었다. 수명이 1,908살이었다"라고 하였다.

당나라 배구전에 이르기를 "고려는 본래 고죽국 [지금의 해주] 이다. 주나라가 기자를 조선에 봉하였다. 한나라가 나누어 3군을 두었는데 현도·낙랑·대방 [북대방] 이라고 이른다"라고 하였다. 『통전』에도 이 설과 비슷한 내용이 있다. [『한서』에는 진번, 임둔,

낙랑, 현도 4군이 있다. 지금 3군이라고 하고 각기 또한 같지 않으니 어찌함인가.]

을유년(1765)에 '구월산 사선대 석면 시'를 쓰다.

아침에 푸른 바다에서 노닐다가 푸른 산으로 저무는도다.
달 가운데 피리를 불고 바람 따라 거문고를 타니 스스로 한가롭구나.
마음속 가득한 포부는 거할 곳, 쓰일 곳 없도다.
초헌에서 노 젖으며 면류관 머리에 쓰고 티끌 사이로 나아간다.
경오년(1750)에 당장리에 놀러가서 '왕루춘사'를 지었다.

당장경의 옛 터에는 벼와 기장이 자라고, 봉정은 무너지고 유궐은 비었구나. 금린(金獜) 한 마리가 푸른 연꽃으로 지나가고, 소나무 늙어 폐허가 된 누각은 학의 등에서 부는 바람으로 쌀쌀하구나. 진신이 머물렀던 곳에서 사람 찾기 어렵도다. 푸른 노을이 휘장을 두르고 흰 구름이 궁을 뒤덮고, 난새가 끄는 수레가 때때로 내려와 깊은 산속에서 닭이 우는구나. 푸른 눈동자에 검은 머리를 한 얼굴이 해당화마냥 붉도다.

… 내가 삭녕 수청산의 용복사에 머무르고 있을 때 달밤에 한 노인이 소나무 아래에 앉아서 등잔에 불을 켜고 책을 펼친 채로 있었다. 내가 가서 보니 글자가 범어나 전서와 같아서 알 수 없었다. 내가 책의 이름을 물으니 노인이 이르기를 "이 책은 무릇 세 권으로 이루어졌으며 이름은 현묘결이다. 동방으로 흘러 온 도술 책으로 상고 시대에 환웅 성선(聖仙)이 10여 장을 만들었고 그 후에 해모수 선인(仙人)이 깎아 내고 서술하고 해서 40장으로 만들었다. 또 동명왕이 임종할 때에 웅심산 석실에 감춰놓았는데 신령한 수달이 훔쳐서 오랫동안 바위 동굴에 숨겨놓았다. 갈오 도인이 법력을 통해 취하여 내용을 덧붙여서 2권으로 만들었다. 그 후 신라의 김암이 개마산의 옛 사찰에서 얻었는데 스스로 기이한 보물로 여겼다. 또 문득 중국의 둔갑술 책과 부록(符籙)을 얻어 3권으로 엮었다. 김암이 죽고 무덤 속에 감추었는데, 그 후 붉은 바지 도적의 난 때 무덤을 파서 책을 꺼내어 가야산의 옛 사찰에 버렸다. 천개 도인이 얻어

서 이내 내가 전수를 받았다"라고 하였다. 내가 그 책의 쓰임을 묻자 노인이 이르기를 "제1권은 바람이 오게 하여 구름을 다스려 하늘로 올라가고 땅에 들어가게 하는 부결(符訣)이고, 제2권은 만물을 생겨나게도 하고 만 가지 형상을 사라지게도 하는 부결이고, 제3권은 앉아서 만 리를 보고 사람과 사물의 정을 빼앗아 취하고 금수를 모으게도 하고 흩어지게도 하는 부결이다"라고 하였다. 내가 잠시 빌릴 수 있냐고 부탁하였으나 노인은 허락하지 않으면서 말하기를 "휴휴자가 능히 알고 있으니 그대는 물어보라"라고 하였다. 말을 마치고 한 떼의 바람으로 변하여 떠나갔다. 나는 근심스럽게 홀로 서서 다만 있던 곳을 보았는데 기이한 향 내음이 코를 건드리고 상서로운 구름이 날아올라 감쌌다. 나는 탄식하며 이르기를 "우리나라에 옛날부터 이런 오묘한 비결이 있었는데 보고 들은 사람이 없어 신선을 무릇 이도(異道)라 하고 구름과 진흙이 차이 나는 것처럼 멀리한다"라고 하였다. (472쪽 6~8, 473쪽 10~12)

『楓巖輯話』(간행 연도 불명)

柳光翼(1713~1780)

『풍암집화』는 조선 후기에 유광익이 편찬하였을 것으로 추정되는 일종의 야담집이다. 정확한 간행 시기는 불분명하다. 내용은 역대 주요 사건과 명인들의 일화에 관한 것들이다.

현재까지 남아 있는 이본이 많다. 국내본의 경우 규장각본(7권 7책), 성균관대학교본(7권 2책), 고려대학교본(1책), 김약슬본(金約瑟本, 1책) 한국학중앙연구원, 장서각본 『야승(野乘)』(제25책) 소수본(所收本), 도남본(陶南本) 『패림(稗林)』 소수본, 남애본(南涯本, 1책) 등이 있다. 국외본의 경우는 시데하라본(幣原垣本, 1책), 아가와본(阿川本, 3책), 야스요시도(靜嘉堂)문고 소장 『패림』 등이 있다. 이 밖에 일본의 『광사(廣史)』(제7책) 수재본과 『총사(叢史)』(제27·28책) 수재본도 있었던 것으로 전해지나 모두 망실되었다.

『풍암집화』 권1에 고조선 관련 내용이 나온다. 권1의 「삼한지방지변(三韓地

方之辨)」에서 「동방국도기략(東方國都記略)」까지는 옛 지명 등을 밝힌 일종의 역사지지에 대한 내용이다. 「단군사기변의(檀君史紀辨疑)」 이하에는 단군과 기자 및 부여·고구려에 대한 내용이 기술되어 있다.

『풍암집화』 권1, 삼한 지방에 대한 변증

삼한에 관한 설은 서로 같지 않은 부분이 있다. 조선의 왕 준(準)은 위만의 난을 피하여 바다를 건너 남쪽으로 천도하여 나라를 열었는데, 나라 이름을 마한(馬韓)이라고 하였다. 백제 온조왕(溫祚王)이 나라를 열고나서 마한을 병합하였다. 지금 익산(益山)에는 옛 성이 있는데, 지금까지 사람들이 기준성(箕準城)이라고 부르고 있으므로 마한이 백제가 된 것은 의심할 바가 없다. … 우리 동방은 단군이 나라를 처음 세우고, 그 후에 기자가 봉해졌는데, 모두 평양에 도읍하였고, 한(漢)나라 시기에는 4군(四郡)과 2부(二府)를 두었으며, 이로부터 삼한이 각기 쪼개어져서 마한은 54국을 통솔하였다.

고려의 세조(世祖)가 궁예(弓裔)에게 설명하여 말하기를 "대왕이 만약 조선과 숙신(肅愼) 및 변한(弁韓)의 땅에서 왕 노릇하고자 한다면, 먼저 송악(松嶽)에서 흥기하는 것만 못 합니다"라고 한 것을 살펴보면, 고구려가 변한이 되었다는 설은 권근이 만든 설이 아님을 알 수 있다.

동방에는 조선 지역이 있고, 또 삼한 지역이 있었다. 이 둘을 혼동하면 갈피를 잡을 수 없게 된다. 조선 지역은 곧 기자가 옛 시절에 도읍을 삼은 곳이고, 위만이 웅거한 곳이며, 한나라 시기에는 4군과 2부로 삼은 곳이다. … 『한서』에 이르기를 현토군(玄菟郡)은 낙양(洛陽)으로부터 4천 리 거리 떨어져 있는데, 세 개의 현을 거느리고 있다고 하였다. 고구려현(高句麗縣)은 그중 하나인데, 동명(東明)이 처음 나라를 세운 땅으로, 옛 시절에는 조선 지역이었다. (474쪽 2~475쪽 5)

『풍암집화』 권1, 동방 지명에 대한 변증

『고려사』「지리지」에서 말하길 "춘주(春州)는 본디 맥국(貊國)이다. 춘주는 지금의 춘천이다"라고 하였다. 『상서』「무성」 편에서는 "화하(華夏)와 만맥(蠻貊)이 따르지 않음이 없다"고 하였고, 『맹자』「고자하」 편에서는 '대맥(大貉)과 소맥(小貉)'이라 하였다. 맥(貉)의 음은 맥(貊)이다. 북방에는 이적(夷狄)의 나라가 있다. 북방 지역은 춥고 오곡이 자라지 않으며, 오직 기장만이 조숙하게 자란다. 무왕(武王) 시기에 기자가 조선으로 가니, 무왕이 기자를 조선에 봉하였다. 맥국이 있다고 하였는데, 맹자 시기에 기자의 후손이 조선을 지키고 있어야 하거늘, 어찌 맥국이 그 사이에 끼일 수 있겠는가? 『고려지지(高麗地志)』에 이르길 "본래 예국(穢國)은 명주(溟州)로 곧 지금의 강릉부(江陵府)이다"라고 하였다.

일찍이 『운회(韻會)』에서 "예맥은 모두 동이(東夷)의 나라 이름이다"라고 말한 것과 『한무기(漢武紀)』에서 '동이 예군(濊君) 남려(南閭)'에 대한 주석에서 "예맥은 진한(辰韓)의 북쪽, 고구려 및 옥저의 남쪽에 있으며, 동쪽 끝은 큰 바다이다"라고 한 부분을 고찰해보면, 나는 분명히 예맥은 본디 하나의 나라였다가 각기 칭하게 되었다고 생각한다. 춘천은 강릉으로부터 멀리 떨어져 있지 않다. 춘천은 영서(嶺西)에 있고 강릉은 영동(嶺東)에 있다. 『지지』에 또한 기록되어 있기를, 이른바 고려 시기에 춘천은 교주도(交州道)에 소속되어 있었고, 강릉은 동계(東界)에 소속되어 있었으며, 화주(和州)와 명주(溟州)로 나뉘어 삭방도(朔方道)가 되었다. 그러한즉 명주가 삭방도로 되었으니, 더욱 의심이 간다. [『위원잡기(葦苑雜記)』] …

부여(扶餘) [『강목(綱目)』에는 부여(夫餘)로 기재되어 있다] 는 현토군(玄菟郡)으로부터 북쪽으로 1천 여 리 떨어져 있고, 남쪽으로는 선비(鮮肥)와 접하고 있으며, 북쪽으로는 약수(弱水)에 이르는데, 땅은 사방이 2천 리이다. 성읍과 궁실이 있으며, 토양은 5가지 곡물이 자라기에 알맞고, 그 나라 사람들은 건장하고 용감하며, 그 지역에는 좋은 말을 산출한다. 그 나라 왕의 인장(印章)에는 '예왕지인(穢王之印)'이라는 문자가 적혀 있다. 그 나라는 옛날에 예맥(濊貊)의 지역이었다. (475쪽 6~8)

『풍암집화』 권1, 동방 국가의 도읍지에 대한 간략한 기록

평양은 곧 기자의 옛 도읍으로 고적이 많은데, 정전(井田)의 유지가 있다. 중국 사신이 왕래하며 보러 와서 탄식을 하지 않는 자가 없다. 구암(久菴) 한백겸(韓百謙, 1552~1615)은 우아하고 옛것을 좋아하는 성품이라 진실로 정전의 유적이라 생각하여 그것을 판각하고서는 사람들에게 보여주기까지 하였다. 지금 그것을 상고해보면, 믿을 수 없는 것은 주공(周公)의 정전은 맹자가 살던 시기까지 이미 찾을 수 없었다는 점이다. 그러므로 맹자가 등문공(滕文公)의 질문에 대답했을 때 맹자는 단지 우리 공전(公田) 2개를 들었을 뿐이다. 기자가 비록 정전을 실제로 사용했다 할지라도, 그 유지가 어찌 지금까지 질서정연하게 가지런하지 않을 수 있겠는가! 이것은 반드시 후세에 말하기를 좋아하는 사람들이 한 것이지, 결코 기자 시기에 했던 옛 유지는 아닌 것이다. [『부계기문(涪溪記聞)』] (476쪽 9·10)

『풍암집화』 권1, 단군사기변의(檀君史記卞疑)

상고(上古) 구이(九夷)의 시절 초기에 환인씨(桓因氏)가 있었고, 환인이 신시(神市)를 낳았다. 신시가 처음으로 백성을 살게 하는 다스림을 가르치니, 백성들이 그에게 귀의하였다. 신시가 단군(檀君)을 낳았다. 단군이 단수(檀樹) 아래에 머물렀기에 단군이라고 하였다. 처음으로 나라 이름이 있었으니, 조선이라고 하였다. 조선이란 동쪽 끝 해가 뜬다는 이름이다. 혹은 말하기를 "선(鮮)은 산(汕)이다. 그 나라에 산수(汕水)가 있기 때문에 조선이라 한다"라고도 하였다.

단군이 평양에 도읍하니, 도당씨(陶唐氏)가 즉위한 지 25년이 되는 때이다. 단군씨가 부루(夫婁)를 낳았다. 혹은 해부루(解夫婁)라고도 한다. 어머니는 비서갑(非西岬)의 딸이었다. 우(禹)는 홍수와 땅을 잘 다스렸다. 도산(塗山)에서 제후들을 모을 때에 부루가 도산에서 우에게 조회하였다. 후에 단군씨가 거처를 당장(唐藏)으로 옮겼다가, 상(商)나라 무정(武丁) 8년에 이르러 단군씨가 세상을 떠났다. 송양(松讓) 서쪽에 단군의 무덤(檀君塚)이 있다. …

부루가 즉위하여 북부여(北夫餘)를 세웠다. 부루가 곤연(鯤淵)에서 기도하여 금와(金蛙)를 얻었는데, 그 모습이 금개구리와 비슷하여 금와라고 이름하여 부른 것이다. 금와는 우발수(優渤水)의 여자가 마음에 들었는데, 해에 감응하여 그 그림자가 그녀를 비추어주자 주몽(朱蒙)을 낳게 되었다. 주몽의 작은 아들을 온조(溫祚)라고 한다. 단군씨의 후손에 해부루가 있고, 해부루의 후손에 금와가 있으며, 금와의 후손에 주몽과 온조가 있어 고구려와 백제의 시조가 되었으니, 모두 단군씨에게 근본한 것이다. [『미수기언(眉叟記言)』]

옛 역사서 『단군기(檀君記)』에 이르기를 “신인(神人)이 태백산(太白山) [지금의 영변 묘향산이다] 박달나무 아래로 내려오니, 나라 사람들이 그를 세워서 임금으로 모셨는데, 이때는 당요(唐堯) 무진년(戊辰年)이었다. 상나라 무정 8년 을미(乙未)에 이르러서 아사달산(阿斯達山) [지금의 문화 구월산이다] 에 들어가 신선이 되었다. 이러한 설명은 『삼한고기(三韓古紀)』에서 나왔다”라고 하였다. 지금 『삼국유사』에 기재된 『고기』에서 설명한 것을 생각해보자. 환국(桓國) 제석(帝釋)의 서자인 환웅이 천부인(天符印) 3개를 받아서 무리 3천 명을 이끌고 태백산 꼭대기 신단수(神壇樹) 아래로 내려왔는데, 이곳을 일러 신시(神市)라 하였고, 이분을 환웅천왕(桓雄天王)이라고 하였다. 풍백과 우사 및 운사를 거느리고 세상을 다스리고 교화하였다. 이때 곰 한 마리가 항상 신웅(神雄)에게 빌어 사람이 되기를 바라므로 환웅이 신령한 쑥 한 묶음과 마늘 20개를 주었다. 곰이 이것을 먹은 지 21일 만에 여자의 몸으로 변하였다. 그녀가 매양 신단수 아래에서 아이를 잉태하기를 원하므로 환웅이 이에 잠시 사람으로 변하여 그녀와 혼인해서 아들을 낳으니, 이를 단군이라 하였다. 당요 경인년(庚寅年)에 평양에 도읍하고 나라를 다스린 지 1천 5백 년 만에 주(周)나라 무왕(武王)이 기묘년(己卯年)에 기자를 조선에 봉하니, 단군이 마침내 장당경(莊唐京)으로 옮겼다가, 뒤에 다시 아사달에 숨어서 산신이 되었는데, 수명이 1,908세였다.

이로써 말한다면, 태백산 신단수 아래에 내려온 것은 단군이 아니다. 그리고 신단수 아래에서 태어났기 때문에 단군이라 칭한 것이요, 단목에 내려왔기 때문에 단군이라 칭한 것이 아니다. 다만 그 말이 요망하고 거짓되고 비루해서 애당초 마을의 아이들을 속이기도 부족한데, 역사책을 쓰는 자가 이 말을 전적으로 믿고서는 이에 단군을 신인이 내려왔다가 다시 산으로 들어가 신이 된 것으로 여기는 것이 가능한가? 또 당요 이후 역년의 숫자는 중국의 역사책과 소옹(邵雍, 1011~1077)의 『황극경세서(皇極經世書)』를 상고해보면 알 수 있다. 당요 임금 경인년부터 주나라 무왕 기묘년까지는 겨우 1,220년이니, 그렇다면 '나라를 다스린 것이 1,105년이고, 수명이 1,908세였다'라는 것은 거짓말이 또한 심한 것이 아닌가! 서거정(徐居正, 1420~1488)의 『필원잡기(筆苑雜記)』에서는 "단군은 요 임금과 같은 날 즉위하였는데, 상나라 무정 을미년에 이르러서 아사달산으로 들어가 신이 되었으니, 향년이 1,048세이다"라고 하였다.

또 이르기를 "단군이 비서갑 하백(河伯)의 딸에게 장가들어 아들을 낳았으니 이름을 부루라 하는데, 이가 동부여(東夫餘)의 왕이다. 우 임금 때에 제후들을 도산에 모이게 하자 부루를 보내어 조회하게 했다"라고 하였다. 이제 살펴보면 요 임금 원년은 바로 갑진년이니, 여기에서 단군이 요 임금과 같은 날 즉위했다고 말한 것은 "무진년에 즉위하여 군주가 되고 경인년에 평양에 도읍했다"라는 내용과 서로 모순된다. 그리고 "상나라 무정 을미년에 산으로 들어가 신이 되었다"라고 말한 것은 또 "주나라 무왕 기묘년에 기자를 피해서 장당경으로 옮겼다"라는 내용과 서로 모순이 된다. 뒤섞인 것이 이와 같으니, 또한 제멋대로 거짓말한 것임을 알 수 있다. 또 요 임금이 즉위한 날짜는 중국 책에서도 고증할 수가 없는데, 또 단군이 요 임금과 같은 날에 즉위했다는 것을 어떻게 알 수 있겠는가. 단군이 나라를 세운 1천 여 년 동안에 한 가지 일도 기록할 만한 것이 없는데, 오직 도산에서 제후들이 회합하는 모임에만 아들을 보내어 입조했다고 설명하니 진실로 가탁하고 부회한 것이라고 말할 수 있다.

또 하백의 딸에게 장가들었다는 것에서는 요망하고 괴이함이 더욱 심하다. 『삼국유사』에서 또 이르기를 "단군이 하백의 딸과 서로 친해서 아들 부루를 낳았고, 그 뒤에 해모수(解慕漱)가 또 하백의 딸과 사통하여 주몽(朱蒙)을 낳으니, 부루와 주몽은 형제간이다"라고 하였다. 이제 살펴보건대, 단군으로부터 주몽이 탄생할 때까지가 거의 2천 여 년이니, 설령 하백의 딸이 과연 귀신이고 사람이 아니라 하더라도 또 먼저는 단군에게 시집가고 뒤에는 해모수와 사통한 것이 반드시 한 여자이며, 앞의 부루와 뒤의 주몽이 반드시 형제간임을 어떻게 알겠는가. 또 단군의 수명을 말한 것은 본래 허망하고 여러 책에 섞여 나와서 또한 정설이 없다. 오직 양촌(陽村) 권근(權近, 1352~1409)의 응제시(應製詩)에 이르기를 "대대로 전한 것이 얼마인지 알 수 없으나 지나온 햇수는 1천 년을 넘었네"라고 하여, 지난 햇수를 헤아릴 때에 단군의 수명으로 말하지 않고 대대로 전해 이어진 것으로 말한 것이 "의심스러운 대로 전하고 불확실한 것은 빼놓는다"라는 말에 다소 가까울 듯하다. (476쪽 11·12, 477쪽 13~16)

『풍암집화』 권1, 기자가 조선에 봉해졌다는 것에 대한 변증

기자는 미자(微子)의 물음에 대해 이미 "남의 신복이 되지 않겠다"라는 말을 하였다. 그러므로 은나라가 망한 뒤에 주나라 오복(五服)(왕기를 중심으로 5백 리씩 차례로 나눈 다섯 구역)의 안에 있으려고 하지 않아서 해외의 땅으로 피하였으니, 어찌 일찍이 무왕에게서 땅을 나누어주는 조처를 받았겠는가. 그러나 옛 책에서는 많은 이들이 무왕이 기자를 조선에 봉했다고 하여 마치 무왕이 명령을 내리고 기자가 봉함을 받은 것처럼 되어 있고, 옛 역사서[『동국통감』]에도 잘못을 그대로 이어받고 시정한 바가 없으니, 이는 다만 우리나라 사서가 진실된 역사를 상실하였기 때문일 뿐만 아니라, 진실로 기자에게는 어그러짐이 되는 것이니, 자신의 도리를 다하는 의리는 어찌할 것인가!

오직 『상서대전(尙書大傳)』 「주서(周書)-홍범오행전(洪範五行傳)」에서 이르기를 "기자는 주나라가 자신을 석방시켜준 것을 차마 그대로 받아들일 수가 없어서 조선으로 갔는데, 무왕이 이를 기자를 봉하였다"라고 하였다. 정강성(鄭康成)이 말하기를 "주나라가 자신을 석방시켜준 것을 싫어해서 이를 구차하게 여긴 것이다" 하였으니, 이 말이 맞다. 이른바 "기자가 조선에 갔기 때문에 봉했다"라고 하는 것은 항우(項羽)가 "진여(陳餘)가 남피(南皮)에 있다"라는 말을 듣고 그를 그대로 봉한 따위와 같은 것이요, 명령을 받고 봉지로 나아갔다는 말이 아니다.

또 사마천(司馬遷)의 『사기(史記)』에 이미 "무왕이 기자를 조선에 봉하였으나 신하로는 삼지 않았다" 하고는, 또 이르기를 "기자가 주나라에 조회하러 가다가 은나라 터를 지날 적에 감회가 일어 맥수(麥秀)의 노래를 지었다"라고 하였다. 아! 무왕이 이미 기자를 신하로 여기지 않았는데, 기자가 도리어 스스로 신하가 됨을 달게 여겨서 무왕을 조회하러 갔다니, 어찌 이럴 리가 있겠는가. 성현을 모함하는 것이 심하구나. 다만 그 말이 앞뒤가 서로 모순되어 후인들로 하여금 거짓임을 분별하게 하였으니, 이것이 다행이다.

또 명나라 태종 영락(永樂) 연간에 도사 중에 함허자(涵虛子, 1378~1448)라는 호를 가진 자가 있었는데, 고대로부터 제왕의 연대 수를 기록하고 『천운소통(天運紹統)』이라고 이름 지었는데, 기자에 대해 다음과 같이 기록하였다. "『주사』를 살펴보면 '기자가 중국 사람 5천 명을 거느리고 조선으로 들어갈 때에 시서, 예악, 의약, 무술, 음양, 복서를 다루는 사람들과 온갖 공인과 기예를 가진 이들이 다 따라갔다. 그러므로 반만 명의 은나라 사람들이 요수(遼水)를 건너갔다'라고 한 것이 이것이다. 기자는 조선에 도착한 뒤에 언어가 서로 통하지 않아서 통역하여 알려주고는 시서를 가르쳐서 중국의 예악 제도를 알게 하였다. 부모와 자식 사이의 도리와 군주와 신하 사이의 도리가 비로소 행해지고, 백공들의 기술과 예술 및 음양술, 복서와 무당의 기능 등이 비로소 있게 되었다. 3년이 못 되어 사람들이 모두 교화되어 신의를 숭상하고, 선비의 도리를 돈독히 배워서 중국의 풍속을 이루었다. 그러므로 시와 서(書)와 예악(禮樂)의 나라, 인의의 나라"라고 하였다.

『동국통감』에는 그 말을 모두 믿어서 이것을 책에 기재하였으며, 『필원잡기(筆苑雜記)』에서도 우리나라 풍속을 매우 잘 안 것이라고 인정하였고, 다만 "반만 명의 은나라 사람이 요수를 건너왔다는 것은 어느 책에서 나왔는지 알 수 없다"라고 한스럽게 생각했을 뿐으로, 끝내 허탄하고 망령됨을 감히 직접 배척하지 못하였으니, 진실로 개탄스럽다. 기자가 망국의 유민으로서 해외로 망명하였다면, 의리를 따르는 무리가 생각건대 반드시 많지 않았을 것이다. 그리고 시와 서의 글과 예와 악의 기물을 다 가지고 오는 것은 매우 어려운 일인데, 하물며 의약과 무당과 음양과 복서를 다루는 무리와 온갖 기예에 능통한 장인들을 또 어떻게 일일이 숫자를 채워 함께 데려올 수 있었겠는가.

우리나라의 문명한 가르침이 비록 기자로부터 시작되었다고 말하나, 위만조선 이후로 4군과 2부, 삼한과 삼국의 즈음에 오이처럼 쪼개지고 콩처럼 갈라져서 날마다 전쟁을 일삼아 후세에 남긴 가르침이 모두 없어져서 이적으로 변한 지가 오래되었다. 지금에 이르도록 유적으로 다행하게 겨우 전해진 것으로 단지 반고의 『한서』에서 간략하게 언급한 내용에 의지할 뿐인데, 이른바 여덟 가지의 금지한 조목조차도 모두 볼 수 있는 것은 아니다. 그렇다면 함허자가 살펴본 『주사』는 어떤 사람에게서 나왔기에 마침내 하나하나 분명히 말하기를 이와 같이 하였단 말인가.

또 그 기록된 바에 따르면, 기자는 주왕(紂王)의 서형이고 미자(微子)의 아우라고 하였다. [후한 때에 이르러 공손강에게] 찬탈당하여 기자의 전통이 상실되었다고 하였다. 기자가 주왕의 서형이고, 미자의 아우라는 것은 고금의 전기에서 아직까지도 들어본 적이 없다. 또 더구나 은나라 제사를 받들도록 명한 일이 처음에는 무경(武庚)에게 있었고, 마지막에는 미자에게 있었으니, 어떻게 또다시 기자에게 은나라 제사를 받들게 했단 말인가.

기자의 후손이 공손강에게 찬탈당했다는 이야기는 바로 『통전(通典)』을 인용하여 말한 것이다. 그런데 지금 『통전』을 살펴보면 “조선은 1천 여 년을 지나 한(漢)나라 고제(高帝) 때에 이르러 멸망하였다. 무제 원수(元狩) 연간에 그 땅을 개척하여 낙랑군 등의 군을 설치했는데, 후한 말기에 이르러 공손강의 소유가 되었다”라고 하였으니, 이는 『사기』와 『한서』에 기록된 내용과 대략 같다. 어찌 일찍이 공손강이 기자의 후손을 찬탈했다는 내용이 있었겠는가. 이로써 미루어 본다면, 그가 기록한 우리나라의 풍속은 후세에 전하여 들은 데서 나온 것이다. 매우 자세하다고 말할 수 있겠지만, 그가 말한 바 『주사』에 대한 내용은 거짓되고 망령된 것임이 분명하다.

○ 『유주집(柳州集)』(당나라 유종원의 문집)에 수록된 기자비의 주석에서 기자의 이름을 수유(須臾)라고 했다. 『사기평림(史記評林)』 주석에서 복건(服虔)은 기자가 주왕의 서형이라고 하였다. 지금 모두 실어두어서 참고하게 한다. 함허자가 지은 『천운소통』에 기술되어 있는 것이 반드시 복건의 말로 증명이 되더라도 그것은 매우 신빙성을 잃은 것이다.

신익성(申翊聖)이 지은 『강절선생황극경세서동사보편통재(康節先生皇極經世書

東史補編通載)』에서는 무자년에 기자가 중국 사람들을 이끌고 조선에 왔다고 하였다. 무자년은 곧 주나라 성왕(成王) 3년이다. 기자가 서주(西周)를 피하여 조선에 온 것은 반드시 무왕이 상나라를 멸망시킨 처음에 있던 일인데, 어찌해서 은나라가 멸망한 후로 10년이나 기다렸겠는가? 또 『옥당강감(玉黨綱鑑)』에서 말하길 "기자가 임오년 여름에 주나라에 조회했다"라고 하였다. 임오년은 무자년보다 앞선 시기인데, 무자년에 조선으로 갔다는 설과는 큰 차이가 난다. 『보편(補編)』의 기록이 의심스럽다. 『사기』「송미자세가」에 대한 주석인 『사기색은(史記索隱)』에서 두예(杜預)는 양국(梁國) 몽현(蒙縣)에 기자의 무덤이 있다고 했다. 또 『대명일통지(大明一統志)』를 살펴보니 "몽현에는 기자묘가 없다"고 하였다. 「산동(山東) 포정사(布政司) 고적」조에서는 평양성 바깥에 기자묘가 있다고 했으니, 두예의 설은 무엇을 근거로 했는지 알 수 없다. 어찌해서 전해진 말이 잘못되었는가? 지금 병록집이 전해준 것이 의심의 여지가 있다.

○우리나라 역사를 다룬 여러 서적을 살펴보니, 기부(箕否)를 기자의 41대손으로 여겼는데, 기자로부터 기부까지 사이의 계승한 40대의 임금들은 기록에 보이지 않는다. 애석하구나. 우리나라 문헌의 증거할 수 없음이여! 또 여러 사서에서 이르기를 "기자의 후손인 조선후가 주나라가 쇠함을 보고서 군사를 일으켜 연나라를 정벌해서 주나라의 왕실을 높이려고 하였으나 대부(大夫) 예(禮)가 간하자 중지하였다"라고 하였다. 이 일은 분명 전국시대의 일일 텐데, 또한 그 세계와 이름을 알지 못한다. 그러므로 드러내어 쓰지 못하니 진실로 개탄스럽다. 기준(箕準)이 위만(衛滿)에게 땅을 떼준 것을 살펴보면, 이미 나라를 잃고 그 후손이 또 온조에게 땅을 떼주고 결국 멸망에 이르게 되었다. 범을 길러 화근을 남겼고, 지난날을 징계하지 않아서 결국은 인현(仁賢)의 종사가 다하게 되어 애석하구나! 또 이월사숭인전비(李月沙崇仁殿碑)에서 간략히 "마한의 말엽에 그의 후손으로 가냘프고 약한 자손 세 사람이 있었다. 친(親)이 그 하나인데 그의 후손은 한씨(韓氏)가 되었고, 그리고 평(平)이 또 하나인데 기씨(奇氏)가 되었으며, 마지막으로 양(諒)이 또 하나인데 용강(龍岡)의 오석산(烏石山)에 들어가서 그 후 선우씨(鮮于氏)의 세계로 전해졌다"라고 하였다.

또 『운서(韻書)』를 살펴보면 “선우는 그 선조가 자성(子姓)이다. 주나라에서 기자를 조선에 봉했는데, 그의 둘째 아들인 중(仲)이 우(于) 땅을 채읍으로 받았으며, 그것으로 인해 선우를 성으로 삼았다”라고 하였다. 그리고 『강목(綱目)』에서 이르기를 “기자가 조선에 봉해졌는데, 그의 자손이 우 땅을 식읍으로 받았으므로 그로 인해 선우를 성으로 삼았다”라고 하였다. 그리고 『강목』에서도 기자를 조선에 봉하고, 그의 아들이 우(于) 땅을 식읍으로 받았으므로 그로 인해 선우로 성을 삼았다고 되어 있다. 조맹부(趙孟頫)가 선우추(鮮于樞)에게 준 시에서 읊기를 “기자의 자손은 덥석부리 노인이 많도다”라고 하였다. 그러니 선우씨가 기자의 후손임은 어찌 분명하지 않겠는가. 홍무(洪武) 연간에 선우경이라는 사람이 있었는데, 중령별장(中營別將)을 지냈다. 그의 7대손 선우식(鮮于寔)이 태천(泰川)에서 옮겨 와 숭인전(崇仁殿) 옆에서 살고 있었다. 결국 선우식으로 하여금 기자의 후손으로 삼았고, 전호를 숭인이라고 하여 걸어놓았으며, 선우식을 전감으로 삼아 제사를 주관하게 하여 자손 대대손손이 전감의 직을 이어받게 하였다고 하였다.

○천사국(天使國) 사람으로 호를 해악(海岳)이라고 하는 허국(許國)이 평양에 돌아와 물어 말하였다. 기자가 조선에 와서 어느 때에 주나라 무왕의 봉함을 받아서 이곳에 왔는지를 물어보았다. 멀리 접견한 사신은 창졸간에 대답할 수 없었고, 종사관(從事官) 기응(奇應)이 대승(大升)에게 가르치기를 “옛일을 상고해서 취하기를 스스로 허용할 수 있다면, 『사기』·『한서』·『후한서』·『여지승람』·『동국통감』 등의 여러 문헌을 참고해 보아도 오랜 기간 기자가 조선에 봉함받은 해를 알 수가 없었습니다”라고 하였다. 생각건대 『통감외기(通鑑外紀)』「주기(周紀)」에서 말하길 “서백(西伯)이 훙거하자 아들 발(發)이 즉위하였으니, 이때가 무왕 원년 기묘년이었다. 무왕은 기자를 조선에 봉하였으나, 기자는 주나라 무왕에게 신속하지 않았다”라고 하였다. 단지 해악처럼 일시에 학문과 덕행이 높이 이름난 유학자가 일찍이 『통감외기』를 보지 않은 것이 아니다. 반드시 그 연월을 잊어버리고 기자에 대해 일러 말하였다. 옛 일들이 동방의 서적에 실려 있기에 물었을 뿐인 것이다. [『패관잡기(稗官雜記)』](477쪽 16, 478쪽 17~479쪽 24)

『풍암집화』 권1, 단군 이하 여러 나라 시조들의 출자에 관한 변증

단군의 강림은 지금 상고할 수 없다. 그러나 그 강림은 요 임금의 치세 시기라고 하니, 이 시기에 중국은 개벽한 지 오래되지 않았던 때이므로 우리 동방에는 혹 인간이 없었을 것이라 생각되는데, 기(氣)가 화(化)했을 이유가 있을 듯 싶다. 그러나 신라의 시조 이후로 말하면, 양한(兩漢) 시대이므로 우리 동방에 인간이 생긴 지도 이미 1천여 년이 되었으니, 어찌 알에서 인간이 부화되어 나오는 이치가 있었겠는가! 혹은 어떤 이는 말하기를 "은나라의 시조는 어머니가 현조(玄鳥)의 알을 삼키고 잉태했고, 주나라의 시조는 어머니가 거인의 발자국을 밟고 느끼어 잉태했다는 것도 황당하고 괴이하여 믿기 어려우나, 주자는 오히려 그럴 리가 없다고 잘라서 말하지 못하였다. 그러나 유독 박혁거세에 대해서만 이와 같이 입론하여 이제 우리나라의 역사를 서술하면서 역대의 서책에 기록된 이야기들을 모두 삭제해버리고 시조가 나온 바를 알 수 없다고 쓴다면, 의심스러운 것은 의심스러운 대로 전하는 법에 부합하지 않는 것이 아니겠는가!"라고 하였다.

그러나 나는 말하기를 "이는 그렇지 않다. 현조와 거인의 발자국은 음양의 영감에 불과하고, 그 잉태와 낳아 기른 것은 다른 사람들의 경우와 다르지 않다. 제왕이 일어날 때에는 반드시 앞서 징조를 보여주므로 후세에도 유온(劉媼)이 용에 감응하였다는 것과 같은 것이 있다. 사실은 비록 일반적인 것이 아닐지라도 이치는 혹 괴이할 것이 없으니, 어찌 혁거세의 '알이 하늘에서 내려오고 말이 울었다'라고 하는 것처럼 괴이하여 이치에 맞지 않는 것과 같겠는가. 하물며 당시의 해모수 · 금와 · 주몽 · 송양이 모두 천제에게서 나왔다고 말하고, 알영 · 탈해 · 수로 · 알지가 모두 부모 없이 태어났다고 함에 있어서랴. 어째서 한쪽에 치우쳐 있는 작은 나라에 어지러이 천신의 자손이 많은가. 또 하물며 혁거세의 어머니를 혹 말하기를 '제실(帝室)의 딸로서 남편이 없는데도 잉태하였으므로, 남이 의심할까 봐 바다에 띄워 진한(辰韓)에 이르러서 혁거세를 낳고 드디어 신이 되었다 …'라고 하였는데, 지금 경주에는 성모(聖母)의 사당이 있다. 고주몽에 의해서는 『진서(晋書)』에 기록되어 있기를 '고구려 사람들이 스스로 고신씨(高辛氏)의 후손이라고 말하고 성을 고씨(高氏)라 한다.'고 하였다. 김알지는 무열왕

(武烈王)의 비문에 소호(少昊) 김천씨(金天氏)로 가계를 삼았다. 그 말들이 이리저리 변하여 적확하지 못함이 이와 같다. 또 어찌 틀린 것을 답습하여 잘못을 그대로 전하겠는가. 의심스러운 것은 진실로 그대로 전할 수 있으나, 틀린 것은 그대로 전할 수 없다." (479쪽 24, 480쪽 25·26)

한국고대사 자료집

고조선·부여 편 II - 18세기 사료

부 록

차 례

『東國歷代總目』 출처: 국립중앙도서관 장서

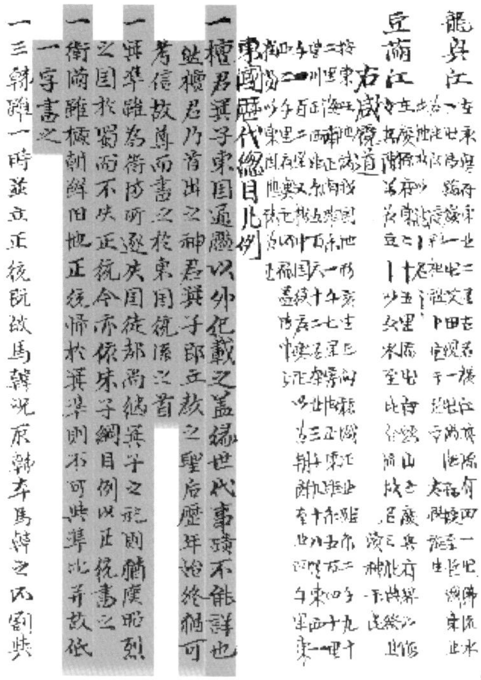

『東國歷代總目』 凡例 2

『東國歷代總目』 表紙 1

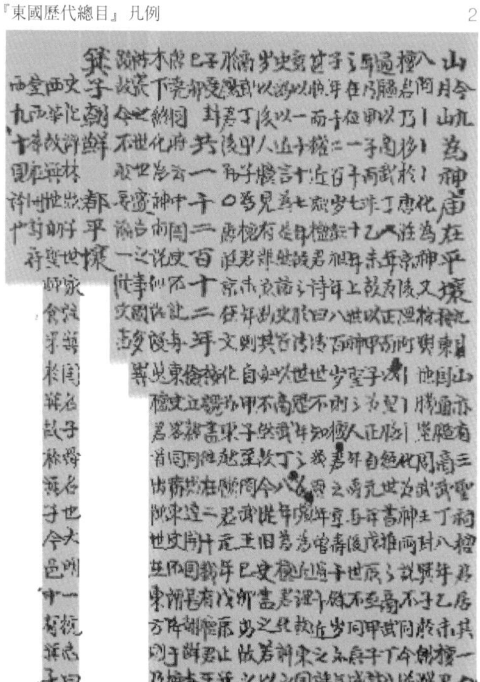

『東國歷代總目』 檀君朝鮮 · 箕子朝鮮 4

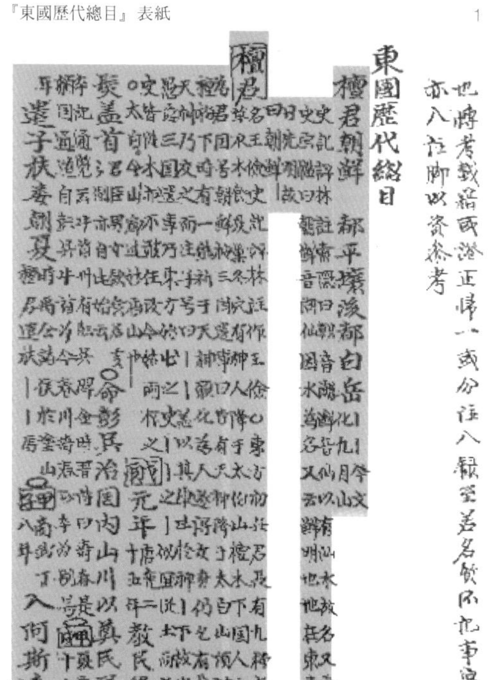

『東國歷代總目』 檀君朝鮮 3

『東國歷代總目』

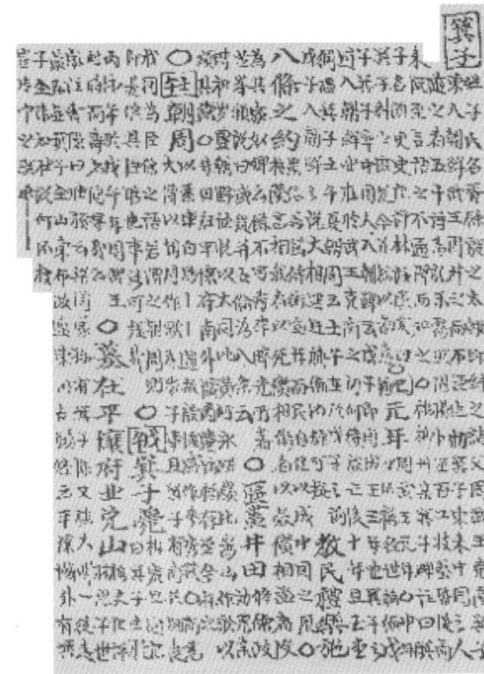

『東國歷代總目』 箕子朝鮮 5

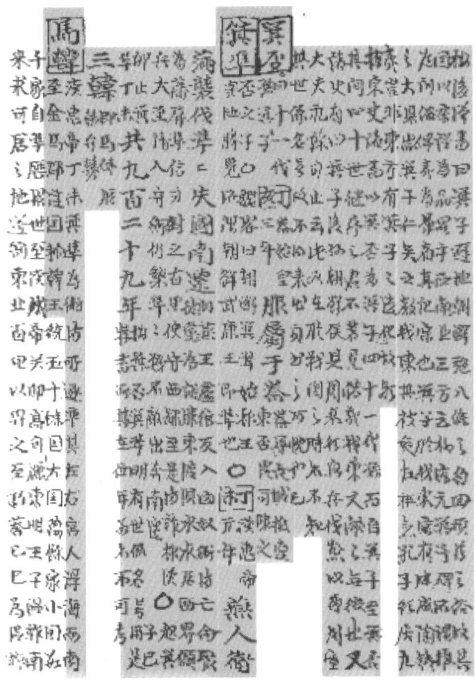

『東國歷代總目』 箕子朝鮮・三韓 6

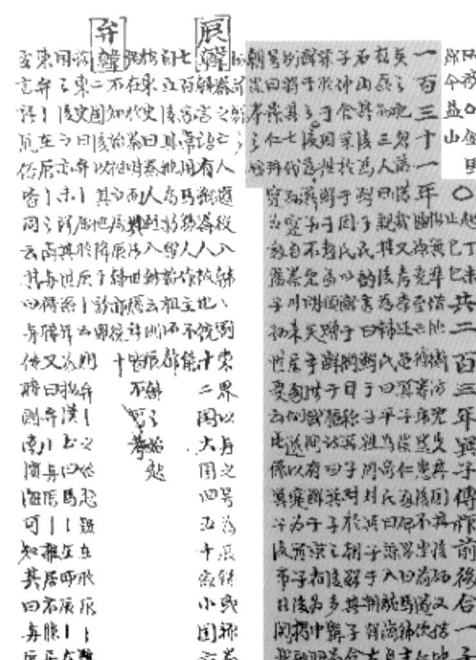

『東國歷代總目』 三韓 7

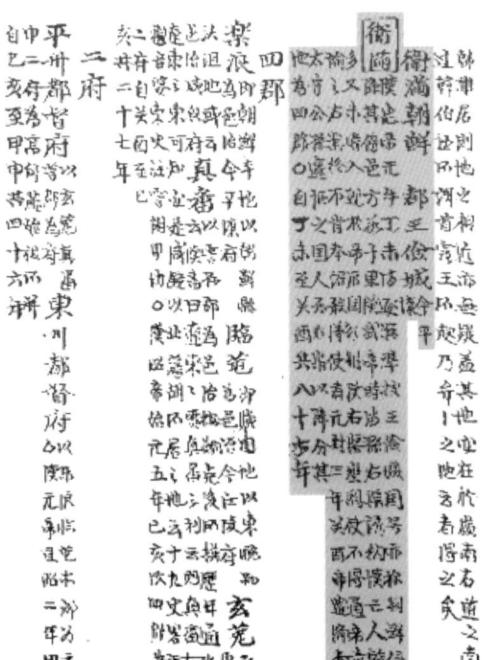

『東國歷代總目』 衛滿朝鮮 8

『東國歷代總目』

『東國歷代總目』高句麗 瑠璃王・大武神王 10

『東國歷代總目』高句麗 東明王 9

『纂修東國史』 출처: 규장각 장서

『纂修東國史』 表紙 1

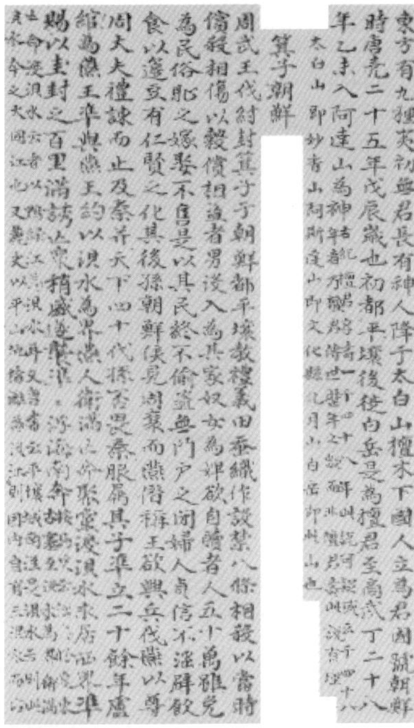

『纂修東國史』 檀君朝鮮 · 箕子朝鮮 2

『纂修東國史』 箕子朝鮮 · 衛滿朝鮮 · 四郡 3

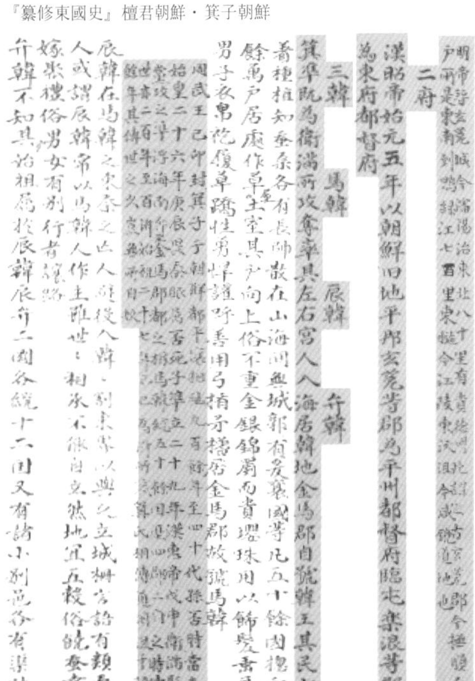

『纂修東國史』 四郡 · 二府 · 三韓 4

『纂修東國史』

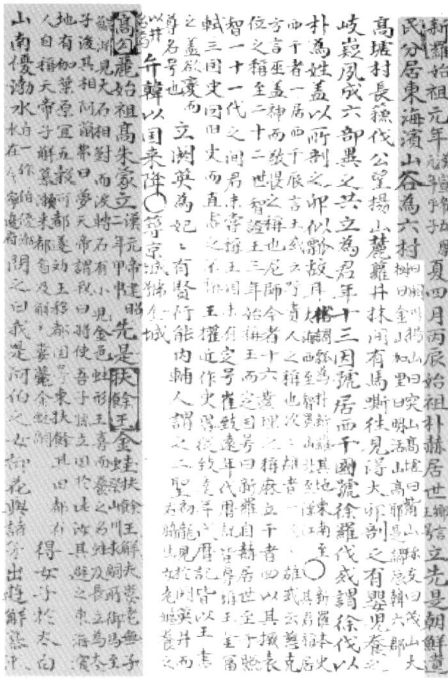

『纂修東國史』 三國記 6

『纂修東國史』 三韓 5

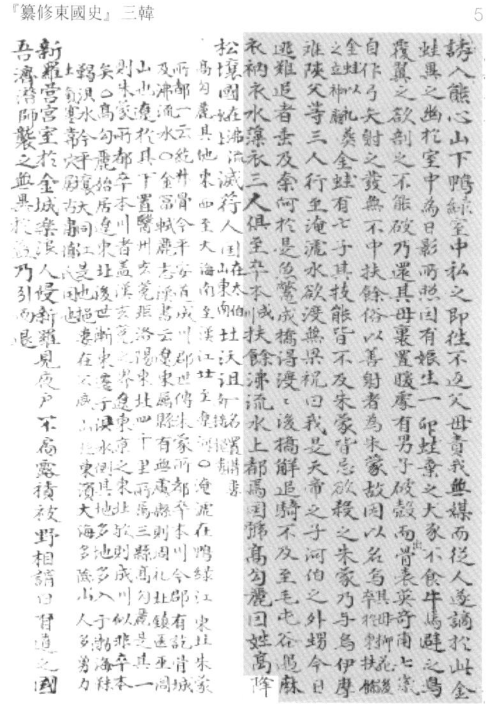

『纂修東國史』 三國記 7

『燕行日記』　　출처: 한국고전번역원 데이터베이스

曰何以言之二哥曰此處則飮食甘苦衣服美惡奴與主無分
以至其主騎馬奴亦騎焉而朝鮮豈嘗如此乎余曰朝鮮奴僕
與此處有異蓋箕子立法令盜人財者世世爲其奴今之爲奴
者其祖先皆嘗竊他財者也安得與其主同二哥頗然之盧儉
與一窒書字問答余從傍贊一二語於是衆窒來圍余步步不
捨其中一窒年可四十餘者持紙筆書問曰你姓甚答金問高
壽答五十六問何官答無官問無官何以進京答我雖無官因
齎貢充押物官入來問令郞幾人而做何業答兩人業儒問你
先代有官職麽答先世也有官職只我因有病不能讀書取科
問你國亦有果子否答有問有幾種答除龍眼荔枝楊梅文丹　一〇〇
外都有以羊腸內實骨並煮熟者切四寸許一與柳鳳山一與
吾問曰這肉好吃否答味儘好只是喫不慣問曰你們國王打
圍否答不打圍問在宮中何以願要答 國王只在宮中酬應
萬幾仍曰此不過閒話別無他意諸窒引余入北偏屋中鋪以
茶時三牌已過進官入門內矣一老窒問曰你有甚恙答有瘧
火症積年不瘥傍有一窒於囊中取出寸許小瓶盛黃色藥末
入吳鼻嚏仍問曰你會吳烟否答不知曰這是西洋人所造能
治瘧皇上亦用之曰然則要得少許執筆者卽自解所佩瓶與
之余謝以花箋錢有一小窒遂以果子來遺自初至終須臾不
捨意甚款曲遂與一大錢問其姓名年紀答姓王名進朝年二

『燕行日記』 卷4 [癸巳] 正月 二十五日 癸卯　1

龍三丈深掐村水淹了樹現在以磚造室人或入見有碑書高
麗王墳因此傳說其碑今仆在土裏合今遼東曾屬我國而此
地則去遼東亦遠不知高麗王墓何以在此也曾見審沙相國
日記有廣寧城北有箕子井箕子廟之語無乃此說與今所聞同
其苗脈耶然箕子遺跡亦何以在此終有不可知者姑已之以
俟知者秀行自言是孟州人因謂遼東本是貴國地方孟州亦
遼東是俺與天下同爲高麗人云余問諸傳說辨遼舊四秀行
姓藍與有姓金與晤姓王與光姓陳三人皆秀行徒弟也余問
山內外寺觀之名僧書同山大觀音閣西王衆寺西北琉璃寺
滴水寺南雙鳳寺雲山寺五鳳寺觀音洞甘露菴桃源洞桃
洞西北望海寺雙泉寺淸安寺望海寺在此山最高處登此不
但見海水蒙古地方亦可俯臨云余問秀行四千山距[illegible]州不
遠曾見不曾見過問千山寺勝比此山如何曰相等又曰千
山皇帝亦曾往見云矣余夜得一絶遂書贈秀行秀行未解詩
意中譯以華語釋諭喜而藏去秀行導余出東邊紅門百步許
登一岡々脉來自觀音閣右峰爲平臺上有層巖可坐俯見峯
巒倚視洞壑亦一勝處也岡兩旁亦皆桃田石間有梨李櫻桃
之屬其地沙而瘠樹皆連其根傾瀉處皆聚土爲壟使壅不流
此皆寺僧所爲也計一山所栽無慮千萬樹而以十數人力能
辦此可謂健矣此地人作事多類此可畏余在岡上踞石周覽　一六〇

『燕行日記』 卷9 [癸巳] 三月 初二日 己卯　2

『燕行日記』

笑余笑曰其亂娩可而還饋酒並與來詣仍隨至平壤歷謁箕
子墓舊碑折於壬辰兵火只餘其半附於新碑後以鐵釘釘之
龍脉自卯來翻身作午向欣法殊恢異丁字閣上有倪謙龔用
卿姜希孟三吳使詩從七星門入城中杏花盛開栽松亭榆葉
未晋生矣伯氏入練光亭余館于亭下與庶尹黃君龍山朴君
江西洪君在亭上相見向夕有雨登江中漁舟避風盡泊亭下
倚欄四望暮色奇絶遂得七絶兩首仍思庚辰年過登此樓趂
定而自江西來同宿時十月望間曉起落月在江至今不能忘
其奇今來事景雖異其興懷則殆無不同歸下處龍山江西又
來見

二十四日辛丑雨自平壤行至中和宿　飯後發行乘舟至浮
碧樓時微雨清流壁下江柳一帶盡淡景色如畫妓輩登岸競
摘柳花噉之云味似美余取而一嘗乃笑謂曰柳花妓娩所化
之物宜爲汝輩食也桂寒梅謝曰曾聞進士未嘗近妓今以妓
魂所化之物入口殊異所聞余笑曰未嘗不愛妓特未遇可意
者耳此花乃膚妓所化故嚼而還吐矣桂寒梅曰此柳在於嬋
娟洞近處宜膚妓魂所化也嬋娟洞在城外數里自古妓女所
葬處其言有才致遂以問答之辭爲七律觀文武井拱辰窟皆
在浮碧樓後拱辰窟東明王時有麟馬出于此王乘以升天文
武井亦其時所鑿皆盡埋塞而石甓尚存復沿流至栽松亭上

老稼齋燕行日記

『燕行日記』卷9 [癸巳] 三月 二十三日　4　3

『東史會綱』 출처: 국립중앙도서관 장서

『東史會綱』 卷1 表紙 1

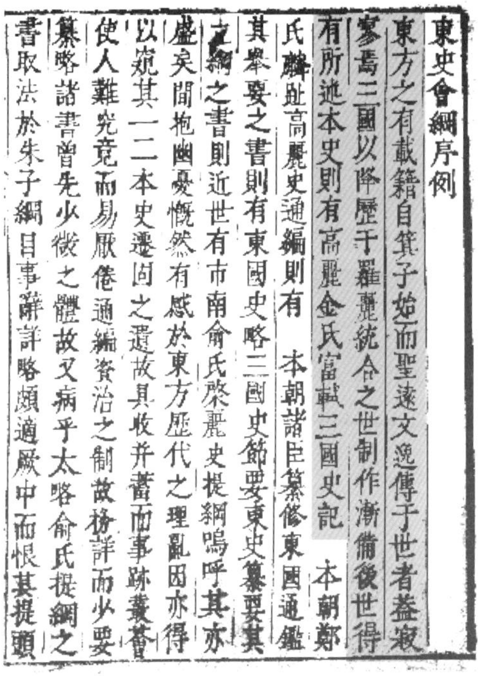

東史會綱序例

東方之有載籍自箕子始而聖遠文逸傳于世者益寂寥焉三國以降歷于羅麗統合之世制作漸備後世得有所述本史則有高麗金氏富軾三國史記　本朝鄭氏麟趾高麗史通編則有　本朝諸臣纂修東國通鑑其舉要之書則有東國史略三國史節要東史纂要其在綱之書則近世有市南俞氏棨麗史提綱嗚呼其亦盛矣間抱幽憂慨然有感於東方歷代之理亂因亦得以究其一二本史遷固之遺故具收并蓄而事跡叢沓使人難究竟而易厭倦通編資治之制故務詳而少要纂略諸書曾先少微之體故又病乎太略俞氏提綱之書取法於朱子綱目事辭詳略頗適厥中而恨其提頭

『東史會綱』 序例 2

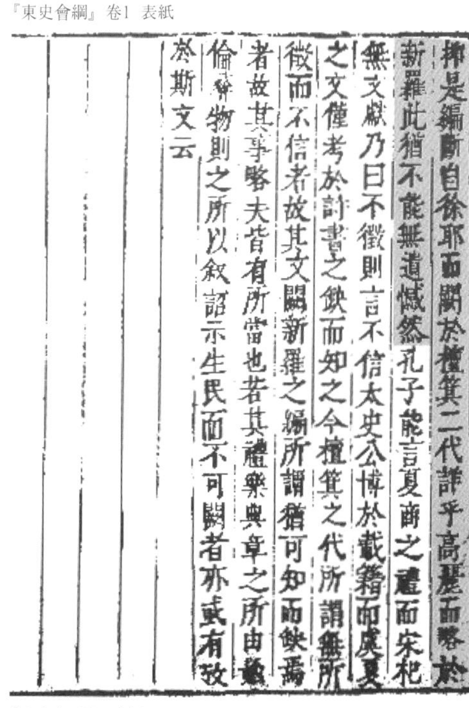

抑是編斷自徐耶而闕於檀箕二代詳乎高麗而略於新羅此猶不能無遺憾然孔子能言夏商之禮而宋杞無文獻乃曰不徵則言不信太史公博於載籍而虞夏之文僅考於詩書之缺而知之今檀箕之代所謂無所徵而不信者故其文闕新羅之編所謂猶可知而缺焉者故其事略夫皆有所當也若其禮樂典章之所由彝倫事物則之所以叙詔示生民而不可闕者亦或有攷於斯文云

『東史會 綱』 序例 3

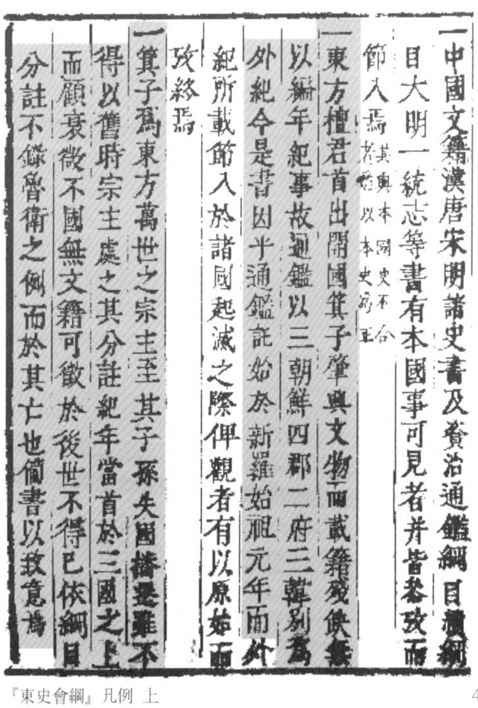

一中國文籍漢唐宋明諸史書及資治通鑑綱目續綱目大明一統志等書有本國事可見者并皆參攷而節入焉(其與本國史不合者據以本史爲正)

一東方檀君首出開國箕子肇興文物而載籍殘缺無以編年紀事故通鑑以三朝鮮四郡二府三韓別爲外紀今是書因乎通鑑託始於新羅始祖元年而外紀所載節入於諸國起滅之際俾覩者有以原始而攷終焉

一箕子爲東方萬世之宗主至其子孫失國播遷雖不得以舊時宗主處之其分註紀年當首於三國之上而顧衰微不國無文籍可徵於後世不得已依綱目分註不錄魯衛之例而於其亡也備書以致意焉

『東史會綱』 凡例 上 4

『東史會綱』

一舊史稱檀君壽千四十八年後儒謂此檀氏傳世歷年之數其說得之故今是書叙檀君之事以此爲正

一史記微子世家云武王封箕子于朝鮮而漢書地理志云殷道衰箕子去之朝鮮范曄則以爲箕子避衰殷之運避地朝鮮涵虛子以爲周史云昔箕子率中國五千人入朝鮮其詩書禮樂醫巫陰陽卜筮之流百工技藝皆從而往焉故曰半萬殷人渡遼水是也此亦未嘗言封之也按殷之三仁各自靖以獻于先王比干死之微子抱祭器而去之卒受周封以續殷祀箕子則其言曰商其淪喪我罔爲臣僕卽其處義之微意有可見者矣又漢書所記載詳而有徵故今是書叙箕子之事以漢書爲正（其文則參用涵虛子之說）

『東史會綱』 凡例 上　5

附論辯諸條　箕子封朝鮮之辯

問箕子事史記言武王封朝鮮洪範蔡傳亦引之今何斷以漢書爲正曰箕子事儘難考史記微子世家云武王封箕子於朝鮮班固作漢書地理志叙朝鮮處却不用史記說以爲箕子去之朝鮮竊詳固之漢書大抵述史遷而間有不用遷說者其必有說其後范曄亦從漢書而直以避地朝鮮爲文矣先儒之論箕子則只就陳洪範一事特明其傳道與不臣周之大義而封朝鮮事未嘗深論亦未嘗參互馬漢范曄之說而辯其同異是非也今於修東史則將記載事實與洪範註泛論義理大致者有間其於馬漢諸說不得不有所從違大聖處義雖不敢輕議大槩以書

『東史會綱』 凡例 下　6

傳微子篇見之比干無一言蓋以忘身犯諫爲義者也箕子以與國同存亡不臣僕於他人爲義而至於微子則詔以出迪其微意似可見矣其後比干諫而死微子去之箕子被囚佯狂及武王克商箕子在囚而武王釋之方其訪道之日亦稱以箕子則不改其故殷封號也微子以殷王元子爲周之賓而微子之命猶稱以微子則亦不改其故殷封號也武庚叛殷祀絶而微子始受封於宋其所處義皆略如其所講朱子云三仁之行不同而各求其心之所安微子之受周封爲存宗祀箕子無是焉而亦受周封恐非其心之所安焉遷史記固多駁雜未可篤信而班固已不從其說又固之論叙朝鮮人性土俗仁賢敎化皆

『東史會綱』 凡例 下　7

鑿鑿可信意其別有所考據非如史記之數句語盡見於微子世家中者之爲難詳也且三代以前中國書籍所及不博如江淮之間亦爲蠻夷之邦況朝鮮去豐鎬萬餘里是時尚在洪荒之域周禮職方所不載似無通中國之理假使通道九夷八蠻之日朝鮮亦嘗通之武王尊師箕子錫之胙土恐亦無屛之蠻荒之理以是推之避地之說於理似近世代遼遠文獻無徵今雖不敢質言亦不敢舍班固詳記本事之書而取遷史他世家中數句行辭未知如何（本朝先儒諸賢有問於此事者幷錄載其氏名下可參攷也）

荒怪讖緯之說或存或削之辯

問凡例舊史中荒怪異常讖緯不經之說幷皆刊削

『東史會綱』 凡例 下　8

『東史會綱』

東方地名之辨
三國時地名今不可攷者甚多而高句麗地方尤甚
蓋東明初起之地今皆入上國其東北爲建州衛界
西北爲蓋州衛界非我國圖籍所能攷據而東人俚
俗荒誕之言如東明麟馬等事承訛襲怪便作古實
今平安一道之內山川城郭之名皆傳會於東明國
史所見之名號以實其夸誕而輿地勝覽不加證辨
直以東明爲起於樂浪而遂以成川爲松讓國龍岡
爲黃龍國優渤水爲在今寧邊香山荇人國亦附於
寧邊古跡之末此等處甚多皆似誤也金文烈三國
史地理志卒本川松讓國優渤水黃龍荇人等國皆
云未詳此恐爲的論今錄其大者於下

『東史會綱』 凡例 下 9

檀君之太白山今之寧邊妙香山爲是而金雖所遊
之太白山未詳所在以地理推之當在今建州衛地
分或者今之彼界白頭山無乃是耶東明自扶餘遯
難南奔開國於卒本而卒本雖未詳地分漢書所載
高句麗縣今爲蓋州衛地則扶餘之地當在其東北
正當白頭所在之地方矣
[illegible]俗以丸都城謂平壤安市城謂在龍岡者皆誤也
丸都今未詳所在而李勣鴨綠水以北未降城十一
目錄其一安市城而註或云丸都城以此觀之丸都
安市本是一處而大明一統志[illegible]蓋縣在蓋州衛
東北七十里則其所在地方可攷矣按史唐太宗東
征渡遼拔蓋牟遼東等城至安市十旬不克而還則

『東史會綱』 凡例 下 10

九州合而契丹所云倭餘處正是浿西之地以此觀
之新羅之世平壤以北入於渤海而新羅所統只是
三韓地方尤無疑矣輿覽平安道卷以爲新羅文武
王滅句麗遂幷其地平壤建置沿革條以爲唐置安
東府以兵鎭之唐兵旣去其地皆入於新羅云云者
攷之不精也
檀君以下諸國始祖所自出之辨
檀君之降今不可攷然其降在唐堯世則此時中國
去洪荒未遠東方想或未有人物氣化之理恐或有
之若新羅始祖以下乃在西漢之世東方之有民舊
亦已千餘年矣豈有卵化之理或言商周玄鳥卵巨
人跡之說亦荒[illegible]雖微而朱子猶不能斷然謂其[illegible]

『東史會綱』 凡例 下 11

東史會綱卷之一
起甲子新羅始祖元年終癸亥新羅訥祇王[illegible]
句麗長壽王十一年百濟久爾辛王四年[illegible]
八十年
(新羅始祖朴赫居世元年)夏四月新羅始祖朴赫居世立于辰韓號
居西干國號徐羅伐(本紀曰國號徐耶伐或云斯羅或云斯盧或云新羅云云當初[illegible]有此數號或後來改號旣如此耶今未可詳)
初朝鮮遺民分居於東海濱山谷之間者曰閼川楊
山曰突山高墟曰觜山珍支曰茂山大樹曰金山加
里曰明活山高耶是爲辰韓六部赫居世者楊山部
人不知其所自出而幼岐嶷夙成有神聖之質六部
異之共推爲君時年十三號居西干(方言王也或云呼貴人之稱)

『東史會綱』 卷1 甲子年 12

『東史會綱』

國號徐羅伐（一云徐耶伐，或云斯盧）是爲新羅始祖。舊史稱赫居世之生有怪異，其言不經。權氏近以爲厥初海隅之地，有生之衆淳朴無知，間有一爲詭說者，舉皆信而神之，以傳後世，斯言得之。（新羅本紀云：高墟村長蘇伐公望楊山麓蘿井林間，有馬跪而嘶，則往觀之，忽不見馬，只有大卵，剖之有嬰兒出，至年十三立爲君。辰人謂瓠爲朴，以初大卵如瓠，故以朴爲姓。）○謹按東方之始，起自朝鮮。唐堯戊辰歲，有神人降于太白山（今平安道香山）檀木下，立爲君，號檀君，國號朝鮮，初都平壤，後徙白岳，是爲初朝鮮。其傳世歷年皆不可攷，或云千四十八年，而終周武王時，箕子避地于朝鮮，居平壤，是爲後朝鮮。至漢初，燕人衛滿逐箕氏于韓地（箕氏始終詳見下），遂據王儉城（百濟以其氏後），盡有朝鮮之地，眞番臨屯皆來服屬，方數千里，是爲衛

『東史會綱』 卷1 甲子年 13

滿朝鮮。至漢武帝元封二年，滿孫右渠爲漢所滅，分其地，置樂浪（今平壤）、眞番（今）、臨屯（今江陵府）、玄菟（今），是爲四郡。漢昭帝始元五年，以平那（未詳所在）、玄菟爲平州府，樂浪、臨屯爲東府，是爲二府。朝鮮以南，其地號爲韓，而其別有三：西曰馬韓（今漢北漢南忠淸道地方）（亦有保馬韓者），最大，箕氏有之；南曰卞韓（今全羅道地）；東曰辰韓（今慶尚道等地）。皆未有大君主，而服事於馬韓焉，是爲三韓。是時朝鮮既亡，三韓洪荒，人民隨地聚居，各爲部落，間有雄長，皆稱曰國。三韓所統無慮七十餘國，朝鮮濊貊之間小國不可殫記。自新羅肇興數十年，高句麗起於浿北，百濟起於漢南，而諸小國或降或滅，皆入三國爲郡縣焉。（辰韓弁韓十二國，馬韓五十四國）

『東史會綱』 卷1 甲子年 14

弁韓不知其始，而其地在辰韓之南，亦與倭接，其人與辰韓雜居，衣服居處言語風俗同，或言其地有卞山，故以名云。常服事馬韓，至是降于新羅，後入百濟爲郡縣。

（新羅始祖二十年）

（新羅始祖二十一年○高句麗始祖高朱蒙元年）新羅築金城

新羅國都長三千七十五步，廣三千一十八步，三十五里六部，至是築宮城，號金城。

東扶餘王子朱蒙立於卒本扶餘，國號高句麗，自姓高氏。

初東扶餘王金蛙（東扶餘本北扶餘。高句麗本紀云：扶餘王解夫婁老無子，祭山川求嗣，至鯤淵，有小兒金色蛙形，養爲子，名曰金蛙。及解夫婁徙都迦葉原，改國號東扶餘，夫婁薨，金蛙嗣位云）

『東史會綱』 卷1 甲申年 15

得女子於太白山南優渤水（優渤水地理志云太白山未詳）（或云今白頭山，又云妙香山，然于古記所云檀君之事，優渤水亦載錄此，皆未方但言之，實謬也），自稱河伯之女柳花，與之歸，生朱蒙。年七歲，自作弓矢，射藝絶倫，扶餘人謂善射爲朱蒙，故名之。蛙有七子，技皆不及朱蒙，長子帶素忌之，譖於蛙。其母謂之曰：國人將害汝，以汝才略，何往而不可。朱蒙乃與其素所親信者烏伊、摩離、陜父等出奔，行至毛屯谷，路遇三人，衣服殊異，問其名，曰再思、武骨、默居。朱蒙與語大悅，稱爲三賢，賜再思姓克氏，武骨仲室氏，默居小室氏，俱至卒本扶餘沸流水上，見其土壤肥美，山川險固，遂廬而居焉，國號高句麗，因姓高氏。時年二十二，四方聞之，來附者甚衆。其地連靺鞨，朱蒙恐見侵

『東史會綱』 卷1 甲申年 16

『東史會綱』

新羅始祖二十六年 高句麗始祖六年 春正月新羅始作宮室于金城○冬十月高句麗滅荇人國（地理志云未詳地分）

荇人國在太白山東南麗王遣其臣烏伊扶芬奴伐而滅之以其地爲城邑

新羅始祖二十七年 高句麗始祖七年

新羅始祖二十八年 高句麗始祖八年

新羅始祖二十九年 高句麗始祖九年

新羅始祖三十年 高句麗始祖十年 夏四月晦日食○樂浪人侵新羅及境而還

樂浪人欲襲新羅至境見其邊民夜戶不扃露積被野相謂曰有道之國也吾儕潛師襲之盜也乃引還

冬十一月高句麗滅北沃沮（一名置溝婁）

『東史會綱』 卷1 癸巳年 17

沃沮古肅愼氏之國也在不咸山北其地北接挹婁東濱大海在四郡爲玄菟之地多山險人尚勇力其丁長四尺力如弩矢用楛靑石爲鏃土寒冬常居穴

自漢以來臣屬扶餘至是爲麗將扶尉猒所滅

新羅始祖三十一年 高句麗始祖十一年

新羅始祖三十二年 高句麗始祖十二年 秋八月晦日食

新羅始祖三十三年 高句麗始祖十三年

新羅始祖三十四年 高句麗始祖十四年 秋八月高句麗王母柳花卒于東扶餘

麗王旣立國柳花尚在東扶餘至是薨金蛙葬以太后禮立神廟麗王遣使謝之

新羅始祖三十五年 高句麗始祖十五年

『東史會綱』 卷1 癸巳年 丁酉年 18

新羅始祖三十六年 高句麗始祖十六年

新羅始祖三十七年 高句麗始祖十七年

新羅始祖三十八年 高句麗始祖十八年 春二月新羅遣瓠公聘于馬韓

前此中國之人苦秦亂東來者多處馬韓東與辰韓雜居至是寖盛皆服屬新羅故馬韓忌之及瓠公至韓王讓曰辰卞二韓爲我屬國比年不輸職貢事大之禮其若是乎對曰我國自二聖肇興人事修天時和倉庾充實人民敬讓辰韓卞韓樂浪倭人無不畏懷而吾王謙虛遣下臣修聘可謂過於禮矣大王反怒刼之以兵何耶韓王愈怒欲殺之左右諫止乃許歸瓠公者本倭人佐新羅爲大臣

新羅始祖三十九年 高句麗始祖十九年 琉璃王類利元年 春馬韓王薨新羅遣使

『東史會綱』 卷1 壬寅年 19

致吊

或謂羅王曰西韓王前辱我使今當其喪征之其國不足平也羅王曰幸人之災不仁也遣使吊慰史氏曰古之爲師不伐喪滕昭公卒之三月宋圍滕春秋貶而稱人晉士匄侵齊至穀聞齊侯卒乃還春秋書褒之始祖棄前日之憤矜隣國之恤不惟不伐還使吊之可謂怨不棄義怒不廢禮矣

夏四月高句麗立太子類利（類利一云孺留）

初麗王在扶餘娶禮氏女有身而王逃難出奔禮氏生子於扶餘名類利旣長有奇節其母謂曰汝父非常人不容於國奔南地開國今爲王矣類利曰父爲君子爲匹夫可乎遂與屋智句鄒都祖等三人行至

『東史會綱』 卷1 壬寅年 20

『東史會綱』

卒本見麗王具述其所以來之意麗王大悅立以爲
嗣
秋九月高句麗王朱蒙薨(壽四十) 太子類利立
葬始祖于龍山號東明聖王
(新羅始祖四十年高句麗琉璃王二年○是爲三國 百濟始祖扶餘溫祚元年) 春高句麗王
子溫祚立於河南慰禮城國號百濟自姓扶餘氏(慰禮今稷山云○金富軾云未詳)
初東明至卒本娶其國女生二男曰沸流溫祚及類
利爲太子二人相議曰始大王避扶餘之亂逃歸至
此我母氏助成邦業勤勞多矣一朝大王厭世家國
屬於他人吾等徒在此鬱鬱如疣贅不如奉母氏南
遊卜地別立都國於是與烏干馬黎等十臣渡浿帶

『東史會綱』 卷1 乙卯年 21

二郡以塞樂浪之路
(新羅始祖五十一年高句麗琉璃王十三年百濟始祖十二年) 春正月熒惑守心
(新羅始祖五十二年高句麗琉璃王十四年百濟始祖十三年) 春正月東扶餘聘于高
句麗
扶餘王帶素遣使聘高句麗請交質子麗王憚其強
大欲以太子都切爲質都切恐不行由是兩國失和
至於交兵
二月百濟王母薨
時百濟王都有老嫗化爲男五虎入城未幾王母薨
濟王以妖祥屢見國母棄養東有樂浪北有靺鞨疆
埸少有寧日欲遷都邑相地於漢水之南漢山之下
(今廣州南漢山) 立城闕移慰禮民戶以實之八月遣使馬韓

『東史會綱』 卷1 癸卯年 22

之日大王長子已卒太子當爲嗣今一旦者至安知
非詐耶解明曰父命也不可逃乃往礪津東原以槍
挿地走馬觸之而死時年二十一號其地爲槍原金
氏富軾曰孝子之事親也當不離左右以致孝如文
王之爲世子解明在於別都以好勇聞其得罪也宜
矣傳曰愛子教之義方不納於邪今王始未嘗教及
其惡成疾之已甚殺而後已可謂父不父子不子矣
夏四月圓山錦峴降于百濟箕氏亡
馬韓旣破惟二城固守百濟攻之至是降濟王移其
民於漢山之北箕氏之祀遂絶○謹按箕子紂諸父
也紂無道比干諫而死微子去之箕子卽披髮佯狂
爲奴嘗曰商其淪喪我罔爲臣僕及殷亡箕子率中

『東史會綱』 卷1 己巳年 23

國五千人渡遼而東入朝鮮其詩書禮樂醫巫陰陽
卜筮之流百工技藝皆從焉旣至言語不通譯而知
之敎以詩書使其知中國禮樂之制父子君臣之道
五常之禮禁以八條相殺以當時償殺相傷以穀償
相盜者沒爲其家奴婢欲自贖者人五十萬雖免爲
民俗猶羞之嫁娶無所售是以其民終不相盜無門
戶之閉婦人貞信不淫辟其田野都邑飮食以籩豆
有仁賢之化勿尚兵鬪以德服強暴隣國皆慕其義
而相親之衣冠制度悉同乎中國自是箕氏世爲東
方之君至周衰燕稱王將東略地至朝鮮朝鮮侯亦
自稱王欲興兵伐燕以尊周大夫禮諫之而止使禮
西說燕燕亦止不攻後子孫稍驕虐燕乃遣將攻其

『東史會綱』 卷1 己巳年 24

西收地二千餘里至滿潘汗爲界朝鮮遂弱及秦并
天下築長城抵遼東四十代孫否立畏秦遂服屬於
秦否死其子準立二十餘年而陳項起天下亂燕齊
趙民愁苦稍稍亡歸及盧綰爲燕王準與燕以浿水
爲界及綰反入匈奴燕人衛滿亡命聚黨千餘人魋
結蠻夷服而東渡浿水求居西界爲藩屛準信之拜
爲博士賜以圭封之百里滿誘亡黨稍衆乃遣人詐
告準漢兵十道至欲入宿衛遂襲準準戰不敵浮海
南奔朝鮮之地遂盡爲衛滿所有自箕子至此凡九
百餘年準既失國南至韓地金馬郡居焉自號韓王
其民土著種植知蠶桑作綿布居處作草屋土宇其
戶向上俗少紀綱勇悍權呼力作善用弓楯矛櫓

『東史會綱』 卷1 己巳年 25

在山海間無城郭各有長帥大者名爲臣智次稱邑
借凡五十餘國大國萬餘家小國數千家總十萬餘
戶自準以後歷四郡二府之時傳世亦二百餘年至
是爲百濟所滅箕氏有國通前後蓋千有餘年始箕
氏以浿水西鄙借衛滿而失朝鮮後又以韓地東北
借百濟竟爲其所亡後人爲作借地歎以爲千古之
恨云史氏曰箕氏傳世之久至於如此夫豈無自而
然哉蓋我箕子以明疇之學高不臣之志斂而東歸
敷八條之教行井田之制其漸仁厚澤有以固結民
心而壽國脉於綿遠者矣吾東方禮俗之美聞於天
下夫子有欲居之志漢史稱仁賢之化唐書美君子
之國宋朝以爲禮樂文物之邦涵虛子亦曰詩書仁

『東史會綱』 卷1 己巳年 26

義之國也則箕子過化存神之妙惠我東方者歷千
萬祀而如一日也今馬韓之滅金富軾權近皆不言
箕君始終何耶以箕子之聖之德子孫微弱播遷一
朝不祀忽諸不亦悲乎

秋八月東扶餘王遣使讓高句麗王

扶餘王帶素遣使讓麗王曰我先王與先君東明王
相好而誘我臣逃至于南以立國夫國有大小人有
長幼以小事大禮也以幼事長順也今王能以禮順
事我天必佑之不然欲保社稷難矣麗王自以立國
日淺民孱兵弱欲遜辭以示屈時王子無恤年尚幼
聞王欲報扶餘言乃自見其使曰我先祖神靈之孫
賢而多才大王讒諸父王使之不安而出今者不念

『東史會綱』 卷1 己巳年 27

前愆恃其剛力以侮弊邦請使者歸報大王今有累
卵於此若大王不毁其卵則臣將事之不然則否帶
素聞之偏問羣臣有一老嫗對曰累卵者危也不毁
其卵者安也其意曰王不知已危而欲人之來不如
易危以安而自理也

新羅南解王七年高句麗琉璃王二十九年百濟始祖二十八年 春二月百濟立太子多婁

多婁王長子也器宇寬厚有威望至是立爲嗣委以
內外兵事

新羅南解王八年高句麗琉璃王三十年百濟始祖二十九年 春新羅旱 自春[illegible]夏

新羅南解王九年高句麗琉璃王三十一年百濟始祖三十年 王莽貶號高句麗王爲
下句麗侯

『東史會綱』 卷1 己巳年 28

『東史會綱』

王莽發麗兵伐胡麗人不欲行皆亡出塞因侵遼西殺大尹田譚莽怒詔嚴尤討之誘封麗王爲下句麗侯於是侵漢邊地愈甚
(新羅南解王十年高句麗琉璃王三十一年百濟始祖三十一年)春正月百濟分國內作南北部(後又置東西二部)
夏百濟地震(四月六月皆震)○冬十一月高句麗王子無恤敗東扶餘兵於鶴盤嶺(鶴盤嶺地理志云未詳地承)
扶餘人侵高句麗王子無恤禦之以兵小恐不能敵乃設奇誘之大敗扶餘兵於鶴盤嶺下盡獲之扶餘由是爲麗所困卒至於亡
(新羅南解王十一年高句麗琉璃王三十二年百濟始祖三十二年)春正月高句麗立太子無恤

『東史會綱』 卷1 癸酉年 29

二月新羅得濊王印於北溟(北溟人耕田得而獻之)○是歲百濟大饑
百濟自四月旱至六月乃雨漢水東北部落亡入高句麗者千餘戶浿帶之間空無居民明年春濟王親行巡撫發使勸農以不急之事擾民者皆除之
(新羅南解王十七年高句麗大武神王三年百濟始祖三十八年)春三月高句麗始立東明王廟
(新羅南解王十八年高句麗大武神王四年百濟始祖三十九年)
(新羅南解王十九年高句麗大武神王五年百濟始祖四十年)春二月高句麗王攻東扶餘殺其王帶素
先是扶餘王帶素得赤烏一首二身或說曰此并二國之祥也王其遂兼高句麗乎帶素喜遂遣麗王[illegible]

『東史會綱』 卷1 壬午年 30

王報曰赤烏瑞物也王得而不有歸之寡人敢不拜受賜且黑者北方之色今變而爲南方之色兩國存亡未可知也至是麗王自將攻扶餘軍其國南其地多泥濘扶餘王壁見麗營解鞍休士欲掩不備悉國衆以出馬陷濘不能進退麗王使勇將怪由直進斬扶餘王頭扶餘人旣失王猶力戰不屈圍麗王數重麗王幾不得出軍士死傷者甚衆乃作草偶人爲疑兵從間道潛遁初帶素之見害也其弟知國將亡與從者百餘人逃至鴨綠谷自立爲王都於曷思水濱是爲曷思王帶素從弟謂國人曰我先王身亡國破民無所依王弟逃竄我亦不肖無以興復寧降以圖存乃與萬餘人來投麗王封爲王置椽那部以其背

『東史會綱』 卷1 壬午年 31

有絡文賜姓絡氏麗王旣至國謂羣臣曰孤不量力輕伐扶餘雖殺其王未滅其國而多失我軍資孤之過也於是親吊死問疾以存慰百姓是以國人感王德義皆許殺身於國事矣
冬十月高句麗將怪由卒
怪由北溟人身長九尺而白目有光麗王之伐扶餘也謁於道左自請從軍遂斬扶餘王以立奇功至是卒麗王命有司葬於北溟山陽以時祀之
(新羅南解王二十年高句麗大武神王六年百濟始祖四十二年)春正月百濟右輔乙音卒
乙音卒以解婁代之解婁扶餘人智識淵奧年過七十膂力不愆故用之

『東史會綱』 卷1 壬午年 32

『東史會綱』

國而退自是兩國之間兵釁不息
新羅祗摩王五年高句麗太祖王六十四年百濟己婁王四十年春三月日食○夏六
月百濟大水(漢江漲漂毁民家)
新羅祗摩王六年高句麗太祖王六十五年百濟己婁王四十一年
新羅祗摩王七年高句麗太祖王六十六年百濟己婁王四十二年春二月高句麗地震
夏六月高句麗與濊貊襲漢玄菟(濊貊今江原道)
濊貊本朝鮮之地南與辰韓北與高句麗沃沮接東
窮大海西至樂浪其言語法俗大抵與高句麗同有
軍征調賦如中國焉漢元朔中濊君南閭畔朝鮮降
于漢以其地爲滄海郡數年而罷建武中封其渠帥
爲縣侯皆歲時朝貢於漢至是附於高句麗數寇漢
邊(濊國今江陵府在四郡爲臨屯之地貊也沿東濊縣在今江陵府東新羅今春川府)

『東史會綱』 卷1 戊午年 33

秋八月高句麗命擧賢良孝順賑四窮民
新羅祗摩王八年高句麗太祖王六十七年百濟己婁王四十三年
新羅祗摩王九年高句麗太祖王六十八年百濟己婁王四十四年春二月有星隕于新
羅月城(聲如雷)○三月新羅京都大疫
新羅祗摩王十年高句麗太祖王六十九年百濟己婁王四十五年夏四月倭侵新羅○
冬十月高句麗王如扶餘祀太后廟(都花廟也)○十一月高
句麗王以弟遂成統軍國事
遂成麗王之母弟也時麗王雖時時朝貢于漢而與
濊貊數侵漢玄菟遼東之地是年春漢幽州刺史馮
煥與玄菟太守姚光遼東太守蔡諷等大擧伐麗殺
濊貊渠帥麗王使遂成領兵御之遂成遣使漢營詐
請降因據險以遮大軍潛遣兵襲遼東玄菟二郡焚

『東史會綱』 卷1 辛酉年 34

其城郭漢兵狼狽而歸於是遂成威名大振麗王使
之統軍國大事史氏曰魯隱命羽父帥師終致鍾巫
之變莊公以慶父主兵卒召武闈之禍春秋傳所謂
難御於異姓之卿者是也麗王老耄遂成位長百僚
事擅威福有今將之心又使之統軍國重事以長其
惡其得免鍾巫武闈之禍幸矣
新羅祗摩王十一年高句麗太祖王七十年百濟己婁王四十六年新羅饑
是歲新羅飛蝗害穀年饑多盜都人訛言倭兵大來
爭遁山谷羅王使大臣諭之乃定
高句麗與馬韓濊貊犯漢遼東扶餘遣兵助漢
時濊貊與高句麗合而扶餘附於漢麗兵之侵漢邊
扶餘輒遣兵救之

『東史會綱』 卷1 壬戌年 35

羅王每遇水旱災荒輒躬恤民政勤於修省是歲春
夏旱下教責己減常膳
六月駕洛國君金銍知卒(子鉗知嗣)
新羅炤智王十五年高句麗文咨王二年百濟東城王十五年春三月百濟請婚于新
羅(以伊伐飡比智女歸之)○秋七月新羅置臨海長嶺二鎭(以備倭寇)
冬十月高句麗地震
新羅炤智王十六年高句麗文咨王三年百濟東城王十六年春二月扶餘以國降高
句麗○夏四月新羅大水○秋七月齊遣使冊高句麗
王
新羅炤智王十七年高句麗文咨王四年百濟東城王十七年夏五月朔日食○秋八
月高句麗侵百濟新羅救却之
去歲麗兵敗羅兵於薩水之原百濟救之至是麗兵

『東史會綱』 卷2 甲戌年 36

『奉使日本時聞見錄』 출처: 한국고전번역원 데이터베이스

士之以詩贄來見製述書記者其酬酢筆談等時輒稱使行以皇華其於文字
之間則下得語句雖未知緊着向慕之心蓋可見矣本州士人近藤篤號以西
厓者最以文學名焉時年二十四以文字來見於製述而辭理最勝其文曰聖
人之教昇髦於世啟跡履躬行者千百無十一焉士雖志道世乏明師孰能志道
沒世而名不稱共草木朽天下滔滔皆是也况弊邦遠中華聖人之邦乎竊聞
貴邦古者經學盛行有道之士往往而出如退溪栗谷諸先生弊邦學者無
不仰慕想今猶古豈非箕聖餘烈而使然乎篤先聞貴邦修聘竊喜田奉使處
禮自古爲難大邦遣使皆君子人也篤値斯時得與拜盛儀何其幸也既而進
謁諸公容止可觀進退可度非深體道安能如此篤所想不違詩曰
未見君子憂心忡忡亦既見止亦既覯止我心則降篤之謂也可謂千載
一時也大學曰自天子至庶人壹是以修身爲本敢問吾儕一介之士
何行而身可得修伏冀諸公賜教云云矣馬島紀國瑞華以島主近侍
京都宿坊江戶宗室執事等私禮單事來見首譯謂之古例不可
廢首譯以宿坊則無前例其餘則以火災防塞之爭之甚力以爲雖無人蔘
以雜物送之則渠輩當彌縫云
十九日壬申陰西風平明栽判來言風勢雖順前路多有隱石差待巳時潮至
當發船云食後奉　國書乘船逈過所館之前海山之勝轉瞻不暇而行五六
十里北望一帶城堞若雲痕問是伊勢守源政房之所領亦穗城稱名地而譙
樓聳空閭閻撲地亦一大都會也未時到泊室津馬州守送使來問館在船艙
之頭故奉　國書步入館門垂以眞紅紋緞之帳門內圍以五色錦帳地勢環
抱別成一港巖壁松篁境界清麗接待凡具或加或損而侈靡巧麗多是一
例廁間付一紙書以東司倭音則東與通同音我國之指廁爲通司者似是倭
音之流襲也此地屬於播摩州而山陽道之所轄也四方三日程稅入五十二
萬一千餘石太守有八人室津所領則源明矩稱以松平太和守居姬治城食
祿十五萬石馬州之沙工禁徒傳語官等每入站所則站人例以金扇賂之倭
金一扇之重爲十二分云本州守有魚酒之饋而遍給一行是日行百里

奉使日本時聞見錄

『奉使日本時聞見錄(乾)』 四月 十八日辛未 1

『星湖僿說』 출처: 한국고전번역원 데이터베이스

星湖僿說卷之

天地門

箕指我東

孟子謂箕子膠鬲微子微仲王子比干分明是箕微
王者地也子爵也膠鬲微仲比干名也孟子又云膠鬲
舉於魚鹽之中魚而并鹽言之謂海濱也此恐舊為
小人故也殷之制雖王者之子必使之遊遯遠近俾
知艱難於武丁可見安知非箕子之舉於魚鹽耶箕
之為國指我東也以分野驗之我東正當箕尾之躔
而西道為箕則意者箕子於檀君之末遊行箕躔之
分而卒乃受封於此也不然則所謂魚鹽海者何指
而云耶又若箕是他方則何必舍所封而為稱殷史
所稱以受封為言非受未封之前已有此號也然則
我邦不待紂亡而已被其過化存神之澤也夫

太微天市

天有三垣紫微之外復有太微天市並列為三垣何
也嘗試思之紫微如帝王之宮內太微如治事之外
朝而北斗徑其中為喉舌之任三台佐之其為用尤
[illegible]也所天下之利用出入莫過於市〻者財貨之所
[illegible]天市而惟當在於財貨國之盛衰人之生

星湖僿說 天地門

『星湖僿說』 卷1 天地門 箕指我東

1

自天歲自歲故所以有差也平運內轉恐無緊要也

并營

舜肇十有二州幽州在青兖之北而并營又在其外
則今遼東西必在其境也殷紂所統不過青兖徐三
州孤竹為齊桓所伐則與之接近故伯夷避紂居北
海之濱其東北濱海者非我國而何箕子受封朝鮮
是時朝鮮之地并有鴨綠內外遼亦在箕封之內豈
非舜之并營乎然則東方風化箕子之前已有人矣
然伯夷非受封不過檀君之世一時寓居意者其始
聞檀君闢國海上有仁賢之風傳世不替故以身歸

六

焉既而聞文王善養老復西走至周歟此皆史氏之所
遺故錄之

日晷

綱目唐玄宗開元九年遣太監南宮說測日晷南至
交州立八尺之表夏至日晷出表南三寸三分南北
相距三千六百八十八里九十步而晷差一尺五寸
三分則二十四里三十一步有奇而晷差一分也自
交州北至七百九十五里正是夏至日下無影之地
則南北相距一萬九千二百里有奇而表與影齊也
堯時和仲所宅朔方幽都恐指此也以一萬九千二

五

『星湖僿說』 卷1 天地門 并營

2

劇寇今聞中國每有西㺚之憊卽此也若使不肆搶
掠以長城為界則不過如古之玁狁獯鬻薄伐而止
耳然自晉至宋北人多入據中土視若固有則其意
不獨侵擾邊疆也昔劉裕自江南繞定關中勃勃娭
隙攻奪若探囊然想天下地勢軋以江漢限南北而
從江漢泝上通于關陝則河套乃其肘腋可以與北
塞連和大為中國之憂矣

檀箕疆域

舜肇十有二州封十有二山又在十有二牧咨命之
中幽州居其一按漢地理志幽州其山醫巫閭其利

三十六

魚塩非今遼瀋而何哉檀君與堯並立至十二州時
已百年矣雖未知疆土遠近而箕子繼立其後孫朝鮮
侯時與燕爭强燕攻其西取地二千餘里至滿潘汗
為界朝鮮遂弱自燕以東本無許多地滿潘汗卽今
鴨綠水則滿者是滿州潘是瀋之誤也鴨綠之外距
山海關不過千有餘里其為燕所侵奪者遼瀋之外
更無其地然則檀君亦必在虞廷風化之內而東邦
之變夷為夏久矣舜本東夷之人則諸馮負夏亦必
九夷之中也箕子雖都平壤而與燕接界而孤竹之
墟又在其中自堯舜之世視作內服關檀箕夷齊之

『星湖僿說』卷1 天地門 檀箕疆域

3

或隨風不再嫁而男子不禁多畜妾媵庶幾得之又
聞兩南邊裔之地女之無夫家者行旅求之易得至
濟州島中人有畜三五妻者亦近澤多女之證

風氣流傳

風氣流傳非但方土遺俗多因遷徙徙來仍成習尚
也我國嶺南是秦民肇刱秦本文武遺基故今嶺南
與秦地風習恰有相似東坡遠景樓記可驗其他慶
州之轅田分明是商鞅開阡陌之制國人曾莽不曉
也松京之䔲笠藂髮疑其為殷民處洛之俗而隨箕
子東者也挽近而言則北民移於耽羅則濟民之氣

五十三

悍語音猶存松京庠泯之在太學者哀哭不變皆如
濟駒之與國産不同其類也勃海之亾民皆東赴契
丹之亾流民亦東所謂契丹場故西泯大抵皆伉健
好武舊俗不泯忠烈王時元遣蠻子軍千四百人使
處海塩白三州蠻軍者南蠻海鬼也今武擧挽强射
遠海西獨擅非都人之所敵疑其為後也壬辰之變
東兵多為劉綎帶歸後白沙李相遇其人其人南北
百戰備諳艱險乃曰㺚子易與耳海鬼稍難敵都莫
如倭之强也倭之慓猛如此而島皆銳為其長技故
也今沿海諸郡倭之不歸者屢居極多名曰向化不

星湖僿說 天地門

『星湖僿說』卷1 天地門 風氣流傳

4

薄是透下決撞物所以成震也凡遠則電火而雷至
近必俱焉何也火光遠燭而聲必下流如易所謂宜
下不宜上也下則不但有山巘之阻礙如擊皷於百
步之外桴舉而後聲始達可以驗矣又如人呼於兩
崖之間潮漲則聲達潮退則不達漲時水面平聲從
面走竭時壑谷高低一似人行之不便故也又常驗
之百里之內猶有不聞者是則雷發亦有高低高必
遠聞宜也且雷聲必有所向或分明有從遠漸近者
陽奮必有東西之異故其向處遠聞而背則否也如
雷州多震往往有得雷神者何也意者山海之間有
十八
濕鬱偏重養成怪物如毒龍之類皆能作雷震今山
中龍湫極多此未必皆龍不過神物之興妖作異也
雷之雷神理或有之矣

朝鮮地方

箕子之東也陳洪範而彝倫攸叙則其功宜大故封
爲子爵後孫朝鮮侯見周衰而燕稱王將東略地亦
自稱王欲興兵伐燕以尊周大夫禮諫之而止則前
此已爲侯國而朝鮮之稱王自此始矣及後孫之驕
虐燕乃遣將秦開攻其西取地二千餘里至滿潘汗
爲界朝鮮遂弱則其始封之界實與燕接近今長城

三九

『星湖僿說』 卷2 天地門 朝鮮地方

5

外遼瀋之地皆域內也所謂滿潘汗不知何指而燕
東無許大地今自義州至山海關不過千四百里意
者滿者今之滿洲清之興王地是也潘者恐瀋之誤
我邦江界之外白頭大幹之西皆爲燕人所統也然
猶與燕以浿水爲界此所謂浿恐溴之誤即鴨綠水
也衛滿渡溴并有上下鄣是即擅箕故地而南與三
韓爲界此朝鮮地方始末也後句麗又并據遼瀋之
地則復其舊墟而其衰末爲渤海占奪仍入於遼至
太祖有意而未遂

潮汐泉

聞慶縣有潮汐泉日再湧溉田頗多余謂凡地中多
空罅處蒸鬱成水如燒酒模令處處泉脉皆其流出
者不有所積於中緣何流出不斷若是哉然積有淺
深深者不可使高故驗之於渫井水脉湧出必有其
限限盈則一分不復溢是即與地中之積者平故也
意者潮汐泉者地中原有所積而地脉有疏密之不
同氣隨而有鬱結流通之別凡海潮之一日再至隨
氣湧也地氣鬱結而流通有時每與海潮相應泉脉
所積偶當氣口水安得不溢哉輿地勝覽云又有土
穴一日三溢此果何理歟者氣積有限盈則必泄如
十九

『星湖僿說』 卷2 天地門 朝鮮地方

6

卒為人豪然其所辦不過大賈販殖之間其於國家計策未必優焉若能福者當危難之際拔之行伍借之翼角得行其志則所就豈止於此

三韓

箕準棄馬韓地而王則箕氏之前有韓矣辰與秦音同春秋傳辰嬴是其證也辰韓之為秦誠信矣未知韓之名何從而有武張良之祖擊東見滄海君說者謂滄海卽濊國以今江陵當之然漢武時濊君南閭內附遼東以其地為倉海郡不應一小邑為郡則其地必迆南及遠也六國之中韓最近秦故避秦之事

二十九

韓必先動史云卽墨大夫說齊王建曰三晉大夫不便秦在阿甄之間者百數可以為證良韓人欲報秦必東走海外見倉海君其人又拼死袖椎祈有一售非素與心迹同者能然乎不然良何由逆知千萬里外有此等人而亟走疾取如囊中物也無論倉海之何地要是與中土絶遠良之往還非航海不能其必先泊我邦西海之濱而倉海卽其地也意者當時我邦南北分域以帶水為界帶水者今之漢江也今黃海平安兩道為三朝鮮之地漢水以外始無統率中國只稱倉海而韓之避秦者來據故自號曰韓也此

『星湖僿說』 卷3 天地門 三韓

7

八六

良所以與圖報秦也漢郊祀志谷永說上曰始皇初并天下遣徐福韓終之屬多齎童男女入海求神仙因逃不還然則福外有終々必韓之後裔而與良同仇者也其弁辰亦必從後至而秦人故名辰也此雖無考可以意度舊韓說為箕氏所逐後馬辰兩國之間別有弁韓亦稱弁辰馬者以金馬得名則見逐而徙者宜別有其號而韓之名必不改意者弁韓是也弁者或是因當時地名未可知而別於馬韓臣屬於馬韓歟

合葬

三十

有

記曰合葬非古也自周公以來未之改也然則非殷禮也子曰衛人之祔也離之魯人之祔也合之善夫周公制此禮而孔子善之必有合於天理人情者矣朱子葬韋齋於五夫里後改葬于上梅里寂歷山葬祝碩人於建陽後山天湖之陽命其谷曰寒泉卽居憂處兩墓相距百里而遠也已不用周孔之制矣余謂死者神氣飄蕩無所不至何必合葬然後可乎然詩曰穀則異室死則同穴生時情顧固在相隨恐亦不忍違也朱子所行是有事與勢之不便故也朱子於長子之喪以陰陽說殯於墳庵至明春始葬劉夫

『星湖僿說』 卷3 天地門 三韓

8

『星湖僿說』

虛而疾暴者亦可以立殞如剸刃而未有不仆也或
曰有酒色無節寒暑不避而能壽考者有對食若敵
畏風如箭而不進於短折者何也此亦命分外養互
爲輕重而然也内有十分之命外傷不能加損不然
者戕兢自持猶可以少延而不可以久存矣子曰寢
處不時飮食不節勞逸過度者疾共殺之寢處謂伐
性之斧也聖人豈不知而云然哉三者之中其殺人
女色爲尤甚老而鰥者未有不康寧以是知人之能
滿稟命之限者蓋寡矣

六〇

三十九

生財

東邦西隣遼瀋北有靺鞨南通倭海中爲方千里之
域者二漢水以西爲三朝鮮舊墟自箕準浮海南投
逐馬韓王自立有三韓之號南北不相通逮夫三國
鼎峙戰爭不息民不聊生王氏之興統三爲一建開
京于下流之肥沃然皮幣北走嚆矢數警未暇殷庶
聖朝定都漢水之陽在百濟疆内梯航四通物無不
輸庶幾綰其要轄然兩西之賦多耗於使价餘皆替
輸錢布歸諸無用東南一隅太半入倭國之所賴惟
西南之利而運漕無術臭載相續經費朒縮民無蓄
積率多行市餬口朝不謀夕近京土出磽而雜徭繁

『星湖僿說』卷8 人事門 生財　9

『攷事新書』 출처: 국립중앙도서관 장서

『攷事新書』 表紙 1

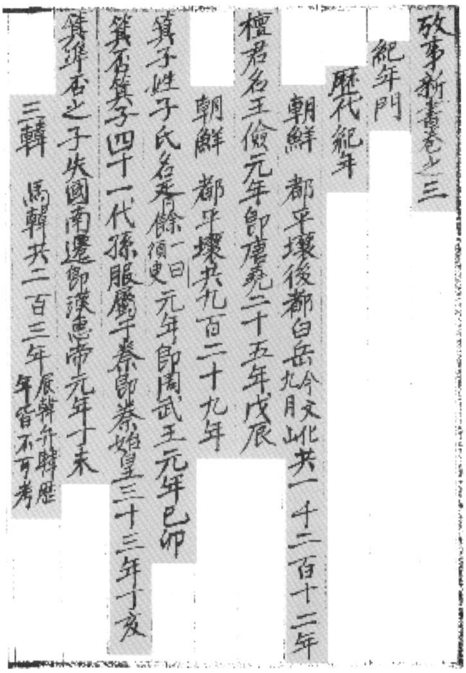

攷事新書卷之三

紀年門

歷代紀年

朝鮮 都平壤後都白岳 今文化九月山 共一千二百十二年

檀君名王儉元年卽唐堯二十五年戊辰

朝鮮 都平壤共九百二十九年

箕子姓子氏名胥餘 一曰須臾 元年卽周武王元年己卯

箕否箕子四十一代孫服屬于秦卽秦始皇三十三年丁亥

箕準否之子失國南遷卽漢惠帝元年丁未

三韓 馬韓共二百三年 辰韓弁韓歷年皆不可考

『攷事新書』 卷3 紀年門 2

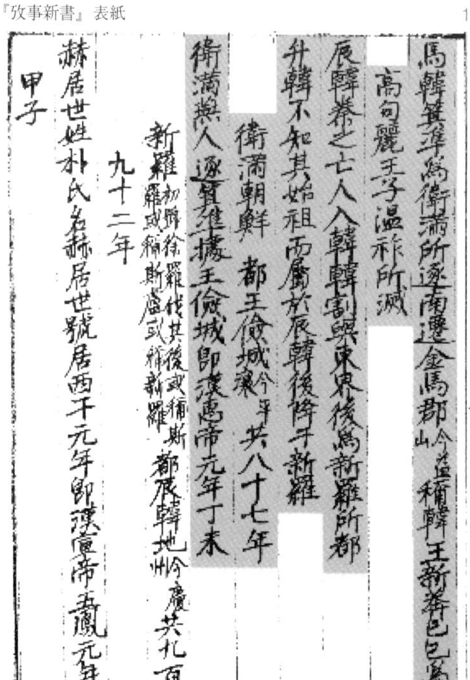

馬韓箕準爲衛滿所逐南遷金馬郡 今益山 稱韓王[illegible]

高句麗王子溫祚所滅

辰韓秦之亡人入韓韓割與東界後爲新羅所都

弁韓不知其始祖而屬於辰韓後降于新羅

衛滿朝鮮 都王儉城 今平壤 共八十七年

衛滿燕人逐箕準據王儉城卽漢惠帝元年丁未

新羅 初號徐羅伐其後或稱斯羅或稱斯盧或稱新羅 都辰韓地 今慶州 共九百

九十二年

赫居世姓朴氏名赫居世號居西干元年卽漢宣帝五鳳元年

甲子

『攷事新書』 卷3 紀年門 3

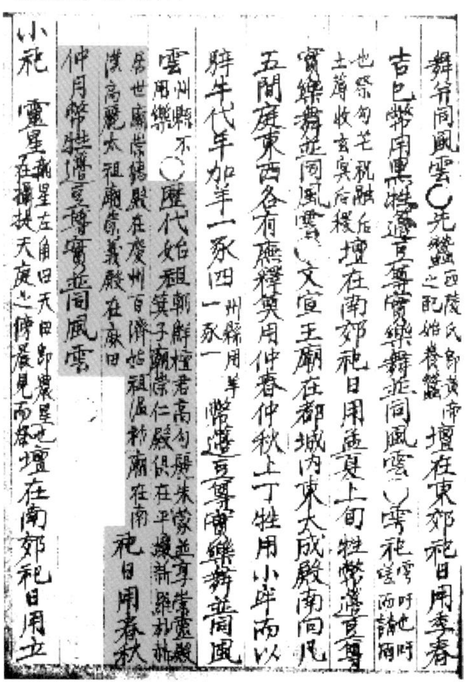

舞並同風雲 ○先蠶 西陵氏卽黃帝之妃始養蠶 壇在東郊祀日用季春

吉巳幣用黑牲牢籩豆尊爵樂舞並同風雲 ○雩祀 [illegible]

也祭句芒祝融后土蓐收玄冥后稷 壇在南郊祀日用孟夏上旬 牲幣籩豆尊

爵樂舞並同風雲 ○文宣王廟在都城內東大成殿南向凡

五間庭東西各有廡釋奠用仲春仲秋上丁牲用小牢兩以

豣牛代牛加羊一豕四 州縣用羊一豕一 幣籩豆尊爵樂舞並同風

雲 州縣不用樂 ○歷代始祖 朝鮮檀君高句麗朱蒙並享崇靈殿 箕子廟崇仁殿俱在平壤 新羅朴赫

居世廟崇德殿在慶州百濟始祖溫祚廟在南

漢 高麗太祖廟崇義殿在麻田 祀日用春秋

仲月幣牲籩豆尊爵並同風雲

小祀 靈星 龍星左角曰天田卽農星也 [illegible] 壇在南郊祀日用立

『攷事新書』 卷6 儀禮門 4

『東史撮要』 출처: 국립중앙도서관 장서

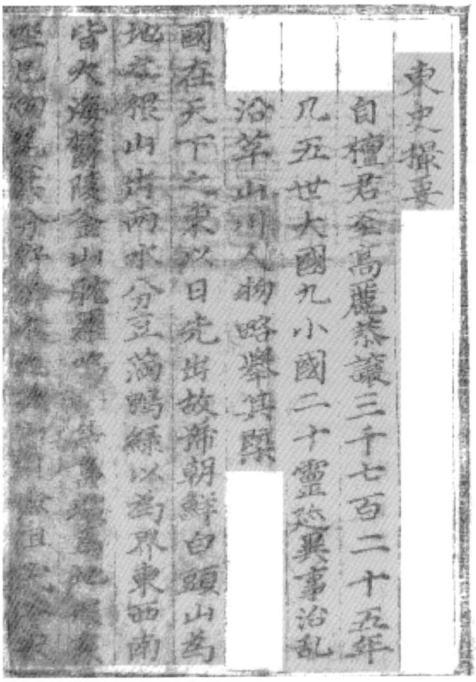
東史撮要
自檀君至高麗恭讓三千七百二十五年
凡五世大國九小國二十靈恠異事治亂
沿革山川人物略舉其槩
國在天下之東以日出故稱朝鮮白頭山為
地祖根山脈兩派分互滴鴨綠以為界東西南
皆大海

『東史撮要』 古朝鮮 2

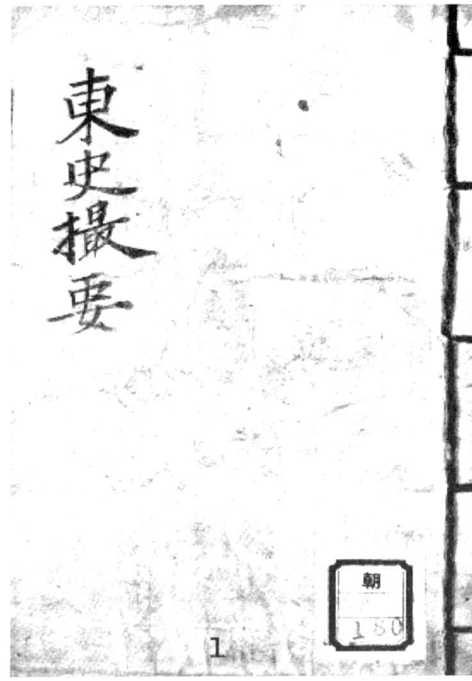
東史撮要

朝
180

1

『東史撮要』 表紙 1

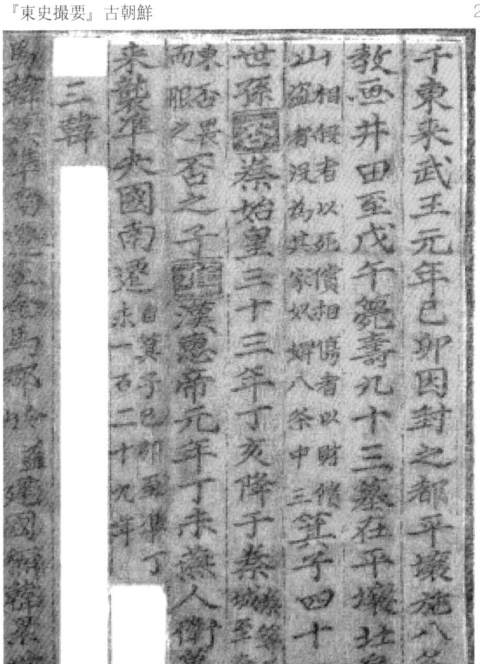
子東來武王元年己卯因封之都平壤施八條
教亟井田至戊午薨壽九十三葬在平壤北兔
山 相殺者以死償相傷者以財償相盜者沒為其家奴婢八條中三
世孫否 蒸始皇三十三年丁亥降于秦 燕築長城至遼
東否畏秦服之否之子準漢惠帝元年丁未燕人衛滿
來襲準求國南遷 自箕子己卯至準丁未一百二十九年
三韓

『東史撮要』 古朝鮮 · 三韓 4

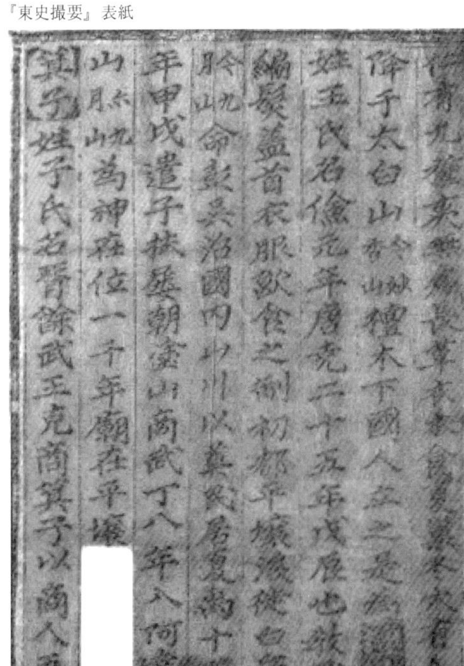
降于太白山 今妙香山 檀木下國人立之是為
姓王氏名儉元年唐堯二十五年戊辰也教民
編髮蓋首衣服飲食之制初都平壤後徙白岳
今九月山 命彭吳治國內山川以奠民居夏禹十八
年甲戌遣子扶婁朝塗山商武丁八年入阿達
山 今九月山 為神在位一千年廟在平壤
箕子 姓子氏名胥餘武王克商箕子以商人五

『東史撮要』 古朝鮮 3

『東史撮要』

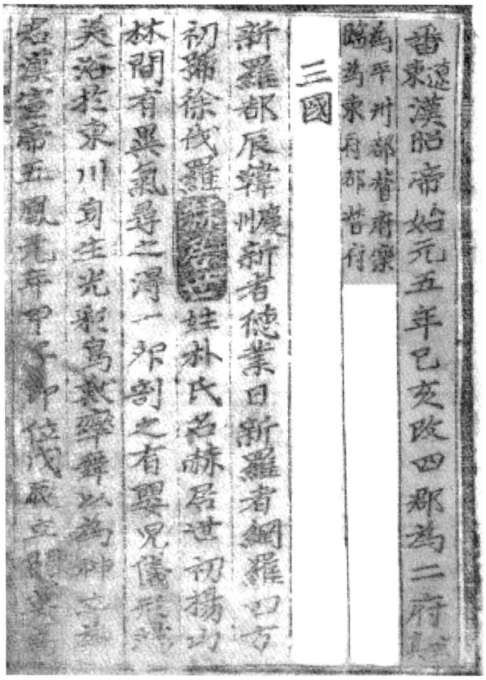
番(今遼東)漢昭帝始元五年己亥改四郡為二府
為平州都督府樂浪臨芚為東府都督府
三國
新羅都辰韓(今慶州)新者德業日新羅者網羅四方
初號徐伐羅 姓朴氏名赫居世初楊山
林間有異氣尋之得一卵剖之有嬰兒儀表
美好浴於東川身生光彩鳥獸率舞以為神 [illegible]
名漢宣帝五鳳元年甲子即位 [illegible]

『東史撮要』 三國 6

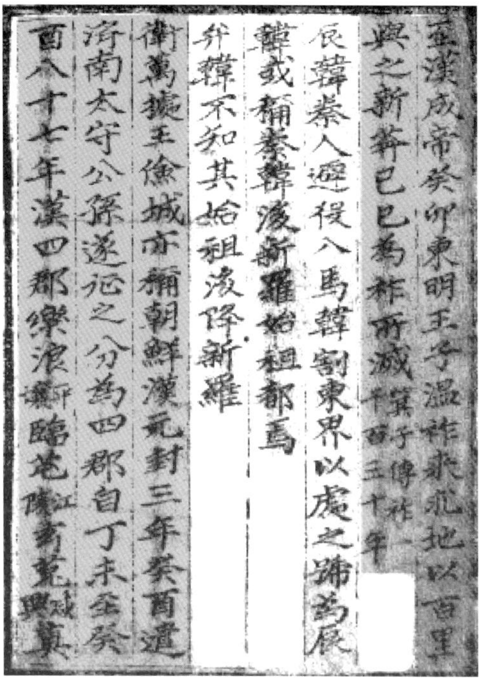
至漢成帝癸卯東明王子溫祚求 [illegible] 地以百里
與之新莽己巳為祚所滅(箕子傳祚 [illegible] 年)
辰韓秦人避役入馬韓割東界以處之號為辰
韓或稱秦韓後新羅始祖都焉
弁韓不知其始祖後降新羅
衛滿據王儉城亦稱朝鮮漢元封三年癸酉遣
濟南太守公孫遂征之分為四郡自丁未至癸
酉八十七年漢四郡樂浪(今平壤)臨芚(今江陵)玄菟(今咸興)眞

『東史撮要』 三韓 5

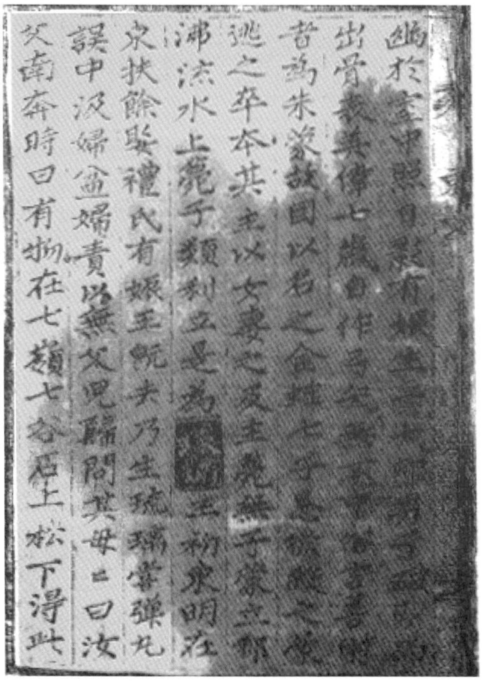

『東史撮要』 三國 8

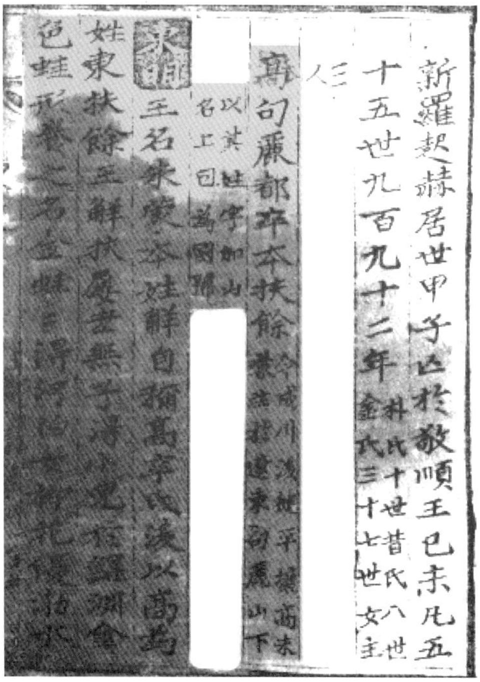
新羅赫居世甲子亡於敬順王乙未凡五
十五世九百九十二年(朴氏十世 昔氏八世 金氏三十七世 女主 [illegible])
高句麗都卒本扶餘 [illegible]
王名朱蒙本姓解自稱高辛氏後以高為
姓東扶餘王解扶婁老無子得小兒於鯤淵金
色蛙形 [illegible]

『東史撮要』 三國 7

『東史撮要』

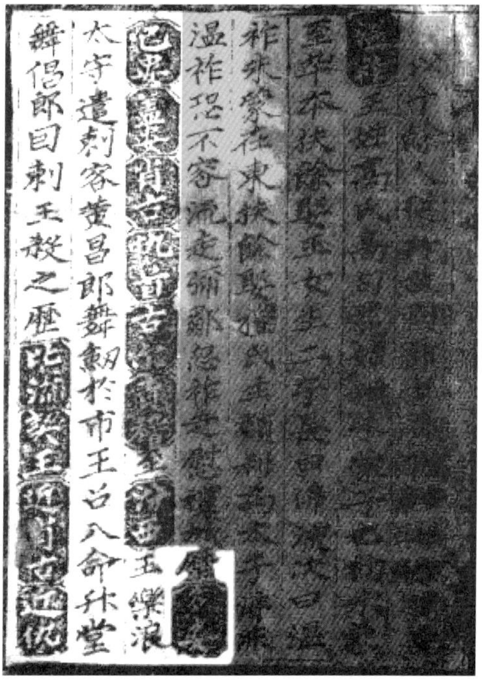

[illegible]
至卒本扶餘[illegible]女生二子[illegible]次曰溫
祚沸流[illegible]在東扶餘[illegible]
溫祚恐不容流走彌鄒忽[illegible]
[illegible]王樂浪
太守遣刺客黃昌郎舞劍於市王召入命升堂
舞倡郎曰刺王殺之歷[illegible]

『東史撮要』 三國 10

吾兒云利見礎有七稜嶺谷者稜也松下者柱
也搜得斷劍至卒本進王王合所藏劍遂爲嗣
號子[illegible]王立漢光武皇帝遣將來伐圍城
數旬乙豆智曰漢謂城中無水以持自疲宜取
池魚包水草以犒王師王從之解去王子好童遊
沃沮樂浪王以女妻之樂浪有鼓角兵至則必
自鳴好童將還謂其妻曰[illegible]
[illegible]

『東史撮要』 三國 9

『箕子外紀』 출처: 국립중앙도서관 장서

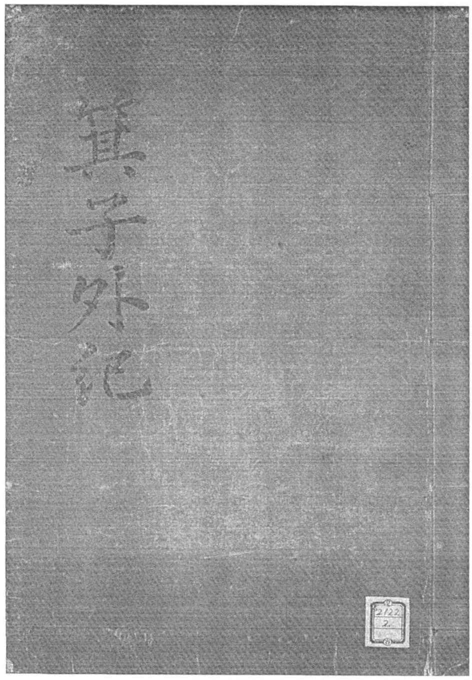

『箕子外紀』 表紙 1

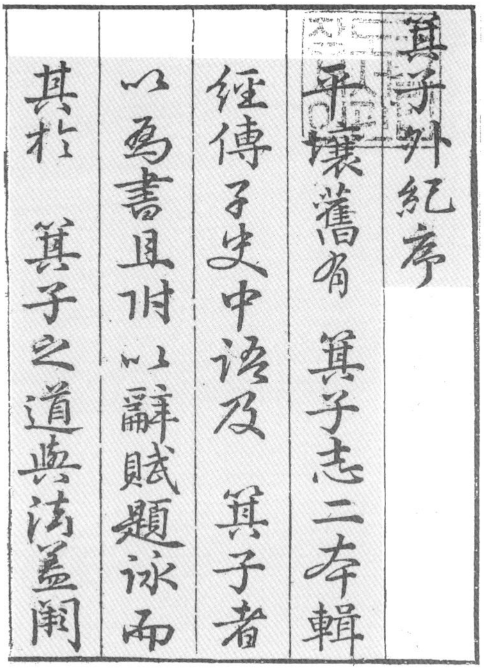
箕子外紀序
平壤舊有 箕子志二本輯
經傳子史中語及 箕子者
以爲書且附以辭賦題詠而
其於 箕子之道與法蓋闕

『箕子外紀』 序 2

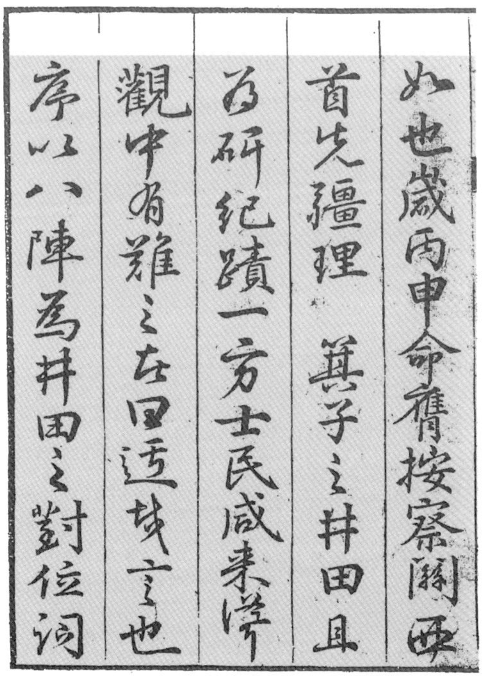
如也歲丙申余膺按察關西
首先疆理 箕子之井田且
爲研紀蹟一方士民咸來學
觀中有雜之在田遺址云也
序以八陣爲井田之對位詞

『箕子外紀』 序 3

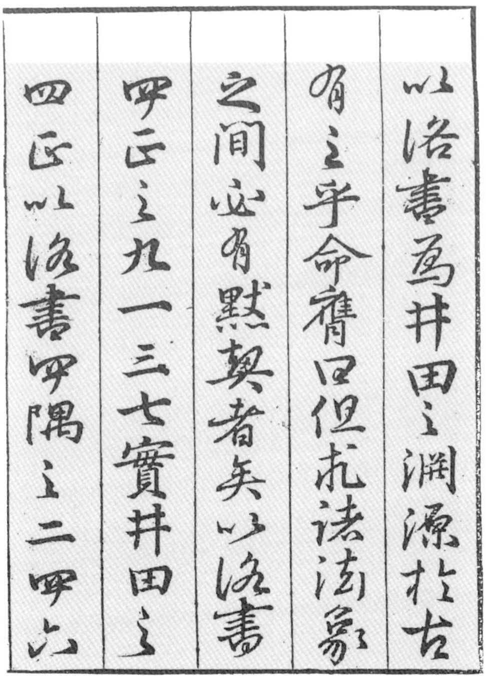
以洛書爲井田之淵源於古
有之乎余膺曰但九疇法象
之間必有默契者矣以洛書
四正之九一三七實井田之
四正以洛書四隅之二四六

『箕子外紀』 序 4

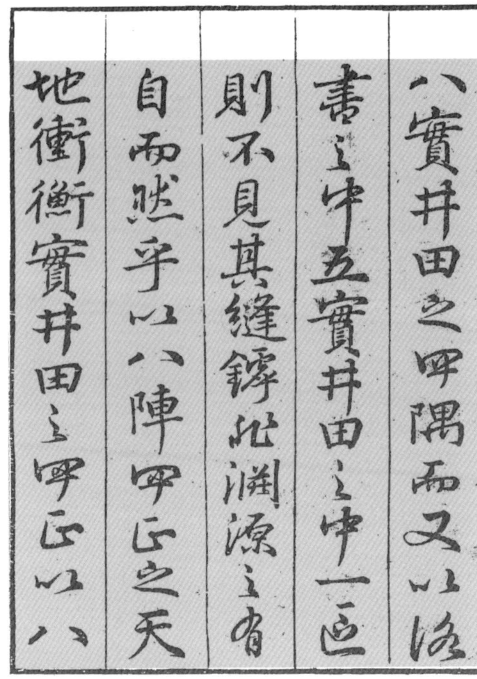
八寶井田之甲隅而又以洛
書之中五寶井田之中一區
則不見其縫罅此淵源之有
自而然乎以八陣甲區之天
地衝衝寶井田之甲區以八

『箕子外紀』 序 5

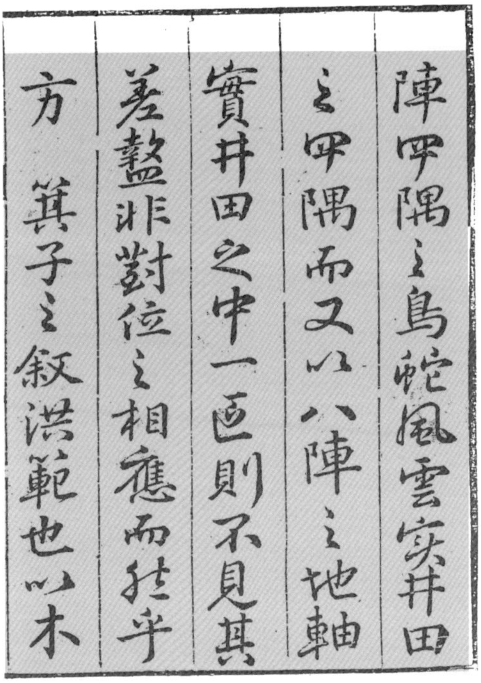
陣甲隅之鳥蛇風雲實井田
之甲隅而又以八陣之地軸
寶井田之中一區則不見其
差盭非對位之相應而然乎
方 箕子之叙洪範也以木

『箕子外紀』 序 6

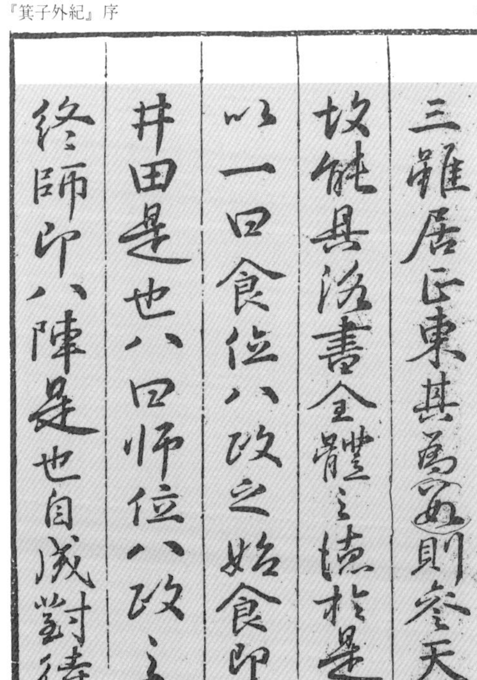
三離居正東其爲兩則參天
故能其洛書全體之德於是
以一曰食位八政之始食即
井田是也八曰師位八政之
終師即八陣是也自成對待

『箕子外紀』 序 7

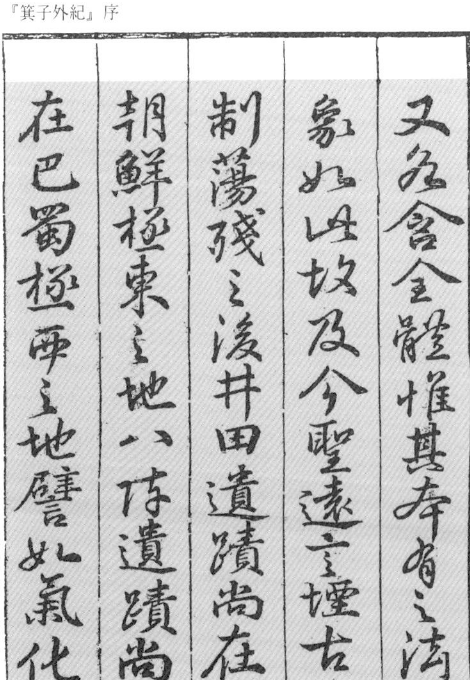
又各含全體惟其本有之法
象如此故及今聖遠之堙古
制蕩殘之後井田遺蹟尚在
朝鮮極東之地八陣遺蹟尚
在巴蜀極西之地譬如氣化

『箕子外紀』 序 8

『箕子外紀』

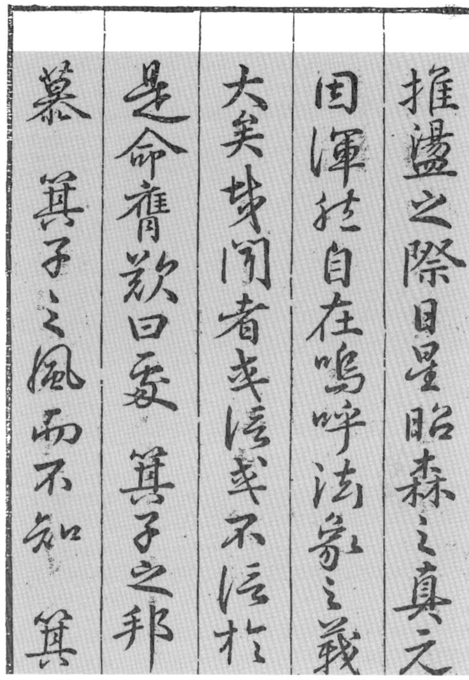
推盪之際日星昭森之真之
因渾於自在嗚呼法象之義
大矣其聞者或信或不信於
是命胥欽曰委 箕子之邦
慕 箕子之風而不知 箕

『箕子外紀』序 9

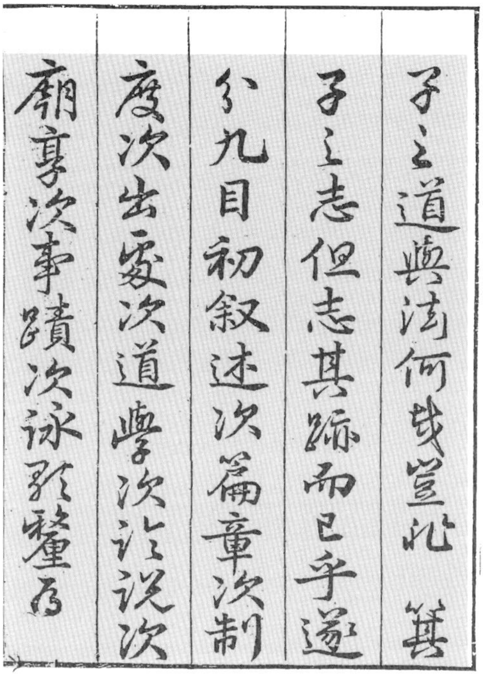
子之道與法何哉豈非 箕
子之志但志其跡而已乎遂
分九目初叙述次篇章次制
度次出處次道學次論說次
廟享次事蹟次詠歌釐爲

『箕子外紀』序 10

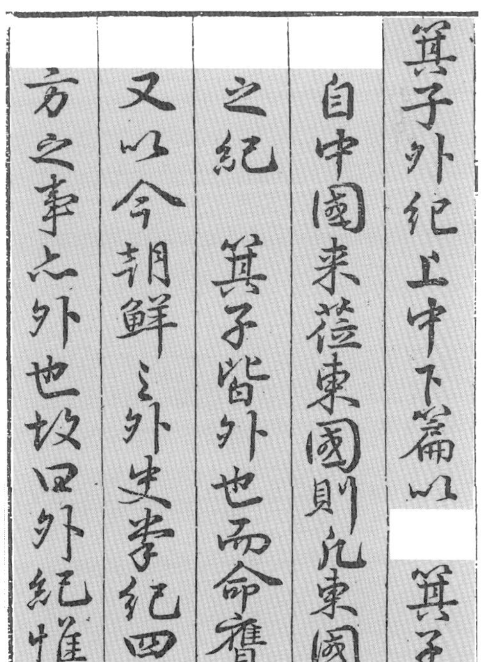
箕子外紀上中下篇以 箕子
自中國來莅東國則凡東國
之紀 箕子皆外也而命胥
又以今朝鮮之外史掌紀四
方之事亦外也故曰外紀惟

『箕子外紀』序 11

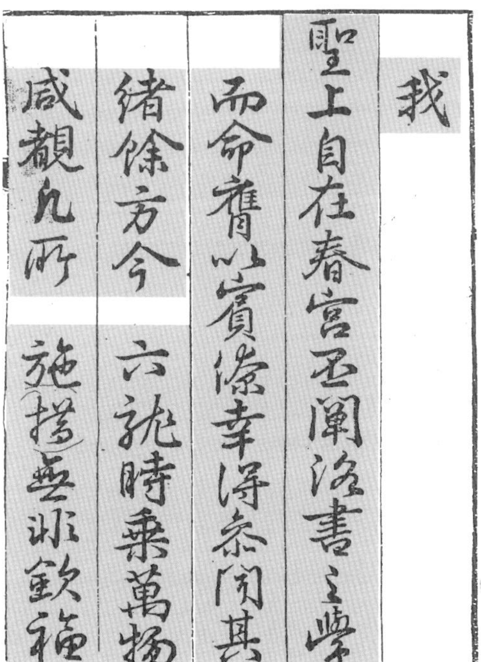
我
聖上自在春宮丕闡洛書之學
而命胥以賓僚幸得參閱其
緒餘方今 六龍時乘萬機
咸覩凡所 施(措)無非欽恤

『箕子外紀』序 12

『箕子外紀』

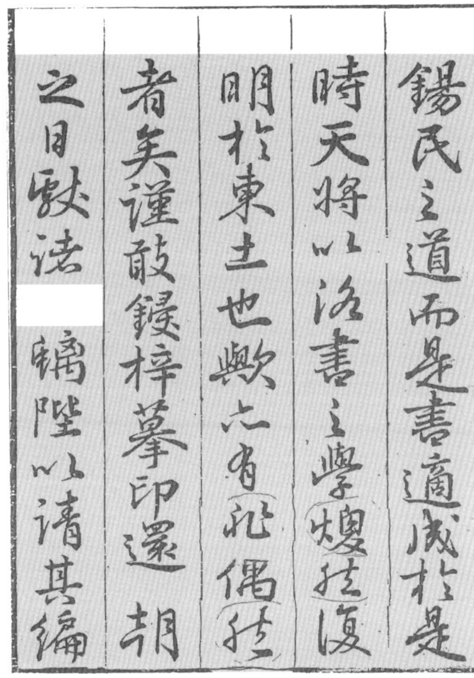

錫氏之道而是書適成於是
時天將以洛書之學嫂於復
明於東土也歟六有祀偶於
者矣謹敢鋟梓摹印還 胡
之日敍誥 鎬陛以請其編

『箕子外紀』序 12

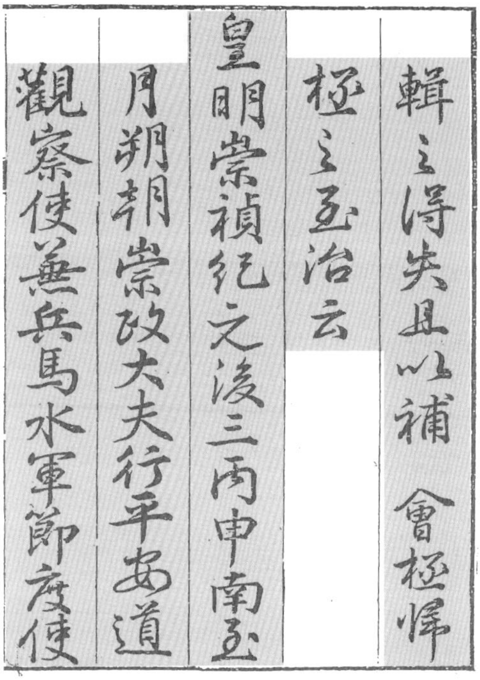

輯之得失且以補 會極帰
極之至治云
皇明崇禎紀元後三丙申南至
月朔朝崇政大夫行平安道
觀察使兼兵馬水軍節度使

『箕子外紀』序 13

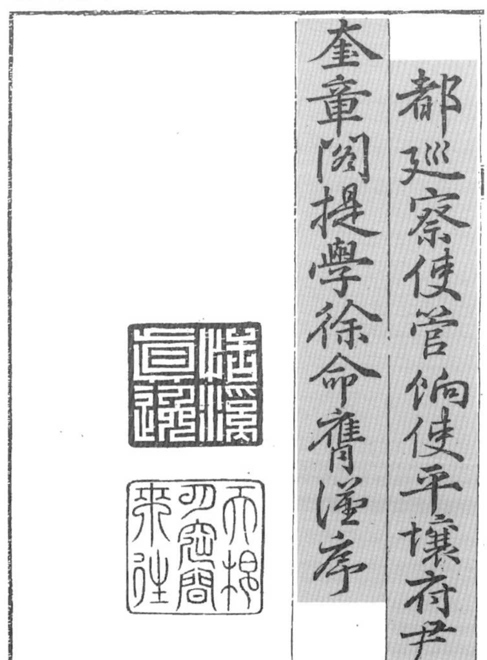

都巡察使管餉使平壤府尹
奎章閣提學徐命膺謹序

『箕子外紀』序 14

『箕子外紀』序 15

『箕子外紀』

贊

嗟箕子乎嗟箕子乎正言不用乃反為奴 司馬遷

陶潛

去鄉之感猶有遲遲矧爾代謝觸物皆非哀
哀箕子云胡能夷狡童之歌悽矣其悲

司馬貞

殷有三仁微箕紂親一囚一去不顧其身頌
美有客書稱作賓卒傳家嗣式叙彝倫

金時習

紂為玉盃箕子甚患紂為淫泆箕子極諫不

『箕子外紀』 贊 16

聽而囚人曰可去子曰若去彰惡自譽被髮
佯狂為奴隱處彈琴自悲此情誰語千載有
知我志應著唐柳作碑其文可據世雖遠而
惟爾能恕

『箕子外紀』 贊 17

『箕子外紀』 贊 18

箕子外紀上篇

達城徐命膺 編輯

第一叙述

箕子實紀 李珥

箕子商宗室也或曰名胥餘學明九疇身傳聖
道以畿內諸侯仕為太師帝乙嫡子受資辯捷
疾拒諫飾非其庶兄啓恪慎克孝箕子度受非
元良以啓長且賢勸帝乙立之帝乙難於廢嫡
卒立受為太子封啓為微子帝乙崩受即位號
為紂始為象箸箕子歎曰彼為象箸必為玉盃

『箕子外紀』 上篇 第一叙述 19

『箕子外紀』

為王盃則必思遠方珍恠之物而御之矣輿馬
宮室之漸自此始不可振也紂淫虐日甚微子
痛殷將亡謀於箕子及少師比干曰今殷其淪
喪若涉大水其無津涯今爾無指告予顚隮若
之何其箕子曰商今其有災我興受其敗商其
淪喪我罔為臣僕詔王子出迪我舊云刻子王
子弗出我乃顚隮自靖人自獻于先王我不顧
行遯微子乃去之箕子諫紂紂不聽囚箕子以
爲奴或曰可以去矣箕子曰為人臣諫不聽而
去是彰君之惡而自悅於民吾不忍為也乃被

『箕子外紀』 上篇 第一敍述 20

髮佯狂而受辱鼓琴以自悲故傳之曰箕子操
比干諫而不退紂殺之周武王克商命召公奭
釋箕子之囚王就見之虛己問殷所以亡曰吾
殺紂是歟非歟箕子不忍言王乃問以天道曰
嗚呼箕子惟天陰騭下民相協厥居我不知其
彝倫攸叙箕子乃言曰我聞在昔鯀陻洪水汨
陳其五行帝乃震怒不畀洪範九疇彝倫攸斁
鯀則極死禹乃嗣興天乃錫禹洪範九疇彝倫
攸叙乃陳洪範其大目一曰五行二曰敬用五
事三曰農用八政四曰協用五紀五曰建用皇

『箕子外紀』 上篇 第一敍述 21

極六曰乂用三德七曰明用稽疑八曰念用庶
徵九曰嚮用五福威用六極其論皇極曰無偏
無陂遵王之義無有作好遵王之道無有作惡
遵王之路無偏無黨王道蕩蕩無黨無偏王道
平平無反無側王道正直會其有極歸其有極
箕子既為武王傳道不肯仕武王亦不敢強箕
子乃避中國東入朝鮮中國人隨之者五千詩
書禮樂醫巫陰陽卜筮之流百工技藝皆從焉
武王聞之因封以朝鮮都平壤初至言語不通
譯而知之教其民以禮義農蠶織作經畫井田

『箕子外紀』 上篇 第一敍述 22

之制設禁八條其略相殺償以命相傷以穀償
相盜者男沒為其家奴女為婢欲自贖者人五
十萬雖免為民俗猶羞之嫁娶無所售是以其
民不盜無門户之閉婦人貞信不淫辟其田野
都邑飲食以籩豆崇信讓篤儒術釀成中國之
風教以勿尚兵鬪以德服強暴隣國皆慕其義
歸附衣冠制度悉同乎中國其後箕子朝周過
故殷墟見宮室毁壞生禾黍箕子傷之作麥秀
之歌曰麥秀漸漸兮禾黍油油彼狡童兮不與
我好兮殷民聞之皆流涕朝鮮被仁賢之化為

『箕子外紀』 上篇 第一敍述 23

『箕子外紀』

詩書禮樂之邦朝野無事人民歡悅以大同江
比黃河作歌以頌其德箕子薨箕氏世君東土
周末燕伯稱王將東略地朝鮮侯欲興兵伐燕
以尊周大夫禮諫之而止使禮西說燕燕亦止
不侵侯亦自稱王後子孫稍驕虐燕乃遣將攻
其西取地一千餘里至滿潘汗為界朝鮮遂弱
及秦并天下築長城抵遼東朝鮮王否畏秦服
屬否薨子準立十餘年而秦滅燕齊趙民多亡
入朝鮮及盧綰王燕朝鮮與燕以浿水為界及
綰入匈奴燕人衛滿亡命聚黨千餘人東渡浿

『箕子外紀』上篇 第一敍述 24

水求居西界為藩屏王準信之拜為博士賜以
圭封之百里令守西鄙滿誘納逋逃衆漸盛乃
遣人詐告王準漢兵十道至欲入宿衛遂襲王
準準戰不敵浮海南奔朝鮮遂為滿有自箕子
傳四十一代凡九百二十八年而失國箕準被
逐率其左右宮人入居韓地金馬郡號馬韓王
統小國五十餘亦傳累世厥後新羅高句麗百
濟三國漸大馬韓寢衰百濟始祖温祚王二十
六年襲馬韓并其國箕氏主馬韓又二百年而
亡傳祚前後凡一千一百二十餘年贊曰

『箕子外紀』上篇 第一敍述 25

猗歟太師運遭明夷内貞而晦制義隨時被髮
操音惟天我知宗國既淪嗚呼曷歸法授蒼姫
身莅青墩誕闢土宇樂浪作京鰈域長夜肇昭
日星禁設八條文宣禮樂江清大同山重太白
子孫繩繩千祀是十五世不斬迄受遺澤報祀
仁辟極天如昨
謹按天生蒸民必降聖賢以主之輔相化育
宣朗人文以遂其生以立其教伏羲以下迄
于三王代天開物命作之師我東有民想不
後中國未聞睿智有作以盡君師之責檀君

『箕子外紀』上篇 第一敍述 26

首出文獻罔稽悲惟 箕子誕莅朝鮮不鄙
夷其民養之厚而教之勤變魋結之俗成齊
魯之邦民到于今受其賜禮樂之習濟濟不
替至於 夫子有浮海欲居之志則微禹之
歎没世愈深矣大哉 箕子既陳洪範於武
王道明于華夏推其緒餘化洽于東土子孫
傳祚千有餘年後辟景仰若揭日月崇德報
功世篤其典苟非元聖烏能致此嗚呼盛矣
哉
齊人只知有管晏此固不免坐井至於洙泗

『箕子外紀』上篇 第一敍述 27

『箕子外紀』

之儒深繹 夫子微言洛閩之士偏傳程朱
遺教亦其理宜也我東受 箕子罔極之恩
其於實跡宜家誦而人熟也然今之士被人
猝問鮮能條荅蓋由羣書散漫學之不博也
尹公斗壽曾奉使朝 天中朝士人多問
箕子之爲尹公病不能專對旣還乃廣考經
史子書裒集事實及聖賢之論下至騷人之
詠摭而成書名曰箕子志其功良勤而其嘉
惠後學亦云至矣第念雜編經傳統紀難尋
珥乃不揆僭濫竊採志中所錄約成一篇因

『箕子外紀』上篇 第一敍述 28

略叙立國始終世系歷年之數名曰箕子實
紀庶便觀覽焉 萬曆八年庚辰仲夏後學
德水李珥謹志

箕子本紀 徐命膺

箕子子姓名胥餘一曰須臾商之宗室也馬融
王肅以爲紂之諸父服虔杜預以爲紂之庶兄
未詳孰是箕子當殷之時食采於箕故稱箕子
箕卽今河南之西華縣縣有箕子臺洪範堂春
秋俎豆至今不廢云初帝乙欲立紂箕子諫曰
微子長且賢宜立微子帝乙不從及紂立始爲

『箕子外紀』上篇 第一敍述 29

象箸箕子歎曰彼爲象箸必爲玉杯爲玉杯則
必思遠方珍貴之物而御之矣輿馬宮室之漸
自此始不可振也紂爲無道日甚箕子知殷之
將亡與微子比干講定出處語在商書微子篇
於是微子抱祭器逊之宋以存宗祀箕子比干
諫紂紂怒殺比干囚箕子箕子乃被髮佯狂爲
奴使人知被囚之以狂也時鼓琴自悲故傳之
曰箕子操操者言遇菑遺害猶守禮義不改其
操也周武王元年己卯帥師滅殷入殷都釋箕
子囚訪以洪範箕子雖不欲臣僕於周以武王

『箕子外紀』上篇 第一敍述 30

之聖而不傳其道則其道且將絶矣乃具告九
疇之道語在商書洪範篇箕子旣釋逃之朝鮮
武王仍其地封之不臣也明年箕子放三恪之
義賓于周過殷故都痛宗國之淪亡爲作麥秀
歌方箕子之逃也率中國五千人詩書禮樂之
文醫巫卜筮之流百工技藝之徒皆從焉都平
壤稱爲後朝鮮始至言語不通譯而後知乃經
畫井田七十而助衣冠悉同中國敎以農蠶織
作施八條之禁曰相殺以命償曰相傷以穀償
曰相盜者男沒入爲其家奴女爲婢欲自贖者

『箕子外紀』上篇 第一敍述 31

『箕子外紀』

雖免為民俗猶羞與之嫁娶餘五條無傳焉自是朝鮮之俗崇信義篤儒術民不相盜門戶不閉女不淫辟飲食皆以籩豆禮俗大興朝野無事隣國慕其風人民懽悅以大同江比黃河永明嶺比崇山作歌頌禱其君後世寫之為西京曲箕子之生實以丙戌其東來時年五十四在侯位四十年戊午薨壽九十三與武王同墓在平壤府北七里兔山傳祚四十世至否畏秦服屬否子準以漢惠帝元年丁未失國南遷金馬郡國號馬韓歷十一世至諒又為百濟所侵避

『箕子外紀』上篇 第一敍述 32

居龍岡烏石山國號黃龍然亦不復振八世竟為高句麗所滅後朝鮮九百二十有八年馬韓二百年共一千一百二十有餘年高麗明孝王七年求箕子墳塋立祠以祭忠肅王十二年立箕子祠于平壤内城之仁里本朝　世宗十一年以舊祠隘陋命增修之祭以中祀史臣卞季良撰碑立之　宣祖三年以箕子之後鮮于氏為之監鮮于氏者箕子既封朝鮮箕子之子仲又食采於遼東之于故子孫合鮮于二文以為姓後加置守護民戶十人今去箕子之都平壤

『箕子外紀』上篇 第一敍述 33

二千八百有九十有餘年故蹟一無存者惟遺像儼然于仁賢書院井田遺址宛在中城之内川外城之外川與土二部故老相傳箕子宮基在正陽門外民往往掘地得石礎之屬　英宗乙巳道臣建請設壇立碑然宮殿不當在井田中或曰二畝半在野之廬或曰東明王宮基也

第二篇章

箕子操 見史記評林

嗟嗟紂為無道殺比干嗟重復嗟獨奈何漆身為癘被髮以佯狂今奈宗廟何天乎天哉欲負

『箕子外紀』『箕子外紀』第二篇章 34

石自投河嗟復嗟奈社稷何

麥秀歌 見史記

麥秀之漸漸兮黍苗之繩繩兮彼狡童兮不與我好兮 黍苗之繩繩兮或作禾黍油油兮

第三制度

箕子井田

平壤中城之内川外城之外川與土二部有箕子井田遺址然中城皆為民家所占不復辨其遂徑惟外城二部至今徑涂環繞一區縱橫正方在在皆然東西凡為六里第一行五區第二

『箕子外紀』上篇 第三制度 35

行六區第三行七區第四行八區第五行九區第六行十區第七行十一區第八第九第十行並十區第十一第十二第十三行並十一區第十四行十區第十五行九區第十六行八區南北凡爲四里第一行八區第二行九區第三行十四區第四第五行並十區第六行十五區第七行十四區第八行十三區第九行十二區第十行十一區第十一行九區第十二行六區第十三行四區而中央成井形者爲十二井井外成區而不成井者又三十區區外成餘田而不

『箕子外紀』 上篇 第三制度 36

成區者又二十一區居民至今稱爲餘田以縱黍尺八十一分者六尺爲一步而量之則每一區或一百八九步或一百十二三步其區間之涂或二步或三步此必是古者區外有陌陌外有遂遂外有涂而陌則平夷遂亦閼塞田與涂相爲平連故也又有九畝路言其路之廣可當田之九畝也路凡有三其一在東三四區之間北自含毬門南抵稊渕其二在東六七區之間北自正陽門南抵小羊角島其三在西四五區之間北自院門南抵車門又有橫九畝路自西

『箕子外紀』 上篇 第三制度 37

九畝路之中直抵東九畝路之中若襟帶然正陽羊角之九畝路不見於平壤舊志或曰箕子後刱設者也周禮遂人職云十夫有溝溝上有畛今自東九畝路至西九畝路其間爲區者凡十以是知周禮凡以夫數者橫數之也以井數者方數之也盖遂徑則一一環區而其溝之間十夫洫之間百夫澮之間千夫川之間萬夫皆從南北縱設之未甞環繞於井丘成同故遂人職又曰川有路以達於畿後人不達或疑溝洫澮川亦皆環抱圍繞如遂徑之於區嗚呼此其

『箕子外紀』 上篇 第三制度 38

所以九夫爲井十夫有溝之文互有牴牾不能相通致有紛紛之論至今不决也歟每一區四隅自古植立木標稱爲法樹中經變亂木標無有存者及崇禎後辛未年間改釐區域以石代木植之四隅限其經界又就一區之內畫爲十字自成田文不知者從而爲之說曰田形殷制井形周制此尤失古制之大者也本之周禮參之孟子以會通於朱子及有宋諸先儒之論則夫箕子古制庶有得於影響之間云

周禮井田說

『箕子外紀』 上篇 第三制度 39

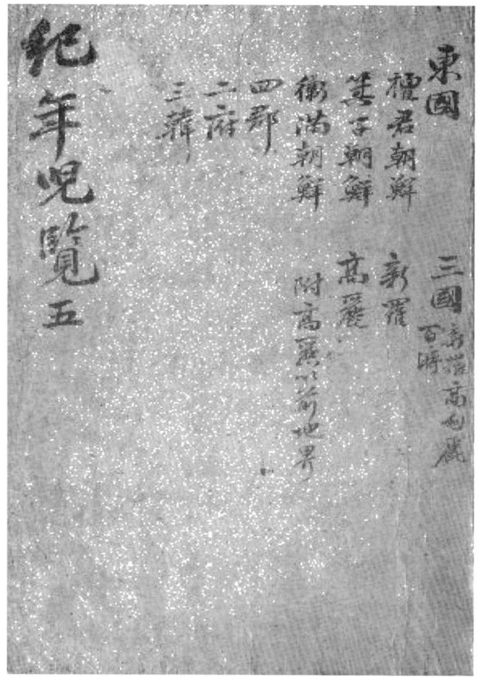

『紀年兒覽』 表紙 1

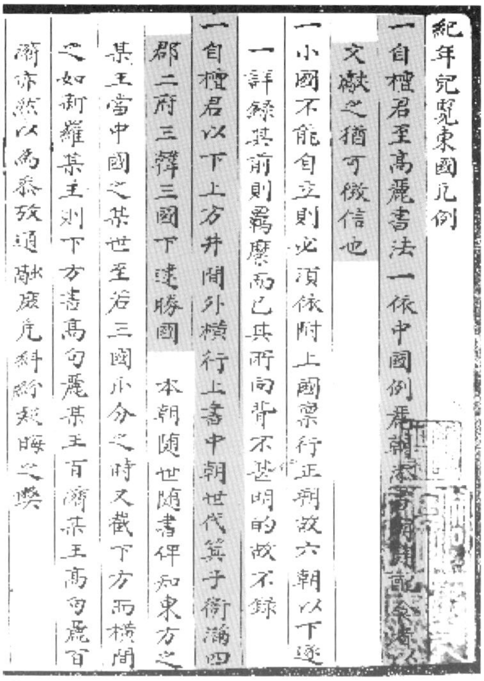

『紀年兒覽』 凡例 2

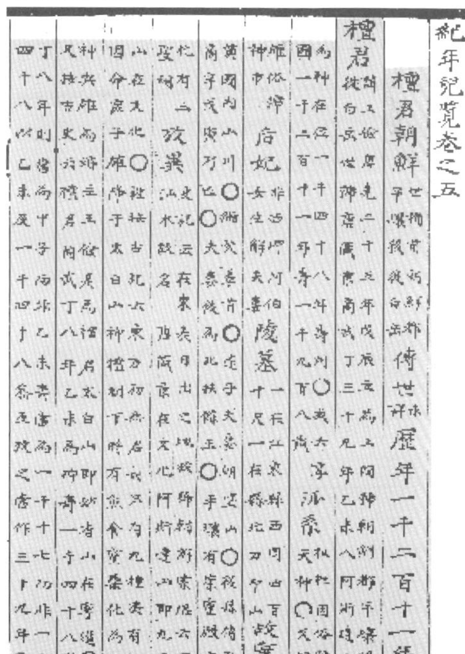

『紀年兒覽』 檀君朝鮮 3

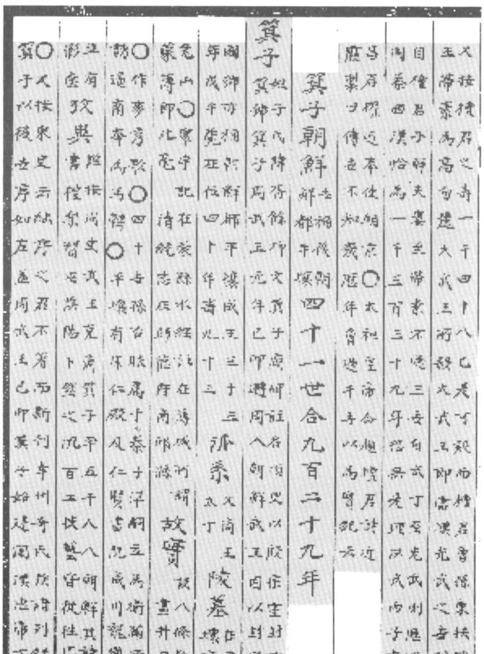

『紀年兒覽』 箕子朝鮮 4

『紀年兒覽』

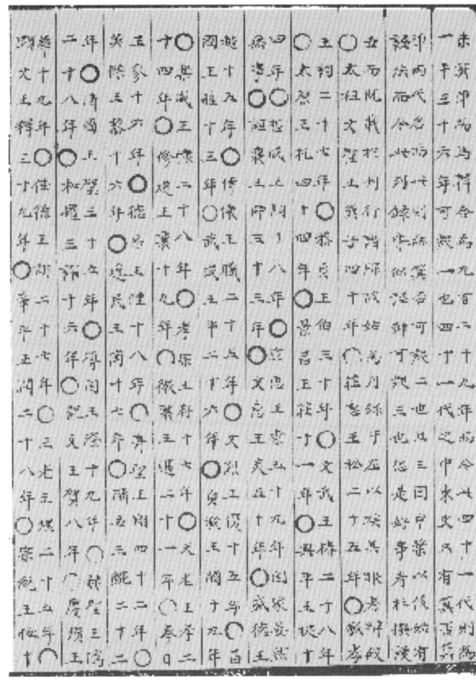

『紀年兒覽』 箕子朝鮮 5

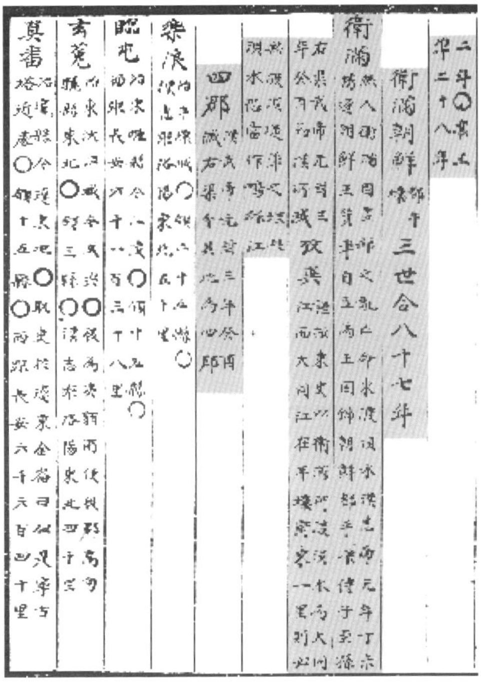

『紀年兒覽』 衛滿朝鮮 · 四郡 6

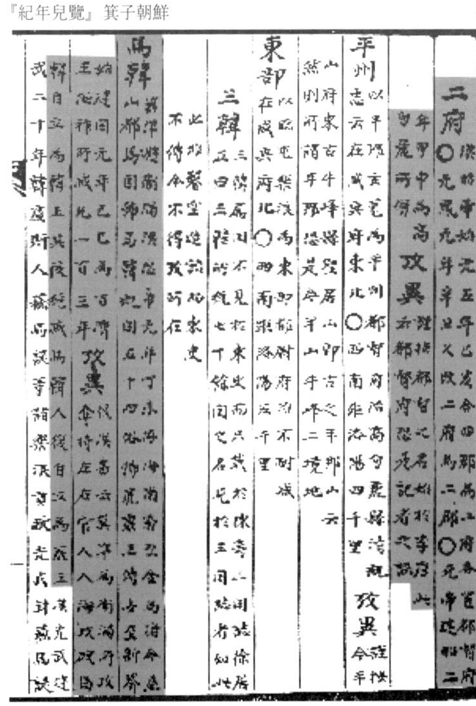

『紀年兒覽』 二府 · 馬韓 7

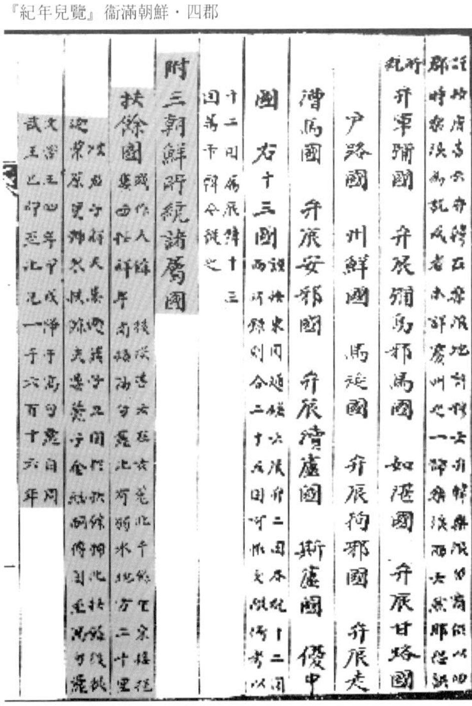

『紀年兒覽』 扶餘國 8

『紀年兒覽』

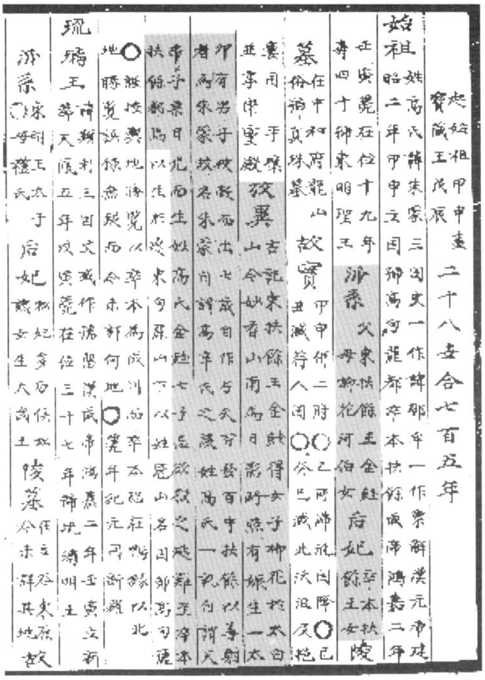

『紀年兒覽』高句麗 始祖 10

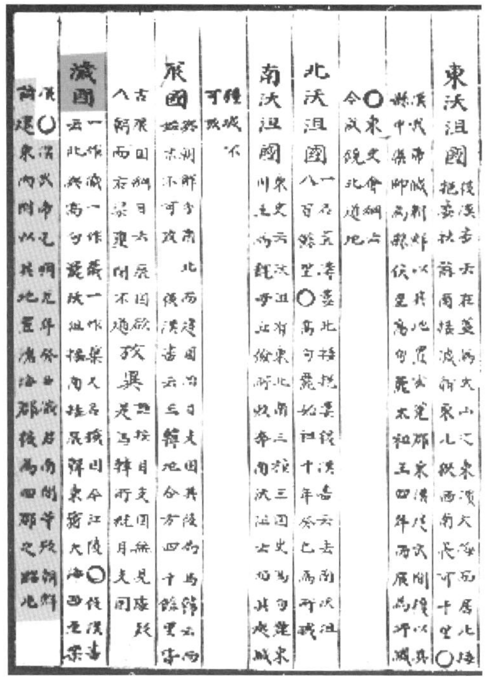

『紀年兒覽』濊國 9

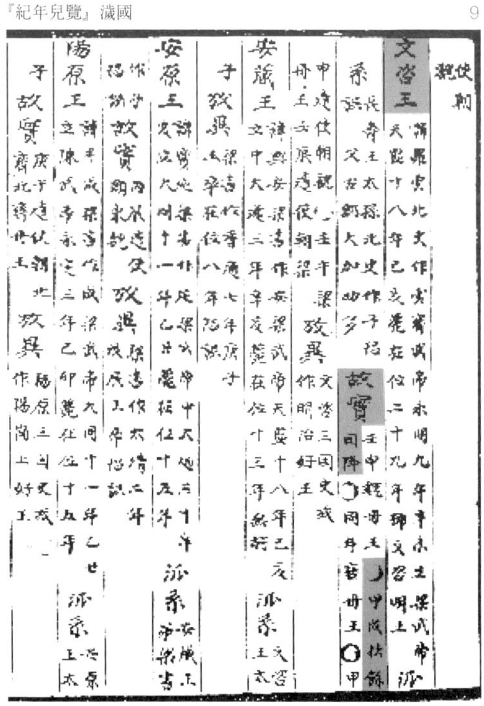

『紀年兒覽』高句麗 文咨王 11

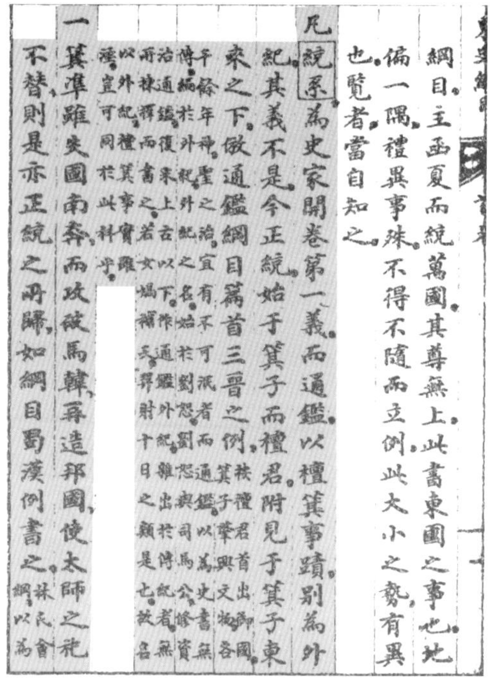

綱目。主函夏而統萬國。其尊無上。此書東國之事也。地偏一隅。禮異事殊。不得不隨而立例。此大小之勢有異也。覽者。當自知之。

凡

統系。爲史家開卷第一義。而通鑑。以檀箕事蹟。別爲外紀。其義不是。今正統。始于箕子。而檀君。附見于箕子東來之下。做通鑑綱目篇首三晉之例。

一 箕準雖失國南奔。而攻破馬韓。再造邦國。使太師之祀不替。則是亦正統之再歸。如綱目蜀漢例書之。

『東史綱目』 凡例 1

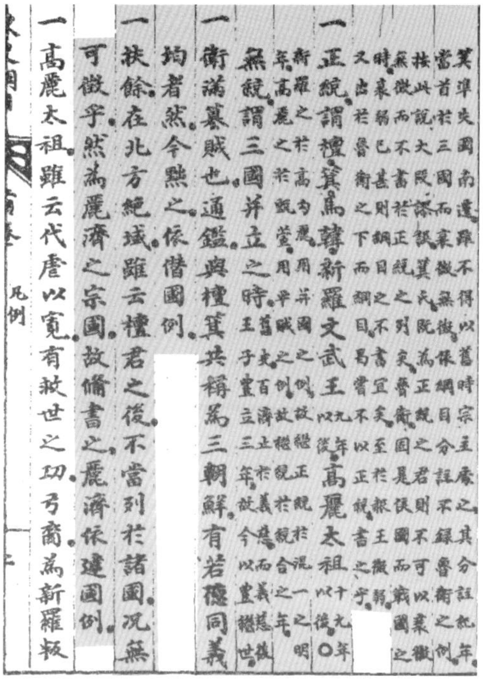

一 正統。謂檀箕馬韓新羅文武王以後。高麗太祖以後。

一 無統。謂三國幷立之時。

一 衛滿簒賊也。通鑑與檀箕幷稱爲三朝鮮。有若德同義均者然。今黜之。依僭國例。

一 扶餘在北方絶域。雖云檀君之後。不當列於諸國。況無可徵乎。然爲麗濟之宗國。故備書之。麗濟係建國例。

一 高麗太祖。雖云代虐以寬。有救世之功。弓裔爲新羅叛

『東史綱目』 凡例 2

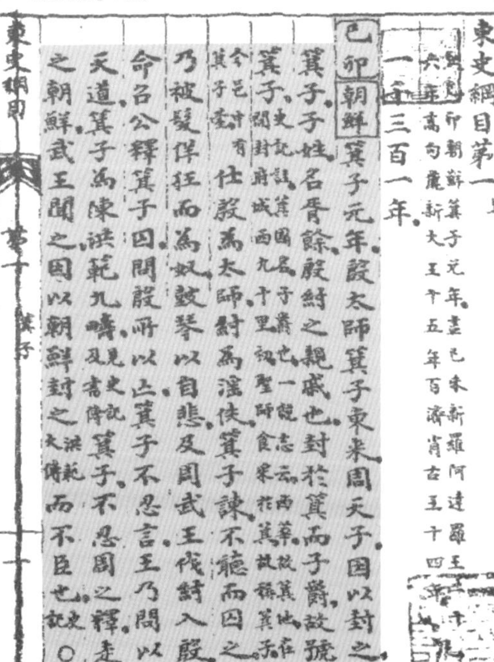

東史綱目第一上

己卯朝鮮箕子元年。殷太師箕子東來。周天子因以封之。

箕子。子姓。名胥餘。殷紂之親戚也。封於箕而子爵。故號箕子。仕殷爲太師。紂爲淫佚。箕子諫。不聽而囚之。乃被髮佯狂而爲奴。鼓琴以自悲。及周武王伐紂入殷。命召公釋箕子囚。問殷所以亡。箕子不忍言。王乃問以天道。箕子爲陳洪範九疇。箕子。不忍周之釋。走之朝鮮。武王聞之。因以朝鮮封之。而不臣也。○

『東史綱目』 卷1上 己卯朝鮮箕子元年 3

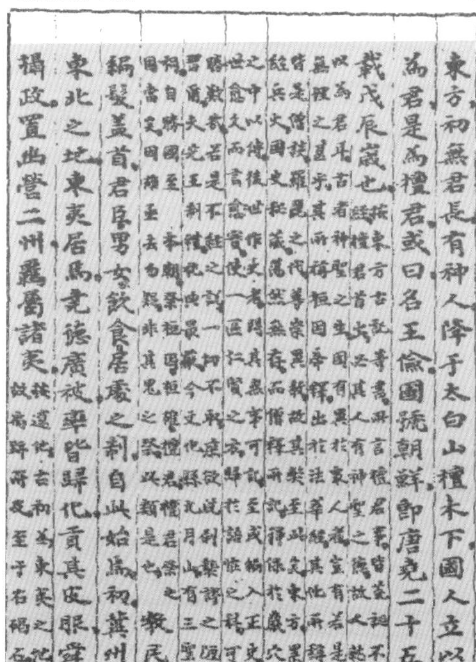

東方初無君長。有神人降于太白山檀木下。國人立以爲君。是爲檀君。或曰名王儉。國號朝鮮。卽唐堯二十五載戊辰歲也。

敎民編髮蓋首。君臣男女飮食居處之制。自此始焉。初。箕州東北之地。東夷居焉。尭德廣被。率皆歸化。貢其皮服。舜攝政。置幽營二州。羈屬諸夷。

『東史綱目』 卷1上 己卯朝鮮箕子元年 4

西曰。島夷皮服。島夷指我東也。我東地形三面阻海。其狀如島。故漢書。朝鮮在海中。越之象是也。堯舜之際。德歆漸被。東夷歸化者蓋多。故以冀州東北之地為營州。今遼河以西是也。以青州東北越海之地為營州。今遼河以東是也。聖人之治。務德不務廣地與。蓋如後世羈縻州。要以繫屬夷貊而已。夏禹即位。會諸侯於塗山。檀君。遣子夫婁入朝。至商王武丁八年甲子。入阿斯達為神。在位一千十七年。壽一千四十八云。崔氏溥曰。唐虞至夏商。世漸澆漓。人君享國。久長不過五六十年。安有檀君。獨壽千四十八年。以享一國乎。知其說之誣也。前輩以為傳世歷年之數。此說近理。近世權近。入覲天庭。太祖命賦詩。以檀君為題。近詩曰。傳世不知幾。歷年曾過千。時以近言為是。○檀君初都平壤。後徙白岳。檀君薨後一百九十六年。此年數當係子檀君子孫。而箕

『東史綱目』 卷1上 己卯朝鮮箕子元年 5

子東封。○和東方舊有九種。曰畎夷。方夷。于夷。黃夷。白夷。赤夷。玄夷。風夷。陽夷。皆土著。天性柔順。喜飲酒歌舞。或冠弁衣錦。器用俎豆。夏后太康失國。夷人始叛。及后相即位。征畎夷。明年。又征黃夷。七歲。于夷畎夷賓于夏。少康以後。夷人始服王化。方夷來賓。自是獻其樂舞。后槐三歲。九夷賓于夏。后泄即位。命畎夷。白夷。赤夷。玄夷。風夷。陽夷。始加爵命。后發元歲。諸夷賓于王門。入舞。桀之亂。畎夷入居邠岐之間。桀為暴虐。諸夷多內侵。殷湯革命。伐而定之。仲丁六祀。又有藍夷復叛。自是諸侯或服或叛。及武乙。東夷寖盛。遂分遷淮岱。漸居中土。所謂徐夷是也。周初封商太師國於朝鮮。時管蔡叛周。招

『東史綱目』 卷1上 己卯朝鮮箕子元年 6

誘淮夷作亂。周公征定之。其後徐夷僭號。穆王命楚滅之。至楚靈王會申。亦來同盟。後越遷琅琊。遂陵暴諸夏。侵滅諸小國。秦并天下。其淮泗夷皆散為人戶。於是東夷之入居中國者皆盡。按或問東夷古初種落寔繁北別殊族來必皆在我鞮則子之編于此者何也。曰其種雖不一。而其地要不出遼瀋內外之地。檀氏亦安知非九夷之一乎。大抵東方本氣腊而多仁。故兩漢書皆云東夷天性柔順。其言與我人賓性相符。堯為可信。且堯舜之際出管在其治內。檀君與堯并王。跨居隋緣內外。去聖人之化不遠。是以其冠弁祖至有中夏之風。而蕃于東來。又祉仁賢之化。夫子之淳海敘居。蓋以是也。班范頗稽之言。宣歟哉。我後漢書及通典東夷傳論。尤夷始末。故今附于此。以備參故之讀

都平壤。○築城郭。○施八條之教。

一箕子之來。中國人隨之者五千。詩書禮樂醫巫陰陽卜

『東史綱目』 卷1上 己卯朝鮮箕子元年 7

筮之流。百工技藝皆從焉。初至言語不通。譯而知之。教民禮義。使知中國之制。父子君臣之道。設禁八條。其略。相殺償以命。相傷以穀償。相盜者。男沒為其家奴。女為婢。自贖者。人五十萬。雖免為民。俗猶羞之。嫁娶無所售。是以其民不盜。無門戶之閉。婦人貞信不淫。其民飲食以籩豆。崇信讓。篤儒術。釀成中國之風教。以勿尚兵鬪。以德服強暴。隣國皆慕其義歸附。衣冠制度。悉同乎中國。漢書丞壓子補宋范曄曰。箕子施八條之約。使人知禁。邑無淫盜。門不夜扃。回頑薄之俗。就寬略之法。行數百年。故東夷通以柔謹為風。異乎三方。仲尼以為可居。亦徒有以焉爾。若箕子之省簡文條而用信義。其得聖人作法

『東史綱目』 卷1上 己卯朝鮮箕子元年 8

之原矣唐柳宗元田凡大人之道有三一曰正蒙難二
曰法授聖三曰化及民殷有仁人曰箕子實具玆道以
立于世故孔子述六經之旨尤慇懃焉當紂之時大道
悖亂是用保其明哲與之俯仰晦是謨範辱於囚奴在
易曰箕子之明夷正蒙難也及天命旣改生人以正乃
出大經用爲聖師周人得以序彝倫而立大典故在書
曰箕子歸作洪範法授聖也及封朝鮮推道訓俗惟德
無陋惟人無遠用廣殷祀俾夷爲華化及民也率是大
道聚於厥躬天地變化我得其正其大人歟李氏睟光
曰箕子八條只有三條或疑并五倫爲八云 按漢書所稱八條而只擧三條三條即洪範八政中司寇事也箕子爲治必不捨洪範而他圖八條疑恐指八政而言也

東史綱目 第一 箕子 十四

『東史綱目』 卷1上 己卯朝鮮箕子元年 9

定田制教民田蠶

箕子用殷田制教民以田蠶織作 井田遺址在今平壤府南外城內 不
三年民皆向化禮俗以興朝野無事人民歡悅以都邑
之江比黃河以其山比嵩山 即大同江永明嶺 作歌頌禱其德
韓氏 百謙 曰余到平壤見箕田遺制阡陌皆在整然不
亂古聖人經理籌畫變夷爲夏之意猶可想見其田形
畝法與今孟子所論井字制不同其中含毬正陽兩門
間區畫最爲分明其制皆爲田字形田有四區區皆七
十畝大路之內橫而見之有四田八區四田四象之象
耶八區八卦之象耶八八六十四正正方方其法象先
天方圖噫此蓋殷制也孟子殷人七十而助七十畝本

『東史綱目』 卷1上 己卯朝鮮箕子元年 10

殷人分田之制箕子殷人其畫野分田宜倣宗國其與
周制不同無疑矣惟玆阡陌數千年來變革改正難保
其不差尺寸而其大略界區以一畝之路界田以三畝
之路其三方九畝大路由城門達之永歸津頭似是往
來通衢而非專爲田間阡陌而設然其必以十六田六
十四區爲一甸則亦不無界限之意自此以外田界之
路或有侵耕失古處則後人未知制作本意必以三畝
爲準而正之無復有大中之分八卦法象雖不可尋而
其以七十畝爲一區四區爲一田兩兩相并而去則盡
一野皆同矣按班史刑法志云四井爲邑四邑爲丘四
丘爲甸甸有六十四井云云其井邑丘甸之名雖用周

東史綱目 第一 箕子 十五

『東史綱目』 卷1上 己卯朝鮮箕子元年 11

制而以四起數四四成方與此暗合班氏之學甚博或
恐有所沿襲來歷也其尖斜欹側不能成方處或一二
田或一二區隨其地勢以爲之此則鄕人傳稱爲餘田
云雖周家井田之制其地難得如繩直準平而其不成
處不可棄而不用則恐其制不得不如此也其公田廬
舍之制雖不得考然其制田旣非井字之形則孟子所
謂中有公田八家皆私百畝之制已逕庭矣意者殷之
時雖田於野而其廬舍未必在田間或皆聚居村落城
邑之中其公田亦都在一隅之地未必介在私田之中
冀耕耘穫之際遠近不同民有病者且人文漸備吉凶
禮縟七十畝爲不足於養生送死之資故姬周之有天

『東史綱目』 卷1上 己卯朝鮮箕子元年 12

『東史綱目』

下也。順天因人。增爲百畝。且制井田之法。八家同井中
置公田。
壬午四年。箕子朝周。
箕子以素車白馬(殷人尙白也)朝周。過故殷墟。感宮室毁壞
生禾黍。箕子傷之。欲哭不可。欲泣爲近婦人。乃作麥秀
詩以歌之。其詩曰。麥秀漸漸兮。禾黍油油。彼狡童兮。不
與我好兮。所謂狡童者。紂也。殷人聞之。皆爲流涕。[illegible]
補 家曾鞏曰。武王克商。封箕子于朝鮮而不臣。曰朝周
者。所謂於周爲客也。[illegible]

『東史綱目』 卷1上 己卯朝鮮箕子元年 13

[illegible]
戊午四十年。箕子薨。
壽九十三。葬平壤城北兎山。[illegible]曰。箕子武王之師
也。武王不以封於他[illegible]朝鮮。朝鮮人親炙君子
得聞大道之要。不久得蒙至治之澤。其化至於道不拾
遺。[illegible]
[illegible]

『東史綱目』 卷1上 己卯朝鮮箕子元年 14

戊午四十年。箕子薨。
壽九十三。葬平壤城北兎山。[illegible]曰。箕子武王之師
也。武王不以封於他[illegible]朝鮮。朝鮮人親炙君子
得聞大道之要。不久得蒙至治之澤。其化至於道不拾
遺。[illegible]

『東史綱目』 卷1上 戊午 四十年 15

而曰自檀君。人文未彰。微箕子之教。終爲左衽之俗。
箕子之教。東方猶羲軒堯舜之教中土。有不得而已者。
此非天意歟。[illegible]
壬戌朝鮮(年代紀年無考)○孔子卒于魯。
春秋之際。王室微弱。諸侯爭強。孔子傷天下之無賢君
也。歎曰。道不行。乘桴浮于海。後又曰。欲居九夷。或曰陋。
如之何。子曰。君子居之。何陋之有。

『東史綱目』 卷1上 戊午 四十年 16

『東史綱目』

而曰自檀君，人文未彰，倘微箕子之教，終爲左衽之俗。箕子之教東方，猶羲軒堯舜之教中土，有不得而已者。此非天意歟。[illegible]

壬戌 朝鮮 年代紀年無考 ○孔子卒于魯。

春秋之際，王室微弱，諸侯爭強，孔子傷天下之無賢君也，歎曰：道不行，乘桴浮于海。又曰：欲居九夷。或曰：陋，如之何。子曰：君子居之，何陋之有。

『東史綱目』 卷1上 壬戌 朝鮮 17

戊戌 朝鮮 年代紀年無考 ○燕伯僭稱王。侯欲伐不果，亦稱王。

箕子蓋子孫世君東方，而年代無考。至是燕易王僭號，欲東略地，朝鮮侯欲興兵伐燕，以尊周室。大夫禮諫之，乃止。使禮西說燕，燕亦止不攻。使復稱王。[illegible]

庚辰 朝鮮 年代紀年無考 ○王否服屬于秦，尋薨，子準立。

初朝鮮稱王，其後子孫稍驕虐，燕將秦開嘗質於東胡，胡甚信之，歸以襲破東胡，又攻朝鮮西方，取地一千餘里，至滿潘汗爲界，朝鮮始弱。及秦并天下，王否畏秦，遂服

『東史綱目』 卷1上 戊戌 朝鮮 18

戊戌 朝鮮 年代紀年無考 ○燕伯僭稱王。侯欲伐不果，亦稱王。

箕子蓋子孫世君東方，而年代無考。至是燕易王僭號，欲東略地，朝鮮侯欲興兵伐燕，以尊周室。大夫禮諫之，乃止。使禮西說燕，燕亦止不攻。使復稱王。[illegible]

庚辰 朝鮮 年代紀年無考 ○王否服屬于秦，尋薨，子準立。

初朝鮮稱王，其後子孫稍驕虐，燕將秦開嘗質於東胡，胡甚信之，歸以襲破東胡，又攻朝鮮西方，取地一千餘里，至滿潘汗爲界，朝鮮始弱。及秦并天下，王否畏秦，遂服

『東史綱目』 卷1上 庚辰 朝鮮 19

屬於秦，不肯朝會。否，箕子四十世孫也。尋薨，子準立。文獻通考魏略補

辛巳 王準元年。

壬辰 十二年。燕齊趙民來投。

始全燕時，略屬眞番朝鮮，爲置吏築障塞。秦滅燕，屬遼東外徼。及二世立，天下大亂，燕齊趙民愁苦，稍稍亡歸朝鮮者數萬口。漢書文獻通考補 ○按此中國人來投之始 [illegible]

『東史綱目』 卷1上 壬申 十二年 20

『東史綱目』

戊之

戊戌十八年八月北貊致梟騎助漢伐楚

貊東夷國名

己亥十九年與漢以浿水爲界

漢旣定天下以盧綰爲燕王以燕所築遼東障塞爲遠難守復修遼東古塞至浿水爲界漢書補

丙午二十六年燕人衛滿來降拜爲博士守西鄙

漢燕王盧綰反入匈奴衛滿亡命聚黨千餘人推髻蠻夷服東走出塞渡浿水來降說王求居西界故秦空地上下障與諸亡命爲國藩屛王信寵之拜爲博士賜以圭封之百里令守西邊漢書文獻通考魏略補○按以小事大以弱服強以夷狄歸中

『東史綱目』 卷1上 戊戌 十八年 21

戊之

戊戌十八年八月北貊致梟騎助漢伐楚

貊東夷國名

己亥十九年與漢以浿水爲界

漢旣定天下以盧綰爲燕王以燕所築遼東障塞爲遠難守復修遼東古塞至浿水爲界漢書補

丙午二十六年燕人衛滿來降拜爲博士守西鄙

漢燕王盧綰反入匈奴衛滿亡命聚黨千餘人推髻蠻夷服東走出塞渡浿水來降說王求居西界故秦空地上下障與諸亡命爲國藩屛王信寵之拜爲博士賜以圭封之百里令守西邊漢書文獻通考魏略補○按以小事大以弱服強以夷狄歸中

『東史綱目』 卷1上 22

戊之

戊戌十八年八月北貊致梟騎助漢伐楚

貊東夷國名

己亥十九年與漢以浿水爲界

漢旣定天下以盧綰爲燕王以燕所築遼東障塞爲遠難守復修遼東古塞至浿水爲界漢書補

丙午二十六年燕人衛滿來降拜爲博士守西鄙

漢燕王盧綰反入匈奴衛滿亡命聚黨千餘人推髻蠻夷服東走出塞渡浿水來降說王求居西界故秦空地上下障與諸亡命爲國藩屛王信寵之拜爲博士賜以圭封之百里令守西邊漢書文獻通考魏略補○按以小事大以弱服強以夷狄歸中

『東史綱目』 卷1上 丙午 二十六年 23

國此不易之定理也我東地偏國小逼近中華唯不失大國之禮然後可以自存矣衛滿聚黨數千人乘亂出奔則是中國之叛民也王乃容受收民使守西鄙欲與大邦爲釁幸以此時天下新定呂后志在休養設不至用兵若遇如漢武者則不待衛滿之叛而問罪之師亦必來駕矣

戊申二十八年○朝鮮王衛滿元年是歲僭國一衛滿叛襲王都王南奔

滿稱朝鮮王都王儉城

滿居西鄙誘亡黨稍衆乃遣人詐告王言漢兵十道至求入宿衛遂還攻王王與滿戰不敵將其左右宮人及餘衆數千人南奔馬韓自箕子至準四十一世凡九百三十年而失國崔氏溥曰箕子以明疇之學高不臣之志敍以東歸敎八條之敎行井田之制其深仁厚澤足以固結民心而壽國脈於綿遠矣吾東方禮俗之美聞

『東史綱目』 卷1上 丙午 二十六年 24

『東史綱目』

國此不易之定理也我東地偏國小既近中華唯不失
大國之誠然後可以自存矣衛滿聚黨數千人乘亂出
奔則是中國之叛民也王乃容受叛民使守西鄙欲與
大邦爲讐幸以此時天下新定呂后志在休養故不至
用兵若遇如漢武者即不待衛滿
之叛而問罪之師亦必東駕矣
戊申二十八年○朝鮮王衛滿元年是歲僣國一衛滿叛襲王都王南奔
滿稱朝鮮王都王儉城
滿居西鄙誘亡黨稍衆乃遣人詐告王言漢兵十道至
求入宿衛遂還攻王王與滿戰不敵將其左右宮人及
餘衆數千人南奔馬韓自箕子至準四十一世凡九百
三十年而失國崔氏溥曰箕子以明疇之學高不臣之
志欲以東歸敎八條之敎行井田之制其深仁厚澤足
以固結民心而壽國脉於綿遠矣吾東方禮俗之美聞

『東史綱目』卷1上 戊申 二十八年(朝鮮王衛滿元年 是歲僣國一) 25

於天下夫子有欲居之志漢史稱仁賢之化唐書美君
子之國宋朝以爲禮樂文物之邦孟子亦曰詩書仁
義之國則吾箕子過化存神之妙惠我東方者歷千萬
祀而如一日也惜其載籍不傳文獻無徵也○滿擊破
朝鮮稍役屬眞番朝鮮諸夷及故燕齊亡命者王之都
王儉會孝惠高后時天下初定遼東太守約滿爲外臣
保塞外以故滿得以兵權財物侵降其傍小邑眞番臨
屯皆來服屬地方數千里漢書補○按史記及前漢書始立朝鮮傳又按或言衛滿
是中國之人不係朝鮮臣子固不當在纂賊之例云此言不是史既云滿來降又云以滿拜爲博士又云求入
宿衛其臣事之驗明矣亦猶侯景之屬朱綱目於侯景曷嘗不以篡賊待之耶通鑑與檀箕并稱三朝鮮有若
德同義均者然其義誤矣

『東史綱目』卷1上 戊申 二十八年(朝鮮王衛滿元年 是歲僣國一) 26

王攻破馬韓都金馬郡今益山郡也
王南奔攻馬韓破之自立爲韓王是爲武康王今益山五金寺
寺西有陵高麗史云後朝鮮武康王及妃陵也俗號永通大王陵又其準城在龍華山上準王馬
韓不與朝鮮相往來其子及親留在國因冒姓韓氏○
韓地在朝鮮東南海上其種有三曰馬韓曰辰韓曰弁
辰即卞韓也晉梁二書作卞韓馬韓在西有五十四國其地北
與樂浪南與倭接辰韓在東十有二國其地北與穢貊
南近倭弁辰在辰韓之南亦有十二國地近倭凡七十
八國大者萬餘戶小者數千戶各在山海間皆古辰國
也馬韓最大共立其種爲辰王都目支國今稷山盡王三
韓之地其諸國王先皆是馬韓種人辰韓耆老自言秦

『東史綱目』卷1上 戊申 二十八年(朝鮮王衛滿元年 是歲僣國一) 27

之亡人避苦役來韓國馬韓割其東界地與之言語有
類秦人或謂之秦韓其王常用馬韓人作之世世相繼
襲不得自立爲王明其爲流移之人也弁辰不知其始
祖屬於辰韓與辰韓雜居亦有城郭衣服居處與辰韓
同言語風俗相似號三韓後漢書杜氏通典補韓氏百謙曰我東
方在昔自分爲南北其北本三朝鮮之地後爲高句麗
其南乃三韓之地後漢書云弁韓在南辰韓在東馬韓
在西其指三韓地方亦已詳矣後赫居世爲辰韓所推
而新羅始焉溫祚滅馬韓而百濟興焉首露據辰韓南
界伽倻之南智異之東皆其所有疑即弁韓之地也然
則南自南北自北本不相攙入雖其界限不知的在何

『東史綱目』卷1上 戊申 二十八年(朝鮮王衛滿元年 是歲僣國一) 28

『東史綱目』

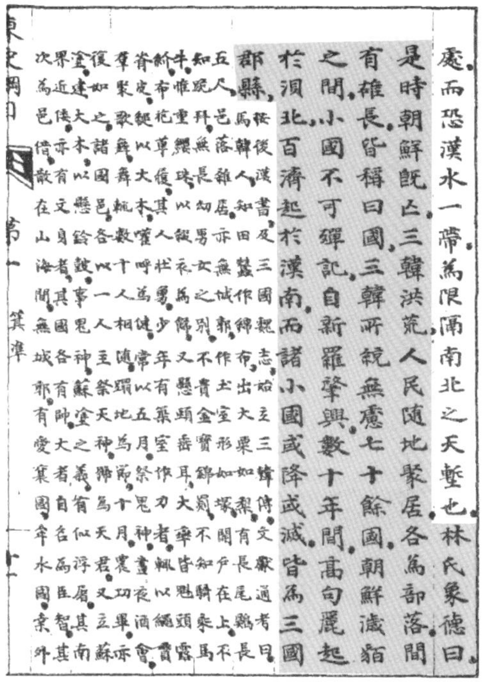

『東史綱目』 卷1上 戊申 二十八年(朝鮮王衛滿元年 是歲僭國一) 29

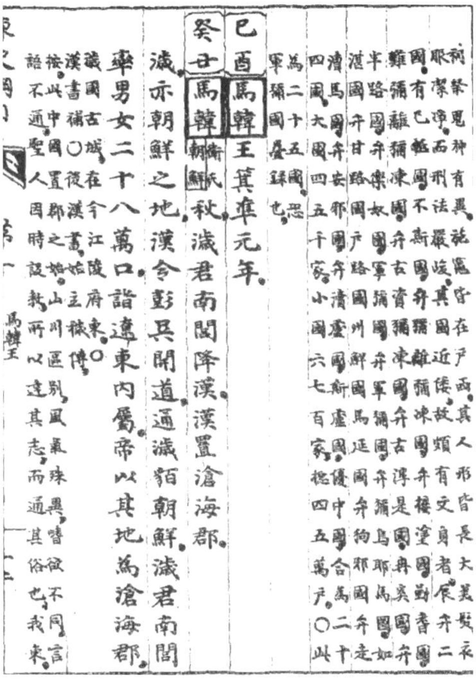

『東史綱目』 卷1上 己酉 馬韓王箕準元年 30

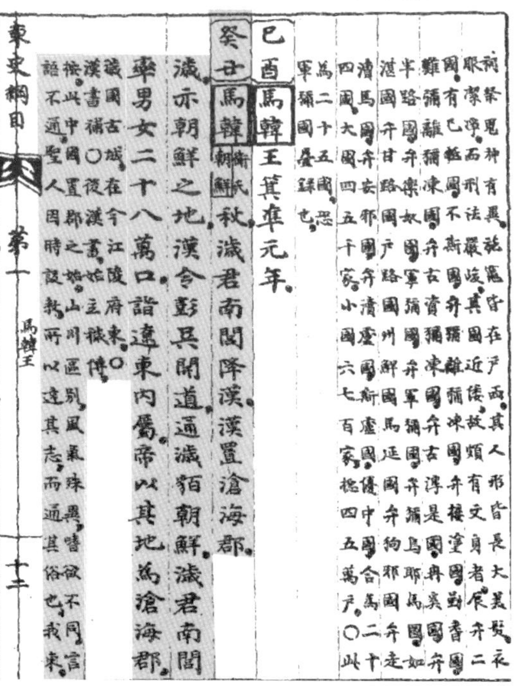

『東史綱目』 卷1上 癸丑 馬韓(衛氏朝鮮) 31

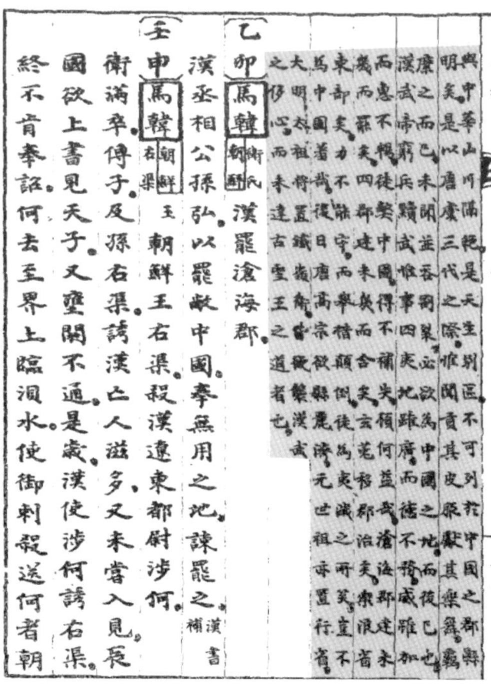

『東史綱目』 卷1上 癸丑 馬韓(衛氏朝鮮) 32

『東史綱目』

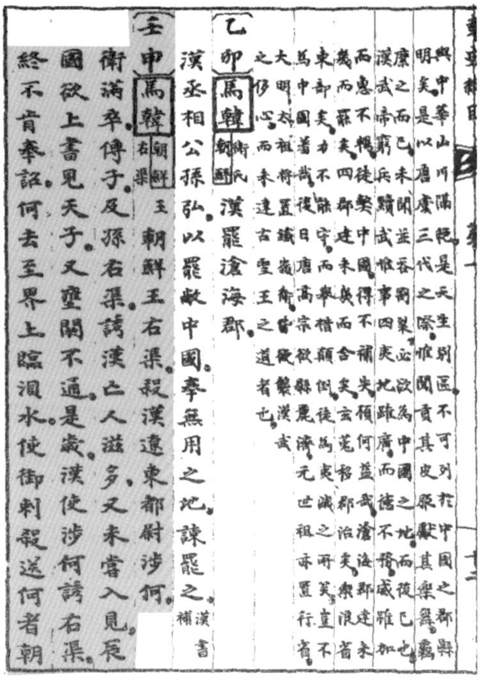
乙卯 馬韓 (衛氏朝鮮) 漢罷滄海郡。
漢丞相公孫弘，以罷敝中國，奉無用之地，諫罷之。(補漢書)
壬申 馬韓 (朝鮮王右渠) 朝鮮王右渠殺漢遼東都尉涉何。
衛滿卒，傳子，及孫右渠。誘漢亡人滋多，又未嘗入見。辰國欲上書見天子，又壅閼不通。是歲，漢使涉何誚右渠，終不肯奉詔。何去至界上，臨浿水，使御刺殺送何者朝

『東史綱目』 卷1上 壬申 馬韓(朝鮮王右渠) 34

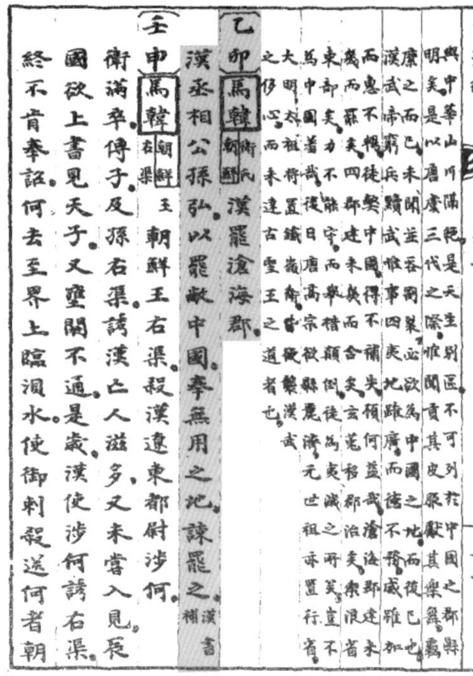
乙卯 馬韓 (衛氏朝鮮) 漢罷滄海郡。
漢丞相公孫弘，以罷敝中國，奉無用之地，諫罷之。(補漢書)

『東史綱目』 卷1上 乙卯 馬韓(衛氏朝鮮) 33

『東史綱目』 卷1上 壬申 馬韓(朝鮮王右渠) 36

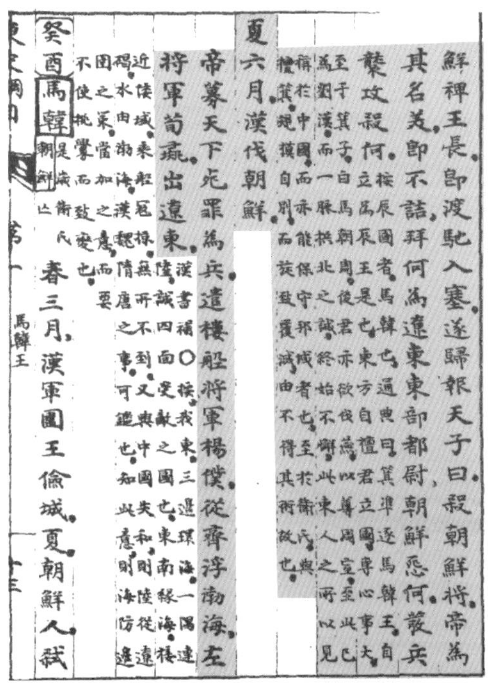
鮮裨王長，即渡馳入塞。遂歸報天子曰：殺朝鮮將。帝為其名美，即不詰，拜何為遼東東部都尉。朝鮮怨何，發兵襲攻殺何。
夏六月，漢伐朝鮮。
帝募天下死罪為兵，遣樓船將軍楊僕，從齊浮渤海，左將軍荀彘，出遼東。
癸酉 馬韓 (朝鮮是歲亡 衛氏) 春三月，漢軍圍王儉城。夏，朝鮮人弑

『東史綱目』 卷1上 壬申 馬韓(朝鮮王右渠) 35

『東史綱目』

鮮裨王長。卽渡馳入塞。遂歸報天子曰。殺朝鮮將。帝爲
其名美。卽不詰。拜何爲遼東東部都尉。朝鮮怨何。發兵
襲攻殺何。按辰國者。馬韓也。通典曰。箕準逐馬韓王自立爲辰王是也。東方自檀君立國。專心事大。至于箕子自馬朝周。後君亦欲伐燕以尊周室。至此已爲劉漢而一脈拱北之誠。終始不懈。此東人之所以見稱於中國。而亦能保守邦域者也。至於衛氏。與檀箕規模自別。而旋致覆滅。由不得其術故也。
夏六月。漢伐朝鮮。
帝募天下死罪爲兵。遣樓船將軍楊僕。從齊浮渤海。左
將軍荀彘。出遼東。漢書補○按我東三邊環海。一隅連陸。誠四面受敵之國也。東南緣海。樓近倭域。來船冠掠。無所不到。又與中國失和。則陸從遼碣。水由渤海。漢魏隋唐之事。可鑑也。知此意。則海防邊圉之策。當加之意。而要不使批釁而致變也。

癸酉 馬韓 是歲衛氏朝鮮亡 春三月。漢軍圍王儉城。夏。朝鮮人弑

東史綱目 第一 馬韓王 十三

其君右渠出降。大臣成巳死之。衛氏亡。
漢兵入朝鮮境。朝鮮王右渠。發兵拒險。楊僕將齊兵七
千人。先至王儉。右渠城守。窺知僕軍少。卽出城擊僕。僕
軍敗散。遁山中十餘日。稍求退散卒復聚。荀彘擊朝鮮
浿水西軍。未能破。天子爲兩將未有利。乃使衛山因兵
威往誘右渠。右渠見使者。頓首謝。願降恐兩將詐殺臣。
今見信節。請復降。遣太子入謝。獻馬五千匹及軍饋。人
衆萬餘持兵。方渡浿水。使者及荀彘。疑其爲變。謂太子
已服降。宜令人無持兵。太子亦疑使者荀彘詐殺之。遂
不渡浿水。復引歸。山還報天子。天子誅山。彘破水上軍。
乃前至城下。圍其西北。楊僕亦往會。居城南。右渠遂堅

『東史綱目』 卷1上 癸酉 馬韓(衛氏朝鮮亡) 38 『東史綱目』 卷1上 癸酉 馬韓(衛氏朝鮮亡) 37

城。數月未能下。彘所將燕代卒多勁悍。僕將齊卒已嘗
敗亡困辱。卒皆恐。將心慙。其圍右渠。常持和節。彘急擊
之。朝鮮大人。乃陰間使人私約降。僕往來言。尚未肯決。
彘數與僕期戰。僕欲就其約。不會。彘亦使人求間隙降
下朝鮮。朝鮮不肯。心附僕。以故兩將不相能。按自古兩將出師邀功捷城。未有能和者。故朝鮮能間之。而兩將終不能保其功名。
彘心意。僕前有失軍罪。今有
朝鮮私善。而不能降。疑其有反計。未敢發。天子以兩將
圍城乖異。兵久不決。使濟南太守公孫遂往征之。有便
宜得以從事。遂至。彘曰。朝鮮當下。久之不下者。樓船數
期不會。具以素所意告曰。今如此不取。恐爲大害。遂亦
以爲然。乃以節召僕入彘營計事。卽命彘麾下執僕。幷

東史綱目 第一 馬韓王 十四

其軍。以報天子。天子誅遂。彘已幷兩軍。卽急擊朝鮮。朝
鮮相路人。相韓陰。尼谿相參。按尼谿音之反漢 將軍王唊。音頰 相
與謀曰。始欲降樓船。樓船今執。獨左將軍幷將。戰益急。
恐不能與戰。王又不肯降。按右渠雖亡國之君。亦非等閒人。 陰唊路人。
皆亡降漢。路人道死。夏。尼谿相參。使人殺右渠。降漢。自
衛滿至右渠。凡三世八十六年而亡。許氏穆曰。衛滿未
有積仁行德。徒以亡人。以詐逐王準。奪之國而幷之。不
義甚矣。二世而滅亡。暴得者暴亡。何以傳世久長。與檀
箕幷哉。○朝鮮已降。獨王儉城不下。右渠之大臣成巳。
復攻漢吏。荀彘使右渠子長降。相路人之子最。告諭其
民。殺成巳。以故遂定朝鮮。漢書補○按當此之時。國破君亡。大臣內叛。成巳獨能不

『東史綱目』 卷1上 癸酉 馬韓(衛氏朝鮮亡) 40 『東史綱目』 卷1上 癸酉 馬韓(衛氏朝鮮亡) 39

『東史綱目』

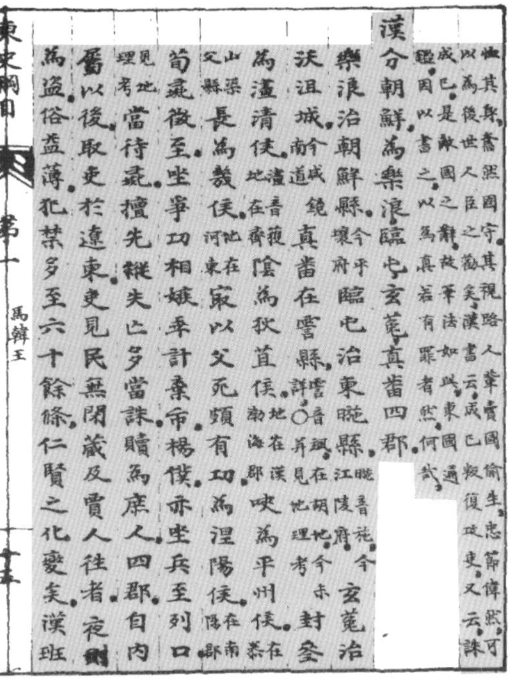
東史綱目 第一 馬韓王

惜其身。奮然固守。其視路人輩賣國偷生。忠節偉然。可以為後世人臣之勸矣。漢書云。成已叛。復攻吏。又云。誅成已。是敵國之難。故筆法如此。東國通鑑因以書之。以為真若有罪者然。何哉。

漢分朝鮮。為樂浪臨屯玄菟真番四郡。

樂浪治朝鮮縣。(今平壤府) 臨屯治東暆縣。(暆音移。今江陵府) 玄菟治沃沮城。(今咸鏡道) 真番在霅縣。(霅音颯。在胡地。今未詳。○并見地理考) 封參為澅清侯。(澅音獲。在齊地) 陰為狄苴侯。(在渤海郡) 唊為平州侯。(在泰山梁父縣) 長為幾侯。(在河東) 最以父死頗有功。為涅陽侯。(在南陽郡) 荀彘徵至。坐爭功相嫉乖計棄市。楊僕亦坐兵至列口。當待彘。擅先縱。失亡多。當誅。贖為庶人。(見地理考) 四郡自內屬以後。取吏於遼東。吏見民無閉藏。及賈人往者。夜則為盜。俗益薄。犯禁多至六十餘條。仁賢之化變矣。漢班

『東史綱目』 卷1上 癸酉 馬韓(衛氏朝鮮亡) 41

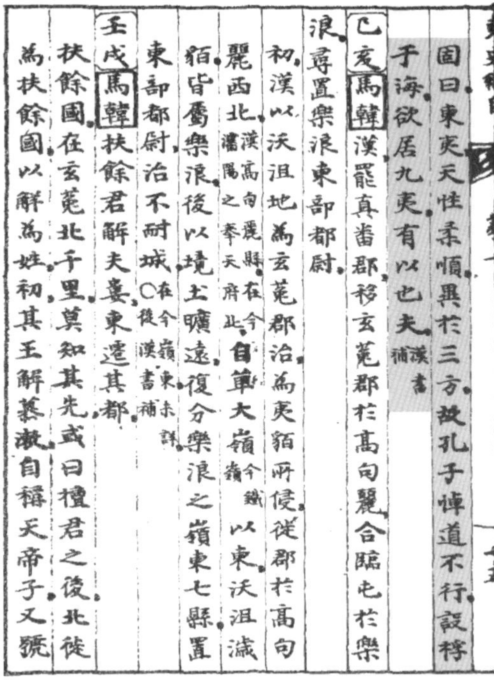
固曰。東夷天性柔順。異於三方。故孔子悼道不行。設桴于海。欲居九夷。有以也夫。(漢書補)

乙亥 馬韓 漢罷真番郡。移玄菟郡於高句麗。合臨屯於樂浪。尋置樂浪東部都尉。

初。漢以沃沮地為玄菟郡治。為夷貊所侵。徙郡於高句麗西北。(漢高句麗縣。在今瀋陽之奉天府北) 自單單大嶺(今鐵嶺) 以東。沃沮濊貊。皆屬樂浪。後以境土曠遠。復分樂浪之嶺東七縣。置東部都尉。治不耐城。(在今嶺東。未詳。○後漢書補)

壬戌 馬韓 扶餘君解夫婁。東遷其都。

扶餘國。在玄菟北千里。莫知其先。或曰檀君之後。北徙為扶餘國。以解為姓。初。其王解慕漱。自稱天帝子。又號

『東史綱目』 卷1上 癸酉 馬韓(衛氏朝鮮亡) 42

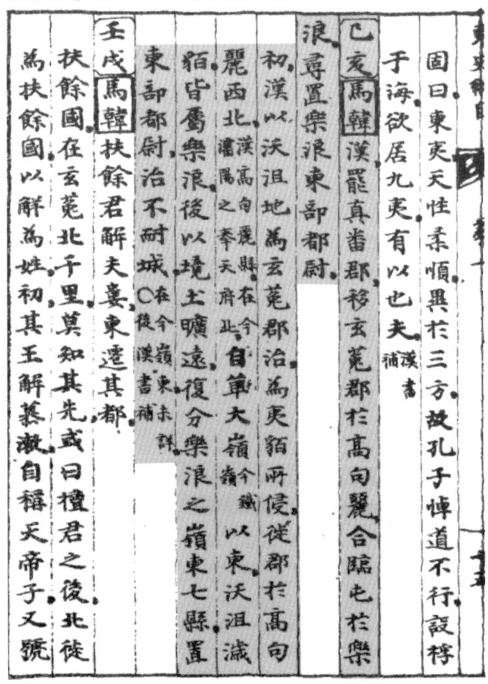
固曰。東夷天性柔順。異於三方。故孔子悼道不行。設桴于海。欲居九夷。有以也夫。(漢書補)

乙亥 馬韓 漢罷真番郡。移玄菟郡於高句麗。合臨屯於樂浪。尋置樂浪東部都尉。

初。漢以沃沮地為玄菟郡治。為夷貊所侵。徙郡於高句麗西北。(漢高句麗縣。在今瀋陽之奉天府北) 自單單大嶺(今鐵嶺) 以東。沃沮濊貊。皆屬樂浪。後以境土曠遠。復分樂浪之嶺東七縣。置東部都尉。治不耐城。(在今嶺東。未詳。○後漢書補)

壬戌 馬韓 扶餘君解夫婁。東遷其都。

扶餘國。在玄菟北千里。莫知其先。或曰檀君之後。北徙為扶餘國。以解為姓。初。其王解慕漱。自稱天帝子。又號

『東史綱目』 卷1上 己亥 馬韓 43

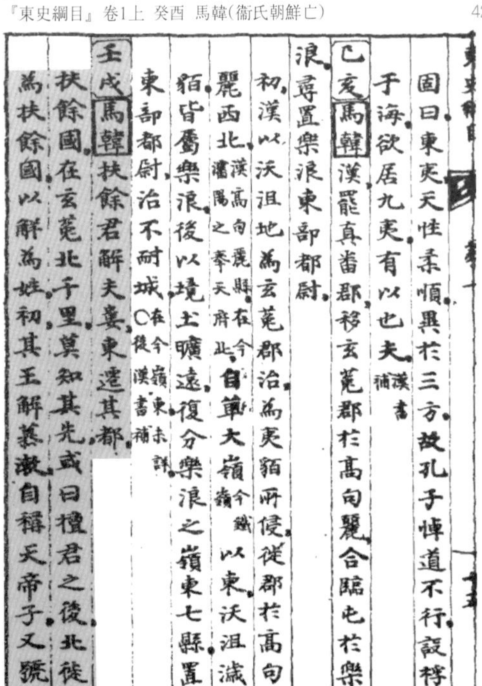
固曰。東夷天性柔順。異於三方。故孔子悼道不行。設桴于海。欲居九夷。有以也夫。(漢書補)

乙亥 馬韓 漢罷真番郡。移玄菟郡於高句麗。合臨屯於樂浪。尋置樂浪東部都尉。

初。漢以沃沮地為玄菟郡治。為夷貊所侵。徙郡於高句麗西北。(漢高句麗縣。在今瀋陽之奉天府北) 自單單大嶺(今鐵嶺) 以東。沃沮濊貊。皆屬樂浪。後以境土曠遠。復分樂浪之嶺東七縣。置東部都尉。治不耐城。(在今嶺東。未詳。○後漢書補)

壬戌 馬韓 扶餘君解夫婁。東遷其都。

扶餘國。在玄菟北千里。莫知其先。或曰檀君之後。北徙為扶餘國。以解為姓。初。其王解慕漱。自稱天帝子。又號

『東史綱目』 卷1上 壬戌 馬韓 44

『東史綱目』

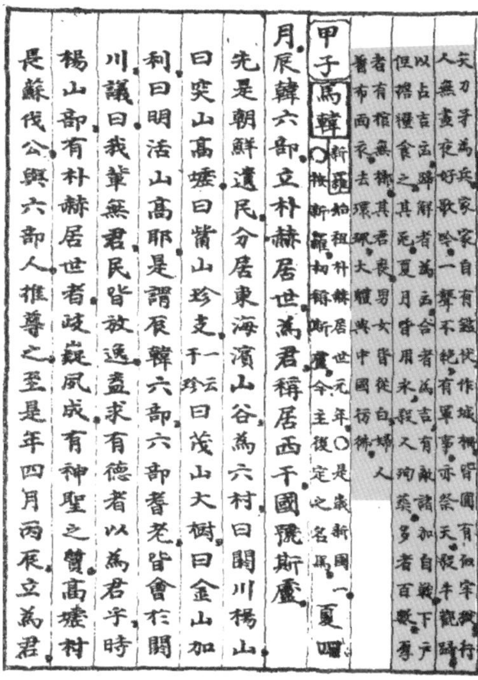

東史綱目 第一 馬韓王 十六

矢刀矛爲兵。家家自有鎧仗。作城柵皆圓。有似牢獄。行人無晝夜好歌吟。一聲不絶。有軍事亦祭天。殺牛觀蹄。以占吉凶。蹄解者爲凶。合者爲吉。有敵諸加自戰。下戶但擔糧食之。其死。夏月皆用氷。殺人殉葬。多者百數。厚葬者有棺無槨。其居喪男女皆從白。婦人著布面衣。去環珮。大體與中國彷彿。

甲子 馬韓 ○新羅始祖朴赫居世元年。○是歲新國一。○按新羅初稱斯盧。今主復定之名焉。

夏四月。辰韓六部立朴赫居世爲君。稱居西干。國號斯盧。

先是朝鮮遺民分居東海濱山谷。爲六村。曰閼川楊山。曰突山高墟。曰觜山珍支。一云干珍。曰茂山大樹。曰金山加利。曰明活山高耶。是謂辰韓六部。六部耆老皆會於閼川議曰。我輩無君。民皆放逸。盍求有德者以爲君乎。時楊山部有朴赫居世者。岐嶷夙成。有神聖之質。高墟村長蘇伐公與六部人推尊之。至是年四月丙辰。立爲君。

『東史綱目』卷1上 壬戌 馬韓 46

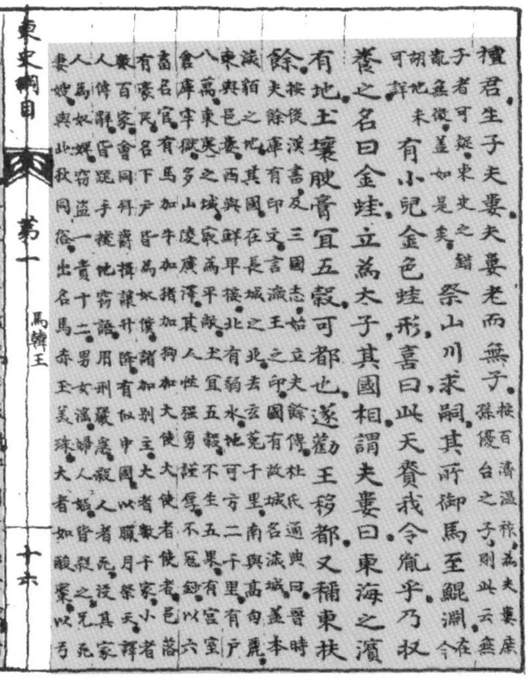

東史綱目 第一 馬韓王 十六

檀君生子夫婁。夫婁老而無子。祭山川求嗣。其所御馬至鯤淵。有小兒金色蛙形。喜曰此天賚我令胤乎。乃收養之。名曰金蛙。立爲太子。其國相謂夫婁曰。東海之濱有地。土壤膏腴宜五穀。可都也。遂勸王移都。又稱東扶餘。

『東史綱目』卷1上 壬戌 馬韓 45

『東史綱目』卷1上 甲子 馬韓 48

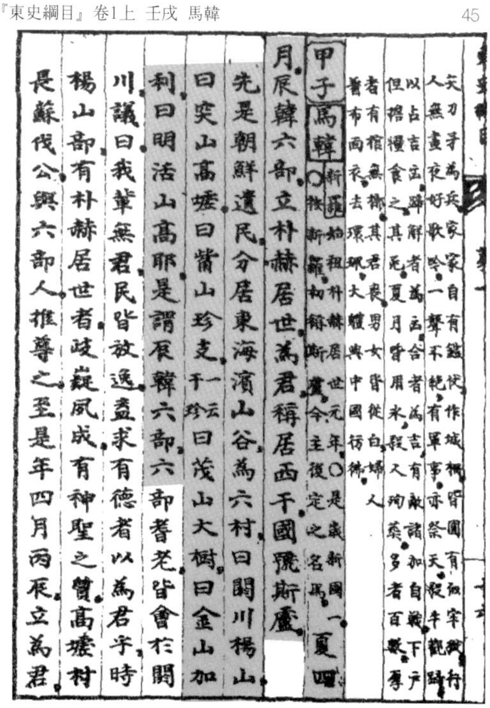

甲子 馬韓 ○新羅始祖朴赫居世元年。○是歲新國一。○按新羅初稱斯盧。今主復定之名焉。

夏四月。辰韓六部立朴赫居世爲君。稱居西干。國號斯盧。

先是朝鮮遺民分居東海濱山谷。爲六村。曰閼川楊山。曰突山高墟。曰觜山珍支。一云干珍。曰茂山大樹。曰金山加利。曰明活山高耶。是謂辰韓六部。六部耆老皆會於閼川議曰。我輩無君。民皆放逸。盍求有德者以爲君乎。時楊山部有朴赫居世者。岐嶷夙成。有神聖之質。高墟村長蘇伐公與六部人推尊之。至是年四月丙辰。立爲君。

『東史綱目』卷1上 甲子 馬韓 47

『東史綱目』

時年十三歲，稱居西干，國號斯盧。居西干，辰言王，或云
貴人之稱。金氏 富軾 曰，海東有國久矣，自箕子受封於
周室，衛滿僭號於漢初，年代綿邈，文字疎略，莫得以詳
焉。至於三國鼎峙，其始終可得而考焉。權氏 近 曰，孔子
刪詩書，斷自唐虞，唐虞已降，已無可怪之事矣。三國始
祖，與漢幷時，安有可怪者乎。閼英之生，脫解之出，亦皆
怪而不常，豈非厥初海隅淳朴無知，間有一爲詭說者，
擧皆信而神之，以傳後世也。柳氏 馨遠 曰，東史三國怪
異之說甚多，風氣人事，每相表裏，箕子東來，漢武東征
以後，漢史所記，未聞有可怪者，在三國，反多詭怪，蓋此
時文獻無徵，習俗薄陋，蠻氓評話之傳，反載記實之史，

東史綱目 第一 馬韓王 十七

50 『東史綱目』 卷1上 甲子 馬韓 49

悶其事迹之闕，反取此等說也。後之編史者，宜一切去
之也。 按三國始祖必其為人適出尋常而觀東俗無知 易動以神怪故假托為說如姓朴則托以大卵姓 金則託以金櫝其名脫解則託以解櫝緣解起意假做 立說聳動愚民若孫鳴彌勒佛之類耳如今俚俗古談 若國初事及近世名人事蹟多有演說以異其跡者其 將以此為傳信之史乎中國史神怪之說雖非如東人 之陋而亦或有焉則司馬公通鑑一切不取只錄其典 實可法者此最當法也今於是書依柳氏說皆刪去別 著考異著東 人好怪之習。

丁卯 馬韓 新羅始祖四年 夏四月，辛丑朔，日食。 按三國史日食或 見于此而不見于 彼日食雖國地形偏側而有多少分數然我東地方不 大三國安有彼此不同之理必是史缺文也今不著其 國而但 書日食。

戊辰 馬韓 新羅始祖五年 春正月，斯盧立妃閼英。
閼英生與王同歲，及長有德容，王聞之，納以為妃，有賢

『東史綱目』 卷1上 甲子 馬韓 50

而勸齊梁之君者也事若迂遠而實效莫過於此廣土 用兵之本亦在於是使齊梁之君不知此而終於齊梁 而已羅祖能知此故初起之時不過為一邑之首 跡而終能成千歲之業新羅祖者可謂知其本矣。

壬午 馬韓 新羅始祖十九年 春正月，卞韓降斯盧。

甲申 馬韓 新羅始祖二十一年。○高句麗始祖東 明聖王高朱蒙元年。是歲新國二。 扶餘人解
朱蒙，奔至卒本都之，稱高句麗，王姓高氏。
初北扶餘王解慕漱，娶河伯 按河伯是君長之稱未必 如古記所言河水之神
女柳花，生子，骨表英奇，年甫七歲，嶷然異常，自作弓矢
射之，百發百中。夫餘俗語善射者爲朱蒙，故因名朱蒙。
朱蒙，卽夫婁之異母弟也。夫婁薨，金蛙嗣，金蛙有七子，
技能皆不及朱蒙，其長子帶素，請除之，以去後患，金蛙
不從，使養馬。朱蒙私試，知其善惡，駿者減食令瘦，駑者

東史綱目 第一 馬韓王 十九

52 『東史綱目』 卷1上 甲申 馬韓 51

善養令肥，金蛙以肥者自乘，瘦者給朱蒙。後狩于田，以
朱蒙善射，與矢少，而殪獸多，王子諸臣，又謀殺之，其母
陰知，以告朱蒙曰，國人將害汝，以汝才略，何往不可，與
其遲留而受辱，不若遠適而有爲。朱蒙乃與親信烏伊
摩離陜父等三人，東南走，渡淹淲水， 淲音斯按後漢書 註高麗有蓋斯水 疑此水金富軾云在今鴨綠江東北此以鴨綠上流源 出處言與地勝覽董越朝鮮賦註以今博川江為魚鱉 成橋之水非也蓋 在今胡地未詳。 欲渡無梁，祝曰，我是天帝子，河伯外
孫，今日逃難，追者垂及，奈何。於是，魚鼈浮出成橋，得渡，
橋解，追騎不及。至毛屯谷， 魏書北史作 普述水未詳。 遇三人，麻衣者
名再思，衲衣者名武骨，水藻衣者名默居，而不言姓。朱
蒙賜再思克氏，武骨仲室氏，默居少室氏，乃告衆曰，我

『東史綱目』 卷1上 甲申 馬韓 52

『東史綱目』

方承景命欲啓元基而遇此三賢豈非天賜乎遂揆能
任事至卒本川魏書北史作紇升骨城觀其土壤肥美山河險固
遂欲都焉而未遑作宮室但結廬於沸流水上居之國
號高句麗亦稱卒本扶餘因以高爲氏是爲高句麗始
祖朱蒙時年二十二歲四方聞之來附者衆其地連靺
鞨遂攘斥之靺鞨不能犯
斯盧築京城
號金城在今慶州府東四里長三千七十五步廣三千一十八步
三十五里統六部
乙酉 馬韓 新羅始祖二十二年 高句麗始祖二年 夏六月沸流國降高句麗
沸流國在沸流水上游高句麗君因獵至其國其國王

東史綱目 第一 馬韓王 二十

『東史綱目』卷1上 甲申 馬韓 53

松讓出見曰我在此累世爲王地小不足容兩主君立國
日淺爲我附庸未蒙忿其言因與鬪辨亦相射以校藝松
讓不能抗時國業新造儀衛未備從臣扶芬奴請取沸流
鼓角朱蒙難之對曰大王困於扶餘能奮身於萬死揚名
於遼左此天所命何事不成遂往取之松讓不敢爭畏其日漸
強大以國來降以其地封爲多勿侯多勿麗語復土也
丙戌 馬韓 新羅始祖二十三年 高句麗始祖三年 春三月高句麗黃龍見
黃龍見於鶻嶺又慶雲見於嶺南其色青赤
丁亥 馬韓 新羅始祖二十四年 高句麗始祖四年 夏四月高句麗大霧
雲霧四起人不辨色七日
夏六月晦日食 秋七月高句麗始立城郭宮室

『東史綱目』卷1上 甲申 馬韓 54

在何處母曰汝父非常人不容於國逃奔南地開國稱
王類利曰父爲君子爲匹夫寧不愧乎乃與母及屋智
句鄒都祖等三人行至卒本王悅立以爲嗣
秋九月高句麗君朱蒙卒子類利嗣
是爲瑠璃明王葬始祖于龍山號東明聖王
癸卯 馬韓 新羅始祖四十年 百濟始祖扶餘溫祚元年○自此爲三國 高句麗瑠璃王二年 百卒本
人解溫祚立國於慰禮城國號百濟
初扶餘王解夫婁之庶孫優台娶卒本人延陀勃之女
召西奴生二子長曰沸流次曰溫祚優台死朱蒙自扶
餘南奔至卒本立都娶召西奴爲妃開基刱業頗有內
助故朱蒙寵接之待沸流等如己子及朱蒙子類利爲

東史綱目 第一 馬韓王 二十一

『東史綱目』卷1上 癸卯 馬韓 54

太子以至嗣位沸流謂溫祚曰始大王避扶餘之難逃
歸至此我母氏傾家財助成邦業勤勞多矣及大王厭
世類利嗣位吾等在此如贅疣不如奉母氏南遊卜地
別立國都遂奉母與烏干馬黎等十人南行百姓多從
之者渡浿帶二水至彌鄒忽今仁川俗傳文鶴山上有沸流城基城門南址至今
猶存城內有沸流井味清州云勝覽不鹹可飮沸流欲居之十臣諫曰至漢山
登負兒岳今三角山望可居之地惟此河南之地北帶漢水
東據高岳南望沃澤西阻大海天險地理難得之勢作
都於斯不亦宜乎沸流不聽分其民居彌鄒忽溫祚都
河南慰禮城按三國遺事云今稷山勝覽從之慰禮在今稷山縣聖居山金富軾三國史在未詳地分
中以十臣爲輔馬韓割東北百里之地以與之後沸流

『東史綱目』卷1上 癸卯 馬韓 55

『東史綱目』

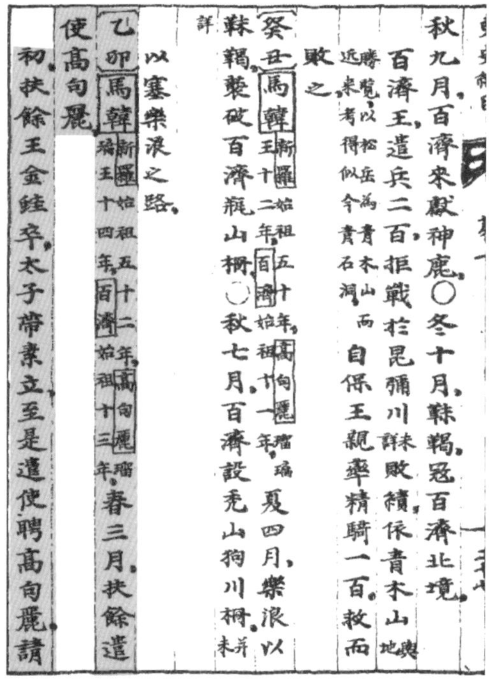
秋九月。百濟來獻神鹿。○冬十月。靺鞨寇百濟北境。
百濟王。遣兵二百。拒戰於昆彌川。未詳敗績。依青木山輿地
勝覽以松岳爲青木山近來考得似今青石洞而自保。王親率精騎一百。救而
敗之。
癸丑 馬韓王十二年 新羅始祖五十年 百濟始祖十一年 高句麗瑠璃 夏四月。樂浪以
詳 靺鞨襲破百濟甁山柵。○秋七月。百濟設禿山狗川柵。幷未
以塞樂浪之路。
乙卯 馬韓瑞王十四年 新羅始祖五十二年 百濟始祖十三年 高句麗瑠璃 春三月。扶餘遣
使高句麗。
初。扶餘王金蛙卒。太子帶素立。至是遣使聘高句麗。請

『東史綱目』 卷1上 乙卯 馬韓 56

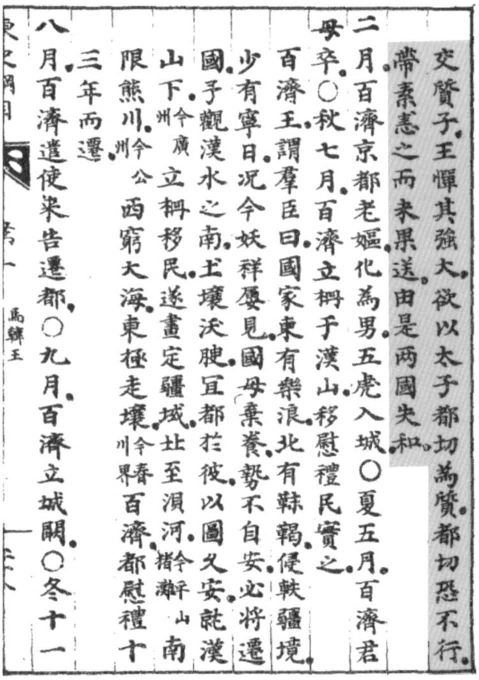
交質子。王憚其強大。欲以太子都切爲質。都切恐不行。
帶素恚之而來。果送。由是兩國失和。
二月。百濟京都老嫗化爲男。五虎入城。○夏五月。百濟君
母卒。○秋七月。百濟立柵于漢山。移慰禮民實之。
百濟王。謂羣臣曰。國家東有樂浪。北有靺鞨。侵軼疆境。
少有寧日。況今妖祥屢見。國母棄養。勢不自安。必將遷
國。予觀漢水之南。土壤沃腴。宜都於彼。以圖久安。就漢
山下。今廣州立柵移民。遂畫定疆域。北至浿河。今平山猪灘南
限熊川。今公州西窮大海。東極走壤。今春川界百濟都慰禮十
三年而遷。
八月。百濟遣使來告遷都。○九月。百濟立城闕。○冬十一

東史綱目 卷一 馬韓王

『東史綱目』 卷1上 乙卯 馬韓 57

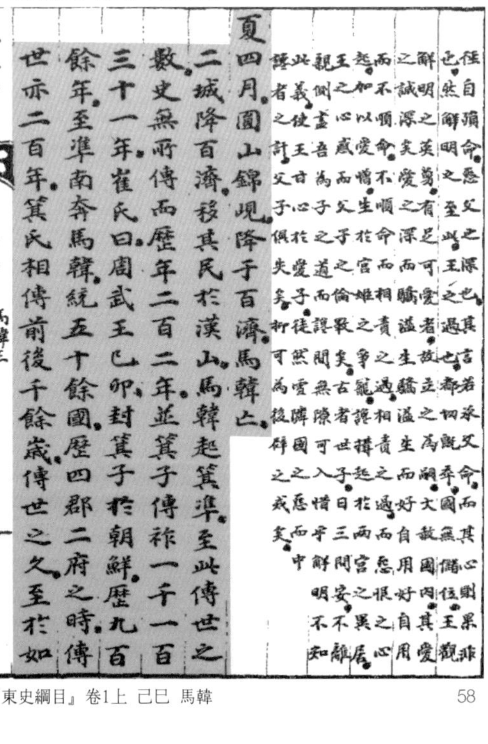
夏四月。圓山錦峴。降于百濟。馬韓亡。任自須命悉父之深也其言若承父命而其心則果非也然辭明之至此王之過也都切既奉國無儲位王觀辭明之英勇有足可愛者故立之爲嗣大款國內其愛之誠深矣愛之深而驕溢生驕溢生而好自用好自用而不順命不順命而相責之過相責之過而怨恨之心延加以愛憎生於宮雄之爭寵讒搆延於兩宮之異居王之心感而父子之倫釁矣古者世子日三問安不離親側盡吾爲子之道而讒間無隙可入惜乎辭明不知此義使王甘心於愛子徒然雪隣國之慼而中讒者之討父子保失矣祈可爲後辟之哉矣
二城降百濟。移其民於漢山。馬韓起箕準。至此傳世之
數。史無所傳。而歷年二百二年。並箕子傳祚一千一百
三十一年。崔氏曰。周武王己卯。封箕子於朝鮮。歷九百
餘年。至準南奔馬韓。統五十餘國。歷四郡二府之時。傳
世亦二百年。箕氏相傳前後千餘歲。傳世之久。至於如

東史綱目 卷一 馬韓王

『東史綱目』 卷1上 己巳 馬韓 58

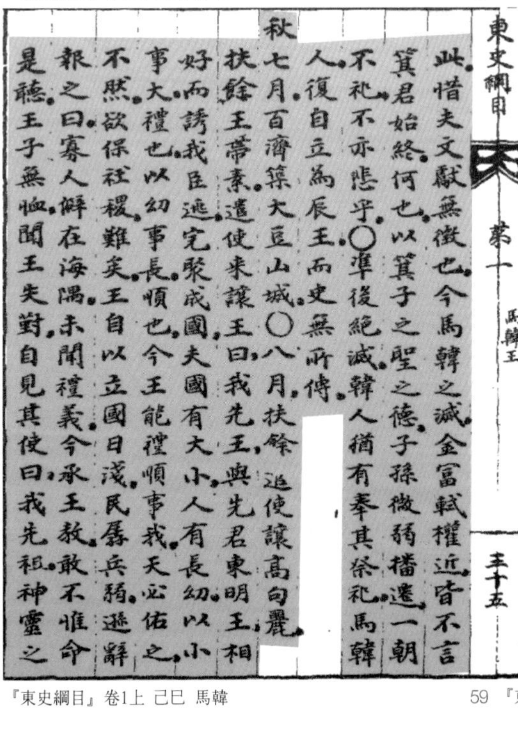
此。惜夫文獻無徵也。今馬韓之滅。金富軾權近。皆不言
箕君始終。何也。以箕子之聖之德。子孫微弱播遷。一朝
不祀。不亦悲乎。○準後絶滅。韓人猶有奉其祭祀。馬韓
人。復自立爲辰王。而史無所傳。
秋七月。百濟築大豆山城。○八月。扶餘遣使讓高句麗。
扶餘王帶素。遣使來讓王曰。我先王。與先君東明王。相
好而誘我臣逃。完聚成國。夫國有大小。人有長幼。以小
事大。禮也。以幼事長。順也。今王能禮順事我。天必佑之。
不然。欲保社稷難矣。王自以立國日淺。民孱兵弱。遜辭
報之曰。寡人僻在海隅。未聞禮義。今承王敎。敢不惟命
是聽。王子無恤。聞王失對。自見其使曰。我先祖神靈之

『東史綱目』 卷1上 己巳 馬韓 59

『東史綱目』

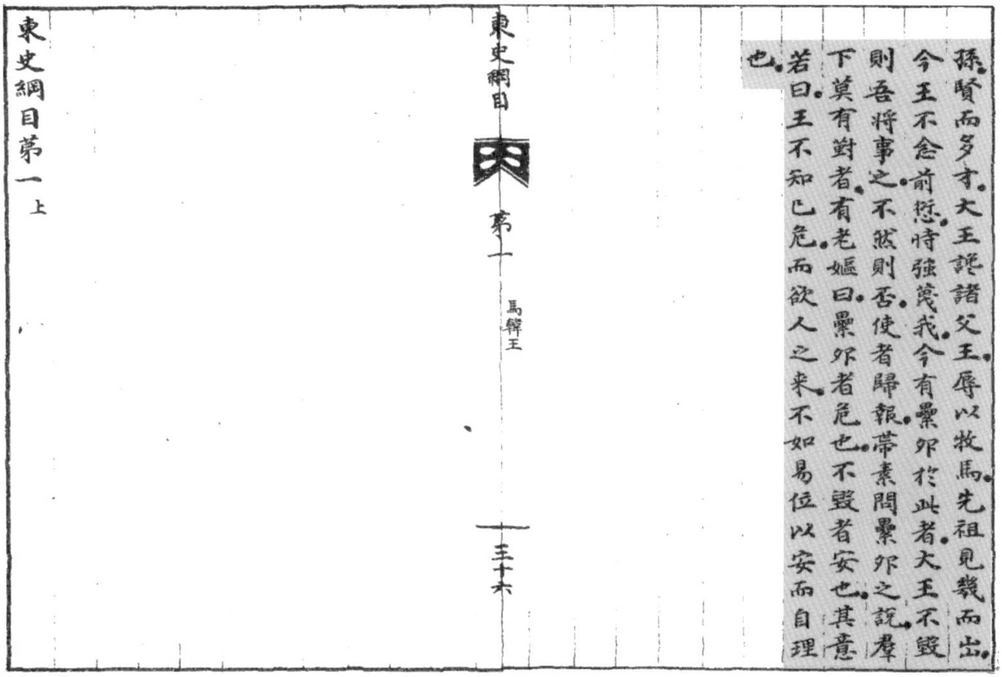
孫賢而多才。大王讒諸父王。辱以牧馬。先祖見幾而出。今王不念前愆。恃強蔑我。今有纍卵於此者。大王不毀則吾將事之。不然則否。使者歸報。帶素問纍卵之說。羣下莫有對者。有老嫗曰。纍卵者危也。不毀者安也。其意若曰。王不知己危。而欲人之來。不如易位以安而自理也。

東史綱目 第一 馬韓王 三十六

東史綱目第一上

『東史綱目』卷1上 己巳 馬韓 60

『燕行記事』　　출처: 한국고전번역원 데이터베이스

見本府所来朝報今月十五日次對時領議政金尚
喆所啓冬至三使臣今於專對之行設有禮部移咨
之擧固當以政府狀　啓之謄報於奏文有所陳卞
而不此之爲矇然受來大失奉使之體宜有責罰之
道三使臣並削職何如　上曰依爲之云云矣五十
里到順安館於東別堂本縣令韓文弘平壤人李進
士鎭濟李千摠振夏洪先達聖理洪敏濟瑞興人金
景老入謁
二十二日晴五十里到平壤祖應津李重耉自京來
迎於入州之路萬里相逢握手開懷欣慰之極只自
無語而已巡營裨將元啓蔵亦爲來謁於撥所之傍
左右廳營吏土官及啓書李宗潤李錫林愼性翼通
引營奴等並問安於五里程與正使到箕子墓同爲
奉審館於吏廳本府尹金顯復咸從府使李吉培德
川郡守吳大益入謁巡使洪台樂純才已出巡矣甑
山鄕人吳斗星羅聖甲吳道咸河澤奎黃德老入世
掌車得良武人金益星鄭欽周民人張台一崔德長
僉成大吏朴東森官奴星九老妓秋波月中天謫仙
廳皆設一床饌以進蓋出於追懷感戴之意也夕登
浮碧樓載妓溯流泊下鍊光亭蓋正使留宿處也在

七五

『燕行記事(下)』 三月 二十二日　　1

『朝野輯要』　출처: 국회도서관 장서

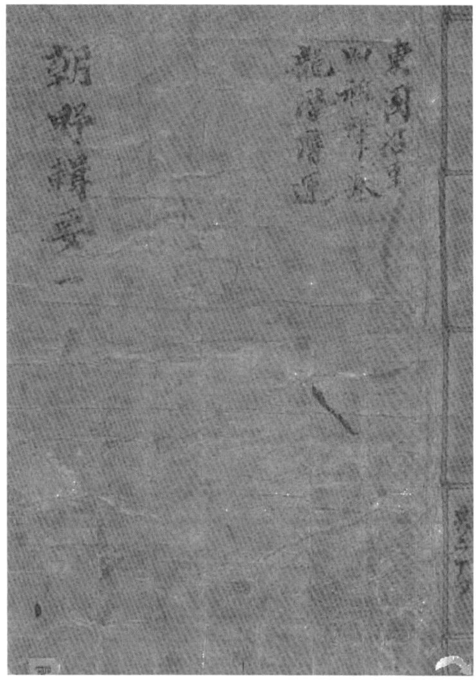

『朝野輯要』 表紙　1

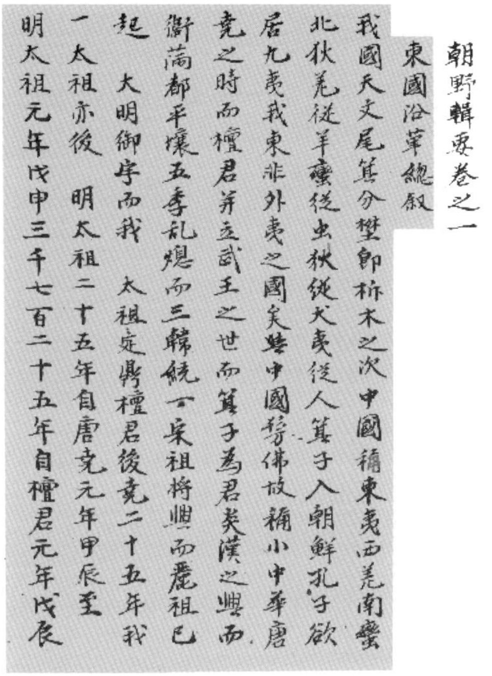

朝野輯要卷之一
東國沿革總叙
我國天文尾箕分埜卽析木之次中國稱東夷西羌南蠻
北狄羌從羊蠻從虫狄從犬夷從人箕子入朝鮮孔子欲
居九夷我東非外夷之國矣雖中國崇佛故稱小中華唐
堯之時而檀君并立武王之世而箕子爲君炎漢之興而
衛滿都平壤五季亂熄而三韓統一宋祖將興而麗祖已
起 大明御宇而我 太祖定鼎檀君後堯二十五年我
一 太祖亦後 明太祖二十五年自唐堯元年甲辰至
明太祖元年戊申三千七百二十五年自檀君元年戊辰

『朝野輯要』 東國沿革總叙　2

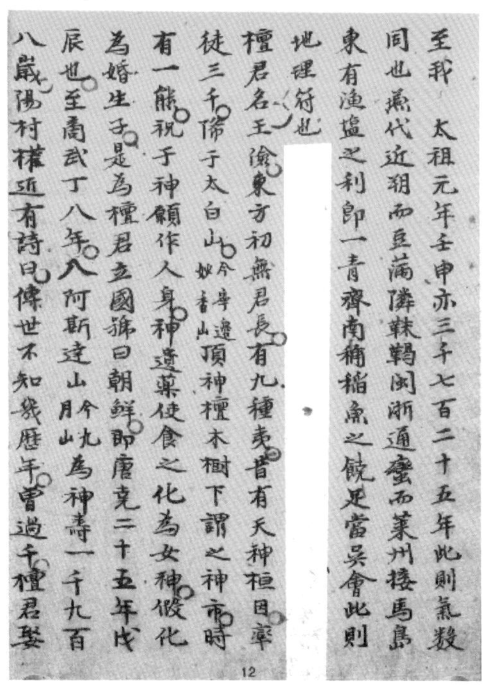

至我 太祖元年壬申亦三千七百二十五年此則氣數
同也歷代近朔而豆滿隣靺鞨閩浙通蠻而萊州接馬島
東有漁鹽之利卽一青齊南稱稻魚之饒是當吳會此則
地理符也
檀君名王儉東方初無君長有九種夷昔有天神桓因率
徒三千降于太白山今寧邊妙香山頂神檀木樹下謂之神市時
有一熊祝于神願作人身神遺藥使食之化爲女神假化
爲婚生子是爲檀君立國號曰朝鮮卽唐堯二十五年戊
辰也至商武丁八年入阿斯達山今九月山爲神壽一千九百
八歲陽村權近有詩曰傳世不知幾歷年曾過千檀君娶
12

『朝野輯要』 東國沿革總叙　3

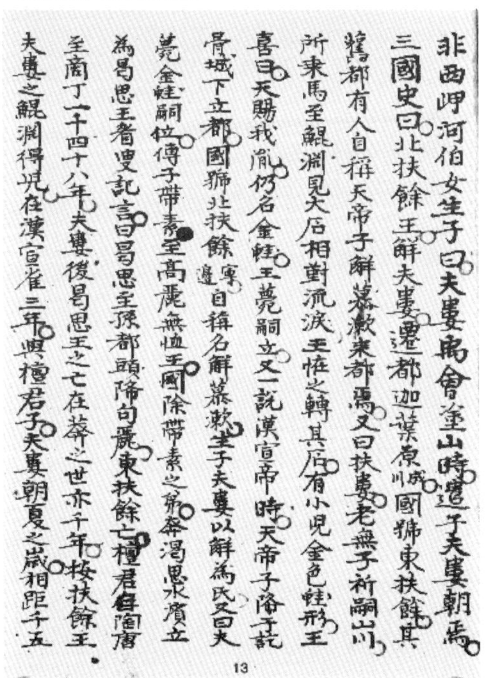

非西岬河伯女生子曰夫婁禹會塗山時遣子夫婁朝焉
三國史曰北扶餘王解夫婁遷都迦葉原成川國號東扶餘其
舊都有人自稱天帝子解慕漱來都焉又曰扶婁老無子祈嗣山川
所乘馬至鯤淵見大石相對流淚王怪之轉其石有小兒金色蛙形王
喜曰天賜我胤仍名金蛙王薨嗣立又一說漢宣帝時天帝子降于訖
骨城下立都國號北扶餘寧邊自稱名解慕漱生子夫婁以解爲氏又曰夫
婁金蛙嗣位傳子帶素至高麗無恤王國除帶素之弟奔曷思水濱立
爲曷思王眉叟記言曰曷思至孫都頭降句麗東扶餘亡檀君自唐
至商丁一千四十八年夫婁後曷思王之亡在莽之世亦千年按扶餘王
夫婁之鯤淵得兒在漢宣雀三年與檀君子夫婁朝夏之歲相距千五
13

『朝野輯要』 東國沿革總叙　4

百矣今記言以東扶餘夫婁爲檀君子夫婁未知何據
○箕子姓子名胥餘殷太師殷亡浮海至東中國五千人
禮樂卜筮隨來武王因封之而不臣國號朝鮮都平壤至
四十一代孫箕否是秦服屬否子準始稱王漢惠帝元年
丁未燕人衛滿襲伐準準浮海南奔爲馬韓起箕子己卯
止準己未共九百二十九年　馬韓箕準至金馬郡今益山
建國號馬韓統五十餘國自準歷累世至漢成帝癸卯爲
百濟始温祚所滅起丁未止己巳共二百三年箕子傳
祚合一千一百三十二年　芝峰類說曰箕子墓在平壤
城外而關中朝河南地亦有箕子墓云豈浸而返葬幾歟

14

『朝野輯要』 東國沿革總叙 5

則平壤墓箕子後裔之所藏也○辰韓秦之亡人避役入
馬韓統十二國常用馬韓人作主不能自立其地後爲新
羅始祖赫居世所都○弁韓不知始祖亦統十二國屬於
辰韓後降于新羅蓋其地在嶺南右道南邊與倭接爲一
說弁韓樂浪之苗裔也馬辰弁是爲三韓
○衛滿漢惠帝時燕王盧綰叛入匈奴衛滿爲胡服渡浿
水求居西界箕準封之百里地遂襲準據王儉城今平壤國
號亦朝鮮至孫右渠漢武帝遣將討之國人殺右渠以降
漢分其地爲樂浪今平壤臨芚今江陵濊貊國玄菟今咸興東沃沮眞蕃
今咸鏡北胡地四郡昭帝改四郡爲二府玄菟眞蕃爲平州都督

15

『朝野輯要』 東國沿革總叙 6

府樂浪臨芚爲東府都督府○檀君箕子衛滿是爲三朝
鮮地在東表日先光明故曰朝鮮又以有汕水故名焉
○新羅始祖赫居世也初朝鮮遺民分居山谷爲六部漢
宣帝地節元年高墟村長蘇伐公望見楊山麓蘿井林間
有白馬跪拜狀卽觀之馬忽不見有大卵剖之有嬰兒出
焉及年十三歲六部人以其生神異立爲君稱赫居世居
世方言尊長之稱以大卵如瓠辰人爲瓠爲朴以朴爲姓
一說赫居世乃桃山聖母本中國帝女得仙術來東爲神
云○多婆那國在倭國東一千里其國王娶女有娠七年
生大卵以帛裹之置櫝中載船浮海祝曰到有緣之地立

16

『朝野輯要』 東國沿革總叙 7

順王降於高麗
○駕洛始祖首露王立國於新羅儒理王時爲附庸國漢
光武建武十八年三月駕洛今金海人禊飮水濱望見龜旨
峯有異氣就視之有紫繩繫金盒開視有金色六卵翌日
六卵剖裁六童子出年可十五歷十餘日身長九尺衆遂
奉一人爲主卽首露王也生于金盒因姓金氏國號伽倻
餘五人各爲五伽倻主五伽倻卽高靈固城星州咸安咸
昌自首露王歷十王共四百九十一年至仇衡降於新羅
○高句麗建國於新羅赫居世二十一年始祖東明王朱
蒙也東扶餘王金蛙得女子於優渤水問之曰我是河伯

18

『朝野輯要』 東國沿革總叙 8

『朝野輯要』

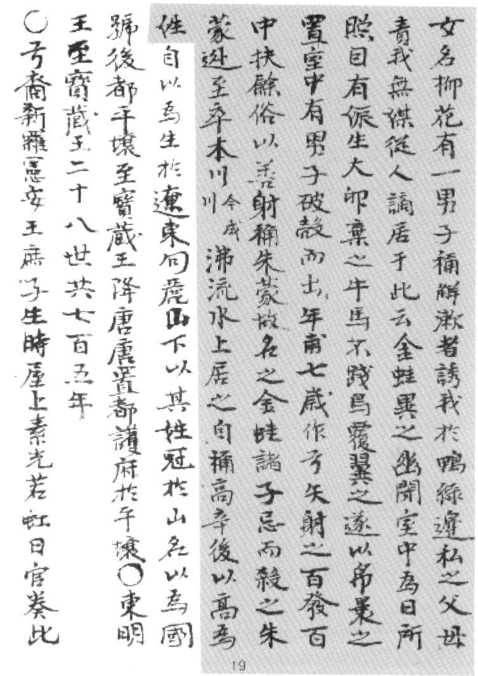
女名柳花有一男子稱解漱者誘我於鴨綠邊私之父母
責我無媒從人謫居于此云金蛙異之幽閉室中為日所
照因有娠生大卵棄之牛馬不踐鳥覆翼之遂以帛裹之
置室中有男子破殼而出年甫七歲作弓矢射之百發百
中扶餘俗以善射稱朱蒙故名之金蛙諸子忌而殺之朱
蒙逃至卒本川(今成川)沸流水上居之自稱高辛後以高為
姓自以為生於遼東句麗山下以其姓冠於山名以為國
號後都平壤至寶藏王降唐唐置都護府於平壤○東明
王至寶藏王二十八世共七百五年
○弓裔新羅憲安王庶子生時屋上素光若虹日官奏比
19

『朝野輯要』 東國沿革總敘 9

『文苑黼黻』 출처: 국립중앙도서관 장서

『文苑黼黻』 表紙 1

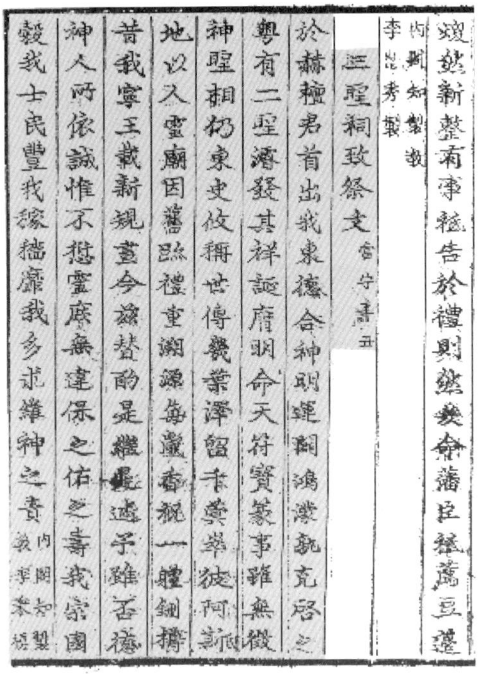
竣然新整爰事祗告於禮則然爰命藩臣往薦豆籩
內閣知製敎 李忠秀製
三聖祠致祭文 當宁壬五
於赫檀君首出我東德合神明踵闡鴻濛孰克啓之
粤有二聖濬發其祥誕膺明命天符寶篆事雖無徵
神聖相仍東史攸稱世傳幾葉澤留千禩擧彼阿斯
地以久靈廟因舊趾禮重溯源每歲香祝一體鋼擣
昔我寧王載新規畫今茲替酌是繼是遠予雖否德
神人所依誠惟不懈靈底無違保之佑之壽我宗國
穀我士民豐我稼穡靡我多求維神之責 內閣知製敎 李秉模製

『文苑黼黻』 三聖祠致祭文 2

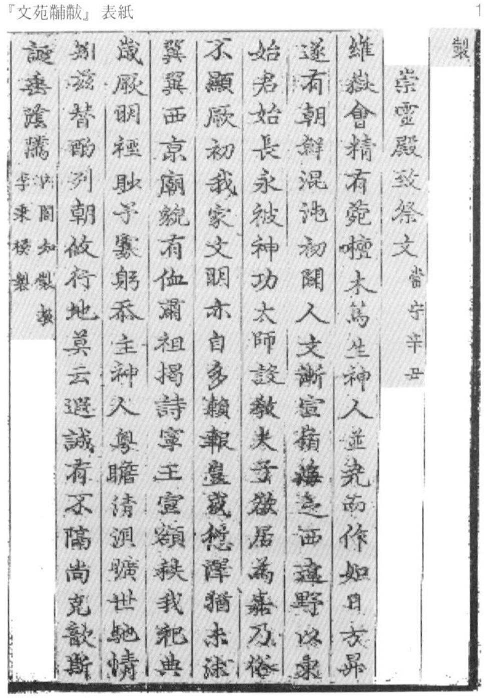
製
崇靈殿致祭文 當宁辛丑
維嶽會精有菀檀木篤生神人並堯而作如日方昇
遂有朝鮮混沌初闢人文漸宣嶺海之西遼野以東
始君始長永被神功太師設教夫子欲居爲嘉乃從
不顯厥初我家文明亦自多賴報皇載德澤猶未沫
翼翼西京廟貌有侐爾祖揭詩寧王宣額秩我祀典
歲厥明禋眇予寡躬忝主神人學瞻清濶曠世馳情
剝茲替酌列朝攸行地莫云遐誠有不隔尚克歆斯
誕妥陰騭 內閣知製敎 李秉模製

『文苑黼黻』 崇靈殿致祭文 3

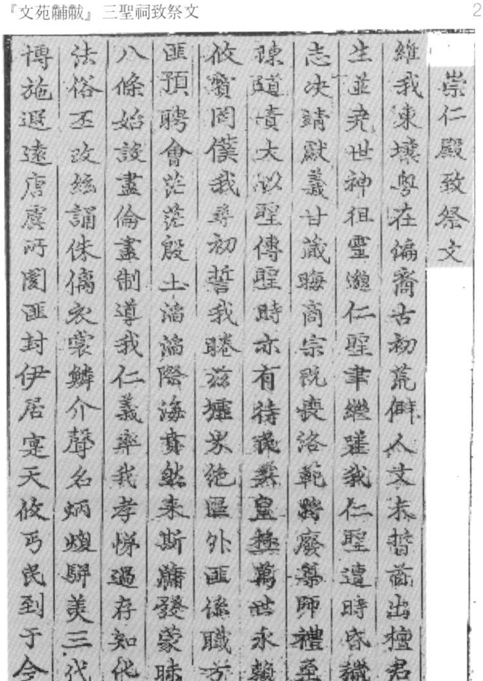
崇仁殿致祭文
維我東壤粤在偏裔古初荒僻人文未著商出檀君
生並堯世神祖靈邈仁聖聿繼維我仁聖遭時啓織
志決靖獻義甘箴晦商宗既喪洛範將廢爲師禮至
疎隨遺大以聖傳聖時亦有待殊寵皇恩萬世永賴
攸賓罔僕我辱初誓我睠茲擴家施匪外匪繇職方
匪頑聘會迄從殷土滄滄陰海寶然來斯肅發蒙昧
八條始設畫倫畫制導我仁義率我孝悌過存知化
法俗丕改絃誦侏儒衣裳鱗介聲名炳燠騂美三代
博施遐遠唐虞所闕匪封伊居寔天攸爲民到于今

『文苑黼黻』 崇仁殿致祭文1 4

見禱守禮伊誰之力得免聾瞶千秋報祀有儼臨洄
神象嵩湧古猷留淪歷越羅麗崇奉罔怠爰及本朝
尤嚴奠菜煌煌九疇表裏彜軆推原天道誕垂明戒
戒懸縈獨戒淫朋僞予讀遺編恍然神契恒存可凡
若承謦欬山川阻夐未展瞻拜有敬齋心緬懷永慨
肆遣近臣替將薦酹庶垂歆格啓佑不違 大提學金錫胄製

崇仁殿致祭文

理出於天龜現于洛姒王攸敘人文貴著煌煌九疇
樞在皇極匪我聖師孰闡其蹟日星其言昭哉簡策
天道人彝指璇歷歷一極之數篤世爲訓惟其標準

『文苑黼黻』 崇仁殿致祭文1·2 5

有國攸式王道如砥會歸有則炯戒淫朋明詔後辟
曰無偏陂乃遵正直至善所在如屋有脊大公所建
如辰拱北維蕩維平匪反匪側君民相濟觀感無斁
錫哉保極欽我五福永世遵此無有邪僻厥訓孔彰
其利乃博懿哉仁聖德賦身阨鬱茲青丘天意聖澤
八條之敎不鄙遐邇皇王大猷既垂古籍推其緒餘
化此荒樸若若後代孰敢拜揚歷數浮青亂亡何續
一轍滔滔朋比流毒甘陵傾軋牛李偏黨朔蜀林淅
或熾或削本朝黨習年越二百燎原滔天禍及宗祊
予創若是寤寐傷盡遺編在可謦欬如聆潛孚默契

『文苑黼黻』 崇仁殿致祭文2 6

心軆膺服虔以歲月納于姫璞庶遂豚魚庶透金石
英靈所臨精誠所積三十一年苦心底績尚幾平康
俾通適莫罔有攸咎罔有阽涵澤流本末靡究變
或懲或勸受以康色厥初最靈豈爾爲亂義理昭闡
邪慝消熄卿士既從罔或背戾暨我庶民咸造于穀
僉曰大同誓共精白天路甚夷九軌洞廓駕我正轡
勿徐勿亟東西南北四無障隔惟此功用俯仰反覆
莫非聖謨大達是迪道統之傳敢曰有獲祗遵遺則
以永數錫洞水洋洋爲紀于國弁誦前謨眇餘嫋嫋
崇奉禮備有儼摳擁歆我玄化千載於穆白馬書澤

『文苑黼黻』 崇仁殿致祭文2 7

如可仰覿先正有書增我感惕夫人之變而予何力
興言永念吉辰斯擇替薦芬苾冀垂歆假 弘文提學鄭華良製

東明王廟致祭文 肅宗辛酉

天錫勇武爰定伯畧奮身逃難披荒立國三僉應屆
景命攸屬松壤既附灝慎是磐民到今稱權彼純亹
肆惟我祖崇報國秩秩以中祀鎮于西服矛讀遺隷
每歲偉績生既炳烈靈必有赫克配檀祀永扶樺城
載命守臣敬奠酾酌毋我以遐歆此芬苾 內閣知製敎李秉模

百濟始祖廟致祭文

『文苑黼黻』 崇仁殿致祭文2 8

『海東樂府』 출처: 규장각 장서

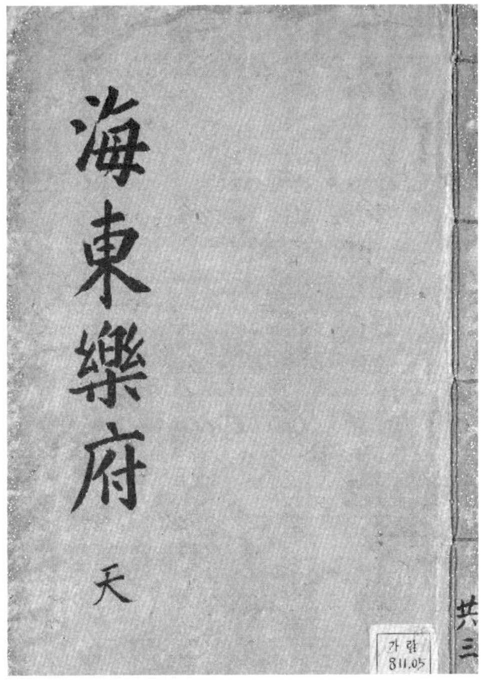

『海東樂府』 表紙 1

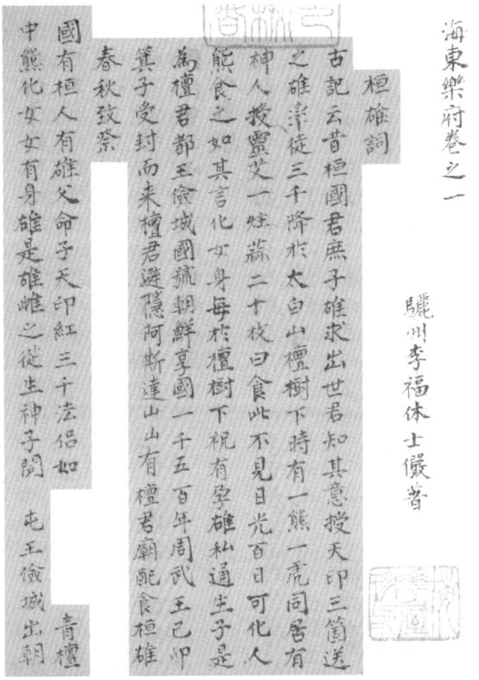

海東樂府卷之一

驪州李福休士儼著

桓雄詞

古記云昔桓國君庶子雄求出世君知其意授天印三箇遣之雄率徒三千降於太白山檀樹下時有一熊一虎同居有神人授靈艾一炷蒜二十枚曰食此不見日光百日可化人熊食之如其言化女身每於檀樹下祝有孕雄私通生子是爲檀君都王儉城國號朝鮮享國一千五百年周武王己卯箕子受封而來檀君避隱阿斯達山山有檀君廟配食桓雄春秋致祭

國有桓人有雄父命子天印紅三千法侶如 青檀

中熊化女女有身雄是雄雌之從生神子閼 屯王儉城出朝

『海東樂府』 桓雄詞 2

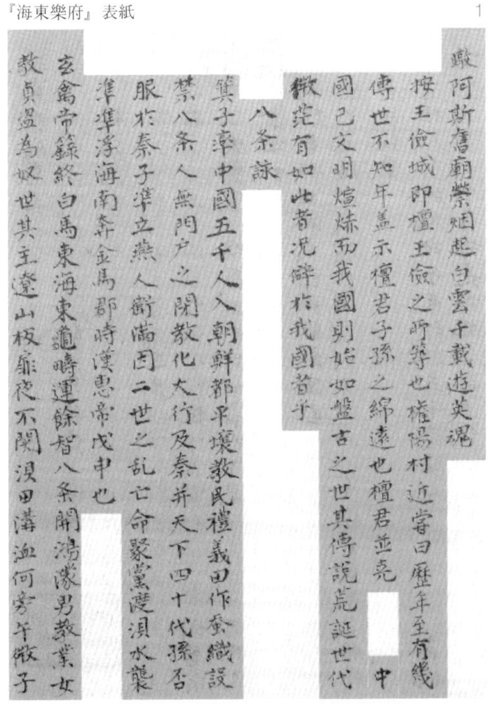

蹴阿斯舊廟紫烟起白雲千載遊英魂

按王儉城即檀王儉之所築也權陽村近嘗曰歷年至有幾傳世不知年蓋示檀君子孫之綿遠也檀君並堯 中國已文明煊赫而我國則始如盤古之世其傳說荒誕世代微茫有如此者況辟於我國首乎

八条詠

箕子率中國五千人入朝鮮都平壤教民禮義田作蠶織設禁八条人無門户之閉教化大行及秦并天下四十代孫否服於秦子準立燕人衛滿因二世之亂亡命聚黨渡浿水襲準準浮海南奔金馬郡時漢惠帝戊申也

玄禽帝籙終白馬東海東龜疇運餘智八条開鴻濛男教業女教貞盜爲奴世其主遼山板扉夜不閉浿田溝洫何旁午微子

『海東樂府』 八條詠 3

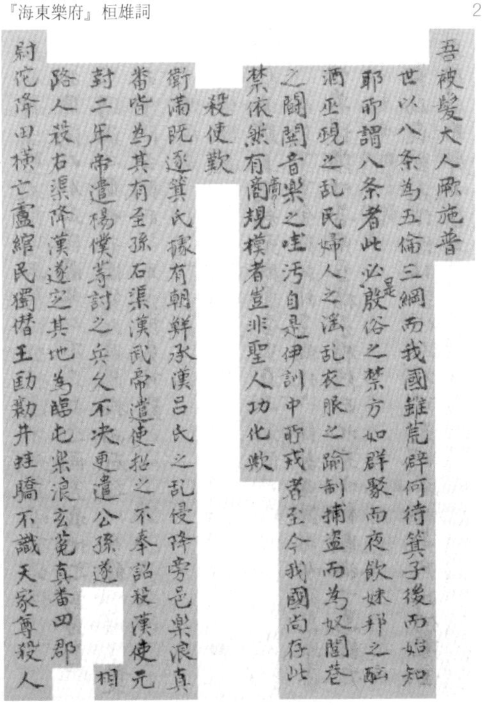

吾被髮大人敞施普

世以八条爲五倫三綱而我國雖荒辟何待箕子後而始知耶所謂八条者此必殷俗之禁方如群聚而夜飲姝邦之醞酒巫覡之亂民婦人之淫亂衣服之踰制捕盜而爲奴閭巷之鬪鬨音樂之哇汚自是伊訓中所戒者至今我國尚存此禁依然有商規模者豈非聖人功化歟

殺使歎

衛滿既逐箕氏據有朝鮮承漢呂氏之亂侵降旁邑樂浪眞番皆爲其有至孫右渠漢武帝遣使招之不奉詔殺漢使元封二年帝遣楊僕等討之兵久不決更遣公孫遂 相路人殺右渠降漢遂定其地爲臨屯樂浪玄菟眞番四郡

尉佗降田横亡盧綰民獨僭王勤勸井蛙驕不識天家尊殺人

『海東樂府』 殺使歎 4

人殺我自孼人誰寃生莫恨公孫遂不知蕭墻有公孫
按衛滿以不正得國又以不正失之固矣我地之為府為郡
皆衛滿之罪也若使箕氏後裔按而有之〻多餘襲
而中間為賊所〻目無可見可歎

馬韓曲

箕準既為衛滿所逐率其宮人及左右浮海居韓地金馬郡
號馬韓其民種𥝀麻養蚕散在山海間無城郭居處作土室
以居俗不重金銀錦繡貴纓珠以飾頸髮垂耳男女衣帛草蹻
性勇悍謹呼善用弓楯矛稽統西北五十餘國摠十萬餘户
文獻通考作國名以馬韓為蓋韓
鷩靈初喪國樂浪悲杜宇仁人不可失從者八萬户歸何處金
馬郡金馬郡非吾土非吾土亦宜𥝀非吾土亦宜梁纓珠首布

『海東樂府』 馬韓曲 5

帛身生西鄉死南鄉仁風元無武力競只恐溫王如衛王
按箕王化俗專以禮讓故衛滿至則棄以浮海秦人逃則接
而分土溫祚來則劃而與之終至於殄滅無遺若使自強而
為衛則豈止於數百年而已我國仁弱自古而然噫

辰韓曲

秦始皇時東界氏避秦亡入韓韓劃東界以與之其言語似
秦人故或曰秦韓常以馬韓人為主地宜五穀俗饒蚕嫁娶
有禮男女有別即今慶尚道也
徐郎船木客轎去不歸滅若仙洛東江水春來肥武陵桃花落
翩翩居人不改秦衣冠自言生長嘉平年嘉平日月如夢長六
鰲霜背生青烟回謝馬韓人徽爾吾何爾男宜耕女宜織春日
烟村布穀語高笑長城痴白骨不走仙鄉死長城楚漢風雨我

『海東樂府』 馬韓曲 6

舊但行有先後故次第以變其名歟

北扶餘

高句古記云漢宣帝神爵三年壬戌四月天人降於訖骨城
乘龍車立都稱王國號北扶餘自名解慕漱生子扶婁後移
都于東扶餘扶婁之弟東明繼北扶餘而興都于卒本是為
卒本扶餘
煌煌五龍車剡剡巫山峯若有人兮雲之中何處是吾鄉訖骨
城上朝陽紅
今成川邑有十二峯列前謂是降仙之地仙迹蒼茫古人故
欲奇其事而立言歟可疑

東扶餘

北扶餘相臣阿蘭弗夢天帝降謂曰將使吾子孫立國於此

『海東樂府』 北夫餘 · 東夫餘 7

汝其避之東海之濱土地膏腴宜立王都阿蘭弗勸扶婁移
都于東界號東扶餘扶婁老無子祭山川求嗣所乘馬至鯤淵見
大石相對流淚王恠之使人轉其石有小兒金色蛙形王喜
曰天賚我賢胤乃收養之名曰金蛙及長為太子扶婁薨遂
嗣位傳子帶素
搖皇夢諄諄下送玉麒麟宮中桂花發結子迨芳春我兒何在
鯤淵石我家何在溟海濱禜壇南畔馬躑躅蛾子翩翩欲幻身
鶯鶯色閣閣形云是西方聖帝親抱人蒜髮黃耇笑春風楊山
皓月生重輪阿蘭一語鮮醒人天室新都歡樂新孔巖空采語
恍惚齊諧莊書無乃真
人以血屬為重取其血脉之相通也石中生兒之說頗似許
氏之孔巖鳥足取信哉

『海東樂府』 東夫餘 8

『海東樂府』

世之感生之理羽化之說皆在溟濛之世而今赫居世體落地之說亦似撕湖遺弓之傳姑取補遺之記而錄之者盖取史家并錄左氏之浮夸以為奇譚之一助歟

柳花曲

扶餘王金蛙得一女子於太白山優渤水問之曰我是河伯女柳花也與諸弟出遊時有一男子自言天帝子名鮮慕漱誘我於熊神山下鴨綠室中私之而往不返父母責我以無媒從人遂謫于此金蛙異之幽閉于室為日所照引身而避日影隨照因以有身生一卵大五升王棄之與犬猪皆不食棄之路牛馬避之棄之野鳥覆翼之剖之不能破乃還其母母裹藏暖處有兒破殼而出骨表非常名曰朱蒙金蛙七子猜其能欲殺之其母告其謀朱蒙與烏伊摩離陜父等三

『海東樂府』 柳花曲 9

人俱至卒本扶餘沸流水之都國號高句麗以高為氏時漢元帝建昭二年也麗俗善射者謂朱蒙

柳花白風吹優渤水日影照大卵圓如軌牛羊字鳥覆翼天乎復生姜嫄子烏號滿月不虛發七鴈訴天天為怒萱花春色鮮惑人桃花叱撥追風雨三人行滄滞水野無航愁難渡渭橋魚鼈送燕丹水外追騎空飛塵神龜暗食沸流川天命一襲麻衣人誰言柳花隨風落柳花落盡青枝新

按筆苑雜記檀君私河伯女生夫婁禹會塗山時入朝云補遺則鮮慕漱之子扶婁扶婁之子金蛙本記則以鮮慕漱為柳花之夫而柳花又歸金蛙是生東明東明立國在漢元時三說之相左如是扶婁與夫婁扶夫既異則或者檀君之子與鮮慕之子名同而人異歟鮮慕既稱天帝子而誘通柳花

『海東樂府』 柳花曲 10

則豈有復從金蛙之理此河間桑中之陋烏足以為人始而傳永世乎盖朱蒙之為金蛙子則的矣古記既以扶餘始祖鮮慕漱為漢宣帝神爵四年立國則朱蒙是鮮慕之曾孫而自神爵四年壬戌至建昭二年甲申其間為二十三年之間三世相傳亦似太忙而年代事蹟最為近似後之人或可因此而有據歟

二聖曲

新羅赫居世營宮室於金城樂浪人來侵見夜戶不閉露積被野相戒曰此有道之國吾儕襲之無異盜也遂退此時有龍見于閼英井時和歲豊百姓稱之為二聖後世仙桃山有女仙像宋人設像祭之謂是新羅始祖妃云

二聖遊民無因二聖樂民無愁有龍飛飛入井幽東川鳥歎舞

『海東樂府』 柳花曲 11

諫而止明年馬韓王卒或告羅王曰西韓王前辱我今當其喪可伐之王曰幸人之灾不仁也遣使往吊

瓠舟過海來流作銀河槎西隣殺氣不敢近四境鷄犬聲相和相如袖裡完璧回君王面上春風開金城城頭擁孝旗豈有仁人幸人灾

按馬韓衰邦也雞林興國也以衰邦而凌興國豈能長久乎

七稜石

高句麗始祖王朱蒙初在扶餘時娶禮氏有身而朱蒙去及兒生名類利有大志好弾丸嘗出遊弾雀誤中汲婦盆婦罵曰汝以無父兒如此頑戾乎類利慚復弾以泥丸塞之婦問其母曰我父何人今何在母曰汝父非常人今方南奔開國方行語我曰生兒若男有留物藏在七嶺七谷石上松下得

『海東樂府』 七稜石 12

此者吾兒也類利遍索山谷不得一日聞柱礎間若有聲就
見之礎石有七稜乃觧曰七嶺七谷者七稜也石上松者柱
也乃掘之得斷劒一段㩗至卒本以劒進王王出所藏劒合
之果驗遂為嗣
吾家訖骨村郎是天帝子妥食紅荳蔻郎飲朧頭水水流流不
返生子子已美龍歸窟鳳尋巢汲婦一言能激起阿孃口有授
阿爺行有語七嶺七谷松花落蟠虬佶屈雲深處千山萬谷行
将遍帰來祂淚忘寒暑吼月銅花自生氣延津會合天其與斑
衣袖裡出轆轤老烏格格迎其雛信知無恤簡足為傳家符
礎下聲出自是天感瑠璃之誠若非礎柱有聲父子終無相
逢時東明為計亦近汚濶
十濟曲

『海東樂府』 七稜石 13

遣使贈強弓太子對使者折之曰弓自不勁耳黃龍王慚瑠
璃王聞之怒賜劒曰吾欲遷都安民豈有不從父命之子乎
必死之太子往礪津以槍揷地走馬觸槍而死人哀之號其
地曰槍原
王之来不為来王之去不為去生為王子死王子棄父之命烏
用汝但是此身生處樂不忍一朝離其所黃龍明月影全碎橋
梓春光失春序鐲鏤無眼来秦宮扶蘇奉書滂淚潸長槍快馬
走中林寃血淋淋礪津渚湖上峨峨望思臺黃鳥歌中泣士女
按古衆依微不知其時事而第遷都之前必有阻隔之事而
然豈有父王遷都而太子不從者乎折弓小事也以此豈有
賜劒之理
毀卵行

『海東樂府』 毀卵行 14

扶餘王帶素遣使讓高句王曰我先王心愛東明王東明誘
我臣僚逃南立國負我甚矣今王能順事我天必祐之不然
保社稷難矣王子無恤尚幼對使者曰我朝東明王生而神
異諸兄讒於父母辱我祖以牧馬我祖見幾而出今大王不
念先愆但恃兵強輕蔑我邦請使者歸告王今有累卵於此
王若不毀其卵則吾將事之否則王其自慮焉帶素聞之徧
問群臣莫有知者有一老嫗觧曰累卵者危也不毀者安也
其意若曰不知自危而欲人之事已不如易危以安也帶素
甚慚
淹淲川畔通人帰扶蘇老木生秋聲宗邦使者受命来病虎吧
喝聲驕獰生来自作仇吾豈忘吾兄君不見卒本原頭連理木東
枝憔悴西枝榮君家有卵箏重重上卵下卵危以傾君今速可

『海東樂府』 毀卵行 15

鍐鍐可君室寧不獨君身享康寧我執玉帛朝君京君莫笑我
童觀童不羨君老傖他時毀卵者誰子此童雖幼功能成
按無恤毀卵之言與趙無恤懷簡之對一般宜乎高句創業
與襄子相似
陷泥淖
高句大武神王敗於骨句川得神馬騶驤攻扶餘道遇一人
身長九尺目有燈光拜於馬前曰臣是北溟人怪由聞大王
行師臣願從行取扶餘王頭許之進軍扶餘南觧鞍休卒扶
餘王策馬寃前陷泥淖怪由挺劒直斬王頭扶餘兵乱遂乘
勝而帰扶餘人立王弟曷思為王
赤烏扶餘来瑞携沸流出蠻弧偃前茅騶驤嘶明月矛川黒蛙
示先兆東隣戦馬陷春泥北溟壯士按劒起白帝魂斷迎原雨

『海東樂府』 陷泥淖 16

『海東樂府』

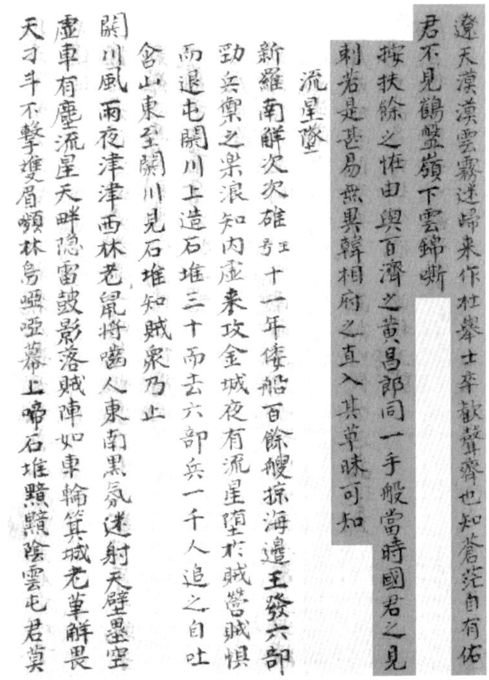

遼天漠漠雲霧迷歸來作杜擧士卒歔欷齊也知蒼茫自有佑
君不見鵠盤嶺下雲錦斷
按扶餘之怪由與百濟之黃昌郎同一手般當時國君之見
刺若是甚易無異韓相府之直入其草昧可知
流星墜
新羅南解次次雄號王十一年倭船百餘艘掠海邊王發六部
勁兵禦之樂浪知內虛來攻金城夜有流星墮於賊營賊懼
而退屯閼川上造石堆三十而去六部兵一千人追之自吐
含山東至閼川見石堆知賊衆乃止
閼川風雨夜津津西林老鼠將齧人東南黑氛迷射天壁墨空
虛車有壓流星天畔隱雷鼓影落賊陣如車輪箕城老革餅畏
天刁斗不擊雙眉頻林烏啞啞幕上啼石堆纍纍陰雲屯君莫

『海東樂府』 陷泥淖 17

『春官通考』

출처: 국립중앙도서관 장서

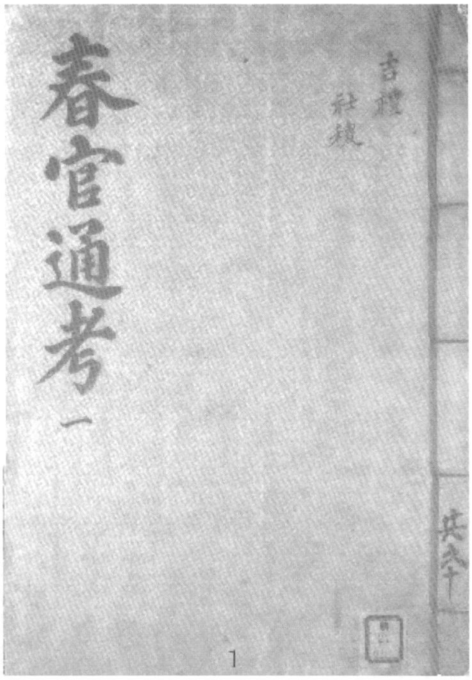

『春官通考』 表紙 1

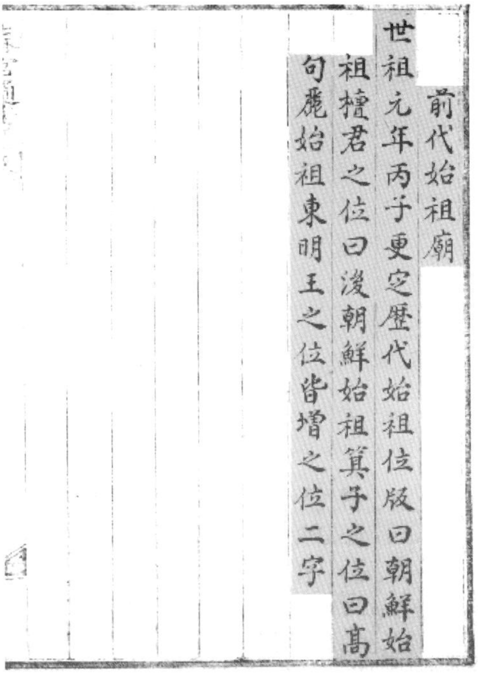

前代始祖廟

世祖元年丙子更定歷代始祖位版曰朝鮮始祖檀君之位曰後朝鮮始祖箕子之位曰高句麗始祖東明王之位皆增之位二字

『春官通考』 卷44 前代始祖廟 2

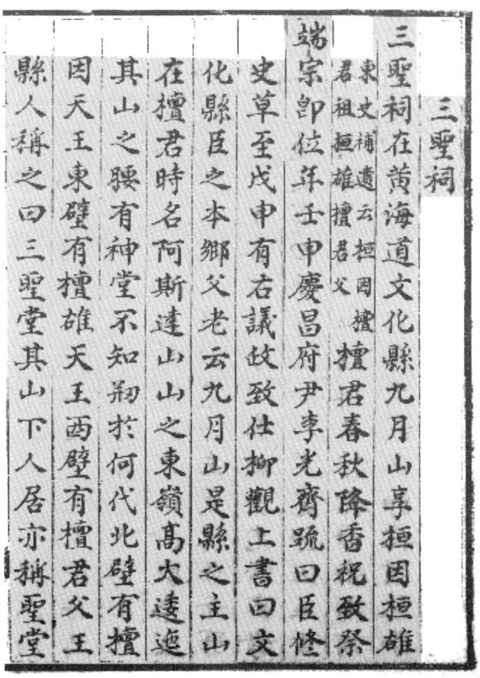

三聖祠

三聖祠在黃海道文化縣九月山享桓因桓雄東史補遺云桓因檀君祖桓雄檀君父檀君春秋降香祝致祭端宗卽位年壬申慶昌府尹李光齊疏曰臣修史草至戊申有右議政致仕柳觀上書曰文化縣臣之本鄕父老云九月山是縣之主山在檀君時名阿斯達山山之東嶺高大逶迤其山之腰有神堂不知刱於何代北壁有檀因天王東壁有檀雄天王西壁有檀君父王縣人稱之曰三聖堂其山下人居亦稱聖堂

『春官通考』 卷44 三聖祠 3

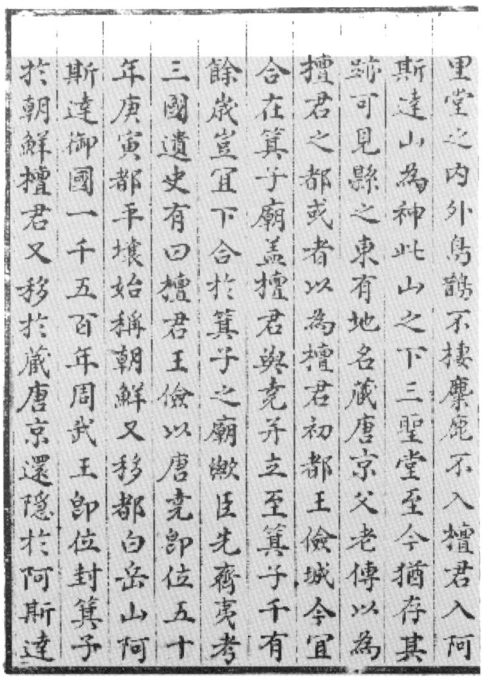

里堂之內外鳥鵲不棲麋鹿不入檀君入阿斯達山爲神此山之下三聖堂至今猶存其跡可見縣之東有地名藏唐京父老傳以爲檀君之都或者以爲檀君初都王儉城今宜合在箕子廟蓋檀君與堯幷立至箕子千有餘歲豈宜下合於箕子之廟微臣光齊考三國遺史有曰檀君王儉以唐堯卽位五十年庚寅都平壤始稱朝鮮又移都白岳山阿斯達御國一千五百年周武王卽位封箕子於朝鮮檀君又移於藏唐京還隱於阿斯達

『春官通考』 卷44 三聖祠 4

『春官通考』

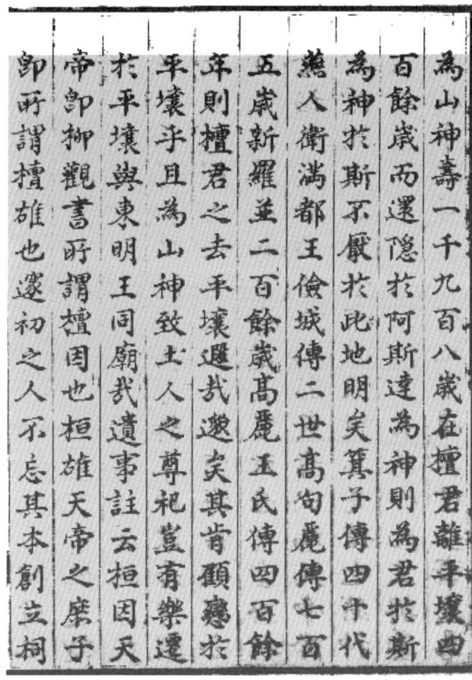

爲山神壽一千九百八歲在檀君離平壤四
百餘歲而還隱於阿斯達爲神則爲君於斯
爲神於斯不厭於此地明矣箕子傳四十代
燕人衛滿都王儉城傳二世高句麗傳七百
五歲新羅並二百餘歲高麗王氏傳四百餘
年則檀君之去平壤遐哉邈矣其肯顧戀於
平壤乎且爲山神致土人之尊祀豈有樂還
於平壤與東明王同廟哉遺事註云桓因天
帝卽栁觀書所謂檀因也桓雄天帝之庶子
卽所謂檀雄也邈初之人不忘其本創立祠

『春官通考』 卷44 三聖祠 5

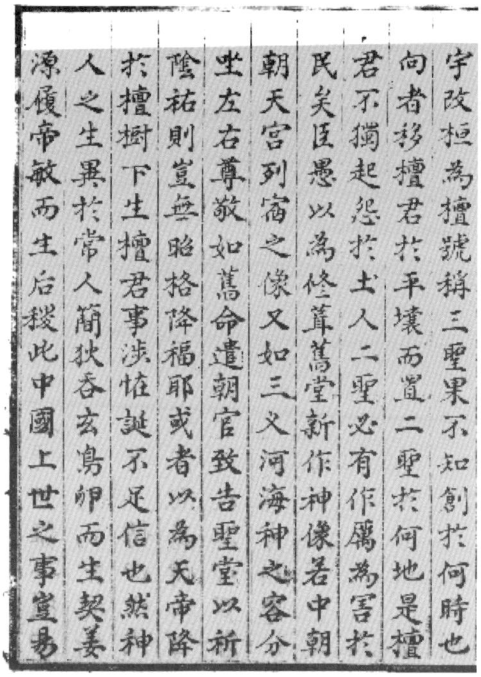

宇改桓爲檀號稱三聖果不知創於何時也
向者移檀君於平壤而置二聖於何地是檀
君不獨起怨於土人二聖必有作厲爲害於
民矣臣愚以爲修葺舊堂新作神像若中朝
朝天宮列宿之像又如三父河海神之容分
坐左右尊敬如舊命遣朝官致告聖堂以祈
陰祐則豈無昭格降福耶或者以爲天帝降
於檀樹下生檀君事涉恠誕不足信也然神
人之生異於常人簡狄吞玄鳥卵而生契姜
源履帝敏而生后稷此中國上世之事豈易

『春官通考』 卷44 三聖祠 6

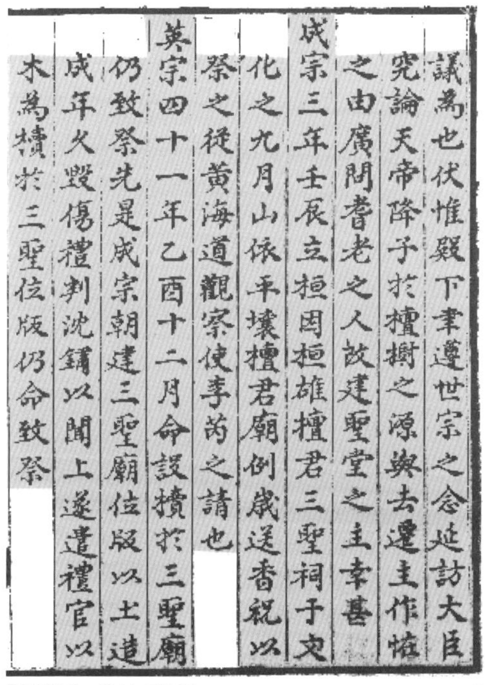

議爲也伏惟殿下聿遵世宗之念延訪大臣
究論天帝降子於檀樹之源與去還主作祐
之由廣問耆老之人改建聖堂之主幸甚
成宗三年壬辰立桓因桓雄檀君三聖祠于文
化之九月山依平壤檀君廟例歲送香祝以
祭之從黃海道觀察使李芮之請也
英宗四十一年乙酉十二月命設牘於三聖廟
仍致祭先是成宗朝建三聖廟位版以土造
成年久毁傷禮判沈鏽以聞上遂遣禮官以
木爲牘於三聖位版仍命致祭

『春官通考』 卷44 三聖祠 7

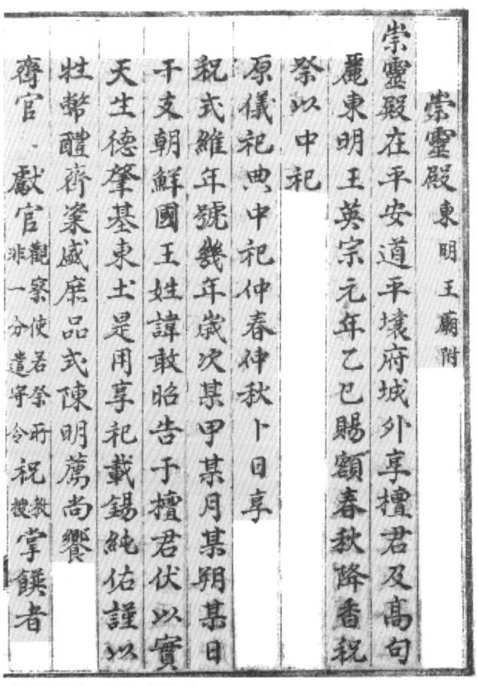

崇靈殿 東明王廟附
崇靈殿在平安道平壤府城外享檀君及高句
麗東明王英宗元年乙巳賜額春秋降香祝
祭以中祀
原儀祀典中祀仲春仲秋卜日享
祝式維年號幾年歲次某甲某月某朔某日
干支朝鮮國王姓諱敢昭告于檀君伏以實
天生德肇基東土是用享祀載錫純佑謹以
牲幣醴齊粢盛庶品式陳明薦尚饗
齊官·獻官 觀察使若參所非一分遣守令 祝 教授 掌饌者

『春官通考』 卷44 崇靈殿 8

執尊者 執事者 贊者 謁者(掌饌者以下以本邑學生充)
饌品 籩十在左爲三行右上(第一行形鹽在前魚鱐乾棗栗在次黃次之第二行榛子在前菱仁芡仁次之第三行鹿脯在前白餅黑餅次之) 豆十在右爲三行左上(第一行韭菹在前醓醢菁菹鹿醢次之第二行芹菹在前兔醢筍菹次之第三行魚醢在前脾析豚拍次之) 俎二一在籩前一在豆前(籩前俎實羊腥七體兩髀兩肩兩脅并脊兩髀在兩端肩脅次之脊在中豆前俎實豕腥七體其載如羊) 簠簋各二在籩豆間簠在左簋在右(簠實以稻粱簋實以黍稷在稻粱前) 甄鉶各三在簠簋後鉶居前甄次之(甄實以大羹鉶實以和羹加芼滑)

『春官通考』 卷44 崇靈殿 9

爵三在簠簋前(各有坫) 犧尊二(一實明水一實醴齊) 象尊二(一實明水一實盎齊) 山罍二(一實玄酒一實清酒) 爲三行(第一行犧尊第二行象尊第三行山罍) 皆加勺冪在壇上東南隅北向西上(續儀令儀并同)
幣白苧(長一丈八尺用造禮器尺 續儀原儀同但長十一尺六寸七分)
饌品歷代始祖先告事由移還安左一籩(實以鹿脯) 右一豆(實以鹿醢) 簠簋各一在籩豆間簠在左簋在右(簠實以稻簋實以黍) 俎一在簠簋前(實以豕腥) 爵一在俎前(各有坫) 衆尊二(一實玄酒一實清酒) 皆加勺冪在神位之左俱內向右上(續儀令儀并同也)

『春官通考』 卷44 崇靈殿 10

世祖元年丙子七月更定朝鮮檀君神主爲朝鮮始祖檀君之位
五年庚辰十月上率王世子西巡平壤親祭
肅宗五年己未上講洪範興感命遣近臣與箕子廟并致祭
二十三年又致祭御製檀君祠詩曰東海聖人作曾聞並放勳山揪遺廟在檀木擁祥雲
英宗五年己酉置殿參奉二人

『春官通考』 卷44 崇靈殿 11

崇仁殿(高麗肅宗七年政堂文學鄭文建議求箕子墳墓立祠以祭中祀)
崇仁殿在平安道平壤府城外享箕子
原儀祀典中祀仲春仲秋卜日享
祝式 敢昭告于箕子伏以九疇叙倫八條成俗至德難名祀事無斁(續儀結辭崇靈殿同)
齋官 饌品 幣(并與崇靈殿同)
世宗朝判漢城府事權弘上言箕子之賢天下萬世所共欽慕吾夫子嘗言殷有三仁焉我東方禮樂文物侔擬中華者以箕子受封於此而施八條之敎也其有功於東方甚大太

『春官通考』 卷44 崇仁殿 12

祖開國首載祀典所以尊崇先聖者至矣然
而墓無碑記無以顯揚功德乞令文臣撰碑
以詔後世命卞季良撰碑樹之祠下
世
祖五年庚辰十月上率王世子西巡平壤親
祭
光海三年辛亥成文濬移書于禮判李廷龜
曰吾東方受太師罔極之恩彝倫攸叙得免
鮮介者是誰之功德乎而末俗淆薄忘本慢
遠故都遺廟儀物草草今西京箕子方有上
請之擧若增修殿宇而祀典一依崇義殿王

『春官通考』卷44 崇仁殿 13

監之為則豈不大有光於聖朝乎鮮于氏之
在西京者乃其遠胄則莫如擇其賢者俾主
其祀也廷龜卽以其言白于朝而施行之
四年壬子因曹三省等疏請賜額崇仁殿以
鮮于寔為殿監世襲之其後改殿監為參奉
仁
祖元年癸亥遣使致祭
十五年丁丑廟庭立碑
肅
宗五年己未上曰予今講洪範書箕子傳道
於武王以叙彝倫及其受封于東大明教化
禮樂文物燦然可述使我東國至今冠帶克

『春官通考』卷44 崇仁殿 14

明五常以得小中華之稱者箕子之力也其
令主文之臣別撰祭文遣都承旨致祭于箕
子廟仍命曰別遣承旨重其事也鄉須致敬
行祀廟宇墳塋如其頹圮一一書啓子孫可
合錄用者亦為訪問承旨白檀君東明王亦
在其處自世宗朝春秋降香祝似當一體行
祭上曰先祭箕子廟後亦為擇日致祭檀君東明
墓
三十五年己丑教曰箕子八條之教實為東
方之大功其祠在平壤曾遣近侍致祭而哉

『春官通考』卷44 崇仁殿 15

月己久今又遣承旨致祭
英
宗六年庚戌致祭
七年辛亥遣承旨致祭命擇鮮于氏中俊秀
者使奉殿祀教曰追述寧考講洪範祭箕子
之聖意也
三十三年丙子致祭
附 箕子影殿在平安道龍岡縣黃龍山城又
在平安道咸川府白嶺山

『春官通考』卷44 崇仁殿 16

『春官通考』

泉寺至是移安
三十八年乙巳京畿監司李廷龜重修崇義
殿後啓請遣香祝以祭命以裔孫王鶠爲殿
監
肅宗二十一年乙亥二月領議政南九萬啓歷
代始祖祭祝式昔百濟始祖頭辭曰告于百
濟溫王云百濟始祖卽高麗始祖高朱蒙之
子也祝文中若擧其姓而稱之則當稱高字
若以直擧其名爲嫌則稱以百濟始祖亦無
不可今乃摘其名之上一字稱以溫王事理

『春官通考』 卷44 崇義殿 17

無據請令禮官釐正禮曹啓平壤所在檀君
位版書以前朝鮮檀君之位箕子位版書以
後朝鮮箕子之位高句麗始祖位版書以高
句麗始祖東明王之位慶州新羅始祖位版
書以新羅始祖之位廣州所在百濟始祖位
版書以百濟始祚溫王之神位麻田所在高
麗始祖位版書以太祖神聖大王以此參考
而百濟始祖位版之摘其名一字稱以溫王
誠無依據高麗始祖位版之沒其國號直稱
太祖亦涉未安且考香室儀軌祝文頭辭中

『春官通考』 卷44 崇義殿 18

箕子檀君但稱箕子檀君而無前朝鮮後朝
鮮之稱高句麗始祖則沒其東明王三字百
濟則沒其始祖二字高麗始祖則稱高麗太
祖大王位版祝式之斑駁如此請議大臣稟
處領議政南九萬以爲年久木主擦去舊題
殊非神道尙靜之義位版則似宜仍前香室
祝文百濟始祖則改以百濟始祖王高麗太
祖則改以高麗太祖王新羅始祖則改以新
羅始祖王似或無妨上從之
六月禮曹啓歷代始祖稱號並已釐正而檀

『春官通考』 卷44 崇義殿 19

君祝文平壤旣以前朝鮮檀君書送則黃海
道三聖祠檀君位版所當一體書塡崇義殿
高麗太祖旣稱太祖王則一殿所安顯宗元
宗文宗位版所書大王之大字幷爲勿書累
稱某宗王似宜上允之
英宗七年辛亥遣都承旨致祭敎曰纔講東史
起感麗太祖
四十六年庚寅敎曰今聞編緝廳所奏此亦
暮年歲首體先繼述之意噫有勝國然後有
我朝三恪故事可見予於前期心不敢忽故

『春官通考』 卷44 崇義殿 20

『春官通考』

春官通考卷之四十五

吉禮

歷代陵墓

世祖元年丙子三月丁酉集賢殿直提學梁誠之曰竊觀大明諸司職掌遣官祭歷代君相用以太牢甚盛舉也本朝以歷代君王歆祭所都而或有當祭不祭者又或無配享大臣以爲欠典乞每年春秋於東郊合祭前朝鮮王檀君後朝鮮王箕子新羅始祖太宗王文武王高句麗始祖嬰陽王百濟始祖高麗太

『春官通考』卷45 歷代陵墓 21

祖成宗顯宗忠烈王以上十二位以新羅金庾信金仁問高句麗乙支文德百濟黑齒常之近日所定前朝配享十六位及韓希愈羅裕崔瑩鄭地等配享一護前代陵墓臣觀續六典高麗太祖顯宗文宗元宗四陵各定守護二戶使禁樵牧太祖陵加一戶甚盛德也然臣竊惟歷代君主雖未能皆有功德於斯民亦皆一國人民所共主也其不省所在者已矣其陵墓如古而使狐狸穴於傍樵採行於上豈不可憫也乞令有司於前後朝鮮三

『春官通考』卷45 歷代陵墓 22

國前朝所都開城江華慶州平壤公州扶餘金海益山等處所在陵墓仔細尋訪其有功德者置守陵三戶別無功德者置二戶正妃陵墓亦置一戶略蠲征徭禁其樵採仍令所在官春秋省視致祭

成宗二十四年癸丑上以前代諸王及名賢之墓或有頹毁處者命所在修葺禁樵牧

英宗十七年辛酉上謂筵臣曰聞北道五國城有皇帝塚云然否對曰果有故老相傳之言上曰其時欲借道於高麗則五國城之在北

『春官通考』卷45 歷代陵墓 23

道者無疑旣云皇帝冢則令道臣禁樵牧

二十二年丙寅五月命自檀君至前朝諸王陵令道臣待秋修治自儀曹降香致祭

『春官通考』卷45 歷代陵墓 24

『春官通考』

檀君墓

檀君墓在平安道江東縣西三里周廻四百十
尺此載輿地勝覽姑錄之以備傳疑云
名王儉唐堯二十五年甲辰即位商武丁八
年甲子入阿斯達山(今九月山)為神廟在平壤
英宗三十九年癸未命修檀君箕子及新羅百
濟高句麗始祖之陵

『春官通考』 卷45 檀君墓 25

箕子墓

箕子墓在平安道平壤府北五里兎山子坐
姓子氏名胥餘周武王元年己卯立戊午薨
象設曲墻三面文石一雙武石一雙羊石一
雙丁字閣五間墓上碑(前面書箕子墓後面書萬曆二十二年三)
明火栗周廻一千一百九十步
墓官本殿監兼帶朔望行焚香禮守護軍二
十五人保人二十五名自本府給復二十五
結本朝壬辰倭亂寇掘左邊深一丈許堅不
可鑿俄而樂聲自壙中出賊懼而止撞折碑

『春官通考』 卷45 箕子墓 26

石亂平後改立新碑(書韓濩)以鐵釘穿附舊碑
立于新碑之後壬寅建丁字閣
仁祖元年癸亥遣官致祭
肅宗五年己未上曰予今讀洪範書箕子傳道
於武王以敘彝倫及其受封于東大明教化
禮樂文物燦然可述使我東國至今冠帶克
明五常以得小中華之稱者箕子之力其令
主文之臣別撰祭文遣都承旨致祭于箕子
墓仍命承旨曰別遣承旨重其事卿須致敬
行祀廟宇墳塋如有頹圮一一書啓以為修

『春官通考』 卷45 箕子墓 27

葺之地子孫中可合錄用者亦為訪問承旨
白檀君東明王亦在其處自世宗朝春秋降
香祝似當一體行祭上曰先祭箕子廟後亦
為擇日致祭(互見崇仁殿)

『春官通考』 卷45 箕子墓 28

『春官通考』

檀君廟遣近侍致祭儀 箕子廟致祭儀同○今儀
其日殿監帥其屬掃除殿之內外設饌幔於東
門外隨地之宜贊者設使者位於東階東南西
向執事者位於其後稍南西向北上贊者謁者
位於東階下近東西向北上設使者以下門外
位於東門外道南北向西上設望燎位於燎坎
之南使者在南北向祝及贊者在東西向北上
享日未行事前掌饌者帥其屬入奠祝版於神
位之右陳幣篚於尊所設香爐香合幷燭於神
位前次設祭器如式設使者洗於東階東南北

『春官通考』 卷45 檀君廟遣近侍致祭儀 29

向諸執事洗於使者東南北向執尊罍篚冪者
位於尊罍篚冪之後掌饌者入實饌具畢使者
及諸執事各服黑團領贊者謁者入自東門就
就階間拜位北向西上四拜訖各就位謁者引
使者以下俱就門外位又引祝及諸執事入就
階間拜位北向西上立定贊者唱四拜祝以下
皆四拜訖詣盥洗位盥帨訖各就位執事者詣
爵洗位洗爵拭爵訖置於篚捧詣尊所置於坫
上謁者引使者入就位贊者唱四拜使者四拜
贊者唱行奠幣禮謁者引使者詣盥洗位盥帨

『春官通考』 卷45 檀君廟遣近侍致祭儀 30

訖引詣神位前北向跪執事者一人捧香合一
人捧香爐跪進謁者贊三上香使者三上香執
事者奠爐于神位前祝以幣篚授使者使者執
幣獻幣以幣授祝奠于神位前謁者贊俯伏興
平身引降復位贊者唱行酌獻禮謁者引使者
陞詣尊所西向立執尊者擧冪酌酒執事者以
爵受酒謁者引使者詣神位前北向立贊跪執
事者以爵授使者使者執爵獻爵以爵授執事
者奠于神位前三連奠爵贊俯伏興少退北向跪祝
進神位之右東向跪讀祭文訖謁者贊俯伏興

『春官通考』 卷45 檀君廟遣近侍致祭儀 31

平身引降復位贊者唱四拜使者四拜贊者曰
望燎謁者引使者詣望燎位北向立贊者詣望
燎位西向立祝以篚取祝版及幣降自西階置
於坎贊者曰可燎置土半坎謁者進使者之左
白禮畢遂引使者出贊者還本位謁者引祝及
諸執事俱復拜位立定贊者唱四拜祝以下皆
四拜訖謁者以次引出贊者謁者就拜位四拜
而出掌饌者帥其屬徹禮饌闔户以降乃退

『春官通考』 卷45 檀君廟遣近侍致祭儀 32

者可知內閣彩棚宸粧盡故問之辦事官用銀六萬兩
云較諸露臺之費奚啻幾百倍爲一時悅目之資靡千
家中人之產不亦近於暴殄乎
三日辛亥晴留圓明園曉通官引三使至柜爲木內宮門
外朝房少憩黎明入勤政殿庭皇上已御寶榻殿內殿
陛下東西班聯及召見文武應選人皆如昨日禮訖皇
上御肩輿自內詣設戲殿諸臣退至織船處上船溯流
到天香齋前下船入戲殿東西序卯時如戲未時止戲
而演西遊記夲宴班聯宣饌儀節亦皆如昨日　宴班
軍機大臣王杰退自召對問于余曰貴　國有東國秘
史東國聲詩二書云今行或有携來者否余曰向於乾
河宴班彭尚書亦問二書而小邦史記鄭麟趾高麗史
金富軾三國史以外更無他史詩類則康熙間徐公致
彌東來時遂進東詩此外更無他遂矣王曰是處不從
容當送人往復及宴退歸館王閣老書求牧隱圃隱二
集又問我　國可觀書籍余書荅曰牧隱即李穡号圃
隱即鄭夢周号此皆高麗時人去今四百餘年多經兵
燹全集不傳小邦經生學子足跡不出數千里見聞極

一〇二

『燕行紀』 卷3 八月 三日 辛亥　1

其淺寡所著述安能備大方之觀如權近禮記淺見韓
百謙箕田攷精博雅然亦不足步武於亭林竹垞之
後歷常王回報曰貴　國平壤即箕子所都其田制必
有可觀幸於冬至使行付示箕田攷一部蓋退自召對
如是屢求懇切安知非出於皇旨將欲編入四庫全書
耶還到鳳凰城邊門書報內閣陳達　筵席印箕田攷
二十本付諸冬至使行分送于王閣老杰紀尚書勻鐵
侍郎保
四日壬子曉雷雨朝晴晩陰留圓明園曉通官引三使至
柜馬木內宮門外朝房少憩黎明入勤政殿庭皇上已
御寶榻殿內殿陛下東西班聯及召見文武應選人皆
如昨日禮訖皇上御肩輿自內詣設戲殿諸臣退至織
船處上船溯流到天香齋前下船入戲殿東西序卯時
始戲未時止戲而演西遊記夲宴班聯宣饌儀節亦皆
如昨日止戲前軍機大臣阿桂領欽賜各種頒于諸臣
余與正使各緞三疋荷包二雙書狀官緞二疋荷包二
雙○和珅之頒賞必乎自點檢口呼名授之阿閣老則
置黃函于前使郎官通官等呼名授之大臣之體固當

燕行紀 卷三

『燕行紀』 卷3 八月 三日 辛亥　2

『燕行紀』

部指揮入南館城內外道旁點綴方次第撤歸去館後
贈鐵侍郎五言律一首數野箋一頂詩箋三十葉竹清
紙一百葉雪花紙二束詩曰好戲馳翰墨海內仰高名
交為論詩重官仍掌禮清時班聯屬國走馬出長城一
副襞錦箋舊緣寄野情○是日紏納進賀方物于太和
殿前御庫謝恩方物依近例權付于南館請居信實人
處
二十一日己巳晴留南館衍聖公和送贈詩書送鶴山見
一亭扁額韓曰大筆償重海天東此日賡酬雅意通記
得清談意滿承龍寶博識正難窮又曰尼岑泗水遠懷
京恰喜星軺集藻識猶有箕疇遺範在常先九譯樹風
聲登文闡典籍長恩永來傳即衍聖府部官也
二十二日庚午晴留南館

一二〇

『燕行紀』卷3 八月 二十一日 己巳

3

書刻之島石嵌于巖腹題詩甚旁曰鎮廟門西似蓋松
半存枯鮮半籠蔥欝神如見抱朴子當猶懈非陳所有
立下悲凝晴如雨現前下憐色芳空何當六月其根坐
讀疏化總嚶嚶風今詩亞存而枯松已亡石東南有覽
秀亭西眺桃花洞層巒奇巖霜葉鋪錦道隱各聖水盆
諸勝可以領略於數里外皇上御製戊戌集注桃花洞
塵間多渤 朝鮮人詩蓋朝鮮為箕子所封至今猶重
文教廟東別有觀道士數人居之蓋為守廟也○小黑
山駐防佐領二驍騎校二所領滿洲漢軍兵一百四十
名鎮廣寧明時樂遼于小黑山東至老邊驛為三衛駐
牧之地今遼藩遺址猶存清以大凌河遠為牧場夏則
牧馬於水草豐饒處冬則分交內府官莊旗人餵養今
孳育之數為二十萬二千八百餘匹
二十二日己亥晴炊飰于新店止宿于二道井是日行五
十里今日即我 聖上誕辰遙想百僚起居近侍引對
稱觴獻壽慶賀如雲而余以閒官遠滯封疆之外未隨
鵷鷺之列瞻望蓬萊悵然于中新店後園西顧西北
白臺子此乃七月初熱河燕京分路處由白臺子過盤

燕行記 卷四

『燕行紀』卷4 九月 二十一日 戊戌

4

『燕行錄』 출처: 한국고전번역원 데이터베이스

燕行錄

同盒共樂仍出見琉球館雜戲至正陽門側有關帝
廟車馬塡咽男女奔走入其廟兩邊有二人坐榻上
持一卷冊皆禍福吉凶文字也中藏下滿積之紫胃
香燭向藏之前焚香捧燭說三拜叩頭右手探數簡
抽藏白榻上侍者入前其人拈禍福文一張授之一
張之価錢二十錢終日取錢羅溢几案間嗟夫關
帝若有靈禍之福之視人之善惡而報之今驅驕之
類藉關帝之靈以作渠之生涯而來關閣帝之罪甚
人可怪也夫是時小雪微下聞琉球館以雲羅戲幛
向東街訪衆好齋主人人喜甚迎我榻上出文房
諸具對作筆談少伯曰聞東方有井田至今行其制
也余答曰箕邑是殷太師古都區畫猶存遺迹可想
但井田不廣居民漸密不能盡因古制而至今閒落
有相助之誼少伯曰東方尚青而衣白何也余曰殷
尚白是以衣白少伯曰東方甚寒居人皆衣裘然乎
余答曰東方亦南北南則暖居南者衣布北則寒居
北者衣裘少伯曰按朝鮮採風錄其詩率足可諷誦
東方豈多詩人耶余曰不但詩人雖武夫賤卒皆通
一經少伯曰昨聞禮部之宴東方節使也使臣及從
人皆一樣冠帶何其無等威也余曰雖賤者有勝袴

『燕行錄』 奇遊錄 壬子 正月 三日

1

燕行錄

即發行將入城松園上馬謂余曰海甸西山盡意遊
覽而此生似不可復見回顧左右不禁悵悵時微雪
点衣輕塵不起垂楊條行先畢如畫午間入西直門
行十餘里出宣武門過琉璃廠金聲軍隨使家先行
松園訪張水屋從間路而去余則下馬就聚好齋前
入見程少伯少伯甚喜坐余卓子上勸茶一盃出狀
丹扁陳子及一翁亭序文別章一軸贈之其意勤摯
可感吾東與江南不啻萬有餘里邂逅萍水而不
過數次書不滿一束而許以曠世神交呼之以海內
知音是寧無因緣來盡除去其序文曰章友之嵗來
方節使來獻方物有金白在菴先生名正中字士龍
者與之隨與余邂逅即訂傾蓋交通姓氏外非詩與
文不出諸口蓋其性使然也嘗告余曰其家居臨大
同江有樓焉節使取杜工部詩江湖滿地一漁翁之
意額曰一翁亭於其上藏書几累千卷日夕與秀才
焚香讀書其間將為終老計願余記其事嗟吁余觀
一翁之行事想翁之為人知翁之所志甚大所見甚
遠乎書言苟何所取乎考東方輿圖大同江遶城之
東門遠迤旋折不知所極其西崖為箕子所都古地
沃野綿亘居民稠密井田在焉皆殷制也東崖則遼

『燕行錄』 奇遊錄 壬子 正月 二十日

2

岑散列嘉木森布峯巒相亢蓊薈交滄甚則登斯樓
也窮高極遠顧眄左右則凡江山雄聚形勢攫拒足
可以抒發翁之壯志也江流有群長林一色則凡晚
鳥出沒雲烟卷舒足以開寫翁之壯矣也至於秋水
澄空春晴爛野農歌遥牽漁唱欸乃嘔啞和答
翁之閑調也天籟微發川月相映則凡游魚乍躍倦
鳥争還俯窺翁察皆翁之忘機也四時代謝光陰往
來千態萬狀變幻頃刻翁皆得而有之矣于余言何
所取乎哉曰此蘇子所謂取之無禁用之不竭是造
物之無盡藏而我人所共適而獨以一翁名亭何哉
余曰濠梁之上莊惠不相知矣夫安敢謂己之所
見即為他人之所見者乎且境遇情遷今昔殊感
今日所見有不可拘于後日者而况人之與己之明
判然為二者哉或曰吾人藐然中處當其父天母地
民胞物與之心廓然大道為公不敢枉自菲薄今其
亭曰一翁殆非考槃詩人所碩人之邁獨寐寤歌
碩之軸獨寤者抑何謙也余曰否所稱石隱者流
其辟人避世往往入山惟恐不深入林惟恐不密如
巢許者已是今翁之斯樓愧然至於不城不市之間
時與二三知己登眺其上凡夫文人學士騷客名流

一八七

『燕行錄』奇遊錄 壬子 正月 二十日 3

『同文廣考』

출처: 규장각 장서

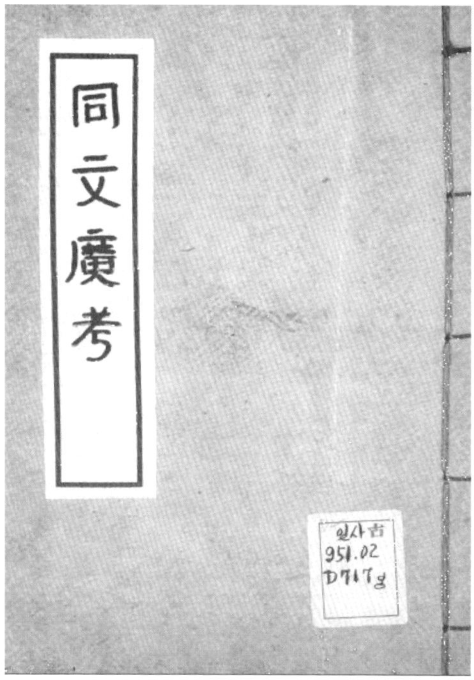

『同文廣考』 表紙 1

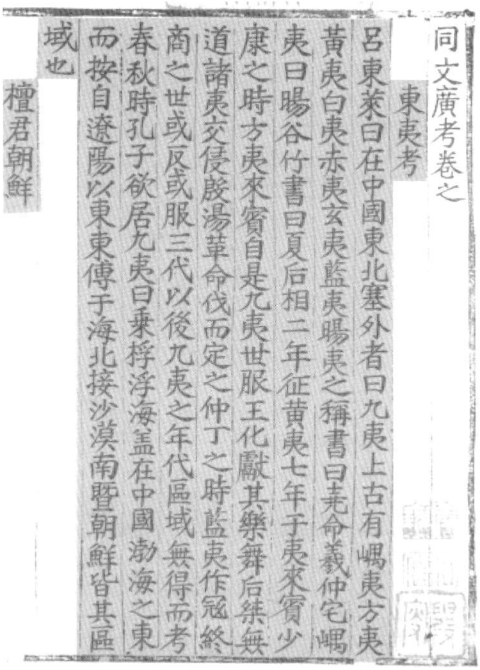
同文廣考卷之
東夷考
呂東萊曰在中國東北塞外者曰九夷上古有嵎夷方夷黃夷白夷赤夷玄夷藍夷暘夷之稱書曰堯命羲仲宅嵎夷曰暘谷竹書曰夏后相二年征黃夷七年于夷來賓少康之時方夷來賓自是九夷世服王化獻其樂舞后桀無道諸夷交侵殷湯革命伐而定之仲丁之時藍夷作寇終商之世或反或服三代以後九夷之年代區域無得而考春秋時孔子欲居九夷曰乘桴浮海盖在中國渤海之東而按自遼陽以東東傳于海北接沙漠南暨朝鮮皆其區域也
檀君朝鮮

『同文廣考』 東夷考 2

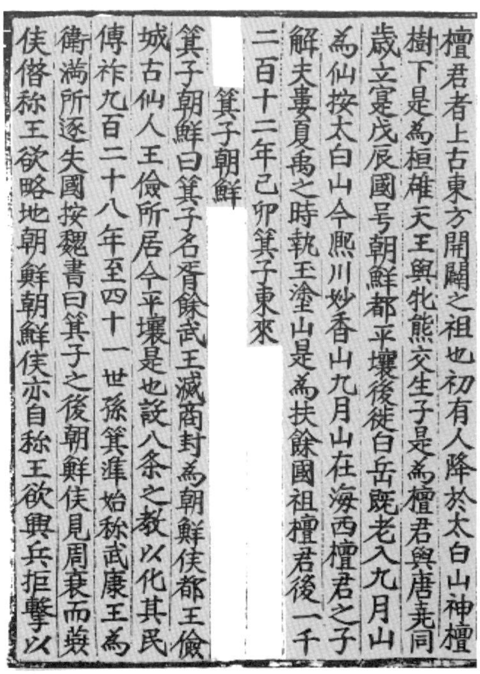
檀君者上古東方開闢之祖也初有人降於太白山神檀樹下是為桓雄天王與牝熊交生子是為檀君與唐堯同歲立寔戊辰國号朝鮮都平壤後徙白岳既老入九月山為仙按太白山今熈川妙香山九月山在海西檀君之子解夫婁夏禹之時執玉塗山是為扶餘國祖檀君後一千二百十二年己卯箕子東來
箕子朝鮮
箕子朝鮮曰箕子名胥餘武王滅商封為朝鮮侯都王儉城古仙人王儉所居今平壤是也設八条之教以化其民傳祚九百二十八年至四十一世孫箕準始称武康王為衛滿所逐失國按魏書曰箕子之後朝鮮侯見周衰而燕侯僭称王欲略地朝鮮朝鮮侯亦自称王欲興兵拒擊以

『同文廣考』 檀君朝鮮・箕子朝鮮 3

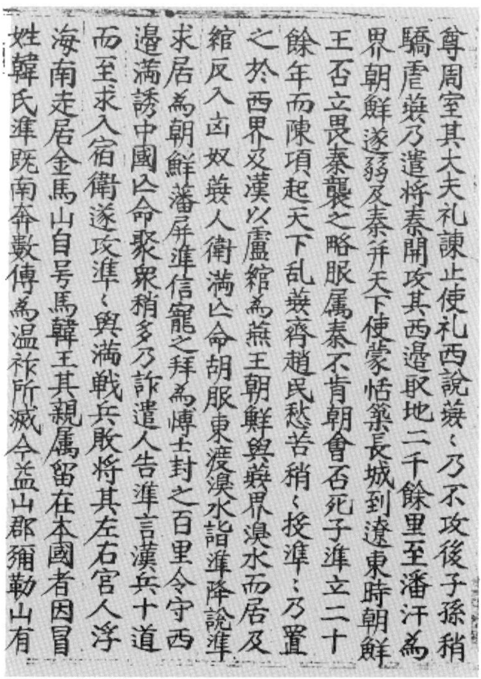
尊周室其大夫礼諫止使礼西說燕〻乃不攻後子孫稍驕虐燕乃遣将秦開攻其西邊取地二千餘里至潘汗為界朝鮮遂弱及秦并天下使蒙恬築長城到遼東時朝鮮王否立畏秦襲之略服属秦不肯朝會否死子準立二十餘年而陳項起天下乱燕齊趙民愁苦稍〻投準〻乃置之於西界及漢以盧綰為燕王朝鮮與燕界浿水而居及綰反入匈奴燕人衛滿亾命胡服東渡浿水詣準降說準求居為朝鮮藩屏準信寵之拜為博士封之百里令守西邊滿誘中國亾命聚衆稍多乃詐遣人告準言漢兵十道而至求入宿衛遂攻準〻與滿戰兵敗将其左右宮人浮海南走居金馬山自号馬韓王其親屬留在本國者因冒姓韓氏準既南奔數傳為温祚所滅今益山郡彌勒山有

『同文廣考』 箕子朝鮮 4

箕準旧城
衛滿朝鮮
衛滿者燕人楚漢之乱聚衆數千避之東來攻逐箕準奪
據平壤役屬東夷諸小部國号亦稱朝鮮至孫右渠中國
亾人滋多驕不奉詔襲殺遼東都尉漢武帝怒元封三年
遣將軍楊僕荀彘等出遼東討之朝鮮相尼谿相參等殺
右渠降遂分其地爲四郡曰真番臨屯玄菟樂浪至昭帝
時以四郡遐遠罷之移置於遼東爲二郡曰遼東玄菟其
後漢賜東夷諸國衣幘鼓吹伎樂皆從玄菟郡受去衛氏
開國於漢高十二年丙午至武帝癸酉亾凡八十八年三
朝鮮以後東夷遂無君長其部落分散有三韓之号曰馬
韓辰韓弁韓按新羅崔致遠云東海之外有三國馬辰弁

『同文廣考』 衛滿朝鮮 5

三韓是也馬韓今高句呂辰韓今新羅國弁韓今百濟國
致遠去三韓不遠必能詳知其區域而魏書曰馬韓在西
辰韓在東弁韓介于辰馬之間自古未詳其區域云者何
哉三韓之時無文籍可考其年代事蹟獨魏書略言其郡
國風俗故以此爲準云
○馬韓箕準南迁後自号馬韓王其親屬留在本國者因
冒姓韓氏自称馬韓種魏書曰諸韓地皆在帶方郡東南
西距海南與倭接方可四千里有三種夷曰馬韓辰韓弁
韓馬韓者箕準故國辰韓在帶方之辰方名之或曰秦時
亾人所居故亦曰秦韓盖馬韓在西辰韓在東而弁韓介
于兩韓之間與辰韓雜処自古莫知其區域馬韓之民土
着耕食知蚕桑作綿布各有渠率大者号曰臣智其次爲

『同文廣考』 衛滿朝鮮 6

弁與辰雜處其城郭衣服居處言語法俗略同而其祀祭
鬼神有异因皆在庿瀆盧旺與盧倭接界其十二國亦有
君長人形皆大衣服潔清作廣幅細布長髮法持嚴峻
云
○三韓之時東沃沮亦爲一域今之鏡咸北道也魏書曰
沃沮在高勾麗盖馬大山之東亡濱大海而居其地形東
北狹西南長可千里北與挹婁扶餘南與濊貊接户可五
千無大君長邑落各有酋帥其言語類同勾麗漢初衛滿
王朝鮮時沃沮属焉漢武帝元封二年伐朝鮮殺滿孫右渠
分其地爲四郡以沃沮城爲玄菟郡後被夷貊所侵徙郡
遼東界句呂西北地今所謂玄菟故府也沃沮还属樂浪郡

『同文廣考』 衛滿朝鮮 7

濊貊考
三國史曰濊貊本朝鮮地南與辰韓北與句呂沃沮接東
濱大海西至樂浪漢武元朔五年濊君南閭叛朝鮮率二
十八萬人詣遼東降漢以其地爲滄海郡數年罷之建武
中封其渠帥爲縣侯歲時朝貢貊布果下馬之屬其俗頗
同句呂而人性愚慤少嗜欲有廉恥衣服異製不婚同姓
不賓珠玉有侵犯邑落者責出生口牛馬高句呂累發其
兵侵漢遼東又從漢兵南侵羅洛焉相傳扶餘王印文曰
濊王之印又扶餘長老自称亾人豈扶餘南閭遺種耶濊
今江陵府貊今春川地云

『同文廣考』 濊貊考 8

○三韓以後有三國曰新羅高句呂百濟是也
新羅祖曰赫居世姓朴氏朝鮮辰韓部人也漢滅衛滿置
四郡於遼鮮之地東夷遂無君長弁辰馬三韓分拠一域
之中各有渠酋統其部落干戈日尋辰韓六部乃推赫居
世為主號居西干東夷王稱也以漢宣帝五鳳元年甲子
四月丙辰即位國號徐伐邦都今慶州赫居世生異常人
長有賢德化家為國安民睦隣於是弁韓乳部來降倭人
感德不犯樂浪沃沮皆稱聖人而歸服焉享國六十一年
卒葬蛇陵子南解王立以月城人昔脫解為女婿登為大
輔委以國政王臨卒託太子儒理曰汝必傳位於脫解也
儒理立臨卒以先王命立脫解為王是為昔氏代朴有國
之始也脫解臨卒不傳其子又立儒理之子是為婆娑王

『同文廣考』 新羅 赫居世 9

高句麗

高句麗始祖東明王名朱蒙北扶餘胡國鴨綠府人自以
高辛之後姓高氏其先不可知其俗說云扶餘王金蛙時
太白山南有女子名柳花與男子鮮慕漱私通於熊心山
下鴨綠水邊父母責女無媒而從人謫之優渤水上以漢
宣帝神雀四年癸亥四月生子骨象英奇年至七歲自作
弓矢百發百中其俗以善射者稱朱蒙遂以為名扶餘王
用為牧馬官朱蒙知牧馬之駿者減食令瘦王以賜朱蒙
隨王出獵朱蒙殪獸獨多王長者帶素言於王曰朱蒙勇
而善射必為後患請除之王不聽蒙母知之勸蒙遠避乃
與烏伊摩離陜父等三人逃至鴨綠東北淹滤水上追者
垂及蒙等浮馬渡江至毛屯谷遇三人有麻衣者名再思

『同文廣考』 高句麗 東明王 10

衲衣者名武骨水藻衣者名默居朱蒙告衆曰我承景命
欲啓元基而得此三人豈非天賜乎與俱至卒本川紇升
骨城居之未遑作宮室但結廬於沸流水上國號高句呂
時朱蒙年二十二漢元帝建昭二年新羅祖赫居世二十
一年甲申歲也卒本之地山川險固土壤肥美四方多歸
附者其地近靺鞨部數被侵盜遂攘斥之靺鞨不敢犯朱
蒙見沸流水上菜葉流下知上流有人居因獵而至沸流
國國王松讓出見要朱蒙為附庸蒙怒與之較藝松讓不
勝二年舉國來降乃以其地為多勿都封松讓為侯三年
春黃龍見於鶻嶺青紅彩雲復見於鶻嶺之南四年秋七
月營作城郭宮室六年八月神雀集宮庭十月命烏伊扶
芬奴伐荇人國取之以其地為城邑十月秋鴦集王臺十一

『同文廣考』 高句麗 東明王 11

月命扶尉猒伐北沃沮滅之亦為城邑十四年八月朱蒙
母柳花卒於扶餘扶餘王金蛙以朱蒙建國稱王用太后
禮葬之立廟祀十月遣使扶餘獻方物報其恩朱蒙本妻
禮氏與蒙子類利逃歸朱蒙立為太子九月朱蒙卒年四
十葬于龍山號東明聖王○史稱朱蒙以英雄之姿見忌
扶餘逃難卒本披艸萊建邦設都雖未遑制作威德日盛
降松讓取荇人斥靺鞨滅沃沮雄據一方虎視三韓何成功
之易也○東史朱蒙自扶餘逃難渡鴨綠江至丸都建國
稱王丸都者即寧遠之劒山嶺劒之俗名曰環刀今三國
史朱蒙來奔沸流地都於紇骨城不言初至丸都未可詳
也沸流者今成川府有沸流江江上有紇骨城俗稱朱蒙
所都城垣甚小不似建都之地蒙又遣兵滅荇人國而其

『同文廣考』 高句麗 東明王 12

『同文廣考』

地在太白山東南太白山即香山之一名也今寧邊府在
其東南豈荇人之故國乎又未可知也○東明始邑於丸
都号高句麗按唐志自鴨緑江口百餘里乘小舫泝流東
北五百三十里至丸都又魏略云丸都在遼陽東千里北
為扶餘東為沃沮南為朝鮮濊貊戶三萬地方二千里多大
山深谷無原隰良田谷居澗飮佃作不足以實腹故俗節
飮食好治宮室所居左右立大屋祭鬼神及灵星社稷人
性宂急喜寇盜大家不佃作坐食者萬餘口下戶遠輸米
粮供給之俗喜歌舞邑落男女昏夜群聚謌戲無大倉庫
家家自有小倉名桴京人皆喜潔善釀酒拜跪申一脚行
步皆走頭幘無後或折風巾形如弁國東有大穴每年十
月國人齊會迎神於東山祭之無牢獄有罪者諸官評議

『同文廣考』 高句麗 東明王 13

便殺沒入其妻子其婚姻之規言語已定女家作小屋於
大屋後名婿室婿昏至拜跪戶外自名乞就女宿如是再
三乃聽就宿至生子長大乃許將婦皈家如南蛮俗夫役
於婦家其人有氣力善鬪馬皆小便於登山所謂細馬其
後漸盛拓地益廣北界遼河東西濱海南限漢江分為五
部戶可二十一萬五百零今遼河以東咸鏡平安黃海等
道及京圻漢北之地皆其區域也其百官之名有曰對盧
其相也有曰莫離支如中國之吏兵尚書有曰耨薩治一
部如中國方伯其大城則置一比如中國之都督也其衆
官号曰相加曰沛者曰古雛加曰主簿曰優台承曰使者
曰皂衣曰先人各有等級其本夫餘別種言辭多與扶餘
同其性氣衣服不同焉有五族曰涓奴部絶奴部順奴部

『同文廣考』 高句麗 東明王 14

扶餘王帶素遣使責王曰爾先君東明誘我臣民逃至卒
本建國夫國有大小人有長幼以小事大以幼事長礼也
順也若能以礼順事我則天必佑之國祚永終不然則欲
保其國難矣王自以立國日淺民殘兵弱恐恥屈服曰大
王之教敢不唯命○二十九年作離宮於豆谷三十一年
漢王莽詔發句呂兵伐北胡句呂人不欲行皆亾出塞因
犯法為寇遼西大尹田譚追擊之為其所殺嚴尤奏莽曰
貊人犯法罪不在騶且慰安之今猥加大罪恐其遂叛且
凶奴未克濊貊復起此大患也莽不聽命尤攻之尤誘句
呂將延丕斬之傳首長安莽不悅更名高句呂為下句呂
布告天下按漢書及南北史皆云誘句呂侯騶斬之二說
不同 三十二年十一月扶餘人來侵王子無恤率師禦之

『同文廣考』 高句麗 瑠璃王 15

伏兵于山谷大破扶餘兵於鶴盤岑下○按句呂史類利
王後無名騶者為王被嚴尤誘殺則今漢書及南北史皆
云嚴尤誘騶斬之豈以斬句呂將延丕謂呂王誇矜天下
乎莽事類多如此不可信也○三十三年立王子無恤為
太子委以軍國之政八月遣兵二萬西伐梁貊滅之襲取
漢高句呂縣三十七年四月王子如津溺水死王哀痛求
屍不得後沸流人祭須得之以聞遂葬於王骨岑賜祭須
金十斤田十頃七月王幸豆谷十月卒於離宮葬于豆谷
東原号琉璃明王○太子無恤立琉璃王第三子母多勿
旺侯松讓女王少而聰明壯而雄傑琉璃王三十三年甲
戌立為太子時年十一至是即位三年春三月立東明王
庙秋九月畋于骨句川得神馬名駏驤十月扶餘王帶素送

『同文廣考』 高句麗 瑠璃王・大武神王 16

赤烏一頭兩身四年十二月王出師伐扶餘次沸流水上
得寶馬不火自熱炊米作食以飽一軍道中遇一人身長
九尺面白目有光拜王曰臣乃北溟人怪由竊聞大王將
伐扶餘臣請從行取扶餘王頭王悅許之五年二月王伐
扶餘進兵於國南地多泥淖扶餘王出戰策馬以前陷于
泥中怪由拔劒大吼擊之萬众披靡進執扶餘王斬之扶
餘人圍句呂王數重王為疑兵從間道夜走獲免失神馬
駏驤及自炊鼎三月神馬率扶餘牧馬百餘匹來至鶴盤
岺下車廻谷四月扶餘王帶素弟至曷思水上開國稱王
金蛙季子也王從弟與萬餘人投高句麗封為王安置椽
那部賜姓絡氏冬十月怪由卒九年冬十月王親征盖馬
國殺其王以其地為郡縣十二月句荼國王聞誅盖馬王

『同文廣考』高句麗 大武神王 17

性暴虐不恤國政國人怨之元年八月大水山崩二十餘
所六年秋兵襲漢北平漁陽上谷太原等处遼東太守蔡
彤撫以恩信後復和親王坐必藉人臥則枕人動搖則殺
臣有諫者射之六年侍臣杜魯弑之太子翊亦不仁國人
立琉璃王子宮宮生而能視幼而岐嶷時年七太后聽政
王四年伐取東沃沮置邑拓地東至滄海南至薩水二十
二年伐朱那虜其王子乙音二十五年扶餘獻三角鹿長
尾兎王以為瑞大赦五十三年寇漢遼東遼東太守耿夔
拒擊大破之六十六年遣將與濊貊襲漢玄菟六十九年
漢幽州刺使馮煥玄菟太守姚光遼東太守蔡諷等會兵
來攻殺濊貊渠帥王遣弟遂成領兵數千逆戰詐降潛襲
玄菟遼東焚其城郭殺獲數千餘人是歲王與鮮卑侵漢

『同文廣考』高句麗 太祖王 18

遼隊縣遼守蔡諷拒戰敗死王遂合馬韓濊貊萬餘騎進
圍玄菟扶餘王子尉仇台領兵二萬與漢兵并力拒擊邑
兵大敗是時王連年侵漢遼東互有勝負王九十年丸都
地震王又夢一豹噬斷大虎尾占之或曰虎乃百獸王豹
其類而小者也意者王族有謀絶大王之後者乎王不悅
九十四年王弟遂成謀逆右輔高福章請誅之王曰吾弟
有功於國吾將禪位福章曰遂成不仁今日受禪明日害
大王之子孫豈可施惠於不仁之弟而貽禍於無罪之子
孫乎不聽而禪位退老於別宮稱太祖王遂成立年七十
六遣將襲漢遼東西安平殺帶方令掠樂浪太守妻子而
畋以弥儒菸支留二人為左右輔陽神為中畏大夫皆昬
貰成其謀者也尋殺高福章福章臨死大罵國人莫不痛

『同文廣考』高句麗 太祖王 19

魏王不答貫那讒后曰后造革車將臧我投海王知其誣
怒曰汝要入海乎遂臧革車投海十三年王田杜訥谷魏
將尉遲楷襲之王以五千騎擊破之斬首八千二十三年
王卒太子藥盧立葬王於中川原荼盧十一年肅愼來侵
王弟達賈擊破之取其檀盧城迁六百餘戶又降其扶餘
南烏川等六七部落王封達賈為安國君十七年王殺弟
逸友勃素二人二人稱病往温水與其黨游戲出言悖逆人
有告者偽拜相召至使力士執殺國人寃之是歲伐帶方
百濟救之二十三年王卒太子相夫立葬王於西川原
○相夫元年忌叔父安國君有大勲業為國人所重殺之
國人相吊尋又殺弟咄固國人益寃惜咄固之子乙弗逃
於野二年燕王慕容廆來攻王奔新城敵兵追及會新城

『同文廣考』高句麗 西川王 20

『同文廣考』

昵於済王仍劫其高官室繕城郭治陵墓以疲其民力然
後擧兵攻之破軍殺王俘其民八千百済太子文周南徙
熊津城六十八年南齊主蕭道成冊王驃騎大將軍王遣
使報謝魏光州巡兵獲使于海中魏主詔責王曰道成弑
主竊位朕方欲問罪卿外交篡賊非藩臣守節之義然不
以一過掩其舊款此後秪奉明憲動靜以聞王終不悛數
通江南七十餘年遣使朝魏魏以句呂方強置諸國使邸
齊為第一句呂次之七十四年王卒年九十八号長壽王
魏遣使贈謚曰康太孫羅雲立○羅雲二年魏遣使冊封
賜衣冠車服之飾齊亦遣使冊封十四年遣使芮悉弗朝
魏魏主引見東堂悉弗進曰小邦係誠天極累葉勤純地
產土毛無愆王貢至於金出扶餘珂產涉羅扶餘為勿吉

『同文廣考』 高句麗 文咨明王 21

所逐涉羅為百済所并二品所以不登王府魏主曰句呂
世荷上奬專制海外九夷猾虜悉得征之瓶傾罍恥是誰
之咎也方貢之愆責在連帥宜宣朕旨於卿主也十八年
梁武帝天監七年遣使冊王撫軍大將軍開府儀同三司
二十二年襲破百済加不園山二城俘千餘人済王以三
千騎戰於葦川北大破之二十九年王卒号文咨明王太
子興安立興安二年梁魏並加冊封十一年侵百済取穴
城百済佐平燕謨引兵三萬戰於五谷原兵敗死者數千
十三年王卒号安臧王弟宝延立二年遣使朝東魏魏冊
封十五年王卒号安原王太子平成立平成六年遣使朝
北齊齊人冊封侍中驃騎大將軍東夷校尉遼東公七年
突厥寇遼東新城白岩等処遣將軍高紇擊破之是歲新

『同文廣考』 高句麗 文咨明王 22

百濟考

百濟始祖溫祚王本北扶餘王解扶婁庶孫父曰優台母
曰召西奴卒本人延陀勃之女初歸于優台生二子長曰
沸流次曰溫祚優台早死召西奴寡居于卒本朱蒙不容
於扶餘以前漢建昭二年二月南奔至卒本建國号高句
呂聚召西奴為妃其開基刱業多有內助朱蒙寵待特厚
視溫祚兄弟如己子及朱蒙本妻礼氏子類利自扶餘來
奔朱蒙立為太子及朱蒙卒類利立溫祚謂沸流曰始先
王避扶餘之乱逃奔至此我母傾家財助成大業其勤勞
多矣及先王厭世國家屬於類利吾等在此如疣贅不如
奉母南海別立基業遂卒其徒烏干馬黎等十人渡浿帶
二水至漢山登負兒岳望可居之地沸流欲居於西海过

『同文廣考』 百濟考 23

東國歷代總目

○檀君起唐堯元年戊辰都平壤後徙九月山歷一千二
百十二年箕子東來
○箕子起周武王元年己卯都平壤歷九百二十九年至
武康王箕準為衛滿所逐南迁金馬山今益山郡
○衛滿起漢高帝丙午逐箕氏仍都平壤至孫右渠為漢
兵所滅時武帝癸酉三代凡八十八年
○新羅祖赫居世起漢宣帝五鳳元年甲子至後唐主從
珂乙未亾都今慶州三姓相承五十五王合九百九十二年
○高句呂祖東明起漢元帝建昭元年至唐高宗戊辰亾
二十八王七百五年初都卒本川後迁國內城三移丸都四
移平壤五復迁丸都六移平壤東黃城七迁平壤八移長

『同文廣考』 東國歷代總目 24

『梧溪日誌集』 출처: 장서각 장서

孫詞林告其詞曰
年年芳草憑玉孫 一派青山叢安存 山雲寂寞山泉洛
何羡必會㞐閑石門
日余從韓休休先生適白寧山見白鶴二雙飛繞峯頭余問曰此山有鶴棲乎休休曰彼鶴非鶴乃玉版之精也彼峯上岩間藏置石櫃櫃中有玉版四箇版上有金字書檀君時文朴大徃神誌聖人所記也皆變化長生之訣也外面刻丹黑聖人閒見使老娀守之凡人不得擅發吾嘗一番得觀余請求觀休休曰不可余強進至岩前風雨雷霆大作空中有語曰休休勿洩語勿再瀆余懼而請退中路余又問曰丹黑聖人何時出現乎休休曰百有餘歲後出現於世也

『梧溪日誌集』 樂何子序 2

梧溪日誌集

『梧溪日誌集』 表紙 1

海州郡昌金山外七峯末梢頂戊寅歲余欲置塚于此穿地忽然誌石三箇露出故乃知故李仁遠塚也誌石曰公諱仁遠字士博咸原人宋嘉祐丁酉二月十二日生官至左僕射卒己丑九月初四日卒⊙世系付檀君第二子扶婁◦虞◦封豐邑君 子寶國君桓豹◦子桓虎◦子桓貍◦子桓◦桐◦子桓◦獫◦子桓◦豻◦子桓◦狒◦子桓◦貌◦桓◦彪◦子桓◦猿◦子桓◦獬◦子桓◦貔◦子桓◦㺜◦子桓◦象◦子桓◦貅◦子桓◦兕◦子桓◦駮◦子桓◦羚◦子陽◦男◦國丙綿中 子鶴公◦子松◦郎◦子永◦郎◦子羨◦郎◦子草◦郎◦子神◦忠◦子崇◦里◦叔詳下 三世孫五◦松◦仙◦于魚◦桓◦子乙◦密◦子壽◦豐◦封巨蔡部長 傳聲公活◦遲簡公正◦茲獻公固◦如衷公固◦次景公述◦亦武公潘◦捷定

『梧溪日誌集』 檀君世系詳探記 4

虹百处此兒拜問其母親所在之處其老人曰汝從我留宿三年當指所在處此兒陪從老人三年敬事少無怠慢極盡奉侍一日謂兒曰君母也非別人乃尾星第二星也明日將往于山南杏花下有摘菜女人九箇成列而行矣自後第二人乃君母也遂往指示之處果見九女採蔬尋見第二人布衫青巾提筐長吁而立兒乃牽衣哭遂母子相扶悲泣入簡仙娥催其歸去其母謂兒曰汝善事師父老人修鍊成道自然後可有重見之日言未畢忽然狂風大作捲一陣雲而去也望空而拜歸事老人學成道當世第一真人而老人即阿郎道士此翻潭月上人而其兒即韓休休先生與余詳述來歷故畧陳者此也

檀君世系詳探記

『梧溪日誌集』 檀君世系詳探記 3

『梧溪日誌集』

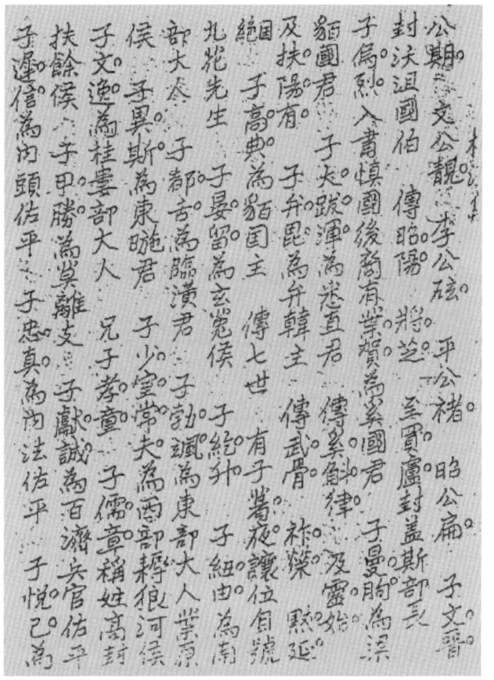
公則文公靚李公眩平公褚昭公扁子文晉
封沃沮國伯傳昭陽將芝至實盧封蓋斯部長
子偶烈入書慎國後裔有業賓爲奚國君子曼晌爲渠
貊國君子夫跋渾爲卷直君傳奚觟律汲靈始
及扶陽有子弁昆爲弁韓主傳武骨祚櫟默延
絶国子高典爲貊国主傳七世有子嵩夜讓位自號
九花先生子晏留爲玄菟侯子紀升子紐由爲南
部大奏子都吉爲臨潢君子勃颯爲東部大人業原
侯子異斯爲東瓏君子少室常夫爲西部轉狼河侯
子文迦爲桂婁部大人兄子孝童子儒章稱姓高封
扶餘侯子甲勝爲莫離支子獻誠爲百濟兵官佐平
子遝信爲内頭佐平子忠真爲内法佐平子悦己爲

『梧溪日誌集』 檀君世系詳探記 5

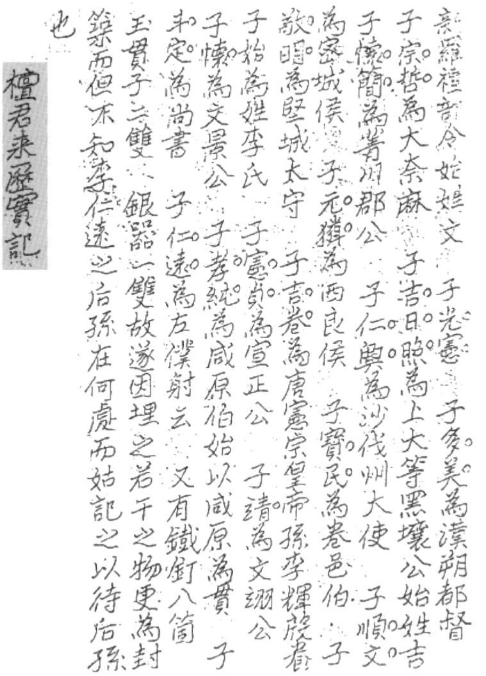
新羅禮部令始姓文子光憲子多美爲漢朔都督
子宗哲爲大奈麻子吉日照爲上大等黑壤公始姓吉
子懷簡爲菁州郡公子仁輿爲沙伐州大使子順文
爲密城侯子元獜爲西良侯子寶民爲卷邑伯子
敬暉爲堅城太守子言卷爲唐憲宗皇帝孫李輝殷眷
子始爲姓李氏子憲貞爲宣正公子靖爲文翊公
子懷爲文景公子孝純爲咸原伯始以咸原爲貫子
和定爲尚書子仁遠爲左僕射云又有鐵釘八箇
玉貫子六雙銀器一雙故遂因埋之若干之物更爲封
築而但不知李仁遠之后孫在何處而姑記之以待后孫
也

檀君來歷實記

『梧溪日誌集』 檀君世系詳探記 6

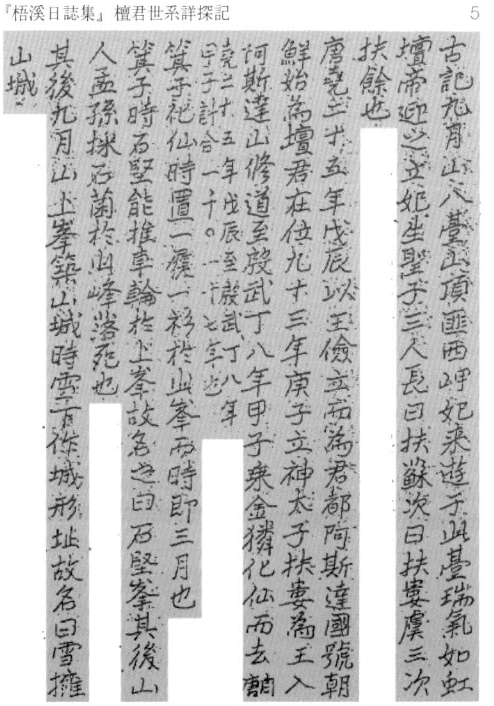
古記九月山八臺山頂西岬妃來遊于此臺瑞氣如虹
檀帝迎之立妃生聖子三人長曰扶蘇次曰扶婁虞三次
扶餘也
唐堯二十五年戊辰以王儉立而爲君都阿斯達國號朝
鮮始爲檀君在位九十三年庚子立神太子扶婁爲王入
阿斯達山修道至殷武丁八年甲子乘金猪化仙而去[illegible]
堯二十五年戊辰至殷武丁八年甲子計合一千。一十七年也
箕子祀仙時置一擴一移於山峯而時即三月也
箕子時石堅能推車輪於上峯故名之曰石堅峯其後山
人孟孫採石蘭於此峯落死也
其後九月山上峯築山城時雲下作城形址故名曰雪擁
山城

『梧溪日誌集』 檀君來歷實記 7

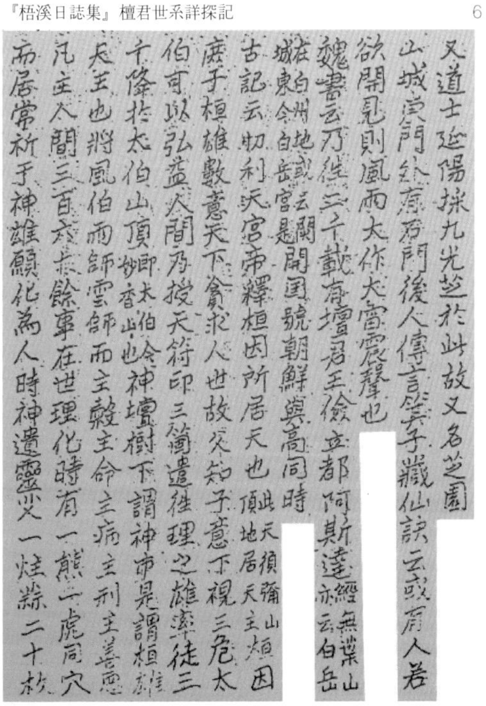
又道士延陽採九光芝於此故又名芝園
山城窟門外有石門後人傳言箕子藏仙訣云或有人若
欲開見則風雨大作大雷震聲也
魏書云乃往二千載有檀君王儉立都阿斯達經云無葉山亦云白岳
在白州地或云在開城東今白岳宮是開国號朝鮮與高同時
古記云忉利天宮帝釋桓因所居天也天須彌山頂此地居天主桓因
庶子桓雄數意天下貪求人世故父知子意下視三危太
伯可以弘益人間乃授天符印三箇遣往理之雄率徒三
千降於太伯山頂即太伯今妙香山也神壇樹下謂神市是謂桓雄
天王也將風伯雨師雲師而主穀主命主病主刑主善惡
凡主人間三百六十餘事在世理化時有一熊一虎同穴
而居常祈于神雄願化爲人時神遺靈艾一炷蒜二十枚

『梧溪日誌集』 檀君來歷實記 8

曰爾輩食之不見日光百日便得人形熊佛得而食之忌
三七日能得女身虎不能忌而不得人身熊女者無與爲
婚故每於壇樹下呪願有孕雄乃假化而婚之孕生子號
曰壇君王儉以唐高卽位五十年庚寅唐堯卽位元年戊辰則五十年丁巳
非庚寅也其未宗也疑都平壤城今西京始稱朝鮮又移都於白岳山
阿斯達又名弓方一作忽山又今彌達御國一千五百年
壇君乃移於藏唐京後還隱於阿斯達爲山神壽一千九
百八歲
唐裴矩傳云高麗本孤竹國今海州周以封箕子爲朝鮮
漢分置三郡謂玄菟樂浪帶方北帶通典亦同此說漢書眞臨
樂玄四郡今云三郡名又不同何也
乙酉歲題九月山四仙臺石面詩

『梧溪日誌集』 檀君來歷實記 9

朝遊碧海暮青山月笛風琴自在閑滿腹經綸無處用
棹頭軒冕出塵間
歲庚午遊唐莊里作玉樓春詞
唐莊古址生永夜。蓬萊嶺柳闕空。金獅一去碧尖峯。崧
老荒始冷冷鶴背風。眞身住處人難覓。青霞帳白雲宮。
蘿驂時下鶴鳴嶺。碧瞳玄髮顏如海棠紅。
余從檀世人登九月山四仙臺檀世人曰君知四仙乎昔
高麗太祖王滅東沃沮王沃沮女二人一名丹玉二名碧玉入
山學仙太祖王求之不得其後麗人見四仙女遊此臺上
自言我乃沃沮王女丹玉碧玉與二仙女乃箕康侯女大
蘭小蘭命飮玄酒各一盃其人遂成仙其人名九尚也余
吟曰

『梧溪日誌集』 檀君來歷實記 10

忽二段雲飛來中二轎携余乘轎袖出一竹筒吹之輕風
徐來雲飛去遠幾而到其處道逕半空時水陸會諸人以
爲諸佛降臨膽拜傴僂閱三時許後回舊寺寺中晨磬初
鳴敢解果數枚喫僧給之僧曰此物從何得來休休曰昨
日所得之物也
余留朔寧水清山龍腹寺月夜有老人坐于松下點燈開
卷余就視之字若梵篆不可識余問冊名老人曰此冊凡
三卷名曰玄妙訣東方流來道書上古桓雄聖仙創造十
餘章其後解慕漱仙人刪述作四十章又東明王臨終時
藏之熊心山石室有靈獺窃之又匿岩穴者爲道人以法
力取之添作二卷其後新羅金岩得之於蓋馬山古寺自
以爲奇寶又採取中国道書符籙編成三卷金岩死也藏

『梧溪日誌集』 檀君來歷實記 11

之塚中其後赤袴賊之亂掘塚出書藥之伽倻山古寺天
蓋道人得之我乃傳授者也余問此書何用老人曰第一
卷乘風御雲升天入地之符也第二卷化生萬物滅沒萬
形之符也第三卷坐見萬里禍取人物之情聚散禽獸之
符也余請暫借老人不許曰休休子能知之君可問之言
訖化一陣風而去余惝怳獨立但見所在處異香觸鼻祥
雲飛繞余歎曰吾東自古有如此妙訣無人見聞者仙凡
之異道果如雲泥迥隔也
潭月蓋松月堂門人也松月堂蓋百愚子門人也松月堂名
淨雲李恕之子也母見玉童子入懷而生自少出家得百
愚子之道術通神明初居妙香山後居杭州茂林寺入滅
天台山有秘訣傳授於潭月堂潭月堂居南海中玉盒島

『梧溪日誌集』 檀君來歷實記 12

『楓巖輯話』 출처: 국사편찬위원회 한국사데이터베이스

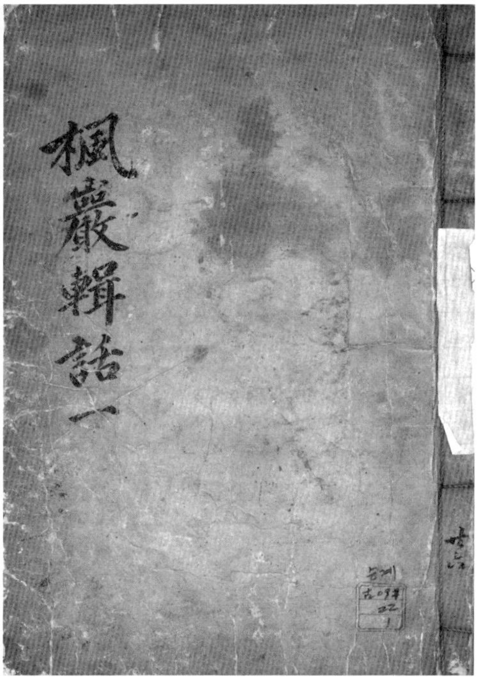

『楓巖輯話』 表紙 1

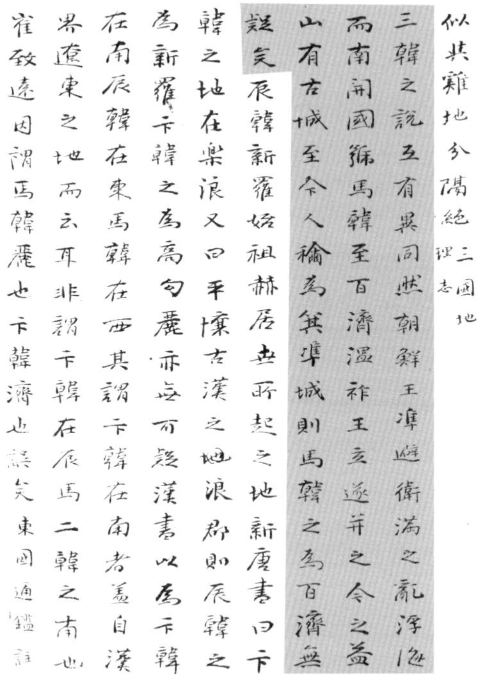
似其雜地分隔絶 三國地理志
三韓之說互有異同然朝鮮王準避衛滿之亂浮海而南開國稱馬韓至百濟溫祚王立遂幷之今之益山有古城至今人稱爲箕準城則馬韓之爲百濟無疑矣辰韓新羅始祖赫居世所起之地新唐書曰卞韓之地在樂浪又曰平壤古漢之樂浪郡則辰韓之爲新羅卞韓之爲高句麗亦無可疑漢書以爲卞韓在南辰韓在東馬韓在西其謂卞韓在南者蓋自漢界遼東之地而云耳非謂卞韓在辰馬二韓之南也崔致遠因謂馬韓麗也卞韓濟也誤矣 東國通鑑註

『楓巖輯話』 2 三韓地方之辯 2

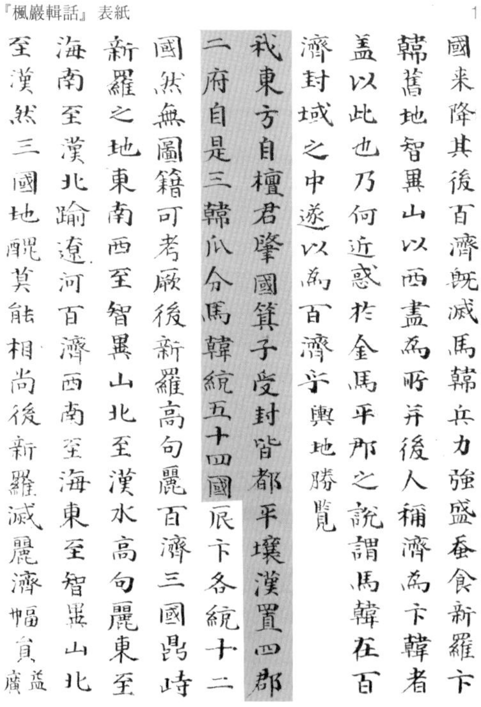
國來降其後百濟既滅馬韓兵力強盛蚕食新羅卞韓舊地智異山以西盡爲所幷後人稱濟爲卞韓者蓋以此也乃何近惑於金馬平那之說謂馬韓在百濟封域之中遂以爲百濟乎 輿地勝覽
我東方自檀君肇國箕子受封皆都平壤漢置四郡二府自是三韓瓜分馬韓統五十四國辰卞各統十二國然無圖籍可考厥後新羅高句麗百濟三國鼎峙新羅之地東南西至智異山北至漢水高句麗東至海南至漢北踰遼河百濟西南至海東至智異山北至漢然三國地醜莫能相尙後新羅滅麗濟幅員 廣益

『楓巖輯話』 3 三韓地方之辯 3

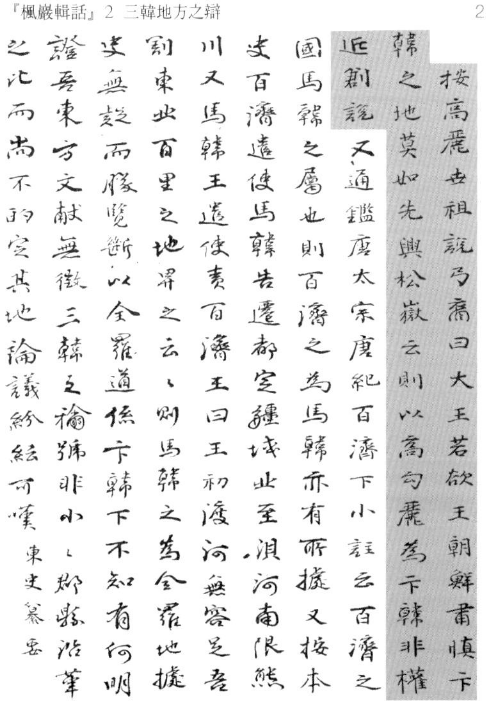
按高麗太祖說乃崔曰大王若欲王朝鮮當慎卞韓之地莫如先與松嶽云則以爲句麗爲卞韓非權近創說 又通鑑唐太宗唐紀百濟下小註云百濟之國馬韓之屬也則百濟之爲馬韓亦有所據又按本史百濟遣使馬韓告遷都定疆域北至浿河南限熊川又馬韓王遣使責百濟王曰王初渡河無容足之則東北百里之地界之云云則馬韓之爲金羅地據史無疑而膠覽斷以金羅道係卞韓不知有何明證吾東方文獻無徵三韓之論稱非小小郡縣沿革之比而尚不詳定其地論議紛紜可嘆 東史纂要

『楓巖輯話』 4 三韓地方之辯 4

三國時高句麗則跨鴨江而有之新羅則北至漢江
東南傳于海地固倍於百濟矣百濟即今忠淸全羅
二道之境局蹙數百里之地而能與二國爭戰何也
武地小而民衆甲二國耶 攷閑瑣錄
東方有朝鮮之地又有三韓地混之則亂矣朝鮮之
地即箕子舊邦衛滿所據而在漢爲四郡二府其地
西南與韓地相錯東北盡沃沮濊貊氏北極遼河而
漢書云玄菟距洛陽四千里所屬三縣高句麗縣是
其一則東明王初起之地即古之朝鮮玄菟之域今
之遼瀋東北之界而以地名爲國號也三韓之域即

『楓巖輯話』5 三韓地方之辯 5

山戎人國亦附於寧邊古跡之末此等處甚多 皆似誤也
○高麗史地理志曰春州本貊國春州爲今春川商
書武成曰華夏蠻貊罔不率俾孟子大貉小貉亡奇
貊北方夷狄之國北地方寒五穀不生惟黍生之蚕
熟當武王之時箕子未封朝鮮而已有貊國孟子之
箕子子孫當守朝鮮安有貊國介於其間武高麗地
志于 本穢國溟州郎今之江陵府嘗考韻會
曰濊貊東夷國名漢武紀東夷濊君南閭註曰在辰
韓之北高句麗沃沮之南東窮大海余竊疑濊貊本
爲一國互稱之也況春之距江陵不遠春在嶺西江

『楓巖輯話』6 東方地名之辯 6

在嶺東地志亦謂高麗時春屬交州道江屬東界分
和州溟州爲朔方道則以溟州爲朔方尤可疑也 筆苑雜記
鴨江以西八中國以來蓋州城今爲海州衛界蓋州
復州全州衛之地挹婁國今爲瀋陽中衛三萬衛之
地安市城今在蓋州衛東北七十里皆爲渤海國之
境如建安卑奢白巖等城皆不知的在何處過鴨江
西沿海數百里之地俗稱弗訖里疑渤海之訛云 謏聞瑣錄
安市城按漢書地理志乃遼東屬縣又東史曰安市
在遼東之北云今長生穿鑿欲求之鴨綠以東則謬
矣金時習遊關西錄以安州爲安市城可咲 芝峯類說

『楓巖輯話』7 東方地名之辯 7

穴處父子世爲君長無文字以言語約束無牛羊畜
豬食肉衣布織毛爲布有部常 名本 中國有聖王代立
則生其俗嗜凶悍尚勇力石砮皮骨之甲檀弓三尺
五寸楛矢尺有咫
扶餘 綱目作扶餘 在玄菟北千餘里南與鮮卑接北至弱
方二千餘里有城邑宮室土宜五種其人壯勇其
出善馬其印文曰穢王之印其國古穢貊之域
靺鞨今六鎭野人之地然百濟始祖開國河南即今
廣州之城而史云靺鞨連北境又婁書靺鞨侵百濟
至圍其慰禮城則意靺鞨所據雜八於今江原道古

『楓巖輯話』8 東方地名之辯 8

首陽山中有孤竹君舊基無乃以此而傳會其說耶 芝峯類說
漢公孫度及曹魏所寘帶方郡乃分出漢樂浪郡之
帶方等縣爲郡者而遠界不遠濱海之地也、高麗史
地志冒系於全羅道南原府殊誤甚矣今載寧郡本
高勾麗息城郡新羅改重盤郡高麗改安州後爲載
寧而輿覽以息城重盤等沿革冒於平安道安州其
亦訛矣 東國地志

東方國都紀畧

平壤卽箕子舊都多古跡有井田遺址華史之往來
莫不往見播於題詠韓久菴百謙博雅好古以爲眞

『楓巖輯話』 9 東方國都紀畧 9

井田遺址至於板刻示人以今考之有不可信者周
公之井田至孟子時已不可尋故孟子答滕文公之
問孟子只擧雨我公田一時而已矣箕子雖實用井
田有其遺址安得至今井井不紊耶是必後世好事
者之所爲決非箕子之遺也 涪溪記聞

我國設都邑處非一也金海爲金官尙州爲沙伐國
南原爲帶方國江陵爲臨瀛國春川爲穢貊國皆彈
丸之地而各據其境如今之小邑者不可勝數慶州
爲東京新羅一千年所都山川囬互土壤膏沃文川
一曲可遊於無奇勝之處平壤箕子所都井田之制

『楓巖輯話』 10 東方國都紀畧 10

教徧觀天下仍畵天下與地各以方言名諸呾其教
久行東南諸夷頗有尊信之者獨我國未及知許篈
到中呾得其地畵及偈十二章而來其書蓋因老子道
德經周易爲別一端語極有理 於于埜譚

事實

檀君史記辯疑

上古九夷之初有桓因氏桓因生神市始教生民之治
民啟之神市生檀君居檀樹下號曰檀君始有國號
曰朝鮮朝鮮者東表日出之名或曰鮮汕也其國有
汕水故曰朝鮮都平壤陶唐氏立二十五年檀君氏

『楓巖輯話』 11 檀君史記辨疑 11

生夫婁或曰解夫婁母非西呷女也禹平水土會諸
侯於塗山夫婁朝禹於塗山後檀君氏徙居唐藏至
商武丁八年檀君歿於松壤西有檀君塚
夫婁立爲北扶餘夫婁禱於鯤淵得金蛙以貌類金
蛙命曰金蛙悅優渤水之女感日影照身生朱蒙朱
蒙少子曰溫祚檀君氏之後有解夫婁解夫婁解之
後有金蛙金蛙之後有朱蒙溫祚爲勾麗百濟之祖皆本
於檀君氏 眉叟記言
舊史檀君紀云有神人降太白山 今寧邊妙香山 檀木下國
人立爲君時唐堯戊辰歲也至商武丁八年乙未八

『楓巖輯話』 12 檀君史記辨疑 12

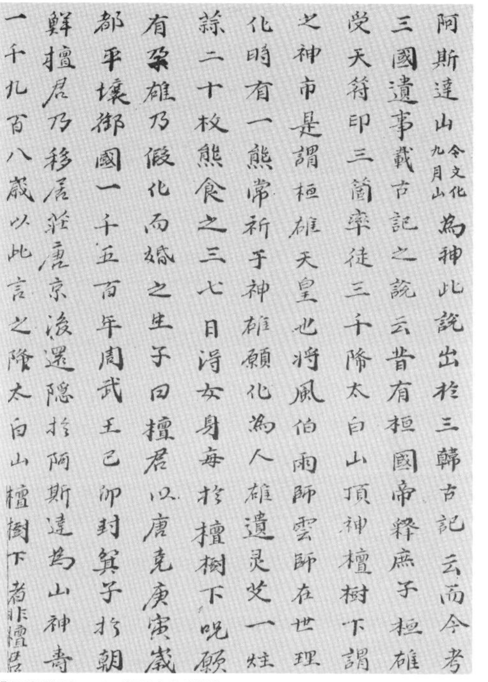

阿斯達山(今文化九月山)爲神此說出於三韓古記云而今考
三國遺事載古記之說云昔有桓國帝釋庶子桓雄
受天符印三箇率徒三千降太白山頂神檀樹下謂
之神市是謂桓雄天皇也將風伯雨師雲師在世理
化時有一熊常祈于神雄願化爲人雄遺灵艾一炷
蒜二十枚熊食之三七日得女身每於檀樹下呪願
有孕雄乃假化而婚之生子曰檀君以唐堯庚寅歲
都平壤御國一千五百年周武王己卯封箕子於朝
鮮檀君乃移居莊唐京後還隱於阿斯達爲山神壽
一千九百八歲以此言之降太白山檀樹下者非檀君

『楓巖輯話』13 檀君史記辨疑 13

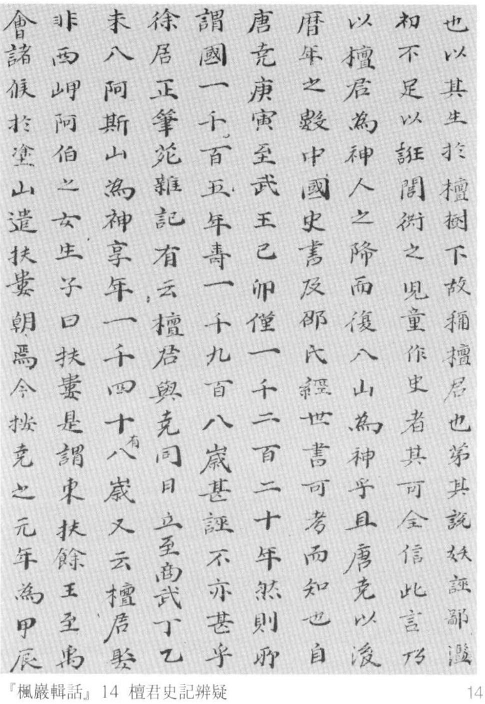

也以其生於檀樹下故稱檀君也第其說妖誕鄙濫
初不足以誑閭術之兒童作史者其可全信此言乃
以檀君爲神人之降而復入山爲神乎且唐堯以後
曆年之數中國史書及邵氏經世書可考而知也自
唐堯庚寅至武王己卯僅一千二百二十年然則所
謂國一千五百年壽一千九百八歲甚誣不亦甚乎
徐居正筆苑雜記有云檀君與堯同日立至商武丁乙
未入阿斯山爲神享年一千四十(有)八歲又云檀君娶
非西岬阿伯之女生子曰扶婁是謂東扶餘王至禹
會諸侯於塗山遣扶婁朝焉今按堯之元年爲甲辰

『楓巖輯話』14 檀君史記辨疑 14

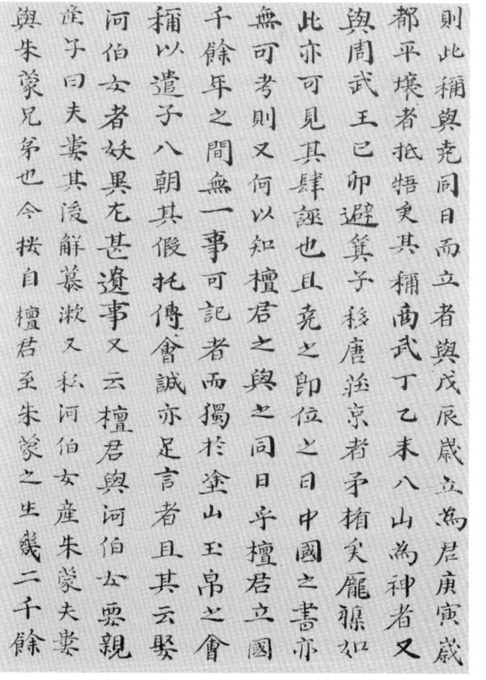

則此稱與堯同日而立者與戊辰歲立爲君庚寅歲
都平壤者抵牾矣其稱商武丁乙未入山爲神者又
與周武王己卯避箕子移唐莊京者矛楯矣龐襍紕
此亦可見其肆誣也且堯之卽位之日中國之書亦
無可考則又何以知檀君之與之同日乎檀君立國
千餘年之間無一事可記者而獨於塗山玉帛之會
稱以遣子入朝其假托傅會誠亦足言者且其云娶
河伯女者妖異尤甚遺事又云檀君與河伯女要親
産子曰夫婁其後解慕漱又私河伯女産朱蒙夫婁
與朱蒙兄弟也今按自檀君至朱蒙之生幾二千餘

『楓巖輯話』15 檀君史記辨疑 15

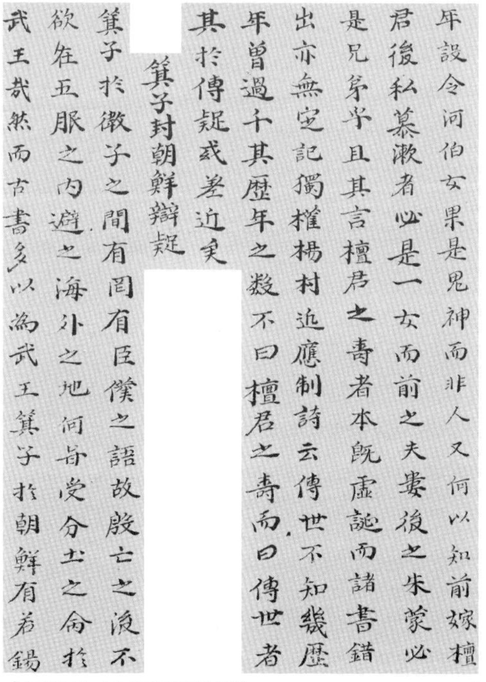

年設令河伯女果是鬼神而非人又何以知前嫁檀
君後私慕漱者必是一女而前之夫婁後之朱蒙必
是兄弟乎且其言檀君之壽者本旣虛誕而諸書錯
出亦無定記獨權楊村近應制詩云傳世不知幾歷
年曾過千其歷年之數不曰檀君之壽而曰傳世者
其於傳疑或差近矣

箕子封朝鮮辨疑

箕子於微子之間有罔有臣僕之語故殷亡之後不
欲在五服之內避之海外之地何嘗受分土之命於
武王哉然而古書多以爲武王箕子於朝鮮有若錫

『楓巖輯話』16 箕子封朝鮮辨疑 16

『楓巖輯話』

命受封者然旧史亦承其謬無所是正此不但爲我
東書史之失實其有悖於箕子自靖之義如何哉獨
洪範大傳曰箕子不忍周之釋走之朝鮮武王聞之
因以封之鄭康成曰不忍周之釋己嫌免也此爲得
之矣所謂因而封之者如項羽聞陳餘在南皮因封
之〃類非受命就封之謂也且遷既史曰武王封箕
子於朝鮮而不臣也又曰箕子朝周過殷墟感而作
麥秀之歌噫武王既不臣之矣箕子乃自甘爲臣而
作朝覲之行者寧有此理哉其誣聖賢甚矣第其言
前後自相背戾使後人得辯其誣是則幸也且皇明

『楓巖輯話』 17 箕子封朝鮮辨疑 17

太宗永樂年間有道士涵虛子爲号者紀自古帝王
年代之數名曰天運紹統其錄箕子曰按周史云箕
子率中國五千人入朝鮮其詩書礼樂醫巫陰陽卜
筮之流百工技芸皆從而往焉故曰半萬殷人渡遼
水是也既至朝鮮言語不能通譯而知之敎而詩書
使其知中國礼樂之制父子君親之道始行敎以百
工技芸醫巫陰陽卜筮之術始有焉不三年人皆向
化崇尚信義而篤儒術釀成中國之風故曰詩書礼
樂之邦仁義之國也舊史信盈其說載之於編筆苑
襍記亦以深委我國風俗許之但以半萬殷人渡遼

『楓巖輯話』 18 箕子封朝鮮辨疑 18

水不知出於何書爲根而終不敢直斥其誣妄良可
嘅也箕子以亡國餘逋播海外則從義之徒想必無
幾詩書之文礼樂之器其能悉齎而行斯已難矣而
況醫巫陰陽卜筮之流百工技芸之人又安得一〃
倫數而來乎我國文明之敎雖曰始自箕子而衛書
以後四郡二府三韓三國之際瓜分豆剖日事兵爭
遺敎蕩然化爲夷狄久矣至今遺蹟之僅傳而幸聞
者只賴班史之略及而所謂八條禁目亦不具見然
則涵虛所按周史出於何人而乃能察〃言如此哉
且其所錄乃以箕子爲紂之庶兄微子云纂箕子之

『楓巖輯話』 19 箕子封朝鮮辨疑 19

統緒失傳焉夫箕子之爲紂庶兄微子云者已曰非
實又況命奉殷祀初在武庚終在微子安得又以箕
子奉殷祀哉箕子之後爲公孫康所纂云者乃因通
典爲說然今考通典曰朝鮮歷千餘年至高漢高帝
時滅武帝元狩中開其地置樂浪郡至後漢末爲公
孫康所有此與史漢所記略同何嘗有公孫康纂箕
子後之云哉以此推之其所錄我國風俗則出於後
世之傳聞也雖謂之深悉亦宜其所云周史之說其
爲誣妄決矣
按柳州集箕子碑註曰箕子名須臾史記評林註服

『楓巖輯話』 20 箕子封朝鮮辨疑 20

處曰箕子紂之庶兄今從錄之以備參考而涵虛子運紹統所錄必以朕處之語爲證而其爲失實則甚矣申翊聖所撰經世補編曰戊子箕子率中國人入朝鮮云戊子卽周成王三年也箕子之避入朝鮮必在武王克商之初何待殷亡後十年耶且玉堂綱鑑曰箕子壬午夏朝周壬午在於戊子之前戊子入朝鮮之說大相逕庭補編所錄尤淺可疑史紀微子世家註索隱曰杜預云梁國蒙縣有〻箕子塚又按大明一統志云蒙縣無箕子墓山東布政司古績條云平壤城外有箕子墓未知杜說何所考據豈傳聞訛

『楓巖輯話』 箕子封朝鮮辨疑 21

耶今從輯錄以爲傳疑之地云

東史諸書以箕子否爲箕子四十一世孫而自箕子至箕否其間四十世繼序之君不著見惜乎我東文獻之無徵也又諸史有曰箕子後孫朝鮮侯見周衰欲興兵伐燕以尊周室大夫禮諫而止云此必在於戰國之時而亦不知其世系名號故不得表出而書之誠可慨也

按箕準借地衛滿旣失其國其後孫又借地溫祚竟至亡滅養虎遺患後不懲前遂使仁賢之祀忽焉惜哉又考李廷龜箕子崇仁殿碑略曰馬韓末有孱孫

『楓巖輯話』 箕子封朝鮮辨疑 22

三人曰親其後爲韓氏曰平爲奇氏曰諒入龍岡烏石山其後爲鮮于氏韻書曰鮮于子姓周封箕子于朝鮮支子仲食采于因氏以鮮于綱目稱箕子封於朝鮮其子食采于因姓鮮于趙孟頫贈鮮于樞詩曰箕子之後多髯翁鮮于之爲箕子後不豈明矣乎洪武間有鮮于京者爲中領別將其七代孫寔自恭川來居殿側遂以寔爲箕子後揭殿號曰崇仁拜寔爲殿監子孫世受云

許天使國號海嶽回到平壤問曰箕子於周武王何年受封來此乎遠接使倉卒不能對從事官奇應教

『楓巖輯話』 箕子封朝鮮辨疑 23

大升以能攷古事自許取史紀兩漢書與輿地勝覽東國通鑑等書參考移日竟不知受封之年蓋通鑑外記周紀曰西伯崩子發立是爲武王元年己卯封箕子於朝鮮而不臣也但海嶽以一時大儒非不曾見通鑑外記也必忘其年月而謂箕子故實必載東方書籍故問之耳稗官雜記

檀君以下諸國始祖所自出辯

檀君之降今不可攷然其降在唐堯世則此時中國去洪荒未遠東方想或未有人物氣化之理恐或有若新羅始祖以下乃在西漢之世東方之有民物亦

『楓巖輯話』 檀君以下諸國始祖所自出之辯 24

『楓巖輯話』

已千餘年矣豈有卵化之理或言商周玄鳥巨人之
說亦荒誕難徵而朱子猶不能斷然謂其無理予獨
於赫居世知是立論今修東史盡削歷代簡冊所載
之說而筆之以不知所自出無乃不合於疑而傳疑
之法耶曰此不然玄鳥巨跡不過陰陽之靈感其胎
孕産育與人不異帝王之興有開必後先後世亦有
如劉媼之龍感事雖非常理或不怪豈如赫居世卵降
馬嘶之怪異無理耶況當時解慕漱金蛙朱蒙松讓
皆言天帝之出閼英脫解首露閼智皆無父母而生
是何偏邦小國擾々多天神之子孫耶又況赫居世

『楓巖輯話』25 檀君以下諸國始祖所自出之辯 25

之母或言帝室之女不夫而孕爲人所故泛海抵辰
韓生赫居世遂爲神云々今慶州有聖母祠高朱蒙
則晉書載記云高句麗之人自言高辛之後姓高氏
云々金閼智則武烈王碑以少昊金天氏爲世系其
變不的如此又豈可襲謬而傳訛耶疑固可傳訛不可
傳也

『楓巖輯話』 檀君以下諸國始祖所自出之辯 26

麗李事實

高麗享國逾五百年惟太祖創業雄略爲可觀文宗
身致太平成宗景宗顯宗之流粗爲少康其他則平

찾아보기

동북아역사 자료총서 55

한국고대사 자료집
고조선·부여 편 Ⅱ-18세기 사료

초판 1쇄 인쇄 2020년 9월 18일
초판 1쇄 발행 2020년 9월 25일

엮은이 동북아역사재단 한국고중세사연구소
펴낸이 김도형
펴낸곳 동북아역사재단

등 록 제 312-2004-050호(2004년 10월 18일)
주 소 서울시 서대문구 통일로 81 NH농협생명빌딩
전 화 02-2012-6065
팩 스 02-2012-6189
홈페이지 www.nahf.or.kr
제작 · 인쇄 동국문화

ISBN 978-89-6187-558-5 94910
978-89-6187-516-5 94910(세트)

* 이 도서의 국립중앙도서관 출판예정도서목록(CIP)은 서지정보유통지원시스템 홈페이지(http://seoji.nl.go.kr)와 국가자료종합목록 구축시스템(http://kolis-net.nl.go.kr)에서 이용하실 수 있습니다. (CIP제어번호 : CIP2020040615)
* 책값은 뒤표지에 있습니다. 잘못된 책은 바꾸어 드립니다.